中文社会科学引文索引（CSSCI）来源集刊

人文论丛

2016年

第2辑（总第26卷）

冯天瑜　主编

教育部人文社会科学重点研究基地
武汉大学中国传统文化研究中心　主办

WUHAN UNIVERSITY PRESS
武汉大学出版社

图书在版编目(CIP)数据

人文论丛.2016年.第2辑:总第26卷/教育部人文社会科学重点研究基地,武汉大学中国传统文化研究中心主办.—武汉:武汉大学出版社,2016.11

ISBN 978-7-307-18860-0

Ⅰ.人… Ⅱ.①教… ②武… Ⅲ.社会科学—2016—丛刊 Ⅳ.C55

中国版本图书馆 CIP 数据核字(2016)第 280210 号

责任编辑:李 程　　责任校对:李孟潇　　版式设计:马 佳

出版发行:**武汉大学出版社** (430072 武昌 珞珈山)
(电子邮件:cbs22@whu.edu.cn 网址:www.wdp.com.cn)
印刷:湖北恒泰印务有限公司
开本:787×1092 1/16 印张:22.5 字数:548 千字 插页:2
版次:2016 年 11 月第 1 版 2016 年 11 月第 1 次印刷
ISBN 978-7-307-18860-0 定价:78.00 元

目　录

人 文 探 寻

哲 学 · 思 想

古 史 新 探

科 举 学 研 究

宗教学研究

文学 · 语言

中国 · 周边 · 世界

书评·综述

人 文 探 寻

后现代台湾的文化传承与变迁[*]

□ 黄丽生

一、前　言

台湾的蓝绿斗争早已举世知名。但世人多不知这二十年来，其背后隐藏的族群歧见，已渐从"省籍分类意识"发展为"国族认同分裂"，并于2014年春天"太阳花"群众占领立法院事件达到显性高峰。"太阳花"事件表面上是"反服贸"的学生运动，事实上是一场几近政变的"反华""反中"的大集结；此可由集结现场出现"支那贱畜，滚出台湾"、"推翻中华民国殖民体制，终结四百年外来政权"这类的标语，以及学生们公开演讲传播"台独"思想、并教导其他年轻听众如何传播等现象可为印证。他们反对的，已不只是中国国民党或中国共产党政权，而是包括历史文化民族整体的中国。

"台独"主义者现已明目张胆地标举反华或反中旗帜，高喊"我主张台独"；高比率的台湾年轻人不再认为(或不敢说出)自己是中国人。许多台湾人乃至侨居海外的华人都不解何以至此？著名的台商企业家蔡衍明曾公开发言问道："老一辈的台湾百姓应该清楚，在日据时代末期，台湾几乎没有台独的声音。……那为何，在台湾光复重回祖国怀抱后，台独火种会慢慢燃起，进而演变成仇共、恐共、更激荡出反中的情结呢？原因是国共内战，两岸互相丑化敌视，进而影响到台湾人的思想。"[①]蔡先生只说对了一半：国共内战和价值意识的不同，的确是台湾民众反共、恐共的原因之一；但由反共、恐共演变为反中情结，如果还停留在以"国共内战"的认知来理解，是远远不足的。

要知道自1997年李登辉主导国中历史课程的"认识台湾"起，企图改造国家、民族、文化认同以利推进台湾"独立建国"的文化革命意识就开始了。在"教改"和"本土化"名义下，李登辉开启并主导这项长期的洗脑工程；绝大部分国民党人或无知、轻忽，或不愿、无力面对，任由李登辉操弄到将自己执政的"中华民国"贬抑为"外来政权"。"认识台湾"

* 本文为台湾"科技部"补助专题计划"当代新儒家与后现代价值转向的会通与异趣：以牟宗三《时代与感受》为中心"(MOST 102-2410-H-019-009-)研究成果之部分。曾先后在"鄂台两岸青年台湾研究论坛：政经文教与当代台湾"(武汉：武汉大学台湾研究所，2014.8.20)与"第十一届当代新儒学国际学术会议"(台北：台湾师范大学、"中央大学"、东方文教基金会，2015.10.22—24)宣读。

① 蔡衍明：《旺报创办人蔡衍明致词全文》，《中国时报》，2014年8月8日，第A5版。

自 1997 年 9 月 1 日起为国民中学一年级上学期课程，其重要特色是以"台独"史观将台湾史从中国史分离出来，并将课程置于中国史课程之前，其内容引起许多批评，例如当时的政治大学历史学系教授蒋永敬即谓："认识台湾"社会篇及历史篇的编写显然为李登辉"修宪"的配套作业，其目的是"教我们的下一代脱离中国人的意识，也不要中华民国，要'营造新台湾'、塑造'台湾人'，充满媚日、仇华、排华意识"①。

2000 年陈水扁执政后，进一步深化中小学教育的国家民族认同与历史文化记忆的"去中国化"，例如课文中不准称"我国的诗人李白"，只能称"中国的诗人李白"；不准称"国画"只能称"中国的水墨画"；不准称"明郑"，只能称"郑氏政权"；不准称"日据"或"日本殖民统治"，只能称"日治"；不准称"台湾光复"，只能称"国民政府接收台湾"，甚至连"汉人迁台"的字眼也被刻意淡化而未在课纲出现。李扁当政时将"台湾意识"和"中国意识"对立起来，并污名化"中国"称号，把台湾社会的"反共意识"导引到"反中反华意识"。此外，别有用心的学者，为了歪曲台湾人绝大部分为汉人的事实，乃用尽心机断绝台湾汉人与大陆原乡历史文化的心理联结，其一方面虚无化台湾汉人的自我认同，以伪科学和假知识在学术自由和言论自由的包装下，不顾其对民族学的无知，强谓闽南人非汉族，谓客家人是汉化畲族，等等；一方面扬升"多元文化"的价值，贬抑台湾人对中华文化的认同。十数年来，这项长期的洗脑工程成功地教育不少年轻世代不再认同自己是"中国人"，仇视中国和中国文化，甚至仇视"中华民国"。②

民进党执政时期的中学社会科课纲有不少违反"中华民国宪法"，就是这样来的，也把台湾社会拖入一个自我认同错乱、价值虚无迷惘、文化信心丧失的深渊。就在大部分国民其实不太明其究理时，马英九当局的"教育部"总算在自然、社会、国文课纲微调的机制下，将原课纲中有违"宪"之虞的内容和用词归正，以及按历史事实进行补正和删并，例如：重新开放使用"明郑"、"日据"、"台湾光复"等用词，补上"汉人迁台"为课纲内容，等等。"教育部"于 2014 年 2 月公告了此一合乎"宪法"的微调课纲后，"台独"主义者随即歇斯底里地反弹，并对相关学者进行媒体霸凌、学术围剿、扭曲污蔑、颠倒是非等清算斗争，民进党甚至公开宣称将以"反课纲微调"进行第一波 2016 大选的主轴，随后就有了高中生包围、侵入"教育部"的事件。这是因为合宪的课纲微调掀开了，并阻碍他们想要掩盖而实难掩盖之"台独"意识洗脑工程及其藉此建立"台湾共和国"的意图与进程。③

事实上，早在"太阳花"事件爆发之前，"台独"媒体已大肆展开对"反课纲微调"的文攻斗争；后续的 2015 年 7 月包围并侵入"教育部"只是"太阳花"模式的复制高潮。"反课纲微调"乃是近二十年来李扁"去中国化"洗脑式教育的产物。十多年来，台湾的小学社会课本只能教台湾史而不教中国史；中学的历史教科书，不能用"我国"来叙述中国史，台湾史不能用"明郑"，因为那样无法掩饰台湾与中国的关联；有的教科书歌颂日本殖民统治、视"中华民国"为外来政权；国民中学的社会课纲甚至将"中国"列为台湾"周围的其他国家"。当大人们忙着工作顾生活时，孩子们不知不觉被改造了国族认同。

甚至一些政府官员，不分蓝绿，也会作出一些毫无文化意识、自贬民族尊严、不可思

---

① 蒋永敬：《中日代理战争的危机已在台湾燃起》，《海峡评论》1997 年第 80 期。
② 江南海：《"反课纲微调"的台独文化革命意识本质》，《鹅湖月刊》2015 年第 41 卷第 1 期。
③ 江南海：《"反课纲微调"的台独文化革命意识本质》，《鹅湖月刊》2015 年第 41 卷第 1 期。

议的媚日活动。例如：2013 年，新竹火车站庆祝落成百年，主办单位竟找来一群女学生穿着日本和服，在"中华民国"的国旗下微笑合照。学者林金源批评"犹太人绝不会笑穿德国军服，述说自己的历史"。同年，由国民党执政的台北市政府观传局（观光传播局），大力倡导"北投公园百岁生日"，该日其实是日本据台实施殖民统治的"始政纪念日"，仪式中化装上台的"同乐"者，有穿着和服的台北市政府官员，握手言欢的日本裕仁太子和孙中山，身着军服的日本神攻队特攻队员，以及陪他度过人生最后一夜身着和服的台湾风月小姐，现场还有奖鼓励民众参与扮演游行。今年又故事重演，台北市政府观传局官员再度上演媚日戏码；他们在一场名为"大稻埕散策·月老御守祈福"的踩街活动中，用日文标示活动进程，召集台湾青年男女穿着日本和服成群在台北城隍庙散步，手持日本神道教祈福的"御守"，邀请民众重回日据时代，以此为七夕情人节暖身。① 这些缅怀殖民统治的情节，已不仅仅是哈日、媚日而已，所反映对反法西斯普世价值意识的欠缺，尤令人感到不安。

但台湾在创造东亚经济奇迹的年代，每座中小学校园，都挂着"礼义廉耻"的校训，教室墙上和作业簿背面都写着"当个活活泼泼的好学生，做个堂堂正正的中国人"。学生读着"中国文化基本教材"，看着"立足台湾，胸怀大陆，放眼世界"的标语；国际上普遍认知台湾为一儒家社会，东亚经济奇迹和现代化成就含有新儒文化的要素。但经过 1994 年以降"全盘美化"的教改以及政治上之"去中国化"的打压下，儒家文化传统在台湾教育界，不仅是"花果凋零"，而且是气若游丝。② 一个复兴中华文化的台湾，何以演变为面临国族认同分裂、"台独"反华媚日的社会？除了"台独"文革的意识宣传和政权夺取的目的之外，有何言说论述的推波助澜？本文除检视台湾前现代到现代的儒家实践经验外，将从身份认同改造、虚构台湾史观、文化主体消解等面向，探讨台湾后现代思潮对国族认同分裂的影响，并反思儒家价值在后现代台湾的意义。

二、儒家实践的台湾经验——从前现代到现代

(一) 儒学生根台湾四百年

在儒学发展史上，台湾是四百多年前才跨海传播的新土；自明郑、清朝相继在台建立儒家政教体制，迨至乾隆中叶，台湾已由移垦社会转型为文治社会。与此同时，汉人移民在台湾确立了以宗族祭祀为核心的社会系统，并由原乡带来儒释道三教混合的民间信仰。也就是说，台湾社会在前现代时期，无论是上层结构或基层生活都已确立儒家教化的基础，延续了传统中国常民父慈子孝的生活价值，并培养了本土儒士精英。

降至晚清，台湾遭逢开港、割土等变局，进士丘逢甲鼓吹维新在先，武装抗日于后；地方儒士率众响应、不惜身家性命，在在体践了儒家着眼天下、勇于创变、讲求气节、保

---

① 林金源：《哈日莫沦为媚日　防日不等于仇日》，《中国时报》，2014 年 8 月 8 日，第 A24 版。

② 黄光国：《文化中国才能统一大陆》，《中国时报》，2015 年 10 月 8 日，第 A18 版；江南海《"反课纲微调"的台独文化革命意识本质》亦有类似看法。

乡卫民的大义。① 割台以后，秀才洪弃生在日本殖民统治之下，以遗民自居保存文化道统，讲学授徒不辍，以求一息尚存、以待来日，亦不离据乱世而怀春秋的儒家义理。② 丘逢甲和洪弃生皆科举出身，而有不限于科举的生命气度与道德理想，印证儒学东传台湾四百年已落地生根。③

除了知识阶层外，台湾于晚清日据时代兴起的"儒宗神教"则是民间自发性传承儒家文化的典型。清末民初，面对政治文化的剧变，上海、青岛、厦门、福州、佛山、香港等沿海港口城市，乃至于新加坡、马来西亚、印度尼西亚等海外的华人小区，亦兴起各种形式的尊孔会或"孔教"组织。在台湾，则有以"三恩主"为主祀的鸾堂信仰系统，强调"以儒为宗"传承孔孟仁义之教。④ 鸾堂信仰随着广东、福建移民传入台湾，最初约于清康熙年间已有扶鸾活动，⑤ 但大多在光绪二十年前后成立⑥。清末日据初期的台湾鸾堂有两大特色，一是数量众多，从清光绪中叶到日据末期的60年间，台湾鸾堂约在150所以上，鸾书近200本；⑦ 二是大多由地方士绅所推动组成，许多鸾堂甚至原来就是士绅的书房⑧。清末台湾士绅与儒生设立鸾堂，概以宣扬儒家教化和从事慈善业为己任。⑨ 日据以后，台湾鸾堂蓬勃发展，成为在异族统治下传承儒家价值和护卫道统的重要力量。⑩

鸾堂以"儒宗神教"之教名称其信仰，是儒学传播到台湾的新发展。日据时期，台北县三芝乡鸾堂"智成堂"的鸾生杨明机，先于1919年扶鸾著造《救世良规》出现"儒宗神道

① 参见黄丽生：《近代台湾客家儒绅海洋意识的转变：从吴子光到丘逢甲》，《海洋文化学刊》第2期，台湾海洋大学，2006年，第123~174页。

② 参见黄丽生：《跨文化下的闽南先贤与台湾儒学传统：以洪弃生的历史意识为中心》，陈支平主编：《闽台文化的多元诠释》，厦门大学出版社2013年版，第156~182页。

③ 参见黄丽生：《晚清台湾儒士的应试与弃举：由丘逢甲到洪弃生》，"科举制度在台湾"学术研讨会，台湾成功大学，2013年9月17日。

④ 李世伟：《"儒教"课题之探讨及其宗教史之意义——以台湾儒教为重点》，《第二届台湾儒学国际学术研讨会论文集》，台湾成功大学，1999年，第9~21页。

⑤ 王世庆：《日据初期台湾之降笔会与戒烟运动》，《台湾文献》第37卷第4期，台湾省文献委员会，1986年12月31日，第113页；王志宇：《台湾的恩主公信仰：儒宗神教与飞鸾劝化》，台湾文津出版社1997年版，第31页。

⑥ 宋光宇：《台湾的恩主公信仰：儒宗神教与飞鸾劝化·序》，王志宇：《台湾的恩主公信仰：儒宗神教与飞鸾劝化》，台湾文津出版社1997年版，第5页；林文龙：《清代台湾鸾务史略》，《圣贤杂志》，1979年，第283~287页。

⑦ 王见川：《光复（一九四五年）前台湾鸾堂著作善书名录》，《民间宗教》第1辑（民国时期的教门专辑），台湾南天书局1995年版，第173~195页。

⑧ 李世伟：《清末日据时期台湾的士绅与鸾堂》，《台湾风物》第46卷第4期，第114~115页。

⑨ 除李世伟外，许多研究台湾鸾堂信仰的论著，概多举例说明地方士绅与基层儒士对创立鸾堂的重要影响。如王世庆：《日据初期台湾之降笔会与戒烟运动》，《台湾文献》第37卷第4期，台湾省文献委员会，1986年，第113、118、119、133页；王见川：《清末日据初期台湾的"鸾堂"——兼论儒宗神教的形成》，《台北文献》直字第112期，台北市文献委员会，1995年，第65页；李世伟：《日据时代台湾儒教结社与活动》，台湾文津出版社1999年版，第91~96页，以及王志宇：《台湾的恩主公信仰：儒宗神教与飞鸾劝化》，第四章和第六章，台湾文津出版社1997年版；潘朝阳：《台湾关帝信仰的文教内涵：以苗栗区域为例的诠释》，《明清台湾儒学论》，台湾学生书局2001年版，第341~348页。

⑩ 李世伟：《日据时代台湾儒教结社与活动》，台湾文津出版社1999年版，第148~156页。

统克绍真传法门"等词；后复于 1936 年又扶出《儒门科范》，始将鸾堂统称为"儒宗神教法门"。杨明机自此奔走南北，期以"儒宗神教法门"统合各鸾堂，迄于光复后仍未稍歇。①

(二) 台湾的现代化儒家社会及其时代挑战

台湾光复，"国府"迁台，一面复兴中华文化确立中国身份，一面发展国际贸易、追求现代化，缔造了举世瞩目的成就。此期间，儒家传统不仅在中小学教育系统中依序推展，进行"中国文化基本教材"的儒家经典教育，亦在民间信仰与生活世界呈现。② 例如在鸾堂方面，杨明机在日据时期的奔走也终于有了结果。1978 年全省五百多鸾堂负责人在日月潭举行会议，决定成立"中华民国儒宗神教会"，"儒宗神教"可说已是鸾堂信仰的共同称呼，以突显其"以儒为宗"与道教有别的旨意。③

在现代化的目标下，当时台湾也持续吸收西方文化，但无碍于儒家传统在体制内教育和民间社会的发扬传承，并相当程度地凝聚了台湾社会的价值共识，以"儒家社会"形容也不为过，此可由儒家价值在经济发展产生的效用加以印证。20 世纪 70 年代台湾与香港、韩国、新加坡等国家和地区快速的经济发展，在国际上被视为东亚经济奇迹，西方学者开始注意到东亚传统文化因素与经济发展的关联性。赫曼·康（Herman Kahn）是最早将儒家文化和东亚经济发展连结的西方学者，他认为：香港、新加坡、台湾、韩国和日本等国家和地区的快速经济发展和东亚的新儒文化（neo-Confucian cultures）有关，经济发展并非西方特有的产物，事实上，东亚新儒文化比传统西方文化更有利于经济发展。④ 其他学者如 Peter L. Berger, Gilbert Rozman, Hung-Chao Tai, S. Gordon Redding, Ezra F. Vogel（傅高义）等亦陆续指出：儒家传统乃是东亚地区的经济发展、现代化有所成就的重要因素。⑤

虽然也有不少学者质疑儒家传统和现代化或经济发展的关联，⑥ 但台湾企业家以具体

---

① 参见王志宇：《台湾的恩主公信仰：儒宗神教与飞鸾劝化》，台湾文津出版社 1997 年版，第 51~71 页；王见川：《清末日据初期台湾的"鸾堂"——兼论儒宗神教的形成》，《台北文献》直字第 112 期，台北市文献委员会，1995 年，第 67~68 页。

② 参见黄丽生：《台湾客家鸾堂的儒教意识——以苗栗云洞宫为中心》，收入氏著《边缘与非汉：儒学及其非主流传播》，台湾台大出版中心 2010 年版，第 389~440 页。

③ 瞿海源编纂：《重修台湾省通志》卷三《住民志·宗教篇》，台湾省文献委员会，1992 年，第 946 页。

④ Herman Kahn, *World economic development*：1979 *and beyond*, Boulder, Colo.：Westview Press, 1979, pp. 64, 121-128.

⑤ Peter L. Berger, *Secularity*：*West and East*, 1983；任元杰中译：《世俗性——西方与东方》，《中国论坛》1984 年第 19 卷第 6 期；Gilbert Rozman, ed., *The East Asian Region*：*Confucian Heritage and Its Modern Adaptation*, Princeton, New Jersey：Princeton University press, 1991, pp. 1-42；Hung-Chao Tai, ed., *Confucianism and Economic Development*：*An Oriental Alternative?* The Washington Institute for Values Public Policy Press, 1989, pp. 6-27；S. Gordon Redding, The Spirit of Chinese Capitalism, New York：de Gruyter Studies in Organization, 1990, pp. 1-16, 238-240；Ezra F. Vogel（傅高义）：《跃升中的四小龙》，贾士衡译，台湾天下文化公司 1992 年版，第 128~138 页。

⑥ 赖建诚：《儒家思想与经济发展》，《重商主义的窘境》，台湾三民书局 1992 年版，第 81~83 页；包遵信：《儒家伦理与亚洲四龙——"儒学复兴说"驳议》，《中国论坛》1988 年第 26 卷第 1 期，第 70~80 页；冯耀明：《扬弃的超越还是创造的转化》，《当代》1993 年第 91 期，第 108~120 页。

行动体践儒家价值，也是不争的事实。如：台湾大同公司董事长林挺生亲授员工《论语》数十年。台湾宏碁集团董事长施振荣强调儒家式管理，其在世界各地的厂房都竖立"人性本善"的精神标志。台湾全国电子企业长期赞助台湾儿童读经运动，影响所及远至海外华人小区和大陆。台湾新光集团创办人吴火狮为余英时誉其毕生行谊体践儒家价值："夫知、仁、勇、强，此儒者之事，而君能用之于货殖。近二十年来，中华民国以企业雄视东亚，论者或谓其渊源实在儒学，以君之制行校之，盖不为无因云。"①美国硅谷台商陈文雄缔造全球最大的电子制造业，并在公司里开班授课中国经典，要求华裔干部研读中国古典文学，俾取用于管理；又致力于慈善事业，优待员工认股，善于培养人才，使公司走向永续经营，施振荣更推崇陈文雄所实施儒家式管理哲学，是亚洲新价值观的体现。②

20世纪70年代台湾的文化精英透过带有传承中国文化意味的创新运动体现其民族、文化认同。1973年，林怀民以中国最古老的舞蹈名称"云门"命名所创立的现代舞团，宣称要跳中国人自己的现代舞。1975年，当代新儒家在台湾的第三代成立"鹅湖月刊社"，成为台湾思想界中国文化民族主义的象征。该刊以"我们的觉醒"为题说明创刊初衷，体现了儒家学者以民间身份自发性传承学脉的理想：

> 在西方思潮的狂飙冲击之下，本土文化几近崩溃，我们这一群文史哲的学者，自觉该当挺身而出，传承绵延几千年的文化传统与哲人智慧，以响应西方文化的挑战。且弘扬中学，也得消化西学，在"传统与现代"、"中学与西学"之间，寻求接续会通的桥梁，故以宋代大儒朱熹与陆象山两大学派会面对话的"鹅湖"，作为我们析论古今或诠释中西这一块学术园地的精神象征。就在一九七五年七月，在毫无资藉之下仅凭一介书生的理想抱负，创刊了"鹅湖月刊"。③

同一时期，台湾的大学校园也开始自省："为什么我们中国人不能唱自己的歌?"而开启"校园民歌"时代，代表作品如李双泽的"少年中国"（词为作家蒋勋的诗）、"美丽岛"（词为陈秀喜的诗），杨弦的"乡愁四韵"（现代诗人学者余光中的诗），侯德健的"龙的传人"，等等。20世纪80年代则有民间出版社发行《中国文化新论》十数册，"中央研究院"执行"中国现代化区域研究"、"中国海洋发展史"等计划，"行政院新闻局"则推出《中国文明的精神》套书等。在在反映出光复后至20世纪80年代，台湾学术研究与文化创思之富于中国情怀的一面，以及型塑"现代文化中国"的企图。

但它们不久就遭到所谓"台湾本土意识"的反扑与挑战。20世纪80年代末期，类似"切断中国脐带"、"吃台湾米，喝台湾水，台湾才是母亲"、"以台湾为主体、确立台湾主权独立"、"中华民国是外来政权"、"中国猪，滚回去!"的意识形态，不但耸动社会，甚至逼使蒋经国晚年，亦不得不公开自白："我也是台湾人。"其大量拔擢台湾籍精英，开放党禁，更是不在话下，但意识形态的统独之争已难阻遏。"台独"主义不但有建立"台湾共和国"的政治意图，亦有强烈反中国文化的倾向；再者，随着台湾经济发展、社会意识更

---

① 黄进兴：《半世纪的奋斗：吴火狮先生口述历史》，台湾允晨文化公司1990年版，第319页。

② 《联合晚报》，1999年6月13日，第3版。

③ 鹅湖月刊社电子网页(http://www.legein1975.url.tw/index.html)，浏览日期2014年8月8日。

趋复杂、两党式民主不幸成为撕裂台湾社会的催化剂；两岸关系亦随着国际与台湾内部变化等因素，陷入更不确定的局面。

此际，鹅湖团体本其儒家忧患意识，于1988年成立了"财团法人东方人文学术研究基金会"，承续牟宗三先生"重振东方人文传统儒道佛三大哲学思想与文化心灵，以求传承民族文化慧命，并响应西方文化挑战"的教旨。其网页陈述了淑世忧道的成立心愿：

> 现代化的台湾乡土，民主票选与政党轮替，形成地方派系与朝野党团的分裂与对决。而科技工商走向功利实效主义，并破坏了自然生态，也污染了土地水源，二者的混合交错，把台湾政局逼向黑金官商的恶质文化，让傲视全球的台湾经验，为之沉沦。街头乱象与人伦失序，造成了空前的内在危机。
>
> 在两岸分治历时半世纪之久的长期隔阂与政权本土化的尖锐对立之下，已形成了意识形态的统独之争，在台湾乡土情与中国文化心之间，孰轻孰重的权衡抉择中。似乎加深了政党与族群的误会与裂痕。
>
> 不论是台湾本身的价值迷乱，还是两岸之间的军备竞赛与外交角力，皆有待于文化传统之世界观与人生观的重新建构，并以儒道佛三大教作为人格修养与人文化成的依据，来化解来扭转，使得台湾走向安定，而两岸归于和谐。①

鸾堂系统也在1999年"内政部"放宽新兴宗教登记条件后，台中、高雄的鸾堂组织扩大并向"内政部"登记为"中国儒教会"，翌年并获"民政司"同意其成为全国性的宗教团体。② "中国儒教会"的创立宗旨为："结合全国各地数百个儒宗鸾门同修单位，弘扬儒教忠恕精神，并以传播中华文化儒教教义，启发修身养性，推展社会福祉为宗旨。"③其任务为：第一，研修儒学，发扬儒教，培育人才，航导社会，净化心灵。第二，提倡三纲五常，促进伦理道德，及兴办公益慈善工作，以达社会大同。④ "中国儒教会"在"内政部"的网页，更详言该会立教与儒家道统和中国文化的深切使命，反映出台湾民间以"儒宗神教"形态传承儒家文化之一斑。其文曰：

> 中国儒教会之成立，是五十年来儒宗神教门生们所热切渴望期待的……孕育儒教的存在，乃融聚凝合于孔子之一身，孔子学说又为中国思想史之核心与主流。我们懂得孔子，自会懂得儒教，懂得中国的历史文化。儒学博大精深，历史悠久，起源于黄帝开国之前，历经尧、舜、禹、汤、文、武、周公，至孔子继其道统，集其大成，成为一以贯之之儒宗道统精神。然而儒门文化，以崇尚与大自然之调和，以"天人合一"为极致，更以"民吾同胞，物吾与也"之仁民爱物之伟大精神立教。立教五千多年

---

① 鹅湖月刊社电子网页(http：//www.legein1975.url.tw/index.html)，浏览日期2014年8月8日。
② 李世伟：《"中国儒教会"与"大易教"》，《台湾宗教研究通讯》创刊号，台湾国泰文化事业有限公司2000年版，第93～97页。
③ 董孟郎：《新兴宗教成立条件放宽》，台湾时报文教基金会，1999年5月19日。http//www.chinatimes.org.tw/news/1999/05/19-01.htm.
④ 李世伟：《"中国儒教会"与"大易教"》，《台湾宗教研究通讯》创刊号，台湾国泰文化事业有限公司2000年版，第94页。

来，屹立于天地之间，无非体上天好生之德，存善去恶之宗旨以行教。故儒门弟子，必修其博大精深之教义，而立诚行修，推而广之，发扬光大，是则为儒教门徒造功立德之归依也。……

际此中国儒教会，刚成立于兹，因为儒教传统的延续重建于今日，一方面固然要回顾传统，作历史的见证与反思，以适应新时代的条件与新环境的因素……其次，我们要欲洞识儒教的内涵，《大学》《中庸》二书。不可不读。此二书，承尼山之心传，宏圣学之要旨，以明明德为首务，以天常率性为圣教，以止至善为止归，而以中庸为道统。复以内圣为始体，以外王为治平为末用；乃儒教发扬光大，学子向道之梯航。①

如上文所述，该教以承续五千年道统为宗旨，以儒门"上天有好生之德、存善去恶"之教旨为依归，印证台湾之为"儒家社会"的本土性。

但自 1988 年李登辉上台后，他表面上巧妙地游走于"文化中国"与"本土台湾"两种元素的辨证关系；实际上已开始藉由其掌控的政治力量利用官方教育体系和朝野传播媒体，塑造以台湾为主体的"国家意识形态"。20 世纪 90 年代末李登辉政府启动了台湾教育改革，从法令、师资培育、课程、教科书、经费，等等，莫不以"教改"为名以为配合。一时之间，"中国"一词成为敌国的象征，逐渐藉由原有的"反共"意识，进一步塑造"反中"氛围。"台独"主义开始由言说主张走上具体的实践道路。2000 年民进党执政，进一步从政治、教育、文化层面"去中国化"，不但将高中国文课的文言文比率由六成五减为四成五，也将自 1956 年即开始推行的儒家经典教育"中国文化基本教材"改为选修课。2008 年国民党重新执政后虽力图挽回，也只能改为必选，"教育部"为了回避"中国"一词，而将名称改为"中华文化基本教材"，且规定不单独列为大学考试科目。事实上，这只是以高中国文课程为例的说明，其他如历史、地理、公民课程的改造，其教材从内容到用字遣词，更难掩"去中国化"的斧痕斑斑，已如前述。在在为台湾社会出现国族认同分裂的重要肇因。

20 世纪 80 年代以降，台湾社会之由富有中国文化情怀，演变到在政治、文化"去中国化"的意识高涨，也不过就是二十年间的变化，此中自有政治权势的强力介入使然。在这二十年间，也正是全球化趋势加剧、台湾逐渐处于所谓"后工业"社会转型、面临"后现代"思潮冲击的年代，不但政治解严，社会文化亦出现传承断裂、世代疏离、价值崩解的种种征兆。虽然，1994 年"当代新儒家"在台湾的第四代就开始在民间推动儿童读经运动，并誓愿"有中国人的地方就有人读经"而扩及大陆乃至全球，呈现了新的实践方式；② 但与此同时，正如上所述，台湾儒家教化传统在政治刻意操作和社会风气激变的情形下，面临严峻的挑战和使命。

---

① 《台湾地区宗教简介：中国儒教会》，"内政部民政司"网页（http//www. moi. gov. tw/divl/religon/religion_1_16. asp，2003/12/5），2003 年 12 月 5 日。

② 《人物访谈》（王财贵），《儒学中心电子报》第 3 期，2008 年 11 月出刊，浏览日期 2014 年 8 月 2 日。http：//mail. tmue. edu. tw/~confucianism/post/003/new_page_2. htm.

三、后现代意识的变迁

(一) 西方有关"后期现代"与"后现代"的反思

西方学界有关"后现代"的论述繁复歧异，但基本上是起源于对"现代"的批判、解构和否定。沈清松认为概有三大重点：(1)对主体和本质的批判：后现代主义批判由主体膨胀所发展出来的"权力"和"制度"，包含笛卡儿"我思故我在"、黑格尔"绝对之知"所代表主体的绝对化和权力化，而不在乎心灵意志和具体现象的根源与本质。(2)解构实体与再现表象：后现代主义只重视对世界表象的再现及其功效，其目的不在突显生命本身，而在于解构实体，代之以虚拟的假象；欲望成为仅存的"所指"，伴随着大量事物的商品化。(3)否定理性：反对启蒙运动以降的理性主义，否定大论述、精神成长、主体意义、客观知识、工具理性乃至于是非分明的逻辑。①

著名的文化评论家詹明信(F. Jameson)则进一步指出"后现代主义"乃是第二次大战后，资本主义和科技文明对人类整体影响进入一个新阶段的产物，具有消解自然、消解主体、消解意义、文化商品化等特征：原有的自然经济被资本化、商品化了；个人的主体意识被解构而"零散化"并趋于"物化"，舍弃人格、否定现实，不再关注过去未来，只在乎当下；商品化的逻辑深入人们思维，人成了空心的人，没有根、浮于表面、没有真实感；只重表象而不复有具体的内容，解构主义当道，反对解释和意义，时空的深度俱已消失。②

虽然强调精神信念和历史传统的学者，如詹克斯(Charles Jencks)等批评詹明信等人所谓的"后现代"其实只是"后期现代主义"，因为其所描述的社会文化特征都只是"现代化"下一味追求资本主义经济发展的产物，并未真正超越"现代"。③但詹明信所谓消解自然、消解主体、消解意义、文化商品化、人趋于物化、价值虚无等种种描述，仍主导一般对"后现代主义"或"后现代社会"的认知。像休斯顿·史密士(Huston Smith)即指出"后现代"心灵则根本否认有一个可掌握的秩序和真理；他认为人们与宇宙重归于好，才能超越"后现代"心灵，重新树立人生的价值与方向。④休斯顿所认识和所要超越的"后现代"，无疑即是詹明信所描述的那些令人感到悲观的时代特征。

无论是詹明信或詹克斯所评论的对象，本指后工业化的西方社会而言。1973年的石油危机和环境问题，被认为是西方进一步反思"现代"的关键年代。⑤而此时也出现经济

① 沈清松：《从现代到后现代》，《哲学杂志》1993年第4期。

② 詹明信(F. Jameson)讲座，唐小兵译：《后现代主义与文化理论》，台湾合志文化1990年增订初版，第169~245页。

③ 河清：《现代与后现代——西方艺术文化小史》，中国美术学院出版社1998年版，第328~335页。

④ Huston Smith原著，梁永安译：《超越后现代心灵》(*Beyond the Post-modern Mind*)，台湾立绪文化出版社2000年版，第265~330页。

⑤ 河清：《现代与后现代——西方艺术文化小史》，中国美术学院出版社1998年版，第279~285页。

全球化浪潮兴起，资本更加集中，时空愈形压缩，跨国企业逐渐凌驾国家主权的趋势；台湾则正处于经济起飞、创造奇迹的阶段，笼罩着类似 Andreas Huyssen 所称西方在 20 世纪60 年代，对未来充满信心和一片乐观的现代主义的氛围之中，① 并且被认为与儒家价值的实践不无关系。但曾几何时，詹明信等西方学者所描述"后现代"的种种特征，也逐渐成为当前台湾社会文化现象的一部分；而且随着经济全球化的进一步发展以及文化全球化效应的扩散而愈趋明显。兹以国族认同分裂、虚构台湾史观、文化主体消解等面向，讨论后现代台湾的变迁。

（二）国族认同分裂

如前所述，台湾社会出现分裂的国族认同，已愈来愈表面化。② 但此与"后现代主义"有何关联？兹举廖咸浩将"后现代主义"与"台湾国族认同改造"两者连结的讨论为例说明相关脉络。廖咸浩一面由"后现代"的思维角度检视台湾国族认同的改造现象；一面由当代台湾后工业文化的复杂性和认同危机，论证后现代主义对台湾社会的影响。廖咸浩以"后现代杂异性狂欢大会"来形容台湾有些团体利用后现代主义打破本质，解构原有身份，建立新的认同。他将这个源出于后现代主义的策略称为"合成人"（cyborgian）。③

此"合成人"是兼有想象和物质现实的浓缩意象，可构成任何历史的转化；它具有"非法子嗣"（illegitimate offspring）的身份，不畏矛盾，只在乎有意识的结盟和政治亲族关系而非"自然认同"（natural identification），并以杂异化（hybridizing）突显事物的空无本质。④ 台湾民族主义先以此"空无"移除源于血缘文化的"中国人"认同，再以有意识的政治结盟和异化认同填补。故廖咸浩认为：台湾的"本土化运动"系以弑父的姿态以台湾取代中国成为所谓"本土"，并展开了全新的文化方向；台湾民族主义以后现代主义为论述工具，因而使后现代主义得以在台湾社会发展。他并指出：1987 年至 1995 年解除戒严、解除党禁报禁、开放大陆探亲、社会运动勃兴、信息流通等松绑，使台湾进入一个自由多元的新时代，台湾社会原先所共有的价值（按：含国家民族认同与历史文化意识）也开始崩解而面临不确定的新局面。民进党在 1990 年将"台湾独立"列入党纲，成为政治诉求，正式搬上台面；李登辉则以"后现代合成人"的身份，以所谓"变幻多端的怪物"表演和统独两手策略，成功地获取了极大的政治利益，一方面使民进党相信他是同路人，使台湾民族主义普及于全岛；一方面分裂国民党、使国民党台湾化。此外，许信良的"新兴民族论"亦展现其以"后现代合成人"策略转变台湾人身份认同的企图。⑤

台湾"后现代合成人"的形成，亦与后殖民主义的盛行不无关联。在廖文出现之前，

---

① Andreas Huyssen, *After the Great Divide*: *Modernism*, *Mass Culture*, *Postmodernism*, Indiana University Press, 1986.

② 卢建荣：《分裂的国族认同，1975—1997》，台湾麦田出版社 1999 年版。

③ 廖咸浩：《合成人罗曼史：当代台湾后现代主义与民族主义的互动》，《当代》1999 年第 144 期，第 110~112 页。

④ 廖咸浩：《合成人罗曼史：当代台湾后现代主义与民族主义的互动》，《当代》1999 年第 144 期，第 112~114 页。

⑤ 廖咸浩：《合成人罗曼史：当代台湾后现代主义与民族主义的互动》，《当代》1999 年第 144 期，第 117~123 页。

已有邱贵芬主张台湾身份认同的改造是后殖民问题。(详见后文)她的讨论有两个要点与裂解台湾国族认同相关，值得注意：第一，血缘无用论：“台独”主义者常引用后殖民论述有关个人主体性形成的论点，来贬抑血缘因素在国家组成中的角色。如邱贵芬即认为：同文同种并不构成国家组成的要件已是现代国家理论极为浅显的概念；台湾与大陆之间是否血缘相连，“如同一家人”也尚待争论。第二，身份建构论：她引用文化研究论者Kobena Mercer 讨论黑人认同而定义“身份”为：“身份不是找到的，而是建构得来的，身份不是天生自然般等着被发现，而是透过政治对立、文化斗争建构出来的。”①

“台独”主义者一方面贬抑血缘连结的意义，一方面又制造台湾人在血缘上已异于中国人的假说(例如认为闽南人不是汉人、客家人是畲族的后代、台湾人是汉、原、荷、西、日混血的后代等)。两种立场互为矛盾，但都被“台独”主义者用作割断与中华民族文化联结的理由，甚至贬抑“中华民族”虚构不实，进一步走向文化主体消解的异化之路。但在中国历史上，民族主义的基础本来就是文化价值而不是“血缘”，所谓“夷夏之防”，既代表现实上抵御异族侵略，亦含有在异族威胁下坚守文化、矢志传承的意识。西方文化理论不但从未涉及如此复杂的问题，也很难用其所谓“血缘论”厘清中国民族的构成原由。但对“台独”论者而言，这些都不重要；后现代主义和后殖民主义都能用来改造身份，以台湾取代中国认同，“血缘论”则不免被他们有意无意地利用为挑拨族群或族群歧视的工具。②

如上所述，“国族认同分裂”可以说是台湾社会后现代化的产物，也是重要的征象，并日渐在实际政治和社会关系中造成实质性的影响。例如邱贵芬就认为：在现实的政治运作里，“我是中国人”的说法只会造成等于认同中共的效果。③ 言下之意，就是中共的同路人或指受中共统治的人。这种关系霸凌、或极端对立的语文含义，不但出自大学教授之笔，并广泛出现在大众传媒之上，其所造成的寒蝉效应，进一步深化台湾社会的国族认同分裂，也使自称“中国人”在台湾越来越成为沉默禁忌。廖朝阳甚至制造出“不认同急独＝不认同独立＝不认同台湾＝认同中国＝认同中共＝敌人”与“不认同中国＝贬抑中国＝反中国＝反中国人＝反少数族群＝日本皇民＝美国公民＝汉奸走狗汪精卫”的公式，④ 来表达台湾极端对立的族群意识。

四、虚构的台湾史观

(一)非汉非原的“虚拟台湾人”与“虚构台湾史”

台湾民族主义的“后现代化”(postmodernization)的现象，⑤ 不只是以弑父姿态用“台湾”取代“中国”来转换身份认同，其过程也充分反映出后现代主义之批判主体和本质、解

---

① 邱贵芬：《是后殖民，不是后现代——再谈台湾身份/认同政治》，《中外文学》1995 年第 23 卷第 11 期，第 145 页。
② 廖咸浩：《狐狸与白狼：空白与血缘的迷思》，《中外文学》1996 年第 25 卷第 5 期。
③ 邱贵芬：《国家认同与文化认同不可混为一谈》，《中外文学》1995 年第 24 卷第 5 期。
④ 廖朝阳：《关于台湾的族群问题：回应廖咸浩》，《中外文学》1995 年第 24 卷第 5 期。
⑤ 廖咸浩：《合成人罗曼史：当代台湾后现代主义与民族主义的互动》，《当代》1999 年第 144 期，第 123~124 页。

构实体再现表象、否定理性和意义的特征——对台湾民族主义者而言，民族集体是没有主体和本质的，可视政治斗争的需要而重新建构；民族文化也无实体可言，可加以解构再以虚拟的表象再现替代，以达到转换身份认同的目的。此外，他们服膺并利用后现代主义对理性和大论述的否定，故无历史理性可言，也不再承认所谓客观历史知识的存在；对他们来说，历史的连续性是可被消解的，历史只是可被用来拼凑重组的片断文本和塑造政治意识形态的工具。

在裂解国族认同的工程中，台湾民族主义者除了挪用后现代主义混沌杂异的"合成人"策略企图转换身份认同外，也以扭曲台湾历史、将台湾与中国对立化，来解构中国意识，以排除转换认同的障碍，更不容许有人以"文化主体"的论述来竞争"台湾本土"的话语权。1983—1984 年的统独论战中，他们开始对中国意识展开正面攻击，而有所谓"台湾结与中国结的总清算"。① 一时间，批判"大中国"、高唱"本土化"成为潮流，并影响了部分年轻知青的认同转向，有些乡土文学作家像宋泽莱、林双不、陈芳明等人，即放弃中国民族主义而投身台湾民族主义。② 这些"本土化"的声浪包裹着"台独"思想并严重扭曲历史，引起陈昭瑛的辩驳与厘清。她指出：割台之后，台湾人视中国为父母之国，中国文化、汉人生活方式乃是当时台湾意识的文化基础，她称之为"中国式台湾意识"；她认为：对日据时期的台湾人而言，中国意识乃是台湾意识的有机构成部分，但当代的"台独"意识则是中国意识异化的产物。③ 陈昭瑛从"反日"、"反西化"、"反中国"三个阶段析论台湾本土化运动的文化背景和历史过程，一则破解"台独"主义者对"台湾意识"和"本土化"话语权的垄断，二则澄清被诬蔑和误解的台湾历史，三则检视"台独"思想的源头、批判"台独"论述"台湾主体性"的虚构性和附庸性。④ 于是引起独派学者的一连串攻击，开启了 20 世纪 90 年代围绕"台湾文化主体"的攻防论战。这些攻击言论挪用解构主义，藉由错置拼凑的历史片断来消解历史连续性和客观知识，或以"空白主体"消解"文化主体"（详见后文），进一步反映了台湾民族主义的后现代化现象。

由"中国式台湾意识"演变到"反中国的台湾意识"的异化发展，除了是美国为了保障其利益而主张台湾应自治独立或由美国托管，"不容轻易交给中国人控制"的可能影响外，⑤ 史明异化的、虚构的台湾史观和虚拟的"台湾民族论"也挑起了"台独"主义者拆解

---

① 参见施敏辉：《台湾意识论战选集：台湾结与中国结的总清算》，台湾前卫出版社 1988 年版。

② 廖咸浩：《合成人罗曼史：当代台湾后现代主义与民族主义的互动》，《当代》1999 年第 144 期，第 128 页。

③ 陈昭瑛：《论台湾的本土化运动——一个文化史的考察》，收入氏著《台湾文学与本土化运动》，台湾正中书局 1998 年版，第 138~141 页。

④ 陈昭瑛：《论台湾的本土化运动——一个文化史的考察》，收入氏著《台湾文学与本土化运动》，台湾正中书局 1998 年版，第 101~181 页。

⑤ 据陈昭瑛研究，"台独"最早并非台湾人意识的产物，而是美国人意识的产物。根据美国国防部军事情报总部台湾问题专家柯乔治（George Kerr）在《被出卖的台湾》（Formosa Betrayed）所说，"台独"是他在 1942 年为了保障美国人的利益，不容台湾由中国人控制的一个创见。见陈昭瑛：《论台湾的本土化运动——一个文化史的考察》，收入氏著《台湾文学与本土化运动》，台湾正中书局 1998 年版，第 141~142 页；柯乔治（George Kerr）：《被出卖的台湾》（Formosa Betrayed），陈荣成译，台湾前卫出版社 1993 年版，第 47~48 页。

台湾历史、解构台湾文化主体的意图。史明所撰《台湾人四百年史》认为台湾史就是一部四百年来台湾人受到荷兰、西班牙、明郑、清朝、日本、国民党等外来政权殖民与反殖民的历史，并批判台湾普遍存在的汉人认同，认为将台湾人视为中国人是一种"空想汉人主义"。① 则他所谓的"台湾人"又是谁呢？且看他的台湾史只有四百年，可见其并不包含原住民历史；而他的"空想汉人主义"则是处在汉人社会，却否定汉人存在的历史和现实以虚化汉人认同、睁眼说瞎话的产物。由此可知，史明既排除原住民的历史，又否定汉人实体存在所建构的"台湾人"，其实只是一种虚构的抽象概念；他并将此抽象虚构的"台湾人"和中国人对立起来，建构其"台湾民族论"仇视中国的意识基础。

此外，史明也将明郑、清朝、国民党等与中国现实和历史脉络有关的政权，与荷、西、日本等同视为外来的"殖民政权"，罔顾 17 世纪以降汉人登台移垦、建立政教体制的本质，迥异于西方近代基于资本主义经济体系的殖民主义，以及台湾确为明郑、清朝、中华民国及中华人民共和国领土的历史与现实。可见，史明的台湾史观及其"台湾民族论"系建立在非汉非原的"虚拟台湾人"与刻意扭曲的"虚构台湾史"之上。史明以日文撰著该书的 1962 年，后现代主义尚未盛行，但他的"虚拟台湾人"和"虚构台湾史"工程，已充满了消解实体和本质、消解理性和精神意义、并以虚拟表象再现的后现代主义成分。

史明虚拟虚构的台湾史观和台湾民族论，随即被王育德引用发扬而有《台湾：苦闷的历史》。王育德身为汉人却自外于汉人，在书中将明郑视为外族入侵台湾的政权，却歌颂日本殖民统治，诋毁抗日志士，对自己曾为日本皇民而沾沾自喜、引以为傲，并认为台湾应在日本援助下反抗国民党、追求独立。② 王育德自我异化，宁愿扮演史明所虚拟的"台湾民族"，很难不令人想到后现代主义解构个人主体意识或"合成人"之非法子嗣的矛盾性以及否定原生自然认同的空无性。其后，类此迷恋日本统治、宁可居于日本人之下、大肆反对中国意识、不愿作中国人的"台独"论述，在 20 世纪 80 年代继续发酵，如高伊哥、秦琦等人都对日本统治感恩戴德，并以反对国共霸权为名，将中国文化视为沙文主义，抽象地把中国文化放在台湾文化的对立面。③ 这些都在意识上复制了史明仇视中国的"台湾民族论"，并刻意漠视台湾文化和常民生活中的中国文化底蕴。

由于台湾文化和常民生活中的中国文化底蕴以及汉人居于台湾人口绝大多数的客观事实，正是推广这个非汉非原、虚拟建构的"台湾民族论"的最大障碍；于是虚化或污名中国文化、转变汉人身份认同，乃至配合"台独"目标的历史书写改造，都成为他们排除障碍的必要步骤。史明的台湾史观乃为排除障碍的行动纲领。例如作家陈芳明即违背其出身历史系的学术专业，漠视连横《台湾通史》所反映台湾文化深涵中国历史传统的事实，而服膺史明批判连横以中国人身份写台湾史的立场，④ 诬谓日据时期台湾人并不认同中华民

———————————

① 史明：《台湾人四百年史》，台湾蓬岛出版社 1980 年版，第 794 页。

② 王育德：《台湾：苦闷的历史》，台湾自立晚报社文化出版部 1993 年版，第 123 页。

③ 陈昭瑛：《论台湾的本土化运动——一个文化史的考察》，收入氏著《台湾文学与本土化运动》，台湾正中书局 1998 年版，第 147 页。

④ 史明：《台湾人四百年史》，台湾蓬岛出版社 1980 年版，第 4 页。

族、台湾人民因无权写史而缺乏主体性等。① 陈昭瑛曾质疑这种为了建立"台湾主体"而刻意否定台湾文化的"中国性"，是以排除对象来建构主体，既有理论上的矛盾亦与现实不符。她指出：这种"台湾主体"论还因为不能反思批判"台独"政治意识形态，终究成为"台独"政治运动的附庸而丧失主体性。②

陈昭瑛的批判点出了"台独"主义者所论"台湾主体性"的虚假性和附庸本质，并且肯定当代新儒家反殖民主义对战后台湾本土化运动的贡献，重现日据时期台湾知识分子如庄垂胜、叶荣钟等先贤的中国文化意识以及民族志节，突显光复初期"台湾知识分子和大陆知识分子始终是血气相通的兄弟"，③ 引起对方的强烈反弹而展开一连串批判和讨论。这些批判和相关讨论反映了"台独"主义者搭乘台湾在解严后言论松绑的顺风车，大量吸取后现代主义的养料强化论述，进行扭转台湾历史解释、解构文化主体、颠覆传统价值的工程。

（二）曲解的台湾史观

1. 台湾四百年都在被殖民

史明虚构的非汉非原的"台湾民族论"以及四百年被殖民的台湾史观，被后续的"台独"论者广泛地继承，无论是改造台湾民众的身份认同或解构台湾文化主体的中国性，往往建立在此意识基础之上。例如邱贵芬建构台湾后殖民论述时，就复制了史明虚构的台湾史，她说：

> 不少学者在提及台湾的被殖民经验时，总将这段经验锁定在日据时代，但是如果我们浏览台湾过去的岁月，我们发现台湾自郑氏父子时代，历经天津条约的开港时期、日据时代，到国民政府迁台初期，一直扮演被殖民角色。……在后现代用法里，被殖民者乃是被迫居于依赖、边缘地位的群体，被处于优势的政治团体统治，并被视为较统治者略逊一筹的次等人种。以此为定义，台湾的被殖民经验不仅限于日据时代，更需上下延伸，长达数百年。④

邱氏企图移植扎伊尔德的说法来论证"台湾被殖民经验长达数百年"，但未考虑扎伊尔德讨论的脉络与台湾史有所出入，也误将统治者混淆为殖民者：一来，历史上并非所有的统治者都可以等同为殖民者；二来，如果"台湾四百年都是被殖民史"是可成立的，则

---

① 陈芳明：《朝向台湾史观的建立》，收入氏著《探索台湾史观》，台湾自立晚报社文化出版部1992年版，第 12 页；陈芳明：《七〇年代文学史导论：一个史观的问题》，收入氏著《典范的追求》，台湾联合文学出版社 1994 年版，第 222~234 页。

② 陈昭瑛：《论台湾的本土化运动——一个文化史的考察》，收入氏著《台湾文学与本土化运动》，台湾正中书局 1998 年版，第 153~157 页。

③ 陈昭瑛：《论台湾的本土化运动——一个文化史的考察》，收入氏著《台湾文学与本土化运动》，台湾正中书局 1998 年版，第 124~129 页。

④ 邱贵芬：《"发现台湾"：建构台湾后殖民论述》，《中外文学》1992 年第 21 卷第 2 期，第 153~154 页。

表示其中有三百多年的历史是汉人移民来台被汉人自己殖民统治，而且又受到汉人殖民文化霸权宰制，汉人既是居于优势的统治者，也被自己视为次等人种。显然这是一个不通的说法，而且完全违背客观史实；但它成功达到制造混淆的效果，令人误以为汉人本身就是殖民统治者，与荷、西、日本没有什么差别。如果说，居于此发言位置的是台湾原住民，可能还有点道理；但邱贵芬显然不是，而如前所述，被她奉行的史明虚构的台湾史观甚至未尝考虑原住民的立场。而"台独"论者却浸淫在此非汉非原的曲解史观中乐此不疲。

邱贵芬又说："如果台湾的历史是一部被殖民史，则台湾文化一向是文化杂烩，'跨文化'是台湾文化的特性，'跨语言'是台湾语言的特质。……所谓的'台湾本质'所指亦只是抵制中国语言本位主义的一个立场，'台湾本质'事实上等于台湾被殖民经验里所有不同文化异质（difference）的全部。……台湾从殖民进入后殖民时代，必须达成'台湾文化即是跨文化'的共识，藉以超越殖民/被殖民的恶质政治思考模式。兼容并蓄才能让我们真正摆脱被殖民的恶梦。"①从邱氏的文脉来看，她虽有破除闽南沙文主义、追求包容的用心，但其论述毕竟呼应了史明的虚构史观并产生双重效应：既消解了台湾的文化主体，又强调"台湾本质"的去中国性。

邱贵芬以后殖民"抵中心"（de-centring）的观点出发，"一方面抵制殖民文化透过强势政治运作，一方面亦拒绝激进倡导抵殖民（de-colonization）文化运动者所提倡的'回归殖民前文化语言'的论调"。② 表面上好像善尽后殖民"去中心化"的心意，但她在真正的文化霸权宰制之前，其实是软弱无力的。因为她谨守史明虚构的台湾史观，认定台湾史就是一部被殖民史；如此一来，汉人移民也成了殖民者，汉人文化既是她要抵制的对象，又反对汉人在"后日本殖民时期"回归殖民前的本源文化。这种立场势必两头落空，不但削弱了汉人文化的地位，并造就政治强势者上下其手的运作机会，恰正远离她所描摹的兼容并蓄。此外，其拒绝"回归殖民前本源"的论点，也已成为"台独"去中国化耳语的原型："我们台湾人既被日本人统治过，就不再是中国人了。"③这种心态印证了前述"台独"主义者所论"台湾主体性"的虚假性和附庸本质——台湾人是不是中国人，竟不是出自民族文化自觉和主体意志的判断，而是由殖民霸权的统治效应来决定。此不正违背了其抵制殖民文化霸权的论述初衷吗？类此矛盾不但是论述的缺陷，其实也是缺乏文化主体意识的产物。

2. 失忆的百年史观与反华意识

如前所述，"台独"主义者要为史明非汉非原、虚拟建构的"台湾民族论"排除障碍，就必须虚化或污名中国文化、转变汉人身份认同、改造历史意识。陈芳明失忆的百年史观和反华论述为其荦荦大者。下列是陈芳明对台湾史的基本认识：

———————————

① 邱贵芬：《"发现台湾"：建构台湾后殖民论述》，《中外文学》1992 年第 21 卷第 2 期，第 156 页。

② 邱贵芬：《"发现台湾"：建构台湾后殖民论述》，《中外文学》1992 年第 21 卷第 2 期，第 151 页。

③ 笔者某大学同学在 20 世纪 70 年代就学时，曾经是当代新儒家的崇拜者；但到 20 世纪 90 年代成为史明的服膺者，并以此言相告，表明其支持"台独"的立场，当时她是台北市某知名高中的历史教师。

台湾在 1895 年的马关条约下割让给日本后，岛上住民就进入了放逐与流亡的时期。放逐的土地与陌生的文化接触时，住民的意识与心理状态必然会产生巨大的变化。台湾社会从来就是处于中国势力范围的边缘，无论是政治的、社会的或文化的。从较为纵深的历史观点来看，台湾社会很早就已是中国社会的异化。经过了放逐与流亡的阶段，对中国的记忆就更加零落不堪了。台湾被编入日本殖民经济、文化圈之后，如果还宣称意识没有任何改变的话，那是违背历史事实的。事实上，台湾社会在日据时期以前虽已与中国有不同的发展，它本身并未发展出后人所谓的"台湾意识"。同样的，在 20 世纪之前，"中国意识"也还未出现任何成熟的迹象，当时，勿宁称之为"满清意识"。①

姑且不论这段叙述有多少是作者个人一厢情愿的历史曲解，但它凸显了几个独派观点：第一，台湾很早以前就已从中国异化，对中国的记忆已经薄弱；第二，受日本统治后台湾人的意识心理产生了很大变化；第三，"台湾意识"是在日本统治之后才出现，而中国在近代以前根本没有"中国意识"。陈昭瑛曾针对此批评陈芳明的台湾史观只承认日据以降的变化，而轻忽 1895 年以前的历史；她并藉由 1995 年民进党以"告别中国"大肆庆祝割台百年而称陈芳明的台湾史观为"失忆症的台独论述"与"百年史观"。② 此外，陈芳明"百年史观"的观点似是而非：其一，中国历史悠久、幅员广大，中国文明本来就不是铁板一块，早在文明起源的时代就具有"共相与殊相兼备、一致性与差异性并存"的特性，台湾为汉人移民新土，既传承原乡生活方式亦有在地的调适创变，但在文化大传统的层面与其他地方并无不同；陈芳明却漠视这个客观历史，站在"台独"的立场只见其异，无视其同。其二，纵许台湾人受日本统治后的心理意识有所变化，亦不能抹杀台湾人传承其本有文化价值的事实。其三，狭隘化"台湾意识"和"中国意识"的意涵，忽视两种意识的营造有其文化深度与价值信念的趋动作用。

陈芳明的"百年史观"不但有历史失忆的问题，更具有后现代取消历史深度、拆解历史事实、撷取历史片断，重组虚拟表象以建构工具性话语性质，充满了曲解中国历史、妖魔化中国和中华民族、视中国为殖民政府、将近代中国抵抗强权的民族主义诬为血腥的殖民主义等偏见，彻底奉行了史明将中国置于台湾对立面、将台湾人排除于中华民族之外的去中国化目标。

这种以反抗殖民主义为名义的极端反华意识，表面上以人权、自由、文明为标准，事实上是设下仇恨的陷阱，假造一个中华民族为殖民霸权的稻草人，以挑起台湾人的反中国情绪，达到自我异化改造身份认同的目标。这种将中国、中华民族无由罗织为罪人、对真正的殖民统治者和文化霸权却默尔以对的政治话术，像是一张拟好的"台独"文宣，预设了 20 年后的扩散效应——若与 2014 的"太阳花事件"、2015 年的"反课纲微调"事件之核心人物的言论对比，或可略晰"反服贸"、"反课纲"的冲撞话术何以与 20 年前陈芳明的文本如此相似？他们的"台湾意识"何以如此去中国化？政治目标何以如此符合史明仇视中

---

① 陈芳明：《殖民历史与台湾文学研究——读陈昭瑛〈论台湾的本土化运动〉》，《中外文学》1995 年第 23 卷第 12 期，第 110～111 页。

② 陈昭瑛：《发现台湾真正的殖民史：敬答陈芳明先生》，《中外文学》1995 年第 24 卷第 4 期。

国的观点？太阳花世代甚至迎接史明到立法院占领现场，举行一场象征世代相传的仪式。

五、以空白主体与取消文化主体

陈昭瑛"台湾本土化运动"的论点之所以引起独派学者的强烈攻击，还有一个根本的重要原因，是她不忍台湾先贤的文化信念和民族志节被湮灭在虚构的"台独"史观之中，故本于文化意识、从台湾文化主体出发、就文化发展的历史脉络来还原台湾的本土化运动。但此讲求文化意识、文化主体的价值信念，正是"台独"意识的绊脚石，非得移除不可。因此，后现代主义消解主体和本质、消解精神价值和信念的论点，被"台独"论者挪用以助论述。陈芳明以失忆的百年史观和激烈的反华意识来攻击陈昭瑛，廖朝阳则着力于以"空白主体"来质疑陈昭瑛有关"文化主体"的主张并讨论其衍生的"认同问题"。

廖朝阳基本上是当代西方文化理论的信奉者，对他来说，文化建构的意义并不由它的真实性来构成，而是取决于它如何启发人们的观念与行动；而且它并非从真实本质出发，而是把认同看成随实况变化创造的过程。他认为：在主体解放的目标下，认同之所以成为问题，是因为"某些文化构成"所产生的观念占据了真实的位置，面临这种冲突时，只能"随实况变化的创造过程"来界定文化建构的合理性。①

依廖朝阳的说法，民族认同乃是从现实需要出发的文化建构，并不需要以真实为根据。他认为"台独"的认同理论即是在此前提下，以主观意愿创造与变化为基调，并认为李乔讨论认同构成特别强调"创造新社会、新文化、建立新国家"，就是最好的例子。廖朝阳并分析，对独派而言，文化认同是一种不断创造、不断界定的过程，一旦长期中断就只有"散功"一途，很难恢复；此外，"台独"论者为了要成立本身的认同，必须援引抵抗强权的历史经验，以建立族群及社会自我崇拜的基础。② 准此，"台独"不但要创造新的认同，也需要制造出一个被抵抗的强权对象；至于有没有真实性并不重要，能不能达到"台独"的现实目的比较要紧。就在此需要下，中国、中华民族被制造为他们要抵抗的强权角色，而且必须不停地界定、不断地抵抗，以免"散功"。廖朝阳的分析意外地帮助于我们了解：台湾蓝绿之争永无宁日，至少有一个根本的理由是："台独"需要藉由不断界定、不断抵抗，同时将中国(含国民党和共产党)塑造为不断被抵抗的对象，来达成"创造新社会、新文化、建立新国家"的最终目标，不如此难以创造新的民族认同。这种不断界定、不断抵抗、不断制造被抵抗已成为当前台湾社会普遍不安的因素。

如上所述，"台独"在建构新认同的过程中，如何移除原有中国认同而由台湾认同取代乃成关键要务；另外由于"台独"论述被陈昭瑛质疑"主体性全然丧失"，廖朝阳干脆提出一个"空白主体"的方案，一举响应两种问题，而且强调要藉此建构主体性又不致使主体实质化。他挪用 Slavoj Žižek 的相关提法加以发挥，来建构以"空白主体"取消台湾文化主体、移除中国认同、由台湾认同取代的论述基础。兹检视廖朝阳对"空白主体"的说法

---

① 廖朝阳：《中国人的悲情：响应陈昭瑛并论文化建构与民族认同》，《中外文学》1995 年第 23 卷第 10 期，第 113~114 页。

② 廖朝阳：《中国人的悲情：响应陈昭瑛并论文化建构与民族认同》，《中外文学》1995 年第 23 卷第 10 期，第 115 页。

约有三个重点：第一，廖朝阳先认定"中国民族主义的道德命令含有前现代的非理性思考，不在文化理论的范围考虑"。然后说明"真正先验的主体是没有实际内容的空白，所以不能以命令的方式规范理性层次的思考，却能超越理性，成为理性的支撑点；任何实质性的认同内容都是从主体外部移入以填补空白"。第二，主体的观念是以自由（自主、自律）为基础，但真正的自由不能含有实质的内容，以免自由受到具体条件的限制。第三，空白主体是在客观物质条件下，生命面向经验流动、相对（应）于经验内容所形成的空间层次；所以空白不是虚无的，必须不断藉由"移入"客体来调整内部与外部的关系，并在具体历史经验的开展中维持空白的效力。也就是说，主体必须不断透过"移入内容"来建立或印证本身"移除内容"的可能。廖朝阳认为只有承认空白的效力，即可从移除旧认同、建构新认同的方式来建立另一种民族认同；且认同的内容既可以移入，也就可以移出，则可使主体将认同视为一种不断界定、不断创造的过程。①

简白地说，廖氏先摆出一个三角阵式：第一，认定中国民族主义是非理性的，暗示其未必有合法性，可以移除；第二，定义所有的认同都是从主体外部移入，中国民族主义也不例外，既可移入，就可移出；第三，界定空白主体是支撑理性的，预为台湾认同取代中国认同量身打造一个"合理"的防护罩。在此阵式下，再给空白主体加上美丽但自相矛盾的装饰：它是自由的，不受具体内容限制；但它不是虚无的，只是必须不断移入客体；它是自主的，却是在客观物质条件下相对于经验流动的产物。对他而言，只要承认空白的效力，即可移除旧认同、建构新认同来建立另一种民族认同。但此未免过于虚拟现实——好像"民族认同"是可以当成拿在手上的具体事物，可随手移入某空间再由某空间移走。这反而减损了"空白主体"的说服力，何况那些美丽但自相矛盾的装饰语术，很难令人安心承认此"空白主体"的提法可以成立。

同理，当陈昭瑛质疑"台独"："台湾主体不能排除本身的中国性，否则'台湾性'将所剩无几。"廖朝阳的响应，就更令人感到其"空白主体"其实只是替"台独"意识形态服务的工具，带着学术名词被玩弄的光景。其言曰：

> 如果本文的看法可以成立，那么这个问题（按：指陈昭瑛质疑"台独"的"台湾性"所剩无几）的正解恰恰是："台湾性"不但不必剩下什么，而且还要进一步在这个绝对主体的层次排除所有剩余，只留下一片空白。……从本文的立场来看……只有接受一个可以移出的层次，只有让主体变成一无所有，才能保存主体进入现实发展的所有可能（包括文化认同与政治组织的选择），也才能确保主体不会因为自体绝对化而走向压制对体（other）的极端。②

依其所述，"空白主体"也有避免主体绝对化而压制他者的用心。平心而论，廖朝阳这点关怀，是值得肯定的；但并未交代实质问题的关键——谁来决定移出、移入？（因为

① 廖朝阳：《中国人的悲情：响应陈昭瑛并论文化建构与民族认同》，《中外文学》1995 年第 23 卷第 10 期，第 112、114~121 页。

② 廖朝阳：《中国人的悲情：响应陈昭英并论文化建构与民族认同》，《中外文学》1995 年第 23 卷第 10 期，第 121 页。

主体已经空白啦!)如何进行?由谁判断移出、移入的内容是否恰适?依何判断?又该有多少单位的移出、移入,才能算是发挥"空白"的效力、确立了新的民族认同?等等。虽然他尝试补充说明:"这里的'移出'讲的当然不会是内容层次的排外、仇外,而是一种内容层次未必能实现(但也未必不能实现)的,主体层次的可能建构。"①"当上层文化训示与现实条件之间的距离大到一定程度,对认同的新解释不断产生,各种社会性的冲突与矛盾也表面化而成为必要解决的问题,这时的情况就可能会形成改变认同的要求。……文化主体含有公共性,而且主体本身是行动意志的来源……改变认同必须在理性与秩序下进行,不允许特定的局部意志对其他意志形成压制。"②但此无助厘清问题,反而更令人困惑。原来移出、移入只是形容一种主体建构的可能性?他说认同改变的时机得视现实变化情形而定,又以"文化主体的公共性"、"主体是行动意志的来源"来解释"空白主体"作用的所以可能。不但前述问题仍未能获得解决,反使其论述系统更加紊乱。更重要的是,他的空白主体论说得很复杂,却很容易令人识破其目的只有一个:为了改造台湾人身份认同,并为他们预先铺好选择"台独"国家组织的意识之路。

廖朝阳的混淆论述也表现在他对陈昭瑛的回应之上。陈昭瑛曾提醒"台独"主义者:讨论台湾文化主体时,莫忘台湾汉人三百多年来"都是写中国字、读中国书"。廖朝阳不能否认这段历史,干脆用耍赖的方式大谈"中国文化的悲情",其目的不外乎强调台湾文化与中国文化的对立,不但浮现了史明式的仇中意识,并再次突显其以空白主体取消文化主体的立场,其本身也示范了自外于中华民族文化的"异化"思维过程。其文曰:

> 用任何实质的文化内容来建立文化的主权归属,都会造成怪异的结果。如果三百多年来,台湾汉人"都是写中国字、读中国书的"(Chen 1995:32),那并不表示中国与台湾之间要形成某种关系:难道几百年来美国、澳洲、南非、印度是不写"英国字"、不读"英国书",难道20世纪以前的日本、韩国也写的不是"中国字",读的不是"中国书"吗?如果"中国和主体性对立"(32)是现阶段的事实,那正是因为中国文化总是不能摆脱本身的悲情;总是要透过掩饰空白来固定本身的内容。如果现阶段的中国文化与台湾文化形成对立,那正是因为台湾文化已经要走向移出自己的层次,中国文化却不能舍弃占有自己的要求。③

上述引文显示,廖朝阳刻意漠视三百多年来台湾汉人写中国字、读中国书,乃是自家文化的传承,此文化传统源远流长,不待某一皇权所制,其影响甚至超越朝代之上,就算政权灭亡了,文化传统还在。其与日本、韩国人写中国字、读中国书迥然不同,绝难相提并论。美国、澳洲、南非、印度人读写英文,系有其曾为英国殖民地的历史背景并付出代价,而且与汉人来台开垦落户、传承自家文化不同,何况台湾汉人传承中国文化多出于民

① 廖朝阳:《中国人的悲情:响应陈昭瑛并论文化建构与民族认同》,《中外文学》1995年第23卷第10期,第121页。

② 廖朝阳:《再谈空白主体》,《中外文学》1995年第23卷第12期,第107页。

③ 廖朝阳:《中国人的悲情:响应陈昭瑛并论文化建构与民族认同》,《中外文学》1995年第23卷第10期,第121页。

间自发，并在日常生活中体践。廖氏两相混淆，是因为他也服膺史明的虚构史观，把台湾史视为一部殖民和被殖民的历史。这正是自我取消文化主体的产物。

六、结论：儒家价值在后现代台湾的意义

文化主体意识失落是近代中国遭受西力冲击后，出现在知识阶层的普遍现象，曾经受到日本殖民统治的台湾亦不例外，而且夹杂西方文明、日本殖民的双重冲击，其历史效应一直延续到当代。但即使在日据时代，台湾并不乏像洪弃生这样传道无辍的儒者，以及像庄垂胜一样坚守文化信念的知识精英；基层民众除了在日常生活体现敬天尊祖的传统外，也以民间信仰形态传承儒家价值。台湾光复后，百多万大陆移民迁台，纵许不免有地域观念和族群隔阂，但不失共享敬天尊祖、敦厚人伦的基本价值。但"台独"主义者却对此文化传统视若无睹，而以后现代论述制造出非汉非原的"虚拟台湾人"和"虚构台湾史"来改造台湾人的身份认同，消解台湾人的文化主体性；其制造出虚构的台湾史观，已堂堂成为当前台湾的论述霸权，以及"台独"意识和行动的理论凭借。

但后现代主义就是真理吗？当然大有讨论空间。当"台独"主义者复制詹明信所谓消解主体、消解意义、文化商品化（或政治工具化）、人趋于物化（或以虚拟伪真）、价值虚无等后现代特性以达其政治目的时，却未能关注西方思想界已深自反思后现代社会的种种沉疴：物质丰富但精神却空虚而荒废，以享乐为原则却不能停止内心的焦虑；马克斯·韦伯所谓促动资本主义经济发展的"新教伦理"，早已在西方社会沦丧殆尽。[1] 而极端的个人中心主义，则使人成为三重隔绝的"自恋者"——既与他的祖宗隔绝，与他的同代隔绝，又与他的子孙隔绝；只首要关心他自己私欲的满足，并希望与他人平等。[2] 有人甚至谓之为"粪朽的文化"，意指它已是一幅烂掉的文化场景：纵欲无度、狂欢空虚、忧伤垂死，而充斥着"恐慌的性"、"恐慌的哲学"、"废墟中的科学"、"废墟中的历史"、"废墟中的理论"等，文化变为肮脏、粪朽、放荡，已形同"自杀性的虚无主义"。[3] 这些西方识者对己身后现代社会文化的描述，难道没有若干可以用来反思后现代主义当道的台湾社会吗？

此外，现代社会中的科学、知识、技术、资本、欲望，乃至于统治系统毫无节制的超度发展，已成为伤害文化的野蛮力量：它们将宗教、伦理、艺术三个文化的内容和本质逐出了世界。因此，欧洲学界出现后现代主义转向，或超越后现代心灵的反省论，呼吁重建形而上学、艺术和宗教价值。[4] 当西方自己开始批判他们自己的"后（期）现代"文化时，后现代台湾的认同分裂、主体丧失、价值虚无、历史虚构等现象，难道不需要反省、批判吗？处于国族认同分裂、虚构史观垄断、文化主体失落的后现代台湾，儒家传统在备受时

---

① 河清：《现代与后现代——西方艺术文化小史》，中国美术学院出版社 1998 年版，第 310～311页。

② 语出法国学者 A. Finkielkraut，转引自河清：《现代与后现代——西方艺术文化小史》，中国美术学院出版社 1998 年版，第 311～319 页。

③ 河清：《现代与后现代——西方艺术文化小史》，中国美术学院出版社 1998 年版，第 324～325页。

④ 这里所指的呼吁出自法国学者 Bernard-Henri Levy，转引自河清：《现代与后现代——西方艺术文化小史》，中国美术学院出版社 1998 年版，第 322～323 页。

代挑战之际，还能扮演什么角色？提供哪些价值资源？

牟宗三先生尝于1949—1959年，为文指出近代西方文明的时代之病的症结，端在文化理想在下列几方面的失调与冲突：由建立民族国家而演变为帝国主义；发展科学而忽视价值德性的学问；实现自由民主而使人心趋于庸俗化乃至丧失创建的主体。① 当时他提出时代问题的症结在于文化理想不足、价值德性不讲、创建主体失落，"后现代"论述尚未出现，但对当前的后（期）现代社会仍然适用。他并从上帝隐退、人无定义、主体丧失、价值动摇等方面说明近代西方文明之病的肇致原由。② 他认为对治的关键在于以健康的"理想主义"，唤醒人之价值意识、文化意识与历史意识。③

对牟先生来说，这些察照与对治的核心目的，系在以确立价值之源的根本，由此而言文化意识、历史意识，进而阐明文化之所以悠久的超越根据，兴发文化创建生生不息之宏愿，也就是价值意识。牟先生指出：提高文化意识之要旨之一即在于开发价值观念——建立人文主义所涵摄的三个部门：（1）道统之肯定，即肯定道德宗教之价值，而且在学问上能维系道统不断；在文制上，能建立日常生活的常轨。（2）学统之开出，即以"知性主体"融纳西方知识论传统，追求学术之独立性，使"学之为学"的统脉得以承续。（3）政统之继续，即肯定民主政治之必然，并疏导其基本与价值，促其成为政治生活的常轨。牟先生认为：这"三统"不但是中国文化的未来方向，也是涉及人性和人道的觉醒，以及人性价值的开发。④

但当前台湾的民主政治已走到为夺取政权不惜自毁道统、解构学统、截断政统，亦不讲价值意识、文化意识与历史意识的田地。牟宗三先生的对治之道，本系针对整个近代西方文明的病症而提；但就本文所讨论的后现代台湾陷于国族认同分裂、文化主体失落、历史意识错乱的困境而言，尤其值得借镜。牟先生所谓"健康的理想主义"，即是"道德的理想主义"，也就是儒家传承数千年的孔孟成德之教"怵惕恻隐之仁"；依其意，从根源上说，"仁"是内在主体，并且是了悟"性命天道"的机窍；以"仁"把握人所以为人的价值之源，在"人与自我"、"人与天"的基础上确立"人性论"，并期使时代能正视人性的尊严，且对人性有正确而深入的了悟。就实践上说，则经由"践仁"过程重新肯定家、国、天下（大同）的价值；推而扩之，即是"与天地万物为一体"，即是在"人与人""人与自然"的基础，确立人并非孤立，而是与他者互为主体的存在原理。重建人与天地、自我与他者互为主体的连结关系，并在此基础上发展人文精神与成德之教，启发理性自觉和价值自觉的文化意识，体知往圣先贤精神的贯注所在，敬重先人缔造传承的历史，善尽人文化成与爱而成全的智慧。牟先生认为，唯有确立"仁"在价值根源和实践理想的核心作用，才能在虚

---

① 牟宗三：《道德的理想主义》修订版序，台湾学生书局1978年版，第3页。

② 牟宗三：《论上帝隐退》、《论人无定义与人无人性》、《自由与理想》，《道德的理想主义》，台湾学生书局1978年版，第186~202、115~313、106~111、138~141页；另参见黄丽生：《儒家伦常在现代以后的价值重建——以"道德的理想主义"为中心》，收入潘朝阳主编：《跨文化视域下的儒家伦常》，台湾师大出版中心2012年版，第73~139页。

③ 牟宗三：《道德的理想主义》修订版序，台湾学生书局1978年版，第3~4页。

④ 牟宗三：《道德的理想主义》修订版序，台湾学生书局1978年版，第6页；《人文主义的基本精神》，《道德的理想主义》，台湾学生书局1978年版，第151~157页。

无沉闷的时代竖起一立体之纲维。①

后现代主义的诸多主张中，或有以解构论述来抗衡现代化体制结构之宰制性的用心，但解构力量弥漫肆滥的结果，已沦为人为非人、文化非文化、民族非民族、历史非历史等价值虚无、以假乱真的地步；在台湾它甚至已成为裂解国族认同、弱化文化主体以进行政治斗争的霸权工具。儒家价值在后现代台湾的意义，就像当年孔孟处于乱世一样，要不断唤醒人的"仁"心与为人之道：人有道德主体，有创建的能动性，有恻隐、羞恶、辞让和分辨是非的本心，有止于至善的理想。儒家价值在台湾的体践，应包含本此"仁"教的理想主义，唤醒人之价值意识、文化意识与历史意识，以道统维系、学统建构、政统延续的承担，确立看待过去、现在和未来的文化信念，建立和而不同、而非竞相对立的他我关系，摆脱被刻意制造的仇恨意识和虚构史观，重拾与民族历史文化荣辱与共的信心，满怀知其不可而为的礼运大同愿景，才能庶几化解后现代社会价值崩解、体制离散的危殆。如此，则台湾虽小、世界有尽，但人文愿心与文化生命犹可无穷；② 台湾也唯有超越国族认同分裂、重建儒家文化理想，才能真正超克后现代社会的种种沉痾。

（作者单位：台湾海洋大学海洋文化研究所）

---

① 牟宗三：《道德的理想主义》修订版序，台湾学生书局 1978 年版，第 4~5 页；《道德的理想主义》，台湾学生书局 1978 年版，第 227~232 页。

② 牟宗三先生以"世界有穷愿无穷"为题，提出"以理生气"观，说明民族生命能创造文化，故亦得进而言"文化生命"。参见氏著：《世界有穷愿无穷》，《道德的理想主义》，台湾学生书局 1978 年版，第 204~226 页。

从游之义下的熊十力学派*

□ 谢远笋

引　言

现代新儒学大师虽不是教育专家，但在教育理论与实践上都有着独特的贡献。他们主要以书院为依托，弘扬本有的道德心性之学，重振传统书院制度下养成德性、成就人格的儒家式教育，如 20 世纪三四十年代马一浮创办的复性书院、梁漱溟创办的勉仁书院、张君劢创办的学海书院及民族文化书院等。熊十力是勉仁书院主要的参与者，抗战期间牟宗三跟随熊先生多年，唐君毅、徐复观也曾从游于熊先生，深受他的启发。唐、牟、徐同为第二代现代新儒学重镇，他们承续儒家传统的生命精神，以重建儒学道统为己任，并在此基础上吸纳融合西学，以谋求中国文化和中国社会的现代化出路。1949 年后，唐、牟、徐赴港台从事教育与学术活动，下开港台及海外新儒家的线索，由刘述先、杜维明等人继承其统绪。因此关于现当代新儒学思潮，除了有广义的"现代新儒学"概念以概括其全，又有狭义的"当代新儒家"名称专指"熊十力学派"，即奉熊十力为开祖，经唐、牟、徐之发展，由杜刘等人接续。[①]"当代新儒家"认为"心性之学乃中国文化之神髓所在"，尤以1958 年发表的《中国文化与世界宣言》（唐、牟、徐与张君劢联署）为其判准。宣言开掘宋明理学以来的新儒学传统，开启儒学的现代性转进之路，将港台发展成新儒学最重要的阵地，在思想文化界影响深远。

清华前校长梅贻琦曾作《大学一解》，将传统儒家式教育概括为"从游"之义，文中讲道："古者学子从师受业，谓之从游，孟子曰，'游于圣人之门者难为言'，间尝思之，游之时义大矣哉。学校犹水也，师生犹鱼也，其行动犹游泳也，大鱼前导，小鱼尾随，是从游也，从游既久，其濡染观摩之效，自不求而至，不为而成。反观今日师生之关系，直一

＊ 本文为武汉大学自主科研项目（人文社会科学）研究成果，得到中央高校基本科研业务费专项资金、武汉大学人文社会科学青年学者学术团队建设计划资助。

[①] 参见刘述先：《论儒家哲学的三个大时代》，香港中文大学出版社 2008 年版，第 192 页。又见余英时：《钱穆与新儒家》第四部分《与新儒家的关系》，《现代儒学论》，上海人民出版社 1998 年版。

奏技者与看客之关系耳，去从游之义不綦远哉！"①中国传统书院教育，师弟朝夕相处，身教胜于言教，师长循循善诱，点醒启发，弟子逆觉体证，深造自得，不似今日之知识贩售，正是"从游之义"的生动体现。作为现当代中国哲学史上的一段有趣的佳话和颇有深意的文化现象，熊十力学派无疑也是"从游之义"的绝佳例证。在台港期间，唐牟徐虽也在体制内的高校任教，但就对弟子的影响而言，从游于先生恐远胜过课堂上的知识传授，如唐牟对鹅湖学派的影响。本文借熊十力与唐牟徐之师友一伦的探讨，以发明儒家从游之义，并为认识"熊十力学派"提供一个独特的视角。

一、"生命的学问"的契入

儒学是生命的学问。中国哲学家的哲学智慧是从他的精神人格中流淌出来的，知识和德性在他身上统一而不可分。遵循自己的哲学信念而生活，这本身就是其哲学的组成部分。用金岳霖的话来说，"对于他，哲学从来就不只是为人类认识摆设的观念模式，而是内在于他的行动的箴言体系；在极端的情况下，他的哲学简直可以说是他的传记"②。熊十力的哲学就是从他真实生命中流淌出来的，他的哲学绝非智力游戏，其背后总有一个活生生的人呼之欲出。他说："吾平生著述与笔札之属，字字从胸中流出。稍有识者，当能知之。"③与当时学院派的哲学家不同，来自社会底层的熊十力是直感型的哲人，他将对民间疾苦的亲身体验，融进哲学创作中去。他的哲学智慧、圣贤气象和崇高人格浑然一体。④

熊十力的真理在他的生命中。用牟宗三的话来说，这种真理不是数学的真理，不是考据的真理，不是靠证据来分辨真伪的真理，而是内容真理(Intensional Truth)。数学、物理等自然科学真理，考据等所谓客观史学是外延真理(Extensional Truth)。这类真理是平面的，尽量把自己的生命推到一边，以表示客观，又把自己所研究的对象推出去，使其对象化，客观化。⑤ 显然外延真理只关事实，不问价值，是外在性知识而与生命无关，属于非存在领域。牟宗三借用耶稣的话——"我就是道路，真理，生命"，来解释熊先生的学问与生命的浑然一体。他说熊先生"真实生命的呈现便是光辉，光辉便是真理，这种真理便是内容真理"⑥。徐复观也曾这样评价熊先生，他说熊氏"牺牲个人现实上的一切，以阐发中国文化的光辉，担当中国文化所应当尽的责任。他每一起心动念，都是为了中国文化。生命与中国文化，在他是凝为一体，在无数惊涛骇浪中，屹立不动"⑦。

————————————

① 梅贻琦：《大学一解》，《中国大学教学》2002 年第 10 期，第 45 页，原载《清华学报》1941 年 4 月第十三卷第一期。

② 语见冯友兰著，涂又光译：《中国哲学简史》，北京大学出版社 1996 年版，第 10 页。

③ 熊十力：《新唯识论》语体文本，卷下之二，萧萐父主编、郭齐勇副主编：《熊十力全集》第 3 卷，湖北教育出版社 2001 年版，第 538 页。

④ 参见郭齐勇：《熊十力哲学研究》，人民出版社 2011 年版，第 2 页。

⑤ 参见牟宗三：《时代与感受》，《牟宗三先生全集》23，台湾联经出版事业公司 2003 年版，第 280、281 页。

⑥ 牟宗三：《时代与感受》，《牟宗三先生全集》23，台湾联经出版事业公司 2003 年版，第 291 页。

⑦ 徐复观：《悼念熊十力先生》，《徐复观文录选粹》，台湾学生书局 1980 年版，第 340 页。

内容真理不是科学研究意义上外在的、客观的对象，而是真实生命的呈现。熊十力的生命就是一个现实的见证。牟宗三曾用"不无聊"三个字来形容熊氏。有人学问大，地位高，但从生命格调上看，都未能免俗。熊十力做到了不俗。牟宗三说："什么叫俗，再粗浅的说，就是任何人都有无聊的时候，无聊便是俗。"①人见面的时候总免不了说一些无聊的话、敷衍的话，可熊氏从来没有这种无聊的地方。不管与什么人见面，也不管有没有用，达官显贵也好，凡夫俗子也好，对任何人他都讲他那一套。熊氏没有敷衍，没有无聊。这就是真实，熊十力的全部生命都凝聚在这里，也表现在这里。儒家哲学虽可与康德哲学沟通，但在这一点上是不同的。康德哲学建立了宏伟的理论架构，最终却将自由意志讲成实践理性的悬设。在儒家哲学中，良知绝不是假定，而是呈现。牟氏的《五十自述》中记载了熊十力与冯友兰关于"良知"的一段争论，冯氏认为良知是个假定，而熊氏认为"良知是真真实实的，而且是个呈现，这须要直下自觉，直下肯定"。牟宗三感叹说："良知是真实，是呈现，这在当时，是从所未闻的。这霹雳一声，直是振聋发聩，把人的觉悟提升到宋明儒者的层次。"②在熊氏看来，良知不是假定，而在真实的生命中得以呈现。

孺子入于井处有良知呈现，熊十力也是良知呈现的见证。在牟宗三看来，虽然在哲学系统、哲学概念方面他比熊先生知道得多，熊氏终其一生并未写出计划中的"量论"，仅在《原儒》绪言中拟订了一个简略的《量论》提纲，他自己倒是写出几部有关知识论的著作，但这并不表示他比熊先生高明，他只是顺着熊先生所呈现的内容真理将其建立起来的。牟氏的《认识心之批判》（1956年）、《智的直觉与中国哲学》（1971年）、《现象与物自身》（1975年）等都是与知识论有关的重要著作③。虽然他讲的知识论超出了我们通常所理解的认识论或知识论畛域，具有本体论的意义，但其中包含了许多会通康德哲学与中国哲学所创发的有关知识论的洞见。在熊十力的哲学体系中，"量论"是对本体的一种体证或契悟的方法论，熊氏未能使用概念化、逻辑化的哲学语言系统表达之，却能以自己的生命具体实践之。所以牟宗三说，世俗之见或许会认为他超过了熊先生，但真正了解起来，其实差得远。

牟氏认为，熊先生的学问不无商榷之处，但不能用一般所谓客观的标准来衡量。他的哲学智慧是从他突出的生命中发出来的，直指人心而使人的生命突进，其价值恰恰体现在主观面上。牟氏说："熊师那原始生命之光辉与风姿，家国天下族类之感之强烈，实开吾生命之源而永有所向往而不至退堕之重大缘由。吾于此实体会了慧命之相续。熊师之生命实即一有光辉之慧命。当今之世，唯彼一人能直通黄帝尧舜以来之大生命而不隔。此大生

---

① 牟宗三：《时代与感受》，《牟宗三先生全集》23，台湾联经出版事业公司2003年版，第291、292页。

② 牟宗三：《五十自述》，《牟宗三先生全集》32，台湾联经出版事业公司2003年版，第78页。《五十自述》第五章《客观悲情》前半部分，曾以《我与熊十力先生》为题刊于台北《中国学人》创刊号（1970年3月），后收入《生命的学问》一书（台湾三民书局1970年初版）。

③ 第三代当代新儒家代表人物杜维明，在1984年提出"体知"（郭齐勇将杜维明有关"体知"的论述，以《论体知》之名编入《杜维明文集》第五卷，武汉出版社2002年版）的思想以诠释不同于主体与客体、道德与知识决然二分的现代知识论的儒家认识途径，杜氏所言之"体知"，不仅具有认识论的意义，也具有本体论、宇宙论和道德实践的意义，"体知"之论沿着熊十力、牟宗三的线索，往前推进了儒家传统的知识论。

命是民族生命与文化生命之合一。他是直顶着华族文化生命之观念方向所开辟的人生宇宙之本源而抒发其义理与情感。他的学问直下是人生的，同时也是宇宙的。"①义理的彰明和情感的抒发离不开语言文字，但又不可拘泥于语言文字。文字概念与真实生命毕竟隔了一层，因此不能从名言、名相上去衡量熊十力的学问。

严格说起来，中国哲学不是一种外在性、对象性的客观知识，而是真实生命的呈现。因此学哲学并不仅仅是知识的获取，而且也是人格的践履。若局限于外延真理，始终隔了一层。不打落到"存在的"领域，便无法接触关于生命的学问。西方学问以"自然"为首出，以"理智"把握自然；中国学问以"生命"为首出，以"德性"润泽生命。从自然到生命，既须扭转，又须向上。如此方能以存在的现实契悟生命的学问。② 可是由外延真理转到内容真理，却有极大的困难，谈何容易。熊十力便有这本事，他能使人生命突进，由外延真理的领域突进到内容真理的领域，将人由"非存在领域"打落到"存在论域"。牟宗三契入"生命的学问"，正是源于熊先生的点醒。据蔡仁厚编纂的《牟宗三先生学思年谱》：牟氏"从外在化提升一步，而内转以正视生命，契入儒圣之学，是即熊先生启迪振拔之功也"③。牟宗三曾回忆他第一次见到熊先生，感觉自己"始见了一个真人，始嗅到了学问与生命的意味。反观平日心思所存只是些浮薄杂乱矜夸邀誉之知解，全说不上是学问。真性情、真生命，都还没有透出来，只是在昏沉的习气中滚。我当时好像直从熊先生的狮子吼里得到了一个当头棒喝，使我的眼睛心思在浮泛的向外追逐中回光返照，照到了自己的'现实'之何所是，停滞在何层面。这是打落到'存在的'领域中之开始机缘"④。熊十力常对后生说："你不要以为你懂，你其实不懂！"⑤这话无疑也是一棒喝。其实熊先生的意思是说你所懂得的尚停留在外延真理的层面，并没有从外在的追逐中回到内在的本心，在内容真理的层面实未懂。

当时的学界为留洋学人主导，源自西方的实证主义、唯科学主义、进化主义大肆流行，反传统主义甚嚣尘上。思想界的主流唯考据是从，中国哲学所讲的德性义理、人格价值普遍遭到轻视，甚至不被承认，弃之如敝履。毫无疑问，这类学问只落在非存在领域，而与存在领域无关。徐复观曾如此描述熊十力思想的洞察力与文字的穿透力，他说："熊先生则对古人紧要的语言，层层透入，由文字以直透如古人之心；而且文字表现的天才，又能将其所到达者，完全表现出来。先生每遣一辞，立一义，铢秤寸度，精确分明，语意上不能稍作左右前后之转移。而古人之心，乃跃然于纸上。必如此而言中国文化，始真有

①　牟宗三：《五十自述》，《牟宗三先生全集》32，台湾联经出版事业公司 2003 年版，第 92 页。

②　参见牟宗三：《五十自述》，《牟宗三先生全集》32，台湾联经出版事业公司 2003 年版，第 79 页。

③　蔡仁厚：《牟宗三先生学思年谱》，《牟宗三先生全集》32，台湾联经出版事业公司 2003 年版，第 4 页。

④　牟宗三：《五十自述》，《牟宗三先生全集》32，台湾联经出版事业公司 2003 年版，第 76～77 页。

⑤　语见牟宗三：《时代与感受》，《牟宗三先生全集》23，台湾联经出版事业公司 2003 年版，第 279 页。熊先生对徐复观也说过类似的话，参见徐复观：《徐复观文录选粹》，台湾学生书局 1980 年版，第 315 页。

中国文化之可言。"①熊十力正是在只重文字训诂、否定体认功夫的风气下，弘扬中国本有的生命的学问的，并通过点醒，敲打，甚至责骂，启发人由外在化提升起来而向内转以正视生命，由"存在的"现实而契悟生命的学问。

二、起死回生的一骂

徐复观青年时在武昌的湖北国学馆学国学，曾得到国学大师黄侃的赏识和王葆心的栽培，打下了很好的国学基础，后又长期在军政界供职，曾担任侍从室秘书，授少将军衔。抗战期间，徐复观慕名前往拜谒熊十力，经熊氏起死回生的一骂，渐从政治圈转向学术界，沉潜于中国历史文化研究。于知命之年才正式转入学界的徐氏，在儒家思想与中国知识人的性格命运、中国传统文化、中国艺术精神等领域，著述宏富，体大思精，氏著《两汉思想史》、《中国思想史论集》及续编、《中国艺术精神》等都堪称经典。

徐复观是风骨嶙峋的勇者型的人物，他一生在学术与政治之间，"以传统主义卫道，以自由主义论政"，大力发掘中国文化的人文精神，致力于儒家政治理想与现代民主政治的融通。他极富道德勇气，经常批评时政，在政治上主张民主自由人权。在文化上，他是中华民族文化根基的执着守护者，曾誓言"要为中国文化当披麻戴孝的最后的孝子"，对肆意毁辱中国传统文化的西化派人士展开了毫不留情的批判与斗争。

熊十力与徐复观师弟关系的最初机缘要追溯到 1944 年。当时他身着军服到北碚金刚碑勉仁书院初谒熊十力，请教熊氏应该读什么书。熊十力教他读船山的《读通鉴论》。徐复观颇为自得地说，那书早年已经读过了。熊十力以不高兴的神情说："你并没有读懂，应当再读。"过了些时候，徐复观再去看熊十力，说《读通鉴论》已经读完了。熊十力问："有点什么心得？"于是徐便接二连三地说出许多他不同意的地方。熊十力未听完便怒声斥骂道："你这个东西，怎么会读得进书！任何书的内容，都是有好的地方，也有坏的地方。你为什么不先看出他的好的地方，却专门去挑坏的；这样读书，就是读了百部千部，你会受到书的什么益处？读书是要先看出他的好处，再批评他的坏处，这才像吃东西一样，经过消化而摄取了营养。譬如《读通鉴论》，某一段该是多么有意义；又如某一段，理解是如何深刻；你记得吗？你懂得吗？你这样读书，真太没有出息！"②这一顿痛骂，骂得徐复观这个陆军少将目瞪口呆。对他而言，这次见面无疑是醍醐灌顶。

正是熊十力起死回生的一骂，让徐复观重新找到了自己生命的方向和归宿。正如徐复观后来回忆时所说，这对他是"起死回生的一骂"，恐怕对于一切聪明自负，但并没有走进学问之门的青年人、中年人、老年人，都是起死回生的一骂！这次见面对徐复观后半生的影响甚巨，从此他决心步入学术之门。以后徐复观与熊十力见面，每谈到某一文化问题时，熊氏在听了他的议论后，总是连劝带骂的说："你这东西，这种浮薄的看法，难道说我不曾想到？但是……这如何说得通呢？再进一层，又可以这样的想……但这也说不通。经过几个层次的分析后，所以才得出这样的结论。"③这无疑也是当头棒喝。因受到熊十力

---

① 徐复观：《悼念熊十力先生》，《徐复观文录选粹》，台湾学生书局 1980 年版，第 341 页。
② 徐复观：《我的读书生活》，《徐复观文录选粹》，台湾学生书局 1980 年版，第 315 页。
③ 徐复观：《我的读书生活》，《徐复观文录选粹》，台湾学生书局 1980 年版，第 315 页。

的不断锤炼，徐复观才从个人的浮浅中挣扎上来，不再被浮浅的风气淹没下去，从而找到了自己的精神方向，将满腔真情倾注于中华文化的存亡绝续上。徐复观后来在回忆这一经历时说："我决心扣学问之门的勇气，是启发自熊十力先生。对中国文化，从 20 年的厌弃心理中转变过来，因而多有一点认识，也是得熊先生的启示。"①1949 年后，徐复观在台湾与香港两地从事教育与学术活动，先后任教于台湾省立农学院、东海大学、香港新亚研究所等院所。正因为当时徐复观、牟宗三两位先生都在东海任教，1957 年杜维明慕名报考了该校，其后也正是因为徐复观的慧眼识贤，杜维明方由外文系转入中文系，也因此确定了自己的学术方向，并最终成为又一位新儒学大师。

徐复观是从鄂东巴河岸边的穷乡僻壤成长起来的大思想家。他的生命永远和浠水故地的"破落的垮子"连在一起，他说自己"真正是大地的儿子，真正是从农村地平线下面长出来的"②。20 世纪三四十年代，徐复观又长期在军政界任职，并一度接近权力中枢，对现实政治有着切身的体验与深刻的反思。徐复观与唐君毅、牟宗三虽为同道，但徐氏早年的农村生活经验，特别是他长期任职军政界的独特人生经历，使得他在学术旨趣上与唐君毅、牟宗三又有不同。徐氏并不是纯粹思辨性的、书斋型的思想家，他无意于形上学体系的建构，现实的中国社会才是他关注的焦点。他说自己写文章绝不是为了哗众取宠，而是在时代的激流之中以感愤的心情写出来的，在他的每一篇文章中都含有若干有血有肉的东西在里面。③徐氏说："我以感愤之心写政论性的文章，以感愤之心写文化评论性的文章，依然是以感愤之心，迫使我作闭门读书著书的工作。最奈何不得的就是自己这颗感愤之心。"④本着这颗不容自已的"感愤之心"，他为那些沉默的劳苦大众发声，将庶民的呜咽呻吟付诸文字。徐复观的论著历来以文风雄健、思想透辟、言词恳切著名，原因正在于此。他的杂文，特别是其中论及家乡、双亲、师友的部分，堪称思想性与文学性统一的典范。

徐氏的文章极具存在实感，他的学问无疑也是"生命的学问"。徐氏笔下的农村荒寒、破落、穷苦、百孔千疮，但却是充满"人情味的世界"，是真正"人的世界"。正是儒家教化的浸润，"使中国的农村不是由鞭子所造成的冷酷黑暗，而富有温暖光辉，以积蓄发展民族的生命，这实在是支持中国历史的主力"⑤。徐氏笔下的人不是异化状态下单向度的人，而是具有多个面向的活生生的人。正如陈昭瑛所言，"他认为人是有血有肉的具体生命。因此，他非常重视人性中感性与理智所共同构成的整体性，他反对理智对感性的专制，他常觉得感性与理智之间的关系是互动的。对有情世界的关怀、探索，甚至耽美而不思自拔，这一特点，若放在秦汉以后便渐有禁欲性格的儒学史中来考察，是复观先生最突

---

①　徐复观：《我的读书生活》，《徐复观文录选粹》，台湾学生书局 1980 年版，第 315 页。

②　徐复观：《谁赋豳风七月篇——农村的记忆》，《学术与政治之间》，台湾学生书局 1980 年版，第 75 页。

③　参见徐复观：《再版序》，《中国思想史论集》，台湾学生书局 2002 年版，第 3 页。

④　徐复观：《自序》，《徐复观文录选粹》，台湾学生书局 1980 年版，第 2 页。

⑤　徐复观：《谁赋豳风七月篇——农村的记忆》，《学术与政治之间》，台湾学生书局 1980 年版，第 77 页。

出的一点"①。徐氏认为，中国文化是心的文化，它是具体的存在而以实践为其基本性格，不是由信仰或思辨所建立的某种形上建构。徐氏指出："心的文化是非常现成的，也是大众化、社会化的文化。王阳明曾叹息说他在龙场驿讲学时，乡人野老都能明白，反而回到中原后不能为许多人所了解，因中原士大夫都各有成见，不及龙场驿的人，都非常纯朴，能自然与自己之心相合。"②所谓"礼失求诸野"，传统中国的乡村少了那些繁文缛节、矫揉造作，反而能体现儒学生机勃发、情致充沛的一面，显示出中国文化中的淳朴与真实。徐氏此论显然是与他的存在体验密切相关的。

三、思想转变的机缘

唐君毅思想的转变及对中国哲学的全面体悟，同样与熊十力其人其学的精神感召、思想影响密不可分。唐君毅青年时代倾心于自然科学和西方新实在论。1928 年，熊十力应汤用彤之邀，赴南京中央大学哲学系上课三月，讲授新唯识论。时唐君毅就读中央大学，从游于先生。这期间，对于熊十力将本心仁体作为万化之源、万有之基的形上本体，唐君毅不甚了了，不能把握其义，于是就在讲堂上向熊先生提出质疑，熊先生仰天大笑，并不予置答，这为唐君毅日后索解中国哲学的真精神留下了一个契机。

唐君毅当时的看法是：唯由科学以通哲学，乃为哲学之正途。熊、唐的思想分歧，《十力语要》卷二中显露无遗。1936 年至 1938 年间，他们在通信中反复讨论过心与性、科学真理与玄学真理、思辨与体认的关系问题。唐君毅考虑的是如何从分析科学中之概念、假说以汇归或依附于玄学，即科学真理与哲学真理的流通问题。熊十力则批评近世学术，重客观而黜主观，虽于物理多所甄明，而于宇宙真理、人生真性之体验，日益疏隔而陷于迷离状态。熊先生坚持扫相证体的观念，认为科学解析只能得宇宙之分殊，玄学证会才能得宇宙之浑全。熊十力关于建立道德心性为本体的文化哲学思想，一直到 1942 年才为唐君毅所接受。唐君毅学术思想的重大转折发生在 1942 年至 1944 年。1943 年出版的、收集 1934—1941 年所写论文的《中西哲学思想之比较研究集》代表了他早期的思想，而 1944年出版的《人生之体验》、《道德自我之建立》才成为新的界碑。唐君毅由思辨地了解世界和自然宇宙论的观念转变到体悟地理解世界、确立"道德自我"的中心观念，显然有一个过程。发生这种变化的主因是唐君毅本人的生活体验；外在原因一是康德、特别是黑格尔的影响，二是与熊十力、牟宗三等师友的砥砺、接引。③

1951 年，唐君毅在谈到他的思想转变时说："余在当时，虽已泛滥于中西哲学之著作，然于中西思想之大本大源，未能清楚。当时余所谓天人合一之天，唯是指自然生命现象之全，或一切变化流行之现象之全……对中国哲学思想，唯于心之虚灵不滞、周行万物一义，及自然宇宙之变化无方无往不复二义，有一深切之了解……又受新实在论者批评西

① 陈昭瑛：《一个时代的开始：激进的儒家徐复观先生——纪念徐复观先生逝世七周年》，《台湾文学与本土化运动》，台湾台大出版中心 2009 年版，第 336 页。此文又收入《徐复观文存》，台湾学生书局 1991 年版。

② 徐复观：《心的文化》，《中国思想史论集》，台湾学生书局 2002 年版，第 249 页。

③ 参见郭齐勇：《熊十力哲学研究》，人民出版社 2011 年版，第 251、252 页。

方传统哲学中本体观念之影响，遂对一切所谓形而上之本体，皆视为一抽象之执着。故余于中国文化精神一文，开始即借用《易经》所谓'神无方而易无体'一语，以论中国先哲之宇宙观为无体观。此文初出，师友皆相称美，独熊先生见之，函谓开始一点即错了，然余当时并不心服……唯继后因个人生活之种种烦恼，而于人生道德问题，有所用心，对'人生之精神活动，恒自向上超越'一义，及'道德生活纯为自觉的依理而行'一义，有较真切之会悟，遂知人有其内在而复超越的心之本体或道德自我，乃有《人生之体验》、《道德自我之建立》二书之作，同时对熊先生之形上学，亦略相契会。"①不难看出，唐氏对中国哲学慧命的契悟及导致的思想转变，与熊先生的点醒密切相关。1969 年，唐氏在其大著《生命存在与心灵境界》的后序中，又重提熊先生对他的启发、引导，同时又指出他在哲学义理上所契于熊先生的，是先已有所见得而后有所印证、契合的。

在理想人格的追求上，唐君毅与熊十力也有一致性。这不仅表现在他们对道德本体、道德人格的高扬，而且表现在他们的智慧与生命的应合，真的生活、真的人格、真的知识的统一。对人格与学问一致的坚持，尤能体现在唐君毅的书院情结中，他在书院办学实践中一贯秉持这一精神。抗战结束后，唐氏与程兆熊等人尝试恢复南宋大儒朱熹与陆九渊曾经的论学之地，位于江西铅山的鹅湖书院，并得到了钱穆、牟宗三等人的支持。牟氏甚至草拟了《江西铅山鹅湖书院缘起暨章则》②，首次提出著名的"儒学三期说"。但是，由于时局原因，重振鹅湖书院的计划最终未能实现。1949 年，唐君毅与钱穆等现代新儒家人物在香港创办新亚书院③，上溯宋明书院讲学精神，旁采西欧大学导师制度，旨在承续中国传统文化，并使其与现代学术结合，强调求学做人，齐头并进，融通合一。牟宗三稍后也在台北发起"人文友会"，开设书院式的人文讲习会。在唐君毅看来，"教学最后的目标就是要成就一个个的'人'。所以教学生如何做人是办学的第一义；传授知识与鼓励学术的研究是第二义；说到学校的课程的编排与学生们考试成绩的问题是第三义"④。

传授知识系统的只是经师，开启生命新机的方为人师。《新亚学规》讲道："中国宋代的书院教育是人物中心的，现代的大学教育是课程中心的。我们的书院精神是以各门课程来完成人物中心的，是以人物中心来传授各门课程的。""每一个理想的人物，其自身即代表一门完整的学问；每一门理想的学问，其内容即形成一理想的人格。"⑤学规坚持寻求知识与成就人格的统一，主张学生应透过师长来接触人类文化史上的伟大学者、伟大学业与事业，进而在寻求伟大学业与事业中来完成自己的人格，切莫忘失了自己的人格来专为知识而求知识。源自西方的分科式的现代教育体系，对中国教育从传统到现代的转型产生了深远的影响，但也造成了分科的单一化、知识的平面化等诸多问题。新亚书院以弘扬儒学为己任，素持人文主义教育理想。在 20 世纪 70 年代香港中文大学改制过程中，钱穆与唐

---

① 唐君毅：《自序》(述本书缘起)，《中国文化之精神价值》，台湾正中书局 1953 年版，第 1~2 页。

② 此文后收入《牟宗三先生未刊遗稿》，《牟宗三先生全集》26，台湾联经出版事业公司 2003 年版，第 13~20 页。

③ 1949 年创立时名为亚洲文商学院，1950 年改组并易名为新亚书院。

④ 唐君毅：《办学的三大义与教学的三大事——新亚书院一九五九年春季开学典礼会上讲辞》，收入《中华人文与当今世界补编》(上)，《唐君毅全集》卷九，台湾学生书局 1991 年版，第 509 页。

⑤ 《新亚学规》，《新亚教育》，香港新亚研究所 1981 年版，第 2 页。

牟徐等先生一再坚持传统书院制，反对采取单一制的行政结构，并不惜以集体辞职抗议，原因正在于此。

余　论

牟宗三曾说："师友一伦，代表真理之互相启发，此即慧命相续。"①如果说"奏技者与看客之关系"对应的是记问之学，那么"从游"之义对应的就是"慧命相续"。牟氏在谈到熊十力对自己的影响时说："我由世俗的外在涉猎追逐而得解放，是由于熊先生的教训。这里开启了一种慧命。这慧命就是耶稣所说的'我就是生命'之生命，'我就是道路'之道路。而中土圣哲，则愿叫做'慧命'。"②熊先生常责备、教训弟子，是为了提撕其生命以向上翻转。牟氏说熊先生"是一个很突出的生命，他可以教训你，从这突出里面，你会感到有一种真理在你平常所了解的范围以外，这便是外延真理与内容真理之别"③。慧命的开启远非现在一般所谓的教育所能达成。教育者不仅要将外延真理传授给被教育者，更要启发他们突进至内容真理的层次，这样才能真正进入到"生命的学问"的领域，否则便无法突破实证性经验知识的界限，沉溺在昏沉的习气中而无法契悟良知。

徐复观也曾说："所谓大节，是就个体生命，直通于国族生命，因而发生无穷无尽的责任感担当感而言。……在千百万知识分子中，唯先生有此大节要旨。"④在徐氏看来，真正的儒者是与国族的大生命相通的，甚至是向一切人类敞开自己的心灵的，是群而不党、周而不比的。熊先生正是这样的大儒，所以他才有真正的学生。徐氏在谈到熊十力对弟子的教训时说："熊先生对人的态度，不仅他自己无一毫人情世故；并且以他自己的人格的全力量，直接薄迫于对方，使对方的人情世故，亦皆被剥落得干干净净，不能不以自己的人格与熊先生的人格，直接照面，因而得到激昂感奋，开启出生命的新机。所以许多负大名的名士学者，并没有真正的学生，而熊先生倒有，其原因在此。"⑤唐牟徐均直接受到熊先生的接引，徐氏对熊先生的这一评价，显然也是着眼于师弟之间的生命感通与心灵契合，这正是从游之义，是慧命相续，而非知识传授。笔者认为只有在"从游"的视野下，方能正确认识"熊十力学派"，所谓"慧命之相续"也，否则不免视其为偏狭的"门户"。

实际上，唐、牟、徐三人都是个性鲜明的人物，唐是仁者型的，牟是智者型的，徐则是勇者型的。就学术旨趣而言，徐是思想史家，唐、牟是哲学家。陈昭瑛称徐氏为"激进的儒家"，而熊十力与唐、牟是"超越的儒家"；徐氏是以具体的、有血有肉的人为根本去掌握事物，而熊、唐、牟则是从超越的、先验的方面去掌握事物⑥。徐氏的确反对用西方

①　牟宗三：《中国哲学的特质》，《牟宗三先生全集》28，台湾联经出版事业公司 2003 年版，第 99 页。

②　牟宗三：《五十自述》，《牟宗三先生全集》32，台湾联经出版事业公司 2003 年版，第 80 页。

③　牟宗三：《时代与感受》，《牟宗三先生全集》23，台湾联经出版事业公司 2003 年版，第 282 页。

④　徐复观：《远奠熊师十力》，《徐复观杂文·忆往事》，台湾时报文化出版公司 1980 年版，第 227 页。

⑤　徐复观：《悼念熊十力先生》，《徐复观文录选粹》，台湾学生书局 1980 年版，第 341 页。

⑥　陈昭瑛：《台湾文学与本土化运动》，台湾台大出版中心 2009 年版，第 336 页。

形而上学的格套框限儒家思想，对师友熊十力、唐君毅颇有微词。① 但唐牟徐均重视儒学的实践性格，都主张儒学源自活生生的具体的人而与人的存在体验紧密相关。就"生命的学问"的契悟与体证而言，三人有着深刻的一致性，这充分体现在他们与张君劢联名发表的《中国文化与世界宣言》中。在笔者看来，徐与唐、牟的不同主要是学术进路的不同。徐氏是思想史家，他走的是即用见体（即器见道）的路子，即通过对具体的民族历史的研究，在生动的文化生命中"体"（"道"）自然会得到呈现；唐、牟是哲学家，他们走的是称体起用的路子，特别是牟氏直接延续孟子学路向。就思想性格而言，徐的确是文化保守主义阵营中最具有现实批判精神、最易于与自由主义思潮相颉颃又相呼应、相融洽的代表人物。在这个意义上，我们不妨称徐氏为"批判的儒家"。

（作者单位：武汉大学台湾研究所）

---

① 参见徐复观：《向孔子的思想性格回归》，《中国思想史论集续编》，台湾时报文化出版公司1982年版，第432、433页。

方东美先生民主政治观析论

□　徐骆

　　方东美先生将民主政治的近代欧洲称为"娇眼艳阳天"。他赞誉之："民治主义大放光明，而人权享受之机会、文化创作之势力，遂与日俱进了。"①在这个新世界里，阴冷枯寂的宗教生活终于不再主宰人们的生命。"人们活着，尽可眷恋现实世界，不必忏悔人世的罪孽，而妄想天国的幸福了。"②专制王权也阻挡不了已经觉醒过来的民众，民主政体成为民心所向。方先生说："科学伟大的精神使我们在人生之进程中冲破一切藩篱，战胜一切阻力。"③"世界是我们的，故不能不由我们创建，任我们改造，受我们控制，听我们征服，供我们利用。"④处在这样的时代，人们的精神面貌焕然一新，纷纷挟持着生命的强力，努力去创化人生。

　　但民主政治正如科学一样，虽然看上去是行之有效的，但并非是放之四海而皆准的真理；尽管如此，科学的权威仍然衍生出了科学主义，而民主政治似乎也成为人们心中的不可动摇的范式。纵观其论著，方东美先生虽肯定民主政治的价值，但也对之不无警惕和反思。早在《哲学三慧》里（1937年），他就批评道："资产阶级好掠夺、劳工阶级苦困穷，两阵树敌，激发阶级斗争。驯至专政体之流为庶民平等，庶民主义之变成阶级专制，阶级专制之幻作个人独裁，个人独裁之标榜自由平等宪法，无不是由对立矛盾而辗转幻化。欧洲政治沿革直如幻灯流焰，转变无常，怪怪奇奇，闪烁心眼。"⑤这里的"庶民主义"即是民主政治，从这段话可以看出，方先生认为"庶民主义"只不过是一个幌子，标榜着"自由平等"，实际上是个人独裁。如果说与专制君权相比有何差异，那么就是这种独裁专制没有那么直接露骨，在形式上让民众自以为真正拥有了参与政治管理的权力，从而心甘情愿地服从独裁者的统治，而实际上既无平等，也无自由，更无民主。

　　在《中国哲学之通性与特点》（1971年）里，方东美先生对民主政治的看法更加悲观。他说现在的世界是一个"颠倒离奇的世界（topsey-turvy-world），宗教死亡，哲学死亡，一切知识变成毁灭性的技巧，然后在这个世界上面，把正常的人变成倒栽跟头——一个颠倒

---

① 方东美：《科学哲学与人生》，中华书局2012年版，第87页。
② 方东美：《科学哲学与人生》，中华书局2012年版，第87页。
③ 方东美：《科学哲学与人生》，中华书局2012年版，第94页。
④ 方东美：《科学哲学与人生》，中华书局2012年版，第96页。
⑤ 方东美：《生生之德》，中华书局2012年版，第115页。

离奇的生命。然后，这个离奇颠倒的生命，把种种昏念妄动当作一个权力，发泄这一个权力来支配其他的人类。"①"号称民主的世界又如何？我也时常问他们：'你们同共产世界有什么差别？你们也在玩弄权力！'当'理想民主'（Ideal democracy）变成'实际民主'（Actual democracy），而在那个地方，通通都是生活在黑暗的世界里面，谁在技巧上面能够拿到那个权力，就拿那个权力来支配一切，这样子来做人类的导师、做人类的精神指导，到头只是玩弄权力政治，终究把人类毁灭了！然后把他们自己也毁灭了！"②费劲千辛万苦求来的民主，不但没有提升人类生命的境界，而且还变成了摧毁人类的工具。如果把这样的民主当作所有国家在政治上努力改进的方向，那最后的结果必定是坠入万丈深渊。

　　当然，民主政治是一个复杂多面且充满歧义的概念。据考证，托克维尔笔下的民主至少有十一种含义。③ 而奥维尔也说："民主一类词语不仅没有公认的定义，甚至建立这种定义的努力也遭到各方的抵抗……任何政体的捍卫者都声称他所捍卫的是民主政体，深恐一旦民主同任何一种意义挂钩，便有可能使他们无法再去利用它。"④作为一名哲学家，方东美无意对民主的具体细节条分缕析地研究，而是意图反思民主的根本精神，并进而提升所有人的生命价值。而在他的论著里，民主集中体现为三方面的反思：个人主义、平等、自由。

一、个 人 主 义

　　个人主义是民主的基石。个人对自我权利的觉醒和争取，是推进民主进程的重要力量。时至今日，民主之所以被许多人接受和信奉，也正是因为人们相信民主可以保障个人与国家政权这个"利维坦"对抗，并有效地促成个人与国家之间的权力制衡。杜维明先生指出：个人主义"这个思潮和西方的人权、自由的观念有很密切的关系"⑤。胡治洪教授亦认为："反宗教、反自然、反传统的启蒙心态乃是世俗的个人主义高扬以至极度膨胀的结果。因此，个人主义应是启蒙反思的起点。"⑥可见，要对民主政治作反思，必须厘清个人主义的偏失。

　　关于个人主义，方东美先生首先是从源头上入手考察。他认为，个人主义与中世纪的宗教神权和专制王权相关。"一旦自由被政治的权力、宗教的权力剥削掉了，便违背近代人所追求的平等！"⑦近代人无法忍受这种被束缚、压制的状态，对中世纪的封建社会、宗教威权"已起了一种反抗！"于是就试图用一种新的观念来看待自身与社会的关系，以突破这种束缚。而入手处就是宗教神权，他说，中世纪的原罪论令人们丧失尊严，背负着沉重

　　① 方东美：《方东美先生演讲集》，中华书局 2012 年版，第 56 页。

　　② 方东美：《方东美先生演讲集》，中华书局 2012 年版，第 56~57 页。

　　③ 李守利：《友爱与正义：西方古典政治哲学导论》，吉林大学出版社 2011 年版，第 178 页。

　　④ [美]乔·萨托利：《民主新论》，冯克利、阎克文译，东方出版社 1993 年版，第 4 页。

　　⑤ 转引自胡治洪：《全球语境中的儒家论说——杜维明新儒学思想研究》，三联书店 2004 年版，第 150 页。

　　⑥ 胡治洪：《全球语境中的儒家论说——杜维明新儒学思想研究》，三联书店 2004 年版，第 150 页。

　　⑦ 方东美：《方东美先生演讲集》，中华书局 2012 年版，第 58 页。

的罪孽，不敢去相信自己，也不能运用自己的意志，处处表现"人类的无能"①。处在这样的境地，就出现了两个极端。"第一个是 self-assertion，第二个是 self-denial，self-surrender，self-depreciation。"②第一个产生的结果，就是走向"极端的个人"，其自视甚高，傲岸凌人，妄图征服外界；第二个产生的结果，就是通过自我贬低，期待更高的精神来拯救。而个人主义就是第一个结果的产物。其核心是："这新人中的每个人都从他的个别观念看世界。他自认是知识的主体、价值的判断者，乃至于在宗教的信仰上面，他自己就是一个重心！所以，他提到宗教，只有根据他自己的要求来信仰；提到知识，只有把一切过去的知识威权都放弃掉，把他自己当作一个中心，重新判断。"③

在个人主义的引领之下，近代欧洲社会逐渐过渡到民主政治。相较于中世纪的宗教黑暗和君主专制，这种进步是不可抹杀的。时至今日，这种尊重个人价值，强调个人独立的观念仍有可取之处。但不可否认的是，个人主义也有诸多偏颇之处。方先生认为，其主要问题有三：

第一，个人主义会让人骄傲自满，久而久之丧失恻隐之心，不愿"下回向"。方东美先生认为，20世纪的许多痛苦就是因为"我慢"、"骄傲"、"增上慢"产生的④。个人主义者以自我作为关切的中心，生命的根本，知识的标准，固然可以起到提升自我、鞭策自己的作用，但当他们真的提升到一定层次之后，却"变做为树枝头上的一只鸟雀，高高地在树顶上面，静静地来观察世界上面的种种生灭变化，但是却从来不下来参与这个生灭变化的世界"⑤。方先生的眼光是有预见性的。到了今天，个人主义产生的结果是"越来越失去控制"，"使得家庭、社群的价值越来越边缘化"⑥。对于个人主义至上的美国，杜维明批评道："你不干涉我，我不干扰你，但是，只要不犯法，我钱赚得再多，你再贫穷落魄，我们一点关系都没有，个人与个人是如此，整个社会有一小批，所谓5%的精英，他掌握了70%~80%的资源，他一点内疚都没有，认为这完全是天经地义。"⑦他对哈佛的精英也十分失望："在哈佛的学生中，出现一种极不健康的共识，靠劳力的那是最笨的人，靠脑力的也是相当笨的人，只有用人家的钱来发财的、完全买空卖空的人才是真正有才能的人。"⑧个人主义者太过于关切自身，忘却了社会需要与他者和谐共存。他们不知道，"仁"、恻隐之心、同情、慈悲，"这种价值是社会的润滑剂，而且是人之所以为人的本质定义"⑨。如果他们只停留在个人的狭隘空间，这个世界最后的结果就是连他的那个狭隘空间也不会安宁。

第二，个人主义会产生自我中心，从而在处理人与社会的关系上，破坏和谐；在处理人与自然的关系上，专断偏见。方东美先生认为，现在许多西方人，"在那边持一个我

---

① 方东美：《方东美先生演讲集》，中华书局2012年版，第60~61页。
② 方东美：《方东美先生演讲集》，中华书局2012年版，第61页。
③ 方东美：《方东美先生演讲集》，中华书局2012年版，第58页。
④ 方东美：《华严宗哲学》（上），中华书局2012年版，第59页。
⑤ 方东美：《华严宗哲学》（上），中华书局2012年版，第59页。
⑥ 哈佛燕京学社主编：《启蒙的反思·编者手记》，江苏教育出版社2005年版，第2页。
⑦ 哈佛燕京学社主编：《启蒙的反思》，江苏教育出版社2005年版，第87页。
⑧ 哈佛燕京学社主编：《启蒙的反思》，江苏教育出版社2005年版，第88页。
⑨ 哈佛燕京学社主编：《启蒙的反思》，江苏教育出版社2005年版，第88页。

见，一定说我是真理的护持者，我是行动的创造者，我的生命是宝贵的，而与一切为敌，鄙视一切"①。抱着这样的心态，世界又如何能够得到和平？方先生把这样的个人主义称之为"现代权力政治在世界上面的第一出戏，所演的是悲剧；第二剧，为更大的悲剧……在那个地方为人类造灾难"②。方先生谈到这些个人主义者去认识自然，认识世界时，总是抱有自己的成见，偏见，无法以一种纯净的身心去接触世界，最后得到的知识只不过是在个人的主观臆想里兜圈子。他嘲笑他们说："你们现在都是越游历越误解世界。这就是因为你们没有开明的宗教、没有丰富的同情、没有透澈的知识，你们不了解这个世界，反把这个世界安排在自己身外，自己心外，然后再根据主观的小身体，主观的小心灵，去应付这一个广大的世界。所以我们常看美国人，无论开口闭口：The world is too small。（这个世界太小啦!）其实不是 The world is too small，而是他所居住的世界是一个 small world（小的世界）！所以他们对于广大的世界不能了解，结果根据他们的偏见为他人造成种种困难的地狱。"③

第三，个人主义让人困守在个人的狭隘空间，形成我执。方东美先生说，个人主义者不愿意接受世界上一切流行的价值，无论是艺术、文学，还是道德、宗教，"如果不是从他内心的要求所判定的话，那么对他而言，都将是一种压迫。因为这是属于外在的东西，并不直接和他发生关系"④。个人主义者非自己所判定的价值不认可，对事事物物抱有怀疑，最后只能作茧自缚，故步自封，把自己局限在一个狭小世界里。别人进不来，他自己也出不去。个人主义本来是为了反抗封建王权、宗教威权的束缚，结果去除了外在的束缚，自己又给自己套上枷锁。方先生说："如果拿佛学思想来看的话，它就是极大的我执。"⑤而且非常可悲的是，这种"我执"的个人主义者觉得自己是自由的，独立的，觉得自己所处的这个世界也是一个"美丽新世界"。他们是如何来表现自己的自由呢？这个新世界的"这个可爱是什么东西呢？统统都是物质幻象、物质的欲望，物质的诱惑。然后我们要追求这些可爱，每个人都把他的头磨得尖尖的，钻到束缚的网里面去，然后沾到那个网上来肯定我们的存在，然后一切存在都成为情绪的烦恼，理智的烦恼，在那个地方过了一生。而过了一生都是昏念妄动的生活，最后一直活到老都是盲目的，没有生命的意义，没有生命的价值"⑥。这样的个人主义，看上去好像是在为自己打算，实际上只不过是被外物不断地牵引，成为外物的奴隶罢了。

二、自　由

个人主义与自由是紧密联系在一起的。一个没有自由的个人主义，绝对不是真正的个人主义。殷海光说："个人主义是自由主义的落实之处。个人主义是自由主义最真实的起

①　方东美：《华严宗哲学》（上），中华书局 2012 年版，第 43 页。

②　方东美：《华严宗哲学》（上），中华书局 2012 年版，第 43 页。

③　方东美：《华严宗哲学》（上），中华书局 2012 年版，第 64 页。

④　方东美：《中国大乘佛学》（下），中华书局 2012 年版，第 488 页。

⑤　方东美：《中国大乘佛学》（下），中华书局 2012 年版，第 488 页。

⑥　方东美：《中国大乘佛学》（上），中华书局 2012 年版，第 262 页。

点，也是自由主义最真实的终点。"①这说明，反思民主政治，批判个人主义，不能离开对自由的思考。

方东美先生极为肯定自由的价值。他说："奋斗！自由！进步！这些都是现代生活的根本精神。"②现代社会与中世纪封建社会的不同之处就在于人们获取了更大的、更广泛的自由。而作为人本身的存在来说，自由也是人生意义的重要内容。当我们真的如同机械决定论者所说的那样，根本不存在任何自由意志，只不过是处在因果链条上的齿轮，那么人生只不过是早已被设定好的钟表，与其说是在生活，不如说是在等死。方先生对机械因果律极为反对，他说："近代人要将生存，一定要投到一个生存的世界中去。他不能没有一个世界观，而这个世界观不能脱离科学。可是科学是从十七世纪才开始发展而趋向科学唯物论与科学的机械论。因此，当我们把生命投到世界的领域上去时，这里面根本就没有自由，只是被控制、被决定或命中注定要必然如此，而感觉到束缚、痛苦、不自由。"③因此，方先生从早年的《科学哲学与人生》直到晚年的《华严宗哲学》都若隐若现地贯穿着一个主题：批判科学。其目的就是要找到科学的根基的不稳固之处，从而将机械决定论的因果锁链斩断，重新在理论上还给人们自由。

方东美先生谈及中国的现状时，也指出中国需要有近代欧洲人的那种自由。他梳理尼采哲学时，分析了尼采的"精神三变"，首先是骆驼，代表着承受着最沉重的东西。方先生说这种沉重就是"先天罪恶"，人类以罪犯心理卑视自己。④ 等到骆驼无法承受，走至末路，于是就诞生了第二种形态，即狮子。近代欧洲的文艺复兴就是狮子形态的表现。他们起身反抗，反对宗教，反对王权，变成了"系经过极大痛苦以后挣扎出来的自由人"⑤。对于今日之中国来说，面对近代欧洲的狮子精神，只有两个选择："(1)是任凭征服，变为殖民地。否则就要(2)自己变为狮子。"⑥方先生的意思非常清楚，中国不能回避西方世界的挑战，在被群狮包围的情况之下，如果继续选择做忍辱负重的骆驼，必将被他国蚕食。因此中国首先要把西方的狮子精神拿过来。当然，他也指出，在追求自由精神的同时，不可忽视自由的负面性。

方东美先生认为，近代欧洲的自由具有三个方面的问题：第一，只解除了外在的束缚，而忘记了内在的自由。方先生认为，近代欧洲人尽管拥有了自由，但这种自由的层次并不高，往往是以摆脱压迫、任意妄为作为自由的表征。方先生质问道："自由真谛究作何解？不受外界拘束便是真自由吗？"⑦即便是人们真的解除了外在的束缚，果真就能获得自由吗？"人类反躬自省，不是隐受内欲的驱遣，丝毫不能自主吗？"⑧除了外在束缚，人本身还要受内心欲望的驱使和煎熬。他说："诚然，这个新命运或不如旧命运那般横暴，

① 殷海光：《自由的伦理基础》，殷海光编：《海耶克和他的思想》，台湾传记文学出版社1979年版，第3页。

② 方东美：《科学哲学与人生》，中华书局2012年版，第146页。

③ 方东美：《中国大乘佛学》(下)，中华书局2012年版，第481页。

④ 方东美：《人生哲学讲义》，中华书局2012年版，第82页。

⑤ 方东美：《人生哲学讲义》，中华书局2012年版，第147页。

⑥ 方东美：《人生哲学讲义》，中华书局2012年版，第84页。

⑦ 方东美：《科学哲学与人生》，中华书局2012年版，第31页。

⑧ 方东美：《科学哲学与人生》，中华书局2012年版，第31页。

然而因此便足证其不是严肃可畏吗？……等到自家心性严受劫持，而谬信自己还有自由，那便是自欺欺人了。一个人徒然征服了外界，而内心反暗遭厄运，还有什么价值呢？"①也就是说，真正的自由还不能停留在外在层面，还要从自我心性修养上入手，才有可能获得大解脱。

第二，建立在民众的无知和妄为上的自由，令民主劣质化。近代欧洲人获取自由之后，民众都拥有了参与政治的权力，可以依照自己的意愿来决定政治的走向。但是问题在于，这些民众不仅对自由缺乏真正的了解，而且也不可能具备对国家民族的长远利益、宏观大局的准确认识。当他们行使自己的自由的时候，往往容易受到情感、欲望的支配。而在西方民主政治里，候选人为了赢得选票，往往不是立足长远，依凭理性，而是诉诸民众的感性和短期利益，一味地迎合讨好民众。如此一来，不是不断地提升国家民族的价值水平，而是不断地透支信用，一味地"向下拉平"，"把人类最崇高的宗教文化、艺术价值，以及最高深的哲学思想、科学真理，一概抛弃了，然后降低到丑陋烦恼的层次"。②

第三，以个人中心主义为基础的自由，是偏狭自私的自由。正如前文所述，近代欧洲个人主义与自由是密不可分的。个人主义是为了促成个人的自由，而自由则是确保个人的更多利益。但个人主义往往专断偏狭，生活在自己狭隘的世界里，唯一在乎的就是自己的自由，对于其他人的生存状态往往不能"动心忍性"，而是持有双重标准。方东美先生对此表示强烈的愤慨。他斥责美国知识分子，动辄宣言自由主义，但是当其他国家民族处在危难之中时，却可以毫不在乎，只在口头上继续奢谈自由主义。他说："不管是学生也好，记者也好，大学教授也好，纷纷是昧着良心，变为双重标准下，凌辱善良人民，助长暴政气焰的民主自由的刽子手。几千万人，几亿万人的自由都被剥夺了，但是他们全不理睬，而在报章杂志上毫不羞赧地自称'自由主义'者。这些'自由主义'者，可以说是丧尽天良的玩弄知识能力的人，所以从这一点看起来，西方所谓的'democracy'怎么能够不破产？"③而正因为他们没有宏大的视野，没有"地狱不空，誓不成佛"的菩萨精神，这些享受着"自由"的人最终也落入痛苦之中。方先生批判他们没有理想，结果就是"钻到权力的空隙里，钻到金钱的空隙里，钻到低级享乐之中，这一类人可说天下滔滔皆是"④。而真正的自由绝不应该如此。方先生在谈及中国哲学，对自由给出了自己的界定："以否定态度看透宇宙一切表相而得到精神上的解放。此时，自己有独立自主的精神可以镇压宇宙的一切，成就绝对的精神自由，任何黑暗、烦恼、困惑都不能沾染他，这才是真正的精神之觉悟。"⑤但如果仅仅是止于这一步，还不够称得上真正的自由。这时候的自由，还只是"阿罗汉"、"自了汉"的层次。方先生在他的论著里，反复强调双回向的精神。一方面是自己不断否定、不断超升，地地升进，以至于大菩萨、佛陀、诸佛平等境，另一方面还要"再回到世界上同众生一起拯救世界"。也就是"要把自己的生命投到万物、人类广大的生

① 方东美：《科学哲学与人生》，中华书局 2012 年版，第 31 页。
② 方东美：《新儒家哲学十八讲》，中华书局 2012 年版，第 84 页。
③ 方东美：《新儒家哲学十八讲》，中华书局 2012 年版，第 84 页。
④ 方东美：《新儒家哲学十八讲》，中华书局 2012 年版，第 85 页。
⑤ 方东美：《原始儒家道家哲学》，中华书局 2012 年版，第 29 页。

命中，与之合流，然后再与宇宙的精神价值一同超升到很高的境界"①。否则，这样的超脱自由仍然只是"我慢"、"增上慢"的表现，只能处在顽空或断灭空之中。

三、平　等

在对民主政治的反思里，方东美先生批评最多的是平等。而在个人主义、自由和平等这三者之中，最不容易引起人们质疑的也可能就是平等。个人主义往往会与极端利己联系在一起，从而惹人怀疑；自由则常常会以牺牲其他人的自由权力为代价，从而使人踌躇；唯独平等，看上去是天经地义，理所当然。但平等是否真的如此简单，有百利而无一害呢？

方东美先生之所以对平等质疑较多，主要有两个原因。第一，近代欧洲的平等是建立在"科学齐物论"之上的平等。他认为，尽管近代物质科学取得了许多现实的物质成就，但这种科学抹杀了人的价值和意义。如果把近代物质科学作为平等的根基，那么必将使得人类进入最黑暗的时代。在方先生看来，这种科学齐物论把宇宙化为无穷的境界，并认为"宇宙无性分之差，一切时空的内容——物体之质力及其形态——只是数量的平等相，其有据位推移，随时滋变，性质特异，不能划入平等数量者，即应沦为次性，降作假相，摒之于真实世界之外"②。也就是说，现实世界并非是真正的平等，而是科学为了其研究的便利，执简御繁，将所有不合乎科学观察要求的事物统统排除在外，而剩下的事物则是标准齐一、毫无差异的平等。这样的平等是一种虚假的平等。而这样的平等导致的世界也是一个贫乏的世界。方先生在阐述笛卡儿的思想时，指出笛卡儿作为一个哲学家，"虽然在科学、数学上面发展到很高、很抽象的程度，但是他那个很高很抽象的程度，等于还是停留在原来的平面上面。他的宇宙里面没有立体感，他的生命里面也没有立体的精神差别"③。这样的毫无差异的平等导致的是"一切的价值差别都被他摧毁掉了"。而笛卡儿所取得的真理"事实上是单纯化的真理、数量化的真理，不能够处理性质世界、价值世界，结果把这个世界变成一个贫乏的世界"④。也就是说，尽管有所谓的平等，但这种平等纯粹就是一种物质化，价值中心，毫无自由、缺乏创造的平等。

至于笛卡儿之后的科学，方东美先生认为不但没有得到改观，反而变本加厉，成为科学主义。如果依从当代科学唯物论的角度出发，"精神世界不是真象，要化成生理的与生命的条件。而生命条件本身又没有内在的意义，只能把它化作物理的或化学的作用。这样一来，近代的宗教自然就衰微，文学艺术也因而堕落，就是因为他们用 leveling down（往下拉平）来讲平等"⑤。若是接受这种科学齐物论的平等观，那么"最后是到地狱里面讲哲学、讲爱情、讲艺术、讲文学"⑥。

─────────────────

① 方东美：《原始儒家道家哲学》，中华书局 2012 年版，第 30 页。
② 方东美：《科学哲学与人生》，中华书局 2012 年版，第 215～216 页。
③ 方东美：《方东美先生演讲集》，中华书局 2012 年版，第 17 页。
④ 方东美：《方东美先生演讲集》，中华书局 2012 年版，第 17 页。
⑤ 方东美：《华严宗哲学》（上），中华书局 2012 年版，第 32 页。
⑥ 方东美：《华严宗哲学》（上），中华书局 2012 年版，第 35 页。

而从科学发展的历史来看，科学的这种平等就是不断地对人构成打击，以降低人的地位。譬如天文学的打击，使得"人生活在地球上面，只是微末不足道的一个地位"①。生物学的打击，使得人类变成了禽兽的子孙，而不是所谓的灵长。心理学的打击，让人变成了"下意识的本能与冲动"②。"到了今天，有许多科学家好像存心蓄意的用尽他科学上面的一切研究来证明人生好像是没有意义、没有价值的。"③按照这样的逻辑，如果我们把科学作为平等的基础，就不能不接受科学对人类的设定，而这样产生的平等只能是一种不断向下、不断堕落的平等。近代欧洲的文化演变必定是"虚无主义的悲剧，毁灭性的虚无主义"，④ "不但不进步，反而是衰老、毁灭"⑤。试问这样的平等又有何意义呢？

第二，从民主政治的实践来看，近代欧洲的平等是一种劣质平等。方东美先生明确指出："近代西方社会所谓的平等，总是 leveling down，导致无理的、盲目的 Mass man（群众）来压迫一切、控制一切，取代了所有真理。"⑥方先生以美国的民主为例，指出他们的平等实际上是"leveling down"，是"不齐而齐，齐而不齐"，不是理想民主，而是实际民主。⑦ 产生的结果就是把整个社会搞得一团糟，根本无法选出真正的贤能之士。的确，这种强行拉低的平等首先把一个具有崇高理想、积极入世、为人为己的贤达之士完全等同于一个蝇营狗苟、事不关己、高高挂起的平庸之徒。其次又用平庸之人的绝对数量优势来淹没贤达之士的睿智，这样产生的决策只能是低劣的决策，根本不利于社会前进。

方东美先生非常直接地批判了这种表现为少数服从多数的平等。他说，这种多数统治只不过是"十个人开会，七个人是多数，这是第一次会议；然后七个人开会，五个是多数；再就三个人开会，两个人是多数。最后成了什么东西呢？这个多数统治根本是'以众凌寡'"⑧。而且这种平等产生的民主决议根本就不会使得社会得到提升和超越，而是"把人类最崇高的宗教文化、艺术价值，以及最高深的哲学思想、科学真理，一概抛弃了，然后降低到丑陋烦恼的层次。如果在这种情形之下来讲平等的话，这种平等用庄子的话讲起来，那是'以不平，平；其平也，不平！'是以最不平等的原则来号召，来讲'齐物'，来讲所谓平等，可以说都是下流的平等"⑨。

方先生认为，美国的平等实际上是一种虚假的平等。他说，有许多美国人自己觉得平等是真实的，"总统我也可以做，国防部长我也可以做，参院议长我也可以做"⑩。从宪法上看，的确是不错的，是平等的。但是"到现在不过三十几个人有这个幸运当过总统，而美国有一亿多人；从宪法上看起来人人都是平等的，但是那个平等是不兑现的，讲起来是人人平等，而事实上是个假平等。这就可以说是，向下看齐的平等的办法，表面看起来

① 方东美：《方东美先生演讲集》，中华书局 2012 年版，第 193 页。
② 方东美：《华严宗哲学》（上），中华书局 2012 年版，第 195 页。
③ 方东美：《华严宗哲学》（上），中华书局 2012 年版，第 197 页。
④ 方东美：《人生哲学讲义》，中华书局 2012 年版，第 180 页。
⑤ 方东美：《人生哲学讲义》，中华书局 2012 年版，第 181 页。
⑥ 方东美：《原始儒家道家哲学》，中华书局 2012 年版，第 76 页。
⑦ 方东美：《新儒家哲学十八讲》，中华书局 2012 年版，第 83 页。
⑧ 方东美：《新儒家哲学十八讲》，中华书局 2012 年版，第 84 页。
⑨ 方东美：《新儒家哲学十八讲》，中华书局 2012 年版，第 84~85 页。
⑩ 方东美：《中国大乘佛学》（上），中华书局 2012 年版，第 129 页。

人人机会平等，但那只是可能而不是现实"①。也就是说，这种平等只是一种流于文字的平等，并且采用一种"向下看齐"的方式，它起到的作用只不过是让民众产生平等的错觉，而实际上一方面是权力仍然掌握在极少数人的手中，另一方面则是滋生民众自足自满的心态，缺乏一种向上看齐的精神，沉沦在物质世界里，不能真正明白自己的人生价值所在。

四、结　语

方东美先生采取了掘井及泉的方式来梳理民主政治的范畴，一方面以中西哲学之异来说明民主政治在根源上存在的缺陷；另一方面以历史的演变、实践的效果来批评民主政治的不足。时至今日，方先生的反思仍然是发人深省的。但由于他的思想体系并非以民主政治为主题，且不少关于民主政治的评论源自课堂讲演，虽兴致所至，气势磅礴，但毕竟未经反复斟酌和推敲，所以难免存在一些瑕疵。概而言之，有三点：

其一，方先生对自由的批判混淆了自由的不同层次。自由既有作为民主政治的层次，也有作为哲学上的"自由意志"的层次。尽管这两个层次之间是有关联的，但毕竟从属于不同的领域。在哲学上，自由意志是否存在，迄今为止，仍然是莫衷一是的问题。而在民主政治上，自由已经是现代人普遍性的追求，并在法律上，对这种自由有非常明确的诠释和划定。因此，若要有效地反思民主政治，应该在政治学意义上反思自由，而不是跳出政治学的框架，站在哲学的立场上，对自由进行批判。方先生多次从庄子哲学、佛教哲学的立场来诠释自由的真正的意涵，并以此来批判民主政治，固然对民主政治的流弊有警示之功，但这种偏重个人精神修为的自由，难免有凌空蹈虚之嫌，对于民主政治的实际运作，缺乏操作层面的指导意义。在对于平等、个人主义的反思上，方先生也存在类似的问题。

其二，方先生对自由、平等的批判多以科学的齐物论、科学主义为入手处，在破除对科学的盲从上，卓有成效，但一方面，这种批判毕竟是基于科学、哲学的立场而言，与民主政治隔了一层；另一方面，当方先生质疑了科学的可靠性之后，似乎又增加了怀疑主义或神秘主义的色彩。既然科学是令人生疑的，那么知识的标准又应当是怎样的呢？在科学反思上，他难免有"破有余而立不足"之嫌。在方先生晚年，他对大乘佛学，尤其是华严宗的教义评价甚高，动辄以之作为衡量自由、平等的标准，但是这些教义是如何能够成立的，如何保证其根本的有效性，如何在具体的、实际的政治、历史、生活世界之中实现教义"下回向"等问题，方东美先生却没有给出明确的答案。

其三，方先生对民主政治的弊端所开的药方，主要来自中国的儒释道哲学。但他又认为，民主政治源于西方社会，植根于西方人的"科学的理趣"，离不开西方人二元分立的超绝形上学体系。因此，要走出这样的困境，要从根本处入手，这就需要旁通统贯，以机体主义为特征的中国智慧。对此，令人生疑的是，由于缺少西方人的根本精神，没有产生类似近代西方的科学与民主，并在民主政治实践经验上明显不足的中国，如何保证其古老的智慧能够避免现代西方民主政治的问题呢？即使能够解决，依照方东美的观念，中西哲学既然是根本对立的，那么西方人又将如何汲取中国哲学的智慧来补偏救弊呢？方东美对于如何解决这些问题，语焉不详，缺乏说服力。

---

① 方东美：《中国大乘佛学》（上），中华书局 2012 年版，第 129 页。

　　方东美先生对民主政治的反思，能够破除我们对民主政治的盲从执着。但身为哲学家的方东美，民主政治并不是其主要议题，所以难免存在一些缺憾，但毕竟是"大醇小疵"，只要我们深入方先生的思想宝山，就一定会欢心而归。

（作者单位：武汉大学中国传统文化研究中心、长江大学社会发展哲学研究所）

彼岸"珞珈"

——王世杰与国立武汉大学旅台校友会

□ 刘文祥 任 放

　　王世杰，原名燮廷，字雪艇，1891 年生，湖北省崇阳县人，中国近代著名法学家、教育家。早年参加辛亥革命，后赴英国伦敦大学、法国巴黎大学留学，1920 年回国后执教北京大学，1929 年出任国立武汉大学首任校长，1933 年任教育部部长，1948 年当选中央研究院首届院士。赴台后，又曾先后出任"总统府"秘书长、"中央研究院"院长、辛亥武昌首义同志会理事长、"总统府"资政等职，1981 年在台北病逝。王世杰一生历职无数，曾多次身居高位，但国立武汉大学首任校长，是晚年王世杰最为珍视的人生经历。除王世杰外，1949 年后在台湾地区还曾活跃着一群人数众多的武汉大学旅台校友，他们皆为台湾社会的精英人才，为战后台湾社会发展进步作出了巨大贡献。而以王世杰等师长为精神领袖，以"国立武汉大学旅台校友会"和《珞珈》杂志为纽带，这一人群在战后数十年间，也持续开展了众多与母校有关的活动和事业，从中我们也可以感受到王世杰和武汉大学旅台校友们对珞珈山水长久的挚爱与眷恋。

一、王世杰与国立武汉大学旅台校友会及其会刊《珞珈》

　　国立武汉大学成立于 1928 年，是国民政府时代华中地区的最高学府。1929 年蒋桂战争后，南京政府全面接管了湖北地区政务，而刚刚成立不久的国立武汉大学，继续得到了来自南京方面的高度重视。时任国民政府法制局局长的王世杰，于当年 5 月被任命为国立武汉大学首任正式校长，接替之前的代理校长刘树杞。王世杰主政武汉大学期间，克服重重困难完成了初步的新校舍工程，顺利将大学迁入了珞珈山新校址；延揽了众多知名学者前来任教；确立了教授治校、经费独立的大学管理建设原则，等等。王世杰在武汉大学的突出作为，得到了广泛的瞩目和赞誉，1932 年年底胡适参观武汉大学后，便感慨"雪艇诸人在几年之中造成这样一个大学，校址之佳，计划之大，风景之胜，均可谓全国学校所无。人说他们是'平地起楼台'，其实是披荆榛，拓荒野，化荒郊为学府，其毅力真可佩服。看这种建设，使我们精神一振，使我们感觉中国事尚可为"①。国民政府鉴于王世杰

---

　　① 《南行日记》(1932 年 11 月 28 日)，《胡适的日记手稿本(十一)》，台湾远流出版事业股份有限公司 1990 年版。

的出色领导力，于 1933 年 5 月将其擢升教育部部长。

经过包括王世杰在内的全体教职员的共同努力，至抗战时期，国立武汉大学已快速崛起为中国最优秀的大学之一，与中央大学、西南联大、浙江大学并称"四大名校"。纵观整个国立武汉大学时期前后二十年的办学历程，为国家培养了无数栋梁之才，其中不少人成为了战后中国经济建设和社会发展的中坚力量。在 1945 年台湾光复后，也陆续有不少国立武汉大学的师长、毕业生或教职员子弟奔赴台湾，参与国民政府对台湾的接收和恢复重建工作。这其中包括高翰、范寿康、罗裕昌、齐邦媛、邓先抡、殷正慈、罗首庶、周幼松等人，他们也成为国立武汉大学最早的一批在台校友。1946 年 7 月 26 日，在台校友成立了"国立武汉大学校友会台湾分会"，这是台湾地区最早的武汉大学校友会组织。① 至 1949 年前后，越来越多的武大校友陆续从中国大陆各省前往台湾，根据 20 世纪 60 年代初的不完全统计，"武汉大学校友，目前在台湾者，有四百多人"，② 这其中不乏许多在战后台湾社会众多领域扮演重要角色，作出巨大贡献的人物。如武昌高师首届校友沈刚伯，为著名历史学家和教育家，曾长期担任台湾大学文学院院长，为"中研院"院士；武昌大学校友胡秋原，为"中研院"近史所研究员，曾创办《中华杂志》，发起成立"中国统一联盟"并任名誉主席，被誉为"两岸破冰第一人"；1935 届经济系校友夏道平，为《自由中国》的主要创刊人和主笔，是台湾自由主义知识分子的代表人物；1940 届机械系校友赵耀东，曾任台湾"经济部长"和中国钢铁公司董事长，被尊称为"铁头部长"；1941 届历史系校友严耕望，曾任"中研院"院士和史语所研究员，是台湾著名历史地理学家；1944 届机械系校友黄孝宗，为世界著名火箭专家，曾任台湾中山科学院代院长；1946 届机械系校友罗裕昌，曾任台铁总工程师，被誉为"台铁电气化之父"；其夫人 1947 届外文系校友齐邦媛，曾任台湾大学外文系主任，在台湾与西方文学的交流方面作出重要贡献，其著作《巨流河》在两岸引起巨大反响。与此同时，除王世杰外，武汉大学来台校友中还有诸如李国鼎、陈源、邵逸周、高翰、苏雪林、熊国藻等师长，他们也都是战后台湾政坛、学界或其他领域的重要人物。

由于来台校友人数渐多，且分散于全台各地，因此在台湾地区的校友会组织也迅速发展起来，尤以台北的校友会愈加壮大，活动益丰。每年 10 月 31 日为国立武汉大学校庆日，台湾校友都会在这一天前后举行年度校庆集会。每逢校庆集会日，各地校友在台北济济一堂，聚餐观戏，通气联谊，而王世杰作为老校长，每年都尽量到会参加，并经常发表讲话。"校长对我校友，视若子弟，备极关怀，举凡校友有集会，虽事繁忙，亦必抽暇亲临，殷殷垂问，温勉如家人。"③笔者据有关史料统计，自 1962 年起至 1981 年王世杰去世前，除 1963 年和 1969 年校庆因出国，1979 年与 1980 年校庆因健康原因而没有参加外，历年武汉大学在台校友的校庆年会，王世杰均到会参加，其中绝大部分在参加时都在会上发表讲话。

---

① 《国立武汉大学校友会台湾分会成立大会纪念(照片)》，国立武汉大学旅台校友会编：《珞珈》1983 年第 74 期。

② 孟川：《待播的种籽(一)》，国立武汉大学旅台校友会编：《珞珈》1964 年第 4 期。

③ 孟川：《万方祝寿沐余庆——五十二年武汉大学校庆晚会简记》，国立武汉大学旅台校友会编：《珞珈》1964 年第 1 期。

对于武汉大学在台校友的工作生活，王世杰一直十分关心。他对武汉大学校友中服务于台湾社会各行各业精英所取得的成就始终关注挂念，也深以为傲。如 20 世纪五六十年代台湾地区的电力及水利工程建设项目中，有众多武汉大学校友参与其中，并担任要职，发挥了重要作用，王世杰在日记中也常提到："今日为德华生日，余与德华赴石门水库参观其即将完成之水利工程，并在其所辟人工湖（蓄水池）作两小时之船游。此一工程之中国工程师为顾文魁，系武大毕业生。（1963 年 8 月 3 日）"，"武大同学与教员近年在水利、电力及其他工程方面（顾文魁、邓先仁、陈宗文、李林学等）与财政、经济（李国鼎、周宏涛等）颇著绩效。（1966 年 10 月 31 日）"，"今日武汉大学留台同学会举行校庆会，予谓诸同学在过去二十年，有许多人对台湾水利及发电工程有特殊贡献（尤其对石门水库、万大、达见、凌口等发电厂）（1968 年 10 月 30 日）"①。从这些日记中，不难窥见王世杰对武汉大学在台校友的持续关注，以及对他们在各自行业所得成就之深感欣慰自豪。在台湾时，王世杰还常受邀为武大校友子女证婚，如 1962 年 9 月 2 日他便在日记中写道："今日武大毕业生邓先仁来访，请余为其子证婚（婚配为刘发煊君之女）。抗战时在重庆，余多为学生证婚；来台北后多为学生之儿女证婚，令人感慨。"②

随着来台校友年岁渐长、事业有成，全台各地校友间加强联谊之需求日益强烈，一年一次的校友聚会已不能满足需要。1963 年年底，校友会理事会决定"发刊校友通讯一种，每三个月出版一次，定名为'珞珈'；主要拟搜集各地校友消息及动态，按期予以刊布，藉可沟通声息，略补集会之不易"③。1964 年 1 月 1 日，首期《珞珈》杂志正式出版，从兹往后，《珞珈》连续出刊，成为在台武汉大学校友的一大精神寄托。步入 21 世纪，大陆时期老校友健在者愈加寥寥，但《珞珈》仍坚持出刊至 2009 年，总计该刊持续存在长达 45 年，共出版 170 期，这在未在台"复校"的大陆高校旅台校友会中，堪称创造了一个会刊出版奇迹。

对于《珞珈》的编辑出版，王世杰给予了大力支持和鼓励。他亲笔题写了刊名"珞珈"二字，这一字迹在此后全部 170 期杂志中，始终沿用作为封面题字。《珞珈》对于王世杰的出席活动与相关行程，常有跟进的关注和报道，也多次刊登王世杰的演讲稿或署名文章，如《"中央研究院"与学术研究》（第 1 期）、《自由中国十五年来的思想建设》（第 7 期）、《我国科学的发展》（第 9 期）、《科学在台湾》（第 13 期），等等。每年 3 月 10 日为王世杰生日，在台校友多有前往王府祝寿的活动，而遇逢十大寿，校友会则更会隆重筹备，举办相关祝寿和纪念活动。如 1970 年王世杰八十寿诞，《珞珈》当年 4 月 1 日出版的第 26 期专门辟为"恭祝雪公校长八秩嵩寿特辑"，此外为表校友祝寿之心意，校友会还特别制作了两件"寿礼"，一是请高翰手书，台北"故宫博物院"装裱的祝寿册页，二是前 24 期《珞珈》合订本。"这个小刊物，六年来，深受校长的爱护培植，已逐渐成长；实应以这点心血的结晶为长者寿……虽是'秀才人情'，却意义深长。"④

1980 年王世杰 90 寿诞，旅台武汉大学校友会亦对此事高度重视，早在 1979 年冬便

① 《王世杰日记》（下册），"中央研究院"近代史研究所，2012 年 12 月，第 1001、1139、1231 页。
② 《王世杰日记》（下册），"中央研究院"近代史研究所，2012 年 12 月，第 968 页。
③ 李学林：《发刊词》，国立武汉大学旅台校友会编：《珞珈》1964 年第 1 期。
④ 徐叙贤：《编者的话》，国立武汉大学旅台校友会编：《珞珈》1970 年第 26 期。

决定要精心筹备，隆重庆祝。随后"国民大会"、湖北同乡会等机关组织也都纷纷赞同，积极筹划。经过洽商，当年 3 月 9 日，由上述诸团体共同举办的祝寿庆典，在台北市中山堂隆重举行，到会者多达七百余人，气氛蔚为热烈。① 会上由殷正慈校友撰写的国立武汉大学旅台校友会贺词，代表全体武汉大学旅台校友，对王世杰的九十大寿送上了至诚的祝福："他不仅是一位可敬的良师，也是一位可亲的家长……作为门人的我们，要在此说一句豪语：在他诸般成就之中，最为不朽而永值怀念的，是他建立武汉大学开天辟地的奋斗精神，和不厌不倦、著书传道的名山事业……我们为他祝福，祝他健康愉快，如日月之光辉，如松柏之长青，引导着后进新秀和明日的中国，继续迈进。"②

除了与湖北同乡会等组织共同举办祝寿大会外，武汉大学校友会还另有一项重要的祝寿行动。校友会干事会曾专门召开会议，决议由校友会名义出版一本《王世杰先生论著选集》，"一以祝寿，一以志先生在言论方面对国家及社会的贡献"③。该选集共分六部分，分别为"学术论著"、"书评与书序"、"史料与文物"、"时事评述"、"演讲词"和"追念故旧"，共收录王世杰在中国大陆和台湾地区不同时期的相关论著文章 63 篇。该书编辑出版的全过程，均仰赖武汉大学在台校友通力协作完成，校友李孙芳、王德芳、徐叙贤、黎子玉、赵保轩、夏道平六人为编辑执行小组，负责文稿的收录整理和编辑工作，时任裕台公司总经理的校友舒扬铁联系了该公司辖下之中华印刷厂承担印刷，前武汉大学文学院院长高翰则为该书题写了刊名。

20 世纪 60 年代，台湾曾掀起一股大陆高等院校在台"复校"的热潮，先后有公立之政治大学、"清华大学"、交通大学、"中央大学"及教会之东吴大学、辅仁大学等校在台"复校"。在此背景下，武汉大学作为大陆时期著名高等学府，来台校友亦人数众多、事业有成，故旅台校友会也有了"复校"的想法。但在当时，"复校"面临重重阻力，台湾当局鉴于大陆时期高校学潮四起的"前车之鉴"，对"复校"一事态度谨慎。前述之顺利"复校"者，或出于国防军事动机而获得当局支持，或得到外国教会、基金会赞助，而武汉大学"复校"仅凭民间校友活动，在当时自然无法遂愿。校友会转而决定，先办一个专科学校，最初拟名"私立珞珈工商专科学校"，后鉴于台湾当局对商科学校核准严苛，又决定只办工科，定名"私立珞珈工业专科学校"。

对于筹建珞珈工专一事，尽管王世杰深知要做成此事，实属不易，但仍给予了支持和协助。在 1964 年 12 月 1 日所举行的珞珈工专筹备委员会第一次会议上，王世杰曾到会发言，他讲到："武大同学既然想同心合力，在台湾创办一所学校，来发扬母校精神，我就希望从现在起，多做事，少说话。至创校人选，董事会也好，实际负责推动的人也好，还是由我在筹备委员名单中指定三人至五人，使得便于筹划。"④1965 年 3 月 20 日，王世杰又召宴数位校友，详细商讨珞珈建校事宜，并初步确定了募款数额、校园选址、筹办人选

① 《居仁由义，景福遐龄——崇阳王雪艇先生九秩双寿纪盛》，湖北文献社编：《湖北文献》1980年第 55 期。

② 殷正慈：《如日月之光辉，如松柏之长青》，湖北文献社编：《湖北文献》1980 年第 55 期。

③ 夏道平：《编后记》，《王世杰先生论著选集》，国立武汉大学旅台校友会，1980 年 3 月。

④ 《播种的进行》，国立武汉大学旅台校友会编：《珞珈》1965 年第 6 期。

等具体事宜。为了表示对校友筹办学校的支持，王世杰还为建校基金捐资了 55000 元新台币。① 遗憾的是，受制于经费短缺、人手不足等客观条件，更碍于当时台湾当局对于民间办学的种种政策限制，武大校友历时十余年所努力筹办的"珞珈工专"，最终仍未能如愿办成。筹备委员会于台北县深坑镇所购买的预定校地，最终亦重新作价出售了。

二、王世杰与武大在台校友的校史编纂

武汉大学在中国近代史上是一所历史悠久、积淀深厚的高等学府，但由于政治纷乱、战火频繁等历史原因，在 1949 年以前，武汉大学及其前身均未正式编写过一本校史。关于校史的记载，也仅有见诸历届毕业纪念册，以及历年《国立武汉大学一览》上的大事记或沿革等简短文字。1949 年后的武汉大学，由于种种原因，在相当长时间内也未曾组织编写过校史。最早着手开展详细的武汉大学校史编写工作的，是国立武汉大学旅台校友会，而首倡开展这一工作的，正是王世杰本人。

1967 年 10 月 29 日，国立武汉大学旅台校友会在台北举行了当年度的校庆年会，王世杰到会并作了简短发言。他在会上说道：

> 我今天原不打算说话，所以很简单的讲几句，节省大家集会的时间。我只是想到一件事提请校友会以及负责编辑《珞珈》通讯的老师和同学们注意，就是我们武汉大学自从高等师范起已有五十六年历史，据我所知，就没有一个人写过校史。是否由校友会或《珞珈》编辑会订一个计划，在一个短期间内写一个武汉大学五十六年的沿革，在这一期间有很多事迹值得我们注意。现在写，可能有许多不清楚的地方，但也有些高等师范时期的人在此地，武昌大学时期的人在此地，就是民国十七年到廿一年珞珈山建校时期，也有不少人在此地，如谭岳泉先生就曾参与其事，还有熊国藻先生也在台湾，虽然年事已高，但他知道的很多。我们如果能向这些人去询问，能在未来一年之中有系统地把武汉大学的历史写出来，可以供将来的借鉴。②

王世杰 1967 年的这一讲话，是笔者所见全球武汉大学校友中首次公开提出编写武汉大学校史的倡议。他提议由在台校友先行来开展这项工作，并非凭空随想，而是基于武汉大学校史上历时期都有校友在台，特别是国立武汉大学时期的不少重要教职员都来到了台湾，藉由他们的帮助，王世杰认为在台校友会编写校史是可行的，因此他特别强调希望校友能够前去对这些前辈师长进行访谈，以获得口述历史资料。

王世杰提出编写校史这一倡议后，得到了不少武汉大学在台校友的响应和支持，许多校友也提出了种种建议。但由于当时校友会正忙于推动珞珈工专的筹建事宜，因而编写校史一事，没有立即开展。直到 1969 年 5 月 9 日，校友会在台北举行了首次"校史筹编座谈

---

① 少渭：《一种心愿，一种考验》，国立武汉大学旅台校友会编：《珞珈》1966 年第 10 期。

② 《武大校友庆祝五十六年校庆年会纪实》，国立武汉大学旅台校友会编：《珞珈》1968 年第 17 期。按：武汉大学最早前身——国立武昌高等师范学校为 1913 年建校，至 1967 年时校史应为 54 年，此处应为王世杰口误或讲话文字记录整理有误。

会"，方才正式启动校史编写的工作。在这次座谈会上，主持人徐叙贤校友提出校史编写"第一步可以先在《珞珈》上发表，分段发表，先写出来的先发表……第二步再就《珞珈》上的资料编辑校史"。夏道平校友随后更进一步提出建议："初步是请各位校友前后学长们，提供武汉大学的历史资料，初期发表资料……发表资料的好处，就是记忆错误的可以改正过来，遗漏的可以补充，继续不断发表一两年之后，再着手整理。"①以上两位校友的建议，得到了与会校友的一致同意。台湾校友编写武汉大学校史的工作，也就依此步骤开展了起来。

从第23期开始，《珞珈》杂志陆续登载了"校史资料片段"系列文章24篇，此外还有一些没有冠以此系列之名，但同样是史料或回忆性质的文章。这一系列文章主要分为三种类型，一是对在台武汉大学师长访谈后的整理文字，如《访熊国藻老师谈珞珈山的建校》、《谒王校长雪艇先生谈珞珈建校》、《谒高公翰先生谈文学院》等；第二类是师长校友撰写的回忆文章，如顾如的《武大何时开始有女生》、熊国藻的《武汉大学的工友训练与修进》、苏雪林的《学潮篇》、汤子炳的《九一八事变后武大同学晋京情愿记》和《记李顿调查团参观珞珈山》等；第三类则是原始史料的刊载，如孙科的演讲《中山大学的任务》、1947年毕业同学录上的《校史》等。

首倡编纂校史的王世杰本人，对于校友的此项工作也以实际行动给予了支持。1977年10月16日，86岁高龄的王世杰在家中接见了前来拜访的殷正慈等校友，接受他们关于国立武汉大学珞珈山新校舍建设相关历史的访谈。访谈内容随后由殷正慈整理成文，发表在了当年12月的第54期《珞珈》上。在这次访谈中，王世杰回忆了在他主政武大期间有关珞珈山新校舍建设过程中的点点滴滴，特别谈了在这一宏伟建设工程进展中曾发挥重要作用或给予重要帮助的校内外人士，包括武大的叶雅各、熊国藻、邵逸周等教职员，以及时任行政院长谭延闿、湖北省政府主席何成濬、汉协盛营造厂老板沈祝三、美国建筑师Kales等。这次访谈信息量丰富，许多内容是首次详细披露，史料价值颇高。

从随后几年间《珞珈》杂志上登载的相关文章来看，广大校友对于王世杰首倡并交办的编纂校史一事，确实热情颇高，但系统的校史编写工作，毕竟无法仅凭热情便可完成。由于绝大多数在台校友来台仓促，随身携带的校史文献资料很少，且零散不全，当时两岸之间沟通断绝，在台校友也不可能从大陆母校和校友处获取资料。从在《珞珈》上所陆续刊登的一系列校史资料文章中不难看出，在台校友所初步整理出的这些校史资料，虽然在不同的方面各有其重要的史料价值，但总体来看仍颇为零散，仅仅依托些文章，显然是不可能编成一部严谨、正式的校史的。因此校史编纂工作，很快便遇到了瓶颈，而原初的计划也不得不作了一些调整。在1971年10月的《珞珈》杂志上，编辑便写道："想编纂一部国立武汉大学的校史，已有好几年的筹划；先后在本刊发表的'校史资料片段'，共计二十三篇，其大部分都出于记忆，而少确切的根据；如谓其正确，只是有点近似，究不免失之谨严。数年来，曾一再征求纪念书刊、同学录、毕业纪念册以及照片等原始资料，但提供并不踊跃；即令有人自告奋勇，来承担这个艰巨的编纂工作，岂忍心任其'无米为炊'……迫不得已，校史筹编小组于六月间集会，商讨进行；决定先编拟大事记，用编年

① 《众志成城——记国立武汉大学校史筹编座谈会》，国立武汉大学旅台校友会编：《珞珈》1969年第23期。

体，理出一个线索。"①按照这个思路，负责校史编纂的夏道平、熊汇萱、杨希枚、袁恒昌等人，很快便分头写作，完成了校史大事记的初稿，并发表在《珞珈》第32期及34期上。

这一《国立武汉大学大事记初编》按不同校史时期，共分为三部分。1927年以前为"武高时期"，由熊汇萱撰写；1928年至1937年为"珞珈时期"，由夏道平撰写；1938年至1948年为"乐山时期及复员"，由杨希枚撰写，袁恒昌修改补充。三大部分详略各不相同，其中"珞珈时期"最为详细，"武高时期"则最为简略。这种详略上的不同状况，显然是由在台校友所掌握的相关原始资料的情况所决定的。1927年以前的校史，尽管时间跨度较长，校名校政变化频繁，历史复杂，但相关资料较为稀缺。抗战时期虽在台校友大多亲身经历，较之早期校史内容稍更详细，但由于战时印刷资料亦较稀少，可咨参考的校史资料同样缺乏，因而内容也不尽详细。

大事记初编撰写完成后，武大校史编纂工作受制于资料缺乏、校友日常工作繁忙等因素，便陷入了停顿。尽管如此，主要负责校史编纂与校友会日常工作的几位校友，对于王世杰最早提出并嘱托的此件大事，仍然念兹在兹，不敢辄忘。如1976年《珞珈》创刊第50期时，主编徐叙贤校友在回顾《珞珈》五十期的发展历程时，专门总结了之前《珞珈》上发表校史资料的有关情况，并特别提到"这件事未竟全功，各校友心里怎样想，我不敢去深察；在我，从来没有放开过；一提起，就有一种说不出的滋味，总觉得责任未了。我在想，假定有一位热心而肯抽出时间的校友，自告奋勇，忍耐点繁琐，也许不需要太长的时间，来过滤、消化这一点资料，则事仍大有可为"②。

徐叙贤卸任《珞珈》编辑后，校史编纂筹备事宜由殷正慈校友接手。虽然她也进行了一些工作，如开展了上文提到的对王世杰的访谈，但总体上仍鲜有实质进展。此事直至1980年年底，方才出现转机。时任编辑袁恒昌校友在第67期《珞珈》上曾写道："十二月上旬，舒扬鈇理事长电告，有一位南京出版公司的董鼐先生，要编一套'学府纪闻'丛书……他说此一丛书，是以撤退前大陆上的各大学校园为单元，每单元是一本书，可容纳十八万字至二十万字，涵括：建校及严格，求学心得，师友忆旧，述物写景，典故轶闻，个人感抒，珍贵资料图片等。"校友会的徐叙贤、袁恒昌、殷正慈、夏道平等人洽商后，"都认为此事甚有意义，和我们编校史的初衷亦相符，虽非严正的校史，仍可保存若干史料……初步决定参加"③。该书的策划、统稿等各项工作，仍由《珞珈》前任主编徐叙贤负责。

有了之前十几年间《珞珈》杂志所刊载的大量校史文章为基础，武汉大学在台校友的这本《学府纪闻·国立武汉大学》，编写过程十分迅速。对校友的征稿在1981年5月便完成，随后经过统稿，全书的编辑工作很快告竣，故得以后来居上，排入了南京出版公司的第一批出版计划，顺利于当年10月出版问世。全书共分五大部分，各为"简史与沿革"、"我们的师友"、"东厂口及珞珈山"、"乐山弦歌"与"轶闻拾掇"，含前言在内共收入56篇文章，分别由27位校友撰稿。这些文章中的绝大多数，都是此前十数年间先后在《珞珈》杂志上发表过的，收入该书时进行了一些删节和修订。此外，该书还收录了10张武

---

① 《国立武汉大学大事记初编》，国立武汉大学旅台校友会编：《珞珈》1971年第32期。

② 徐叙贤：《第五十期》，国立武汉大学旅台校友会编：《珞珈》1976年第50期。

③ 袁恒昌：《编者的话》，国立武汉大学旅台校友会编：《珞珈》1981年第67期。

汉大学校园老照片，并在第一页配上了王世杰校长的照片，以示在台武汉大学校友对王世杰的尊崇。

遗憾的是，就在《学府纪闻·国立武汉大学》正式出版前数月，王世杰便与世长辞。作为台湾地区最早发起编写校史倡议的武汉大学师长，未能亲见此书问世，诚乃一大憾事。旅台武汉大学校友经过十数载努力，经历各种困难窒碍与机缘巧合，才最终得以完成《学府纪闻》一书，其过程可谓漫长曲折。虽最终所成，距离起初计划之正式校史尚有差距，但以当时客观条件之限制，得成此洋洋洒洒近四百页篇制之书，诚已颇为难得。武汉大学最终未得在台"复校"，而一度筹划之"珞珈工业专科学校"亦未能办成。这本《学府纪闻·国立武汉大学》，也便成为武汉大学往昔辉煌留在台湾的青史凭证，更显弥足珍贵。此书收录之文章，在随后不久两岸逐渐开放交流后，也成为大陆学者研究武汉大学校史及中国近代高等教育史的重要资料。

三、国立武汉大学旅台校友会与王世杰身后事

1981 年 3 月 10 日，王世杰九十晋一寿诞，校友会组织了部分校友前往王世杰家中拜寿，这也成为王世杰与武汉大学旅台校友的最后一次集体见面。"校长当日精神甚佳，满面祥容，坐在轮椅上接受拜礼，并分别问好……这是同学与校长共度最愉快的日子，也是最后一次聚会。"①4 月 21 日，王世杰在台北荣民总医院病逝，享年 91 岁。作为"国大代表"、"总统府"资政以及曾经历任众多要职的党国大老，王世杰的葬事哀荣备极。5 月 28 日，灵柩由荣民总医院迎至台北市立殡仪馆景行厅，次日上午举行家祭和公祭。台湾当局领导人蒋经国、前领导人严家淦、副领导人谢东闵、行政机构负责人孙运璿等众多要员皆亲临致祭，武汉大学校友会亦有多达一百余人从全台各地赶来送别老校长。② 公祭仪式上，由高翰代表武汉大学校友会主祭，宣读了吴耀玉校友撰写的祭文。祭文称颂了王世杰一生的功勋，特别是"扩建武大，仰刮垢而磨光；宣示德化，诲励志而守长"的建校伟业，并在文末自勉："生等愚昧，未敢息遑，屡承耳提面命，应效复国兴邦。"③公祭仪式结束后，覆盖党旗"国旗"的灵柩起灵，迎往阳明山第一公墓安葬。墓地建筑由王世杰之女、著名建筑师王秋华女士设计。1989 年王世杰遗孀萧德华女士逝世后，亦在此与王世杰合葬。

为表达对老校长的纪念与哀悼，1981 年出版的《珞珈》第 68 期，特别辟为"王校长雪艇先生追思纪念专辑"。该期杂志收录了包括李国鼎、苏雪林、夏道平、严耕望、顾文魁、高启圭、殷正慈、陈宗文、赵保轩、刘定志等多位校友撰写的对王世杰的回忆和悼念文章，并刊发了王世杰不同时期的照片，以及灵堂祭祀现场的照片。

对于自己的身后事，王世杰晚年曾谈到一个愿望："公生前曾言，美国杰弗逊总统有一事令其神往，即彼遗嘱在其墓碑上但书手建维琴尼亚大学一事，余皆从略。"④王世杰也

---

① 《校友圈·校长九二【一】祝寿实况》，国立武汉大学旅台校友会编：《珞珈》1981 年第 68 期。

② 赵保轩：《雪公荣哀记盛》，国立武汉大学旅台校友会编：《珞珈》1981 年第 68 期。

③ 吴耀玉：《国立武汉大学校友会祭文》，国立武汉大学旅台校友会编：《珞珈》1981 年第 68 期。

④ 苏雪林：《雪艇王公墓表》，国立武汉大学旅台校友会编：《珞珈》1982 年第 71 期。

希望自己将来的墓碑上，同杰弗逊总统一样，碑文中略去他一生中的所有政坛官职，只提他作为国立武汉大学首任校长这一身份。为了实现王世杰的这一遗愿，武汉大学校友会在王世杰下葬后数月，即出资一万两千元新台币，"以校友会名义，为故校长立一石碑，上刻墓志铭。遵校长遗嘱，一生官职不要，只要武大校友会立一石碑即可。于是校友会恭请苏雪林老师撰文，高翰老师书字，碑成，文、字并茂，王府甚表满意"①。这篇由苏雪林撰写的墓志铭，重点记述了王世杰创建武汉大学的历程："民国十八年受命创建国立武汉大学于武昌郊外之珞珈山，辛苦三年，规模大备，论者谓足媲美泰西第一流现代学府"，而对于此前和此后王世杰先后出任过的一系列政坛官职，均一字未提，称"国史自将记载，毋庸缕述"。通篇提到王世杰的具体职务经历，只有任教北京大学、编辑《现代评论》，以及出任武汉大学校长、教育部部长和"中央研究院"院长等与教育和学术相关的经历，"公之生平志事，实以教育为首也"②。这块以武汉大学校友名义所立的石碑，镶嵌在王世杰墓圹后方的石墙上，完全遵照了王世杰生前的遗愿。它既是王世杰生前对武汉大学感情深厚、念念不忘的见证，也是对他在天之灵的长久告慰。

王世杰生平一大爱好，是中国古代字画文物的收藏品鉴。在大陆时期，他曾担任国立故宫博物院理事和国立中央博物院理事长。他从20世纪30年代起，便开始用心收藏和钻研古代字画。其女王秋华曾说："父亲收藏字画并不是为了子孙积产，他希望能尽力收集流失民间或海外的珍品，将来捐赠给博物馆，供万人观赏。"③王世杰本人在《艺珍别集》一书的序言中也说道："使曾经流入国外之三数名迹，重返祖国，此为余生平快意之一事。"他随后更进一步对文物收藏提出了自己的看法："收集之目的，如徒为私人增加侈奇斗胜之具，固无足论。即或志在保卫艺林传产，亦须知私人之能力与寿命，究不逮于公有文物保存机关。收集后，经过相当研讨时期，终以贡献其收蓄于适当之博物院馆为最合理。余故以为书画之收集，不必俟诸富有，亦不必以藏诸己为目的。"④由此可见，有别于中国古代帝王和文人墨客的把玩珍奇，以及近现代以获利为目的的私人文玩收藏者，王世杰对中国古代文物字画的收藏，乃是出于一位爱国知识分子的历史使命感和文化责任心，以"为往圣继绝学"的文化守望心态而为之，其根本目的乃在于抢救散落海外和民间的中华文化遗产。他并无意将这些文物据为私藏，而是打算悉数捐赠博物馆收藏展览，以最大限度发挥文物的学术研究价值和社会文化价值。正是基于这一想法，王世杰在台湾时，对于故宫博物院在台"复院"，以及台湾所藏中国古代文物赴海外展览等事，均极力促成，贡献甚巨。1973年1月，他鉴于台北"故宫博物院"古代名家字画之收藏缺漏甚多，便和同样醉心书画收藏的国民党大老张岳军商议，"各以'明清之际'若干名家……之书画，先以'寄存'方式寄存故宫博物院，以五年为寄存期，期满即捐赠该博物院……此种捐赠可补其缺，兼为他人续捐之倡"⑤。王世杰所捐赠的这批文物共10件，各出自八大山人、石涛、黄道周、倪元璐、史可法、方以智等名家，弥补了台北"故宫博物院"在明清之际书

---

① 周文炜：《校庆、校友年会纪实》，国立武汉大学旅台校友会编：《珞珈》1982年第70期。
② 苏雪林：《雪艇王公墓表》，国立武汉大学旅台校友会编：《珞珈》1982年第71期。
③ 王秋华：《忆家父》，国立武汉大学旅台校友会编：《珞珈》1990年第102期。
④ 王世杰：《艺珍别集序言》，《王世杰先生论著选集》，国立武汉大学旅台校友会，1980年3月。
⑤ 《王世杰日记》（下册），台湾"中央研究院"近代史研究所，2012年12月，第1485页。

画收藏方面的空白，成为该馆一批极为珍贵的藏品。

而在王世杰的收藏中，另有经他精挑细选的 77 件文物，亦同样"寄存"于台北"故宫博物院"。据影印收录这批文物图版的《王雪艇先生续存文物图录》一书所述："先生手创武汉大学，且曾膺首任校长，作育英才无数，其与武大情谊深厚，自不待言。故曾发愿日后回归武汉，愿将其珍藏书画移赠武汉大学。先生家属重其遗志，乃以所遗七十有七件书画珍迹，先行寄存故宫……武汉大学无由受惠之前，用供世人观赏研究。"①这批文物年代跨越久远，涉及汉代、萧梁、唐代、五代及宋、元、明、清等朝，除两片汉简外，余皆为古代书画。这些书画作品皆出自历代名家之手，如萧衍(梁武帝)、张旭、苏轼、黄庭坚、米芾、朱熹、赵孟頫、沈周、唐寅、文徵明、董其昌、八大山人、刘墉等，堪称中国历代名家书画精粹。王世杰特嘱将这批珍贵文物将来捐赠给武汉大学，无疑体现了他终其一生对武汉大学的深厚眷恋，也可视为他对武汉大学未来学术发展的一种寄望。目前，这批珍贵文物仍暂存于台北"故宫博物院"。

1990 年 3 月王世杰百年冥诞之际，国立武汉大学旅台校友会又举行了纪念活动。这也是该会和《珞珈》杂志最后一次举行王世杰的纪念活动。3 月 10 日，纪念大会由武汉大学校友会和"中央研究院"、北京大学旅台校友会共同举办，时任"中研院"院长吴大猷到会讲话，会后亦举行了学术演讲。此外在早前的 2 月 15 日，校友会已决定成立"王世杰先生奖学金董事会"，推举高翰为董事长，负责运作每年度的王世杰先生奖学金。该奖学金原始基金由武汉大学校友会出资 300 万元新台币，王世杰家属出资 100 万元新台币，每年奖励 8 名台湾地区各大学政治、法律、经济学专业成绩优良之研究生，奖金每人 4 万元新台币。② 该奖学金后来亦面向武汉大学在校研究生开放评选颁发，并延续至今。

除此之外，当年 1 月 1 日出版的第 102 期《珞珈》，也特别辟为"王故校长世杰先生百龄诞辰纪念特刊"，刊登了多位武汉大学校友所撰写的纪念或回忆王世杰的文章，在随后的第 103 期《珞珈》中，又继续刊载了部分台湾校友所撰写的纪念文章。当时"中央研究院"近代史研究所为纪念王世杰百年诞辰，特征得家属同意，公开出版了王世杰日记手稿的影印本。时任《珞珈》编辑蔡名相第一时间对王世杰日记进行了仔细研读，将其中涉及武汉大学的段落摘抄整理，发表在了《珞珈》第 103 期上。

值得一提的是，在此数月之前的 1989 年夏，蔡名相首次回到中国大陆探亲，并访问了母校武汉大学，得到了时任校长齐民友的接见，还与留在大陆地区的当年授课老师李崇淮教授及同学皮公亮、黄嘉莹等人重逢。这是时隔 40 年后，武汉大学在台校友首次正式回访母校，台湾地区校友会也由此正式与大陆母校和大陆地区校友总会及各地分会组织建立了联系。因此在 1990 年的这期王世杰百年纪念特刊上，也刊登了一些大陆地区武汉大学校友撰写的文章，如皮公亮的《追忆敬爱的王雪艇伯伯》、刘以纲的《王世杰先生小传》等。由于众所周知的原因，在 1949 年后相当长时间里，武汉大学校方对于王世杰是着墨甚少乃至避而不谈的。大陆改革开放后，校方对于王世杰创建和发展武汉大学的历史功绩，也逐渐予以了正面评价。从 1990 年这期纪念专刊中大陆校友的稿件可以看出，当时

---

① 秦孝仪：《序》，《王雪艇先生续存文物图录》，台北"故宫博物院"编辑委员会，1988 年 7 月。

② 《校友动态·国立武汉大学王故校长雪艇先生百龄诞辰在台校友集会纪念》，国立武汉大学旅台校友会编：《珞珈》1990 年第 102 期。

在大陆武汉大学校友当中，对王世杰校长的认识已经颇为详细深入，对他的历史评价也已较为客观公允。刊登在《珞珈》纪念特刊上的这些稿件，也成为台湾地区校友了解中国大陆改革开放后新情况的一个窗口，对于破冰之初两岸同胞交流沟通的促进，也起到了积极作用。藉由王世杰百年冥诞这一契机，《珞珈》杂志随后也逐渐成为沟通海峡两岸武大校友的一座桥梁，从 1990 年开始，《珞珈》杂志便陆续有越来越多的大陆校友投稿，两岸校友的交流沟通，也从此愈加密切。

沧海桑田，逝者如斯，六十余年奄忽已矣。虽然旅台武汉大学老校友如今多已凋零谢世，"国立武汉大学旅台校友会"已不复存在，《珞珈》杂志亦已停刊，但青史不容尽成灰，曾经活跃在台湾社会各界，为战后台湾经济发展、文化繁荣、社会进步作出过重要贡献的国立武汉大学校友们，以及终其一生对武汉大学眷恋不忘的王世杰校长，诚应为海峡两岸珞珈学子及荆楚儿女所共同铭记与感念。

（作者单位：武汉大学历史学院）

哲学・思想

王船山易学天道论发微

□　王林伟

　　船山于《张子正蒙注·序论》中有云："周易者，天道之显也，性之藏也，圣功之牖也，阴阳、动静、幽明、屈伸，诚有之而神行焉，礼乐之精微存焉，鬼神之化裁出焉，仁义之大用兴焉，治乱、吉凶、生死之数准焉。"①在船山看来，《周易》既揭示了天道的运作和人性的内蕴，也昭显了君子进德修业的门户和阶梯；盖万事万物均源于阴阳至足的动静幽明和屈伸往来，礼乐、鬼神、仁义之大用乃至治乱、吉凶、生死之数皆准于此。船山之学思归本于大易，从易学入手可以帮助我们更好地理解船山思想的整体及其在思想史上的地位。易学以天道论为根基，船山对易学的根本领会亦从此根基而来。只有牢牢把握此根基，我们才能通达船山思想的奥秘所在。本文即意在从太极、阴阳的角度来展示船山的易学天道论思想，盖从此两者为天道论的基本概念。

一、船山论太极

　　船山的易学天道论可从太极、阴阳的角度得到最好的阐发，"太极"在《周易》中仅见于《系辞传》，在先秦时期也并不属重要术语。然自周敦颐画太极图并著《太极图说》以来，太极就成为宋明理学的核心观念。船山亦继承此学术传统而对其大加阐发，相关的论述在其易学著作中随处可见，故以其为本来阐述船山的易学天道论不失为一条坦途。对船山而言，太极可从多方面加以理解；然归本而言，太极所表征的是天道至诚的原始发生，或者说它就是终极的发生境域。以下本节就从太极之义的澄清、太极之为全体、无极而太极三个方面对船山的太极论略作展示。

1. 对太极之义涵的澄清

　　自船山的易学阐释而言，太极有以下三义：自然义、卦象义和揲蓍义。自然义是指从天地自然之道而言，太极具有无所不包、无所不统的全体性，它所指明的是天地自身的性德。卦象义则是从乾坤并建、错综成象的角度而言，太极作为乾坤之合撰，具十二位之阴

---

　　①　《张子正蒙注·序论》，船山全书委员会编校：《船山全书》第十二册，岳麓书社 1996 年版，第12 页。

阳、统六十四卦于一原，故太极指明了卦象的原始整体。揲蓍义是从大衍之数、筮法的角度而言，数以生画，画积而卦象成，所有卦爻之变无不本于大衍之数的推演，分而为两、挂一象三、揲之以四、十有八变，等等，无不有太极，此即指明了揲蓍的原始统一、初终无间。以下结合船山的相关论述，对此三义加以阐明。

从自然之道(或性德义)而言，船山于《周易外传》卷五中对太极有如下论述：

> 太极之在两间，无初无终而不可间也，无彼无此而不可破也，自大至细而象皆其象，自一至万而数皆其数。故空不流而实不滞，灵不私而顽不遗，亦静不先而动不后矣……要此太极者浑沦皆备，不可析也，不可聚也。以其成天下之聚，不可析也；以其入天下之析，不可聚也。①

船山于此对太极的特性作出如下描述：在时间上它初终无间，不可分以先后；它也没有彼此之间的截然对待关系。所有的象和数都来源于它、归属于它，所以根本不可能用什么特定的象、数来规定它。它无所偏私、亦虚亦实、亦动亦静，故虚实、动静这些词语也不能用来规定它。如果非得要从正面来规定它，就只能说它浑沦皆备，它作为全体将一切都包含在自身之中。正是因为它无所不包，所以既不能对它加以分析，也不能对它加以聚合，分析和聚合都了不可得。此即表明了太极遍一切时、遍一切处、无所不包、无所不统，它就是最终极的发生境域，万事万物皆不可外此而得存。它是通乎幽明、显隐而不滞、不息的，故船山于《周易内传发例》中又有云：

> 时隐而时见者，天也，太极之体不滞也。知明而知幽者，人也，太极之用无时而息也。屈伸相感，体用相资，则道义之门出入而不穷。②

船山认为：有隐有见的那是天体的运行，但是太极之体则不会有所停滞，其运行通乎显隐；能够区分幽明、显隐的那是人的智识，但是太极之用则不会有所止息，它总是恒久日新、万变不息。要之，在船山看来太极之运为"屈伸相感，体用相资"，一切道义都于此"出入"而不穷，这表明太极本身还是所有道义的来源，亦即天理的源头。

自乾坤并建、错综成象之卦象义而言，船山于《周易外传》卷七中对太极有如下阐述：

> 是故易有太极，无极而太极。无所不极，无可循之以为极，故曰无极。往来者，往来于十二位之中也。消长者，消长于六阴六阳之内也。于乾、坤皆备也，于六子皆备也……于八错之卦皆备也，于二十八综之卦皆备也。错之综之，两卦而一成，浑沦摩荡于太极之全；合而见其纯焉，分而见其杂焉，纯有杂而杂不失纯，孰有知其始终

---

① 《周易外传》卷五，船山全书委员会编校：《船山全书》第一册，岳麓书社 1996 年版，第 1016 页。

② 《周易内传发例》，船山全书委员会编校：《船山全书》第一册，岳麓书社 1996 年版，第 659 页。

者乎？故曰：“太极无端，阴阳无始。”①

船山认为易之所以有太极，是因为它具有无所不极的特性：三百八十四爻之往来，皆往来于向背所具的十二位当中；卦画阴阳之消长，皆消长于乾之六阳、坤之六阴之内。太极备乎六阴六阳之纯、十二位之全体，故于乾坤皆备、于六子皆备、于八错卦皆备、于二十八综卦皆备，故太极其六十四卦之卦象无所不备。不管是相错还是相综，都是两卦构成一对，且都“浑沦摩荡”于太极的全体当中，纯杂、分合皆不离乎此太极浑沦之全体，故船山总结说“太极无端，阴阳无始”。此即是从太极备乎十二位阴阳之全体以涵六十四卦卦象的角度来展示太极的无所不包、无所不统特性。

自大衍之数、揲蓍义而言，太极亦是浑沦皆备，船山于《周易外传》卷五论此云：

> “易有太极”，固有之也，同有之也。太极生两仪，两仪生四象，四象生八卦，固有之则生，同有之则俱生矣，故曰“是生”。“是生”者，立于此而生，非待推于彼而生之，则明魄同轮，而源流一水也。……无所变而无太极也。卦成于八，往来于六十四，动于三百八十四，之于四千九十六，而皆有太极。策备于五十，用于四十九，揲于七八九六，变于十有八，各尽于百九十六，而皆有太极。②

船山于此指出：易之有太极是“固有之”、“同有之”。因为太极为易所固有，所以生两仪、生四象、生八卦，其生不可止息；有因为太极为易所同有，所以两仪之生、四象之生、八卦之生为俱生，其生不可限以先后。船山认为：这种固有之生、同有之俱生才是《系辞》所言的“是生”，生与所生俱源于易道之太极，故无待“推于彼”，就好比“明魄同轮”、“源流一水”。更确切地说，从筮法而论：卦积三画而成八，积六画而成六十四，其爻三百八十四，皆有所谓太极；大衍五十之策，四十九策之用，七八九六之揲、十有八变，皆有太极；此即表明卦画之推、蓍策之揲皆不离乎所备之数（太极或大衍之数）。

需要指出的是：太极的此上三义相互之间并非隔离的关系，事实上它们是同体的关系。自然义下的太极是对天地之道的直接领会和展示，而卦象义和揲蓍义的太极则是从象数的角度对太极之特性加以模拟：前者从乾坤并建备乎十二位阴阳之全体立论，后者则从大衍之数生起一切卦爻、统摄一切卦爻而立论。此中，无论是直接领会还是藉象数加以表征，所展示的都是天道至诚不息的全体性、终极性，以此之故可谓之“同体”。

2. 太极之为全体

在上一小节，我们实际上已经涉及太极之全体性，其全体性不过是对天道之为全体的另一种表述。盖太极和天道异名而同实，它们所指涉的均为至诚不息的终极发生境域。此处再选取两段引文，以更为切近的方式来展示船山对太极之全体性的强调。

---

① 《周易外传》卷七，船山全书委员会编校：《船山全书》第一册，岳麓书社 1996 年版，第 1110 页。

② 《周易外传》卷五，船山全书委员会编校：《船山全书》第一册，岳麓书社 1996 年版，第 1024 页。

在《周易内传发例》中，船山对太极之全体性有详密的阐发，其文云：

> 太极，大圆者也……十二者，象天十二次之位，为大圆之体。太极一浑天之全体，见者半，隐者半，阴阳寓于其位，故毂转而恒见其六。乾明则坤处于幽，坤明则乾处于幽。周易并列之，示不相离，实则一卦之向背而乾坤皆在焉。……要之，细缊升降，互相消长盈虚于大圆之中，则乾、坤尽之，故谓之"缊"，言其充满无间，以爻之备阴阳者言也。又谓之"门"，言其出入递用，以爻之十二位具于向背者言也。故曰，"易有太极"，言易具有太极之全体也……太极之体用无不全，是则易有太极者，无卦不有之也……时隐而时见者，天也，太极之体不滞也。知明而知幽者，人也，太极之用无时而息也。屈伸相感，体用相资，则道义之门出入而不穷。①

在太极图中，周敦颐就是用一个大圆来象征太极的。于此，船山继承了濂溪的做法，也用大圆来象征太极：天以其十二次之位作为大圆之体，太极作为大圆之体即是一个浑沦无极的全体。此全体以半隐半显的方式展开自身，明者显而幽者隐，然而不论幽明、显隐，都统于太极浑沦之全体中。所有的细缊、升降，都体现为在大圆之中的互相消长、盈虚。乾坤以具阴阳之全体而尽其缊、又以具十二位之出入而尽其用，所以《周易》说："易有太极"，说的就是易具有太极之全体。太极浑沦无极，其体无不全、其用无不至，一皆其屈伸相感、体用相资之至诚之道，道义之门即由此开启而出入不穷。根据此段论述，船山很明显地将太极视为无所不包、无所不贯的全体。细缊是对其作为全体的描述，错综之门是对其作为大用的描述，全体无非大用，大用无非全体，无所不极而无有专极。其体虽随时而隐现，其用却无时而息，而其发生则无非屈伸相感至诚之道。由此可见，船山对太极之全体的强调，还包含了对体用不二、幽明一物、本原发生的说明。这也恰恰说明，在船山的思想中，这些观念本来就互相缠绕、不可分割地融结为一体。太极之全体必然要将这些观念所揭示的内容纳入自身之中，否则它就不是充实、生活、活泼洋溢的道体了。

太极亦即所谓的太和，船山于《张子正蒙注》卷一释"太和所谓道"云：

> 太和，和之至也。道者，天地人物之通理，即所谓太极也。阴阳异撰，而其细缊于太虚之中，合同而不相悖害，浑沦无间，和之至矣。未有形器之先，本无不和，既有形器之后，其和不失，故曰太和。②

张载用太和来指称道之全体，船山径直将此道解释为太极。在船山看来，此太和之实体无非就是阴阳异撰之细缊全体。此细缊之全体充满太虚、横无际涯，而相互之间则合同而不相悖害，浑沦无间，是一切和同的源泉所在。和顺之理贯乎未有形器之先和既有形器之后，所以就从和这点上称其为太和，言其和之至、无所加也。实际上，这不过是从和之

---

① 《周易内传发例》，船山全书委员会编校：《船山全书》第一册，岳麓书社 1996 年版，第 657～659 页。

② 《张子正蒙注》卷一，船山全书委员会编校：《船山全书》第十二册，岳麓书社 1996 年版，第 15 页。

极致这一方面来指目太极而已，在所指之实上，太极和太和并无差别，它们都指向作为全体的道体。只不过，太极侧重道体无所不极而无有专极的特性；而太和则侧重道体作为和之至的特性。在船山的视野中，濂溪用太极和横渠用太和所领悟到的天道本体是同一的，亦即都是作为全体的终极发生境域。

3. 无极而太极

"无极而太极"的说法来自周敦颐的《太极图说》，在历史上，朱子和象山曾就此说法发生了一场大辩论①，此问题的重要性由此可见一斑。船山对此问题也给出了自己的诠释，经由这些诠释我们可以更清楚地窥见船山的太极思想。以下略引两段以作探讨。

《周易外传》卷七有云：

> 是故易有太极，无极而太极。无所不极，无可循之以为极，故曰无极。往来者，往来于十二位之中也。消长者，消长于六阴六阳之内也。于乾、坤皆备也，于六子皆备也……于八错之卦皆备也，于二十八综之卦皆备也。错之综之，两卦而一成，浑沦摩荡于太极之全；合而见其纯焉，分而见其杂焉，纯有杂而杂不失纯，孰有知其始终者乎？故曰："太极无端，阴阳无始。"②

根据此段论述，无极有二义：一是无所不极，二是无可循之以为极。位次之往来，均往来于十二位之中，无有外于十二位者。阴阳之消长，皆消长于六阴、六阳之内，六阴六阳之外无消长。所以太极于乾坤皆备、于六子皆备、于八错二十八综亦皆备，太极之六阴、六阳、十二位无所不备，故能无所不极，此为第一义。六十四卦错综以成其用，浑沦摩荡于太极全体之中，既相互区别又相互融合为一体，于区别处见其杂，于融合一体处见其纯，纯不失杂而杂有其纯，一致而百虑，同归而殊途，莫能知其始终，无一定可循之道，故不能有所循之以为极，此为第二义。此即是以太极之全体皆备义成立无极之第一义、以太极之发生境域义成立第二义。此两义与此上所言太极的全体义是完全相通的。

《思问录·内篇》亦云：

> 无极，无有一极也，无有不极也。有一极，则有不极矣。无极而太极也，无有不极乃谓太极；故君子无所不用其极。行而后知有道，道犹路也。得而后见有德，德犹得也。储天下之用，给天下之得者，举无能名言之。天曰无极，人曰至善，通天人曰诚，合体用曰中，皆赞辞也。知者喻之耳。喻之而后可与知道，可与见德。③

船山于此指出：所谓无极，即是指无有一极，无有不极。有一极，则有其所不极；正因为

---

① 对此辩论的疏解请参见牟宗三：《从陆象山到刘蕺山》第二章，上海古籍出版社2001年版。

② 《周易外传》卷七，船山全书委员会编校：《船山全书》第一册，岳麓书社1996年版，第1110页。

③ 《思问录·内篇》，船山全书委员会编校：《船山全书》第十二册，岳麓书社1996年版，第402页。

无所不极，故谓之太极，太极者，无有不极之谓也。太极储备天下之用，供给天下之德，道皆其道，德皆其德，无所不极矣，故称其为无极而太极。在船山看来：尽天地之间，无非此太极之道，从天的角度目其为无极，从人的角度目其为至善，通于天人则谓之诚体，合于体用则谓之中体，其实都是赞辞，期于智者喻之而已。此即谓实体是一，但从言异路尔。真能见此实体，则谓之知道、见德。实际上，此实体就是天道之本原发生，亦即作为全体的终极发生境域。所以，船山的论述，左说右说、前说后说，无非此天道流行的本体。

二、船山论阴阳

太极生两仪，两仪即为阴阳，船山以太极为阴阳之合撰，故次之而论阴阳。阴阳又与气相关，盖气即为阴阳二气之整体，所以又牵涉到船山的气论。本小节在内容上分为三个部分：首先是以相关的易学论述为主澄清船山对阴、阳之义涵的规定，其次则阐述船山以阴阳为本的气论，最后则对船山之元气说阴阳实有大备说略作阐明。所有这些仍归本于对船山易学天道论的阐明。

1. 对阴、阳之义涵的澄清

船山易学论述中的阴阳义，可从三点加以展示：首先，船山认为天底下的万事万物均有阴有阳，盖孤阳不生、孤阴不成；其次，船山认为所谓的阴阳均源于太极浑沦之全体（亦即气之全体），但阴和阳的致用有所不同，因而各自有其性情功效；最后，自性情功效而言，阳具有大、清、实等特性，而阴具有小、浊、虚等特性。要而言之，两者互相依赖、彼此补充以构成浑沦之太极，其关系可用"互补对生"①加以规定。

关于天下万事万物均有阴有阳，船山分别于《周易外传》卷一、《周易内传》卷一中有如下论述：

> ①天不偏阳，地不偏阴；男不偏阳，女不偏阴；君子不偏阳，小人不偏阴。天地其位也，阴阳其材也，乾坤其德也。材无定位而有德，德善乎材以奠位者也……男女各有魂魄，君子小人各有性情。男不无阴，而以刚奇施者，其致用阳；女不无阳，而已柔偶受者，其致用阴。②
> ②周易并建乾坤为太始，以阴阳至足者统六十二卦之变通。古今之遥，两间之大，一物之体性，一事之功能，无有阴而无阳，无有阳而无阴，无有地而无天，无有天而无地。③

在第一条引文中，船山指出：天地、男女、君子小人等都不存在偏于阳、偏于阴的情况，盖天地间的万事万物均由阴阳共同构成。阴阳是终极的材质，凡物皆由此材质构成；

---

① "互补对生"为张祥龙教授所用概念，用在此处颇为恰当，特此说明。
② 《周易外传》卷一，船山全书委员会编校：《船山全书》第一册，岳麓书社 1996 年版，第 822 页。
③ 《周易内传》卷一，船山全书委员会编校：《船山全书》第一册，岳麓书社 1996 年版，第 43 页。

天地不过是阴阳之定位，而乾坤不过是阴阳之德性罢了。阴阳之材质有固定的德性，却没有固定的位置，盖一切位置均为其固有之位。所以船山说：男女均有阴阳，君子小人也各有性情，之所以说男阳、君子阳与女阴、小人阴，这只是因为前者致用阳而后者致用阴，亦即致用有别而本体上则阴阳俱有。在第二条中，船山指明：乾坤并建说其实就已经昭示了阴阳至足之全体，六十二卦之变通皆取乎此至足之阴阳本体，无有能外之者。故船山接下来说：涵盖一切时空而言（古今之遥，两间之大），任何物体、任何事情都有阴有阳、有天有地，天地间就根本不存在孤阴孤阳之物。此即表明了阴阳的共生性、共成性，而乾坤并建等说也是对此共生、共成性的揭示。

　　然正如此上所指出的，阴阳虽阴共生、共成而不可截然分割，但两者在致用方面却有差异。船山即从气之致用的角度来阐明阴阳的不同特性：他认为阴阳各有其性情功效，亦即各有其体用。船山于《周易内传》卷一中论此云：

　　①乾，气之舒也。阴气之结，为形为魄，恒凝而有质。阳气之行于形质之中外者，为气为神，恒舒而毕通，推荡乎阴而善其变化，无大不届，无小不入，其用和煦而靡不胜，故又曰"健"也。……以纯阳为乾者，盖就阴阳合运之中，举其阳之盛大流行者言之也。
　　②阳有独运之神，阴有自立之体；天入地中，地函天化，而抑各效其功能。故伏羲氏于二仪交合以成能之中，摘出其阳之成象者，以为六画之乾……摘出其阴之成形者，以为六画之坤……为各著其性情功效焉。①

　　船山于此指出：阴气结为形魄，以"凝而有质"为其恒性；然后阳气则行于阴气所凝结而成之形质之中与之外，以"舒而毕通"为其恒性；阳为气为神，阴为形为质，前者推荡后者以善其变化，后者则随顺前者之推荡以成其变化；故阳之性为健，阴之性为顺。要而言之，阳有其"独运之神"（为气为神），阴有其"自立之体"（为形为质），两者虽交涵互摄以成其生化之功，然其性情功效各有不同：阳以成象而为乾，阴以成形而为坤。此即是从天道生化以及致用的角度展示了阴阳各自的性情功效。自"阴阳合运"、"二仪交合以成能"的角度而言，两者不可截然分割；从各自的性情功效而言，则阴阳各具其体用而不容相混；故船山于《周易内传》卷一中又云："阴阳者，定体也，确然赜然为二物而不可易者也。"②

　　对阴阳之性情功效，船山有多方面的说明：如以阳为清、阴为浊，又以阳为实、阴为虚。总的来说，船山统摄阴阳之性情功效而以阳为大、以阴为小，故于《周易内传》卷一有云：

　　以法象言之：天包地外，地在天中，有形有涯，无形无涯，体之大小也。以数言之：阳奇，一而函三，三其三而九，四揲之而三十六；阴偶，缺三之一而为二，三其

　　① 《周易内传》卷一，船山全书委员会编校：《船山全书》第一册，岳麓书社 1996 年版，第43、74页。
　　② 《周易内传》卷一，船山全书委员会编校：《船山全书》第一册，岳麓书社 1996 年版，第42页。

二而为六，四揲之而为二十四，用之大小也。以时化言之：阳舒而万物盈，阴敛而群动缩，功效之大小也。故阳大而阴小。①

船山于此从体、用、功效三方面对阴阳的大小作出比较：（1）自法象之体而言，天为阳，地为阴；天包乎地外而入乎地中，地则只是处在天之中；前者无形而无涯，后者则有形而有涯；此即是以天阳之体为大、地阴之体为小。（2）自揲蓍之数而言，阳为奇，阴为偶；前者以一函三，三三而九，四揲皆九而为三十六，后者缺一为二，三二二六，四揲皆六二为二十四；此即是以阳九之用为大、阴六之用为小。（3）自天道运行之时化而言，阳为气之舒发，阴为气之收敛；前者使万物得以充盈，而后者则使群动收缩；此即是以阳气之功效为大、阴气之功效为小。要而言之，阴阳之性情功效皆可统摄在此大小之对比当中。对阴阳之特性的其他描述不过是对此的详细展示而已。

总的来说，在船山这里，阴与阳之关系可用"互补对生"来加以规定，它所展示的恰恰是张载所指出的气之"一物两体"性。船山于《张子正蒙注》卷一中论此云：

> 缊缊太和，合于一气，而阴阳之体具于中矣。……太和之气，于阴而在，于阳而在。……自太和一气而推之，阴阳之化自此而分，阴中有阳，阳中有阴，原本于太极之一，非阴阳判离，各自孳生其类。故独阴不成，孤阳不生，既生既成，而阴阳又各殊体。其在于人，刚柔相济，义利相裁，道器相需，以成酬酢万变之理，而皆协于一。……阳爻奇，一合三于一；阴偶，一分一得二；阳爻具阴，阴爻不能尽有阳也。②

船山于此指出：阴阳之体具于缊缊太和之气当中，故太和之气于阴而在，于阳亦在（相应于一物）；船山且说阴之中有阳，阳之中有阴；又说孤阴不成，孤阳不生；此即表明万事万物均有阴阳，两者须相需互补以生成万物；其论阴阳之化有分、阴阳各自殊体（在人则表现为刚柔、义利等，相应于两体），则又表明阴阳虽同源于太和，却各有其性情功效，不可混然等同；气论阳爻为奇、阴爻为偶，阳爻具阴爻而阴爻不能具阳爻，则又表明了阳之大、阴之小。由此而言，阴阳之关系确可规定为互补对生：同源于缊缊太和之气而各有其性情功效，故其材质为互补、其效用为对生，而在其互补、对生的过程中则呈现出阳大、阴小的特性。综括以上数义，即可把握船山对阴、阳之义涵的规定。

2. 阴阳与气：气为全体

船山对于气并没有作过明确的解说，在根源的意义上，他将气等同于天，天就是气之全体。实际上，对于气、天、道这样一些古代中国思想的核心词汇来说，界定或定义几乎是不可能的。此即所谓的道可传而不可授，传者，传之以心得而已。能够教授的永远都是属于知识形态的思想，而气、天、道很显然，并非某种知识形态，对它们只能加以本源地

---

① 《周易内传》卷一，船山全书委员会编校：《船山全书》第一册，岳麓书社 1996 年版，第 129 页。
② 《张子正蒙注》卷一，船山全书委员会编校：《船山全书》第十二册，岳麓书社 1996 年版，第 46～47 页。

领会。能领会者自然能知之，而人人皆本具此领会的可能性，道不远乎人心。

船山于《张子正蒙注》卷一中释"由太虚，有天之名"亦云：

> 名者，言道者分析而名；言之各有所指，故一理而多为之名，其实一也。太虚即气，絪缊之本体，阴阳合于太和，虽其实气也，而未可名之为气；其升降飞扬，莫之为而为万物之资始者，于此言之则谓之天。①

同卷中亦有云：

> 阴阳二气充满太虚，此外更无他物，亦无间隙，天之象，地之形，皆其所范围也。散入无形而适得气之体，聚为有形而不失气之常，通乎死生犹昼夜也。昼夜者，岂阴阳之或有或无哉！日出而人能见物，则谓之昼，日入而人不见物，则谓之夜；阴阳之运行，则通一无二也。在天而天以为象，在地而地以为形，在人而人以为性，性在气中，屈伸通于一，而裁成变化存焉，此不可逾之中道也。②

在第一段引文，船山首先说明对于同一个道理（或实体），我们可以用不同的名言对其加以道说。然后接下来他又说：太虚的本体其实就是气，此絪缊之本体以阴阳和合的形式充满于太虚之中而为太和。此太和、絪缊虽然实际上就是气，但不能名之为气；而要从其升降飞扬、莫之为而为以资始万物这方面将其名为天。但无论是太和、絪缊、太虚、天，名言虽不同，所指则一，无非就是气之全体，亦即太极。所以在第二段引文中，船山明确指出：阴阳二气充满于太虚之中，此外更无有他物，也无所谓空隙。在天之象、在地之形，皆阴阳二气所生成，因聚散而有形不形之区分，其实体则未尝无也。所以说阴阳之运行，通一无二，天以之为象，地以之为形，人以之为性，一切皆源于气之屈伸之全体。

又，船山于《周易外传》卷五中对阴阳二气之备乎两间有如下论述：

> 是故备乎两间者，莫大乎阴阳，故能载道而为之体。以用则无疆，以质则不易，以制则有则而善迁。天之运也，地之游也，日月之行也，寒暑气候之节也，莫不各因其情以为量，出入相互，往来相遇，无一定之度数，杂然各致，而推荡以合符焉。③

船山于此指出：正因为阴阳二气大备于两间，所以才能载道而为之体。此阴阳二气，从用而言则无有疆域，从质而言则万古不易，从节度而言则有则而善迁。天地日月之运行，寒暑气候之节度，等等，自然如情如量，所以这一切都来源于阴阳二气的"往来出

---

① 《张子正蒙注》卷一，船山全书委员会编校：《船山全书》第十二册，岳麓书社 1996 年版，第 32 页。

② 《张子正蒙注》卷一，船山全书委员会编校：《船山全书》第十二册，岳麓书社 1996 年版，第 26 页。

③ 《周易外传》卷五，船山全书委员会编校：《船山全书》第一册，岳麓书社 1996 年版，第 1010 页。

入"、"相互推荡"。如此则阴阳二气即是天地万物的源头、根据，其大备所展示的正是天道之全体。

如上的阐释足以说明：在船山这里，阴阳二气之全体即是天，太极、缊缊、太和等都是对此全体的指称，它们所指向的无非就是那作为全体的终极发生境域。如此，所有这些核心用语都归结如下：气之全体即是此上所言的太极之全体。

3. 元气说与阴阳实有说

关于阴阳与气，船山还有所谓的元气说和阴阳实有说：元气说在早期著作《周易外传》中曾出现，在其他著作中则较为罕见，可见并非船山的核心观念。至于阴阳实有说，则从早期的《周易外传》一直到晚年的《周易内传》、《张子正蒙注》等著作，船山一直都坚持此见解，可视为船山的核心观念。

船山曾将阴阳视为元气之阖辟，《周易外传》卷五有云：

> 夫太极○之生元气，阴阳者，元气之阖辟也。直而展之，极乎数之盛而为九……始末相类，条贯相续，贞常而不屈，是可彻万理于一致矣……斯以为天下之至健者也。元气以敛而成形，形则有所不逮矣。地体小于天。均而置之，三其九而虚其一为六……天之所至，效法必至……是可悉物理而因之……斯以为天下之至顺者也。①

于此，船山认为太极能生元气，而此元气的翕辟则为阴阳。具体来说就是：元气之辟为阳，其功用体现为直而展之，贞常不屈，贯乎万理而为一，为天下之至健者。元气之翕为阴，其功用体现为敛而成形，效法于天，可悉万物之理而因之，为天下之至顺者。由此，船山将阴阳划归为元气翕辟不同的两种作用，如此则天下之只有此一元之气而无所谓阴阳二气。

但在其他更多地方，船山则将阴阳二气视为实有，而非仅仅是翕辟作用，《周易内传发例》有云：

> 阴阳者，二物本体之名也。盈两间皆此二物，凡位皆其位，无入而不自得……夫阴阳之实有二物，明矣。自其气之冲微而未凝者，则阴阳皆不可见；自其成象成形者言之，则各有成质而不相紊。自其合同而化者言之，则浑沦于太极之中而为一；自其清浊、虚实、大小之殊异，则固为二；就其二而统言其性情功效，则曰刚，曰柔。阴阳必动必静，而动静者，阴阳之动静也。体有用而用其体，岂待可用而始有体乎？②

《张子正蒙注》卷二亦云：

> 阴阳之实，情才各异，故其致用，功效亦殊。若其以动静、屈伸、聚散分阴阳为

---

① 《周易外传》卷五，船山全书委员会编校：《船山全书》第一册，岳麓书社1996年版，第984页。
② 《周易内传发例》，船山全书委员会编校：《船山全书》第一册，岳麓书社1996年版，第659~660页。

言者，又此阴阳二气合而因时以效动，则阳之静屈而散，亦谓之阴，阴之动伸而聚，亦谓之阳，假险阻之象以名之尔，非气本无阴阳，因动静屈伸聚散而始有也。故直言气有阴阳，以明太虚之中虽无形之可执，而温肃、生杀、清浊之体性俱有于一气之中，同为固有之实也。①

船山在此两段引文中十分清楚地表明：阴阳是二物本体之名，天地间实有此阴阳二物。而且此二物充盈两间，时皆其时、位皆其位，无入而不自得。只不过当气冲微未凝的时候，此二物均不可见而为隐；而当它们成象成形的时候，则此二物各有其成质而不可相紊。从合同而化这方面来说，则此二物浑沦于太极之中而为一；从两端之发用来说，则此二物固有清浊、虚实、大小之异（阳清、实、大而阴则浊、虚、小），如果统言其性情功效之异，则阳为刚、阴为柔。而所谓的动静，即是动静乎阴阳，阴阳为实体、动静为实用。体者有其用，而用即用其体，故实有其体才能实有其用。由此来说，阴阳的确为太极所实有。

这样一来，早期的元气说和贯彻始终的阴阳实有说似乎就相互冲突，从而表现出船山思想自身的某种不一致呢？初看起来的确如此，然而一旦我们将探索的目光直达问题的根源处，则这种表面的冲突是可以消解的。在元气说中，船山承认了元气的实有，也承认了元气之辟的至健性以及元气之翕的至顺性，而此至健至顺即是阴阳之特性，这样看来，船山也等于承认了阴阳的实有性。而在阴阳实有说中，船山承认自合同而化方面来说，阴阳二物浑沦于太极之中而为一。既融合为一个整体，则将其视为某种元气亦无多大问题（故后面有云：体性俱有于一气之中）。要之，此两种说法并无实际冲突。船山对气的强调在于体现整个道体的至诚不息、真实无妄性，而不管元气说还是阴阳实有说，都没有脱离这个强调的视野。元气、阴阳都不是可以绝对固定的对象，它们不过是对道体流行的不同展示而已。

三、小结：阴阳即太极之实体

正是基于此上对太极、阴阳的领会，故船山于《张子正蒙注》卷一又有云：

盖阴阳者气之二体，动静者气之二几，体同而用异则相感而动，动而成象则静，动静之几，聚散、出入、形不形之从来也……阴阳一太极之实体，唯其富有充满于虚空，故变化日新，而六十四卦之吉凶大业生焉。阴阳之消长隐见不可测，而天地人物屈伸往来之故尽于此。②

此即是以阴阳为气之二体，动静为气之二几，阴阳、动静皆为气之所固有。动静源于

①《张子正蒙注》卷二，船山全书委员会编校：《船山全书》第十二册，岳麓书社1996年版，第80页。
②《张子正蒙注》卷一，船山全书委员会编校：《船山全书》第十二册，岳麓书社1996年版，第23～24页。

阴阳二体之同异(阴阳的互补对生关系),而聚散、出入、形不形则归本于阴阳之动静。自体而言,阴阳均为太极之实体,其体富有充满于太虚之中,由此则谓之为实有;由用而言,则阴阳相感而动、变化日新(翕辟成变),不可限以分段、加以分割,如此则浑合阴阳之用而谓之为元气。要而言之,不管谓之阴阳实有还是元气翕辟,所揭示均为终极的"阴阳之消长"、"天地人物之屈伸往来",亦即天道至诚的终极发生境域。

　　通过此上的展示,本文已经表明:从船山易学天道论的角度来看,虽然太极和阴阳各自有自己的确定义涵(太极之三义及阴阳之三义),但这两组概念之间存在着十分密切的关系。太极所指向的就是作为终极发生境域的天道之全体,而阴阳则是此全体的真正实体,它们被总称为气(阴阳虽各有其性情功效,却又互补对生,此间多体现的就是气之"一物两体"性),而气之全体其实就是太极之全体。要而言之,不管是从太极出发,还是从阴阳二气出发,船山力图揭示的均为天道发生之全体。也正是基于此原因,本文将太极与阴阳相合为论以展示船山的易学天道观。

(作者单位:武汉大学中国传统文化研究中心)

从南明哀思到经史互彰*

——章学诚释经学方法的兴起

□　王晨光

　　20 世纪初，伴随着实证史学的兴起，章学诚的经史观点被学界支离地援引并追捧为先驱，继而被学者充为自家之注脚。① 尽管经学与史学的辩论自 20 世纪以来从未停止，但由于当代学科分科体系所导致的学术壁垒，前人研究多未能理解章学诚的用意。虽其学术贡献在不同专业的学术史中反复称引，但却鲜有学者从章氏本身的时空语境来理解其治学方法。或误以为戴震与章学诚分别延续朱陆两派学术，强制将二人同"元晦之意欲令人泛观博览，二陆之意欲先发明人之本心"的学术理念对应，认为这是"清代儒学共同精神"，是"智识主义兴起后的思想产品"，并钩沉所谓"内在理路"。② 或是陷于浙东史学概念本身，尽力勾勒"程颐—刘宗周—黄宗羲"之间史学秉承的学术系谱。③ 更有甚者，看到"浙东"一词便动辄追溯至《越绝书》、《吴越春秋》，并添上叶适、陈亮等一系列人物充实浙东的"学术阵营"，沦为彰表乡志的"儒林名谱"。此均未能客观地核查章学诚的学术渊源及其意图，反而使得实斋旨趣晦而不彰，殊为遗憾。尽管前贤学者对章学诚的经史观有过不少讨论，但却鲜有文章留意到章学诚所建构的一套释经方法。实际上，章学诚的释经方法不仅对明遗民的著史范式进行了批判性继承，更与其治教合一、道器合一等理念相贯通。本文试图从《浙东学术》这份宣言性的文献切入，重新阐明章学诚的识界及其手法。相信对反思当下经学、史学研究及学术分科化具有一定的助益。

一、姚江之学与胜国遗闻——浙东学术的渊源

　　在章学诚逝世前一年，曾作《浙东学术》一文。在这份关乎章氏治学宗旨的文献中，

---

　　*　本文为中央高校基本科研业务费专项资金资助重点项目成果。

　　①　顾颉刚认为章学诚"看六经是学问的材料，不拿学问当做六经的臣仆；拿从前对于经学的界说根本撤消，做经学的人只是考古，并非希圣"。又如胡适认为章的六经皆史是说"一切旧书古书都是史也"。顾颉刚：《中国近来学术思想界的变迁观》，《中国现代学术经典·顾颉刚卷》，河北教育出版社1996 年版，第 742 页。胡适：《"研究国故"的方法》，《胡适全集》第 13 卷，安徽教育出版社 2003 年版，第 44 页。

　　②　余英时：《论戴震与章学诚》，三联书店 2005 年版，第 74 页。

　　③　何炳松：《浙东学派溯源》，商务印书馆 1932 年版，第 169~187 页。

开篇直叙自宋迄清十一位经史学家沿袭脉络，其中不仅包括正统经学宗师朱熹，亦囊括士林中颇具影响的黄宗羲、全祖望、万氏兄弟等人物，更不避时讳，将陆九渊、王阳明等乾嘉之际遭非议的"宋学"派学者列入其中。对此，章学诚只用"浙东之学，言性命者必究于史"①一语统贯不同学者的治学宗旨。可见，章学诚勾勒这份打破汉宋畛域的学人名录，绝非是搜括几位"同乡名彦"来自相标榜，而是寓有深意。而理解章学诚学术的关隘就在于明晰"言性命者必究于史"一语的意涵。其实，在《邵与桐别传》中，章学诚已透露出关键的线索，其写道：

> 南宋以来，浙东儒哲讲性命者多攻史学，历有师承，宋明两朝纪载，皆稿荟于浙东，史馆取为衷据。其间文献之征，所见所闻所传闻者，容有中原耆宿不克与闻者矣。邵氏先世多讲学，至廷采，善古文辞，著《思复堂文集》，发明姚江之学与胜国遗闻轶事，经纬成一家言，蔚然大家。②

可见，在这份不受学界重视的传记中，其实蕴含着《浙东学术》所未表露的旨趣。借由撰写这篇传记，章学诚指明"浙东学术"概念的形成最初并非是一套虚设的治学方法，而主要是指浙东地区文人参与史馆修撰前朝史事的事实。换言之，浙东学术的发端与南宋偏安和南明政权的地缘形势息息相关，正是特殊的政治危机使得浙东一带成为"纪载"的汇聚之地，③ 并由此兴起特殊的史学集团。正如《金华府志》中所言："迨乎宋之南渡，中原名胜之所萃，诸贤道学之讲明，然后蔚然为文献之邦。"④而南明抗清，浙东地区更保留了大量第一手资料，自满族定鼎后这类文献便遭禁毁，成为"中原耆宿不克与闻"的秘史，其中浙东史家所撰者，如查继佑之《鲁春秋》、黄宗羲之《海外恸哭记》、翁洲老民之《海东逸史》、全祖望之《鲒埼亭集》均为其类。⑤ 而这正是章学诚在《文史通义·浙东学术》中所隐晦未叙的内容。

在对邵廷采的叙述中，章学诚更直接用"姚江之学"与"胜国遗闻"两点概括其学术趣向。复察邵氏《思复堂文集》，主旨即在于苛责儒者"病于拘曲而无所建树"的习气，倡言"儒者之学，固以经世务为验也"。⑥ 其既表彰明末守死善道的忠良，又强调"节义本学而成"，处处尊姚江学知行合一之教，这无疑是清初经世学风的典型。至于"胜国遗闻"更是明遗民共有的撰著主题。所谓"灭人之国曰胜国，言为我所胜之国也"⑦。清初迫于时讳，明遗民惯用"胜国"代指前朝。实斋为避免读者不解，更以小字备注曰：

---

① 章学诚：《浙东学术》，《文史通义新编新注》，浙江古籍出版社 2005 年版，第 121 页。
② 章学诚：《邵与桐别传》，钱仪吉编：《碑传集》，上海古籍出版社 1987 年版，第 263 页。
③ 又参全祖望：《淳熙四先生祠堂碑文》，《鲒埼亭集外编》卷 14，清嘉庆十六年刻本。
④ 譬如南宋时慈溪的黄震曾任史馆检讨修宁宗、理宗两朝实录，鄞县（今宁波）的王㧑、王应麟夫子则任国史编修与实录检讨等职。王懋德等修：《金华府志》卷 5《风俗》，台湾成文出版社 1983 年版，第 320 页。
⑤ 中国科学院图书馆整理：《续修四库全书总目提要》（稿本）卷 31，齐鲁书社 1996 年版，第 509 页。
⑥ 邵廷采：《名儒王子阳明先生传》，《思复堂文集》，浙江古籍出版社 2010 年版，第 16 页。
⑦ 张岱：《夜行船》卷 2《地理部》，天一阁藏清抄本。

> 廷采念鲁先生思复堂文集之外尚有《东南纪事》、《西南纪事》等书，大抵讲性命
> 而又长史学者也。

事实上，邵氏所作两《纪事》分别记载唐鲁桂三藩抗清的史事，而其中尤详细记载南明鲁王朱以海抗清之事，这一方面是由于鲁王"孤军扼守钱江，南蔽闽广"①，虽"漂泊海岛，立国未久"，然"浙东人士，最尚气节"，故明遗民对此特加彰显；另一方面也是因鲁王活动于浙东一带，浙人多曾亲历或亲睹其事，便于撰述第一手史料，这也正是前文所言浙东地区的文献优势。

总而言之，在章学诚看来，邵廷采正是"浙东学术"的典型。其从阳明、蕺山处证得"知行"之教进而倾注于南明史的写作中，正如邵氏本人所言："特本原性善，开迪良知。良知加以致，必有事焉。"②可见，这种在姚江经世学风支配下撰著南明史事的行为无疑是章学诚"言性命者必究于史"一语的源溯与本意所在。因此，章学诚创造"浙东学术"的学术系谱就绝非是为调平义理、考据之争或混淆朱陆的泛泛之言，而是实有所指。

二、经史互动、事理双彰——章学诚对浙东学术的重新定位

尽管我们从《邵与桐别传》中发现了浙东学术的渊源，但问题也随之凸显，即为何章学诚最终未将邵廷采及大多数南宋、南明史家列入《文史通义·浙东学术》篇的谱系？而倘若参稽章学诚的其他论述，更不难发现章学诚不仅未曾滞守于这种国仇家恨的哀怨情怀，反而时常表露出厌恶的神情，如在一份私下的札记中他即批判道：

> 亡国之音，哀而不怨，家亡国破，必有所以失之之由，先事必思所以救之，事后则哀之矣。不哀己之所失，而但怨兴朝之得，是犹痛亲之死，而怨人之有父母也。故遗民故老……其有谩骂讥谤为能事者，必非真遗民。③

可见，虽然浙东学术渊源自明遗民的史学传统，但章学诚毅然抛弃了这种固定的史学叙事。究其核心，就在于这种沉浸于哀思故国并衍生出对现政权讥谤憎恶的情结绝非儒者之精神。在《浙东学术》下半节，章学诚便通过平章朱陆异同倡明自己的主旨，他认为学者应踵继《春秋》比事属辞之教，不应"惟腾空言而不切于人事"。显然，"空言"一词绝不仅仅是批判宋明理学耽空的心性之学，更指涉当世学者沉浸于书斋考订故实、训诂字源这类与现实治道脱节的风气。由此观之，浙东学术开篇的学人谱就显然不是要勾勒一个地区性的学统，而是剥离十一位学者原本的学术史辨识，有意识地诠说自己的一套经史观。在另一封私下的札记中，章学诚便透露其学术批判的根源。他认为，理想的学术传统中断其实肇自"唐宋以还，文史不复分科"，无论韩愈、欧阳修还是苏洵均是文人做派，不过是

---

① 邵廷采：《东南纪事》卷2《鲁王以海》，邵武徐氏刻本。
② 邵廷采：《姚江书院传》，《思复堂文集》，浙江古籍出版社2010年版，第51页。
③ 章学诚：《乙卯劄记》，《章氏遗书》外编卷2，商务印书馆1936年版，第53页。

"虚作古今时势盛衰,感慨一番",不知"古无经史之分"且"截分道法与事辞为二事……以感慨凭吊作空论以充数"。① 显然,这里的"道法"绝非指涉本体论,而是在质疑一切心性韬养或文献考订的研究本身能否纾解现实的困境,是在诘问学者群体的淑世精神。其归结点就在于论证"道"与"事"能否贯通以及如何贯通?

由此观之,尽管浙东史家因"胜国遗闻"而起,但浙东学术的精神却不应是埋头前朝故纸,而在于经史并重的经世理念,唯此一脉赓续了孔子的史学精神。在章学诚看来,他所列举的十一位先贤则无疑规避了这一"陋习",在研究中做到"事、理双彰"。这也就同时解释了为何章学诚未将他推崇的邵廷采以及其他宋明史学家列入"浙东学术"中,很大程度就在于他既要彰显"切于人事",又要削减"浙东学术"所裹挟的狭隘的遗民色彩与谩骂空论的风气。②

如果我们将《浙东学术》的核心概括为"言语、史事、义理、致用"合一的研究理念,更不难发现,尽管该篇起笔即宗"江西陆氏",似乎与朱子学相抗衡。实则章学诚绝无意将自己攀上那套修养工夫论的宋明学统,不过是借此彰明自己"通经服古,绝不空言"的治学理念。况且在清中期朱子学垄断的话语体系中,他更不至于别开一支与学术主流划清泾渭。而在《朱陆》篇中,我们更能清晰地看出章学诚这种论辩手法,他不仅打破固有的朱陆两派人物谱系,更不执着于"支离"、"禅学"之类汉宋攻伐的话语,而是重新将学者分为两类:一类是"躬行实践之醇儒",一类是为"专己守残,空谈性天"的陋儒。由此,无论学者如何标榜自己承继朱子之学,但凡弃置学问文章、孜孜于一二章句相攻伐、不明"性命事功学问文章合而为一"之徒,均是"伪朱"。至于那些"争于文字语言之末"的学者更被他批评为数典忘祖、"饮水忘源"的朱门叛徒。③ 可见,章学诚俨然巧妙地夺回朱子这面正统官学大旗,以子之矛攻子之盾,将"空疏"的学风归咎于考据家"好逞繁博,不求文理"的饾饤习气。如他批判道:

> 才智纷纷,争言考订,率皆骛名而暗于大道,诋诮宋儒,厌薄文辞。……转使天下以学问为讳,而为空疏不学之流所藉口。

而在他看来,考证学风兴盛也并非什么"内在"的理路,只是源自于:

> 四库馆开,寒士多以校书谋生,而学问之途,乃出于一种贪多务博,而胸无伦次者,于一切撰述,不求宗旨,而务为无理之繁富。④

至此,我们可以发现,《浙东学术》一文并不是章学诚对自己"学统"的总结,也不是

① 章学诚:《信摭》、《丙辰劄记》,《章氏遗书》外编卷3,商务印书馆1936年版,第33、91页。
② 山口久和也意识到章氏作此篇"不是为了打算揭示一个浙东历史上存在过的学派示意图",而是阐发一种"思想宣言"。但是他未能发现浙东史学的遗民学术前史,也就未能清晰领会实斋经史之学的用意。[日]山口久和:《章学诚的知识论》,王标译,上海古籍出版社2006年版,第46页。
③ 章学诚:《朱陆》,《文史通义新编新注》,浙江古籍出版社2005年版,第127页。
④ 章学诚:《丙辰劄记》,《章氏遗书》外编卷3,商务印书馆1936年版,第118、100页。

为"发明本心"的道学家们开解，更不是要调和鹅湖公案，而是借由重新诠释朱子来批判吴皖学者脱离民生彝伦与现实政制的考据学风。在他看来，戴震等学者的研究无疑是预设了经典的权威自足性，抛弃了经典、注疏与其撰述者所处历史语境的互动视域。而章学诚恰恰相反，"他所带来的历史主义把一切相对化。不管是圣人周公，还是孔子，都在时会的名义下，被置于历史世界之中进行定位"①。由此观之，开篇所征引的十一位先贤很大程度是充作章学诚的"论据"，其最终借此托出"道器合一"和"治教合一"的学术理念。故实斋强调"古人未尝离事而言理"绝不是因他"惧空言不足以服人"（余英时语）。其"事理结合"的思想本身就是要"求异"，就是要厉叱当时学风脱离致用。其所言"学者但诵先圣遗言，而不达时王之制度，是以文为馨锐缔绣之玩，而学为斗奇射覆之资，不复计其实用也"②。则明显是要做士林木铎，绝非是惧怕空言不足取信转而依傍史学，而是要严周、孔之辨③，其用意既有别于乾嘉主流"经学即理学"式的尊经党人，也非顾颉刚、胡适这类以史非经的启蒙哲人，恰恰是要把文本放在政制场域中进行理解的释经技艺。

三、从"经史"理念衍生出的释经学手法

既然章学诚书写《浙东学术》和《朱陆》篇的用意在于提倡"治教"、"道器"的合一，那么我们不得不问，这种理念如何在史学研究中运用呢？并且，如果在他看来，袁枚和戴震的学问是"如摔散钱，奈无贯索"④的话，那么又如何书写"整全"的学术呢？这点在他与邵廷采一次谈话中透露出关键的信息，其说道：

> 宋人门户之习，语录庸陋之风，诚可鄙也。然其立身制行出于伦常日用，何可废耶？士大夫博学工文，雄出当世，而于辞受取与进退出处之间，不能无箪豆万钟之择，本心既失，其他又何议焉。⑤

在二人对宋儒学术范式的品评中，有一点值得注意，即尽管章、邵二氏均持有清代学者普遍性的厌弃宋儒"语录"的态度，但是他们却肯定宋儒"立身制行"的风范，并认为宋儒学问的价值恰恰在于同"伦常日用"保持着紧密的关系。因此，即使宋儒修养工夫论的一套学术话语被斥为空疏，但倘若能在他们"进退出处"之间逆察其书写抱负及意图，进而揭橥其"本心"，亦大有裨益。而这也正是章学诚释经学研究的方法所在，在另一篇序文中他即明确表述道：

> 考次前人撰著，因而谱其生平时事与其人之出处进退，而知其所以为言，是亦论

---

① ［日］三田村泰助：《章学诚的"史学"立场》，《东洋史研究》1952 年第 12 卷第 1 号，第 4 页。

② 章学诚：《文史通义》卷 3《史释》，上海古籍出版社 2008 年版，第 69 页。

③ 所谓"必求端于周孔之分，此实古今学术之要旨"。其要说明的就是"治见实事，教则垂空言矣"。

④ 闵尔昌纂录：《越耆旧传》，《清代碑传全集》，上海古籍出版社 1987 年版，第 1535 页。

⑤ 阮元：《邵廷采传》，《儒林传稿》卷 3，清嘉庆刻本。

世知人之学也。……故凡立言之士，必著撰述岁月，以备后人之考证。①

由此可见，章学诚建立了一套不同于考据派的研究方法，他所重视的研究点并非孤立的名物与礼仪遗存，而在于如何通过文本写作时空场域来逆推思想者的书写意图。所以他强调"故善论文者，贵求作者之意指，而不可拘于形貌也"②。这就要求研究者将视角从语辞系统转移到作者所处的论争谱系中。换言之，章学诚的史学观点就是要在"行事"中理解学者著述的意图，故他绝非是民国学者眼中屈经为史或搜集史料的史匠，③ 而是在历史语境中将"言"与"行"结合以推阐治教大端。所以更不难发现，章学诚这种史学方法与他在《浙东学术》里推崇的姚江学传统相互贯通，倘若说阳明学"知行合一"是工夫论层面的修养法门，那么章学诚无疑将这套方法引入具体的学问研究中，用以救治考据训诂家滞守文本而忽视著述本身"行事"维度的弊症。譬如在经学研究中，他也强调：

> 夫《春秋》不能舍传而空存其事目，则左氏所记之言，不啻千万矣。《尚书》典、谟之篇，记事而言亦具焉；训、诰之篇，记言而事亦见焉。古人事见于言，言以为事，未尝分事言为二物也。④

又取"四书"与《左传》关系为例说道：

> 四书文字，必读《春秋》《左传》，为其知孔子之时事，而后可以得其所言之依据也。盖代圣人立言，所贵设身处地，非如论说之惟我欲言也。⑤

"四书"是讲"理"的文字，但是倘若仅沉浸于义理的讨论无疑有悖于孔子"载之空言，不如见诸行事"的学风，因此章学诚要求参稽《左传》等史学叙事，其目的就在于将孤立的思想论述纳入书写者具体"行事"中进行理解。由此，不仅能够跳出隐晦与模糊的辞章直接去把握文本的核心，更重要的是通过作者的意图获得一种统摄文本的宗旨。实际上，我们可以看到，他在释经中所秉承的这种言语与行事的历史语境主义，也是他"道器合一"的展开。《原道》所言"道不离器，犹影不离形"，即强调在具体的时空脉络中落实义理并进而进行诠释。由此引向另一个话题，即经过晚近历史主义洗礼的"后古史辨"时代，我们如何在史学的框架中重建经学的价值？这里，章学诚无疑给了一个明确的回答，他认为"春秋经世之意"不是靠虚悬的神圣权威来保持，且一味尊经最终只能步入戴震那种凝滞僵固的文本训诂中，相反，经典的价值恰恰要在历史中把握。

当然，章学诚的方法论绝不局限于经学领域，他将这一手法运用到对历代所有思想文

---

① 章学诚：《韩柳二先生年谱书后》，《文史通义新编新注》，浙江古籍出版社 2005 年版，第 557～558 页。

② 章学诚：《文史通义》卷 1《诗教下》，上海古籍出版社 2008 年版，第 23 页。

③ 张舜徽认为章学诚学术就在于扩大史料来源与地方志研究。参考张舜徽：《清人文集别录》，华中师范大学出版社 2004 年版，第 176 页。

④ 章学诚：《文史通义》卷 1《书教上》，上海古籍出版社 2008 年版，第 10 页。

⑤ 章学诚：《论课蒙学文法》，《章氏遗书》补遗，商务印书馆 1936 年版，第 3 页。

本的考察中，并切实地提出八种研究技艺，他说道：

> 载笔之士，蕲合乎古人立言之旨，必从事于择与辨。……采择之法，不过观行而信其言，即类以求其实，参之时代以论其世，核之风土而得其情，因其交际而察其游，审其细行而观其忽，闻其互参而穷虚实之致，瑕瑜不掩而尽扬抑之能，八术明而春秋经世之意晓然矣。①

不难理解，所谓的"八术"也相当于八种思想史研究的材料。具体来说就是要在人物行为（年谱）、同类言论（文集）、时代趋势（政治史）、风土地缘（地方志）、往来交游（书信）、细节言行（日记）、闻见互参（口述史）、瑕瑜不掩（史德）八个方面进行挖掘，以行事逆察思想，以史解经，最终达到与经史双彰的效果，在历史场域中重新彰明古人的价值。可见，章学诚已经建立了一套完善的思想史研究法则。此后姚名达便通过年谱学阐发章氏的理路说道："以谱证人，则必阅乎一代风教而后可以为藉。盖学者能读前人之书，不能设身处地而论前人之得失，则其说未易得当也。"并且举刘宗周为例，认为考察这类处于政权鼎革之际、良知绝续之交的文人，便需兼顾"天启崇祯间风俗人心，与东南鼎革间之时事得失"以验其"学之本末，行之终始"。② 显然，这无疑回归到章学诚《邵与桐别传》一文所述浙东学术的发端上，也验证了本文首节所叙的浙东学术精神源流。

四、从"经世"到"经史"的治学心法

通过对《浙东学术》的分析，我们不难将章学诚的史学理念抽离为"各有事事"四字。所谓"各有事事"，就在于脱离平面与粗浅的"经世"口号，而要在学术中呈现历代学者的困境及其挣扎。在此理念下，他诉求学者应具有与时势流转相结合的经史视域。因此，章学诚不断要求学者体味春秋末期官师治教分离与孔子援用鲁史制《春秋》寓义于事的写作技巧。③ 其深意即在于使义理与史事互相彰显，所谓"经不得史无以证其褒贬，史不得经无以酌其轻重"④。可以说，在章学诚的经史观中，经典的价值并不表现为一套孤立尊奉的"圣典"，而是呈现于不同时代的史学撰述中。其原因就在于任何时代都将产生新的问题，而学者的使命就是结合具体处境来实践政治教化。因此，经史之学就在于纾解经典脱离致用或泥于章句训解的弊症。如实斋所言："事变之出于后者，六经不能言，故贵约六经之旨而随时撰述以究大道也。"这里的"随时撰述"便是他"六经皆史"一语的注解。可见，这绝不同于近代历史主义对经典价值的摧毁，相反，是要在时势变迁中以经典之体开出史学之用，是要打破学者对经典文本的滞守，要求学者重新关注民生日用彝伦等问题，这无

① 章学诚：《金君行状书后》，《文史通义新编新注》，浙江古籍出版社2005年版，第585页。
② 姚名达：《〈刘宗周年谱〉序》，《姚名达文存》，江苏人民出版社2012年版，第178页。
③ 自孔子"吾欲托之空言，不如载之行事"而始，此后无论是朱熹的"无时无处不致其戒谨恐惧之力"，抑或王阳明的"致吾心之良知于事事物物也"，还是章学诚明确提出的"知史学之本于春秋，知春秋将以经世"，均凸显了理（经）、事（史）合一的思想。
④ 苏洵著，曾枣庄、金成礼笺注：《史论上》，《嘉祐集笺注》，上海古籍出版社1993年版，第229页。

疑是姚江阳明之学知行合一精神的开显。

实际上，经史传统并不只化解经典与致用脱离的危机，其本身更是一种"疏通知远，藏往知来"的学问体系。譬如刘咸炘所言"观事理必于史。此史是广义，非但指纪传编年，经亦在内"①。因此，章所提倡经史之学就是要恢复整全的学术系统，其价值就在于"御变"。其实，无论是"御变"抑或史迁的"通古今之变"，都是在历史流变中推求经义与致用之道，此即"深求其故，取证于心"②。所以，章学诚的语境中，经典并不体现为一套凝滞的玄理思辨，而存在于古往今来历史人物的行事之中。尊经也不是要以古非今，而是一种有裨于世道人心的致用资源。正如黄宗羲所提倡的"学必原本于经术，而后不为蹈虚，必证明于史籍，而后足以应务，元元本本，可据可依"③。由此，古与今、知与行、经与史、文本与实务的紧张感得以消解，种种差异不过是"此心之万殊、道体之无尽，与真理展开的一个过程"④。章学诚从而规避了明遗民的诘难，赋予浙东学术一套全新的书写范式。

总而言之，实斋所构想的"史"里面，即便有"经世致用"的意思，也完全没有像顾炎武那样把经学与"经世致用"的政治联结在一起。⑤ 在章学诚18岁那年全祖望便已过世，这就意味着学者大体已告别怀念故国的明遗民时代。因此，章学诚不会再愤慨地要求史学承担特殊的国族政治使命，同样是对"经世"的推阐，他更多是面临地域治理、吏治、教匪等具体的问题时引发的讨论。⑥ 此时的"经世"既不同于清初的颜元、李恕谷，亦不同于西学东渐时期的魏源、龚自珍，而是有自己的论敌与视域。因此，大可不必勾勒这些学者之间是否存在"传灯法脉"，因为时随势转，任何"经世"理念的萌生本身就是不同时空危机所激发出的共通性学术反思。所以，倘若我们用一语来概括章学诚赋予"浙东学术"的新意，大抵莫过于"文求适用，皆于时地所需，出于经济"⑦，一句最为允当。

五、结　语

通过上文的梳理，我们可以确定章学诚"言性命者必究于史"是从明遗民史学写作中汲取到的思想资源。由于浙东地区所具有的地缘环境与明末的政治形势，使得该地产生了特殊的史学叙事风格，学者浸润于阳明知行合一之教，进而对"胜国遗闻"加以修撰，形成了义理、经世、修史相结合的学术范式。然而处于乾嘉之世的章学诚面对着特殊的政教使命，对这一史学思想进行了批判性继承。他一方面摒弃了明遗民谩骂当朝的空论习气，另一方面保留了以史解经、切于人事的治学理念。此后，章学诚所写的《浙东学术》与《朱

---

①　刘咸炘：《认经论》，《推十书》甲辑《中书二》，上海科学技术文献出版社2009年版，第43页。

②　黄宗羲：《恽仲升文集序》，《黄宗羲全集》第10册，浙江古籍出版社2005年版，第4页。

③　全祖望：《甬上证人书院记》，《全祖望集汇校集注》，上海古籍出版社2000年版，第1059页。

④　参考萧萐父：《黄宗羲的真理观片论》，《吹沙集》，巴蜀书社2007年版，第324页。

⑤　[日]山口久和：《章学诚的知识论》，王标译，上海古籍出版社2006年版，第84页。

⑥　如他所言："夫此时要务，莫重于教匪，而致寇之端，全由吏治，吏治之坏，由于仓库亏空，讲求设法弥补，设法之弊，实与寇匪相为呼吸。"章学诚：《上韩城相公书》，《章氏遗书》卷29，商务印书馆1936年版，第89页。

⑦　章学诚：《文徵乙集哀录经济策画论》，《章学诚遗书》卷27，文物出版社1985年版，第299页。

陆》等文都是这一理念的呈现，他不仅打破固有的朱陆人物谱系，更跳出"支离"、"禅学"之类汉宋攻伐话语，重新将学者分为"躬行实践之醇儒"与"专己守残，空谈性天"两类。他借助诠释朱子理念批评考据训诂家"惟腾空言而不切于人事"的空疏学风，由此倡明"道器合一"和"治教合一"的学术理念。在此基础上，章学诚建立了一套不同于考据派的研究方法，他所重视的研究点并非孤立的名物与礼仪遗存，而在于如何通过文本写作时空场域来逆推思想者的书写意图。他诉求学者应具有与时势流转相结合的经史视域，其深意在于使义理与史事互相彰显，在历代思想家"进退出处"之间逆察其书写意图，最终形成一套释经学法则，并且明确提出八种有助于学者进行思想史研究的材料，这对于今日经学研究与思想史研究亦极具启示价值。

审视章学诚的释经方法，不难发现它与"六经皆史"论、"治教合一"论、"道器合一"论均相互贯通，是章学诚整全的知识体系在史学研究领域的展开。其中"六经皆史"从正面"否定视顾炎武'经学即理学'命题为金科玉律并忠实遵循的清代考证学方法论"①，反思考据学的正当性，否定预设的经典权威自足的解释系统。在此基础上，"治教合一"论则提倡应将思想文本与文本所期许的施用场域结合考察，体察历代学者"以言行事"的政治意图，并要求当代学者关切民生日用彝伦与现实政制危机。而"道器合一"论则升华为一种形而上的方法论指导，诉求知与行、经与史、思想与政制的互相参稽。由此观之，章学诚的"八术"正是上述理念在具体研究中所显现出的治学技艺。总而言之，时空流转必然会产生的古典与现实的离隙，然而在这种情况下，仅仅希望逃遁到经典之中来解决困境无疑是懈怠的表现。章学诚的释经学就是要求学者正视古今异制，正如他告诫学生的："不特志古之道不宜中辍，亦正以其心力营于世法。"②反观时下尊经思潮不断高涨，崇古与蹈空的风气弥漫于学界内外，章学诚的释经方法理应引起我们足够的重视。

（作者单位：武汉大学哲学学院）

---

① ［日］山口久和：《章学诚的知识论》，王标译，上海古籍出版社 2006 年版，第 83 页。
② 章学诚：《与史余邨论学书》，《章学诚遗书》卷 29，文物出版社 1985 年版，第 335 页。

试述阮籍因《易》而生的循环史观

□ 孙艮陶

阮籍是魏晋玄学家中个性特别鲜明的一个人，"早年崇儒；中年由儒入老，倾向于儒道（老）结合；晚年入庄，转向儒道（庄）的对立"，① 是魏晋玄学家由儒入道的典型。阮籍现存思想著述中，具有明显儒家倾向的作品为《乐论》、《通易论》，而其《乐论》又建立在"乾坤易简，雅乐不烦"的易学理论基础之上。② 无疑，易学是支撑阮籍儒家思想的根本。关于阮籍《通易论》及其易学思想，学界有较多论述，但多立足于易学本身以及儒、道思想的立场进行探讨。朱伯昆在论及阮籍易学时，即着重于探讨阮籍遵循《周易·序卦》顺序论述六十四卦，在此基础上"讲儒家的政治哲学，并杂以道家的自然无为说"③。高晨阳则认为阮籍在《通易论》中的探讨"归根到底显然是立足于社会整体和谐的理想层面上，属于传统儒学'以天合人'的思维模式"④。余敦康亦认为阮籍《通易论》所体现的是对儒家宗法等级制度的认可，以及对儒家政治理想的肯认。⑤

上述几位学者对阮籍《通易论》的探讨均很精当。阮籍早年崇儒，对儒家思想有着深刻的认知和接受，这种认知和接受主要是体现在儒家治世理想之上的，无论是其《乐论》还是《通易论》，无一不是立足于现实社会政治而言。《通易论》更是满含着阮籍对社会现实政治的密切关注及其儒家政治理想。但是，《通易论》所要表达和阐释的又并不仅仅是儒家的政治理想，它更从历史发展的角度提供了一种社会发展模式的探讨。《通易论》中"通"有两层意涵：其一为疏通，是依托象、象等易传对六十四卦的具体所指进行的语义上的疏通。其二则为通达，是将易学的变易思想通达于社会政治的发展变化模式之中，指出社会政治的发展是治乱兴衰交替并循环往复的一种运作模式。但是这种循环并不是直线式的简单呈现，而是呈上升趋势的，后一循环在文明及治理程度上总是高于前一循环，是为循环史观。除此之外，阮籍还将儒家思想中的道德人格概念创造性地纳入其循环史观中，并对这些人格在社会历史发展进程中的作用进行了细致的描述，是为政治人格论。

---

① 高晨阳：《阮籍评传》，南京大学出版社 1997 年版，第 48 页。
② 阮籍著，陈伯君校注：《阮籍集校注》，中华书局 2012 年版，第 48 页。
③ 朱伯昆：《易学哲学史》，昆仑出版社 2009 年版，第 358 页。
④ 高晨阳：《阮籍评传》，南京大学出版社 1997 年版，第 122 页。
⑤ 参见余敦康：《阮籍、嵇康玄学思想的演变》，《文史哲》1987 年第 3 期。

一、阮籍据卦爻辞及《易传》所建构的政治话语系统

阮籍认为《易》为"往古之变经","本天地，因阴阳，推盛衰，出自幽微以致明著"，他认为《易》的变易原则并非无据可循、毫无章法，而是由隐到显，由微转著，由盛到衰，并循环往复发展变化的过程。① 基于这种认知，阮籍将《易》的这一原则纳入政治哲学的范畴之中，并作了进一步的发挥，重点对《易》"推盛衰，出自幽微以致明著"进行了细致深入的探讨。通过探讨，阮籍认为社会政治也同《易》的这一变化原则相一致，有其自身的发展规律，也即是治乱兴衰交替循环往复的运作模式。阮籍对社会发展模式的这一认知，是建立在对六十四卦卦爻辞及《易传》采择基础之上的。阮籍根据《序卦》对六十四卦卦序的排布，对通行本《周易》六十四卦进行采择，并组织成一个连贯的语义单元，其所采择的内容主要是彖辞、象辞，此外还涉及《序卦》及卦辞、爻辞等，例举如下。

《通易论》曰：

> 天地既设，"屯""蒙"始生，"需"以待时，"讼"以立义，"师"以聚众，"比"以安民，是以"先王建万国，亲诸侯"，收其心也。原而积之，畜而制之，是以上下和洽，"裁成天地之道，辅相天地之宜，以左右民"，顺其理也。先王既殁，德法乖易，上陵下替，君臣不制，刚柔不和，"天地不交"。②

在这段文字中，乾、坤分别取卦象天、地之义，称为"天地既设"。屯卦取象辞"屯，刚柔始交而难生"，③ 蒙卦取卦义童蒙、童稚，是为"屯蒙始生"。需卦取象辞"需，须也，险在前也"，④ 是为"需以待时"。讼卦取象辞"天与水违行，讼。君子以作事谋始"，是为"讼以立义"。师卦取象辞"地中有水，师。君子以容民蓄众"，是为"师以蓄众"。比卦象辞有"比，辅也，下顺从也。……'不宁方来'，上下应也"，只有做到"比以安民"方能"下顺从""上下相应"。又比卦象辞为"地上有水，比。先王以建万国，亲诸侯"，是谓"收其心也"。小蓄卦取积聚之义，所以称"原而积之"。履卦取象辞"上天下泽，履。君子以辩上下，定民志"，是谓"蓄而制之"。泰卦取象辞"天地交，泰"，是谓"上下和洽"。否卦取象辞"天地不交，否"，是谓"德法乖异，上陵下替，君臣不制，刚柔不和"。

《通易论》又曰：

> 通变无穷，周则又始，刚未出，阴在中，柔济不遗，遂度不穷，则象河洛，神物设教而天下服。"慎辨""居方"，阴阳相求，初与之道，远作之由也。⑤

① 阮籍著，陈伯君校注：《阮籍集校注》，中华书局 2012 年版，第 105 页。
② 阮籍著，陈伯君校注：《阮籍集校注》，中华书局 2012 年版，第 110 页。
③ 王弼、韩康伯注，孔颖达疏：《周易正义》，阮元校刻：《十三经注疏》，中华书局 2009 年版，第 21 页。
④ 王弼、韩康伯注，孔颖达疏：《周易正义》，阮元校刻：《十三经注疏》，中华书局 2009 年版，第 45 页。
⑤ 阮籍著，陈伯君校注：《阮籍集校注》，中华书局 2012 年版，第 117 页。

这段文字是就未既卦而言的。在这段文字中，未既取象辞"'未既，亨'，柔得中也。'小狐汔济'，未出中也。'濡其尾，无攸利'，不续终也。虽不当位，刚柔应也"，以及象辞"水在火上，未既。君子以慎辨物居方"，所以称为"慎辨居方，阴阳相求"；又《序卦》"物不可终穷也，故受之以未既终焉"，也即是"通变无穷，周则又始"。

以上所举的两个例证分别是《通易论》重新阐释六十四卦卦义的首、尾两个部分，在这两个例证之间还有很多阐释内容。实则，阮籍在《序卦》卦序基础上，对六十四卦进行了分段处理，并从六十四卦卦爻辞及象辞、象辞中抽离出部分内容进行重新组合，形成了一个完整的话语系统。这一话语系统建立在对六十四卦的重新诠释之上，当然，这种诠释并未改变六十四卦本身的卦义，而是在肯认卦义基础上，截取象辞、象辞中与社会人事政治相关的内容予以重新组合，而形成的一套完整的政治话语系统。这一话语系统由数个小的语义单元组成，这些语义单元相对独立同时又有着转承关系。对于这一话语系统及各个小的语义单元的内涵及所指，后文将会具体展开。

同时，还应注意到，阮籍《通易论》虽然是在《易传》对《周易》诠释基础之上展开的，也即是说《通易论》的思想源头是依托于《易传》的，但是阮籍对于《易传》的采择则是有其目的性的。阮籍依托《序卦》，在遵照《序卦》对六十四卦排列基础上，对六十四卦的象辞、象辞作了符合社会人事政治诠释上的采择，这些采择也偶或涉及卦辞和爻辞，但比重相对较少，对《文言》等则基本没有涉及。这样的采择无疑是符合阮籍意志的，是为表达《通易论》的中心意涵而服务的。前文已经提及，"通易论"的"通"有二义，其一为疏通，其二为通达。对于六十四卦象辞、象辞等所作的采择即是阮籍所作的疏通工作，但是这一疏通工作紧紧停留在对于卦义的通解之上，并未涉及爻义以及卦爻象。阮籍之所以如此，正是挈其大纲，略其细琐，在对六十四卦卦义疏解基础上，传达出自己对于现实社会政治的关切。这种关切也正是"通"第二意涵的显现，也即是将变易思想通达于社会政治人事之上，成其循环史观之观照。

二、阮籍据《通易论》所阐发的循环史观

阮籍认为《周易》是伏羲氏"当天地一终"之时所创，"天地一终"之时，"人物憔悴，利用不存，法制夷昧，神明之德不通，万古之情不类"，伏羲氏创制八卦即是为了"变而通之"，改变这种乱局。[①] 也即是说，伏羲氏创制八卦的本意即是围绕社会人事而展开的，是其"南面听断"的依据，是其施政方略。伏羲氏因八卦而"教天下"，"结绳而为网罟""致日中之货""修耒耜之利"，使人民各"得其所"。[②] 所以，阮籍论《易》的重点就落脚于社会人事政治之上。又，阮籍称《易》为"昔之玄真，往古之变经"，本身即是立足于《周易》变易思想而言的。他将这种观念融入社会政治之中，奠定了其将政治社会运作纳入易道循环中的理论基调，形成了其循环史观的政治社会发展理论。

所谓循环史观，简言之，即是指某种现象或观念在历史上不断出现，这种出现具有周期性的规律，在不同的历史周期中循环往复。表现在中国古代政治上，有两种形式：其

---

① 阮籍著，陈伯君校注：《阮籍集校注》，中华书局 2012 年版，第 105 页。
② 阮籍著，陈伯君校注：《阮籍集校注》，中华书局 2012 年版，第 106 页。

一，王朝内部的"盛世—衰世—盛世"循环模式；其二，王朝之间的"治—乱—治"循环模式。阮籍《通易论》中即满含着对于循环史观的观照，这种观照主要体现在王朝之间的治乱循环之上。阮籍的循环史观是在《周易》变易思想的整体观照之下，对《周易》六十四卦卦义采择基础之上，将六十四卦作分段整理。在完成这个工作之后，阮籍进而将六十四卦视作历史进程中的几个阶段，并把社会政治发展进程融入其中，形成了或治或乱的社会发展进程理论，也即是循环史观。

从乾卦到泰卦为一政权建立的过程，包括"乾"、"坤"、"屯"、"蒙"、"需"、"讼"、"师"、"比"、"小畜"、"履"、"泰"共十一卦。如上所述，乾卦取初九爻辞"潜龙勿用"喻指"先王"隐而未达，先王也就是政权的创建者。① 屯卦取始生之义，蒙卦取童稚之义，需卦取待时之义，从乾卦潜龙到屯、蒙、需四卦是一个成长的过程，代表"先王"在逐渐成长壮大。讼卦取"立义"之义，师卦取聚众之义，比卦取亲附之义，自讼卦到比卦，为政权创建者在逐渐成长壮大之后，聚集人众，并以道义教授百姓，使人民亲附自己，继之以"建万国，亲诸侯"，使上下人等都能团结在自己左右。② 政权建立之后，就要着手维护和稳固新的政权。小畜取积聚之义，也就是积聚所需的财力物力；履卦则取践履之义，也即制定法律等行为规范。人民、财货、律法等全部具备，完整的国家体制形成。

否卦为一转折，是政权由兴盛走向衰亡的转戾点。政权建立之后，经过长期的发展，随着各种问题和矛盾的不断涌现和加剧，逐渐影响到政权的稳固，致使整个社会出现"德法乖异，上陵下替，君臣不制"的乱局，③ 也即是否卦的"天地不交"④。

否卦之后，自同人卦到贲卦为政权重又兴盛的过程，包括"同人"、"大有"、"谦"、"豫"、"随"、"蛊"、"临"、"观"、"噬嗑"九卦。同人取求同之义，大有取光大其德之义，谦取谦卑而光大之义，豫卦取作乐崇德义，随卦取跟随之义，蛊卦取"事"义，临卦取"临驭保民"义，观卦取"观民设教"之义，噬嗑取"包容"、"养育"以及"用狱"之义。阮籍对同人、大有、谦、豫四卦所取的意涵均是针对德性层面而言的，大致意思为在社会丧乱的时刻，有君子出世，以其笃实辉光的德行广求同志之人，并扩大发扬德行之美，"于是大人得位，明圣又兴"，政权重又走向稳定。政权稳定之后，人民都乐于追随，并各安其事。在这样的情况之下，"先王"也就开始着手进行道德教化，"省方、观民、设教"，使人民知晓道德礼义，以道德教化引导人民的言行举止。道德教化之外，阮籍又取噬嗑"利用狱"之义，认为还需要制定明确可行的法律制度，从刑律层面维护社会稳定。⑤

自贲卦到习坎是政权盛极之后逐渐走向衰落的过程，包括"贲"、"剥"、"复"、"无妄"、"大畜"、"颐"、"大过"、"习坎"八卦。贲取修饰、装饰之义，剥取剥落、剥蚀之义，复取回反之义，无妄取不妄作之义，大畜取畜德之义，颐卦取惠养之义，大过取"栋挠"之义，习坎取险难之义。继上一周期，经过道德和律法的内外兼治，社会走向稳定，

---

① 王弼、韩康伯注，孔颖达疏：《周易正义》，阮元校刻：《十三经注疏》，中华书局 2009 年版，第 21 页。

② 阮籍著，陈伯君校注：《阮籍集校释》，中华书局 2012 年版，第 110 页。

③ 阮籍著，陈伯君校注：《阮籍集校释》，中华书局 2012 年版，第 110 页。

④ 王弼、韩康伯注，孔颖达疏：《周易正义》，阮元校刻：《十三经注疏》，中华书局 2009 年版，第 56 页。

⑤ 阮籍著，陈伯君校注：《阮籍集校释》，中华书局 2012 年版，第 110 页。

并逐渐趋向繁荣的顶点，也即是"美成"。"美成"之后，阮籍认为走向繁荣顶点的社会并不能持续太长时间。相反，"美成"也就意味着"亨尽"，是开始转而滑向衰落的开端。但是，阮籍也并不认为这一过程是直线下降的进程，他认为通过人为的努力，可以延缓衰落的速度，并可减轻衰败产生负面影响的程度。因此，他主张因应时势的发展，"应运顺天"，而不胡作妄为。同时，他又主张在社会趋向衰落的时刻，更应该发扬个人及社会的德性，以德性惠养黎民百姓。但是，社会政治进程终究是在朝着衰落的方向发展，所以阮籍认为虽然"先王'茂对时育万物'，施仁布泽以树其德"，却挽回不了走向衰败的结局。最终，"栋挠莫辅"，社会以及政治重又步入险难的境地，上下交丧，陷入混乱和无序的状态。①

继上一个衰落周期之后，离卦成为一个转折。按《说卦》"离，为火，为日"②，代表光明；又，离卦象辞有"大人以继明照于四方"③，阮籍引离卦以及离卦象辞，认为在乱离之后，社会以及政治必将重新走向稳定。

咸卦到井卦为又一治政时期，包括"咸"、"恒"、"遁"、"大壮"、"晋"、"明夷"、"家人"、"睽"、"蹇"、"解"、"损"、"益"、"夬"、"姤"、"萃"、"升"、"困"、"井"十八卦。咸取"感"义，恒取长久之义，遁取"退"义，大壮取"壮大"之义，晋取"进"义，明夷取"晦暗"、"蒙难"之义，家人取"聚居"之义，睽取"异"义，蹇取"难"义，解取"解开"之义，损取"损"义，益取"益"义，夬取"决"义，姤取"遇"义，萃取"聚"义，升取"升"义，困取"困"义，井取"卑下"之义。阮籍对这一周期的解释不同于上几个周期，他认为"天地，易之主也；万物，易之心也"，故此，在这一周期中，阮籍将社会发展上参于天地自然，下达于社会人事。相对而言，前几个周期侧重于对社会整体趋势发展的阐述，而这一周期则更像是就社会政治内部的治理而言。阮籍认为，同天地自然相一致，社会人事也应相感以和，方能长久其道。万物以顺动，则予以扶持，以逆动则退避之，并逐渐壮大贞正的力量，积极谋求进取。同时，进取也应有所限度，以免遭致伤败。与自然世界包容万象相一致，人类社会也应有同有异，才能保障社会的正常发展。但同时，基于异同的分判，使得社会人事难免出现乖离和险难，应及时予以排解。社会人事在不断发展，不应该执着于一时一事之政，来处理不断产生的各种问题，所以应该或损或益，因时因事对政策进行调整，以刚正之决断，消除柔弱邪僻势力的影响。唯有如此，才能达致真正的王道政治，"令臣遭明君，以'柔遇刚'，品物咸亨"，"天下大行"。阮籍认为，社会的治理达到这种程度，统治者再辅之以明德的教化，天地、百姓必然都会萃聚于其周围，社会以及政局的发展也必然能够蒸蒸日上。并且，在这样的社会治理之下，社会发展所创造的福利必将普遍地惠及整个社会，甚至地位最卑下的人也能受到政策福利的惠泽。④

咸卦到井卦是社会治理、政治清明的时期，但如同之前的社会兴盛一样，阮籍认为兴

① 阮籍著，陈伯君校注：《阮籍集校释》，中华书局 2012 年版，第 110 页。

② 王弼、韩康伯注，孔颖达疏：《周易正义》，阮元校刻：《十三经注疏》，中华书局 2009 年版，第 199 页。

③ 王弼、韩康伯注，孔颖达疏：《周易正义》，阮元校刻：《十三经注疏》，中华书局 2009 年版，第 87 页。

④ 阮籍著，陈伯君校注：《阮籍集校释》，中华书局 2012 年版，第 116 页。

盛之后，社会政治就会走向衰落。咸卦到井卦这一时期的兴盛之后，社会也重又走入"卑不能通"的境地，于是也就有了革卦对社会现状的变革。革卦是为又一转折。①

革卦之后，自鼎卦到中孚卦，经过对社会衰落的变改和革新，社会政治重新走入正轨。这一周期包括"鼎"、"震"、"艮"、"渐"、"归妹"、"丰"、"旅"、"巽"、"兑"、"涣"、"节"、"中孚"十二卦。鼎取变改之义，震取威震之义，艮取"止"义，渐取"进"义，归妹取归往之义，丰取"大"义，旅取羁旅之义，巽取柔顺之义，兑取"说"（悦）义，涣取"离"义，节取节制之义，中孚取"诚""信"义。经过上一周期"卑不能通"的衰落之后，社会不得不进行变革，以使上下得宜，长幼有序。但是，在阮籍看来，进行社会变革还应有人以其"威震"之力来主导变革的进行，引导变革的方向，使变革有所归属，有所底止。并且，社会改革以进贤为要，以贤明的君子去辅佐圣明的君王，以此来光大道德的力量，扩充政权的影响。阮籍还明确指出，政权的建立和稳固，以得民心为先，而得民心在于政权的领导者能够扩充自己的德行，以高尚的德行团结广大民众。否则，只会"群而靡容，容而靡所"，致使自己无所容身。同时，阮籍认为，新政权的领导者还应具备谦卑巽顺之德，以其谦卑巽顺接纳四方贤人君子，并宣扬明德教化，使人民悦心于己。唯其如此，才能"顺天应人，焕然成章"；唯其如此，也才能男女各行其事，长幼各得其宜，阴阳互不相掩，天地各守其序，使文明大行；惟其如此，才能"'先王以享于帝，立庙'，奉天建国"，建立政权，确立政权的"合法性"。新政权建立之后，还应节之以制，以合情合理的制度来确保政权的稳定。并且，执政者更要注重扩充、宣扬自己的德行，以其孚信接纳、包容、惠养苍生百姓，使"庶物唯类"。②

"小过"、"既济"则为又一衰落时期。阮籍认为，到了小过阶段，整个社会的风俗逐渐趋向于浇薄，政治社会也走向了不稳定，出现"下止上动"之象。所谓"下止上动"，按照阮籍的理解，也就是"柔处中""刚失位"，邪佞当道，统治者正在逐渐丧失对社会政治的控制。而到了"既济"卦，社会则已经陷入全面的动乱，"阴皆乘阳，阳刚陵替，君臣易位，乱而不已"。"既济"之后，"未既"在阮籍那里则象征着新的开始，"通变无穷，周则又始"。③

综上，通过对《周易》六十四卦的解析，阮籍将六十四卦作分段归纳阐释，并将社会发展进程融入其中。据阮籍的解析，不难看出，他认为社会以及政治总是处在或治或乱的状态之中，并且社会的发展进程也总是治乱相仍，在这种或治或乱之中循环往复。但是，阮籍的循环史观又不仅仅是单纯直线式呈现的循环史观，而是蕴含着强烈的积极有为精神以及后胜于前的进化思想于其中的。循环史观虽然可以用来比较恰切地描述中国古代历史发展进程，但其被人所诟病之处往往在于对历史发展的解释过于简单化和片面化。循环史观往往只是关注于社会的盛衰以及治乱循环，忽略甚至抹杀社会发展不同阶段内部的进步因素。阮籍则不同于此。

如上所述，阮籍对六十四卦进行分段处理，并将社会政治发展进程融入其中，形成了对社会政治发展或治或乱的循环史观的观照。实则，检视阮籍所作的分段处理工作，不难

---

① 阮籍著，陈伯君校注：《阮籍集校释》，中华书局 2012 年版，第 116 页。

② 阮籍著，陈伯君校注：《阮籍集校释》，中华书局 2012 年版，第 116 页。

③ 阮籍著，陈伯君校注：《阮籍集校释》，中华书局 2012 年版，第 116 页。

发现其更多的是就社会政治治理时期进行论述，而衰乱时期往往用一两卦带过，如否卦、井卦等，这恰恰是阮籍对现实社会政治关切的体现。他认为社会的治与乱是不平衡的，治的阶段有着更长的时间跨度，而乱则是相对短暂的，这也正是其积极有为进取精神的一种体现。同时，通过以上论述可以看出，阮籍的循环史观并非是单一线式的循环往复，而是有着后胜于前的进步意义于其中。从阮籍所描绘的几个治政阶段来看，政权的治理理念在不断完善，政权的礼乐教化在不断深入，政权对于民心向背的关注，对于百姓的惠养也在逐渐加深，这些无不是社会在逐渐进步的表现。故此，可以认为，阮籍对社会政治发展进程的观照虽然属于循环史观的范畴之内，但同时阮籍的循环史观又是融入了积极有为的进取精神以及后胜于前的进化思想于其中的。这种循环史观对于单纯线式呈现的循环史观有所突破，属于螺旋上升式的循环史观。

三、《通易论》中所表现出的政治人格论

阮籍对于社会政治发展进程的观照属于循环史观的范畴，并且阮籍的这种观照是上升趋势的具有一定进步意义的循环史观，这种观照本身即表现出阮籍对于现实社会政治的关切，有着强烈的积极进取的有为精神于其中。实则，阮籍的这种进取精神，或者说是隐藏于文本深处的那种用世精神又不仅限于此。前文已经提及，阮籍早年崇儒，儒家的王道政治理想对他有着深刻的影响。正是基于这种儒家政治理想的关怀，才使得阮籍的循环史观包含有积极有为的进取精神和后胜于前的进化思想于其中。除此之外，阮籍更是将儒家的道德人格概念融入其循环史观之中，成其政治人格论。①

在先秦儒家典籍中，有着诸多对于圣人、先王、君子等道德人格的描述，《周易》中更是有着大人、君子、先王、后等的诸多称谓。在《通易论》中，阮籍即借用儒家道德人格的概念，来对《周易》中的大人、君子等称谓进行训解，成其政治人格论。继之，阮籍又将这种训解纳入到其循环史观之中，认为这些不同的政治人格在社会政治发展的不同阶段中起着举足轻重的不同作用。但是，阮籍政治人格的概念又不完全承继儒家而来，是对儒家道德人格概念经过一定改造之后而形成的。儒家理想人格倾向于道德层面的诉求，相较而言，阮籍在《通易论》中所阐发的政治人格则更侧重对现实社会政治事功的追求，是就这些不同人格在社会政治发展不同阶段所起的作用而言的。《通易论》中大致有几种人格：先王、后、上、君子、大人。先王在阮籍政治人格论中是对具有开创之功的帝王之称谓；后与上均是就继体之君而言，但又有所区别，后指那些能够在先王开创之功基础上继续引导社会走向"大通"的继体之君，而上则指政治走向衰亡时期无所作为的君主；君子则是"有道而臣人者"，能够辅佐帝王成就一番功业；大人则是奠定先王开创之功基础的人，犹如周文王。阮籍对这几种政治人格的具体阐述，分列如下：

先秦诸子泛论"先王"，尤以儒家、法家、墨家所称居多。他们或赞"先王之道"，或

---

① 所谓政治人格论是对道德人格论概念的借用。通过对阮籍政治人格论的解析，显然阮籍政治人格论来源于道德人格论，是对不同道德人格的政治化。阮籍认为道德人格不仅应重视对于德性的追求，同时更应将这种德行发之于现实社会政治，以其充实丰盈的道德光辉，因应实施发展的需要，开拓出现实的社会治道。

称"先王之德"，或美"先王之政"。① 在诸子意识中，先王不仅道德完备，并"博施于民而能济众"，② "五帝先道而后德，故德莫盛焉；三王先教而后杀，故事莫功焉"③。要之，诸子均将先王归纳为一种富含德性，且包含治道于其中的概念范畴，这一概念范畴兼具道德与政治的双重向度。至于"先王"的具体所指，不外乎三皇、五帝、尧、舜、禹、汤、文王。阮籍对于"先王"的界定则与此有所不同。在《通易论》中，"先王"作乐崇德、省方观民、明罚敕法等，"先王"的这些作为无疑也兼具道德与政治的双重向度。但更重要的是，阮籍认为"称先王所造，非承平之谓也"，"先王"并非是对承平之君的称谓，而是对具有开创性作为的"造""作"之君的称呼。并且，在对阮籍循环史观的分析中，阮籍对每一位引导社会重新走向稳定的君主都称呼为"先王"。据此可知，阮籍所称的"先王"固然指向三皇、五帝、尧、舜、禹、汤等往古圣王，同时也指向了历朝历代具有开创之功的开国君主。④

关于"后"，《说文解字》"后，继体君也。象人之形，施令以告四方"。许慎认为"后"就是"继体之君"，是开国君主之后，继承君位的帝王。许慎是就汉朝人所普遍认可的观念对"后"进行解释的，但"后"的具体内涵又是随时代不同而有所变化的，清人王筠对此有着比较清楚的分析。王筠在其《说文句读》中道"商书、商颂所有'后'字，大率谓汤，是沿契在唐虞时称'后'，因以为天子之称，犹晋三家称主，分晋以后犹称主也。惟周尚文，故《易传》、《毛诗》凡言'后'者，但主继体而言，故许君本之以立说也"。⑤ 对于"后"的界定，阮籍则继承了汉人"继体之君"的观念，但又有所不同。阮籍认为后"成君定位，据业修制，保教守法"，就是将"后"界定为继承"先王"基业基础之上的，也即是认可"后"继体之君的含义。但是，"后"在阮籍那里又不完全对等于"继体之君"。阮籍政治人格论中还有"上"的概念，"上"处在"日月相易，盛衰相及"的时代，也就是处在社会由盛转衰的时期。在这个时代，由于社会处在逐渐衰落的过程中，"上"并不能有所作为，"'致饰'则利之未捷受"，不能使社会走向"大通"。所以，这一时期的君主"王后不称"，而只能称之为"上"。无疑，"上"在阮籍政治人格论中也是对"继体之君"的称谓。只是，"后"在"先王"创制基础上，能够"施令诰方"，引导社会走向繁荣"大通"。而"上"则处衰落之世，未能有所作为。⑥

对于"君子"人格的界定，阮籍则上承儒家，融入了内圣外王思想于其中。在《论语》中，"君子"往往是与"小人"相对而言的，"君子之德风，小人之德草，草上之风必偃"，⑦ "君子"内涵指向的是道德修养层面，孔子所说的切磋琢磨的学习功夫也就是对此道德层面"君子"人格的追求。另外，孔子也讲"学而优则仕"，其所指也就是以此充沛丰盈的道

① 关于先王，各家思想的确切指向有所不同，儒家先王为尧、舜、禹及夏商周三代圣王；道家先王则为伏羲、皇帝等；墨家同儒家有相似的指认，将先王指向尧、舜、禹以及夏商周三代圣王，但是却尤为尊崇大禹。此外，还有农家效法神农、阴阳家崇重黄帝等。

② 皇侃撰，高尚榘校点：《论语义疏》，中华书局 2013 年版，第 150 页。

③ 吕不韦著，许维遹集释：《吕氏春秋》卷三《季春纪》，中国书店 1985 年版，第 11 页。

④ 阮籍著，陈伯君校注：《阮籍集校释》，中华书局 2012 年版，第 128 页。

⑤ 王筠：《说文句读》卷十七，中国书店 1983 年版，第 18 页。

⑥ 阮籍著，陈伯君校注：《阮籍集校释》，中华书局 2012 年版，第 128 页。

⑦ 皇侃撰，高尚榘校点：《论语义疏》，中华书局 2013 年版，第 314 页。

德君子人格应用于具体的社会治理之中。到《大学》那里，就把孔子的这一思想更具体化为"诚心正意，格物致知，修身齐家治国平天下"的内圣外王一以贯之的追求。阮籍对于"君子"人格的界定无疑是对儒家这一思想的继承，只是他并未就"君子"人格的道德属性进行具体阐释，而是直指"佐圣扶命，翼教明法"的政治诉求。阮籍将"君子"定位为"有道而臣人者"，其根本职责就是"章先王之建国，辅圣人之神志"，也就是以其道德人格辅佐"先王"建立政权，教化百姓。无疑，阮籍对于"君子"人格的界定更多的是侧重于政治层面的。①

在阮籍的政治人格论中，还有一个"大人"的角色。关于"大人"的界定，阮籍称"大人"是"龙德潜达，贵贱通明，有位无称，大以行之"，认为"大人"德行完备，无论穷达总是能够保有他的明德。当"天下幽明"之时，大人总能"发挥重光，'继明照于四方'"，使"万物仰生"。更为重要的是，阮籍认为"先王"乃是"大人之功"，先王的成就是建立在"大人"基础之上的，是"大人"功绩的延续。据此可以推断，阮籍所指的"大人"应该是周文王一类的角色。文王同时拥有君位和德位，但却未称王，也即是阮籍所指的"有位无称"。并且文王在商纣末期社会混乱的情况下，阐明德性，施行德治，使"万物仰生"。周武王也正是在文王所奠定的基础之上，才成功伐纣灭商，建立周政权。故此，可以认为"大人"是奠定"先王"开创之功基础的人。②

考察阮籍所探讨的政治人格，其论述的立足点无不是就现实社会政治事功层面而展开的，这些政治人格分处于社会政治发展的不同阶段，在各自所处阶段中都起着相当重要的作用，即使是"上"处在社会丧乱的时期，阮籍认为"上"依然应该发扬自己的德行，"施仁布泽"以尽可能减轻丧乱产生的危害。另外，还应注意到，阮籍政治人格论虽然主要是就社会政治事功层面而言，但他并未忽略德性层面的作用，只是在阮籍那里，德性正是上述几种政治人格内在本有的属性，他们的事功也正是基于德性外扩而成就的。这无疑是对儒家内圣开外王思想的继承和发展。要之，虽然阮籍认为社会发展是存在治乱交替循环的发展模式，但同时他又将应时而作、奋发有为的积极进取精神融入其循环史观之中。检视阮籍的政治人格论，他更多的是将德性与治政融合在一起，讲究因应社会发展的不同阶段，顺应时势的要求而有所作为，这无疑降低了循环史观的负面影响，也从一个侧面反映出阮籍对现实社会政治的关怀。

综上所述，阮籍生当魏晋，从政治上而言，三国魏晋时期是中国古代史上战乱频仍，政权更迭频繁的一个阶段，阮籍生前又见证了魏晋政权鼎革的激烈时刻；从文化上而言，这一时期又是经由两汉经学向魏晋玄学发展的时期，上述两方面的因素在阮籍《通易论》中均有表现。三国魏晋时期频繁的政权更迭、频仍的战乱纷争促使阮籍开始探讨社会政治发展的模式，而这时文化上以何晏、王弼等为代表的以玄学解经的方法又给阮籍提供了方法和思路上的借鉴，再加之《周易》本身具含的变易思想，三者的融合成就了阮籍的《通易论》，以及《通易论》所传达出的循环史观。

阮籍延续何晏、王弼等人开创的玄学易的理路，以《易传》解易，从《周易》以及《易传》中择取出一定思想内容，阐明自己关于政治社会发展的循环史观的理解和观照。同

---

① 阮籍著，陈伯君校注：《阮籍集校释》，中华书局 2012 年版，第 128 页。
② 阮籍著，陈伯君校注：《阮籍集校释》，中华书局 2012 年版，第 128 页。

时，阮籍还深受儒家思想影响，儒家的道德理想，以及对现实政治的关怀也影响着阮籍循环史观的建构。阮籍虽然认为社会政治发展进程是一种治乱相仍的循环模式，但他又认为这种循环并非是简单的线式呈现，而是包含有后胜于前的进步意义。同时，无论是社会得到治理的时期，还是丧乱时期，都离不开对于德性的关怀，正是在德性的关怀之下，才能在治政时期使社会的治理愈发繁荣，而在社会丧乱时期引导社会重新走向稳定。这些无不是儒家道德理想以及政治理想的显现。

（作者单位：武汉大学哲学学院、国学院）

侯康《春秋》学论略

□ 于 亭 陈 凌

　　清代中叶，江南地区汉学勃兴，嘉庆元年(1796 年)，焦循(1763—1820 年)在与刘台拱(1751—1805 年)的信中说道："近时数十年来，江南千余里中，虽幼学鄙儒，无不知有许郑者。"①而岭南承白沙、甘泉遗绪，多讲身心性命之学，又僻处荒徼，学术滞后，罕有治汉学者。嘉庆末阮元(1764—1849 年)倡学海堂，以古学训士，乾嘉考据之风乃大播于粤，梁启超(1873—1929 年)云："同是一岭南，假使无阮文达为之师，则道咸之后，与其前或不相远，未可知也。"②

　　光绪十四年(1888)王先谦纂辑《清经解续编》刊行，总结了道光以来的经学成就，广东有三位学者的著作入选：曾钊(1793—1854 年)《周礼注疏小笺》③，侯康(1798—1837 年)《春秋古经说》、《穀梁礼证》，陈澧(1810—1882 年)《考正德清胡氏禹贡图》、《东塾读书记》。侯康师从学海堂首任八位学长之一的林伯桐(1775—1844 年)，道光十七年(1837 年)补为学海堂学长，是学海堂早期研经水平最高的学者之一。

一、侯康的著述与交游

　　侯康，原名廷楷，更名康，字君模④，其先江南无锡人，祖金铉迁广东为番禺人。侯康幼擅诗名，并娴俪体，与同里金锡龄(1811—1892 年)先后执经于林伯桐之门，经史兼治，最精三礼，所撰皆为补苴之作：阐论古义，有《春秋古经说》二卷；申明礼意，有《穀梁礼证》二卷；补述史注，有《后汉书补注续》一卷、《三国志补注》一卷；⑤ 补撰史志，有

---

　　① 焦循：《与刘端临教谕书》，《雕菰集》卷 13，《清代诗文集汇编》第 472 册，上海古籍出版社 2010 年影印本，第 149 页。

　　② 梁启超：《近代学风之地理的分布》，《清华学报》1924 年第 1 卷第 1 期。

　　③ 《周礼注疏小笺》初名《周礼注疏疑》，见曾钊：《周礼注疏小笺跋》，《广州大典》第 10 辑《学海堂丛刻》，广州出版社 2008 年影印本，第 223 页。

　　④ 一作君谟，以下皆以引文为准。

　　⑤ 陈澧云："(侯康)为《后汉书补注续》一卷，《三国志补注》一卷。后汉称续者，以有惠定宇补注，《三国志》杭大宗补注未完善，故不称续焉。"陈澧：《二侯传》，《东塾集》卷 5，黄国声主编：《陈澧集》，第 1 册，上海古籍出版社 2008 年版，第 196 页。二作为侯康课艺《后汉书补注续》、《问三国志裴注至详赡杭氏世骏又补其阙此外尚有可补正者否》，见钱仪吉、吴兰修编：《学海堂二集》卷 11、卷 12，《中国历代书院志》第 13 册，江苏教育出版社 1995 年影印本，第 459~518、518~574 页。光绪十六年广雅书局将此二文刊入《广雅丛书》，《三国志补注》更名为《三国志补注续》，分见《广州大典》第 1 辑《广雅丛书》第 10 册、第 11 册。

《补后汉书艺文志》四卷、《补三国艺文志》四卷。此外另有《尚书古今文异同考》、《仪礼名义说》、《敬事祖袥解》、《社考》、《宗法考》、《乡饮酒宾主坐位解》、《孝经古义考》等数十篇课作被收入《学海堂集》、《二集》。其中《穀梁礼证》非完帙，陈澧云："君模所成，十未及五，检其遗箧，多有录无书者。"①侯康之弟侯度（1799—1855 年）经传洽熟，尤长于礼学，道光十四年（1834 年）与陈澧、张其翮、吴文起、朱次琦②、李能定、吴傅、潘继李、金锡龄、许镀九人同选学海堂首届专课肄业生。侯康、侯度均以经学名，时称"侯家两经师"。

侯康广泛结交广东不同领域的学者，博习经史辞章，相与切磋讲论，形成了松散的学人群落：陈鸿墀在粤时，吴兰修、曾钊常与游，梁梅、侯康、谭莹（1800—1871 年）、陈澧、陈宗元皆在弟子之列；金锡龄、侯康、侯度、杨荣绪（1809—1874 年）、朱次琦、陈澧、张其翮以著述相砥砺；陈澧、侯康、侯度、章凤翎从梁汉鹏学算。此外，侯康的师友还有钱仪吉、程恩泽、李黼平（1770—1833 年）、徐荣、黄子高、仪克中、居镗、梁国珍、孟鸿光、桂文耀、邹伯奇（1819—1869 年）、周寅清等。学海堂荟萃了当时广东学界的一批精英，侯康所交多为学海堂学人，质疑问难，谈学甚契，其中与陈澧相交十载，情谊最深。

二、《春秋古经说》：订证异文，以《左氏》为正

清代今文经学的复兴以《公羊》为中心，由武进庄存与（1719—1788 年）发轫，经其侄庄述祖（1750—1816 年）传衍，至其外孙刘逢禄（1776—1829 年）而大昌，卓然成一有力学派，常州学派主张尊今抑古，力图变革学风。早期学者以今文为宗而不株守门户，阮元称庄存与"《春秋》则主公羊、董子，虽略采左氏、穀梁氏及宋元诸儒之说，而非如何邵公所讥倍经任意，反传违戾也。《尚书》则不分今、古文文字同异，而剖析疑义，深得夫子序《书》、孟子论世之意"，③谓孔广森（1752—1786 年）"旁通诸家，兼采《左》、《穀》，择善而从"④。庄述祖自述："尝学《尚书》，病其无可依据，为（当作伪）孔传又陋且略，求之于伏生传，马、郑、王诸家注，时亦有所去就，而一折衷于书序。书序所有，传注不同，则从书序。"⑤

———————————————

① 陈澧：《答梁玉臣书》，《东塾集外文》卷 5，黄国声主编：《陈澧集》，第 1 册，上海古籍出版社 2008 年版，第 445 页。

② 朱次琦以疾辞不赴，咸丰九年（1859 年）补学海堂学长，亦辞不就。其弟子简朝亮云："先生以学术故，终身不就学海堂之聘。"（简朝亮：《在沪寄粤东诸学子书》，《读书堂集》卷 4，《清代诗文集汇编》第 774 册，上海古籍出版社 2010 年影印本，第 255 页。）

③ 阮元：《庄方耕宗伯经说序》，庄存与：《味经斋遗书》卷首，清光绪八年阳湖庄氏重刊本。

④ 阮元：《春秋公羊通义序》，《揅经室一集》卷 11，邓经元点校：《揅经室集》上册，中华书局 1993 年版，第 246 页。

⑤ 庄述祖：《答孙季述观察书》其一，《珍埶宧文钞》卷 6，《清代诗文集汇编》第 430 册，上海古籍出版社 2010 年影印本，第 106 页。

作为扬州学派的代表人物，阮元的学问格局"圆通广大"，① 兴学教士不主门户之见。较之诂经精舍，阮元于学海堂提倡《公羊》学的意图更为明显，而这也在一定程度上反映出今文经学日渐兴盛的学风趋向。

嘉庆五年（1800 年）阮元于杭州西湖立诂经精舍，主讲孙星衍（1753—1818 年）与生徒请祀许慎、郑玄，阮元乃奉许、郑木主于舍中，孙星衍诗云："楼（西湖第一楼，楼东为诂经精舍）旁新建许郑祠，压倒白苏空赋诗。"②嘉庆二十五年（1820 年）阮元于广州文澜阁书院开学海堂，取何休"学海"之义名堂，"昔者何邵公学无不通，进退忠直，聿有学海之誉，与康成并举，惟此山堂，吞吐潮汐，近取于海，乃见主名"，③ 后为粤秀山新堂④撰联"公羊传经，司马记史；白虎德论，雕龙文心"，⑤ 徐荣（1792—1855 年）诗云："会将两汉公羊学，直埽浮华见古今。"⑥阮元策问诂经精舍生徒："孔子曰：'吾志在《春秋》，行在《孝经》。'此二语实为圣门微言。盖春秋时学行，惟《孝经》、《春秋》最为切实正传。近时学者，发明三代书数等事，远过古人，于春秋学行，尚未大为发明。本部院拙识所及，首为提倡，诸生如不鄙其庸近，试发明之，以成精舍学业焉。"⑦于学海堂发策诸生为何休作赞："唐、宋人每轻视汉、魏、六朝人，以为无足论。无论宋、齐疏义，断非唐以后人所能为，即如邵公之为人，绝无可议，其学如海，亦非后人所能窥，《公羊》之学与董子《繁露》相表里，今能通之者有几人哉？不能通之而一概扫之，可乎？试为汉何邵公赞。"⑧

首延为学海堂学长的八位学者皆通省名宿，其中林伯桐与曾钊均笃志经学，且偏重古文经。林伯桐从学于劳潼，劳潼之父劳孝舆受知于惠士奇，为"惠门八子"之一，著有《春秋诗话》等。劳潼幼时，"母谈太孺人常于榻上口授《毛诗》，辄能成诵。为诸生，以《毛诗》应试，两荐不售。或劝其改经，先生曰：吾不敢忘母教也"，受知于刘星炜、翁方纲、

---

① 张舜徽将扬州学派的学术特征概括为"能见其大，能观其通"、"圆通广大"，张舜徽：《清代扬州学记》，华中师范大学出版社 2005 年版，第 1 章。

② 孙星衍：《湖楼诂经》，《芳茂山人诗录》卷 7，《孙渊如先生全集》，《清代诗文集汇编》第 436 册，上海古籍出版社 2010 年影印本，第 335 页。

③ 阮元：《学海堂集序》，《揅经室续集》卷 4，邓经元点校：《揅经室集》下册，中华书局 1993 年版，第 1077 页。阮元《正月二十日学海堂茶隐》诗小序亦云："甲申冬，辟堂于粤秀山以课士，取《拾遗记》何邵公'学海'之意以名其堂。"《揅经室续集》卷 6，邓经元点校：《揅经室集》下册，中华书局 1993 年版，第 1102 页。

④ 道光四年（1824 年）阮元于粤秀山建学海堂新堂，见张鉴等：《雷塘庵主弟子记》卷 6，黄爱平点校：《阮元年谱》，中华书局 2002 年版，第 146 页。

⑤ 林伯桐初编，陈澧续编，周康燮补编：《学海堂志·石刻（木榜楹帖附）》，黄国声主编：《陈澧集》，第 5 册，上海古籍出版社 2008 年版，第 668 页。

⑥ 徐荣：《新建粤秀山学海堂诗》，阮元编：《学海堂集》卷 16，《中国历代书院志》第 13 册，江苏教育出版社 1995 年影印本，第 281 页。

⑦ 阮元：《诂经精舍策问》，《揅经室一集》卷 11，邓经元点校：《揅经室集》上册，中华书局 1993 年版，第 237 页。

⑧ 阮元：《学海堂策问》，《揅经室续集》卷 3，邓经元点校：《揅经室集》下册，中华书局 1993 年版，第 1068 页。

卢文弨，著有《四书择粹》、《孝经考异选注》等。① 林伯桐博通经史，尤深于《毛诗》，笃守毛公家法，金锡龄忆其"先授以《毛诗故训传》，次及群经、小学、理学诸书"，②"研修以汉儒为宗，践履以宋儒为法，真不愧经师人师"，③ 著有《毛诗通考》、《毛诗识小》等；曾钊志在穷经，坚于信古，陈澧云"昔时曾勉士先生言及塾师为学童讲《论语》，勉士先生曰：当讲皇疏。嗟乎！好古之病，一至于此。如皇疏者，但当存之为一种古物而已。虞氏《易》亦然"，④ 著有《周易虞氏义笺》、《诗毛郑异同辨》、《周礼注疏小笺》等。

侯康治《春秋》严辨古、今文界域，称《汉书·艺文志》所列古经即《左氏》之经，《左氏》先著竹帛，书皆古文，少传闻转写之失。《穀梁》、《公羊》辗转口授，窜乱古经，《公羊》后出于《穀梁》，舛误更甚。⑤ 所撰《春秋古经说》参校三传，或辨明通假，或订正讹谬，以还古经之旧。

> 僖二十一年秋，宋公、楚子、陈侯、蔡侯、郑伯、许男、曹伯会于盂。
>
> 盂，《穀》作雩，或为宇。《公》作霍。按：此展转讹之迹显然。《穀》作雩者，雩、盂音同也。《公羊》后《穀梁》而出，又因《穀》之雩而误霍，则以形近也，盖《穀梁》一误而《公羊》再误也。但《汉·五行志下下》引董仲舒、刘向说《春秋》陨石于宋五，六鹢退飞过宋都事，亦云为雩之会。二人治《公》、《穀》者，疑其初本尚与古经合矣。⑥

盂，宋地，在今河南省睢县。侯康指出《左氏》盂为正字，《穀梁》假借作雩，而后《公羊》讹为霍，又依据董仲舒、刘向论说僖公十六年石陨鹢退之事均写作"为雩之会"，推测《公羊》早期的版本与《穀梁》相合。

侯康以《左氏》经文与二传互校，谓《左氏》义长者多，又谓某些古今字、通假字和避讳字造成的异文虽无关经义，但仍应以古经为正。

> 桓六年春正月，寔来。
>
> 三传并同，然窃意古经当作实来。《诗·大雅》："实墉实壑，实亩实籍。"笺：

① 据吴应逵：《劳薮野先生传》，陈在谦辑：《国朝岭南文钞》卷6，清道光十二年刊本；道光《南海县志》卷39《列传八·人物》，《广东历代方志集成·广州府部》，岭南美术出版社2008年影印本，第13册，第729~730页。

② 金锡龄：《八十自述》，《刍书室遗集》卷16，《清代诗文集汇编》第645册，上海古籍出版社2010年影印本，第633页。

③ 金锡龄：《林月亭先生传》，《刍书室遗集》卷16，《清代诗文集汇编》第645册，上海古籍出版社2010年影印本，第632页。

④ 陈澧：《东塾读书论学札记》（二一三），黄国声主编：《陈澧集》，第2册，上海古籍出版社2008年版，第398页。

⑤ 见侯康：《春秋古经说序》，《广州大典》第4辑《岭南遗书》第5册，广州出版社2008年影印本，第365页。学者对于《公羊》、《穀梁》写定先后的争论，可参阅沈玉成、刘宁：《春秋左传学史稿》，第3章第3节，江苏古籍出版社1992年版。

⑥ 侯康：《春秋古经说》卷1，《广州大典》第4辑《岭南遗书》第5册，广州出版社2008年影印本，第372页。

"实，当作寔，赵魏之东实、寔同声。"疏云："《春秋》桓六年，州公寔来，而《左传》
作实来，是由声同，故字有变异也。"此其证也。钱氏《养新录》又以《觐礼》"伯父实
来"注"今文实作寔"，是实即寔之古文，春秋《公》、《穀》为今文，《左氏》为古文，
故二传作寔，《左氏》作实云云。引据尤确。今《左氏》亦作"寔来"，则未知何人据二
传改，钱氏归咎于杜元凯，恐非。何者？元凯虽多信传不信经，然于经但有疑辞，如
隐九年"大雨震电"，文十七年"齐侯伐我西鄙"之类，皆明言经误，而亦未尝擅易。
况杜即以实训寔，又何必不仍其故字，盖杜所见本已改作寔。（原注：改经必兼改
传，传当亦本作实，陈树华谓传解经不容立异，非也。）而别本尚有作实，流传至唐
初，孔氏犹及见之，钱氏谓为伏（当作服）虔本，未知信否。要古经之作实不作寔，
则确有可凭矣。①

"寔来"意为居留不返。《大雅·韩奕》"实墉实壑"，孔颖达疏谓《左氏》桓公六年作"州公
实来"；又《仪礼·觐礼》"伯父实来"，郑玄注寔为实之今文，钱大昕据此推测孔颖达引用
的是服虔本，而非杜预改易后的本子。② 侯康认同实即寔之古文，但怀疑杜预改字的推
论。由于缺乏文本证据，故称不知为何人所改。

侯康以《左氏》为主辨《公羊》、《穀梁》之异文，详征群籍，论断精详，可补毛奇龄
(1623—1716年)《春秋简书刊误》、段玉裁(1735—1815年)《春秋左氏古经》之疏略，且
"较赵氏坦之《异文笺》、臧氏寿恭之《左氏古义》更为守之笃而论之精"。③ 有别于顾炎武
(1613—1682年)以来学者治《左氏》多申贾、服而抑杜的倾向，④ 侯康于《春秋古经说》采
录杜预注解，但不以汉儒旧说驳正其失，又谓"近儒多尊贾、服而排杜解，然杜固有胜
贾、服者。儒者说经当求心之所安，毋徒博好古之名"，⑤ 欲著书以作持平之论，惜未
能成。

三、《穀梁礼证》：以礼说经，谨守《穀梁》家法

《穀梁》久属孤经，几成绝学，《清经解》中《左氏》、《公羊》俱有专书而《穀梁》独缺，
阮元慨叹："余整齐百家，为《皇清经解》千五百卷，于《左氏》、《公羊》皆有专家，于《穀

---

① 侯康：《春秋古经说》卷1，《广州大典》第4辑《岭南遗书》第5册，广州出版社2008年影印本，
第367~368页。
② 钱大昕：《十驾斋养新录》卷2，杨勇军整理，上海书店出版社2011年版，第31页。
③ 李慈铭：《〈春秋古经说〉札记》，由云龙辑：《越缦堂读书记》上册，中华书局2006年版，第
117页。
④ 清儒抑杜之风肇始于顾炎武(《左传杜解补正》)，继起者有惠栋(《左传补注》)、洪亮吉(《春秋
左传诂》)、焦循(《春秋左氏传杜氏集解补疏》)、王引之(《左传述闻》)、李贻德(《左传贾服注辑述》)
等。诸作或依古训匡正杜注，或据旧注撰述新疏。
⑤ 陈澧：《二侯传》，《东塾集》卷5，黄国声主编：《陈澧集》，第1册，上海古籍出版社2008年
版，第196页。

梁》无之，心每欿然。"①乾嘉以降《穀梁》之学稍振，邵晋涵（1743—1796 年）、许桂林（1779—1821 年）、陈庆镛（1795—1858 年）、柳兴恩（1795—1880 年）、侯康、曹籀（1800—1880 年）、陈澧、金锡龄等学者皆治此传，其中仅许桂林、柳兴恩、侯康三家之作传世。刘寿曾（1838—1882 年）诗云："广州经解著作数，穀梁家说旷不闻。后来硕师柳（柳兴恩）侯（侯康）许（许桂林），晚得梅生（梅毓）张一军。"②海州许桂林与镇江柳兴恩均为阮元门生之门生，阮元先后为柳氏《穀梁大义述》③及许氏《穀梁释例》④撰序，许以为扶翼孤经，可补《清经解》之缺文。

道光十四年（1834 年）陈澧治《穀梁》，侯康出示《穀梁礼证》相勉："此传今为绝学，君当努力，吾方治诸史，未暇卒业也。异时君书成，当以此相付。"⑤《穀梁》师说久微，治者寥寥，侯康引为憾事，除了与陈澧勉以努力，还力邀金锡龄同振绝学，"谈及《皇清经解》千五百卷，《左氏》、《公羊》皆有专家，而《穀梁》独无，君谟因出所撰《穀梁礼证》见示。贯穿三礼，考据详明，叹为精妙无比，怂恿其早日成书，公诸海内。君谟属余为《穀梁释例》，共扶微学"⑥。陈澧撰《穀梁笺》及《春秋穀梁传条例》未完而辍，⑦ 金锡龄著《穀梁释义》而不传，侯康作《穀梁礼证》止于昭公八年"蒐于红"之传，遗稿被厘为二卷，⑧由谭莹刊入《岭南遗书》，经陈澧推许而行于岭外。

道光二十四年（1844 年）陈澧于扬州拜谒阮元，被赠以《揅经室再续集》，见阮元序文始知柳兴恩亦为《穀梁》之学，后得柳氏邮寄初刻本。道光三十年（1850 年）陈澧与柳兴恩相见于京师，柳氏复以新刻相赠，属其为序，并征其说采入。同年《穀梁礼证》刻入《岭南遗书》，陈澧将其寄与柳兴恩："元始春秋学，寥寥二百年。大师今屹起，空谷昔跫然。

---

① 阮元：《镇江柳孝廉春秋穀梁传学序》，《揅经室再续集》卷1，《清代诗文集汇编》第 477 册，上海古籍出版社 2010 年影印本，第 741 页。

② 刘寿曾：《怀人诗》其一，《传雅堂诗集》，《清代诗文集汇编》第 737 册，上海古籍出版社 2010 年影印本，第 98 页。

③ 《穀梁大义述》初名《春秋穀梁传学》，阮元、陈庆镛为之序，均题为《春秋穀梁传学序》。陈序见徐世昌：《清儒学案》卷 146《春海学案·陈庆镛》，中国书店 2013 年影印本，第 2601 页。

④ 《穀梁释例》又名《春秋穀梁传时月日书法释例》，见《广州大典》第 3 辑《粤雅堂丛书》第 9 册，广州出版社 2008 年影印本。

⑤ 陈澧：《穀梁礼证序》，《东塾集》卷 3，黄国声主编：《陈澧集》，第 1 册，上海古籍出版社 2008年版，第 117 页。

⑥ 金锡龄：《侯君谟穀梁礼证跋》，《劬书室遗集》卷 10，《清代诗文集汇编》第 645 册，上海古籍出版社 2010 年影印本，第 566 页。

⑦ 《穀梁释例》殆为《春秋穀梁传条例》之初名，见陈澧：《穀梁礼证序》、《柳宾叔穀梁大义述序》，《东塾集》卷 3，黄国声主编：《陈澧集》，第 1 册，上海古籍出版社 2008 年版，第 117 页；陈澧：《默记》（五七），黄国声主编：《陈澧集》，第 2 册，上海古籍出版社 2008 年版，第 749 页。

⑧ 关于《穀梁礼证》遗稿的整理者，有金锡龄、谭莹、侯度三种说法，见金锡龄：《侯君谟穀梁礼证跋》，《劬书室遗集》卷 10，《清代诗文集汇编》第 645 册，上海古籍出版社 2010 年影印本，第 566 页；伍崇曜：《穀梁礼证跋》，侯康：《穀梁礼证》卷末，《广州大典》第 4 辑《岭南遗书》第 5 册，广州出版社 2008 年版，第 404 页，此跋署伍崇曜名，实谭莹代笔；徐世昌编：《清儒学案》卷 133《月亭学案·侯康》，中国书店 2013 年影印本，第 2367 页。

宿草怀先友，遗书剩一编。寄君归博采，应得共流传。"①又序《穀梁大义述》云："君模书虽未成，已有刻本，当为宾叔致之。并采录其说，君模有知，当感叹于地下也。"②柳书对《穀梁礼证》的一段引文出处作了补充，③ 并将陈澧与侯康列入了《述经师》。虽有《述礼》一卷，但并未引述侯康的说解。

《礼》与《春秋》相表里，阐述礼制是注解《春秋》的重要内容，惠士奇（1671—1741 年）《春秋说》、凌曙（1775—1829 年）《春秋公羊礼疏》与《公羊礼说》、陈奂（1786—1863 年）《公羊逸礼考征》、朱大韶（1791—1844 年）《春秋传礼征》皆着意于此。与《公羊》或主观或托古不同，《穀梁》重视古史古礼的客观性，尤其是周代宗法礼乐制度，有侯康所谓"深得礼意，《公羊》、《左氏》皆不及"④之处。侯康博通诸经，尤善礼学，其《穀梁礼证》多就《穀梁》传文及范甯注语作解，尤其涉及三传殊异处，援引诸说考索礼制、阐明经义，⑤既能以礼释经，又在《穀梁》学本身，足补前人之阙。

> 传："《春秋》之义，诸侯与正而不与贤也。"注："雍曰：正谓嫡长也。"（隐公四年）
> 证曰：此与《公羊》立适以长不以贤同义。何氏《膏肓》云："不以贤者，人状难别，嫌有所私，故绝其怨望，防其觊觎。"《白虎通》云："曾子问：立适以长不以贤何？言为贤不肖不可知也。《尚书》曰：惟帝其难之。"此二传之义可相通者。至《公羊》谓立子以贵不以长，非《穀梁》义，《穀梁》于庶子不分贵贱，则立子亦以长。此注嫡长二字当对文，长谓庶长，嫡子固是正，无嫡而庶长当立亦是正，此即《左氏》王后无适则择立长，年钧以德，德钧以卜之说。年钧以德似与此传不与贤相反，然唯无适可立又无长可立而后出此，则有适长者与正不与贤明矣。何氏《膏肓》云："君之所贤，人必从之，焉能使王不立爱也。"郑君箴之曰："立适固以长矣，无适而立子固以贵矣。若长钧贵钧，何以别之"，"年钧则会群臣、群吏、万民而询之，有司以序进而问，大众之口非君所能掩，是王不得立爱之法也"。按：此说足申《左氏》，而仍参用《公羊》立子以贵之说，则义终窒碍。盖择贤之法必施于长钧贵钧兼者也（原注：《左传》第云年钧以德，而文承王后无适之下，则皆是庶子，其贵钧矣），而长钧贵钧兼者必庶子，不分贵贱者也。今立子以贵，则是不同母者长钧而贵必不钧，同母者贵钧而长必不钧（原注：立子以贵不以长为异母者言，若同母自仍以长，何注于双生子亦分先后，其意可知），断无择贤一法。此《公羊》之义有不可强合于《左氏》者，郑君

① 陈澧：《寄柳宾叔同年》，《陈东塾先生遗诗》，黄国声主编：《陈澧集》，第 1 册，上海古籍出版社 2008 年版，第 568 页。
② 陈澧：《柳宾叔穀梁大义述序》，《东塾集》卷 3，黄国声主编：《陈澧集》，第 1 册，上海古籍出版社 2008 年版，第 118 页。
③ 见柳兴恩《述师说》"郑释废疾补谊"条，《穀梁大义述》卷 12，王先谦编：《清经解续编》卷 148，凤凰出版社 2008 年影印本，第 12 册，第 4915 页。
④ 侯康：《穀梁礼证》卷 2，《广州大典》第 4 辑《岭南遗书》第 5 册，广州出版社 2008 年版，第 401 页。
⑤ 此法依循惠栋《穀梁古义》，详见张素卿：《"汉学"典范下的清代〈穀梁〉学》，《中国经学》2009 年第 4 辑。

欲会通为一，诚不必也。就二义相衡，《公羊》较密，但《穀梁》似同《左氏》，不同《公羊》。①

君位承袭之法，三传不同。《穀梁》隐公元年"让桓也乎？曰：不正"，范甯注"隐长桓幼"，② 与此均以世子、嫡子、长庶子为正。《左氏》先别嫡庶，次计长幼，再论德行，最后依靠占卜。③《公羊》立嫡立长，立子立贵。④《左氏》、《公羊》无嫡立庶的继承顺序相异：《左氏》长幼有差，贵贱无别，立子以长（择长→择贤→占卜）；《公羊》贵贱有等，立子以贵（择贵→择长）。郑玄糅合二说，言立子以贵，贵钧以长，长钧以贤（择贵→择长→择贤），于义窒碍，未免牵强。《穀梁》嫡庶之外以长幼别尊卑，侯康谓此法虽不及《公羊》详密，但却与《左氏》接近。

> 经："四年春正月，公狩于郎。"注："春而言狩，盖用冬狩之礼。"（桓公四年）
> 证曰：《左传》云："书时，礼也。"杜注："周之春，夏之冬也。田狩从夏时。"孔氏广森云："《夏小正》：十有一月，王狩。《周礼》仲冬以狩田，经书：春正月，公狩。其实一耳。《逸周书》曰：亦越我周王，致伐于商，改正异械，以垂三统，至于敬授民时，巡狩祭享，犹自夏焉。"据此诸说，是正月本当言狩，而云用冬狩之礼者，盖范意以《穀梁》时田皆用周正不用夏正。时田之例，传无明文，而略见之于时祭。（原注：说详下八年。）此《穀梁》之不同《左氏》者，虽其义视《左氏》为短，而家法实如是，不可强合也。若《公羊》注亦讥此狩不时，而谓当用夏之孟冬，又别一义。⑤

此条论述狩猎之时。《左氏》时田用夏正，周之正月乃夏之仲冬，故谓春狩合时。田猎与祭祀关系密切，《穀梁》桓公四年云："四时之田，皆为宗庙之事也。春曰田，夏曰苗，秋曰蒐，冬曰狩。"⑥桓公八年经"春正月己卯，烝"，⑦《穀梁》云："烝，冬事也，春兴之，

① 侯康：《穀梁礼证》卷1，《广州大典》第4辑《岭南遗书》第5册，广州出版社2008年影印本，第386页。

② 范甯集解，杨士勋疏：《春秋穀梁传注疏》卷1，阮元校刻：《十三经注疏》，中华书局2009年版，第5129页。

③ 见《左氏》襄公三十一年、昭公二十六年，杜预注，孔颖达疏：《春秋左传正义》卷40、卷52，阮元校刻：《十三经注疏》，中华书局2009年版，第4373~4374、4592~4593页。

④ 见《公羊》隐公元年，何休解诂，徐彦疏：《春秋公羊传注疏》卷1，阮元校刻：《十三经注疏》，中华书局2009年版，第4768页。

⑤ 侯康：《穀梁礼证》卷2，《广州大典》第4辑《岭南遗书》第5册，广州出版社2008年影印本，第394页。

⑥ 范甯集解，杨士勋疏：《春秋穀梁传注疏》卷3，阮元校刻：《十三经注疏》，中华书局2009年版，第5152页。田猎之名，三传不同，见《左氏》隐公五年，杜预注，孔颖达疏：《春秋左传正义》卷3，阮元校刻：《十三经注疏》，中华书局2009年版，第3748页；《公羊》桓公四年，何休解诂，徐彦疏：《春秋公羊传注疏》卷4，阮元校刻：《十三经注疏》，中华书局2009年版，第4808页。

⑦ 杜预注，孔颖达疏：《春秋左传正义》卷7，阮元校刻：《十三经注疏》，中华书局2009年版，第3807页。

志不时也。"① 以春烝为失时。又范甯言春狩、春烝俱失礼，② 侯康推断《穀梁》时田与时祭同，当用周正而不用夏正。何休主夏正而讥此狩失时，③ 徐彦谓孔子欲取夏之孟冬为田狩之月，故仲冬不得狩时。④ 春狩之论，三传各异，侯康谨守家法，虽谓《左氏》义长而仍遵《穀梁》之说。

侯康多谓前儒不墨守一家之言，能持是非之平："《独断》、《月令章句》同出中郎而博采古、今文，盖义可兼通，无容专执也"；⑤ "何邵公注'天王使凡伯来聘'云：'古者诸侯有较德殊风异行，天子聘问之，当北面偶臣，受之于太庙。'则亦不从《公羊》说，盖义有未安，虽专家不能墨守也"；⑥ "考《白虎通》多《公羊》家言，而此独从《穀梁》，以其义本胜耳"；⑦ "刘向曾治《公羊》，后乃治《穀梁》，故著书不专主一家"⑧。其论礼专主《穀梁》而间取《左氏》、《公羊》之说，持论平允，不尚拘守。

侯康著书体例谨严，《春秋古经说》考证异文区别古、今，以古文为是；《穀梁礼证》考论礼制兼采三传，仍专主一家。有的学者基于自身的学术立场，强化二书的门户色彩：谭莹于道光三十年（1850 年）撰《穀梁礼证跋》云"夫典制莫备于《左氏》，而义理莫精于《穀梁》，惟《公羊》杂出众师，时多偏驳耳。是书据《穀梁》以证三礼，而排诋《公羊》者独多"；⑨ 李慈铭（1829—1894 年）于光绪十年（1884 年）作《春秋古经说》札记，称赞此书说经铿铿，皆有坚据，"世之左祖《公羊》者无容置喙"⑩。此外，恪守古文家法、排斥常州学说的章太炎（1869—1936 年）与刘师培（1884—1919 年）亦推许侯康之学。章太炎以《穀梁》为今文，刘师培以《穀梁》为古文，但章太炎认为不可将学者研治今文经视作遵常州家法，如柳兴恩《穀梁大义述》、侯康《穀梁礼证》、钟文烝（1818—1877 年）《春秋穀梁经传

---

① 范甯集解，杨士勋疏：《春秋穀梁传注疏》卷 4，阮元校刻：《十三经注疏》，中华书局 2009 年版，第 5156 页。

② 《穀梁》桓公四年"春正月，公狩于郎"注、八年"春正月己卯，烝"注，范甯集解，杨士勋疏：《春秋穀梁传注疏》卷 3、卷 4，阮元校刻：《十三经注疏》，中华书局 2009 年版，第 5151、5156 页。

③ 《公羊》桓公四年"三曰充君之庖"注，何休解诂，徐彦疏：《春秋公羊传注疏》卷 4，阮元校刻：《十三经注疏》，中华书局 2009 年版，第 4808 页。

④ 《公羊》哀公十四年"曷为以狩言之"疏，何休解诂，徐彦疏：《春秋公羊传注疏》卷 28，阮元校刻：《十三经注疏》，中华书局 2009 年版，第 5112 页。

⑤ 侯康：《穀梁礼证》卷 1，《广州大典》第 4 辑《岭南遗书》，广州出版社 2008 年版，第 387 页。

⑥ 侯康：《穀梁礼证》卷 1，《广州大典》第 4 辑《岭南遗书》第 5 册，广州出版社 2008 年影印本，第 391 页。

⑦ 侯康：《穀梁礼证》卷 2，《广州大典》第 4 辑《岭南遗书》第 5 册，广州出版社 2008 年影印本，第 395 页。

⑧ 侯康：《穀梁礼证》卷 2，《广州大典》第 4 辑《岭南遗书》第 5 册，广州出版社 2008 年影印本，第 396 页。

⑨ 伍崇曜：《穀梁礼证跋》，侯康：《穀梁礼证》卷末，《广州大典》第 4 辑《岭南遗书》第 5 册，广州出版社 2008 年影印本，第 404 页。

⑩ 李慈铭：《〈春秋古经说〉札记》，《越缦堂读书记》上册，中华书局 2006 年版，第 117~118 页。光绪五年（1879 年）李慈铭作《赵新又同年左传质疑序》云："近日经学大师硕果不存，间有隽异之士，又好为高论，标举《公羊》，攻击《左氏》，兼及《穀梁》，昧是非之公，涉蹈虚之弊。"（李慈铭：《越缦堂文集》卷 2，刘再华校点：《越缦堂诗文集》中册，上海古籍出版社 2012 年版，第 783~784 页。）

补注》皆与常州家法迥异，属于吴派的变迁，① 其中以侯著最为周密可观，其余大抵疏阔。② 刘师培谓侯康纯宗汉学，较之朱次琦、陈澧学兼汉宋更为深醇。③ 章、刘两位学者均赞赏侯康学有所守、醇粹无杂。

四、结　语

阮元在粤兴贤劝学，笃学好古之士蔚起。学者互相砥砺，以期与吴越之士并驱争先。④ 侯康去世前，学海堂十四位学长有十三位来自希古堂⑤，这些学者与侯康同时代，多工诗文，个别学者兼擅算学或书画，整体治经水平并不高，内部甚至存在反对汉儒考证之学的声音。⑥ 希古堂之外，广东学者的治经成果也不丰富：周寅清、梁国珍、孟鸿光、侯度、张其翩深于经学而无成书，著撰仅散见学海堂诸集；杨荣绪《十三经音义考》、《左传博引》⑦，金锡龄《周易雅训》、《毛诗释例》、《左传补疏》、《穀梁释义》皆不传；传世者有李黼平《毛诗紬义》，侯康《春秋古经说》、《穀梁礼证》，徐灏（1810—1879 年）《通介堂经说》，陈澧《汉儒通义》、《东塾读书记》，邹伯奇《春秋经传日月考》。

侯康不随风气转移，治学以增益补苴、有裨学术为旨归。伴随着经世思潮的涌动，《公羊》学渐成风尚。侯康谓《公羊》晚出又义多纰缪，《左氏》近古且文义通顺，推尊《左氏》而不贬抑杜预注解。又以礼治《穀梁》，专主《穀梁》传文，不墨守范甯注语，兼取《左氏》、《公羊》之长，平正醇粹。陈澧云：“国朝考据之学盛矣，犹有未备者，宜补苴之。”⑧又云：“儒者著书眼光须及上下数百年，此昔者吾友侯君模之教也。”⑨侯康去世后，陈澧弟子桂文灿（1823—1884 年）与谭宗浚（1846—1888 年，谭莹之子）均表彰其学：桂文灿将侯康录入《经学博采录》；谭宗浚致信同修《清史稿》的缪荃孙（1844—1919 年），推荐

① 章炳麟：《与支伟成论清代学术书》，傅杰编校：《章太炎学术史论集》，云南人民出版社 2007 年版，第 411～412 页。

② 章炳麟：《清儒》，徐复注：《訄书详注》，上海古籍出版社 2000 年版，第 168～169 页。

③ 刘师培：《清儒得失论》，《清儒得失论——刘师培论学杂稿》，中国人民大学出版社 2004 年版，第 267 页。

④ 见赵均《新建粤秀山学海堂记》、樊封《新建粤秀山学海堂题名记》、崔弼《新建粤秀山学海堂记》，《学海堂集》卷 16，《中国历代书院志》第 13 册，江苏古籍出版社 1995 年影印本，第 271、275、279 页。

⑤ 道光元年（1821 年）吴兰修、曾钊、吴应逵、林伯桐、张维屏、黄培芳、张杓、杨时济、邓淳、马福安、熊景星、徐荣、温训、刘天惠、谢念功、杨炳南、黄子高、胡调德十八名广东学者结希古堂。

⑥ 参见程美宝：《地域文化与国家认同：晚清以来“广东文化”观的形成》第 4 章第 3 节，三联书店 2006 年版。

⑦ 《左传博引》又名《读左漫笔》，见民国《番禺县志》卷 28《艺文一·经部》，《广东历代方志集成·广州府部》，第 21 册，岭南美术出版社 2008 年影印本，第 421 页。

⑧ 陈澧：《自述》，黄国声主编：《陈澧集》，第 2 册，上海古籍出版社 2008 年版，第 11 页。

⑨ 陈澧：《与徐子远书》其一，《东塾集外文》卷 5，黄国声主编：《陈澧集》，第 1 册，上海古籍出版社 2008 年版，第 454～455 页。又陈澧《读书饮酒醉后得诗五首》其二：“先友求心安，念之在后死。更待五百年，扬云有知己。”自注：“侯君模云：‘著书当求心之所安，眼光须到五百年后，勿为时名也。’”（《陈东塾先生遗诗》，黄国声主编：《陈澧集》，第 1 册，上海古籍出版社 2008 年版，第 568～569 页。）

将侯康列入《儒林》或《文苑》。① 在学海堂两代学者的努力下，侯康逐渐显于岭外，成为粤中经学的标志性人物，吴士鉴(1868—1933 年)题缪荃孙《广雅书局图》云："国朝儒风扇南服，前阮(阮元)后张(张之洞)实赓续。阮公学海导先河，翁纳群流汇诸渎。子韶(李黼平)绅诗述毛郑，君谟穷经邃左毂。特夫(邹伯奇)格术致精研，大成乃有陈东塾(陈澧)。百年岭表开中逵，学派渊源可成录。"②

(作者单位：武汉大学国学院)

---

① 谭宗浚致缪荃孙函(三)，顾廷龙校阅：《艺风堂友朋书札》上册，上海古籍出版社 1981 年版，第 73~74 页。

② 吴士鉴致缪荃孙函(四十二)，顾廷龙校阅：《艺风堂友朋书札》上册，上海古籍出版社 1981 年版，第 470 页。

古 史 新 探

试论黄丕烈的书籍修复与保护

——基于黄丕烈藏书题跋的分析

□　王美英　袁　静

清代私人藏书家十分注重书籍的修复与保护，黄丕烈即是突出代表。黄丕烈（1763—1825 年），字绍武，又字绍甫，号荛圃、荛夫、復翁等，自称"书魔"、"痴绝"，苏州府长洲人。黄丕烈于乾隆五十三年（1788 年）中举，但是此后屡试不第，遂断绝入仕升宦之念，潜心读书治学、收书藏书、刻书校书，在藏书、刻书、抄书、护书等方面都取得了突出的成就。关于他的藏书与刻书等，学界研究成果较多，而关于他的书籍保护与修复的研究则相对较少。本文即以黄丕烈的藏书题跋为依据，① 同时结合其他史料来探讨他的修复观念、修复技艺与修复实践，以就教于方家学者。

一、修复理念

（一）重视装潢，不计工价

为了不使珍籍秘椠散佚无传，黄丕烈费尽资财和心血购买和修复书籍。为了购买宋本《史载之方》二卷，他出了白金三十两，将其重加装潢："遇上方切去原纸处悉以宋纸补之尾叶，原填阙字亦以宋纸易去，命工仍录其文。"②核算该书的装潢费用："几几乎白金三

---

① 黄丕烈的藏书题跋有以下几种：光绪八年（1882 年），潘祖荫首次辑刊的《士礼居藏书题跋记》六卷，收跋文 352 篇。光绪二十二年（1896 年），缪荃孙辑成《士礼居藏书题跋续记》二卷，增收跋文 75 篇。缪荃孙与邓实编成《士礼居藏书题跋再续记》二卷，收跋文 79 篇。1919 年，缪荃孙、章钰、吴昌绶汇辑以上三书，并辑得乌程张氏适园、刘氏嘉业堂、海盐张氏涉园、松江韩氏读有用书斋等处散于诸书之题跋，重加校订，辑成《荛圃藏书题识》十卷，附《荛圃刻书题识》一卷，收录黄氏题跋 623 篇。1933 年，王大隆辑成《荛圃藏书题识续录》四卷，补收 117 篇。1940 年，王大隆辑成《荛圃藏书题识再续录》三卷，再补收 74 篇。此外，黄丕烈还著有书目四种：《所见古书录》、《百宋一廛书录》、《百宋一廛赋注》（顾广圻赋，黄丕烈注）、《求古居宋本书目》。其中，《所见古书录》未见流传。2013 年，上海古籍出版社汇集以上诸书及其他资料，出版《黄丕烈藏书题跋集》，收录黄氏题跋共计 1004 篇。
② （清）黄丕烈：《黄丕烈藏书题跋集·荛圃藏书题识》卷四《子类一》，上海古籍出版社 2013 年版，第 202 页。

星一叶矣。"①他自称书魔:"余之惜书而不惜钱,其真佞宋耶? 诚不失为书魔云尔。"②黄丕烈生活的乾嘉时代不仅书价昂贵,而且古书装潢的费用也很高,但是他仍然不惜物力装潢书籍,目的是使古书能够美观耐久,更多的是出于对书籍的敬畏之心,他重装宋刻残本《梁溪集》之后题写跋语:"今兹装池,复用二十金。惟恐后人以残阙视之而不甚宝贵。"③他购买旧钞本《稽神录》六卷补遗二卷,花费白金五星,书籍面目纤悉俱在,胜于前人所收,但恐他人见之,以为无用之物,就请人装潢,"因重装之,工费较书直奚啻数倍"④。有旁观者窃笑,他说:"余独非为字簏中物起见耶,特惜字分金过重耳。"⑤为了修复元刻本《元统元年进士题名录》,他也花费了重金:"急为重付装池,再加裱托,其费几至数十倍于书价而不惜,诚不敢如书贾之视有用为无用耳。"⑥《图画见闻志》六卷,由前三卷元钞本与后三卷宋刊本合装而成,黄丕烈为此花费缗钱四五千。黄丕烈不惜重价修复书籍,有的修复之费相当于购书之费,更多的是高于书价两倍甚至数倍。旧钞本《稽神录》六卷补遗二卷的书价为白金五星,修复重装的工费则为书价的数倍。抄本《陆游南唐书》十八卷,黄丕烈用番钱一枚购得,由于该书多为书虫所蚀,黄氏命工重装:"若以装工计之,又多费几番钱矣。"⑦买来查药师钞本《陶杜诗选》□卷之后,黄丕烈请人重为装池,花费青蚨二百余文,⑧ 装成展读,因脑头狭小,殊不耐观,复命工易纸覆衬接脑,又花费青蚨二星⑨。黄丕烈的这种重视装潢、不计工价的观念与行为在当时被认为是本末倒置。如洪亮吉将藏书家分成五等,将黄丕烈视为赏鉴家一流:"……次则第求精本,独嗜宋刻,作者之旨意纵未尽窥,而刻书之年月最所深悉,是谓赏鉴家,如吴门黄主事丕烈、乌镇鲍处士廷博诸人是也。"⑩这种说法虽有偏颇,也可窥见当时人的态度。余嘉锡称黄丕烈为"卖绢牙郎":"……其后如黄尧圃者,尤以佞宋沾沾自喜,群推为藏书大家,而其所作题跋,

---

① (清)黄丕烈:《黄丕烈藏书题跋集·荛圃藏书题识》卷四《子类一》,上海古籍出版社 2013 年版,第 202 页。

② (清)黄丕烈:《黄丕烈藏书题跋集·荛圃藏书题识》卷四《子类一》,上海古籍出版社 2013 年版,第 202 页。

③ (清)黄丕烈:《黄丕烈藏书题跋集·荛圃藏书题识》卷八《集类二》,上海古籍出版社 2013 年版,第 476 页。

④ (清)黄丕烈:《黄丕烈藏书题跋集·荛圃藏书题识》卷六《子类三》,上海古籍出版社 2013 年版,第 346 页。

⑤ (清)黄丕烈:《黄丕烈藏书题跋集·荛圃藏书题识》卷六《子类三》,上海古籍出版社 2013 年版,第 346 页。

⑥ (清)黄丕烈:《黄丕烈藏书题跋集·荛圃藏书题识》卷二《史类一》,上海古籍出版社 2013 年版,第 92 页。

⑦ (清)黄丕烈:《黄丕烈藏书题跋集·荛圃藏书题识》卷三《史类二》,上海古籍出版社 2013 年版,第 103 页。

⑧ 本是虫名。传说青蚨生子,母与子分离后必会仍聚回一处,人用青蚨母子血各涂在钱上,涂母血的钱或涂子血的钱用出后必会飞回,所以有"青蚨还钱"之说,后来就以"青蚨"代称钱。制钱俗称青蚨,计量单位为吊和文,有时称一百文为青蚨一星,一千钱为青蚨一两或青蚨一千。

⑨ (清)黄丕烈:《黄丕烈藏书题跋集·荛圃藏书题识》卷十《集类四》,上海古籍出版社 2013 年版,第 630 页。

⑩ (清)洪亮吉:《洪北江全集·北江诗话》卷三,光绪中授经堂刊本。

第侈陈所得宋、元本楮墨之精，装潢之美，索价几何，酬值几许，费银几两，钱几缗，言之津津，若有余味，颇类卖绢牙郎。"①黄丕烈知悉这种评价之后发出感慨："予之爱书并爱藏书者，后人其谅予苦心哉！"②

(二)遇到良工，优礼厚聘

明代周嘉胄将古迹重装比喻为病笃延医，提出了"不遇良工，宁存故物"的观点："前代书画，传历至今，未有不残脱者。苟欲改装，如病笃延医。医善则随手而起，医不善，随剂而毙。所谓不药当中医，不遇良工，宁存故物。……宝书画，不可不究装潢。"③由此可知，将破损文献交给能工巧匠修补，就可以妙手回春，如果交给拙工笨匠修补，就会使破损文献雪上加霜。不仅如此，周嘉胄还明确地指出了良工的标准："良工须具补天之手，贯虱之睛，灵慧虚和，心细如发。充此任者，乃不负托。又须年力甫壮，过此则神用不给矣。好事者，必优礼厚聘。"④只有具备了手巧、眼尖、耐心和仔细等特点，才能成为良好的文献修补工匠。黄丕烈购买的书籍中有些遭到了俗工的修补，如宋刊本《温国文正司马公文集》经俗工修补后破烂特甚，"其缺叶皆误重于他叶之腹，其无字者皆浆粘于前后叶之背"⑤。元刻本《孔氏祖庭广记》裱托过厚，"图画皆遭俗手补坏"⑥。明刻本《鹤林玉露》被俗手剜改，纸张破损。⑦ 黄丕烈深知俗工误书的危害，十分注重选择修复人员，遇到技艺高超的修补工匠，优礼厚聘。钱瑞正就是黄丕烈挑选的修复高手，"为荛圃装书者钱瑞正，号半岩，谓之良工，观荛圃原装可见"⑧。钱瑞正性甚迂缓，取归装成，动辄半年，黄丕烈戏称其"钱半岩"，他为黄家修书二十余年。黄丕烈说："余家古书装潢皆出工人钱瑞正手……余延至家装书，由老屋以至迁居、再迁居，几二十余年矣。"⑨他为黄丕烈修过的书籍有：钞本《近事会元》："是册装池尚出良工钱半岩手。"⑩明钞本《雁门集》八卷残损不堪，乾隆五十九年(1794年)钱瑞正重装。⑪ 钱瑞正的书籍修复技术高超，被黄

① 傅增湘：《藏园群书题记·余嘉锡〈藏园群书题记序〉》，上海古籍出版社2013年版，第4页。

② (清)黄丕烈：《黄丕烈藏书题跋集·荛圃藏书题识》卷三《史类二》，上海古籍出版社2013年版，第103页。

③ (明)周嘉胄：《装潢志》，清昭代丛书本。

④ (明)周嘉胄：《装潢志》，清昭代丛书本。

⑤ (清)黄丕烈：《黄丕烈藏书题跋集·荛圃藏书题识》卷八《集类二》，上海古籍出版社2013年版，第460页。

⑥ (清)黄丕烈：《黄丕烈藏书题跋集·荛圃藏书题识》卷二《史类一》，上海古籍出版社2013年版，第83页。

⑦ (清)黄丕烈：《黄丕烈藏书题跋集·荛圃藏书题识再续录》卷二《子类》，上海古籍出版社2013年版，第893页。

⑧ (清)缪荃孙：《云自在龛随笔》卷四《书籍》，商务印书馆1958年版，第157页。

⑨ (清)黄丕烈：《黄丕烈藏书题跋集·荛圃藏书题识再续录》卷二《子类》，上海古籍出版社2013年版，第899页。

⑩ (清)黄丕烈：《黄丕烈藏书题跋集·荛圃藏书题识》卷五《子类二》，上海古籍出版社2013年版，第260页。

⑪ (清)黄丕烈：《黄丕烈藏书题跋集·荛圃藏书题识》卷九《集类三》，上海古籍出版社2013年版，第540页。

丕烈称为"良工",黄家古书装潢多出钱瑞正之手。其他藏书家如顾侍萱、夏容庵也慕名而来,将破损书籍委托黄丕烈转交钱瑞正装潢:"余世好顾侍萱茂才出其家藏毛校本托余转付装池。"①"余友夏方米之尊人容庵丈出其旧藏宋本《崇古文诀》属为装潢。"②嘉庆十九年(1814年)闰二月,钱瑞正作古,儿子钱伊人继承父业继续为黄丕烈修复书籍。一开始,黄丕烈对钱伊人的技艺存有疑虑:"其子虽亦世其业,而其装池却未之见,不知能传父之手段否。"③但是没过多久黄丕烈就予以认可,在旧钞本《玄珠密语》题跋中称:"嘉庆乙亥中秋前八日,命工钱瑞正子伊人重装。"④宋刻钞补本《事类赋》三十卷,钱伊人负责装潢,嘉庆十九年装成。⑤除了钱瑞正父子之外,段玉裁、叶树莲、赵怀玉、赵未辛、丁竹梧、孙有年、顾广圻等都为黄丕烈修过书籍。宋刻本《类编增广黄先生大全文集》五十卷,残缺,茂塘老友(段玉裁)"手为装池……钞补一页"⑥。此外,黄丕烈还请书贾帮忙修书,校旧钞本《芦浦笔记杨公笔录》不分卷附沈括《补笔谈》二叶,由于装潢狭小,黄丕烈"爰令贾人重为装潢而收之"⑦。

(三)片纸不弃,合装留存

黄丕烈称:"余生平喜购书,于片纸只字皆为之收藏,非好奇也,盖惜字耳。往谓古人慧命全在文字,如遇不全本而弃之,从此无完日矣,故余于残缺者尤加意焉,戏自号曰'抱守老人'。"⑧只要是古刻善本,即使是零篇断叶,黄丕烈也视为瑰宝,肆力网罗与装潢:"而此残零各种,取可珍者装之,以备浏览。"⑨对于古书连带的一些文献资料,如装褙的褙纸、夹籤等,他将其另装一册,或是装裱于书后,以垂久远。黄丕烈喜收宋本,然宋本书的褙纸往往多用故纸,叶德辉称:"宋时印书,多用故纸反背印之,而公牍尤多。"⑩古人爱惜物力,纸料坚固者一用再用,将故纸、公牍文书拿来装褙新书之事,宋元

---

① (清)黄丕烈:《黄丕烈藏书题跋集·荛圃藏书题识》卷五《子类二》,上海古籍出版社2013年版,第237页。

② (清)黄丕烈:《黄丕烈藏书题跋集·荛圃藏书题识》卷十《集类四》,上海古籍出版社2013年版,第596页。

③ (清)黄丕烈:《黄丕烈藏书题跋集·荛圃藏书题识》卷五《子类二》,上海古籍出版社2013年版,第260页。

④ (清)黄丕烈:《黄丕烈藏书题跋集·荛圃藏书题识》卷四《子类一》,上海古籍出版社2013年版,第196页。

⑤ (清)黄丕烈:《黄丕烈藏书题跋集·荛圃藏书题识再续录》卷二《子类》,上海古籍出版社2013年版,第897页。

⑥ (清)黄丕烈:《黄丕烈藏书题跋集·荛圃藏书题识》卷八《集类二》,上海古籍出版社2013年版,第469页。

⑦ (清)黄丕烈:《黄丕烈藏书题跋集·荛圃藏书题识》卷五《子类二》,上海古籍出版社2013年版,第268页。

⑧ (清)黄丕烈:《黄丕烈藏书题跋集·荛圃藏书题识》卷十《集类四》,上海古籍出版社2013年版,第662~663页。

⑨ (清)黄丕烈:《黄丕烈藏书题跋集·荛圃藏书题识续录》卷一《史类》,上海古籍出版社2013年版,第741页。

⑩ (清)叶德辉:《书林清话》,复旦大学出版社2008年版,第196页。

明皆有，即使在清代旧书用来装褙新书之事也时有发生，书贾往往多以纸覆背，取其多而可获利，"嘉庆丙辰，从书肆得影宋钞《景定建康志》残本九册有半，问其由来，盖浙省书摊以此为模褙书籍之废纸，已去其二册有半，彼以素纸易之，故奇零如是"①。这些褙纸为判断书籍的版本信息提供了有力的证据。黄丕烈在坊间购得明抄本《五行类事占》后题写跋语："……第三册部面既失，册尾多破损痕，字间有伤残者，命工重加补缀……其纸皆明代嘉靖时册籍纸，背间可辨识，盖犹是嘉靖年间人所钞也。"②在前三卷元钞后三卷宋刊本《图画见闻志》中题写跋语："……行款虽同，而楮墨俱饶古气。细辨字画，遇宋讳皆阙笔，翻本不如是也。爰揭去旧时褙纸，见原楮皆罗纹阔帘而横印者，始信宋刻宋印。"③黄丕烈先是通过考察书籍文字避讳、墨气，疑为宋本，揭开旧时褙纸，观察纸张文理、行款特征，确认此书为宋刻。片纸不弃，均有其用，黄丕烈通过褙纸来判断刊刻年代，实乃存古留真之用意。

（四）装潢古雅，补缀浑纯

作为藏书家，黄丕烈十分重视装潢："装潢亦当煞费苦心也。"④他素检《读书敏求记》，留心述古旧物，"故装潢式样一见即识"⑤。因为熟悉书籍装潢式样，黄丕烈不易被书贾诓骗，在故纸堆中搜寻珍品时也不致有遗珠之恨。作为收藏者，黄丕烈对于书籍的品相和装潢有着严格的要求和文人式的审美。在常年与墨敝纸渝、蠹痕遍布的古书打交道的过程中，黄丕烈掌握了修补书籍的技能，对于得到的古书，有时也能"手自补缀"⑥，有时就交给侄子修补，钞本《竹斋诗集》一卷是其内侄丁竹梧"手为补缀，加以装池"⑦。当然更多的时候，黄丕烈将破旧书籍交给技艺高超的装潢匠钱瑞正等进行修补装订。黄丕烈认为书籍修整须达到装潢古雅、补缀浑纯的美学标准⑧，"装潢古雅"与孙从添的装潢理念相同："装订书籍，不在华美饰观，而要护帙有道，款式古雅，厚薄得宜，精致端正，方为第一。"⑨"补缀浑纯"最好的注解则为："补破贴、欠口，用最薄棉纸熨平，俱照补旧

①　（清）黄丕烈：《黄丕烈藏书题跋集·荛圃藏书题识》卷三《史类二》，上海古籍出版社 2013 年版，第 121 页。

②　（清）黄丕烈：《黄丕烈藏书题跋集·荛圃藏书题识》卷四《子类一》，上海古籍出版社 2013 年版，第 216 页。

③　（清）黄丕烈：《黄丕烈藏书题跋集·荛圃藏书题识》卷五《子类二》，上海古籍出版社 2013 年版，第 223 页。

④　（清）黄丕烈：《黄丕烈藏书题跋集·荛圃藏书题识》卷八《集类二》，上海古籍出版社 2013 年版，第 460 页。

⑤　（清）黄丕烈：《黄丕烈藏书题跋集·荛圃藏书题识》卷二《史类一》，上海古籍出版社 2013 年版，第 65 页。

⑥　（清）黄丕烈：《黄丕烈藏书题跋集·荛圃藏书题识》卷七《集类一》，上海古籍出版社 2013 年版，第 377 页。

⑦　（清）黄丕烈：《黄丕烈藏书题跋集·荛圃藏书题识再续录》卷三《集类》，上海古籍出版社 2013 年版，第 921 页。

⑧　（清）黄丕烈：《黄丕烈藏书题跋集·荛圃藏书题识》卷六《子类三》，上海古籍出版社 2013 年版，第 363 页。

⑨　（清）孙从添：《藏书记要》，上海古籍出版社 2005 年版，第 42 页。

书法，摸去一平，不见痕迹，弗觉松厚，真妙手也。"①如遇前人描补、修复的痕迹，黄丕烈则予以保留，"后之明眼人当自领之"②。

二、修复技艺

（一）选择补纸，同于原书

修补古籍所用的补纸最好与原书纸张一致，颜色、厚薄、纸质须相宜，黄丕烈强调以宋纸修复宋本，补纸多从材质、颜色等方面来考虑。宋本《史载之方》二卷则以宋纸易去原补纸。《寒山拾得诗》一卷为外洋板刻，修复时仍以洋纸补之③。颜色方面，黄丕烈要求以一色旧纸补缀。宋刻本《鉴诫录》十卷，原为天籁阁④旧装，所用补纸为白色不纯者，黄丕烈得到此书后即换去原补纸，以色纯之宋纸补之，原补纸上的图章及校改朱笔仍然保留，以便传信于后。

（二）素纸留白，画栏补字

书籍修复时遇到缺卷少页的情况，黄丕烈就采取素纸留白的方法，以素纸如数装潢之，为他日觅得足本进行钞补留下空间。如《文苑英华纂要》原本八册，曾被钱谦益、季振宜收藏，到了黄丕烈手里仅存七册："然就其所存者核之，言其分集则甲之半也，言其列卷则失一至十六也，言其排叶则失一至而四十三也，言其装册则失第一也。"⑤黄丕烈就以素纸空白留其迹，"安知后不遇其旧以补其阙乎？"⑥残宋刻本《豫章黄先生外集》第六卷后有阙叶，书贾欲掩其不全之迹，谬以卷十四末叶续之，经黄丕烈细审，知所缺为一叶，就要求工匠在装帧时以如数素纸装入，保存其原来面目。用补纸修复书籍破损处会出现字迹空缺的情况，黄丕烈则用画栏补字来处理。有的书经书贾补缀未填写，他人视为弃物，还需手写其阙失，"遂可卒读"⑦。黄丕烈积极搜集其他版本参照校对、画栏补写。另一方面，已经修复过的古书进行二次修复时，画栏补字这一过程则需要认真校对，因为手录补写本易出现讹误，而据此的二次填写，错误几率又大大提升。前三卷元钞后三卷宋刊的《图画见闻志》在前一次的修复中就出现了误写问题："补缀之处有白纸者，皆旧时误写字

① （清）孙从添：《藏书记要》，上海古籍出版社 2005 年版，第 42 页。
② （清）黄丕烈：《黄丕烈藏书题跋集·荛圃藏书题识》卷十《集类四》，上海古籍出版社 2013 年版，第 648 页。
③ （清）黄丕烈：《黄丕烈藏书题跋集·荛圃藏书题识》卷七《集类一》，上海古籍出版社 2013 年版，第 381 页。
④ 项元汴的藏书楼。
⑤ （清）黄丕烈：《黄丕烈藏书题跋集·荛圃藏书题识》卷十《集类四》，上海古籍出版社 2013 年版，第 592 页。
⑥ （清）黄丕烈：《黄丕烈藏书题跋集·荛圃藏书题识》卷十《集类四》，上海古籍出版社 2013 年版，第 592 页。
⑦ （清）黄丕烈：《黄丕烈藏书题跋集·荛圃藏书题识》卷六《子类三》，上海古籍出版社 2013 年版，第 324 页。

迹，其蠹蚀之余，悉以一色旧纸补缀，遇字画烂格缺断者，倩涧蒉以淡墨描写，至原刻原印之模糊缺失，悉仍其旧，诚慎之至也。"①对于原书已补写的部分，即使出现讹误的情况，黄丕烈也采取谨慎保守的态度，不轻易更改一字："恐损古书，故凡遇俗手描写处，皆不灭其痕，后之明眼人当自领之。"②"原填阙字亦以宋纸易去，命工仍录其文，想前人必非无知妄作者也。"③这种保守态度与其"死校法"一脉相承。画栏补字虽然保存了一些文献内容，但也出现了一些讹误，有其局限性。

（三）衬纸之法，复衬接脑

衬纸就是在古籍书叶的夹层中添加一张素纸白纸。这种方法多适用于单面印刷并折页装订的古籍，借衬纸增加书叶的骨力，延长古籍的保存和使用时间。对于收藏的破损古书，黄丕烈往往根据书品的大小、厚薄的不同，灵活地采用衬纸法。元刊本《宋五服图解》一卷，用衬纸副其四围，嘉庆十二年（1807 年）装成。④ 若书脑狭小逼仄，难以订线，或展阅不便，则采取接书脑的衬纸法，如钞本《陶杜诗选》："装成展读，因脑头狭小，殊不耐观，复命工易纸复衬接脑。"⑤若书籍页数较少，难以成册，则予以衬纸来加厚，方便成书。黄丕烈喜欢合装书籍来保存文献，由于线装书装订方便，易于分册，在装订过程中，随意添加或删减书叶的现象也比比皆是，删减书叶的方法固不可取，添加书叶、合装成书的情况则可以积极的态度视之，缺短之卷藉此珠还合浦、补成足本，残编断简赖此法得以存续新生，如宋刻本《崇古文诀》二十卷，即为两部宋刻残本之合，最终竟成完璧，实为难得。《图画见闻志》六卷，由前三卷元钞本与后三卷宋刊本合装而成，因为两种书籍长短不齐，为了整齐划一，装订时就在书品短小的宋刻本的天头、地脚各以衬纸加长，"上下方各以余纸护之，俾两书原纸不伤而外观整齐，于古书旧装名为损而实则益也"⑥。宋刻本《咸淳临安志》九十三卷，墨敝纸渝，不可触手，黄丕烈命工重装，细加补缀，以白纸副其四围，将原书三十册分装为四十八册，历时半年，花费数十千文。⑦ 宋刻本《梅花喜神谱》二卷，黄丕烈请人以宋纸副其四围。⑧

① （清）黄丕烈：《黄丕烈藏书题跋集·荛圃藏书题识》卷五《子类二》，上海古籍出版社 2013 年版，第 223 页。

② （清）黄丕烈：《黄丕烈藏书题跋集·荛圃藏书题识》卷十《集类四》，上海古籍出版社 2013 年版，第 648 页。

③ （清）黄丕烈：《黄丕烈藏书题跋集·荛圃藏书题识》卷四《子类一》，上海古籍出版社 2013 年版，第 202 页。

④ （清）黄丕烈：《黄丕烈藏书题跋集·荛圃藏书题识》卷一《经类》，上海古籍出版社 2013 年版，第 40 页。

⑤ （清）黄丕烈：《黄丕烈藏书题跋集·荛圃藏书题识》卷十《集类四》，上海古籍出版社 2013 年版，第 630 页。

⑥ （清）黄丕烈：《黄丕烈藏书题跋集·荛圃藏书题识》卷五《子类二》，上海古籍出版社 2013 年版，第 222 页。

⑦ （清）黄丕烈：《黄丕烈藏书题跋集·荛圃藏书题识》卷三《史类二》，上海古籍出版社 2013 年版，第 125 页。

⑧ （清）黄丕烈：《黄丕烈藏书题跋集·荛圃藏书题识续录》卷二《子类》，上海古籍出版社 2013 年版，第 770 页。

(四) 覆背护持，庶有所托

黄丕烈修复《张来仪文集》时独创了覆背护持之法："书籍甚恶硬褙，今人令小儿入塾读四子书，无有不硬褙者，取其难于磨灭，不致方册成圆也。然遇极旧之书，又必须覆背护持，方可展视，盖纸质久必腐毁，覆背庶有所藉托耳。此事却非劣工所能为，手段不高，动辄见窒，即如此书，几与硬褙之四子书无异矣，而覆背护持之法具也，良工见之，亦诧为好手段，故戏举及之。"①旧钞本《渑水燕谈录》九卷，原本用素纸覆背，黄丕烈命工重装，"辍其覆纸，仍为三册"②。这种托裱的方法适用于霉烂腐坏的书籍，因为它失去了纸张强度，必须依靠背纸来支撑。这样的纸张一旦进行托裱，过程可逆性难以实现，修复中若出现纰漏返工重整，或他日想取下褙纸，则难上加难，这种不可逆的修复方法需要良工的慧心和妙手，非劣工所能为。

(五) 改装倒折，庶免敞渝

黄丕烈修复书籍之时多坚持"整旧如旧"的原则，不损原书面貌，但是遇到书籍原装不耐展读的情形，就会考虑改变装帧形式，如旧钞本《华阳国志》十二卷，经水厄而无法展读，黄丕烈命工重加裱托，"改装倒摺向外，庶免敞渝之患"③。又有宋刻元人补钞本《湘山野录》三卷，与校本相对，黄丕烈发现脱落十八字，经反覆展玩思考，才知此十八字系元人钞时脱落，后复添写于书脑，装订时穿线而过，遂灭此一行，黄丕烈于嘉庆二年（1797 年）请人重装，"使倒折向内，览之益为醒目"④。此外，黄丕烈出于考古式、广见闻的鉴赏之需，对书籍进行一些改装，如请人将元刻本《丁鹤年集》用旋风叶装潢法改装，"披览之余，亦颇快目"⑤。

三、修复实践

黄丕烈在藏书题跋中一共记录了 160 余部书籍的修复情况，这些书籍破损的原因多为破损污坏、残阙不全，其中蠹蚀虫蛀 9 例，霉烂 3 例，水湿 3 例，遭俗手补坏而造成的破损高达 9 例，蚁蚀 1 例。黄丕烈及其他修复人员采用了衬纸法、覆背护持法、改装法等重新装潢。黄丕烈亲自修补或请人修补了 157 部书籍，主要是宋、金、元、明刻本以及各种旧钞本、校本，其中宋本 50 部、金本 2 部、元本 17 部、明本 33 部，各种旧钞本、校本

---

① （清）黄丕烈：《黄丕烈藏书题跋集·荛圃藏书题识》卷九《集类三》，上海古籍出版社 2013 年版，第 571 页。

② （清）黄丕烈：《黄丕烈藏书题跋集·荛圃藏书题识》卷六《子类三》，上海古籍出版社 2013 年版，第 321 页。

③ （清）黄丕烈：《黄丕烈藏书题跋集·荛圃藏书题识》卷三《史类二》，上海古籍出版社 2013 年版，第 98 页。

④ （清）黄丕烈：《黄丕烈藏书题跋集·荛圃藏书题识》卷六《子类三》，上海古籍出版社 2013 年版，第 323 页。

⑤ （清）黄丕烈：《黄丕烈藏书题跋集·荛圃藏书题识》卷九《集类三》，上海古籍出版社 2013 年版，第 553 页。

共计58部。举例如次：

宋刊本《诸葛忠武侯传》一册，"稍有蠹眼，纸或脱浆"，黄丕烈"命工整理之，加以绢面"①。校影宋本《舆地广记》三十八卷，钞手恶劣，乱为填改，黄丕烈将之"重付装潢"②。宋刊本《温国文正司马公文集》八十卷，特别破烂，内有蠹鱼数百条，缺页及无字处每册皆有，且为俗工所误："其缺页皆误重于他页之腹，其无字者皆浆粘于前后页之背。"③黄丕烈遂命工补缀，精加装潢："全者缺之，有者无之。"④宋刻残本《梁溪集》三十五卷，残阙不全，又遭俗子割补卷第："取卷中文字有数目者每卷填改，钤以图记，掩盖其痕。"黄丕烈花费二十金请人装池，素纸空格，"唯恐后人以残缺视之而不甚宝贵"⑤。宋本《魏鹤山集》一百二十卷，残阙不全，又遭俗手改易面目，黄丕烈命工重装："于首卷存其旧观，于补钞尽行撤去。"⑥宋椠本《鉴诫录》十卷，原为明人项元汴天籁阁重装，补纸皆白色不纯者，清人汪士铉又手自补缀其纸板伤损处，黄丕烈请人重装："悉以宋纸补之，取其色纯也。于图章及校改朱笔，仍留其白纸痕，所以传信于后。四围并前后副叶皆宋纸，面叶亦宋金粟藏经笺。装潢古雅，与书相称。"⑦影宋钞本《寒山拾得诗》一卷，系外洋板刻，首尾略有残阙，通体覆背俱用字纸，殊不耐观，黄丕烈命工重装，"以洋纸补之"⑧。宋本《古文苑残本》四卷，尘封蚁蚀，黄丕烈命工洗涤尘痕，"黏补蚁孔"⑨。宋刻本《文苑英华纂要》八十四卷，黄丕烈请人装潢，以素纸留白、影钞补足的方法将其修复一新⑩。北宋本《新序》十卷，黄丕烈倩工装池，分为五册，将书中板刻朱印温公训子语一纸裱托置诸卷端，俾垂永久⑪。残宋本《太平御览》三百六十卷，破损不堪，黄丕烈于

① （清）黄丕烈：《黄丕烈藏书题跋集·荛圃藏书题识》卷二《史类一》，上海古籍出版社2013年版，第84页。

② （清）黄丕烈：《黄丕烈藏书题跋集·荛圃藏书题识》卷三《史类二》，上海古籍出版社2013年版，第110页。

③ （清）黄丕烈：《黄丕烈藏书题跋集·荛圃藏书题识》卷八《集类二》，上海古籍出版社2013年版，第460页。

④ （清）黄丕烈：《黄丕烈藏书题跋集·荛圃藏书题识》卷八《集类二》，上海古籍出版社2013年版，第460页。

⑤ （清）黄丕烈：《黄丕烈藏书题跋集·荛圃藏书题识》卷八《集类二》，上海古籍出版社2013年版，第476页。

⑥ （清）黄丕烈：《黄丕烈藏书题跋集·荛圃藏书题识》卷八《集类二》，上海古籍出版社2013年版，第496页。

⑦ （清）黄丕烈：《黄丕烈藏书题跋集·荛圃藏书题识》卷六《子类三》，上海古籍出版社2013年版，第316页。

⑧ （清）黄丕烈：《黄丕烈藏书题跋集·荛圃藏书题识》卷七《集类一》，上海古籍出版社2013年版，第381页。

⑨ （清）黄丕烈：《黄丕烈藏书题跋集·荛圃藏书题识》卷十《集类四》，上海古籍出版社2013年版，第590页。

⑩ （清）黄丕烈：《黄丕烈藏书题跋集·荛圃藏书题识》卷十《集类四》，上海古籍出版社2013年版，第592页。

⑪ （清）黄丕烈：《黄丕烈藏书题跋集·荛圃藏书题识》卷四《子类一》，上海古籍出版社2013年版，第166页。

嘉庆十年(1805年)请人装潢:"凡破损及断烂处悉以宋纸补之。"①用了半年时间就修补完毕,花费数十金。

元刻本《孔氏祖庭广记》十二卷,由于"裱托过厚,图画皆遭俗手补坏",黄丕烈请人损装重修,纤悉皆还旧时面目。②黄丕烈修复书籍的时候尽可能地保持古书的原貌,遵循了"整旧如旧"的修复原则。残元本《陈众仲文集》七卷,虫伤水湿,不可触手,黄丕烈顷付装池。③元刻本《丁鹤年集》四卷,破损,不堪触手,黄丕烈命工"用也是翁所用旋风叶装潢法装之"④。

明刻本《灵棋经》三卷,"破烂阙失,又经俗工装潢",黄丕烈请人重为装池,前后缺叶用孙本及经义斋别本补入。⑤明钞校宋本《茅亭客话》十卷,黄丕烈请人重装,"去其补蠹蚀痕纸色之不纯者"⑥。明刻本《鹤林玉露》十六卷,被俗手剜改,纸张破损,黄丕烈请人补字、重装,道光元年(1821年)二月装成。⑦明刻本《雅颂正音》五卷,是黄丕烈花了一番钱购买的,购买之后请人修复又花了一番钱:"稍有破损,兼为字纸衬其腹,因命工重装,以旧纸补缀之,工料费又加一番钱。"⑧旧钞本《对牀夜话》八卷,遭俗手黏浆衬订,黄丕烈命工重装,嘉庆十年(1805年)装成。⑨有的书籍修复时间较长,如《温国文正司马公文集》八十卷,始装于嘉庆二年(1797年)八月,装成于嘉庆四年(1799年)十一月,耗时二载。旧刻本《放翁诗选前集》十卷后集十卷别集一卷,破损不堪,黄丕烈倩工重整,历经三年:"是书装潢,越三年始就。"⑩

总之,作为私人藏书家的重要代表,黄丕烈修复与保护书籍的轨迹可视为清代众多私人藏书家保护书籍的一个缩影。为了贮藏与保护图书,黄丕烈筑有"百宋一廛"、"陶陶室"、"学耕堂"、"士礼居"、"读未见书斋"、"求古居"、"学山海居"等书斋及藏书处。

---

① (清)黄丕烈:《黄丕烈藏书题跋集·荛圃藏书题识》卷六《子类三》,上海古籍出版社2013年版,第303页。

② (清)黄丕烈:《黄丕烈藏书题跋集·荛圃藏书题识》卷二《史类一》,上海古籍出版社2013年版,第83页。

③ (清)黄丕烈:《黄丕烈藏书题跋集·荛圃藏书题识》卷九《集类三》,上海古籍出版社2013年版,第543页。

④ (清)黄丕烈:《黄丕烈藏书题跋集·荛圃藏书题识》卷九《集类三》,上海古籍出版社2013年版,第553页。

⑤ (清)黄丕烈:《黄丕烈藏书题跋集·荛圃藏书题识》卷四《子类一》,上海古籍出版社2013年版,第217页。

⑥ (清)黄丕烈:《黄丕烈藏书题跋集·荛圃藏书题识》卷六《子类三》,上海古籍出版社2013年版,第349页。

⑦ (清)黄丕烈:《黄丕烈藏书题跋集·荛圃藏书题识再续录》卷二《子类》,上海古籍出版社2013年版,第893页。

⑧ (清)黄丕烈:《黄丕烈藏书题跋集·荛圃藏书题识》卷十《集类四》,上海古籍出版社2013年版,第626页。

⑨ (清)黄丕烈:《黄丕烈藏书题跋集·荛圃藏书题识再续录》卷三《集类》,上海古籍出版社2013年版,第927页。

⑩ (清)黄丕烈:《黄丕烈藏书题跋集·荛圃藏书题识》卷八《集类二》,上海古籍出版社2013年版,第489页。

黄丕烈的修书活动持续时间较长，历经乾隆朝、嘉庆朝与道光朝，长达 30 余年，几乎贯穿了黄丕烈的整个藏书生涯，他亲自修复或请人修复的书籍在版本之善、数量之多、工价之昂与修缮之精等方面冠绝书林。正是由于他的精心修复与保护，使得许多濒临毁灭的古籍面貌一新，可以说：古书一入黄氏之手，生命得以延长，价值得以重现。①

（作者单位：武汉大学图书馆）

---

① 姚伯岳：《黄丕烈评传》，南京大学出版社 1998 年版，第 190 页。

晚清汉口设关征税史事考[*]

□ 何 强 陈 锋

江汉关的设立，是湖北近代史上的一件大事。但对于晚清江汉关究竟设于何时，学术界至今为止仍未取得一致的看法。归纳起来，主要有以下两种说法：一是咸丰十一年（1861 年）说。如《湖北国税纪要》、《湖北税务概要》、《最近百年中国对外贸易史》、《中国海关史》、《中国现代化的区域研究（1860—1916）——湖北省》、《明清长江中游市镇经济研究》、《中国近代经济史研究——清末海关财政与通商口岸市场圈》、《荆楚建置沿革》等著作，均持此说。① 二是 1862 年 1 月 1 日说，持此种说法者颇多，从一定意义上讲，它是目前学界的"主流"说法。如《关于江汉关设立年限的考证》、《汉口开埠设关与武汉城市格局的形成》、《武汉史稿》、《中国近代海关史（晚清部分）》、《武汉海关志》、《近代武汉城市史》、《中国近代海关史》、《湖北通史（晚清卷）》、《武汉对外开放史》、《简明武汉史》、《武汉通史（晚清卷）》等论著，均持此说。② 需要特别指出的是，黄序鹓《海关通

* 本文为国家社科基金重大招标项目"清代财政转型与国家财政治理能力研究"（项目批准号：15ZDB037）、武汉大学自主科研项目"晚清湖北地区西器东传研究——以江汉关为线索"（项目批准号：2015112010202）阶段性成果，得到中央高校基本科研业务费专项资金资助。

① 佚名：《湖北国税纪要》，出版社不详，1929 年，第 1 页；[英]班思德：《最近百年中国对外贸易史》，茅家琦等主编：《中国旧海关史料》第 157 册，京华出版社 2001 年版，第 144 页；赵淑敏：《中国海关史》，"中央文物供应社"，1982 年，第 24 页；苏云峰：《中国现代化的区域研究（1860—1916）——湖北省》，"中央研究院"近代史研究所，1987 年，第 216 页；任放：《明清长江中游市镇经济研究》，武汉大学出版社 2003 年版，第 330 页；滨下武志：《中国近代经济史研究——清末海关财政与通商口岸市场圈》，江苏人民出版社 2008 年版，第 240 页；罗运环等：《荆楚建制沿革》，武汉出版社 2013 年版，第 172 页，等等。

② 甘胜禄：《关于江汉关设立年限的考证》，《海关研究》1989 年增刊，第 100 页；皮明庥、李策：《汉口开埠设关与武汉城市格局的形成》，《近代史研究》1991 年第 4 期，第 103 页；皮明庥、欧阳植梁主编：《武汉史稿》，中国文史出版社 1992 年版，第 336 页；陈诗启：《中国近代海关史（晚清部分）》，人民出版社 1993 年版，第 94 页；皮明庥主编：《近代武汉城市史》，中国社会科学出版社 1993 年版，第 39 页；陈诗启：《中国近代海关史》，人民出版社 2002 年版，第 76 页；中华人民共和国武汉海关编：《武汉海关志》，出版社不详，1995 年，第 134 页；罗福惠：《湖北通史（晚清卷）》，华中师范大学出版社 1999 年版，第 124 页；殷增涛主编：《武汉对外开放史》，武汉出版社 2005 年版，第 55 页；皮明庥等：《简明武汉史》，武汉出版社 2005 年版，第 154 页；皮明庥、邹进文：《武汉通史（晚清卷）》上册，武汉出版社 2005 年版，第 91 页，等等。

志》对上述两种说法均有记载。是书第一章"海关沿革"有云："同治元年，有江汉、厦门两关之设。"第三章"各海关分志"则称："汉口系咸丰八年英国条约允开长江三口之一，以咸丰十一年开关通商，关设于湖北省夏口县汉口河街。"①此外，对于江汉关征收关税的时间，学界也仅指出 1863 年 1 月 1 日江汉关正式开征关税，并未详考 1863 年 1 月 1 日的来历。因此，笔者认为有必要在前人的研究基础上，广泛搜集史料，从汉口是否设关引起的争议、江汉关设立的时间、江汉关洋税完全征收权的获得这三个方面入手，对晚清汉口设关征税的史实详加考察，以求证于方家。

一、汉口是否设关引起的争议

1861 年 3 月，汉口开埠通商，② 但并未立即设关征税，反而因为汉口是否设关的问题，引起湖广总督官文、清政府、英国、署理总税务司赫德四方的争论。

1861 年 3 月 25 日，江西承宣布政使司张集馨与英国参赞巴夏礼（Alcock，R.）拟定《长江各口通商暂订章程》。该章程规定：英国各船只要在上海海关（江海关）完纳关税，即准持江照到汉口为止，贸易通商，并且"自镇江以上，汉口以下，沿途任便起货、下货，不用请给准单，不用随纳税饷"③。显然，英国以章程的形式，否定了在汉口、九江设关征税的可能性。对此，赫德（Robert Hart）表示支持，他在《长江一带通商论》中说：

> 若照《暂定（订）章程》，在上海征纳税饷，旋在镇江以上，汉口以下，准商任便起货、下货。镇江以上，即作为上海内口，无庸设虚立之关。如此办理，一面于税务不至偷漏减少；一面可免待贼如官之关系。以上两般办法，若照新设三关征收税饷，则经费虚糜，而奸商易于偷漏，实于中国税饷大有碍；若照新定章程办理，实于中国有益而无损。④

由此可见，赫德的看法与英国方面基本一致，亦反对在汉口、九江、镇江设关征税，认为设关征税反会造成经费虚糜，奸商容易偷税漏税。

我们再来看清政府的态度。对于《长江各口通商暂订章程》，清政府并未明确表态，而是把问题抛给三口通商大臣和南洋通商大臣。1861 年 7 月，军机处在给薛焕、崇厚等人的廷寄中说："长江贼匪，出没无常，商贩走私，难于查拿，固宜于总处缴纳，以免偷

---

① 黄序鹓：《海关通志》，北京定庐，1921 年，第 6、96 页。
② 1858 年 6 月 26 日，中英《天津条约》签订，汉口被辟为通商口岸，但当时长江中下游是太平军和清军的主战场，中英《天津条约》不得不规定："惟现在（长）江上下游均有贼匪，除镇江一年后立口通商外，其余俟地方平靖，大英钦差大臣与大清特派之大学士尚书会议，准将自汉口溯流至海各地，选择不逾三口，准为英船出进货物通商之区"。因此，直到 1861 年 3 月，汉口才正式开埠通商。参见皮明庥主编：《近代武汉城市史》，中国社会科学出版社 1993 年版，第 34~37 页。
③ 王铁崖编：《中外旧约章汇编》第 1 册，三联书店 1957 年版，第 154~156 页。
④ 《筹办夷务始末（咸丰朝）》卷 79，中华书局 1979 年版，第 2932 页。

漏，然任便起卸货物，又恐漫无限制"，"着薛焕、崇厚妥议章程，会商核办"。①

相比之下，湖广总督官文对《长江各口通商暂订章程》明确表示反对。1861 年 10 月，他在给朝廷的奏折中一针见血地指出：

> 察英国参赞巴夏礼续增十条（引者按：指《长江各口通商暂订章程》）内第七条所载：凡进口出口货物，均归上海稽查纳税。实有心取巧，豫萌欺蔽偷漏之端。半载以来，洋商往返贸易，凡有洋货进口售卖内地、内货出口贩运外洋者……皆于汉口各行中暗中以货易货，运载上船，并不交进口货物清单，亦不报出口货物数目，以至毫无稽查。其应完子口税……一概龃龉，置之不理。且有内地奸商，船插英旗，借此影射偷漏。甚至将禁运货物如米粉、木植、钢铁、铜铅等物，装载下船，虽严饬沿口各营炮船详查，终难免私售贼匪等弊。

鉴于上述弊端，官文在同一奏折中提出：

> 应请于汉口设关，照海关章程，将内地各货出口正税及子口税，一并于汉关完纳；其进口洋货运至汉口，仅于照单点验，方许销售……（应）饬汉阳府勘择地址，创立关卡，所有督办关税事务，应请添设监督一员，恭候由京简放通晓税务，深知外国商人性情之员。一俟命下之日，即饬赶紧建造衙署关卡，以便稽查盘验。②

总理衙门收到军机处抄寄的官文奏折后，与英国方面、署理总税务司赫德再四筹商，认为《长江各口通商暂订章程》，"尚有未尽严密之处，而收税一节亦未议及，因就原议章程重加添改，定为《长江通商章程（十二款）》（引者按：即《长江各口通商暂行章程》）"③。同时，对于官文奏请汉口设关一事，奕䜣等人议复称："至汉口地方，据该督奏称必须设关，自应准其建立，查验进出各货。惟该督奏请由京简派监督一节……应即由汉黄德道管理，勿庸由京派往。其汉口建关一切事宜，即由该督督同汉黄德道妥议章程，实力办理"。御批："依议"。④ 至此，关于汉口开埠后是否设关引起的争论，终于告一段落，江汉关也随之建立。

二、江汉关建立的时间

1861 年 11 月，经总理衙门议复，清政府批准汉口设关。但晚清江汉关究竟设于何时，现存文献资料记载各异，研究者因所本不一，结论互异。仔细阅读前揭载有江汉关成立时间的论著，笔者发现它们大多未注明史料来源，但从作注的论著来看，咸丰十一年（1861 年）说的主要依据是晚清《湖北财政说明书》和民国《湖北通志》。晚清《湖北财政说

---

① 《筹办夷务始末（咸丰朝）》卷 79，中华书局 1979 年版，第 2925 页。
② 《筹办夷务始末（同治朝）》卷 2，中华书局 2008 年版，第 35~37 页。
③ 《筹办夷务始末（同治朝）》卷 2，中华书局 2008 年版，第 46 页。
④ 《筹办夷务始末（同治朝）》卷 2，中华书局 2008 年版，第 60~61 页。

明书》曰："江汉关，咸丰十一年设立，以汉黄德道为监督。"①民国《湖北通志》称："江汉关税务，设于咸丰十一年，以汉黄德道监督税务。"②更为重要的是，民国《湖北通志》注明资料来源：《档册》。1862 年 1 月 1 日说的主要依据是海关总税务司署造册处出版的《海关主管官员名录（1859—1921 年）》。据《海关主管官员名录（1859—1921 年）》记载：根据总税务司署 1861 年第 1 号训令（Despatch）的指示，狄妥玛（T. Dick）于 1862 年 1 月 1 日出任江汉关代办（Customs Agent）。③

那么，晚清江汉关的设关时间为什么会有上述两种不同的说法呢？笔者认为，有两种可能：

其一，中西历法转换误差所致。正如陈垣所说："辛亥革命前，中西历法不同，西历岁首，恒在中历岁暮，少者差十余日，多者差五十余日。今普通年表，多只为中西年之比照，而日月阙焉，据此计年，中西历恒有一岁之差异。"④笔者查询《中西回史日历》后发现，1862 年 1 月 1 日即咸丰十一年十二月二日。⑤而从上述两种说法所引用的文献来看，咸丰十一年说的主要史料来源是中文文献，用中历纪年，1862 年 1 月 1 日说的主要史料来源是英文文献，用公历纪年。因此，不排除因中西文献纪年方法的不同，导致它们对江汉关设立时间的记录出现一定程度的误差，从而影响了后世研究者的结论。

其二，对晚清"海关"的概念界定不清所致，并且笔者认为这可能是晚清江汉关设立时间出现上述两种不同说法的主要原因。关于晚清"海关"的概念，海关总税务司赫德在 1873 年第 24 号通令中如此定义："所谓中国海关，由两个部分组成，一为征税的执行部，一为建立档案的文案部。……文案部的主职仍归监督衙门（Superintendent's Yamên），执行部的主职转移到税务司署（Commissioner's Office）。尽管看似各自独立，但和从前一样，海关机构仍是一个整体。"⑥从赫德的表述中，我们可以看出，晚清海关由监督衙门和税务司署两个部分组成，两者共同构成一个密不可分的整体。换言之，晚清江汉关由江汉关监督衙门和江汉关税务司署两个部门构成。明乎此，我们再结合原始文献资料，对晚清江汉关的设立时间详加考辨。

从笔者目前所掌握的史料来看，关于江汉关设立时间的原始文献，最明确、最早的记载见之于湖广总督官文和署理江苏巡抚李鸿章的奏折。（1）咸丰十一年十月十四日（1861

---

① 晚清《湖北财政说明书》，《清光绪年二十二省财政说明书（湖南湖北卷）》第 2 册，全国图书馆文献微缩复制中心 2008 年影印本，第 328 页。参见苏云峰：《中国现代化的区域研究（1860—1916）——湖北省》，"中央研究院"近代史研究所，1987 年，第 216 页。

② 民国《湖北通志》卷 50，《经政八·权税》，湖北人民出版社 2010 年影印本，第 1366 页。参见任放：《明清长江中游市镇经济研究》，武汉大学出版社 2003 年版，第 330 页。

③ Imperial Maritime Customs（China），*Customs Service: Officers in Charge, 1859-1921*, Shanghai: Statistical Department of the Inspectorate General of Customs, 1926, p. 129. 参见陈诗启：《中国近代海关史（晚清部分）》，人民出版社 1993 年版，第 94 页；陈诗启：《中国近代海关史》，人民出版社 2002 年版，第 76 页。

④ 陈垣：《中西回史日历》上册《自序》，《陈垣全集》第 4 册，安徽大学出版社 2009 年版，第 1 页。

⑤ 陈垣：《中西回史日历》下册，《陈垣全集》第 5 册，安徽大学出版社 2009 年版，第 931 页。

⑥ Maritime Customs（China），*Documents Illustrative of the Origin, Development, and Activities of the Chinese Customs Service. Volume* I: *Inspector General's Circulars, 1861 to 1892*, Shanghai: Statistical Department of the Inspectorate General of Customs, 1937, p. 313.

年 11 月 16 日），官文在《为专派道员在汉口设关收纳出口土货税银并开关日期折》中说：
"奴才（引者按：指官文）当与抚臣相商，汉镇自应设关收税，以免长江上下、中原之利漫
无稽查，尽归无着，当即体察情形，即在于汉镇设关收税，除前派通商道候补道张开霁因
身劳多病，未能耐劳，应行撤委外，查有候补道郑兰，系浙江举人，前办沙市盐务甚为得
力，兼谙悉税务，人亦明白，派办通商事宜监督税务，堪以委任，定于本年十一月初一日
开关。"①（2）同治元年五月二十七日（1862 年 6 月 23 日），李鸿章在《代征长江洋税急难筹
解折》中说："江海关所收汉口、九江来货之进口正税，即系代征汉、九两关正税；所收
由上海运往长江各货之复进长江半税，即系代征汉、九两关进口半税。沪关并无别项复进
口税饷。当即督饬（署理）总税务司费士来，确查代征汉、九两关银数。旋据覆称：前二
项税款，该税务司于上年（按：即咸丰十一年）十一月初一日汉口开关之日起，即将所收
税银另册登记。"在此折清单中，李鸿章还提道："查是项出口正税，系在咸丰十一年十一
月汉关未设以前完纳，而该船结账出口已在十一月初一日以后，前册未经载入，现经查明
补报。"②据此，我们可以确认，咸丰十一年十一月初一日，即 1861 年 12 月 2 日汉口设关。

对于此结论，有时任湖广总督官文的其他奏折、时人夏燮的著作《中西纪事》可以佐
证。（1）同治元年正月十二日（1862 年 2 月 10 日），官文在《为更正英国原议长江暂行章
程及各口通商章程事》一折中说："汉口设关数月，即应征出口之子口税，并未交纳分厘，
出入船只亦未容管关员役稽查，江口出入之货船，更不待问而知矣。"③官文的发文日期是
1862 年 2 月 10 日，考虑到奕䜣等人议复官文奏请汉口设关一事的时间是 1861 年 11 月 14
日，笔者认为官文所说"设关数月"，最有可能是指 1861 年 12 月。（2）同治四年（1865
年），夏燮以"江上蹇叟"为名，出版了中外关系史巨著《中西纪事》。该书卷 17《长江设
关》明确指出："湖北之汉口，江西之九江，均以是年（引者按：指咸丰十一年）、逾年（引
者按：指同治元年）先后开关。爰稽考档案，序其本末而加详细焉。盖自通商议抚以来，
中外之一大变局也。"④

但从上引史料，我们无法判断 1861 年 12 月 2 日设立的是江汉关监督衙门还是税务司
署，唯有求诸其他原始文献资料。（1）中国第一历史档案馆藏《湖北汉黄德道郑兰履历单》
有云："（咸丰）十一年十一月，（郑兰）经湖广总督官文委办汉口监督江汉关税务并通商事
宜。"⑤（2）1864 年 11 月，赫德在给英国驻华公使卜鲁斯的备忘录中说："（1861 年）12 月，
汉口和九江建立监督署（office of supervision），但不是为了征税。"⑥这两条史料再结合前引

① 《为专派道员在汉口设关收纳出口土货税银并开关日期折》，咸丰十一年十月十四日，文献编
号：406014820，台北"故宫博物院"藏。

② 顾廷龙、戴逸主编：《李鸿章全集》第 1 册，安徽教育出版社 2008 年版，第 31、33 页。

③ 《为更正英国原议长江暂行章程及各口通商章程事》，同治元年正月十二日，档号：04/01/35/
0384/016，中国第一历史档案馆藏。

④ （清）夏燮著，高鸿志点校：《中西纪事》卷 17，岳麓书社 1988 年版，第 227~228 页。

⑤ 《湖北汉黄德道郑兰履历单》，同治三年，档号：04/01/13/0303/030，中国第一历史档案馆藏。

⑥ *Hart's Memorandum of November* 1864 *on the Foreign Customs Establishments in China*, B. P. P.:
China, *No. 1*, *1865*, Maritime Customs (China), *Documents Illustrative of the Origin*, *Development*, *and
Activities of the Chinese Customs Service. Volume* Ⅵ: *Despatches*, *Letters*, *Memoranda*, *etc.*, *1842 to 1901*,
Shanghai: Statistical Department of the Inspectorate General of Customs, 1938, p.181.

史料，我们可以清楚地知道：1861 年 12 月 2 日，即咸丰十一月十一月一日，江汉关监督署建立。

关于江汉关税务司署(亦称汉口新关税务司)①建立时间的原始文献材料，主要是前揭《海关主管官员名录(1859—1921)》的记载，但该书并未直接指出 1862 年 1 月 1 日是江汉关税务司署的建立时间，仅指出 1862 年 1 月 1 日，狄妥玛出任江汉关代办。可是正如戴一峰所说："判定洋关(引者按：亦称新关)是否设立的唯一标准应当是外籍税务司制度的实施。"②而狄妥玛出任江汉关代办，正是将发轫于上海的外籍税务司制度推广到汉口的标志。关于这一点，我们从赫德致狄妥玛函中可窥一斑。1861 年 12 月 27 日，赫德给即将上任的江汉关代办狄妥玛发函说："(狄妥玛的)唯一任务是给与海关监督各种帮助，如民船江照的签发、货物进仓证明等要按上海单照格式(中英文)劝说监督予以采用。"③因此，我们可以把狄妥玛出任江汉关代办的日期视为汉口新关税务司设立的标志。也就是说，1862 年 1 月 1 日，即咸丰十一年十二月二日，江汉关税务司署(汉口新关税务司)设立。

三、江汉关洋税完全征收权的获得

1861 年 11 月 14 日，奕䜣等人拟呈《长江各口通商暂行章程》和《通商各口通共章程》，规定："长江应收进出口正税及土货复进口税，现令均在上海完交，应请饬下江苏巡抚，将上海代收长江各税，每届三月一结之期，分别解往湖北、江西二省以济军饷。至洋人自入内地卖洋货、买土货，现已分别议定，或照约交一子税，免其重征；或照内地例逢关纳税，遇卡抽厘。"④汉口设关后，以上述章程为依据，仅能征收子口税，盘验货物，进出口正税仍由上海的江海关代征。1861 年 12 月 27 日，署理总税务司赫德下发《汉关盘查洋商进出各货并征收各子口税章程》、《汉关起下货物纳税章程》，对报关手续、货物查验、子口税征收办法等作出详细规定。⑤

但是官文很快发现，汉口设关并未带来预期的效果。因此，他对《长江各口通商暂行章程》和《通商各口通共章程》提出异议。其在《请更正英国原议长江暂行章程及各口通商章程事》一折中说：

> 盖其中有专为上海计而未为通商三口计者，有专为洋商获益计而不为内地税饷计者。照章办理，则长江无可立之关，无可征之税，并无可查之货。长江二千余里，一

---

① 江汉关税务司署，亦称为"汉口新关税务司"，即其关防上的称呼，其关防上的职称为中英合璧，中文职称为"汉口新关税务司"，英文职称为"Hankow Commissioner of Customs"，参见湖北省档案馆藏江汉关税务司档案 LS25，如档号：LS25/1/0174，LS25/1/0176，LS25/1/182 等件。

② 戴一峰：《晚清粤海关(洋关)设立问题考辨》，《中国社会经济史研究》2009 年第 1 期，第 82 页。

③ 《赫德致狄妥玛函》，1861 年 12 月 27 日，档号：699(2)/783，中国第二历史档案馆藏，转引自武汉海关关史编写组：《武汉海关志(初稿)》上册，出版社不详，1987 年，第 44 页。

④ 《筹办夷务始末(同治朝)》卷 2，中华书局 2008 年版，第 47 页。

⑤ 武汉海关关史编写组：《武汉海关志(初稿)》上册，出版社不详，1987 年，第 88~92 页。

任自来自去，毫无觉察。各领事官坚执第七款不容盘查，以遂各商偷漏之计，既失利源，又失政体，不特弊窦百出，亦且后患无穷。……频年两湖、安徽血战之师，久已望饷若渴，以为汉关开征之后，饷需无虞匮乏，得以尽力东征。迄今关税尚未定议，即收子口半税，而不抵厘金之一二成，求盈反绌，此皆由上海之未能洞悉长江情形，为十二款五款章程所限，故也。

鉴于此，官文向清政府提出："汉口、九江照海关例就地收税，各清各款，按季报部。"[1]

对于官文的请求，总理衙门认为，"与外国人议立章程，原无朝更暮改之理，惟前项章程，官文既以为窒碍难行，而上海代征之税又未能照章拨解，自不能不准其另议"[2]。于是，总理衙门议令署理总税务司赫德前往汉口，与官文等人妥议章程。

1862 年 6 月 17 日，赫德抵达汉口，与湖广总督官文、江汉关监督郑兰等人，将关税事宜及长江防弊之法，分别筹议，制定《长江统共章程(十三款)》、《江汉关各国商船进出起下货物完纳税钞章程(三款)》，并拟订"江汉关自本年七月初一日(引者按：即 1862 年 7 月 27 日)起，将正半各税及子口税，一并照更定新章试办征收；其六月以前长江货税，仍由沪上海关代征，分别拨解"[3]。但对于官文与赫德等人的商议结果，英国方面表示反对，总理衙门不得不等赫德回京后，"与之详加复议"，就官文等人原议略加增减，制定《长江通商统共章程(七条)》。总理衙门将该章程照会英、法两国复议，英、法两国照复称："章程七条，均可依允。"[4]

1862 年 12 月 9 日，赫德再次至楚，向官文呈出《汉口收税更定简明章程》。官文认为该章程"尚为简便可行，遂定期十一月十二日(1863 年 1 月 1 日)开关征税，以归第十结之首"[5]。1863 年 1 月 1 日，江汉关在海关监督郑兰的出席下正式开关征税。是日上午 9 时，美国"Poyang"号首航行到汉，进行了货物装卸，并缴纳了关税。[6] 至此，标志着江汉关获得洋税的完全征收权。

四、结　语

综上所述，我们可以将汉口设关征税的史事作如下勾勒：1861 年 3 月，汉口开埠；

---

① 《为更正英国原议长江暂行章程及各口通商章程事》，同治元年正月十二日，档号：04/01/35/0384/016，中国第一历史档案馆藏。

② 《筹办夷务始末(同治朝)》卷 10，中华书局 2008 年版，第 446 页。

③ 《筹办夷务始末(同治朝)》卷 7，中华书局 2008 年版，第 290 页。

④ 《筹办夷务始末(同治朝)》卷 7，中华书局 2008 年版，第 446 页。

⑤ 《筹办夷务始末(同治朝)》卷 12，中华书局 2008 年版，第 556 页。按：其实早在 1862 年 12 月 5 日，赫德就以通令的形式通知各关税务司："自 1863 年 1 月 1 日始，依照该修订章程(引者按：即《长江通商统共章程》)，在汉口、九江、镇江、上海等地征收各税"。参见 1862 年 12 月 5 日海关总税务司署通令第 2 号(第一辑)，黄胜强主编：《旧中国海关总税务司署通令选编(1861—1910 年)》第 1 卷，中国海关出版社 2003 年版，第 11 页。

⑥ 《狄妥玛致赫德报告》，1863 年 1 月 15 日，档号：699(2)/808，中国第二历史档案馆藏，转引自武汉海关关史编写组：《武汉海关志(初稿)》上册，出版社不详，1987 年，第 47 页。

1861 年 10 月 2 日，官文奏请汉口设关；1861 年 11 月 14 日，清政府批准汉口设关；1861 年 12 月 2 日，江汉关监督衙门建立，与此同时，江汉关获得了征收子口半税，查验货物的权力；1862 年 1 月 1 日，狄妥玛出任江汉关代办，标志着外籍税务司制度推广到汉口，同时亦标志着江汉关税务司署(汉口新关税务司)的建立；1863 年 1 月 1 日，江汉关正式开关征税，并获得洋税的完全征税权。此外，通过本文的考察我们可以发现，晚清汉口设关征税并非西方国家强加于中国，而是清政府、以英国为代表的西方列强、署理总税务司赫德、湖北地方政府四方相互博弈，尤其是以湖广总督官文为代表的湖北地方势力积极主动争取的结果，这也从一个侧面说明历史本身的复杂性，我们不能想当然地对某一历史事件作出结论，若想尽可能地还历史的本来面目，我们就应该有更多的观察角度，进行更深入细致的考察。

（作者单位：武汉大学历史学院）

唐代茶叶及茶文化向边疆塞外的传播

□ 宋时磊

中国是茶的故乡，茶文化的发源地。唐代茶文化发展全面成熟，开始走向对外传播的征程。唐代茶文化对外传播主要有两大方向，一是向域外传播，共有东、南、西等三条路线，主要包括朝鲜、日本、越南等国家①，二是向西北的回纥以及西南的吐蕃、南诏等少数民族所聚居的边疆和塞外地区的传播。中国茶文化在域外传播后被当地文化所吸收、创造和变异，诞生了新的茶文化样式，这扩大了汉文化在东亚的影响和辐射能力。而茶文化在边疆塞外传播则有所不同，它推进和加速了本地少数民族在经济、文化和政治等方面卷入汉文化圈的进程。

一、唐茶向边疆塞外输出的历史条件

唐代茶文化的迅速传播并不是偶然的，而是有着深厚的历史基础。下面我们从社会外部条件、必备的客观条件、茶特性的开掘三个方面来分析。

1. 社会外部条件

（1）唐朝是中央集权国家，保持了长时间统一，这为茶的传播创造了政治环境。可考的饮茶记载起自汉代②，汉之后的三国魏晋南北朝时期，国家分裂，战争频繁，关卡林立，动乱不休。这种割据争斗的局面以南北对峙为总体基调，以东部汉族政权和西部少数民族政权争斗为辅调，这不利于饮茶之风从巴蜀之地向南方传播，更不利于从南向北的传播。隋代实现统一，惜其命短。唐承隋制并发扬光大，通过出台一系列的制度和措施，唐代的统治版图空前扩大，阻碍东方与西方、南方与北方交流的无形之墙被推倒了，内地和边疆、海内与海外隔绝的状况被消弭了，唐朝成为亚洲的中心、世界的中心。唐代贞观年

---

① 刘礼堂、宋时磊：《唐代茶叶及茶文化域外传播考》，《武汉大学学报》（人文科学版）2013年第3期。此文被《中国社会文摘》2013年第11期及《新华每日电讯》等转载。

② 刘礼堂、宋时磊：《茗菜与苦菜考辨——兼谈茶事之起源》，《中国矿业大学学报》（社会科学版）2013年第1期。

间，社会稳定，政治和谐，民风淳朴，"远适数千里，不持寸刃"①。长期统一统治局面，为饮茶之风的自由传播创造了良好的政治环境。

（2）唐朝国力强盛、物质富足、人丁繁衍，商品的生产和消费极为旺盛，这为茶文化的传播提供了必要的经济条件。魏晋南北朝时期，兵乱不断，生灵涂炭，物质的生产以及人自身的生产全方位停滞，甚至倒退。孙绰云："自丧乱已来，六十余年，苍生殄灭，百不遗一。河洛丘虚，函夏萧条，井堙木刊，阡陌夷灭，生理茫茫，永无依归。播流江表，已经数世。存者长子老孙，亡者丘陇成行。"②进入唐朝后，这一切都改变了，前有贞观之治，后有开元盛世，物质生产有了极其迅猛的发展。至开元天宝之时，"上承高祖太宗之遗烈，下继四圣理平之化，贤人在朝，良将在边，家给户足，人无苦窳，四夷来同，海内晏然。虽有宏猷上略，无所措，奇谋雄武，无所奋。百余年间，生育长养，不知金鼓之声、烽燧之光，已至于老"③。在生存尚不暇之时，茶叶消费自然是一件奢侈的事情。唐代人们的生活水准得到提升后，生活品质才会成为问题，茶的饮用才会成为可能。唐代经济发展与繁荣为茶叶传播提供了必不可少的物质条件。

（3）唐朝采取了兼容并包的政策，社会开放，为茶的传播创造了文化环境。李唐王朝一改以往严防华夷的政策，唐太宗云："自古皆贵中华、贱夷狄，朕独爱之如一。"④唐玄宗朝李华云："国朝一家天下，华夷如一。"⑤这种政策为各种文化的发展创造了有利的环境，终唐一朝，弘扬固有文化之精髓，采撷外来文化之菁华，融南北东西为一炉，社会文化景象开阔恢弘。在这种文化政策的带动下，魏晋南北朝时期北人嘲笑南人饮茶习惯的现象不见于史册，相反，茶文化在北地逐渐盛行。

2. 必备的客观条件

（1）唐代重视水利工程的建设，气候温暖湿润，为茶叶的生长创造了必要的条件，人们渴望饮用新型饮料。唐代重视水利事业的兴修，在北方开沟凿渠，在江南兴建和修复水利。安史之乱后，南方农田水利建设呈现出迅速发展的态势，这些水利设施可灌溉成千上万顷土地，覆盖了太湖流域、鄱阳湖附近、浙东等地区，而这些地区恰是重要的产茶区。另外，气候的变化也是引发茶叶种植发展的重要原因。竺可桢《中国近五千年来气候变迁的初步研究》指出第二寒冷期约从公元初期持续到公元 600 年，包括我国东汉、三国到南北朝时期。⑥ 225 年，魏文帝曹丕广陵（今江苏扬州一带）观兵，"冬十月，行幸广陵故城……是岁大寒，水道冰，舟不得入江，乃引还"⑦。第三温暖期为 600 年到 1000 年，我国气候在 7 世纪变得暖和。751 年秋，长安甚至有几株柑树结实 150 枚，味道与江南蜀道柑橘一样。

① （唐）杜佑：《通典》卷 7，清武英殿刻本。
② 《晋书》卷 56 列传第 26，清乾隆武英殿刻本。
③ （唐）沈既济：《词科论并序》，见《文苑英华》卷 759，明刻本。
④ （宋）司马光：《资治通鉴》第 198 唐纪 14，《四部丛刊》景宋本。
⑤ （唐）李华：《寿州刺史厅壁记》，见《全唐文》卷 360，清嘉庆内府刻本。
⑥ 竺可桢：《中国近五千年来气候变迁的初步研究》，《考古学报》1972 年第 1 期。
⑦ 《三国志》卷 2，百衲本景宋绍熙刊本。

《茶经》："山南，以峡州上。金州、梁州又下。淮南，以光州上，义阳郡、舒州次。"①金州，相当于今陕西石泉以东、旬阳以西的汉水流域。梁州，在今陕西城固以西的汉水流域。光州，相当于今淮河以南、竹竿河以东地区。义阳郡，相当于今河南信阳、罗山等市、县和桐柏县东部。舒州，在今安徽舒城县附近。与南北朝相比，唐代的产茶区已向北拓展了。茶树有喜温、喜湿、喜酸、耐肥、耐荫的生态习性，气候转暖，随之而来的是降水充沛、光照充足，这极有利于茶树生长。气温升高，容易人困乏渴。唐以前，人们的饮料主要是酒、水、羹、汤，酒太浓烈，水淡而无味，羹过于浓稠，汤制作太复杂，这就迫切要求一种能够止渴生津的饮料出现，而茶恰恰满足了这种需求。

（2）唐代交通运输业发达，以大运河为基础形成漕运，以沿海港口为据点形成海运，驿馆制度改善了陆运交通状况，这为茶叶的北运提供了必备的运输条件。茶是一种经济作物，它的生长首先需要一定的光照、温度、土壤、气候等方面的条件，只有特定的区域才会产茶，只有特定区域才会产好茶、产名茶，《茶经》列举了8道43州出产的茶叶和一些名茶，在唐朝的疆域内还有大量的地区不产茶，产不出好茶。茶叶生产的不均衡性决定了，交通是茶叶发展的先决条件，只有解决了交通问题茶才可能广泛普及开来。隋代开凿了大运河，"自扬、益、湘南，至交广、闽中等州。公家运漕，私行商旅，舳舻相断。隋氏作之虽劳，后代实受其利焉"②。这个短命的王朝将这笔宝贵的遗产留给了唐朝。

唐代在隋朝大运河的基础上，不断开凿修整，最终形成了一个庞大的水上交通网，这个网路覆盖了唐代主要的经济发达地区。大运河将唐代的漕运事业推向了高度繁荣，"天下诸津，舟航所聚，旁通巴、汉，前指闽、越，七泽十薮，三江五湖，控引河洛，兼包淮海。弘舸巨舰，千轴万艘，交贸往还，昧旦永日"③。《剑桥中国隋唐史》也认为："唐代的繁荣在很大程度上可以归因于它继承和改善了这一运河体系。"④唐代海上交通和贸易往来发达，海外各国的使臣、僧侣及商人往来不绝于中国，同时北方常征战，陆路运输无法满足军队对粮食等军需物资的需求，在这两方面的带动下，唐代的海运业发展起来。⑤除漕运和海运外，唐朝还架构了完备的驿站制度⑥，这客观上为陆运交通的改善准备了条件。《封氏闻见记》记述了茶叶运输的盛况："茶自江淮而来，舟车相继，所在山积，色额甚多"⑦，大量商人通过陆路和水路将江淮等地的茶叶向北地输入。

（3）茶叶栽培技术取得突破，茶叶种植业发展迅猛，产量巨大，为茶叶大规模的消费提供了必要的物质条件。唐代，南方特别是长江中下游地区以粮食生产为主的农业生产格局被打破，经济作物的种植成为农民的新宠，而茶树则是其中最为重要的经济作物之一。唐初，茶叶种植主要集中在寺院，中唐以后种植面积颇大的茶园开始出现，茶叶产量也直线飙升。天宝元年（742年），浮梁这一唐茶集散中心茶叶产量为"每岁出茶七百万驮，税

---

① （唐）陆羽：《茶经》八之出，宋百川学海本。

② （唐）李吉甫：《元和郡县图志》卷28，清武英殿珍版丛书本。

③ 《旧唐书》卷94列传第44，清乾隆武英殿刻本。

④ ［英］崔瑞德编：《剑桥中国隋唐史》，中国社会科学院历史研究所、西方汉学研究课题组译，中国社会科学出版社1990年版，第88页。

⑤ 北京市社会科学研究所编：《北京史苑》第2辑，北京出版社1985年版，第101~112页。

⑥ 王仲荦：《隋唐五代史》，中华书局2007年版，第481~489页。

⑦ （唐）封演：《封氏闻见记》卷6。

十五余万贯"。茶叶的大规模生产为茶叶消费准备了必要的物质条件，饮茶之风的兴盛又刺激着茶叶的生产水平、制茶技术的进步和茶叶品质的提升。终唐一朝，其茶叶生产和饮茶之风始终处在这样一种良性互动的发展模式之中。

（4）饮茶的兴盛还与唐朝政府颁布的禁酒令有关。唐代人口增加以及战乱造成农民大批流亡、土地丧失，这使得唐中期以后的粮食特别匮乏，而造酒却需要消耗大批粮食。中唐以后，唐王朝多次颁布禁酒令，提高酒价，实施政府专卖。[1] 政府禁酒使得不少嗜酒的人转向饮茶，以茶代酒的现象频频出现，大大促进和普及了饮茶风尚。

3. 茶特性的开掘

（1）茶的功效。唐陈藏器《本草拾遗》云："茶为万病之药"，这样的说法自有夸大其词的成分，却也说明茶有着独特的功效。唐人对茶药用的功能有着深刻的认识，在众多医、药、经、史文献中都有论述，如苏敬《唐本草》、陈藏器《本草拾遗》、孟诜《食疗本草》、孙思邈《千金要方》及《千金翼方》、郭稽中《妇人方》、陆羽《茶经》、李肇《唐国史补》以及诗词歌赋和散文作品等。我国学者根据五百种左右的有关资料（绝大多数是古代文献，个别也有近人之作）中有关茶叶医疗效用的内容，总结出茶的传统功效二十四项：少睡、安神、明目、清头目、解毒、消食、醒酒、去肥腻、下气、通便、利水、治痢、祛痰、祛风解表、坚齿、治心痛、疗饥、益气力、延年益寿等。[2]

上述所列茶的功效，有些已经超出医药的范围，属于保健的范畴，如醒酒、疗饥、益气力、延年益寿等。茶有如此众多的功效，可止渴生津，满足人们对味觉的需求，还能保持头脑清醒，长期饮用对人的身体有保健作用。并且在茶叶普及后，茶的价格并不昂贵，一般人都消费得起。与茶相比，酒等其他饮料要么过于浓烈，损害人们的身体，要么过于昂贵，一般人难以消费得起，要么口味过于清淡，难以满足人们对味觉的需求。茶自身的这些优点，是茶能够被人们接受并迅速传播的最根本的原因。

（2）佛教和道教引领饮茶之风。唐代佛教和道教盛行，佛教最重要的修行之一便是坐禅。坐禅很枯燥，容易昏昏入睡，难以达到求佛的目的。茶驱睡魔的功效有助于佛家修禅，于是茶在各名山大川的寺院中广泛种植，僧人饮茶之风极为盛行。《封氏闻见记》明确指出禅教大兴对饮茶的影响："茶……南人好饮之，北人初不多饮。开元中，泰山灵岩寺有降魔师大兴禅教，学禅务于不寐，又不夕食，皆许其饮茶。人自怀挟，到处煮饮。从此转相仿效，遂成风俗。"[3]僧人饮茶成风，民间奉佛者自然效仿。道家跟佛家不同，信奉神仙，讲求方术，重视养生，茶提神、解乏、保健的功效正好满足了他们的需求。可以说，佛教和道教在唐代被推广的同时，也带动了饮茶风气特别是北方饮茶风气的传播。

（3）陆羽的大力推广。陆羽之前，尽管南方饮茶已经比较普遍，北方也开始饮茶，但是人们对茶叶发展的历史和现状并不了解，对茶叶种植和栽培技术没有系统的论述，茶的制作和饮用方法也没有固定的模式。陆羽生于茶乡，长时间与茶打交道，掌握煎茶的技

---

① 张健彬：《唐代的禁酒、税酒、榷酒与"榷酒钱"》，《聊城师范学院学报》（哲学社会科学版）1990 年第 3 期。

② 详见陈宗懋主编：《中国茶经》，上海文化出版社 1992 年版，第 94～101 页。

③ （唐）封演：《封氏闻见记》卷 6。

艺，与皎然等众多茶人颇有往来，他具备了写作一部关于茶叶的著作的经验和理论知识。他深入产茶地，考察茶叶生产，逢山采茶，遇泉品水，煎茶论道，经过潜心研究，最终在780年完成了《茶经》的写作。《茶经》"分其源，制其具，教其造，设其器，命其煮"，是我国第一部系统总结唐代及唐代以前有关茶事的综合性茶学著作，也是世界上第一部茶书，对我国乃至世界茶叶开发和茶文化的发展作出了杰出贡献。《新唐书》这样评论道："羽嗜茶，著经三篇，言茶之原、之法、之具尤备，天下益知饮矣"①，宋人陈师道在《茶经序》如此感叹："夫茶之著书，自羽始。其用于世，亦自羽始。羽诚有功于茶者也！"②陆羽对饮茶之风的盛行起到了引领作用，在他的笔下，饮茶不仅是日常生活之需，还是一件有着文化品位与审美品位的高雅之事，于是众多文人趋之若鹜。

（4）文人的推崇宣扬与政府的宣导。茶能涤烦提神、醒脑益思，又能够愉悦精神、修身养性，特别是陆羽提升了茶的文化品位后，茶代表着高洁、脱俗，与文人们的审美情趣不谋而合，正如诗僧皎然所言："俗人多泛酒，谁解助茶香。"他们进行对弈、弹琴、赏竹、观景等活动时，总要一壶香茗相伴。在茶香的陪伴下，他们创作了大量的茶文、茶诗、茶画、茶歌。他们执社会文化活动之牛耳，他们借茶抒发一己情怀的同时，又提升了茶的文化内涵，茶在人们心中的地位逐渐上升。文人的嗜茶、赞茶之风，相互之间赠茶、谢茶、敬茶，引领着社会的新风尚，在这股新风的吹拂下，茶逐渐渗透到寻常百姓之家。

文人之间的这股潮流自然会波及皇室、王公贵族，他们对茶的需求也旺盛起来，皇帝提倡饮茶，热衷于茶事，还经常向大臣们分茶、赐茶，朝廷之中的饮茶之风也很兴盛。并且，他们一般都需要好茶，这在客观上提升了茶叶的品质，唐代名茶大量涌现。唐代宗开始（762年），为满足宫廷对名茶的需要，建立了定时、定点、定量、定质的贡茶制度。宫廷对贡茶的需要及因此而设置的贡茶制，客观上刺激了茶叶的生产，推动了饮茶之风在全国的传播与推广，并对兴起竞制佳品名茶产生了深远的影响。

二、茶向边疆塞外传播的地域分布

茶向边疆塞外传播的地域主要涉及西北的回纥和西南的吐蕃、南诏等。这些地区地处高原，气候干燥寒冷，不适宜农业的发展。于是，他们因地制宜，生产劳作以畜牧业为主。随之，他们日常饮食多乳制品和肉制品，蛋白质和脂肪的含量很高，少食维生素含量高的蔬菜等食物。茶作为一种饮品，有降脂肪、促消化的功效："茶之为物，西戎吐番，古今皆仰给之，以其腥肉之食，非茶不畜，青稞之热，非茶不解。"③当茶传入边疆和塞外时，大受欢迎，很快在民众之间传播开来，甚至到了"一日无茶则滞，三日无茶则病"的程度。

1. 茶入回纥

茶流入边疆地区甚早，《洛阳伽蓝记》谓王肃"初入国，不食羊肉及酪浆等物，常饭鲫

---

① 《新唐书》卷196，清乾隆武英殿刻本。

② （清）陆廷灿：《续茶经》卷上之一。

③ （明）谈修：《滴露漫录》，（清）陈元龙：《格致镜原》卷21。

鱼羹，渴饮茗汁。京师士子道肃一饮一斗，号为'漏卮'"①。南朝大臣王肃奔仕北魏，也带去了饮茶的习惯，却遭到士子们的嘲笑，这说明北魏之人已经了解茶，但在当时当地饮茶还是很罕见的。北魏所辖地域大致位于今天的河北、河南、山西、山东等一带，随着南北朝的融合特别是隋唐的统一，原属北魏的统治辖区已经纳入汉文化圈，不再属于边疆塞外的范畴。开元年间，南方的饮茶风俗在北方已经得到广泛传播，封演《封氏闻见记》云："开元中，泰山灵岩寺有降魔师，大兴禅教，学禅务于不寐，又不夕食，皆许其饮茶，人自怀挟，到处煮饮。从此转相仿效，一遂成风俗。"②统一国家促进统一经济贸易网络的形成，南方的茶叶在北方广为贩卖："自邹、齐、沧、棣，渐至京邑，城市多开店铺煎茶卖之，不问道俗，投钱取饮。其茶自江淮而来，舟车相继，所在山积，色额甚多"。③

唐朝北方饮茶风俗的兴盛，带动了西北少数民族饮茶风俗的兴起。郭孟良《茶的祖国——中国茶叶史话》一书，根据出土文物肯定了唐代回纥已有饮茶风尚，他说："据考古发现，新疆吐鲁番地区的唐墓出土物中，有一幅绢画《对棋图》，上面画着一个手捧茶托端茶献茶的侍女，说明茶叶贸易和饮茶之风尚已深入到新疆地区。"④到了中唐时期，中地的饮茶风习已经在西北边疆得到进一步深入传播："古人亦饮茶耳，但不如今人溺之甚。穷日尽夜，殆成风俗。始自中地，流于塞外。"⑤

少数民族地区对丝、绢、茶等物品有强烈的消费需求，中原地区也想获得马匹等战略物资。在内地与边疆生产结构与消费结构的互补条件决定下，以物易物性质的开边互市在唐代发展起来。中原之茶向边疆塞外的传播是通过茶马互市，以及在此基础上形成的茶马古道来实现的。

茶马互市始自 8 世纪中后期。唐朝和边疆的互市始于 731 年，当年吐蕃请交马于赤岭，互市于甘松："岭宰相裴光庭曰：'甘松中国阻，不如许赤岭。'乃听，以赤岭为界，表以大碑，刻约其上。"⑥这是中原和边疆少数民族建立互市制度较早的文献记载，但这主要是与西南的吐蕃的互市，且双方是否以茶、马来易物尚待考证。唐德宗贞元年间（785—805 年）有明确记载表明，西北边疆的回纥已经与唐朝建立茶马互市，《封氏闻见记》："往年回纥入朝，大驱名马市茶而归，亦足怪焉。"⑦尽管《封氏闻见记》为唐小说，但《四库全书总目提要》指明了该书的史料价值："唐人小说多涉荒怪，此书独语必征实。前六卷多陈掌故，七八两卷多记古蹟及杂论，均足以资考证。"⑧据此，《封氏闻见记》的记载大体当可作信史使用。

另外，尚有两条佐证。德宗贞元三年（787 年），四千余名胡客羁留长安数十年，"举质取利安居，不欲归命"，钱物供给耗费颇多，且"国家比遭饥乱，经费不充，就使有钱

---

① （南北朝）杨衒之：《洛阳伽蓝记》卷第 3，明刻广汉魏丛书本。
② （唐）封演：《封氏闻见记》卷 6。
③ （唐）封演：《封氏闻见记》卷 6。
④ 郭孟良：《中国茶史》，山西古籍出版社 2003 年版，第 29 页。
⑤ （唐）封演：《封氏闻见记》卷 6。
⑥ 《新唐书》卷 216，清乾隆武英殿刻本。
⑦ （唐）封演：《封氏闻见记》卷 6。
⑧ （清）永瑢：《四库全书总目》卷 120 子部 30，清乾隆武英殿刻本。

亦无粟可籴"，时任当朝宰相的李泌（722—789 年）"请发左藏恶缯，染为采缬，因党项以市之"①。第二条佐证同样发生在贞元三年（787 年），吐蕃与唐交恶，吐蕃三次败盟、劫盟，屡屡杀入京西。李泌任相后，乘机提出北和回纥，南通云南，西结大食与天竺，以困吐蕃的经国方略。其时，唐朝乏马，唐德宗不得不将咸安公主妻与回纥合骨咄禄可汗，史料载"归其马价绢五万匹"②，"其马价物，且付十二万匹"③。由此可见，德宗贞元年间，唐与回纥之间的贸易往来是比较频繁的，这可以证实《封氏闻见记》所言的"大驱名马市茶而归"。

经过分析，我们认为茶马互市始自唐代。④ 但唐朝茶马之间的交易数量较少，规模不大，这是由几个因素决定的。一是在吐蕃、回纥、突厥等地饮茶习俗尚未在民众之间完全普及，茶叶市场需求量还不大。二是唐朝对边疆和塞外的民族采取"怀柔政策"，通过和亲、朝贡、册封、招降、互市、盟誓等手段处理民族关系，以政治手段为主，经济手段为辅。三是唐朝国力强大，国库充盈，不需要边境交易来促进商贸发展。四是唐朝边患严重，统治者认识到马匹的重要性，十分重视马政，曾在秦州、兰州、原州、渭州四州，河曲等地设立马场，马匹的需求量不如宋代那样迫切。《封氏闻见记》"亦足怪焉"之语，从侧面说明当时茶马交易确实不算普遍。

2. 茶入吐蕃

茶在 7 世纪便已经有入藏的记载。唐茶传入吐蕃主要得益于与中原的交流和往来，有学者推断唐贞观八年（634 年）松赞干布即派使入长安，对唐文化进行观摩，吐蕃大约此时方知有茶叶⑤。李斌城认为西藏茶风的形成主要得益于唐朝的和亲政策，即贞观十五年（641 年）文成公主嫁给松赞干布和景龙四年（710 年）金城公主嫁给赞普尺带珠丹等，两位公主入藏将茶带入高原⑥。1328 年索南坚赞撰写的《西藏王统记》（又称《王统世系明鉴》、《西藏政教史鉴》）印证了文成公主对茶在藏地传播的贡献："茶亦自文成公主入藏土也。"⑦因这条记录出现得较早，见于西藏的正史之中，很多学者都予以采信。《西藏王统记》达仓宗巴·班觉桑布于 1454 年写成的《汉藏史集》，记载了两则与茶有关的故事传说。都松莽布支（赤都松赞）原先体弱多病，一日偶然尝了小鸟衔来的一种树叶，顿觉神清气爽，于是命心腹大臣四处寻访这种树叶，后来在汉地找到，大臣带了一大捆回来，赞普将其煮饮，身体便一天天好起来，于是将其作为上等保健之品，这便是茶⑧。这则传说中，

---

① （宋）司马光：《资治通鉴》第 232 唐纪 48，《四部丛刊》景宋本。

② （宋）司马光：《资治通鉴》第 233 唐纪 49，《四部丛刊》景宋本。

③ （唐）陆贽：《与回纥可汗书》，《全唐文》卷 464，清乾隆武英殿刻本。

④ 有观点认为在宋初太平兴国八年（983 年），宋与契丹的贸易是茶马互市的开始。见王晓燕、李宝刚：《20 世纪茶马贸易研究综述》，《兰州大学学报》（社会科学版）2003 年第 6 期。

⑤ 李烈辉：《吐蕃王朝之与茶叶》，《农业考古》1991 年第 2 期。

⑥ 李斌城、韩金科：《中华茶史·唐代卷》，陕西师范大学出版社 2013 年版，第 360 页。

⑦ 转引自齐桂年：《川藏茶马古道上的四川边茶》，刘勤晋主编：《古道新风：2006 茶马古道文化国际学术研讨会论文集》，西南师范大学出版社 2006 年版，第 93 页。

⑧ 达仓宗巴·班觉桑布：《汉藏史集——贤者喜乐赡部洲明鉴》，西藏人民出版社 1986 年版，第 104~106 页。

茶被当作药物来使用，这与初唐中原茶的使用方式是相吻合的。文成公主(625—680 年)、松赞干布(617—650 年)、都松莽布支(676—704 年)都生活在 7 世纪，虽然这三个史料的真实性有待考证①，但却在一定程度上反映了当时西藏茶叶传播的情况，如茶主要在贵族王公之间传播，普通民众尚不了解烹茶之法等。

另一则故事中，再次证实茶在 7 世纪已经传入西藏。据传，吐蕃大臣吞弥·桑布扎奉松赞干布之命创制藏文，苦思不得解。一夜，梦见一老妇人，问老妇人到何处去。老妇人曰："我从萨贺尔来，到吐谷浑去。"又问："路上带有什么口粮？"答："有茶叶。"吞弥醒来时顿然醒悟，跟老妇人的梦中对话中有天竺字母里所没有的 6 个字母，遂创制藏文 30 个字母。② 吞弥生活在 7 世纪，曾是松赞干布的七贤臣之一。这则故事茶跟藏文的起源联系在一起，可见茶在西藏文化中拥有比较重要的地位。另外，从语源学的角度看，吐蕃之饮茶风习应是唐时从汉地传入。在今日的藏文中，尽管方言有所不同，但一般都发 ja 音。《方言》"蜀西南人谓茶曰蔎"，《尔雅·释木》："槚，苦荼"，《茶经》"一曰茶，二曰槚，三曰蔎，四曰茗，五曰荈"。ja 应是唐早期以唐以前西南蜀地对"茶"的一种读音。藏地的茶是从我国西南地区输入的，对藏人来说，茶是陌生的事物，他们会自然而然地引入外来语 ja 以指称茶。另据《贤者喜筵》称，松赞干布喜欢饮用中原茶叶，派人专门负责茶叶贸易，称为"汉地五茶商"。③

7 世纪末到 8 世纪，中原茶叶大量传入吐蕃。唐德宗时期(779—805 年在位)，"常鲁公使西番，烹茶帐中。赞普问曰：'此为何物？'鲁公曰：'涤烦疗渴，所谓茶也。'赞普曰：'我此亦有，遂命出之。以指曰此寿州者，此舒州者，此顾渚者，此蕲门者，此昌明者，此漤湖者。'"④赞普所示的茶叶都是唐代名茶，产自安徽、江西、湖北、湖南、浙江各地，这说明在 8 世纪末，流入西藏的内地茶叶为数不少。随着茶叶的传播，西藏的茶具制造业也发展起来。《汉藏史集》记载，都松莽布支听说汉地有叫"碗"的茶具，于是派出使臣前往汉地求碗。汉地皇帝派了名工匠到西藏，"工匠分别原料的好坏、清浊，制成兴寿等六种碗"⑤。

除了茶在皇室和上层社会的传播，《汉藏史集》还给出了茶叶传播的另一个群体，那就是内地僧侣："买茶叶的、卖茶叶的以及喝茶的人数目很多，但是对于饮茶最为精通的是汉地和尚，此后噶米王向和尚学会了烹茶，米扎贡布又向噶米王学会了烹茶，这以后便

---

① 《拉达克王系》载，茶叶传入吐蕃始于松赞干布之孙；另据《西藏王统汜》，文成公主入藏时，曾带"各种饮料"，并没有明确指明茶之存在。详见黄福开主编：《藏医药研究文集》，中国藏学出版社 2003 年版，第 194 页。

② 达仓宗巴·班觉桑布：《汉藏史集——圣者喜乐赡部洲明鉴》，西藏人民出版社 1986 年版，第 88~89 页。

③ 《智者喜筵》第七品(第 44 页)，转引自郑汕：《西藏发展史》，云南民族出版社 1992 年版，第 45 页。又见黄颢摘译《贤者喜筵》(第 177~178 页)，转引自张雪慧：《试论唐宋时期吐蕃的商业贸易》，《西藏研究》1998 年第 3 期。

④ 《唐国史补》卷下，明津逮秘书本。

⑤ 达仓宗巴·班觉桑布：《汉藏史集——圣者喜乐赡部洲明鉴》，西藏人民出版社 1986 年版，第 105~106 页。

依次传了下来。"①噶米王就是赤松德赞(742—797 年)，汉地僧侣既然向赞普传授烹茶之法，在进行佛法交流时，自然也会向喇嘛们传授。吐蕃最后一位赞普郎达玛在位(839—842 年)时，大举灭佛，寺院被毁，僧人还俗，但烹茶之法和饮茶的习惯不可能舍弃。这在客观上加速了茶向民间的迅速传播，并出现了"买茶叶的、卖茶叶的以及喝茶的人数目很多"的景观。

经过一段时间的发展后，西藏的茶文化已经比较成熟了。从《汉藏史集》的记载，我们可以看到，藏人对茶的认识已经比较深刻了。他们按照茶生长的环境、土质、施肥种类以及茶叶品种和制作工艺的不同，将茶分为 16 种，并对每一种茶从色、香、味、功能等角度详加辨识。《汉藏史集》记载这些鉴别汉地茶叶好坏的知识的篇名为《甘露之海》，这可能是藏地学者的茶学著作。《汉藏史集》还指出了多种茶的功能，如疗涎病、风病、血病、胆病、魔病、去胆热、平寒热、去痴愚、解毒等。在《宝器甘露》一文，他们还根据制作材料的不同，对茶具分等级"制造碗的材料有上、中、下三等，上等是珍宝，中等是石，下等是白色套图，还根据碗的形状和图案，分为八组十六种"②，这种区分是极为细致的。

3. 茶入南诏

茶向西南地区的传播，在唐代以前就有所记载。东晋常璩《华阳国志》："涪陵郡，巴之南鄙，从枳南入，溯舟涪水……无蚕桑，少文学，惟出茶、丹、漆、蜜、蜡。"巴地大体位于今贵州、湖北、山西、四川交界之处。该书还记载："平夷县，郡治，有珧津、安乐水，山出茶、蜜。"平夷为西汉时设立，位于今天贵州的遵义怀仁市或习水县③，在当时以四川为中心的西南地区茶叶的种植已经形成一定规模。唐代贵州唐叶的生产种植更加广泛，陆羽《茶经》所记载的贵州产茶区主要分布于思州、播州、费州、夷州，并且茶的品质较为上乘，"往往得之，其味极佳"(《八之出》)。唐代对贵州地域内的少数民族同样施行了羁縻政策，设置了五十个羁縻诸州④。与这些州相互对照，我们发现这四个产茶区都不在此之列，这客观上说明唐代贵州种茶植茶主要分布在汉族聚集区，少数民族居住地则较为少见。

唐代贵州在中原政府的正式统治管辖内，而云南的情形则有所不同，主要由南诏国统辖。当时南诏对中原文化缺乏足够认同，一直在唐王朝和吐蕃之间摇摆，并与唐政府战事纷争不断⑤。贞元十年(794 年)，唐朝派使者尚书祠部郎中兼御吏中丞袁滋以及内给事俱文珍、刘幽岩入云南，持节册封南诏国国王异牟寻为云南王，为西南之藩屏。后云南王异牟寻派遣清平官尹辅酉十七人奉表谢恩，向唐朝进纳"吐蕃赞普钟印一面并献铎鞘、浪川

---

① 达仓宗巴·班觉桑布：《汉藏史集——圣者喜乐赡部洲明鉴》，西藏人民出版社 1986 年版，第145 页。

② 达仓宗巴·班觉桑布：《汉藏史集——圣者喜乐赡部洲明鉴》，西藏人民出版社 1986 年版，第146~152 页。

③ 舒楚泉：《两晋平夷郡置废时间考辨》，《贵州师范大学学报》(社会科学版)1997 年第 4 期。

④ 朱珊珊：《唐代贵州羁縻州的设置及特点》，《贵州师范大学学报》(社会科学版)1995 年第 2 期。

⑤ 详见廖德广：《南诏国史研究》，云南民族出版社 2006 年版。谷跃娟：《南诏史概要》，云南大学出版社 2007 年版。

剑、生金、瑟瑟、牛黄、琥珀、白毡、纺丝、象牙、犀角、越睒马、统备甲马、并甲文金"①。这些方土所贵之物中并未见茶的影踪。但樊绰《蛮志》中明确记载："茶出银生城界诸山，散收无采造法，蒙舍蛮以椒、姜、桂和烹而饮之。"②蒙舍主要是指云南地区的少数民族，银生城界诸山大体位于今天的云南思茅和西双版纳地区，他们已经在开发利用茶，但并未将之进献，这客观说明茶在南诏的地位并不高。

另一方面，采、造在《茶经》中是重点强调的，标志着唐代对茶之开发利用的成熟，但《蛮志》称蒙舍并无"采造法"，这说明从饮用之法来看，其时云南边疆白族等少数民族尚处于较为原始状态。在唐中期及以前，很长的一段时间内，茶都是跟佐料一起煮饮的，《广雅》云："荆巴间采叶作饼，叶老者饼成，以米膏出之，欲煮茗饮，先灸，令赤色，捣末置瓷器中，以汤浇覆之，用葱、姜、橘子芼之，其饮醒酒，令人不眠。"③《蛮志》所记载云南饮茶之法与魏晋南北朝以及隋唐初期的饮用方法是极为类似的，这说明当时云南边疆少数民族饮茶受到汉文化的深刻影响。但中唐之后，将茶与其他调味品混合饮用的方式得到革新，皮日休《茶中杂咏》认为陆羽引领了饮茶方式向煎茶法的转变："季疵以前，称茗饮者，必浑以烹之。与夫瀹蔬而啜者，无异也。季疵之始，为经三卷。由是分其源，制其具，教其造，设其器，命其煮。"④尽管汉文化饮茶方式不断更新，但由于文化交流阻隔以及生活习惯的适用性原因，混饮法引入边疆少数民族地区后，得到了保留，没有随着中原文化继续演进。不仅是唐时的蒙舍，整个边疆地区的少数民族到现在为止一般都不泡清茶，都要在茶中加入佐料，如蒙古族人的奶茶、藏族人的酥油茶、土家人的擂茶等。这样的茶既可以止渴生津，又可以止饿充饥，这是边疆少数民族茶文化的第一个特点。另外，唐代汉文化饮茶第二个特点在边疆少数民族地区也得到留存，他们所饮之茶多为砖茶（紧压茶）。《茶经》记述"饮有粗茶、散茶、末茶、饼茶者"，饼茶便是紧压茶，如唐代的蒸青团饼茶和宋代的龙团凤。这种茶经过蒸青、磨碎、压模成型而后烘干制成，有防潮性能好、便于运输和储藏、茶味醇厚、适合减肥等特点，很受边疆少数民族的欢迎。通过边疆地区的饮茶风俗和文化，还是可以窥见唐代饮茶文化的一些特点的。

三、唐茶向边疆塞外传播的作用和影响

唐代茶叶向边疆塞外的输出和传播，不仅拓展了茶文化圈，更重要的是以茶为媒介促进了内地和边疆的经济往来，强化了边疆民族对汉文化的认同，并且为以茶羁縻边疆的民族政策提供了历史机遇。

1. 借助茶叶的流通体系，边疆逐渐纳入内地的经济贸易网络

茶首先是一种饮品，当饮茶风俗被一般民众普遍接受后，饮茶融入人们的日常习惯、成为一种生活方式。因此，茶成为日常所需的大宗消费商品。茶与其他消费品不同的第二

① （唐）樊绰：《蛮书》卷九，清武英殿聚珍版丛书本。
② （唐）樊绰：《蛮书》卷七，清武英殿聚珍版丛书本。
③ （宋）《太平御览》卷第867饮食部25，《四部丛刊三编》景宋本。
④ （唐）皮日休：《茶中杂咏并序》，（清）曹寅、彭定求编纂：《全唐诗》卷611。

个特点在于，茶的生产有很强的地域依赖性，王夫之云："唐乃遍天下以为济渴之用，而不能随地而有，唯蜀、楚、闽、粤依山之民，畦种而厚得其利。其利也，有十倍于耕桑之所获者矣。"①茶叶生产需求规模的大宗性和生产的地域性决定了茶叶需要通过庞大复杂的流通运输、批发零售等环节进入寻常百姓家，在这种意义上我们可以说，茶叶作为新兴饮品的出现促进了唐朝统一国家内茶叶经济贸易网络的形成，中国经济的南与北、西与东的联系更加紧密。随着饮茶风俗向边疆塞外的少数民族聚集区进一步的深入传播，他们对茶叶的需求迅速增加。但由于边地并不出产茶叶，这就不得不促使他们汇入唐王朝的茶叶经济贸易网络之中获得茶这一生活必需品。自此，以茶叶贸易为媒介，原本相对疏离的不同贸易圈越发紧密地联系在一起。《茶谱》载："又有火番饼，每饼重四十两，入西番、党项，重之。"②毛文锡所记载是唐朝覆亡后五代时期的情形，火番饼是重达 40 两的饼茶，吐蕃和党项等西北和西南的少数民族都对其颇为倚重③。据此，我们可以推断在当时饼茶已经大量向边疆地区贩运销售了。另外，茶叶的运输贩卖还促进了中原王朝茶具等瓷器向边疆的输出，前文提到的西藏文献典籍中有明确记载。

2. 汉地饮茶风习和文化的普及，加速边疆对中原的文化体验和认同

如果说茶叶的消费属于经济现象，那么饮茶及其生活方式则是文化现象。从内地和边疆塞外的关系看，茶叶向边疆塞外少数民族地区的输出，一方面属于商品经济的流通和贸易销售，另一方面是茶文化圈在新的区域的不断开拓与发展，也就是说，贸易的日益紧密意味着文化的不断融入。与典章制度、礼法制度、官僚制度等较为无形的文化要素相比较，茶文化可感、可观、可学，更重要的是茶具、品茶等都暗含着汉文化内在审美情趣，不断的重复的烹茶和饮茶实践活动看似是日常生活行为，实际上是不断对汉文化操演和情趣的再体验过程。从本质上看，茶叶贸易加速和茶文化不断普及的过程，实际上推进和扩大了汉文化在边疆塞外少数民族的影响，加速了两者之间的内在有机融合，进而实现了对中原地带的不断文化认同。④ 近些年，边疆历史地理学中兴起的"天下观"的研究中，已有学者指出"大一统"和"夷夏观"是天下观的一体两面⑤，但以茶为代表的文化在边疆的发展在一定程度上推进了天下观范围的扩大，少数民族地区正不断地融合到天下大一统的文化进程之中。

---

① （清）王夫之著，舒士彦点校：《读通鉴论》，中华书局 2013 年版，第 848 页。

② 引自（宋）陈景沂：《全芳备祖后集》卷 28。

③ 西番是指唐时的吐蕃，是以党项族为主体的西夏在汉文文献对吐蕃的称呼，实际上吐蕃和西夏两个民族都属羌系，族源接近、语言同系。见史金波：《西夏学和藏学的关系》，《西藏民族学院学报》（哲学社会科学版）2006 年第 1 期。

④ 晚清时期，在印度茶叶生产已经成熟之后，英国殖民者想方设法推进印度茶在西藏的销售，这遭到清政府和当地牧民的强烈反对和抵制，在西南边疆引发了一场"茶叶战争"。这表面看起来是一场经济贸易的摩擦，由于茶在藏民生活中具有极其特殊的地位，茶叶的入侵实质代表着印度文化影响力的软渗透，这是导致双方摩擦的深层次原因。可参见周重林：《茶叶战争》，华中科技大学出版社 2012 年版。

⑤ 可参见张文：《论古代中国的国家观与天下观——边境与边界形成的历史坐标》，《中国边疆史地研究》2007 年第 3 期。吕文利：《中国古代天下观的意识形态建构及其制度实践》，《中国边疆史地研究》2013 年第 3 期。何新华：《中国古代天下观》，《东南亚研究》2006 年第 1 期。

3. 为中央政府以茶羁縻边疆的民族政策提供了基础条件

唐代，在西南之赤岭与吐蕃、西北与回纥已经在一定程度上开展了以茶马互市的贸易机制。但总体而言，唐朝与边疆塞外少数民族开展茶马贸易的文献记载颇为少见，西南与西北的记载各只有一条，且与吐蕃的贸易商品是否有茶也未明确指明。这客观上说明，唐朝与边疆的茶叶贸易多由双方往来人员携带或者商人转卖贩运，大规模的茶马互市制度尚未得到各方的正式确认。但唐代双边茶马贸易的意义也正在于此，它正式开启了宋代茶马互市的先河。宋代遵循唐朝的贸易形式而将其固定化，当时为了解决战马之急需，同时以经济手段羁縻少数民族，宋代建立了常规性的茶马互市制度，设置茶场司和买马司(后更名为都大举茶马司)，确立"随市增减，价例不定"的交易原则，实施榷茶制度。据估计，北宋时官府用川茶交换藏区马匹，每年达 2 万匹以上，南宋达 1 万匹以上，两宋时期每年四川年产茶 3000 万斤中，至少 1500 万斤以上销往藏区。① 黄庭坚曾经用诗句描述当时茶马互市的繁荣景象："蜀茶总入诸蕃市，胡马常从万里来。"②茶成为中国内地向边疆少数民族输出的最重要商品之一，也成为他们日常不可或缺的消费品。从宋代以后，各朝廷与边疆少数民族交恶时，关闭互市、切断茶叶输出，以此为经济手段进行羁縻控制成为惯用手段。③ 因此，对于中央王朝而言，茶叶又超越了商品和文化的意义，具有现实的政治意义，是民族政策不可或缺的重要内容之一。

(作者单位：武汉大学质量发展战略研究院暨宏观质量管理湖北省协同创新中心)

---

① 贾大泉：《川茶输藏的历史作用》，四川省社会科学院历史研究编：《四川藏学论文集》，中国藏学出版社 1993 年版，第 4 页。亦可参考张雪慧：《试论唐宋时期吐蕃的商业贸易》，《西藏研究》1998 年第 3 期。

② (宋)黄庭坚：《豫章黄先生文集》第 13，《四部丛刊》景宋本。

③ 经济贸易方式是各王朝羁縻少数民族最重要的手段之一，与羁縻政策有关的文献可参考：林超民：《羁縻府州与唐代民族关系》，《思想战线》1985 年第 5 期；杨永俊：《我国古代民族羁縻统治政策的变迁及其原因探究》，《西北史地》1999 年第 2 期；彭建英：《中国传统羁縻政策略论》，《西北大学学报》(哲学社会科学版)2004 年第 1 期。甚至，清政府试图以茶叶贸易控制俄罗斯，四次切断了中俄边境在恰克图的茶叶贸易，可参见高平春：《晋商与中俄恰克图茶叶贸易——纪念伟大的茶叶之路》，《俄罗斯中亚东欧市场》2007 年第 12 期。

晚清民国时期《廿二史劄记》教育功能考论*

□ 王云燕　谢贵安

　　《廿二史劄记》（简称《劄记》）是赵翼的史学代表作，与王鸣盛的《十七史商榷》、钱大昕的《廿二史考异》并称"乾嘉三大史学名著"。三书虽皆以正史为研究对象，治学取向却不尽相同。钱、王两人走偏重考据的路线，重在校勘文字和订正个别史实。赵翼另辟蹊径，重在传递一种读书、治学的方法。清人的一般评判"大抵最推重钱，王次之，赵为下"①。自晚清开始，《劄记》启蒙后学的教育价值逐渐被发掘。它不仅成为诸多学人推荐的史学入门读物，还被应用到历史教学实践中，显示出独特的教育意义。然而，迄今学界关注的焦点是对《劄记》本身的探讨，有关它的教育价值鲜有人问津②，本文致力于此，不当之处，敬请指正。

一、《廿二史劄记》引导初学入门的教育功能

　　中国历史源远流长，史籍汗牛充栋，历代典籍为我们从事历史研究奠定了丰厚的史料基础。面对浩如烟海的史籍，初学者当如何入手？"书籍繁多，初学每苦不得要领，故举其要目，俾易着手，亦目录学之任务也。"③以开书单的形式对后学进行教育和指导，是传统教育的一种重要形式。有研究者认为，"导读书目是一种教育制度的产物，属于社会教育体系中的一个组成部分"④。推荐书目或称导读书目，在我国发源甚早，但"导读书目

　　* 本文为教育部人文社会科学重点研究基地重大项目"明清史学与近代学术转型研究"（项目批准号：16JJD770037）阶段性成果。

　　① 梁启超：《中国近三百年学术史》，人民出版社 2008 年版，第 318 页。

　　② 当前学术界对《廿二史劄记》的研究取得了丰硕成果，主要集中在史学评论、治史方法、经世思想等方面。参见滕新才、王倩：《赵翼〈廿二史劄记〉研究综述》，《史志学刊》2015 年第 6 期；白兴华：《赵翼史学新探》，中华书局 2005 年版。有关《廿二史劄记》教育功能的专门探讨并未出现，笔者仅见赵雄玉以史源学实习课为例对《廿二史劄记》的教育价值作了简单介绍。参见赵雄玉：《〈廿二史劄记〉对高校历史教学的启示》，《今日南国》2010 年第 8 期。

　　③ 姚名达：《中国目录学史》，吉林人民出版社 2014 年版，第 307 页。

　　④ 梁曦：《推荐书目的文化特性》，武汉大学硕士学位论文，2005 年，第 16 页。

真正在社会上产生重大影响，则是自晚清这一转型时代开始"①。据考证，光绪元年（1875 年）问世的《书目答问》，是中国历史上影响最大的推荐书目。② 也正是在这部书目中，《廿二史劄记》第一次被正式纳入史学入门读物的行列。

《书目答问》中前后两次提到《廿二史劄记》。先是"史部总目"下将它与《廿二史考异》、《十七史商榷》一同归为"正史考证"之属，作为"读正史之资粮"③。随后，又把《劄记》单独挑出，列入别录下的"考订初学各书"一类。前后对比可知，张之洞认为《劄记》比钱、王两书更适于初学，有意突出它在史学入门阶段的使用价值。这一主张在他后来撰写的《劝学篇》中再次印证："考史之书约之以读赵翼《廿二史劄记》，王氏《商榷》可节取；钱氏《考异》精于考古，略于致用，可缓。"④乾嘉学人崇尚考据，多以考证为衡量史书优劣的标准，赵翼因不擅考证⑤，史学地位远不及钱、王。晚清以降，经世之风代替考据之风，张之洞打破以考证为标准的评价模式，从实用的角度重新评定三书，发掘了赵书有益于初学的实用价值。张氏首开在推荐书目中表彰《劄记》的先例，继起者纷至沓来。

民国时期，推荐书目层出不穷，不少书目中都有《劄记》的身影，荦荦大者，有以下诸端。梁启超《国学入门书要目及其读法》于"乾嘉三大史学名著"仅收录《劄记》一部，按语中称："学者读正史之前，吾劝其一浏览此书，记称'属辞比事春秋之教'，此书深得'比事'之诀，每一个题目之下，其资料皆从几十篇传中，零零碎碎觅出，如采花成蜜。学者能用其法以读史，便可养成著述能力。"⑥在张之洞的基础上，梁氏进一步加深了对《劄记》的理解。不仅强调它对初学的指导作用，还指明赵翼的治史方法是最值得借鉴的地方，如此一来，更有利于读者把握阅读重点。汪辟疆以梁氏书目为参考，芟其繁芜，补其漏略，自撰《读书举要》。"史学之部"仅录要籍 15 种⑦，《劄记》名列其中，足见推重之意。提要中称《劄记》"用客观方法，采取史书同类事实，比较互参，得一统系，颇合于春秋属辞比事之教。较之王鸣盛《十七史商榷》，钱大昕《二十二史考异》更博大矣"⑧。无独有偶，钱基博亦认为："赵翼《廿二史劄记》每一史融贯全书，而类族辨物，出以互勘，极《春秋》属辞比事之能事，史例史意，互发交明，远胜钱大昕《廿二史考异》、王鸣盛《十七史商榷》之琐碎考证。"⑨《研究中国历史的重要书籍简目》一文也指出："清儒校理全史，

① 张国功：《从共识到冲突：导读性书目的历史及其文化意义》，《博览群书》2003 年第 8 期。

② 李正辉：《推荐书目源流考》，《图书馆》2011 年第 4 期。

③ 张之洞撰，范希曾编：《书目答问补正》，江苏古籍出版社 2000 年版，第 89 页。

④ 张之洞著，李忠兴评注：《劝学篇》，中州古籍出版社 1998 年版，第 95 页。

⑤ 赵翼不擅考证的事实已成为学界公论。早年，他的好友谢启昆曾专门给他写信就其考证不精的问题逐条展开批驳，此信件被杜维运收入《赵翼传》的附录中。昭梿、魏源、何秋涛等都曾就他的考证作出批评。学人陈垣、王树民、杜维运曾专门订正《廿二史劄记》的疏失。

⑥ 梁启超：《国学入门书要目及其读法》，梁启超：《读书指南》，安徽人民出版社 2013 年版，第 21 页。

⑦《读书举要》史学之部下，收入：《尚书》、《资治通鉴》、《文献通考》、《史记》、《汉书》、《后汉书》、《三国志》、《马氏绎史》、《读史方舆纪要》、《国朝先正事略》、《圣武记》、《湘军志》、《中国近世外交史》、《中日交涉史》、《廿二史劄记》，共 15 种。

⑧ 汪辟疆：《读书举要》，黄章明、王志成主编：《国学方法论丛·书目篇》，台湾学人文教出版社 1979 年版，第 140 页。

⑨ 钱基博：《古籍举要》，岳麓书社 2010 年版，第 93 页。

以此三家用力最勤，赵书综合排比之功甚大，甚有裨于初学。"①以上书目反馈出如下信息：第一，在学术影响力上，赵书逐渐超越钱、王两书，大有后来居上之势。第二，赵翼独特的治史方法得到学人的高度肯定。第三，《劄记》引导初学者入门的教育功能被凸显，成为众人推介的史学入门读物。20 世纪二三十年代，中华书局从四部著录之书中挑选"应读之书"、"最要之书"陆续编辑排印《四部备要》丛书，三书之中唯独收录了赵翼的《劄记》。《四部备要书目提要》中解释道："在清代史学书中，其实用盖在钱大昕《廿二史考异》、王鸣盛《十七史商榷》上也。"②

推荐书目多为学界名流针对一定的读者对象，从众多书籍中遴选出的代表性文献。《劄记》作为众多学人一致推荐的初学书目，在晚清民国的历史教育中发挥了重要作用。

二、《廿二史劄记》指导历史教学的教育功能

《廿二史劄记》不仅成为众多学人推荐的初学书目，还被应用到具体的教学实践中，充分发挥了启牖后学的作用。

（一）《廿二史劄记》在晚清历史教学中的应用

早在民国以前，《廿二史劄记》就成为某些官办学校指定的教学参考书。据史料记载，四川锦江书院"为配合教学，校勘刻印了大批较有价值的经籍，如《蜀学编》、《四史》、《相台五经》、《许氏说文》、《文选》、《八代诗选》、《廿二史劄记》等数十种"③。在清代的书院教学中，历史教育受到前所未有的重视④，研读历史典籍是书院教学的重要内容，为配合日常教学，有些书院自己刊刻教学用书。结合以上材料可知，《劄记》已被锦江书院定为辅助日常教学的参考书之一。清末，《劄记》因本于致用的特点受到官方重视。1911 年学部进呈《奏修订存古学堂章程折(并单)》中明确规定存古学堂史学中等科后两年的教授法为："点阅考核全史之书有关致用者(如《廿二史劄记》、《十七史商榷》、《日知录》第八卷以下、《十驾斋养新录》考史各条、《陔餘丛考》考史各条、《史通》之类，略举数部，余可类推。《二十二史考异》极博极精，但详考据而略致用，卷帙又繁，止可参考，不必点阅)。"⑤学部将《劄记》指定为点阅考核全史之书的首选，标志着它正式成为官方首肯的教学用书，教育价值受到官方认可。

（二）《廿二史劄记》在民国历史教学中的应用

民国时期，《廿二史劄记》受到众多学人的推崇，史学大家陈垣曾言："百年史学推瓯

---

① 张氏：《研究中国历史的重要书籍简目》，黄章明、王志成主编：《国学方法论丛·书目篇》，台湾学人文教出版社 1979 年版，第 321 页。

② 中华书局编：《四部备要书目提要》，台湾中华书局 1980 年影印本，第 90 页。

③ 四川省地方志编纂委员会主编：《四川省志·出版志》上册，四川人民出版社 2001 年版，第 22 页。

④ 李良玉：《清代书院与历史教育》，《清史研究》2006 年第 1 期。

⑤ 潘懋元、刘海峰主编：《中国禁地啊教育史资料汇编·高等教育》，上海教育出版社 1993 年版，第 240 页。

北(赵翼),万首诗篇爱剑南。"①《劄记》不仅为陈垣个人启蒙,还被他当作教材用到课堂上。20 世纪 30 年代初期,陈垣结合自身治史经验给北京师范大学、辅仁大学、北京大学的学生开设了"史源学实习"这门课程。开设此课的目的在于:"择近代史学名著一二种,一一追寻其史源,考正其讹误,以练习读史之能力,警惕著论之轻心。"②通过探寻史源考证前人史学著作的正谬,以实例告诉学生在掌握、运用史料过程中应使用的方法和需注意的问题。"史源学实习"这门课程由陈垣首创,并无现成的教材,经过一番斟酌,他先后选用《劄记》、《日知录》、《鲒埼亭集》三部教材。陈垣曾说:"选书有四难:一、分量不大不小。二、时代不远不近。三、范围不广不狭。四、品格不精不粗。"③《劄记》被列为首选,一方面与陈垣个人的治学经历有关,另一方面也是《劄记》易于初学的特质使然。论考证功力,赵翼较之顾炎武和全祖望略逊一筹,陈垣曾作过比较:"错误以《劄记》为最多,《鲒埼》次之,《日知》较少。"④比较而言,发现《劄记》中的讹误相对简单些,更容易激发初学者的兴趣和自信心。从史料来源上看,《劄记》取材多本自正史且多注明出处,可按图索骥,比其他两部更容易找出史源。从教学效果上课,《劄记》提供的错误案例最多,学生从中学到的方法、总结的经验和教训也是最多的。陈垣曾专门"以史源学读《廿二史劄记》所得之教训"为试题,来测试学生学习的效果。

陈垣在北京大学开设的"中国史学名著评论"这门选修课中也曾讲到《劄记》。王树民曾去旁听,据他回忆,陈垣授课"着重在每部的内容,分析其得失优缺之点。如《廿二史劄记》,便从史法与史事分别论述"⑤。陈垣讲授《劄记》的方法给王树民留下很深的印象,中华人民共和国成立之前他在西北师范学院和兰州大学历史系授课时,也曾按照陈垣的方法讲解《劄记》。⑥ 此外,张荫麟讲授历史研究法一课时,也曾以赵翼的《劄记》和《陔馀丛考》两书为参考,讲解具体如何处置史料。归纳出比论、对照、校正、补缀、实证、显示这几种方法。⑦ 民国时期,《劄记》在历史教学中的用途较晚清更为广泛。它不仅是教学参考书,更是大学课堂上使用的教材,这种质的转变标志着它的教育影响力进一步提升。

(三)《廿二史劄记》对新编历史教科书的影响

清末实行教育改革,清政府颁行新学制,开始实行新式教育。为满足新式学堂教学的需要,历史教科书的编写成为必然。夏曾佑的《最新中学中国历史教科书》开史学新风气,在历史观点、史书编纂形式上都有所创新,在当时影响很大。值得注意的是,夏书的某些篇目和观点与《劄记》的内容甚为相关。如夏书中"汉外戚之祸"、"后汉之诸帝"、"八王之乱"等章节恰好与《劄记》"两汉外戚之祸"、"东汉诸帝多不永年"、"八王之乱"诸条对

① 牟润孙:《励耘书屋问学回忆》,陈智超编:《励耘书屋问学记:史学家陈垣的治学》增订本,三联书店 2006 年版,第 76 页。

② 陈智超编注:《陈垣史源学杂文》增订版,三联书店 2007 年版,第 2 页。

③ 陈垣:《陈垣全集》第 22 册,安徽大学出版社 2009 年版,第 454 页。

④ 陈智超编注:《陈垣史源学杂文》增订版,三联书店 2007 年版,第 6~7 页。

⑤ 王树民:《曙庵文史杂著》,中华书局 1997 年版,第 231 页。

⑥ 参见王树民:《曙庵文史杂著》,中华书局 1997 年版,第 232 页。

⑦ 管佩韦:《张荫麟教授的历史教学》,陈润成、李欣荣编:《天才的史学家:追忆张荫麟》,清华大学出版社 2009 年版,第 220~221 页。

应。两人对研究对象的选择和命名多有相似之处。不惟如此，两人对某一历史问题的阐释也有类似。夏曾佑在论述西汉初年政局时称：

> 自汉以前，无起匹夫而为天子者。凡一姓受命，其先必为诸侯，积德累功，数百余年，而后有天下……匹夫受命之事，乃猝见于秦之季世也。自此以后，为天子者不必古之贵族，百姓与民之界，至此尽泯……至秦之后，天下无诸侯，天子之暴，必由兆民起而自救之……此中国古今变革之大界也。①

《劄记》"汉初布衣将相之局"一条中的记叙为：

> 盖秦、汉间为天地一大变局。自古封建诸侯，各君其国，卿大夫亦世其官，成例相沿，视为固然……而数千年世侯世禄之局，一时亦难遽变，于是先从在下者起……汉祖以匹夫起事……其臣亦自多亡命无赖之徒……天之变局，至是始定②

以上摘录两文论述角度如出一辙，言语表达多有相似，因袭之处清晰可见。夏书之说显然是由赵书删减、补订而来。尽管夏曾佑最后列举的征引书目中未提及《劄记》，但这并不能否认他借鉴赵书的事实。

新式学校的普通教育中普遍开设"中国历史"一门课，为配合新式教学，担任此类课程的教员多亲自编写通史讲义，这些讲义又往往成为中国通史著作的底本。有学人将中国通史写作的最初阶段概括为"教科书编写阶段"。③ 王树民指出："以中国通史形式编写之书，多为大学的讲义讲稿，或直接摘引旧书之文，或据《廿二史劄记》等书转引旧史之文，非出于自身熔铸成书。"④据笔者考证，除夏曾佑外，邓之诚、周谷城、吕思勉等撰写通史讲义时也都参考了《劄记》。赵翼将分散在正史各处的相关史料挑选出来，归纳成一个个专题，为新式中国历史教科书的编纂提供了史料来源和论述基础。

历史教育在中国起源甚早，但"历史作为学校的一门近代意义的学科，严格而言，是从中国近代实行新的教育制度开始的"⑤。在清末民国的历史教学活动中，《劄记》既充当过参考书又单独被作为历史教材使用，还为新式历史教科书的写作提供了素材。它的教育影响力和学术声望不断扩大，日益超越《廿二史考异》和《十七史商榷》，后来居上。

三、《廿二史劄记》对近代学人的教育引导作用

读书、治学都讲究门径，对于治史而言，初学者尤其要掌握一些实用的史学方法知识

---

① 夏曾佑：《中国古代史》，河北教育出版社 2000 年版，第 255～256 页。

② 赵翼著，王树民校证：《廿二史劄记校证》上册，中华书局 1984 年版，第 36～37 页。

③ 陈立柱：《百年来中国通史写作的阶段性发展及其特点概说》，《史学理论研究》2003 年第 3 期。

④ 王树民：《中国史学史纲要》，中华书局 1997 年版，第 194 页。

⑤ 陈辉、王川：《基于史学视野下的我国近代学校历史教育史研究试探》，《历史教学问题》2004 年第 1 期。

才能步入历史研究的大门。民国时期，《劄记》成为史学入门书籍并被应用到历史教学中，很大程度上是因为它为后人展示了一种读书、做学问的方法，有很强的实用价值。近代学人在回忆个人学习经历或为后人传授治学经验时，频频提及《劄记》，受其启牗者不知凡几。近代史学大家陈垣和吕思勉就是在它的指引下步入史学研究殿堂的。

陈垣无家学、师承，完全靠自学成才。他最初从目录学入手①，以《书目答问》为指南，按目索书，有选择地阅读。前文提到《书目答问》中曾重点向初学者推荐《劄记》。在《书目答问》的指示下，陈垣阅读了《劄记》，由此萌发了对史学的兴趣。陈垣弟子牛润珍指出："最初影响陈垣并引导他走上史学研究道路者，是清代学者赵翼撰写的《廿二史劄记》。"②阅读《劄记》的过程中，陈垣发现"赵瓯北札记廿二史，每史先考史法，次论史事"③的撰述规律，他将原书拆分，"史法之属隶于前，史事之属隶于后，各自分卷"④。如此一来，可先对史书的撰述得失有一大致了解，再考察具体历史事件和人物时方能有的放矢。陈垣领略到《劄记》体例的严谨与便用，并将这一体例运用到自己的史学实践中。他晚年所著《通鉴胡注表微》"前十篇言史法，后十篇言史事"⑤，正是仿照了《劄记》的体例。确如许冠三所言，"就史学义例说，引导他（陈垣）入门并影响他最久的，其实是赵翼"⑥。

陈垣推崇《劄记》，但并不迷信它。他发现其中的很多舛误，并试图写一部《廿二史劄记考证》，将其所引史实，一一考其出处，正其错误，但由于种种原因并没有完成撰写计划，却留下了大量批注。前文提到，陈垣还把《劄记》作为教材应用到历史教学中，以便自己的学生也从中受益。

与陈垣自学成才的学术背景不同，吕思勉出身读书仕宦之家，家学渊源深厚。他自述治学经历时称："予年九岁时……先父又授以《日知录》、《廿二史劄记》及《经世文编》，使之随意泛滥。虽仅泛滥而已，亦觉甚有兴味。"⑦《劄记》是他最早涉猎的史书之一，不仅触发了他对历史的兴趣，还授之以治学的方法。写札记是赵翼惯用的治学方法，其史学著述都是在读史札记的基础上整理而成。吕思勉效仿赵翼治史的方法，从撰写读史札记入手，"每读一本历史书，都要仔细地排比史料，分门别类，写成许多札记"⑧。这种写札记的习惯一直持续了五十多年，直至他去世。吕思勉从中受益匪浅，他的许多著作都是在读史札记的基础上写成的。严耕望曾指出，吕氏的四部断代史⑨"直以札记体裁出之，每节就如一篇札记"⑩。笔者曾将吕著四部断代史与《劄记》内容进行比较，发现时有引用、

①　陈垣：《谈谈我的一些读书经验》，陈智超编：《励耘书屋问学记：史学家陈垣的治学》增订本，三联书店 2006 年版，第 2 页。

②　牛润珍：《陈垣学术思想评传》，北京图书馆出版社 1999 年版，第 242 页。

③　陈智超、曾庆瑛主编：《陈垣学术文化随笔》，中国青年出版社 2000 年版，第 3 页。

④　陈智超、曾庆瑛主编：《陈垣学术文化随笔》，中国青年出版社 2000 年版，第 3 页。

⑤　陈垣：《通鉴胡注表微》，商务印书馆 2011 年版，第 3 页。

⑥　许冠三：《新史学九十年》，岳麓书社 2003 年版，第 120 页。

⑦　吕思勉：《吕思勉自述》，安徽文艺出版社 2013 年版，第 4 页。

⑧　俞振基：《蒿庐问学记：吕思勉生平与学术》，三联书店 1996 年版，第 2 页。

⑨　吕思勉的四部断代史包括：《先秦史》、《秦汉史》、《两晋南北朝史》、《隋唐五代史》。

⑩　严耕望：《治史三书》，上海人民出版社 2011 年版，第 180 页。

借鉴《劄记》的情况。不惟如此，吕思勉个人的读史札记也受到《廿二史劄记》影响。譬如，《吕思勉读史札记》中《汉武用将》、《图谶》、《清谈》、《九品中正》、《太上皇》等条均可在《劄记》中找到题目相对应的条目①。

前人历史著述中，吕思勉认为最好的有两部："一是顾亭林的《日知录》卷八至十三，一是赵瓯北的《廿二史劄记》。前者贯串群书，并及于身所经验的事实。后者专就正史之中提要钩玄组织之，以发明湮晦的事实真相，都为现在治史学的好模范。"②吕思勉以《劄记》为治史楷模，受之影响，他重视正史的史料价值，坚持以读正史为"日课"，曾把二十四史从头到尾系统读过三遍。蔡尚思称其为"民国时代对《二十四史》读得最熟者"③。《劄记》引领吕思勉走上史学研究的道路，并教会了他受用一生的治学方法。

综上所述，《廿二史劄记》在晚清民国的历史教育中发挥了十分重要的育人功能，它被作为导读书目为初学者传递历史知识和治学方法，还被作为教材直接参与历史教学实践。在它的引领下，陈垣和吕思勉走上了史学研究的道路，创造了辉煌的史学事业。当我们称道陈垣、吕思勉的学术成就时，决不能忽视《劄记》的教育引导作用。

四、余　论

《廿二史劄记》是第一部全面、系统探讨历代正史的专著，主要记载赵翼个人读正史的心得和体会。它并非历史教育专著，却在晚清、民国时期的历史教育中发挥了重要作用。顾明远主编的《教育大辞典》将它列入"教育参考文献"一类，的确有据可循。时至今日，这部经典著作对我们从事历史研究和教学仍有重要的借鉴意义。

当下的历史教学重视知识传授，忽视能力培养，从中学到大学，大多是通过历史教科书和教师课堂讲授来完成教学任务的。这种教学模式下，学习内容多为基本史实，学生大多不能真正掌握历史研究的方法。阅读赵翼的《廿二史劄记》，可以学习具体的治史方法，弥补当前历史教学的不足。学人何俊在回顾自己的治学经历时提到，他对史法和史实的最初认识是源自徐规先生要他读的两本书。一本是中国古代史教科书，一本是赵翼的《劄记》。教科书使他知道了中国古代史的基本知识，《劄记》教会了他治学的方法。④赵翼擅用比较、归纳之法治史。他自称"此编多就正史纪、传、表、志中参互勘校，其有抵牾处，自见辄摘出"⑤。所谓"参互勘校"，其实就是比较的方法。他多就同类历史事件和人物进行比较，指出异同，分析论证后提出自己的观点。赵翼还采用归纳的方法综合史事，总结出反映时代特点和社会面貌的历史现象，如《汉初妃后多出微贱》、《东汉功臣多近儒》、《南朝多以寒人掌机要》等都是归纳法的典型。赵翼所用史料基本来源于正史，却用众人所知的史料发现了别人未曾发现的问题，蔡尚思称："古人读尽全部正史而又能作归

①　《廿二史劄记》中与之相关条目为：《汉武用将》、《光武信谶纬》、《六朝清谈之习》、《九品中正》、《太上皇帝》。

②　吕思勉：《吕思勉论学丛稿》，上海古籍出版社 2006 年版，第 531 页。

③　蔡尚思：《中国近现代学术思想史论》，广东人民出版社 1986 年版，第 509 页。

④　何俊：《中国近世思想史方法论》，《暨南史学》，广西师范大学出版社 2012 年版。

⑤　赵翼著，王树民校证：《廿二史劄记校证》，中华书局 1984 年版，第 1 页。

纳比较的深入研究者，以此书为第一。"①赵翼为我们提供了很好的治学范例，许多大学开设的历史文选课程中都把《劄记》作为重点选读对象。

除治学方法外，赵翼的专题研究意识对当前的历史研究也有指导作用。《廿二史劄记》按史之先后分卷，对每一史书的探讨都可视为一个独立的专题研究，每部之下都包含若干条札记。每一条札记又可看作一个小的专题研究。赵翼有意选取具有代表性的人物或事件做专题归纳。如外戚、宦官、皇子、人才录用、皇位继承、避讳等与古代政权密切关联的问题都是他关注的重点。赵翼分专题作研究的意识与现代学术论文写作的思路如出一辙。周振鹤指出，"以今天的眼光看来，《劄记》里的每一条实则一篇小论文，有些条目与今天的论文题目简直一模一样，如《明初吏治》条，若再加上研究二字，不是可以投向任何史学杂志吗"②。《劄记》中许多条目选题新颖、见解独到，对我们撰写历史学术论文有重要的参考价值。

（作者单位：武汉大学历史学院）

---

① 蔡尚思：《中国文化史要论》，湖南人民出版社 1979 年版，第 21 页。
② 周振鹤：《点石成金、披沙沥金与脸上贴金》，《读书》1995 年第 3 期。

蔚为大观：明清时期鄂东医学重地形成及其奠定[*]

□ 严忠良

    湖北医学源远流长，是我国古代医学的源头之一，最早可追溯到新石器时代，随着江汉地区的开发而得到长足发展，一时名医荟萃，庞安时、万全、李时珍等是他们杰出的代表。其中荆襄医学和鄂东医学是最为耀眼的地域医学，分别引领了汉晋和明清等湖北医学发展高峰。[①] 汉晋时期，荆襄地区名医辈出，著述成果丰富，长期占据了优势地位。宋代以来，鄂东医学逐步发展，明清时期蔚然勃发，名医数量和著述数量超过湖北其他地区，成为湖北医学重地。目前学术界对湖北医学史的研究还存在诸多不足，对明清鄂东医学研究成果甚少。明清时期，鄂东成为湖北医学重地，是地缘政治变迁、经济发展及社会变动等多重原因导致的。但限于篇幅，本文主要从鄂东医药资源、人文的勃兴以及江西移民迁徙等方面分析和论述明清鄂东医学成为湖北医学重地的原因。

一、明清以前鄂东医学发展概况

    由于缺乏资料记载，北宋以前鄂东医学发展概况不明。北宋时期，鄂东医学有较快发展，出现了庞安时、谢与权等一批名医，在伤寒学方面取得较大成就。庞安时，字安常，蕲水人，出身医学世家，曾祖父名愭，祖父名震，父名庆，号高医。庞安时少时聪颖，读书过目辄记，精通医学，因医术高超，深受欢迎，"四方之请者，日满其门……安时以饶于田产，不汲汲于利，故其声益高"[②]。名士苏轼谪官黄州，与庞安时往来密切，常向其探讨医学，"久不为问，思企日深，过辱存记，远枉书教，具闻起居佳胜，感慰兼集。惠示《伤寒论》，真得古圣贤救人之意，岂独为传世不朽之资，盖已义贯幽明矣。谨当作题首一篇寄去"[③]。庞安时教授弟子达六十余人，其中较为知名有张扩、李伯全、王实等。

---

    * 本文为中央高校基本科研业务费专项资金项目"明清长江中游名医研究"（项目批准号：2014112010207）阶段性成果。

    ① 湖北省地方志编纂委员会：《湖北省志·卫生志》，湖北人民出版社 2000 年版，第 2 页。

    ② 光绪《黄州府志》卷 40 下《墟闻》。

    ③ 光绪《蕲水县志》卷 18《艺文志》。

张扩，字子允，安徽歙县人，师从庞安时，后传其弟张挥，挥传其子彦仁，彦仁传其子张杲，为新安医学代表人物，推动了新安医学发展。后世医学家也重视庞安时在伤寒学方面的贡献。清代医学家喻昌对庞安时痘疹方颇为推崇，"夫小儿难任非常之热，亦难任非常之寒……若气血两虚发热，误服凉药，下之太早，以致斑烂，宜庞氏石膏汤"，还详载庞安时石膏汤药方"朴硝五分 香鼓一合 葱白一枝 大青升麻各一钱 石膏五分 生姜五钱"①。谢与权，北宋蕲州人。杨惟忠病，面色如火，群医无策，杨惟忠婿陈槱引荐谢与权治疗。谢与权细心观察脉象，认定是暑症，应以大黄、黄柏等药物治疗。而杨夫人认为是嬖幸过甚而病，不纳谢氏之说。谢与权退而与陈槱言，"如不依我方治疗，明日午时必死"。翌日，杨惟忠应期而死。② 可见，谢与权在医学方面具备较高造诣。

元代，鄂东医学虽不及宋代繁荣，但延续了宋代以来的医学传统，处于稳步发展阶段。叶如庵，黄冈人，以儒兼医，"诊视有方，撰《伤寒大易览》，为时所宗"③。樊子晋，麻城人，"读书明理，审病察脉，预人十年生死，医家宗之"④。经宋元两代医家努力，鄂东形成较为深厚的医学沉淀和良好的学术传统，为明清医学发展打下坚实基础。

二、明清时期鄂东医学重地的奠定

明清时期，鄂东医学迎来了一个"飙发"阶段，名医荟萃，著述甚多，本草学、脉学、妇幼科等成就影响较大。其中万全、李时珍、杨际泰等这一阶段的代表，与宋代庞安时合称"鄂东四大名医"。万全（1488—1578 年）早年从学罗田大儒张玉泉、胡柳溪等，后继父业，潜心医学，治辄神效。万氏一生著述丰富，《四库全书》收录其书 10 种，计 108 卷。正是由于医术高超，万全被封为医圣，"全以医学术精，活人甚众，著有医书行世，藏入四库。国朝加封医圣"⑤。李时珍，号濒湖，著有《本草纲目》、《奇经八脉考》、《濒湖脉学》等，被誉为"医中之圣"。杨际泰（1780—1854 年），字阶平，湖北广济人，著有《医学述要》。清朝中叶，鸦片流入农村，吸食者甚多。杨际泰深感不安，撰《告乡民书》，四处张贴，疾呼戒烟，复作一幅《丑态图》，描述吸食鸦片的丑态，劝诫鸦片。杨际泰研究鸦片烟药用与毒性原理，试制出"黄鳝配药浸酒"，临床效果较好，华中、华南、华北等地病人纷纷前来就诊。杨际泰应林则徐邀请参与戒毒事业，治愈十万多人，开创了中国戒烟治毒的先河，成为禁烟运动的后方英雄。明清时期，医技在鄂东诸艺中占据了独特的地位，尤其在蕲州，"蕲人通艺者自方脉以外，他技无闻"⑥，一时名医荟萃，"蕲地多名医，如张慕恺、韩泰、陈泰、李言闻、严政、郝守道之属皆有闻于时"⑦。晚明文人董其昌认为自宋代以后，湖北医学中心即开始转移至鄂东，"又读张文潜《明道杂志》云蕲州庞

---

① 喻昌：《生民切要》，《喻嘉言医学全书》，中国中医药出版社 1999 年版，第 456 页。

② 洪迈：《夷坚志》卷 2《谢与权医》，中华书局 1981 年版，第 16 页。

③ 乾隆《黄冈县志》卷 12《方技》。

④ 民国《麻城县志前编》卷 10《方技》。

⑤ 民国罗田《万氏家谱》卷 1《荣茂公历继世纪》，罗田县卫生局藏本。

⑥ 光绪《蕲州志》卷 16《方技》。

⑦ 光绪《黄州府志》卷 25《艺术》。

安时随症系方，辄有神验，乃知医统故在楚，楚又着(著)于蕲矣"①。

明清时期，湖北地区辖有武昌府、汉阳府、黄州府、德安府、安陆府(承天府)、荆州府、襄阳府、郧阳府和施南府等。综合李今庸《湖北医学史稿》、史宇广《中国中医人名辞典》、李经纬《中医人物词典》等统计湖北各府名医人数如下(见表1)：

表1   明清湖北省名医分布表

州县	明代名医数量	清代名医数量
武昌府	16	72
汉阳府	7	136
黄州府	55	143
德安府	8	23
安陆府	25	57
荆州府	16	54
襄阳府	4	14
郧阳府	4	4
合计	135	503

明朝黄州府名医有55人，占据湖北地区名医数量40.7%，超过同期湖北其他府州；清代，黄州府名医有143人，占湖北地区名医数量28.5%，也超过同期湖北其他府州。虽然上述著作对湖北名医统计不够完整，但基本上反映了湖北医学概况，明清时期黄州府名医数量为全省之冠，当为不谬。

从鄂东所属州县来看，明代鄂东名医分布黄冈县13人，黄安县6人，蕲水县1人，黄陂县3人，麻城县9人，罗田县6人，蕲州13人，广济4人，以黄冈县、蕲州最多；清代鄂东名医黄冈县27人，蕲水县10人，黄安县40人，麻城县17人，罗田县9人，蕲州18人，广济县12人，黄梅县10人，以黄冈县、黄安县、蕲州、麻城县为多。具体分布如下(见表2)：

表2   明清黄州府诸县名医数量表

州县＼朝代	明代	清代	总数
黄冈县	13	27	40
蕲水县	1	10	11
黄安县	6	40	46
麻城县	9	17	26

———————————

① 董其昌：《容台文集》卷1《本草纲目序》，西泠印社出版社2012年版，第149页。

续表

州县 \ 朝代	明代	清代	总数
罗田县	6	9	15
黄陂县	3	—	3
蕲州	13	18	31
广济县	4	12	16
黄梅县	—	10	10
汇总	55	143	198

　　明清鄂东名医重视撰著医籍，将医疗经验、研究心得著述成书，著述丰富，数量为全省之冠。据李今庸《湖北医学史稿》、郭蔼春《中国分省医籍考》等著录明清湖北地区名医著作达 320 部，而黄州府县有 109 部，约占 34.1%，明清时期湖北各地区医籍分布状况如下（见表3）：

表3　　　　　　　　　　　　　明清湖北省诸府医籍数量表

州县	明代医籍数量	清代医籍数量	合计
武昌府	15	31	46
汉阳府	21	46	67
黄州府	55	54	109
德安府	3	11	14
安陆府	7	26	33
荆州府	20	23	43
襄阳府	2	5	7
郧阳府		1	1
合计（部）	123	197	320

　　据表3可知，明代鄂东有医籍 55 部，占同期湖北地区 44.4%，超过同期湖北府州；清代鄂东有医籍 54 部，占同期湖北地区 27.4%，数量也多于武昌府、汉阳府等。从表3中可见，明清黄州医学著述丰富，在湖北省处于领先地位。

三、明清时期鄂东医学重地的成因分析

　　鄂东之所以能够在明清时期形成医学中心，是多方面因素促成的，其中鄂东药材资源丰富、明清鄂东人文勃发以及移民的推动是促成医学重地的重要因素。

1. 丰富的医药资源与繁荣的医药市场

鄂东多丘陵低地，中低纬度，降水充沛，药材资源丰富，素有"药库"之誉。光绪《黄州府志》、乾隆《黄冈县志》、光绪《蕲州志》、光绪《黄安县志》、光绪《蕲水县志》等专列《药之属》，民国《英山县志》列有《药科类》，详细记载了药材形态特征、生长环境等。光绪《黄州府志》载通产药材有川芎、五加皮、鳖甲等八十多种，名贵药材有杜仲、穿山甲、龟板、半夏、天麻、射干、苍术等，而鄂东桔梗、茯苓、蕲龟、蕲蛇、蕲艾等地道药材，享誉国内外。鄂东均有茯苓出产，麻城神苓、英山白苓片、罗田个茯较为知名，鄂东茯苓色泽晶莹，形状奇特，久负盛名，具有良好的药用效果。英山桔梗、黄安桔梗收缩均匀，比重大，1938 年在巴拿马土特产赛会上荣获金质奖章。蕲龟，背甲生有细长而浓绿绒毛，又称绿毛龟，"龟则背有绿毛，可辟蝇虫，置之书箧，数年不死"①。李时珍《本草纲目》详细介绍蕲龟的滋补功效，"近世滋补方往往用之，大抵与龟甲同功"，能够"通任脉，助阳道，补阴血，益精气，治痿弱"②。蕲蛇，产于蕲州龙峰山，两湖、三角山一带，王士性在《广志绎》中描述蕲蛇，"头有方胜，尾有指甲，两目如生，自剔肠盘屈而死者可已大风"③。顾景星谈及蕲蛇，"蕲地花蛇，有黄白黑三种，黄白二花可货数十金。黑花不过数金而已。昔产龙峰山洞，今无有，惟三角山出，一岁不能多得"④。李时珍称赞蕲蛇"能透骨搜风，截惊定搐，为风痹、惊搐、癫癣恶疮要药"⑤。蕲艾，独茎、圆叶、背白、有芒，是艾中精品，众人不惜重金购买，"遍求蕲州所产独茎、圆叶、背白、有芒者，称为艾之精英。倘有收藏，不吝价买。彼处仕宦，亦每采此。两京送人，重纸包封，以示珍贵，名益传扬，四方尽闻"⑥，并上贡皇家，"蕲州贡艾叶，叶九尖，长盈五、七寸，厚约一分许，岂唯力胜，堪称美艾"⑦。蕲艾可用于产后腹痛、头风久痛等。明代罗田名医万密斋利用蕲艾治疗汪玉虹儿子啼哭之疾，"汪玉虹生子三月，啼哭不止，亟请予去。乃取蕲艾炒热，捣如棉，再烘令热，以封其脐"⑧，收效甚好。清代黄梅文人梅雨田盛赞黄梅药材资源丰富，特别指出黄梅特效药材白术和黄精，"白术、黄精，梅产药多，惟紫云山术较良，胜于潜、宣、歙。惟不易得。黄精较多，以皆补剂珍品，故附赞之。和中燥泾，补剂为魁，黄精石畔，白术山隈，长剿木柄，手剜苍苔"⑨。中华人民共和国成立后，进行中医药资源普查，全国中医药资源重点品种有 363 种，其中鄂东药材便有 196 种，约占了全国重点普查品种数的 57.7%。正是由于药材资源种类丰富，交通便利，两宋时期，蕲州发展为长江中下游重要的药材集散地。南宋诗人陆游在《入蜀记》曾记载蕲州药店医药种类齐全，制工讲究，"买熟药于蕲口市，药贴中皆有煎煮所须，如薄荷、乌梅之类，

---

① 王士性：《广志绎》卷 4《江南诸省》，中华书局 2006 年版，第 285 页。
② 李时珍：《本草纲目》卷 45《绿毛龟》，人民卫生出版社 1981 年版，第 2500 页。
③ 王士性：《广志绎》卷 4《江南诸省》，中华书局 2006 年版，第 285 页。
④ 光绪《蕲州志》卷 2《物产》。
⑤ 李时珍：《本草纲目》卷 43《白花蛇》，人民卫生出版社 1981 年版，第 2402 页。
⑥ 陈嘉谟：《本草蒙筌》卷 3《艾叶》。
⑦ 卢之颐：《本草乘雅半解》第 8 帙《艾叶》。
⑧ 万全：《万密斋医学全书》，中国中医药出版社 2012 年版，第 351 页。
⑨ 《湖北文征》卷 11《黄梅物产图赞》，湖北人民出版社 2014 年版，第 33 页。

此等皆客中不可仓促求者，药肆用心于此，亦可嘉也"①。经历元末战乱，蕲州药业在明朝也开始复苏，医药事业得到进一步发展，为当时长江船运中心之一。蕲地药商渐增，药材交易量继续增长，再度成为长江中下游地区药材集散地。到了明正德、嘉靖、万历三朝，蕲州医药事业达到了全盛时期。② 鄂东药材种类繁多、地道药材突出、医药市场活跃便于名医就地用药，为名医产生造就了资源优势。

2. 明清鄂东人文的勃兴与人文重地的奠定

宋之前，鄂东教育发展迟滞，但宋代以后，鄂东教育发展迅速，官办学校和书院普遍建立，诸县科举及第人数有所增长，尤其是王禹偁、苏轼贬居黄州后，有力地推动了鄂东人文教育发展，"自宋王元之、苏子瞻二公气节文章照临此邦，山川亦发起清淑之气，笃生俊哲"③。据统计，宋代鄂东进士人数达 69 人，具体州县分布：黄冈进士 9 人，蕲水 5 人，麻城 2 人，罗田 8 人，蕲州 9 人，广济 22 人，黄梅 11 人，英山 3 人。④ 这无疑表明宋代鄂东人文开始萌发，并得到明显发展。

明清时期，鄂东教育得到进一步发展，一时人文勃兴，成为荆楚人文重镇，"蕲、黄之间，近日人文飙发泉涌"⑤。理学名儒，文采经济，史不绝书，见于《明史》者达到五十三人，文物声名，遂为楚中之冠。⑥ 明代湖北地区八府中，以黄州进士最多，有 318 人，远超位居第二的省治武昌府 232 人。分州县统计，麻城县为最多，达 100 人，其次为黄冈县，江陵县，江夏县。⑦ 据周积明《湖北文化史》统计，清朝湖北全省进士者 1611 人，鄂东 386 人，约占 23.96%。全省中举人 9885 人，鄂东 2120 人，占 21.44%。黄州府占清代湖北省中状元、探花、会元的 2/3、2/5、1/4。仅嘉庆至咸丰三朝六十年间，黄州府即考中进士 86 名，举人 466 名。⑧ 据《湖北艺文志附补遗》中《湖北古代著述人物表》统计，明代湖北各府著述人物数量最多者是黄州府，有 406 人，随后依次分别是武昌府 185 人，荆州府 164 人，德安府 90 人，安陆府 75 人，汉阳府 42 人，襄阳府 33 人，郧阳府 7 人。清代湖北诸府著述数量最多的依旧是黄州府，有 1260 人，其次汉阳府 864 人，随后依次分别是武昌府 539 人、荆州府 331 人、安陆府 310 人、德安府 275 人、荆门州 84 人、襄阳府 77 人、宜昌府 53 人、恩施 44 人、郧阳府 20 人。明清两代黄州府著述人物数最多，为全省之冠。明代黄州府兴建和修复书院 37 个，武昌府 25 个，汉阳府 1 个，德安府 11 个，承天府 13 个，襄阳府 8 个，郧阳府 4 个，荆州府 15 个，明代黄州府书院数居全省之最，占有绝对优势。⑨ 清代黄州府有书院 40 个，县均 5 个；武昌府 20 个，县均 2 个；汉阳府 12 个，县均 2.4 个；德安府 6 个，县均 1.6 个；襄阳府 8 个，县均 1.6 个；安陆府 17 个，县均

① 陆游：《入蜀记》卷四。
② 湖北省黄冈市地方志编纂委员会：《黄冈市志》卷十八《商贸》，崇文书局 2004 年版，第 870 页。
③ 光绪《黄州府志》卷首《邓琛序》。
④ 熊贤君：《湖北教育史》，湖北教育出版社 1999 年版，第 71 页。
⑤ 王士性：《广志绎》卷 4《江南诸省》，中华书局 2006 年版，第 285 页。
⑥ 光绪《黄州府志》卷首《邓琛序》。
⑦ 张建民：《湖北通史·明清卷》，华中师范大学出版社 1998 年版，第 613 页。
⑧ 周积明：《湖北文化史》，湖北教育出版社 2006 年版，第 125 页。
⑨ 蔡志荣：《明清两湖书院研究》，华中师范大学博士学位论文，2008 年，第 62 页。

4.25 个；襄阳府 15 个，县均 2.14 个；郧阳府 8 个，县均 1.3 个；荆门州有 13 个，县均 4.3 个；荆州府 10 个，县均 1.43 个；宜昌府 15 个，县均 2.14 个；施南府 16 个，县均 2.7 个。黄州府书院总量最多，县均数量也最高。① 明清时期，鄂东成为湖北地区人文重镇。

明清鄂东文化教育昌盛，士人究心医学，有利于提升医生队伍文化素质，为医学发展创造了文化条件。② 杨名川，清代黄安县名医，幼年习儒，不遇而从医。③ 肖麟长，清代黄冈人，业儒不售，去而学医，博综岐黄家言，疾者盈门，投药无不效。④ 周传谨，儒士，颖悟过人；负不羁才，积学未遇，遂业岐黄，常以秘方活人。此类状况颇多，黄州名医由儒转医比例高达 70%。⑤ 一批鄂东士人究心医学，有利于医学发展。刘天和，官至刑部尚书，亦留心医学，宦游所至，采录验方，编有《保寿堂经验方》。⑥ 顾天锡，名重海内，博览群书，留意医学，著有《素问灵枢直解》、《针灸至道》。⑦ 清代黄冈举人刘溱与陶星垣讨论温病问题，"星垣足下，书来承询瘟疫要方……君家宏景之集，我吴宗元素之书，可覆按而得也"⑧。英山左绍佐留心医学，抄录医书，搜集医方，"去年又得方外服龙眼法，行之有效，今以奉世兄并祈代献尊公以实前诺……又一法见《本草述》，出李中梓所传，方外法也"⑨。知识分子参与医疗事业，有利于提升医家文化修养和理论水平，推动医学发展，"教养士类，使习儒术者通黄素、明诊疗，而施于疾病，谓之'儒医'，甚大惠也"⑩。

3. 江西移民与鄂东医学人才的增长

自唐宋以来，湖北地区逐渐得到开发，生齿繁庶，户口激增，尤其是明清时期江西移民活动，更是加快了湖北发展。而鄂东因交通便利，是长江中下游移民进入湖北的必经之地，被移民视为理想的创业地。据张国雄研究，鄂东长期以来是江西移民最早、也是移民运动持续时间最长、地位最为重要的移民迁入地。⑪ 谱牒也反映了鄂东家族多为江西移民，黄冈"邑中钟鼎旧家，多自洪、饶、鄱、吉分丁析姓而来"⑫。麻城"外籍不一，而江右独多。以余所见逮余所闻，皆各言江西云。夫邑之来江西者不止万族"⑬。移民的注入充实了鄂东人口，推动了鄂东经济开发和社会发展。人口的增长，经济的发展，为医学的发展奠定了经济基础和物质条件。

① 蔡志荣：《明清两湖书院研究》，华中师范大学博士学位论文，2008 年，第 107 页。
② 李经纬：《中国古代文化与医学》，湖北科学技术出版社 1990 年版，第 38 页。
③ 光绪《黄安县志》卷 10《方伎》。
④ 光绪《黄冈县志》卷 12《方技》。
⑤ 严忠良：《明清黄州府名医研究》，华中师范大学硕士学位论文，2013 年，第 29~43 页。
⑥ 光绪《麻城县志》卷 18《耆旧志》。
⑦ 光绪《蕲州志》卷 19《文苑》。
⑧ 《湖北文征》卷 11《与韬星垣论温病书》，湖北人民出版社 2014 年版，第 412 页。
⑨ 《湖北文征》卷 12《与余节高论医理书》，湖北人民出版社 2014 年版，第 55 页。
⑩ 徐松：《宋会要辑稿》，中华书局 1957 年版，第 2217 页。
⑪ 张国雄：《明清两湖移民研究》，陕西人民教育出版社 1997 年版，第 37 页。
⑫ 黄冈《李氏宗谱》卷首《李氏墨谱序》，敦本堂，武汉大学古籍部藏本。
⑬ 麻城《彭氏宗谱》卷 1《麻城彭氏族谱序》，民国三十六年线装本。

鄂东土著不善技艺，明人曾维伦在《风教论》一文中，谈及黄州府"其工匠无土著，率四方来者，取相通而食"①。明清鄂东四百位名医中有相当一部分是来自江西的移民及其后裔。"鄂东四大名医"之一的万全即是江西移民后裔，万全父祖两辈为幼科名医。成化庚子年（1480年），万全父亲万筐从江西迁居罗田，娶蕲水陈氏为妻，"先祖杏坡翁，豫章人，以幼科鸣，第一世，蚤卒。先考菊轩翁，孤，继其志而述之。成化庚子客于罗，娶先妣陈氏"②。万筐继承万杏坡遗志，殚心医学，行医数十年，成为知名儿科医生，"其术大行，远近闻而诵之万氏小儿科云"。黄梅陈文斌祖籍江西，"从祖父迁来梅。业医，精七术，立起沉疴，贫窘不较药值"③。戴旭斋，清代医家，江右临川人，同治年间流寓蕲州，行医著书，有《伤寒正解》传世。④ 李时珍也可能是移民后裔。据宋光锐考证，李时珍祖父李晓山住在蕲州城东瓦屑坝。而瓦屑坝却是江西移民发源地。李晓山所居地名，可能与江西移民有某种关系存在。⑤ 黄州地处"楚头吴尾"，对外交流条件便利。长江天然水道进一步凸显了这种优势，"盖江汉之间一都会也"⑥。黄州名医善于学习，勇于进取，李时珍即为典型。李时珍先后两次远赴南京向王世贞请益索序，王世贞在审读《本草纲目》后，认为该书博而不繁，详而有要，综核究竟，直窥渊海，是"实性理之精微，格物之通典，帝王之秘录，臣民之重宝也"，盛赞李时珍用心勤快，誉其为"北斗以南一人"。⑦ 由于王世贞的推荐，《本草纲目》一书得到南京出版家的重视，顺利出版和流传。明末文人董其昌也为《本草纲目》作序，赞誉"汉以后，代有增益，为图、为注、为音义事类者，凡数十家。至近世蕲州李某悉加结集，又以经史稗官之书，广引曲证，凡四十卷，可谓勤且博矣"⑧。

四、结　语

宋元以来，鄂东医学逐步发展，并在明清时期成为湖北医学重地，代表了湖北医学发展水平，对中国古代医学作出较大贡献。从纵向来看，鄂东医学从水平相对滞后，直至宋代，尤其是明清时期蔚然发展，是鄂东医药资源丰富、人文勃发、移民迁移等历史发展和内外因素推动的结果。从横向来看，北宋以前，湖北医学重地在荆襄地区，尤其是汉晋时期，北人大量迁徙荆襄，包括张仲景、王叔和等都曾在荆襄长期活动，一时名医荟萃，但北宋以后，荆襄地区渐趋衰落，鄂东历史地位日趋重要，并发展成为医学重地。湖北医学重地的区域转移，体现了湖北经济文化重地由北向南、由西向东的历史变迁，是湖北地区经济开发和政治中心转移的产物。

（作者单位：武汉大学历史学院）

① 光绪《黄冈府志》卷3《风俗》。
② 万全：《叙万氏幼科源流》，《万密斋医学全书》，中国中医药出版社2012年版，第8页。
③ 光绪《黄梅县志》卷29《人物志》。
④ 李经纬：《中医人物词典》，上海辞书出版社1988年版，第674页。
⑤ 宋光锐：《李时珍与蕲州》，武汉出版社2001年版，第30页。
⑥ 《湖北文征》卷3《黄冈论》，湖北人民出版社2014年版，第335页。
⑦ 王世贞：《弇州山人续稿》卷10《本草纲目序》。
⑧ 董其昌：《容台文集》卷1《本草纲目序》，西泠印社出版社2012年版，第149页。

明清至民国时期两湖平原水事纠纷与地方水利利益同盟

□ 王 红

垸田，亦称"垸子"，类似长江下游太湖平原的圩田，是长江中游两湖平原防御洪涝渍灾害的独特水利工程形式。垸田的大规模发展源自明初，至迟到明中叶，"湖广熟，天下足"的民谚便流传开来，两湖平原已然成为国家的重要粮仓。然而，由于与水争地，两湖平原的自然水系格局在一定程度上遭到破坏，洪涝渍灾害开始频发和群发，至迟自明嘉靖时起，水事纠纷相伴而生，而且，随着时间的推移，与水争地愈演愈烈，水事纠纷波及的范围亦愈来愈广，甚至发展为大范围、大规模的武装械斗，以至于官方不得不派军队弹压。

两湖平原地势低洼，河湖密布，年内和年际降雨不均，易患洪涝渍灾害，因此，两湖平原的水事纠纷，主要围绕洪涝渍灾害即防洪和排涝渍而展开，具体表现为分洪纠纷、协修纠纷、围垦纠纷、蓄洪纠纷和排涝渍纠纷。分洪纠纷，亦称疏堵纠纷或开塞纠纷，包括荆江和汉江两岸古分流穴口的开塞纠纷、废弃荆江和汉江堤防溃口不堵口（或不筑塞）任其分流而引发的废堤留口纠纷、盗掘荆江和汉江左右两岸堤防而引发的盗决堤防纠纷、筑塞荆江和汉江分流支河的塞支并流纠纷等；协修纠纷，包括荆江和汉江堤防协修、垸堤及其附属建筑物闸剅协修而引发的纠纷；围垦纠纷，是行洪纠纷和蓄洪纠纷的统称，其中，行洪纠纷包括围垦荆江和汉江的堤外洲滩纠纷，以荆江堤外洲滩围垦纠纷占据绝大多数，汉江堤外洲滩纠纷十分鲜见；蓄洪纠纷，指围垦具有蓄洪功能的湖泊而引发的纠纷，其中，以洞庭湖洲滩围垦纠纷最为著名；排涝渍纠纷，表现为各相邻垸子为求自保而阻止邻垸排泄垸内积水至己垸而引发的纠纷。

由于水利环境复杂，水事纠纷种类繁多，各类水事纠纷和各个水事纠纷往往反复发生，而且，水事纠纷的利益各方，为寻求各自区域内水利利益的最大化，主要采取两种手段：一是根据不同时期水利环境的变化和当时洪涝渍灾害的具体情况，水利利益同盟成员构成往往变化不定，各成员时而为宿敌，时而为盟友，时而事不关己而隔山观火；二是水事纠纷各方，常常在相互以邻为壑的同时，还振振有词，指责是对方在以邻为壑，不顾全大局。以至于负责协调处理水事纠纷的官员，常常被弄得一头雾水，是非莫辨，无所适从，即便今天我们研究起水事纠纷来，也很难理出头绪。实际上，两湖平原的水事纠纷，是人与自然之间的矛盾冲突不可调和时，进而转化成一定区域内拥有不同水利利益的人群之间的水利利益角逐，只要厘清了水利环境和水利利害关系，错综复杂的人群关系也就随之清晰地呈现出来。

一、左右岸之间

两湖平原是长江中游相对独立的一个地理单元，被周边的山体所环绕，并被荆江河床切割成两大平原，即荆江左岸（亦称"北岸"）的江汉平原和荆江右岸（亦称"南岸"）的洞庭湖平原。其中，江汉平原被荆江左岸干堤（包括荆江大堤）与周边山体环绕，洞庭湖平原被荆江右岸干堤和周边山体环绕，各自形成一个相对封闭的垸田经济区。江汉平原再次被汉江切割成两块，即位于汉江右岸即汉江与荆江之间的"江汉之间平原"，以及位于汉江左岸的"襄北平原"（亦称"汉江左岸平原"或"汉江北岸平原"，本文统一称"襄北平原"），江汉之间平原被汉江右岸干堤、荆江左岸干堤和西部的山体所环绕，襄北平原被汉江左岸堤防和周边的山体所环绕，也分别形成两个封闭的垸田经济区。

明清以来，由于泥沙淤积，河床抬升，荆江和汉江已成悬河，两岸堤防的海拔高程已高于两岸平原的海拔高程。如果将两湖平原比喻成一口超大型井，那么，这口超大型井就由江汉之间平原、襄北平原和洞庭湖平原三口大型井组成，其中，荆江和汉江左右两岸的堤防为三口大型井的人工防洪屏障，为确保本井防洪安全，三口大型井之间水事纠纷不断，其中，以江汉之间平原地势最为低洼，南有荆江，北有汉水，腹背受敌，其水利环境最为恶劣，其防洪和排涝渍形势最为严峻，然而，这里水土资源开发最早，经济最为发达，其政治、经济、军事、文化等地位也最为重要。

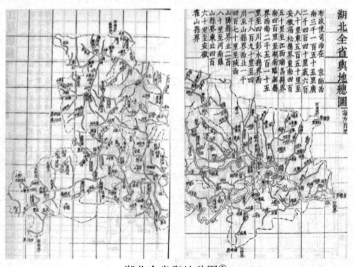

湖北全省舆地总图①

① （民国）吕调元：《湖北通志》（民国十年刊成）卷一《舆地志上·疆域图上》，湖北人民出版社2014年影印本，第24~25页。

1. 荆江左岸与右岸

荆江号称"九曲回肠"，险工丛生，防洪形势十分严峻。为确保荆江防洪安全，江汉之间平原和洞庭湖平原，在坚筑荆江左右两岸干堤的同时，积极主张采取疏导的办法，即保持荆江左右两岸众多穴口分流的态势，以减轻荆江干堤的防洪压力。然而，双方皆力主荆江向对岸分流，彼此以邻为壑。江汉之间平原力主荆江向右岸的洞庭湖分流，筑塞了江陵县的郝穴口，监利县的赤剥口、新冲口、庞公渡口等，力主废弃荆江右岸干堤溃口不筑塞或开荆江右岸古穴口分流，以至于形成清后期荆南四口（即松滋口、虎渡口、调弦口、藕池口）南流洞庭湖的局面。洞庭湖平原力主荆江向左岸的江汉之间平原分流，但鉴于江汉之间平原的政治、经济、军事、文化等地位的重要性，在双方防洪利益不可兼顾时，有关当局往往"不得不舍南岸已成为泽国之地，救济北岸大堤"①，此即所谓的"舍南救北"，即将洞庭湖视为荆江洪水的天然调蓄水库，主张荆江向洞庭湖分流，禁止洞庭湖区洲滩的围垦，以确保洞庭湖的蓄水容积。相反，洞庭湖平原却谴责江汉之间平原筑塞古分流穴口的行为，呼吁道："均属赤子，又何以南为壑乎?"②同时，积极谋筑荆南四口，并加速围垦洞庭湖洲滩，进而引发荆南四口疏堵纠纷、荆江右岸废堤纠纷，以及洞庭湖围垦纠纷等。时至今日，荆江是向左岸还是向右岸分洪的问题，无论是在作长江流域规划时，还是在实际问题处理时，仍然是个十分敏感和棘手的问题。

2. 汉江左岸与右岸

汉江左岸的襄北平原与右岸的江汉之间平原，彼此以邻为壑，由来已久。早在明隆庆元年（1567年），便有"南边筑了沙洋堤，北边好作养鱼池"③之谣。明朝后期，荆门州曾抱怨："（钟祥）红庙居民每遇水涨，多有欲盗决此堤（即沙洋堤）以泄水者。"④江汉之间平原和襄北平原，双方都扛着汉江防洪大局的招牌，行利己之实。如：襄北平原筑塞了泗港口后，再积极谋筑牛蹄口，却竭力维持对岸小泽口和大泽口的分洪态势；江汉之间平原筑塞了小泽口，再积极谋筑大泽口，却强烈要求开通汉江左岸的众多古分流穴口或废弃汉江左岸的钟堤、京堤、潜堤溃口不筑塞以分泄汉江洪水，进而引发了旷日持久的泗港口、小泽口、大泽口、牛蹄口疏堵纠纷，以及汉江左岸的钟堤、京堤、潜堤废堤留口分流纠纷。其中，民国元年至二年（1912—1913年），吴家改口（即大泽口）纠纷发生时，襄北平原的天门、京山、钟祥、潜江、汉川、孝感、夏口、汉阳、应城、黄陂、云梦共同联名指出：

① （民国）曹仲孺：《荆江堤志》卷三《禁挽私垸·禁筑松滋朱家嘴即（黄家铺）口东支河情形》，民国二十六年，出版地不详，第50页。

② （清）倪文蔚著，毛振培等点校：《万城堤志》卷末《志余·荆属民堤·南岸绅民驳弃溃堤议》，湖北教育出版社2002年版，第321页。

③ 光绪《潜江县志》卷二《灾祥志》，清光绪五年刻本。

④ 万历《湖广总志》卷三十三《水利志下·各郡堤防图考·荆门州堤考略》，《四库全书存目丛书》史部，第196册，齐鲁书社1997年版，第143页；另见雍正《湖广通志》卷二十《水利》，清雍正十一年刻本，善本；另见嘉庆《湖北通志》卷二十五《政典八·堤堰·荆门直隶州》，清嘉庆十年刻本；另见（明末清初）顾炎武：《天下郡国利病书》卷七十四《湖广三》，清光绪二十七年二林斋藏板，图书集成局铅印。

"南岸不得以北岸无支河为词"，"南岸不得以北岸塞支河为词"，"南岸不得以支河大于正流为词"、"南岸不得以北岸闭门南岸开门为词"。① 民国二十四年（1935 年），江汉大水，襄北平原各州县市都遭受不同程度的淹没，天门串通襄北平原的钟祥、京山、潜江、沔阳、汉川、孝感、云梦、应城、黄陂、汉口等受淹的十一州县市，公开声称"汉水自钟祥至张截港，北岸向无支河"②，不仅抹杀汉江左岸曾有多支分流的史实，还大肆批驳冯镇东、汉水线水灾视察团等所拟的襄北平原分流的规划中汉江向襄北平原分流的意见和建议，对规划中汉江向江汉之间平原分流的意见和建议则积极支持。

3. 其他分支河流的左岸与右岸

江汉之间平原和襄北平原，进一步被汇入荆江和汉江的支流，以及荆江和汉江的分洪支流分别切割成不同的地理单元——区，"各垸之田，无论相离远近，凡阡陌鳞次接壤，而中无河水间隔者，即谓同区"③。一区往往包括数垸，如："潜邑分为十一区，共领一百五十六垸。"④区的周边，或被山体和堤防所环绕，或完全被堤防所环绕，即每个区就是一个相对独立的水利区域。相对于三口大型垸而言，区就是江汉平原的中型垸。位于同一条河流两岸的各中型垸之间，也像三口大型垸一样，经常发生水利利益冲突，子贝渊排涝溃纠纷就是一个典型的案例。

柴林河是汉江下游右岸大泽口支河水系中东荆河的一支，左岸（即北岸）900 余垸和右岸（即南岸）700 余垸，原本都以柴林河为排泄垸内积水的通道。其中，柴林河是左岸 900 余垸唯一消泄积水的通道，一旦柴林河河床淤高，左岸 900 余垸的积水便无从消泄。清道光十九年（1839 年），监利子贝渊堤溃口后，溃口当洪湖上游，"由此泄水，居高临下，势若建瓴"，注入洪湖，左岸 900 余垸视子贝渊溃口为"消水捷径"。然而，右岸 700 余垸滨湖田亩受患过多"⑤，沔阳州诸院"在洪湖者，沈塌殆尽"⑥。南北两岸之间"迭次争斗"⑦，"频年挑衅，缠讼无休"⑧。光绪五年（1879 年），"监利子贝渊堤以北各院，苦水无消泄，率众决堤，与南院民互斗，伤杀甚重"；光绪七年（1881 年），"南北两岸依河筑

① 《大泽口成案·天门京山钟祥潜江汉川孝感夏口汉阳应城黄陂云梦县民陈请书》，中国国家图书馆藏，文津书店编：《中华山水志丛刊》第 18 册，线装书局 2004 年版，第 25~26 页。

② 杨鸿勋：《读程鸿书氏治汉说明书质疑》，沈肇年辑：《襄河水利案牍汇钞》卷下，天门县旅省同乡会刻于民国初年，第 21 页。

③ （清）王概：《湖北安襄郧道水利集案》卷下《禀抚宪晏各属水利岁修事例》，清乾隆十一年刻本。

④ （清）王概：《湖北安襄郧道水利集案》卷下《禀抚宪晏各属水利岁修事例》，清乾隆十一年刻本。

⑤ （清）舒惠著，毛振培等点校：《万城堤续志》卷末《志余·疏筑备考·裕制军请开冯姓等河以资宣泄疏》，湖北教育出版社 2002 年版，第 486 页。另见《再续行水金鉴·长江十九》，湖北人民出版社 2004 年版，第 624 页。

⑥ 光绪《沔阳州志》卷三《建置志·堤防》，清光绪二十年刻本。

⑦ （清）舒惠著，毛振培等点校：《万城堤续志》卷末《志余·疏筑备考·涂制军查复子贝渊挖口情形筹议疏河建闸疏》，湖北教育出版社 2002 年版，第 482 页。另见《再续行水金鉴·长江十七》，湖北人民出版社 2004 年版，第 579 页。

⑧ （清）舒惠著，毛振培等点校：《万城堤续志》卷末《志余·疏筑备考·裕制军请开冯姓等河以资宣泄疏》，湖北教育出版社 2002 年版，第 486 页。另见《再续行水金鉴·长江十九》，湖北人民出版社 2004 年版，第 624 页。

垒，搆釁如故"①；光绪七年（1881 年）冬至八年（1882 年）春，"两岸刁民各招匪徒互相烧杀，荆州府知府蒋铭勋恐酿巨祸，禀请派营弹压"②。

二、同岸上下游之间

河流某一岸即同岸，虽然都受同岸堤防的保护，但也有地势高低之分，即上下游之别，其水利利益不尽相同，水事纠纷连年，其矛盾尖锐程度和斗争激烈程度，毫不逊色于左右两岸之间的水利利益博弈。

1. 协修纠纷

明前期，荆江和汉江堤防，"各属俱系民修民堤"③，即所谓的官督民修，危如累卵的荆江大堤，亦"向系民修，归县丞督办"④，偶尔有巨工时，朝廷才有部分拨款，修防负担极为沉重。一般来说，洪灾过后，继之涝渍灾害，灾民往往连基本生产生活都成问题，基本无力承担堤防修防重负。更为重要的是，上游各州县境内堤防，保护本境田亩甚少，而同岸下游各州县的众多田亩，却恃同岸上游各州县堤防为保障。明前期，上游各州县堤防的修防负担，皆由本境受益的平原田亩负担，可上游各州县受益田亩甚少，根本无力承担堤防修防重负。于是，自明成化（1465—1487 年）始，荆江和汉江堤防进入协修期，遵照受益者筑堤以及"此岸之农不乐修彼岸之堤"⑤的原则，下游受益者必须协修同岸上游堤防。然而，越往下游，地势越低，洪涝渍灾害愈重，受淹范围愈广，灾害损失愈大，其境内的堤防亦愈多，自身堤防修防负担亦愈重，而且淹没区即为受益区，故而，为减轻修防负担，同岸下游各州县常以"各修各境堤"⑥、"各筑汛地堤防"⑦、"部堤各有段落"⑧、康熙二十一年（1682 年）朝廷下令两湖平原停止堤防协修等为由，拒绝协修，即便被迫协修，也对协修份额讨价还价。钟堤、京堤、荆门州沙洋堤、潜堤等协修纠纷，江陵、监利协修石首县境内荆江左岸干堤纠纷，监利、巴陵（今湖南岳阳市）、石首因属地犬牙交错而引发的荆江左岸干堤协修纠纷，潜江、沔阳协修监利荆江左岸干堤黄师堤纠纷，沔阳协修监利荆江左岸干堤瓦子湾堤纠纷，湖南安乡、华容协修石首县荆江右岸干堤万石堤纠纷，湖北公安、松滋以及湖南省澧州、安乡协修江陵荆江右岸干堤杨家尖堤和毛

---

① 光绪《沔阳州志》卷三《建置志·堤防》，清光绪二十年刻本。

② （清）舒惠著，毛振培等点校：《万城堤续志》卷末《志余·疏筑备考·涂制军查复子贝渊挖口情形筹议疏河建闸疏》，湖北教育出版社 2002 年版，第 482 页。另见《再续行水金鉴·长江十七》，湖北人民出版社 2004 年版，第 579 页。

③ （清）王概：《湖北安襄郧道水利集案》卷下《禀抚宪晏各属水利岁修事例》，清乾隆十一年刻本。

④ （清）倪文蔚著，毛振培等点校：《万城堤志》卷七《官守》，湖北教育出版社 2002 年版，第 191 页。

⑤ （清）胡子修辑：《襄堤成案·修筑溃堤险段·县主邵遵议捐收堤工水利积谷等款按境内堤势划分七段随粮收捐章程通禀》，台湾文海出版社 1971 年版，第 537 页。

⑥ 参见颜敏：《碑记》，康熙《潜江县志》卷十《河防志》，清康熙三十三年刻本。

⑦ 乾隆《钟祥县志》卷四《堤防志》，清乾隆六十年刻本。

⑧ （清）胡子修辑：《襄堤成案·修筑溃险堤段·县主王希琼详请委员督催潜江县赶修车墩垸溃口禀》，台湾文海出版社 1971 年版，第 118 页。

家尖堤溃口纠纷，荆江大堤协修纠纷等，皆属此类。

垸子，"必因地高下修堤防障之，大者输广数十里，小者十余里，谓之曰垸"①，"形状有椭圆形、长方形、圆形、方形等，均各随地势而定"②。由此可知，每个垸子都是一个相对封闭独立、自成地理单元的水利共同体，相比三口大型圩和中型圩而言，属小型圩。一般情况下，各垸自筑垸堤，"此疆彼界分划极明，撮土寸草丝毫必较"③。但如上游垸子当同岸下游数垸之冲，利害与共，下游受益诸垸则有责任和义务协修上游垸堤。如：黄中垸和上耳垸，地处汉江右岸的潜江、沔阳和天门三州县交界处，其垸堤"非特为一垸保障，实沔、天以下之顶额利害攸关，所谓同舟之患，莫切于此，故自来通力合作，分工章程，派定潜一天二沔七焉"。协修份额是利益各方较量而形成的协修定例，然而，日久变生，协修方常常"以地系隔属，不乐赴工"④。

一般来说，长江和汉江堤防，不会发生上游协修同岸下游堤防纠纷，然而，垸子与垸子之间，即便上游垸子不受同岸下游垸堤的保护，偶尔也会发生协修纠纷，不过，因为客协方不受益，主协方和客协方的矛盾就更加激烈。如：民国时期，位于汉江与长江之间的汉川县南屏垸，自民国八年(1919年)创垸后，曾多次要求同岸上游沔阳和汉川交界处的白鱼等36垸协修南屏垸堤，并以拒绝白鱼等垸排泄积水相威胁，理由是，南屏垸滨临长江左岸，受江水倒灌之苦，"每当江水暴涨，水位增高，南屏即可封闭闸剅，为白鱼等垸容纳积水。设无南屏垸堤之屏障，江水即可逼近白鱼等垸，闸剅失效，消泄受阻"，即"南屏垸屏障东南，不惟为上游各垸抵御南水，且为上游容纳渍涝"。双方"缠讼经年"，矛盾"已达极端，似将暴烈倾向"。尽管白鱼垸因"涉讼过久，耗财过多"，而且还地处上游，仍被迫同意"帮助南屏垸二十六年堤费七百元"。⑤

2. 排涝渍纠纷

水往低处流，乃自然规律。然而，下游垸子为确保自身的水利利益，往往阻止同岸上游垸子排泄积水，进而引发同岸上下游邻垸间的排涝渍纠纷。此类纠纷在江汉平原十分普遍。如：清光绪年间，地处汉江左岸和牛蹄支河右岸之间的七十二垸在老官庙地方开沟建闸纠纷，引起七十二垸与同岸下游的彭公垸和汉江左岸的汉川县属地各垸之间的纠纷；又如：民国十九年(1920年)，监利白螺乡五一垸的排水通道渡泊潭淤，白螺区区长陈庚典组织开挖了新开河，"从柘木长河下游的肖家墩至赤湖口，计长2.3公里，它缩短了柘木长河18公里，可使上游渍水直排入洪湖"⑥。新开河泄水畅通，"则上垸受益，下垸王刘、太宁乡滨湖一带垸田悉被陆沉之灾"，以至于上游白螺乡各垸"花谷甚好，别存天地"，下游王刘、泰宁二乡西塝莱等垸"一片汪洋，颗粒无收"。下游王刘、泰宁乡屡屡上控，新

① 童承叙：《河防志》，光绪《沔阳州志》卷三《建置志·堤防》，清光绪二十年刻本；另见嘉靖《沔阳州志》卷八《河防》，明嘉靖九年刻本，民国十五年影印本；另见万历《湖广总志》卷三十二《水利志上·各郡陂塘堤堰数》，《四库全书存目丛书》史部，第196册，齐鲁书社1997年版，第133页。

② 《沔江县水利志稿》，张建民：《明清长江流域农业水利研究》，武汉大学出版社1992年版，第195页。

③ (清)王概：《湖北安襄郧道水利集案》卷下《禀抚宪晏各属水利岁修事例》，清乾隆十一年刻本。

④ 光绪《潜江县志》卷十《河防志·堤防》，清光绪五年刻本。

⑤ 湖北省档案馆档案：全宗31水利类第1534卷。

⑥ 监利水利志编辑室：《监利水利志》，中国水利水电出版社2005年版，第382页。

开河曾屡开屡塞，双方曾为此"发生械斗"①。

3. 疏堵纠纷

疏堵纠纷不只是发生在江河的左右两岸之间，也发生在同岸上下游之间。上游地势偏高，一旦在江河堤防上开口分流，口门所在州县，往往淹没面积(同时也是堤防的受益面积)甚小，淹没损失甚少，反之，同岸下游平原地区的淹没面积甚大，淹没损失甚多。如："钟邑之田居堤内受利者二里二庄"②，而同岸下游"监、潜、汉、沔、京、天、川、孝、应、云各邑，首当其灾"③，钟堤一旦开口分流或决口，"关钟邑者十之一二，关数邑并卫屯者，其受淹分数不等"④。京堤、荆门州沙洋堤、潜堤等也地处江汉平原上游，当这些汉江堤防堤段的修防负担过重或无力承担时，往往独自或相互串通，提出废弃决口分流，或在这些堤段开口分流，进而引起同岸上下游之间的废堤留口分流纠纷或开口分流纠纷。不过，此类纠纷多与协修纠纷相伴而生，多发生在钟堤、京堤、荆门州沙洋堤、潜堤等堤段，尤其以钟堤居多。如：嘉庆七年(1802年)、十年(1805年)钟堤两溃，工大费巨，钟祥请协不成，张祖顺等人串通汉江右岸江汉之间平原的汉南五州县，呈请督抚等宪，开通汉江左岸的狮子口、流连口、操家口、泗港等四旧口，湖广总督汪志伊批驳道："四口均在汉江北岸钟、潜县境内……就水势而论，钟祥地处高壤，若开旧口，固无泛滥之患，而就下横溢者为京山，直注者为天门，潴聚者为汉川，以及云梦、应城等县必俱受其害……总之，该生等或处上游，或居南岸，惟知利己，不知壑邻。"⑤

4. 塞支并流纠纷

为避免长期分洪带来的深重灾难，洞庭湖平原在屡屡谋筑荆南四口失败后，便避其锋芒，选择在分流支河的某河段处筑拦河坝，即通过塞支并流的方法，借助水流和泥沙的运动规律，淤塞堵坝上游河道，从而变相地达到筑塞分流穴口的目的，于是，江汉之间平原与洞庭湖平原的防洪利益之争，同时也兼有了同岸上下游之间防洪利益博弈。如：光绪十六年(1890年)、十八年(1892年)，湖南绅民曾两次呈请堵筑藕池口，湖广总督张之洞考虑到荆江防洪大局，严词拒绝了湖南的请求。光绪十八年，湖南常德绅民呈请"于藕池口东南隅鲇鱼须横筑长堤一道，截引荆江南泛之水，使折而东，径调弦口径流故道"，举人梅安等"请改从鲇鱼须对岸各港口筑堤障水，使无西泛"⑥。显然，这是想变相地通过塞支并流的途径，达到筑塞藕池口分流的目的。塞支并流的危害，可从20世纪50年代末

① 湖北省档案馆档案：全宗 31 水利类第 1769 卷。

② 康熙《安陆府志》卷八《堤防志·郡邑各类》，清康熙八年刻本。

③ 王兆虎：《湖北堤防纪要》卷二《钟祥官堤图说·附辑成案》，民国十四年铅印暨石印本。

④ 康熙《安陆府志》卷八《堤防志·郡邑各类》，清康熙八年刻本。

⑤ (清)胡子修辑：《襄堤成案·修筑溃险堤段·督宪汪禁饬钟祥张祖顺等请开狮子口呈批》，台湾文海出版社 1971 年版，第 114 页。

⑥ 张之洞：《勘明藕池等口情形妥筹办法折》，《张文襄公全集》卷三十三《奏议》，北平文华斋，民国十七年刻本；另见《光绪朝朱批》第 99 辑《水利河湖海棠渠堰工程》，"光绪十九年七月十二日"条；另见(清)舒惠著，毛振培等点校：《万城堤续志》卷末《志余·疏筑备考》，湖北教育出版社 2002 年版，第 490 页。

60 年代初实施的松澧分流工程得以诠释。

松澧分流工程，以堵坝的位置为临界点，堵坝上游的回水最远可影响到松滋口，1960年小水年份，堵坝上游的松滋、公安防汛已十分紧张。公安受影响区紧张防汛 53 天，防汛最高人数达 16 万，局部河段落淤约 2 米。堵坝上游的湖南省中州垸溃口，1.7 万亩农田受灾，小旺角堵坝冲跨而尽毁；松滋河东支修建堵坝后，堵坝上游的津市区、黄金大垸、南平垸、松滋西部民垸、安保垸、安澧垸及荆江分洪区部分通过中和口西流的溃水，皆被堵坝拦截，不能下泄，形成大面积涝渍灾害区；松滋中支堵坝上游的公安县，至1960 年 12 月尚有 8 万亩农田因渍水难排而不能播种，同时，湖南省位于松滋中支堵坝上游地区，也同样遭受了渍涝损失。① 正是因为在分流支河上建堵坝危害大，清后期至民国时期，荆南四口的口下支河的塞支并流之请，从未获得官府的批准。

三、堤内平原与堤外洲滩

堤内和堤外，属于完全不同的地缘。堤内，原本指河流左右两岸大堤之间的河床和洲滩；堤外，原本指受堤防保护的广大平原地区。然而，清代河臣却"以附近河身两岸滩地，指为堤外，而大堤外之民田庐舍，转称为堤内，殊为倒置"，其目的是为了在黄河大堤决口时，"可指称在堤外漫溢，以为掩盖蒙混之地"，借此减轻或逃脱防守不力的罪责，为此，乾隆五十四年(1789 年)曾下谕旨："嗣后，总以黄河正身为主，附近两岸滩地，在大堤之内者，谓之堤内，在大堤以外者，谓之堤外，毋得再有牵混，以致陈奏失实。"②然而，河臣在奏章内仍然照旧将堤内、堤外颠倒称呼，以至于时至今日，将错就错地沿袭了清代河臣的称呼，即平原位于堤内，洲滩和水流位于堤外。

堤外洲滩并非常年有水，在枯水季节和枯水年份，常涸露出水面，当地居民贪图洲滩的肥美，常将其围垦种植。围垦"占一尺之地，则碍一尺之流"③，轻者导致江河堤防险情迭生，重者造成江河堤防决口，甚至江河改道。乾隆九年(1744 年)，朝廷下令严禁荆江堤外洲滩围垦。然而，同光时代，"江心愈填愈高，江面愈淤愈窄，南北两岸，几于无段无洲，无洲无垸"④，"小民贪利，见有淤地辄规以为田"⑤，为此，荆江堤外洲滩围垦纠纷愈演愈烈，纠纷不断，官司连年。

1. 荆江堤外洲滩围垦

按常理，荆江堤外洲滩的围垦，表现为堤外洲滩围垦者与两岸堤内广大平原，即江汉之间平原和洞庭湖平原之间的水利利益冲突，可实际情况却是，江汉之间平原的防洪屏

---

① 参见许正甫：《1960 年松澧分流问题的始末》，《长江志通讯》1985 年第 2 期。

② (清)托津：《钦定大清会典事例·工部·河工·考成保固》卷九百十七，清光绪二十五年石印本。

③ 光绪《江陵县志》卷八《建置志五·堤防》，清光绪三年宾兴馆刻本；另见光绪《荆州府志》卷二十《堤防志》，清光绪六年刻本。

④ (民国)徐国彬：《万城堤防辑要》卷上《勘测全案·呈请委派专员测勘荆江南北岸疏浚淤洲刨毁洲堤文》，民国五年，出版地不详。下引同。

⑤ 光绪《湖南通志》卷四十六《建置·堤堰》，清光绪十一年刻本。

障——荆江大堤①，自明后期始，已高悬于空中，危如累卵；荆江号称"九曲回肠"，属蜿蜒型河道，险工迭生，凹岸险工段主要集中在左岸的荆江大堤段；荆江长期向洞庭湖分流，导致荆江右岸洞庭湖平原的海拔高程高于荆江左岸江汉之间平原数米。所以，荆江堤外洲滩的围垦，必然"阻遏江流，实为官堤之大害"②，"官堤"即荆江大堤，即荆江堤外洲滩的围垦对荆江大堤的威胁最大。如：雍正十年至十一年（1732—1733年），江陵控告石首县围垦张惠垸，导致"江陵张良敖堤溃"③。最典型的案例就是窖金洲围垦纠纷案，乾隆五十三年（1788年），长江发生全流域性特大洪水，"（荆州万城堤）自万城堤至玉路，决口二十二处，水冲荆州西门、水津门，两路入城，官廨民房，倾圮殆尽，仓库积贮，漂流一空，水积丈余，两月方退"④。钦差阿桂查得其中原因之一是：沙市对岸荆江河床中的窖金洲，"有本地萧姓民人，于雍正年间至乾隆二十七年，陆续契买洲地，种植芦苇，每年纳课，因贪得利息，逐渐培植，每遇洲沙涨出，芦苇即环洲而出，阻遏江流，沙面渐阔，江面即愈就窄狭，是以上流壅高，所在溃决"，"其受病之源，实由于此。该处官员兵民人等众口一词，且其说相传已久"。⑤

鉴于荆江堤外洲滩围垦对荆江大堤及受其保护的江汉之间平原防汛安全的巨大威胁，每遇荆江堤外洲滩围垦，荆江左岸的江陵、监利、石首便高度紧张和敏感，无论是滨江的当阳、沔阳、公安、石首、华容、巴陵等其他州县居民围垦，还是江陵、监利本县居民围垦，荆江荆江左岸的江陵、监利、石首都义无反顾地上诉，请求刨毁。如：江陵屡屡控告石首围垦张成南北二垸纠纷；监利、江陵、石首屡屡控告石首、监利、江陵围垦萧子渊纠纷；咸丰十一年（1861年），监利控告湖南巴陵围垦小沙洲、洪水港以及华容围垦白沙洲纠纷；⑥ 同治六年（1867年），江陵王国兴和沈志才等互控私挽青安、六总二洲私垸纠纷；⑦ 同年，江陵覃金范等控告江陵覃金玻等围垦新泥洲、新淤洲"与郝穴大工有损"纠

---

① 荆江大堤，不同时期的起止点各不相同。民国七年（1918年）前，起于堆金台，止于拖茅埠，全长124公里。1951年，将荆江大堤上段从堆金台向西北延伸到枣林岗，延长段堤长8.35公里；1954年汛后，将拖茅埠向东延伸至监利县城南，延长段堤长58.35公里。本文荆江大堤的范围是指延长后的范围，起自枣林岗，止于监利县城南，共长190.70公里。

② （清）舒惠著，毛振培等点校：《万城堤续志》卷八《私堤·成案·徐太守饬毁各私垸札》，湖北教育出版社2002年版，第473页。

③ 《张惠等垸断语》，同治《石首县志》卷一《方舆志·堤防》，清同治五年刻本。

④ 汪志伊：《湖北水利篇》，（清）倪文蔚著，毛振培等点校：《万城堤志》卷九《艺文》，湖北教育出版社2002年版，第272页。

⑤ （清）倪文蔚著，毛振培等点校：《万城堤志》卷首《谕旨》，湖北教育出版社2002年版，第17、23~24页；另见光绪《荆州府志》卷十七《堤防志》，清光绪六年刻本。

⑥ （清）倪文蔚著，毛振培等点校：《万城堤志》卷八《私堤·成案·官制军押毁私垸示》、《私堤·成案·官制军饬毁监利私垸批》，湖北教育出版社2002年版，第230页；另见《再续行水金鉴·长江九》，湖北人民出版社2004年版，第363~364页。

⑦ （清）倪文蔚著，毛振培等点校：《万城堤志》卷八《私堤·成案·方太守讯结青安六总私垸判》，湖北教育出版社2002年版，第236~237页；另见《再续行水金鉴·长江十一》，湖北人民出版社2004年版，第399~400页。

纷;① 江陵控告江陵虎渡东乡和公安县在公安横堤围垦洲滩纠纷②等。显然,荆江堤外洲滩围垦,用各州县之间的水利利益冲突是无法解释的,实际上是受荆江大堤保护的濒临荆江的江陵、监利、石首与围垦方之间的利益博弈,围垦方和禁围方两大利益同盟的划分标准是地缘——受荆江大堤保护的江汉之间平原与堤外洲滩之间,即濒临荆江大堤的江陵、监利、石首与滨江荆江的当阳、江陵、监利、沔阳、公安、石首、松滋、华容、巴陵等州县的堤外洲滩围垦者之间的利益博弈。

2. 汉江河西淤滩围垦

汉江不像荆江河床那么多洲滩,只有钟祥境内有滩地,清同治年间,曾发生过一起钟祥围垦河西淤滩纠纷,且仅此一例。清咸丰九年(1859 年),钟祥河西首士魏光莹等呈请安陆府邢,要求围垦河西淤滩。次年,天门董代祥等联名呈请安陆府,要求禁止钟祥围垦。按理,汉江下游险工众多,河西滩地围垦,必然同时增加汉江下游左右两岸堤防的防洪压力,也同时对两岸堤内平原——襄北平原和江汉之间平原形成防洪威胁,然而,河西淤滩围垦纠纷中,仅表现为钟祥与襄北平原的天门县之间的利益博弈。原因有二:一是汉江下游两岸堤防险工段多分布在左岸,钟堤、京堤、潜堤、天门岳口堤等,皆位于左岸,河西滩地一旦被围垦,极易造成汉江左岸的钟堤、京堤、潜堤溃口,如钟祥、京山"汉神庙以下部堤一有溃决",位于襄北平原的天门县必将"如顶灌足,下游数百里地方受害不小"。③ 如天门县境险工段岳口堤溃决,天门更是直接遭受洪涝溃灾害;二是汉江左岸的钟堤、京堤和潜堤一旦溃决,便为巨工,天门作为受益方,有责任和义务协修,岳口堤位于天门县境内,修复岳口堤天门更是责无旁贷,不像荆门州沙洋堤那样,早在清康熙五十三年(1714 年),其修防费用已由朝廷买单,直至清末。由于天门坚持控诉,咸丰十年(1860 年)二月,安陆府宪以"该处筑垸,究与对岸部堤有碍","于沿山头塘港、石牌等处筑垸,有碍官堤"④等为由,驳回了钟祥河西淤滩围垦的请求。

四、各行政区划间的水利利益冲突

诚然两湖平原的水事纠纷,无外乎江河左右岸之间、同岸上下游之间、堤内平原与堤外洲滩之间不同自然地缘间的水利利益博弈,然而,由于两湖平原河湖密布,河湖水系演变频繁,堤垸林立,各级行政区划属地与江河布局不尽一致,即同一个行政区划属地,往往被江河水系分割成左右岸、同岸上下游、堤内堤外不同地缘,以至于当某个水事纠纷发

---

① (清)倪文蔚著,毛振培等点校:《万城堤志》卷八《私堤·成案·方太守饬毁新泥洲私垸札》,湖北教育出版社 2002 年版,第 237~238 页;另见《再续行水金鉴·长江十一》,湖北人民出版社 2004 年版,第 400~401 页。

② (民国)徐国彬:《万城堤防辑要》卷上《勘测全案·呈请委派专员测勘荆江南北岸疏浚淤洲刨毁洲堤文》民国五年,出版地不详。

③ (清)胡子修辑:《襄堤成案·禁塞汉水各支河·董代祥等钟祥河西淤滩筑堤塍作私垸禀》,台湾文海出版社 1971 年版,第 318~319 页。

④ (清)胡子修辑:《襄堤成案·塞分泄汉水各支河·府宪黄饬禁钟祥河西私筑堤垸告示禁》,台湾文海出版社 1971 年版,第 322 页。

生时，同一个行政区划往往不可能兼顾其境内所有属地的水利利益，不得不在"两害相权取其轻，两利相权取其重"的法则基础上，作出水利利益取舍，使原本以地缘条件为基础结成的地方水利利益同盟，也深深地打下了行政区划的烙印，此即传统意义上的"畛域之念"。

明朝至 20 世纪 50 年代，濒临汉江和荆江的一些州县的行政区划属地，与当今有所不同。潜江、天门、沔阳三州县属地分别地跨汉江左右两岸，本文以"潜江汉左"与"潜江汉右"、"天门汉左"与"天门汉右"、"沔阳汉左"与"沔阳江汉之间"称之。1950 年 6 月，天门汉右的毛咀区划入沔阳县，自此，天门属地尽在汉江左岸；1955 年 7 月，潜江汉左的第一区(即多宝)、第六区(即张港)约 530 平方公里划归天门，自此，潜江属地尽在汉江右岸；1951 年，析沔阳南境置洪湖县，洪湖西侧划入监利县，沔阳汉左从多祥穿沉湖、张池口、玉皇关至脉旺，划归天门、汉川二县，自此，沔阳(今仙桃市)属地尽在汉江右岸；自古至今，汉川县皆地跨汉江左右两岸，直至清末，汉川汉右皆为汉江洪水的蓄纳场所，基本不参与江汉平原水事纠纷；钟祥自古至今皆地跨汉江左右两岸，下文以"钟祥汉左"与"钟祥汉右"称之。滨临荆江地跨荆江左右两岸的石首县、监利县、巴陵县(今岳阳县)，本文分别以"石首江左"与"石首江右"、"监利江左"与"监利江右"、"巴陵江左"与"巴陵江右"称之。20 世纪 50 年代，监利江右被划归巴陵，巴陵江左被划归监利，石首江左被划归江陵，自此，监利属地尽位于荆江左岸，巴陵、石首属地尽位于荆江右岸，至今，只有江陵仍地跨荆江左右两岸，本文以"江陵江左"与"江陵江右"称之。

根据两湖平原各州县属地与荆江、汉江河床切割的不完全一致，明代至 20 世纪 50 年代，三口大型井的各州县分布情况为：江汉之间平原包括荆门州、潜江汉右、天门汉右、沔阳江汉之间、汉川汉右、江陵江左、监利江左、石首江左、巴陵江左、汉阳的平原地区，其中，汉阳和汉川汉右，长期作为汉江洪水宣泄场所，直至清末、民国时期，其水土资源才得以开发，水事纠纷中不见其身影；襄北平原包括钟祥汉左、京山、潜江汉左、天门汉左、沔阳汉左、汉川汉左、汉口、云梦、应城、黄陂、孝感、汉口等州县市的平原地区；洞庭湖平原除包括：濒临荆江的湖北省的公安、松滋、石首江右、江陵江右以及监利江右属地，滨临荆江的湖南省华容、巴陵江右属地，洞庭湖沿岸的安乡、澧州、汉寿、常德、沅江、益阳、湘阴、岳阳、南县属地。

1. 左右岸各行政区划间的水利利益博弈

对巴陵而言，位于江汉之间平原的巴陵江左，属地面积极小，而巴陵江右属地面积广阔，巴陵县城也位于其间，是巴陵县赋税的主要来源。对湖南省而言，巴陵江左属地的水利利益更是微乎其微，几乎可以忽略不计。为此，当巴陵江左与巴陵江右或荆江右岸的洞庭湖平原的水利利益发生冲突时，巴陵江左的水利利益必将被代表巴陵县主体利益的母县巴陵江右和代表湖南省主体利益的母省湖南省所抛弃。同时，湖南省在选择本省水利利益并抛弃巴陵江左水利利益的同时，也顺带保护了湖北省的公安、松滋、石首、江陵江右、监利江右的水利利益；对湖北省而言，其位于洞庭湖平原的属地尽管比湖南省位于江汉之间平原属地巴陵江左的面积大得多，但江汉之间平原却是湖北省的精华所在，湖北省城武汉市也位于这里。因此，当荆江左右两岸发生水利利益冲突时，湖北省力保江汉之间平原的水利利益，同时也兼顾保护了湖南省巴陵江左的水利利益，选择放弃位于洞庭湖平原的湖北省属地公安、松滋、石首、江陵、监利的水利利益，同时也放弃了荆江右岸湖南省的华容、巴陵以及洞庭湖平原各州县的水利利益。

清末至民国时期，无论是湖南省还是湖北省的洞庭湖平原各州县，屡屡谋筑荆南四口时，都遭受过湖北省的上控和坚决制止。如：民国时期，公安、松滋两县屡屡请求筑塞松滋口或松滋河分流支河时，湖北省并不因为公安、松滋地属湖北而选择支持，就像制止洞庭湖平原湖南各州县要求筑塞荆南四口一样，坚决制止公安、松滋筑塞松滋口和松滋河。相反，湖南省自明清以来，一直坚持反对荆江向洞庭湖分流。又如：民国时期的天祐垸围垦纠纷案，获益的是湖南省洞庭湖区的围垦方，受害的是湖北省的江汉之间平原，洞庭湖区洲滩的围垦，会减少洞庭湖的蓄水容积，直接影响着荆江向洞庭湖分流大计，原本属于洞庭湖平原与江汉之间平原的水利利益角逐，然而，由于江汉之间平原代表湖北省的主体利益、洞庭湖平原代表湖南的主体利益，天祐垸围垦纠纷最终演变为湖北和湖南两省之间的利益角逐，以至于湖南人喊出"反对自私自利不讲公理的湖北人"、"谁刨我们的堤，我们就要刨他的脑袋"[1]等口号；同时，湖北省各县旅省同仁集议，成立"湖北各县反对复筑天祐垸联合会"，"公推张难先、沈肇年、李书成三先生，遄赴陪都请愿"[2]，报请内政部制止湖南修筑天祐垸。时至今日，湖南省还时常为荆江向洞庭湖分流提出抗议，如：1981年5月26日，湖南省省委办公厅恳请中央办公厅和国务院办公厅："四湖是800万亩耕地，500万人口，洞庭湖也是800万亩耕地，500万人口。两个湖区都是国家的商品粮生产基地，为什么要牺牲洞庭湖而保四湖呢？"[3]据此，荆江左右两岸之间的水事纠纷，经湖北、湖南两省进行水利利益取舍之后，就演变成了湖北与湖南两省之间的水利利益角逐，史料记载荆南四口的开塞之争及其支河的塞支并流纠纷、洞庭湖区的围垦纠纷等为湖北与湖南两省之间的水事纠纷，就不难理解了。

在江汉平原，当江汉之间平原与襄北平原之间发生分洪纠纷时，潜江、沔阳、天门、汉川分别选择其县城所在地及其精华部分，即潜江汉右、沔阳江汉之间、天门汉左、汉川汉左的水利利益，放弃潜江汉左、沔阳汉左、天门汉右、汉川汉右的蝇头小利。江陵江左、监利江左虽然并不濒临汉江，但由于江汉之间平原地势西北高东南低，一旦汉江向右岸分流或向右岸决口，江陵江左、监利江左也在其淹没范围之内，因此，二者与潜江汉右、沔阳江汉之间因拥有共同的水利利益而结成同盟，号称"汉南四州县"，荆门州也时不时加入汉江四州县行列，号称"汉南五州县"，与襄北平原各州县市组成的水利利益同盟相互角逐。于是，经过水利利益取舍后的汉江左右两岸之间的分洪纠纷，便演变为各相关州县之间的水利利益博弈。如：泗港纠纷原本为潜江汉右与潜江汉左、天门汉左之间的水利利益之争，经过取舍之后，表现为潜江汉右与天门汉左之间的水利利益博弈，潜江汉右和天门汉左分别代表潜江县和天门县的主体水利利益，于是，泗港纠纷被相关史料记载为潜江与天门两县之间的水事纠纷；同理，潜江汉右、沔阳江汉之间与天门汉左、汉川汉左之间的小泽口纠纷，史料将其记载为潜江、沔阳与天门、汉川之间的水事纠纷；汉南四州县与襄北平原之间的大泽口纠纷，史料将其记载为潜江、沔阳、江陵、监利与天门、汉

———————————————

① 湖北省档案馆档案：全宗31水利类第35卷。

② 《湖北各县反对复筑天祐垸联合启事》，《新湖北日报》，1943年1月29日，第1版。

③ 湖北省水利厅机要室收藏：鄂办发[1981]41号文。

川、钟祥、京山、潜江（即潜江汉左）、沔阳（即沔阳汉左）、汉口、云梦、孝感、黄陂、应城等州县市之间的水事纠纷。

2. 同岸上下游各行政区划间的水利利益博弈

在江汉之间平原与洞庭湖平原之间发生分洪和围垦纠纷时，湖北抛弃公安、松滋、石首、江陵江右、监利江右的水利利益，湖南省抛弃巴陵江右的水利利益；在江汉之间平原与襄北平原发生分洪冲突时，天门、潜江、沔阳抛弃天门汉右、潜江汉左、沔阳汉左的水利利益，在同岸上下游之间发生水利利益冲突时，与各相关母省、母州县的水利利益并不冲突时，其母省、母州县都必将积极为其争取水利利益的最大化。

民国二十五年（1936年），编辑《襄河水利案牍汇钞》的天门汉左的沈肇年，代表襄北平原尤其是天门汉左的水利利益，坚决反对冯镇东、汉水线水灾考察团所拟的汉江下游分疏规划中有关向汉江左岸襄北平原分洪的所有内容，而竭力主张汉江向江汉之间平原分洪，置天门汉右和江汉之间平原的汉南四州县的水利利益于不顾。然而，当湖南围垦天祐垸将有碍于江汉之间平原的防洪利益时，为了湖北省江汉之间平原各州县包括天门汉右的水利利益，他却积极参与制止天祐垸的围垦，甚至赴陪都请愿，报请内政部制止湖南省围垦天祐垸。

被母县和母省抛弃的巴陵江左，当其水利利益与母县和母省并不发生冲突时，同样能得到母省各级官府的大力支持。如：巴陵江左、监利江左与沔阳江汉之间属地犬牙交错，三属境内的荆江左岸干堤修防很难划清界限，顺治八年（1651年）秋，"监利生员羿瑜、沔阳生员何启龙、巴陵生员杨必达等，公呈按院各上台，三属会议，有监六沔三巴一之例"[1]，"康熙八年，经总督、二省院、司、道、府、县定案立碑。嗣于康熙十五年，监邑堤溃，监民刘圣卿违案妄控，经生员李之英等呈诉，奉总督蔡毓荣饬令，遵照旧例，分界各修，毋许紊乱成规"[2]。由此可知，三属协修纠纷，不仅受到湖北、湖南两省县、府、道、司、院各级地方官的高度重视，而且湖广总督都有出面，才最终定案。其中，巴陵江左的蝇头小利，湖南省各级政府也决不放弃，据理力争，并将其载入地方志书中，以作日后纠纷协调的依据。

同理，在荆江左右岸水事纠纷中，一向被母县江陵江左和母省湖北省所抛弃的江陵江右，当其水利利益与母县和母省并不冲突时，同样能获得母县的鼎力相助。如：江陵江右的杨家尖和毛家尖协修纠纷中，江陵县力挺江陵江右，要求受该堤段保护的湖北省松滋、公安县，湖南省的安乡、武陵（今常德市武陵区）等县参与协修，即便公安县民两次到京城都察院控诉，江陵县仍然坚持受益各县参与协修杨家尖和毛家尖堤。[3]

钟堤协修，根据每次洪水淹没的不同范围（同时也是钟堤的受益范围）确定协修成员，

---

① 康熙《监利县志》卷一《方舆志·堤》，清康熙四十一年刻本；另见同治《监利县志》卷三《江防志》，清同治十一年刻本。

② 嘉庆《巴陵县志》卷十二《水利》，清嘉庆九年刻本。

③ （清）倪文蔚著，王振培等点校：《万城堤志》卷末《志余·荆属民堤·会勘毛杨尖溃口工程禀》，湖北教育出版社2002年版，第310～312页；另见《再续行水金鉴·长江十一》，湖北人民出版社2004年版，第393～394页。

有钟祥汉左、京山、潜江汉左、天门汉左(即钟、京、潜、天)及武昌卫、承天卫(即安陆卫)、荆门右卫等四邑三卫协修；道光六年(1826年)，三卫正式退出钟堤协修行列，便剩四邑协修；如潜江汉左与钟祥同时有大工兴修，则由钟祥汉左、京山、天门汉左即钟、京、天三邑协修；遇有特大工程，则有钟祥汉左、京山、潜江汉左、天门汉左、应城、汉川六邑协修，或由钟祥汉左、京山、潜江汉左、天门汉左、孝感、应城、汉川七邑协修。每遇协修，各协修成员，或为协修与否，或为协修份额，争吵不休，为此，史料将钟堤协修记载为这些相关州县卫之间的水事纠纷。同理，京堤协修纠纷，发生在京山与同岸下游的钟祥汉左(钟祥与京山地形犬牙交错)、潜江汉左、天门汉左等县之间；潜江汉左的汉江左岸堤，由潜江汉左与天门汉左协修；荆门州沙洋堤，由荆门州与同岸下游的潜江右、沔阳江汉之间、江陵江左、监利江左协修；潜江汉右的汉江右岸堤，由潜江汉右与同岸下游沔阳江汉之间、天门汉右协修等。所有这些纠纷，都被史料记载为这些相关州县之间的利益冲突。其中，在江汉之间平原与襄北平原发生水利利益冲突时被母县潜江抛弃的潜江汉左，在襄北平原上下游之间的协修纠纷中，天门县却力挺潜江汉左积极谋求同岸下游天门汉左的协修，拒绝或尽可能少地协修同岸上游的钟堤和京堤。

即便是牵涉范围相对狭小的相邻垸子之间的水事纠纷，也表现出明显的行政区划特征。江汉平原的垸堤协修，以潜江制度最为完善，其境内一百数十垸，"皆计亩均丈协修"，"各垸之田无论相离远近，凡阡陌鳞次接壤，而中无河水间隔者，即谓同区，遇有工程，本垸力不能胜，则将同区各垸开明禀县，印河各官传同垸民酌量工之大小，田之多寡，均匀派拨，令他垸协助，谓之调垸，以此鸠工集事，众擎易举，无抗夫阻土之弊"①。据研究，"在很多清代地方文献中，'垸'往往取代保甲或村，而成为江汉平原最基层的乡村政治地域单元"，"有些地方甚至出现了超越地方行政组织的、以'垸'为主体的地缘社会组织"。② 然而，一旦垸堤协修牵涉到不同的行政区划，相对于同一行政区划内部而言，更易引起纠纷，于是，不同州县的垸民便协商出垸堤协修定例，如：潜江汉右的黄中垸和上耳垸，潜江汉右、天门汉右、沔阳江汉之间"自来通力合作，分工章程，派定潜一天二沔七焉"③；汉川汉左与沔阳汉左共有的彭公垸垸堤协修，向有"汉四沔六"④之例；沔阳汉右与汉川汉右共有的宁家垸，在协修汉江右岸1000丈长的堤防时，向有"汉二沔一"之例；汉川、应城共有的郭家垸，滨临府河，在修筑"自道人桥起至长江埠间，堤底周一千五百丈"的临河堤防时，向"以三分为率"，有"应一汉二"⑤之例等。即便如此，如果"地系隔属"，垸堤协修仍然会"日久变生"，出现协修方"不乐赴工"⑥的情况。

相邻诸垸排涝渍纠纷，也会引起行政区划之间的利益冲突。如：七十二垸本属天、

① (清)王概：《湖北安襄郧道水利集案》卷下《禀抚宪晏各属水利岁修事例》，清乾隆十一年刻本。
② 鲁西奇：《台、垸、大堤：江汉平原社会经济区域的形成、发展与组合》，《史学月刊》2004年第4期，第16、17页。
③ 光绪《潜江县志》卷十《河防志·堤防》，清光绪五年刻本。
④ 同治《汉川县志》卷九《堤防志·官垸》，清同治十二年刻本。
⑤ 同治《汉川县志》卷九《堤防志·官垸》，清同治十二年刻本；另见嘉庆《湖北通志》卷二十五《政典八·堤堰·汉阳府》，清嘉庆十一年刻本。
⑥ 光绪《潜江县志》卷十《河防志·堤防》，清光绪五年刻本。

沔、川三州县所共有，垸内田亩，"天居六成以外，沔居三成以外，川邑不及一成"①，向来水利事务皆由天门主持。其垸堤协修有"天六沔四"②之例，尽管如此，由于垸内地势亦分高低，每次水灾淹没范围各不相同，天、沔、川三州县各收益田亩之间的纠纷仍然不断。七十二垸下游的彭公垸，属沔、川二州县所共有，垸田田亩沔阳居六成，汉川居四成，按照惯例，当由沔阳主持彭公垸水利事务，然而，由于彭公垸地控汉川县精华汉川汉左之顶端，水利事务实际上由汉川主持。由于七十二垸一旦开口排泄垸田积水，汉川"夹街当其对岸，洪流奔注，撼击堤根，受其摧啮，则瓦解破竹之势成矣"③，为此，汉川秦本祖谴责七十二垸排泄溃涝属"图一隅之便安，贻邻境数县之大害"之举，并感叹说："患在境内者犹可防患，在邻境者实难测。"④据此，七十二垸排涝溃纠纷，虽然表现为七十二垸与彭公垸之间的水利利益角逐，实则为主持七十二垸水利事务的天门县与组织七十二垸排积水入竹筒河的汉川县之间的利益角逐。

3. 堤内堤外各州县间的水利利益博弈

前面述及的荆江和汉江堤外洲滩围垦纠纷，同样可以演变为各州县之间的水利利益博弈。保障垸、古埂垸、由始垸和谢家垸围垦纠纷，确切地说是江陵江左与江陵、当阳的堤外洲滩围垦者之间的利益冲突，但由于江陵江左代表了江陵县的主体利益，江陵围垦者迫于母县的压力，往往不能有大作为，如此，江陵江左与当阳堤外洲滩围垦者之间的利益冲突，实际上演变为江陵与当阳两县之间的水利利益角逐；同理，张惠垸、张成垸、窖金洲、扬子洲、永发洲等围垦纠纷案，也从江陵江左与石首堤外洲滩围垦者之间的水利利益冲突演变为江陵与石首两县之间的利益角逐；小沙洲、洪水港、白沙洲围垦纠纷，从江陵江左、监利江左与巴陵、华容堤外洲滩围垦者之间的利益博弈演变为江陵、监利与巴陵、华容之间的水利利益角逐；萧子渊围垦纠纷，原本属江陵江左、监利江左、石首江左与石首、江陵、监利堤外洲滩围垦者之间的水利利益博弈，由于江陵江左、监利江左代表了江陵、监利的主体利益，围垦者以石首居多，代表着石首的主体利益，同时，石首江左迫于母县的压力，也不能大张旗鼓地反对，于是萧子渊纠纷便演变为江陵、监利与石首之间的利益角逐；汉江河西滩地的围垦纠纷，原本为钟祥河西淤滩围垦者与天门汉左之间的利益博弈，天门汉左忧虑钟祥围垦河西淤滩后，继而围垦汉江左岸的滩地，最终演变为钟祥与天门之间的利益角逐。正因如此，史料才将上述纠纷记载为各相关州县之间的水利利益角逐。

五、宗族血亲

宗族血亲关系也会成为两湖平原地方水利利益同盟缔结的纽带。如：潜江县木头垸，

---

① 《县主邵据天沔川绅民禀请老官庙开沟建闸今将兴办情形申覆府宪详文》。

② （清）胡子修辑：《襄堤成案·修建共济闸万福闸·汉川县主薛移请邵主会商兴办川属老官庙开沟建闸移文》，台湾文海出版社 1971 年版，第 1179 页。

③ 同治《汉川县志》卷九《堤防志》，清同治十二年刻本。

④ 秦公祖彭公：《垸田堤防说略》，同治《汉川县志》卷九《堤防志》，清同治十二年刻本。

隶属于潜江县十三个区之一的木头区，包括直西垸、范家垸、红西垸、河汉垸、西耳垸、虱祖垸、鲁士垸和木头垸共八个垸子。木头区地处潜江县河和东荆河之间，隔东荆河与东荆河右岸洪水区的长湖垸相望，东荆河左岸堤也是木头垸垸堤的一部分，"上自石家拐起，至黄家剅止，中隔鲁士公堤一道，共长二千七百零二弓，向系阖垸同修"。清同治年间，"朱、黄两姓彼此推诿，酿成京控"。奉部覆，"饬令院分朱、黄、杂姓三卷，堤分三段，按亩受修，知县戴昌言遵照勘分"①。

综上所述，两湖平原水事纠纷，由于牵涉面广，左右岸、同岸上下游、堤内堤外等地缘条件，便成为各种不同型号的井与井之间缔结水利利益同盟的决定性因素。由于各级地方行政区划与自然河湖水系布局不尽一致，两湖平原的水事纠纷也同时具有了浓厚的畛域特征。无论是不同的地缘之间还是畛域之间的水利利益冲突，都截然不同于传统的阶级矛盾、贫富矛盾、宗族矛盾、民俗民风矛盾等，即便是具有宗族血亲关系的人群，也往往会被地缘条件和行政区划因素割裂开来，致使亲人之间因隶属于不同的水利利益同盟而反目成仇，即便是在水利事业相对发达的现当代，两湖平原的水事纠纷，也"影响邻县干部之间的团结，群众之间不相往来"②。只有在相对狭小的范围内，宗族血亲关系才有可能成为地方水利同盟缔结的纽带。各水利利益同盟，对两湖平原的水利大局和长远利益，几无考虑，各自为了寻求自身局部的、短视的水利利益的最大化，以自我为中心，以邻里为沟壑，没有永远的朋友，只有永远的利益。

中华人民共和国成立之后，与明清时期相比，两湖平原这口巨型井、三口大型井、荆江和汉江堤内平原和堤外洲滩的地理格局尚存，其余中型井和小型井，由于河湖的自然演变、治河改田等因素的影响，其水利格局已发生翻天覆地的变化。其实，无论中型井和小型井格局如何变化，只要这些井尚存，水事纠纷发生之时，便会出现井与井之间的水利利益博弈。尽管中华人民共和国成立之初，两湖平原的行政区划，根据荆江和汉江布局，作了适当调整，但无论行政区划如何改变，只要存在左右岸、同岸上下游、堤内和堤外的地缘条件，一旦发生水事纠纷，畛域之念在所难免。唯一改变的是，当今社会，人口流动性强，宗族血亲不再像明清时期那样紧密，因此，明清乃至民国时期水事纠纷所表现出来的宗族血亲特征，今天已很难凸显出来。今天我们之所以看不到像明清乃至民国时期那样频繁且剧烈的水利利益冲突和角逐，是因为政府对两湖平原有了统一的水利发展规划，更重要的是，政府对水利的投入大大增加，而且，对受害方采取了相应的补偿机制。

（作者单位：武汉大学水利水电学院水资源与水电工程科学国家重点实验室）

① 光绪《潜江县志》卷十《河防志·堤防》，清光绪五年刻本。
② 监利水利志编辑室：《监利水利志》，中国水利水电出版社 2005 年版，第 383 页。

科举学研究

清代科举生态与琉球官生的诗歌创作[*]

——以孙衣言《琉球诗课》为研讨中心

□ 张明明　程　芸

明清时期琉球的汉文学相对于朝鲜、安南，显得滞后，这与其制度的粗疏不无关系。尚温王（1784—1802 年）时代，琉球始建"国学"，并仿照中土的科举设立所谓的"科"，用以选拔人才。其形制简陋，旨归亦殊，不可视为严格意义上的科举制度。出于对自身文化短板的认识，琉球政府对派遣官生赴中国留学寄予了极大希望，而清政府对琉球官生也颇为重视，康熙年间于国子监设立琉球官学，与八旗官学、俄罗斯官学等同例，此后，琉球官生入学国子监日趋频繁和常态化。清道光年间，琉球官学的教习官孙衣言编选官生试律诗集《琉球诗课》，从选题策略、评点策略来看，显示出传统诗学与清代科举文化的双重影响。该书折射出清代科举文化与琉球汉文学创作、传播之间的联系，为研究东亚传统文学生态提供了独特的视角。

一、"道"与"艺"：清代琉球官学的变化

外藩入学明清国子监的记载，始见于高丽人金涛。《钦定续文献通考》载：

> （洪武）三年，高丽遣其国金涛等四人来学，次年涛成进士，归。自是，日本、琉球、暹罗诸国皆有官生入监读书。朝廷辄加厚赐，并给其从人。……永宣间，诸国来学者先后络绎，迄正德嘉靖时，琉球生犹有至者。①

可见明初招收外国官生之时，以高丽为先行者，琉球则后来居上。至清代，琉球国派

* 本文为国家哲学社会科学基金项目"古代朝鲜燕行文献所存明清文学史料的整理与研究"（项目批准号：13BZW088）和教育部人文社会科学研究一般项目"韩国汉籍中的中国戏曲史料辑录与研究"（项目批准号：11YJA751007）的阶段性成果。

① （清）嵇璜：《钦定续文献通考》卷四十七，《文渊阁四库全书》，台湾"商务印书馆"1995 年版，第 330 页。

遣官生随同册封使入国子监学习，几成定制。王士禛《琉球人太学始末》有云："向慕文教，琉球于诸国为最笃；国家待之，亦为最优。"①康熙二十三年（1684 年），册封使汪楫、林麟唱应中山王尚贞请求，奏请康熙帝准琉球陪臣子弟入监；康熙二十七年（1688 年），清廷接受琉球所遣梁成楫、郑秉均、阮维新、蔡文溥等一行四人入学国子监，并于国子监内设立琉球官学。

考《钦定国子监志》，清代琉球官生教学之事最早见于雍正二年（1724 年），郑秉哲、郑谦、蔡宏训等人入监学习，"秉哲等自陈愿学为四书、五经义，因遴拔贡生李著为教习，以训迪之"②。据此可知，清初的琉球官生以"四书五经"为主要内容，并未涉及诗文。明清国子监的教学一直以来都紧密围绕科考来开展，琉球官学也将"四书五经"作为基本课程，显然是受到中土科举生态的影响。

到了乾隆二十五年（1760 年），琉球陪臣子弟郑孝德、梁允浩、蔡世昌、金型进入国子监。湖南安乡人潘相（1713—1790 年）以拔贡生选为琉球官学教习，曾撰《琉球入学见闻录》，对琉球官生入监学习的过程记载非常详尽。潘相仿效宋明书院制度，拟定了一系列规章制度，在教学管理和日程生活中为琉球学生树立了严明的纪律。据《琉球入学见闻录》记载，针对琉球官生的教与学呈现出循序渐进的特征：

> 每日早起沐浴、正衣冠、诣讲堂，听讲小学数条，小学完讲《近思录》，饭后讲经数条，临帖灯下，讲四六古文各一篇，诗一首，次日背诵。逢三日作诗一首，不拘古、律。逢八日作四六一篇或论序等类一篇。③

可见潘相对于琉球官生的教学范围广泛，却不枯燥，课程安排疏密有致，相较于清初的教学模式，更为灵活并贴合实际。

潘相最重要的贡献，是将诗、古文、四六等更加纯粹的文学体裁运用到琉球官生的教学中，旨在突破重视义理的科举文化的单向度影响，转而培养琉球官生更为全面、综合的文化素养，并提高其运用汉语、汉字的整体水平。这种围绕文学创作的教学，扭转了清初国子监琉球官学以"四书五经"为独大的局面，一方面平衡了学生的知识结构，使其视野更为宽阔，能力得以延伸，另一方面传授了官生从事汉文创作的实际能力，而这一点，无疑也是学习外国语言文学的一种上乘方法。

潘相的这些改革举措，为孙衣言的国子监琉球官生教学活动提供了思想和方法上的借鉴。孙衣言（1814—1894 年），字绍闻，号琴西，晚号逊披，斋名逊学，浙江瑞安（今浙江瑞安市）人，清代著名学者、藏书家，官终太仆寺卿。孙氏曾于道光二十一年（1841 年）至二十四年（1844 年）间任琉球教习。孙氏之前，琉球官生虽然学习诗、文、四六，但并未接受过试律的教学。而另一方面，试律却是清代中后期极为重要的一种应试体裁，试律诗是中国举子必修的课艺，由于琉球未实行科举，故其试律之作起步较晚。孙衣言选编阮宣

---

① （清）王士禛：《琉球人太学始末》，《传世汉文琉球文献辑稿》第三十册，鹭江出版社 2012 年版，第 166 页。

② （清）文庆：《钦定国子监志》，北京古籍出版社 2000 年版，第 295 页。

③ （清）潘相：《琉球入学见闻录》，清乾隆三十三年（1768 年）刻本。

诏、向克秀、郑学楷、东国兴四位琉球官生的试律为《琉球诗课》四卷，并附有评点式批阅，其自序云："闻之琉球诸生云其国先无试帖诗，乾嘉以来乃至以之取士，其慕效华风之诚如此，可嘉也。诸弟子入学即请为此等诗，余亦如其意授之。"①可见，在此之前琉球尚无试律，经过阮宣诏等人的推广才在琉球本土开枝散叶。

到了同治时期，继任琉球官学教习的徐榦仿孙衣言旧例，编选了同名的《琉球诗课》一书，并请孙衣言作序，序中有云："琉球者初未有场屋取士之法，乃亦效而为之，信乎风尚之所趋有莫知其所以然者矣，予尝闻中山人士虽尚试律，然其国人所为大率四韵而已，阮宣诏等人入监读书始有八韵之作。"②据此可知，因琉球国未开科举，故其文人对试律虽有崇尚之心，却无从习之，阮宣诏等人入监学习，正是琉球人与试律诗的"初次接触"。

孙衣言在潘相的诗文教学基础上，进一步提出以试律诗作为课程，此举发端于琉球官生的请托。国子监监生、贡生的日常学习科目中，试律赫然在列，"国子监贡、监生分六堂肄业。每月望日，堂上官轮课，是曰大课。课以四书艺一篇，五言八韵诗一首"③。事实上，试律是科举与诗艺相结合的产物，兼具应试文学与创作文学的两重性质，既然清代中后期的国子监生员普遍习授，那么，就不可能不旁及琉球官生，这或许是"诸弟子入学即请为此等诗"的原因。

相对于潘相的诗文教学，孙衣言的试律教学显然更贴近当时的整个科举生态，也从一个角度折射了这一生态之于整个东亚文化的影响，反映某些以汉字为书写工具的异域文人之于中华的主动的文化认同。事实上，试律作为科考的一种应试文体，不但为唐宋文人所熟稔，对于清代乾隆、嘉庆、道光三朝的文人而言，其"文学"的意义与价值重新又得到了发掘与彰显，纪昀的《唐人试律说》、梁章钜的《试律丛话》可为佐证。因此，孙衣言编选《琉球诗课》，既顺应了外藩教学一直以来以"四书五经"等儒家经典为主要内容的传统，也兼顾了清代中后期科举文学的转型，体现出"道"与"艺"的合流，而这也正是我国古代文学教育的一个根本旨趣。

二、"艺"与"法"：《琉球诗课》的选题策略

试律又称试帖，盛行于唐代，宋代神宗时期曾因王安石变法重实用经济之学而一度废除，元明时期亦未开设。到了清代康熙时期，试律诗出现复苏的端倪，康熙十八年（1679年）首开博学鸿词科，即曾以诗赋作为考核科目，至乾隆二十二年（1757年），于乡试、会试科目中加试五言八韵诗，正式将试律纳入科考体系之中。试律消逝几百年后，在乾隆朝重新肇兴，除了乾隆皇帝的个人兴趣，也可找到其背后的社会文化逻辑：强调义理的八股文渐趋僵化，已不能独立承担开科取士的职能，将试律这样一种"诗体"恢复于科考之列，

---

① （清）孙衣言编，阮宣诏等撰：《琉球诗课》，高津孝、陈捷主编：《琉球王国汉文文献集成》（以下皆简称《集成》）第三十一册，复旦大学出版社 2013 年版，第 317 页。

② （清）徐榦编，林世昌等撰：《琉球诗课》，高津孝、陈捷主编：《集成》第三十二册，复旦大学出版社 2013 年版，第 86 页。

③ （清）文庆：《钦定国子监志》，北京古籍出版社 2000 年版，第 189 页。

既有美化明君文治之意，亦能达到收罗天下文士的实效。对于汉族文人，这无疑是一种富有成效的笼络，其酝酿自康熙朝开博学鸿词科之时应已露端倪，至乾隆中期渐成气候则可谓顺理成章。

然而，尽管试律为诗歌体式之一种，与五、七言律诗的关系非常密切，但由于服务于科考，从艺术手法上讲，试律就不能不与一般诗歌创作显示出明显的差异。大略而言，试律一般为五言六韵或八韵的排律，通常以古人诗句或成语为题，冠以"赋得"二字，需谨遵主旨并严格限制韵脚，较一般的律诗法度更为严谨。到了清代，试律路数渐趋逼仄，又由于八股文的影响，时人将试律依附于八股之上，这种"以（时）文为诗"的思维是清人对试律的基本态度。应科考之需，清代中后期关于试律创作及评点的参考用书，如试律诗话、试律选本等不断出现，影响较大的有纪昀《唐人试律说》、叶葆《应试诗法浅说详解》、翁昱旭《试律须知》、李守斋《分类诗腋》等。叶葆的《应试诗法浅说详解》径直以八股之法来解读试律，而这种思路也被视为试律创作的基本法则，并延续至清末。故而，清人认为帖体诗与一般诗歌的创作法度其实大不相同，如梁章钜所云："凡作诗不可有时文气，惟试帖诗当以时文法为之。"①究其原因，其实非常简单：八文股与试律都是科举考试的科目，虽然体裁不同，但旨意同归。

惟其如此，一首试律诗是否体现传统诗学所标举的玲珑、兴象、风骨、格力等美学标准，这并不重要；或者可以说，试律诗的评判标准不以传统的诗歌美学典范作为依据，甚至还大相径庭。当然，从另一个角度看，清代试律诗以"八股"文法为导向，其外在结构和精神内核都依附于当时已经很成熟的科举体裁，这也可以视为该文体为自身发展寻求合法性的一种表现。而对于考生来说，以尽可能规范的形式，创作出获得考官青睐的作品，才是其关注的焦点。梁氏的言论，正可代表清人对待试律的基本态度，简而言之，试律在其眼中是一种异于正常诗体的诗歌"变体"。

在此背景之下，孙衣言选择试律作为指导琉球官生诗歌创作的体裁，应有其特殊考虑。在为徐榦所编《琉球诗课》所作序言中，孙衣言透露出个中缘由："徐君此录所载林生诗尤为妥帖详雅，有中朝馆阁气象。则其文教之开而日新，尤可喜也。方今殿廷考试皆用八韵，馆阁之士类能出其绪余，为声韵俪偶之学，而其取材汉魏，导源风雅以上溯夫温如敦厚之遗者盖不乏人。"②原来，弘扬儒家温柔敦厚的"诗教观"，正是孙衣言选择将政治色彩强烈的试律用于琉球官生教学的目的，他希望通过弘扬诗歌的教化功能来影响藩国的政教。当然，从实际操作层面来看，试律诗格律严谨，便于实践，初学者更易于入手。

传统试律的选题往往凸显"颂圣"的特点，这里所谓"颂圣"包括两方面的含义，一类是歌功颂德，另一类是"代圣人立言"，即阐发儒家旨归，这两类试律既殊途同归，也相互渗透。因此，试律诗的选题出自经部类的著述被认为更加正统，至于更能体现文学性质的集部类著作，从展示诗艺的角度看，其实更适宜从中择取试律的选题。大体而言，清代康、雍、乾三朝的试律选题多出于经部，道光朝则是一分水岭，此后则几乎没有出于经史的情况，更多地偏重从集部中择取诗题。从选题看，孙衣言的《琉球诗课》也明显地反映

---

① （清）梁章钜：《退庵随笔》，台湾文海出版社 1969 年版，第 1151 页。

② （清）徐榦编，林世昌等撰：《琉球诗课》，高津孝、陈捷主编：《集成》第三十二册，复旦大学出版社 2013 年版，第 86~87 页。

了这一趋势。

《琉球诗课》共有 107 道选题，其中题名中非诗歌类仅有 7 题，诗歌类 100 题，且有两处出自同诗，故共 98 首。题目所自的 98 首诗歌中，即事即景、酬唱赠别类共 93 首，约占 95%，而颂圣之作仅有《紫宸殿退朝口号》、《奉和圣制从蓬莱向兴庆阁道中留春雨中春望之》两篇，所占比重极小，除此二首之外，凡与君臣之义、为臣之道等相关的题材均未收录。整体来看，《琉球诗课》的选题呈现出对政治的背离，而更多地倾向于抒发个人之逸兴或感伤。这种情形，正可与清代中后期会试中的试律选题从经史类著述中"淡出"的情况相互印证，也从一个角度说明，试律作为一种应试文体，其整体的创作倾向已经从家国、历史这类"宏大"题材，退还到细微的个人生活，显示出清代科举文化的一个细微而重要的变化。

从选本学角度来考察，可以发现《琉球诗课》除了折射出时代风尚的某些特点，其选题的具体出处也体现出编者的偏好或用心。具体而言，选题出于唐代诗人者有 77 处，具体到诗人，入选 5 首以上者依次为：杜甫 12 首、李白 7 首、王维 6 首、白居易 5 首。两宋诗总共仅选录 10 处，陆游就独占了 5 首，其余都是各录一首。如此明显的"尊唐"倾向，究其原因，应该是为琉球学生树立"经典"意识，避免引导初学者走上险怪、艰涩之路。而这种取舍，既符合宋元以来传统诗学的基本精神，也体现了清人对于诗歌启蒙的一个基本看法，即取法乎上、以唐人为师。

宋人严羽在《沧浪诗话》说："入门须正、立志须高，以汉、魏、晋、盛唐为师，不作开元、天宝以下人物。若自生退屈，即有下劣诗魔入其肺腑之间，由立志之不高也。"[1]其说虽然陷入绝对，但于后世初学者而言，宋诗的得失、优劣及其对唐诗的艺术拓展，是另一回事，唐诗的经典地位则是难以质疑的，从唐诗入手，才是诗艺的正道。《全唐诗》成于康熙年间，但数量众多、卷帙浩繁，后来沈德潜编选《唐诗别裁》，收录唐诗近两千首，也不适合初学者，到了乾隆年间出现蘅塘退士的《唐诗三百首》，收录诗三百一十首，大多脍炙人口，加以若干种注释本(如章燮《唐诗三百首注疏》、李盘《注释唐诗三百首》、陈婉俊《唐诗三百首补注》)的辅翼，成为最适合儿童启蒙的唐诗读本。一个可供对比的细节是：《唐诗三百首》收诗数量前三位的，也是杜甫(38 首)、王维(29 首)、李白(27 首)，与《琉球诗课》排序略有差异，而《琉球诗课》则完全忽略了在《唐诗三百首》中居第四位的李商隐(22 首)。事实上，李商隐并非没有试律之作，乾隆朝四库馆臣曾有云：

> 唐代取士，科目至多，而所最重者惟进士。其程试诗赋，《文苑英华》所收至夥。诸家或不载于本集中。如李商隐以《霓裳羽衣曲》诗及第，而《玉溪生集》无此诗。[2]

就诗风与诗名而言，李商隐诗以言辞秾艳、意境幽微、托旨遥深而见长，很多诗作后人的诠释、解读尚且意见纷纭，更难以想象成为初学者的门径。《琉球诗课》选题以李、杜、王维为前三位，显然要以盛唐诗歌作为教学典范；至于白居易与陆游，虽然晚出，但卓然成家，且风格平易、流畅，既符合初学者的口味，也便于模仿。

① 郭绍虞：《沧浪诗话校释》，人民文学出版社 1983 年版，第 1 页。
② (清)纪昀等：《四库全书总目提要》，中华书局 1965 年版。

三、"教"与"学"：《琉球诗课》的评点策略

尽管试律是一种应试文体，但在清代并没有如八股文那样受到普遍的批评，究其原因，与试律的历史地位和清人对于试律的文体认知有关。毕竟，唐代试律发端之时，也正是讲究平仄、对仗、用韵以及各种技法的近体诗大兴之日，因此，基于这种历史判断和审美认知，清人对于试律的做法，其实也有两种并行不悖的说法。① 一种是如前文所引梁章钜的观点："凡作诗不可有时文气，惟试帖诗当以时文法为之"②，另一种则是如纪昀所主张的，视试律为诗体之支流，故"必工诸体诗而后可以工试帖，又必深知古人之得失而后可以工诸体诗"③。两相比较，从有利于初学者的功利主义立场来评价，纪昀的说法或许失于玄妙、难解近渴，梁章钜以八股"时文法"来解说试律的主张，其实更具实效。试律与八股的体式较为接近，试律为八韵之诗，故可以与八股的写作方式相比照，因此，八股之法不失为从事试律创作的方便法门。

然而，对于中土读书人而言简单易行的事情，在琉球官生那里，反倒是一条走不通的弯路。原因也很简单，琉球人口有限，尽管以汉字为官方的书写文字，但并没有成熟的依托于八股文的科举制度，进入北京国子监的琉球官生也不需要研习八股文。"时文法"对于中土读书人而言，是一种普通的知识背景，对于琉球官生而言，则不具有任何参照系的意义。孙衣言对这种情况了然于胸，他在选题上推尊盛唐，所选题目多为名篇，且风格平易、畅达，这个策略为琉球官生初学诗者提供了适宜的平台。以李白为例，选题所用诗句分别是：举杯邀明月；今人不见古人月；人行明镜中；轻舟已过万重山；云横天际山；一溪初入千花明；风吹柳花满店香。李白诗向来以淋漓痛快名世，而这里所选的几首诗在李诗中格外意象明朗，明白晓畅，便于初学者入手。

官生创作是《琉球诗课》的主体部分，可将其视为对试律教学效果的反馈；孙衣言的评点则提示了学生们如何认识缺点，提高创作水平。二者之间是相反相成、教学相长的过程。在教学—创作—评点……的循环互动中，可以考察试律教学的实效。试看向克秀《万松径里支吟筇》④：

> 步入深山里，森森列万松。寻诗宜静径，乘兴倚枯筇。晓籁千林密，晨烟十里浓。锦囊初得句，藤杖共留踪。路记羊肠曲，人似鹤意慵。吟风应我和，敲月更谁逢。妙想闲叉手，苍容近荡胸。赏心知未易，仁立对骞龙。

孙衣言评曰"人似鹤意慵五字自然入妙"。诗题"万松径里支吟筇"出自元代诗人袁士元的《送孚中禅师住龙翔寺》，原诗以松竹遒劲挺拔之姿衬托寺庙庄严静谧之态，是描绘

---

① 相关研究参看陈志扬：《论清代试帖诗》，《学术研究》2008 年第 1 期。
② （清）梁章钜：《退庵随笔》，台湾文海出版社 1969 年版，第 1151 页。
③ （清）纪昀：《纪晓岚文集》第一册，河北教育出版社 1991 年版，第 271 页。
④ （清）孙衣言编，阮宣诏等撰：《琉球诗课》，高津孝、陈捷主编：《集成》第三十一册，复旦大学出版社 2013 年版，第 399 页。

寺庙风景之佳作。向克秀此诗首联拈出"万松"、颔联中出句"寻诗"点题中"吟"字，对句拈出"笻"字。此外，"森森"与"宜静径"则以森然寂静之貌，点出原题中"万松径里"四字。通观全诗，扣题、破题，承题，收尾皆算得连贯、流畅，可谓安排妥帖。孙衣言特挑出"人似鹤意慵"一句加以圈点，则是因为此句似以不经意出之，而意趣闲淡自然。孙衣言的评点，尽可能扬弃了传统的试律评点专注于应试技巧，而回归诗学、诗艺本身，对于初学者而言，细致生动、就诗论诗的评点更加贴合诗歌的创作实际，更能激励他们的创作热情。

当然，站在更为纯粹的诗学立场来看，孙衣言的评点显然有"溢美"之嫌。检点文本，全书随处皆是好评：如评阮宣诏《山随匹马行看暮》诗云："安详有度"；① 评郑学楷《江面山楼月照时》诗云："高唱而入，响遏行云"②；评向克秀《自笑年来长送客》诗云："借题言情，八韵诗中亦有此体。上二字绝不启发，却处处如闻其声，最为传神高手"③；评东国兴《天下几人画古松》诗云："一起舒卷，此种神力为帖体独辟一境，然非能古诗者终身梦不到耳。"④更有甚者，竟然将官生创作比之唐贤诸人，其中比于老杜者最为常见，如评向克秀《枫落吴江冷》诗云："'秋老客舟中'五字老杜"⑤，《为报家人数寄书》诗云："出没顿挫、绝迹飞行，此工部长律法也，于帖体中得之大非易事。"⑥对于初学者，褒奖以资鼓励本无可厚非。但对于教习官来说，为学生指正缺点，使其知不足应是教学的基本态度，这样才能更有效地提升学生的创作能力。相较于中土对监生、贡生严格的考核制度，琉球官学则松散许多，此举与封贡体系之下清朝政府"怀柔远人"的对外政策不无关联。孙衣言虽然努力探索试律的教学方法，用以培养琉球子弟，但在作为重要反馈依据的评点上，为了与怀柔远人之旨不相违逆，而有溢美之嫌，是其教学中的微瑕。

孙衣言在为后出的徐干所编《琉球诗课》作序时又说："乾隆间教习臣潘相始为《入学见闻录》一书，附载朝廷恩数及其国世系、风土、人物、文字，言之綦详。嘉庆间教习臣黄景福复为《见闻辨异》一卷，考订讹误，皆足与徐葆光、周煌诸志互为质证。道光二十一年，琉球弟子向克秀、阮宣诏、郑学楷、东国兴四人入监。臣以副贡生充教习时，与诸弟子询考谣俗，大约无异前录。而其在学所为诗文、别为录刻，故不复箸论。今年二月臣以提刑淮南北奉命入觐，适琉球弟子林世功学成将归来，谒于客邸。世功在其国时，尝从

① （清）孙衣言编，阮宣诏等撰：《琉球诗课》，高津孝、陈捷主编：《集成》第三十一册，复旦大学出版社 2013 年版，第 323 页。

② （清）孙衣言编，阮宣诏等撰：《琉球诗课》，高津孝、陈捷主编：《集成》第三十一册，复旦大学出版社 2013 年版，第 365 页。

③ （清）孙衣言编，阮宣诏等撰：《琉球诗课》，高津孝、陈捷主编：《集成》第三十一册，复旦大学出版社 2013 年版，第 411 页。

④ （清）孙衣言编，阮宣诏等撰：《琉球诗课》，高津孝、陈捷主编：《集成》第三十一册，复旦大学出版社 2013 年版，第 430 页。

⑤ （清）孙衣言编，阮宣诏等撰：《琉球诗课》，高津孝、陈捷主编：《集成》第三十一册，复旦大学出版社 2013 年版，第 398 页。

⑥ （清）孙衣言编，阮宣诏等撰：《琉球诗课》，高津孝、陈捷主编：《集成》第三十一册，复旦大学出版社 2013 年版，第 403 页。

宣诏、国兴学，故修再传弟子之礼，随教习臣徐干来见。而干复以所辑见闻补录，属为之序。"①据此可知，潘相《琉球入学见闻录》成书后，嘉靖朝黄景福补《见闻辨异》一卷，同治年间徐干任教习时，又辑《见闻补录》，并嘱托孙衣言作序。孙衣言将试律运用于教学，当受潘相诗文教学的启发，其上承潘相，下启徐干。此后徐干编选《琉球诗课》、《琉球诗录》，都是直接以孙著为模仿对象，且与孙著完全同名。据此可推断，由潘相到孙衣言，再到徐干，无疑有一脉相承的关系，其中科举文学的介入是一个重要的环节。由于阮宣诏等人的推广，《琉球诗课》在琉球的传播影响也很广泛，并间接地推动了琉球的汉诗创作。

四、余 论

清代朝鲜使者的《燕行录》（"燕行文献"）中，记录了一些在华安南、琉球等藩属国文人及其诗歌唱酬活动，这些文人的身份除了使臣及其子弟、随从，大抵可推测国子监官生的可能性最大。琉球国担任重要职务并参与重大政治文化决策的公卿贵胄，很多都具有赴华留学的履历，对琉球的整个文教事业都有巨大贡献，到清中后期这种情况更为普遍。②从这个角度看，琉球汉文学在官生的影响下，就必然带有一定的科举文化的特质。或可认为，科举在朝鲜、安南的影响是显性的、制度上的，而在琉球则是隐性的、制度外的。

科举文化的介入与琉球汉文学之间的关系问题，以往的琉球汉文学研究很少被揭示出来，这或许是因为，科举之于我国传统文学的意义，往往也因对科举的强烈批判而被遮蔽。《琉球诗课》为研究琉球汉文学的发展，以及管窥古代东亚的文学生产，提供了独特个案，值得重视。

（作者单位：武汉大学文学院）

---

① （清）徐干编，林世昌等撰：《琉球诗课》，高津孝、陈捷主编：《集成》第三十二册，复旦大学出版社 2013 年版，第 86 页。

② 相关研究可参看郑辉：《明清琉球来华留学生对琉球文教事业的贡献》，《东疆学刊》2007 年第 3 期。

元代科举对元代文坛格局的影响[*]

□　任红敏

　　元代统治者用人注重根脚，导致了科举制度文化的断裂，广大士子失去了传统的读书以求功名的上进之路，正如萧启庆所说："元代用人取才最重世家，即当时所谓'根脚'。此一'根脚'取才制，与唐宋以来中原取士以科举为主要管道可说是南辕北辙，大不相同，元朝中期以前，一直未恢复科举制度，汉族士人遂丧失此一主要的入仕管道。"①虽然忽必烈多次下诏定制开科取士，但终其一朝，并未能实施科举考试。元代科举至仁宗时才恢复，仁宗朝科举，所推行的科举政策，"举人宜以德行为首，试艺则以经术为先，词章次之"（《行科举诏》）②，依然体现了忽必烈"中统儒治"所形成的重经济、义理而斥词章的学术取向和人才倾向。元代科举与宋、金科举相比，有了很大变化，不仅影响了元代文学的发展、文人的心态和文学创作，而且影响了元代文坛之格局，元代士人阶层的重新分化，元代文人群体的雅俗分流以及元代多族士人圈的形成等。

　　在元代，不仅历来中国君主专制社会一向被认为是天经地义的以儒术经邦治国的观念受到了冲击，而且元代官员入仕途径很多，与唐宋和明清相比较，通过科举入仕的文人在选官中所占比例少之又少。因而，对广大汉族士人影响确实很大。科举制度历经唐、宋六百余年的实践，"学而优则仕"的思想已经扎根于中国文人心中，并且根深蒂固，对一个儒生而言，通过科举取得功名几乎是获得政治地位和荣身致显的唯一途径。元代前期八十年科举路断，生活在这段时期的文人们，亲身经历了社会地位和经济状况的剧变，失去"四民之首"的优越地位，政治出路也受到阻塞，读书失去了价值。王恽在《儒用篇》："士农工商谓之四民。四民之业，在士为最贵。三者自食其力，能素所守，时虽弗同，固不失生生之理。唯士也，贵贱用舍系有国者为重轻，盖其所抱负者，仁义礼乐，有国者恃之以为治平之具也。国不为养，孰乐育之？君不思用，孰信用之？不幸斯道中微，我玄尚白，

　　* 本书为 2016 年河南省高等学校哲学社会科学创新团队"中古叙事文学与儒释道文化"（项目批准号：2016-CXTD-01），河南省高等学校科技创新人才计划资助项目"元代文人的大分化——作家队伍的雅俗分流及元代文学之大格局的形成"（2014），2012 年国家社科基金项目"元代文学格局与走向研究"（项目批准号：12BZW036）的阶段性成果。

　　① 萧启庆：《内北国而外中国：蒙元史研究》，中华书局 2007 年版，第 145 页。
　　② （明）宋濂等：《元史》，中华书局 1976 年版，第 2018 页。

陁穷遗逸，随集厥躬，此士之所以遑遑于下而可吊者也。"①统治者用与不用直接决定了儒士文人的身价与出处。汉族儒生士子失去入仕与谋生之途，不得不另谋生计。

"元之隐士亦多矣"②，赵孟頫《寄鲜于伯几》诗也说："廊庙不乏才，江湖多隐沦。"③元代隐逸之士规模数量超过往古，其中有遗民为隐士者，或入仕无门而被迫退隐者，或无意于仕宦而隐者。有需要养家糊口的儒生，到民间义塾或富有之家教书为生，或自办私塾，隐居教授；有的人家资尚且殷实，有条件优游于山水之间，"故有志者不肯为也，宁往往投山水间自乐其所有"④。赋诗言志，潜心学问；也有人亲自耕作，隐于田园。也有人遁隐寺观，出入释道，隐于释老之间，以逃避世事；亦有隐于市井之间，他们清洁孤高，淡泊名利，不乐仕进。元初，一大批汉族士大夫拒不出仕元朝，构成了元代第一批独具特色的隐士群体。北方代表有隐居田园山野的"河汾诸老"麻革、张宇、房暤、段克己、段成己、曹之谦、陈赓、陈庚等人；宋亡后，南方文人以牟巘、王应麟、舒岳祥、刘辰翁、方逢辰、胡三省、周密、袁易、倪骧、岑安卿、孙稷、孙道明、金履祥、许谦、吴定翁、俞西发、尧允恭、吕徽之、翁森、翁德修、孟文龙、孙辙、张佑、王冕、申屠徵、吾丘衍、刘诜、洪希文、黄玠、岑安卿、黄镇成等为代表的隐逸之士。元之中期，隐士的数量，少于元初也少于元末。元末，士人归隐者众多，依然是隐逸之士盛于南方，形成元末很有特色的隐士群体，如："铁笛道人"杨维祯、"金粟道人"顾瑛、"心白道人"钱惟善、"逃禅室"主人丁鹤年、"松云道人"熊梦祥、"一笑居士"张昱、"元季四大家"黄公望、吴镇、倪瓒、王蒙，以及王冕、叶颙、陈樵、贡师泰、余阙、高逊志、唐肃、宋克、余尧臣、张羽、吕敏、陈则等。

众多文人士子怀经史、抱长策而仕路隔绝，被排斥于权力结构之外，谈名教无益，恤百姓不能，与庙堂"日近长安远"，不如做一个没有利欲功名缠绕的清静无为的闲散之人，于是归隐成了群体的呼声。士人们每以谈隐为风雅，为时尚，视山野泉林的淡泊生涯为人生归宿，琴书以自娱，诗酒以自乐，清虚淡泊，无意仕途。如乔吉在【双调·折桂令】《自述》描述的隐居生活：

> 华阳巾鹤氅蹁跹，铁笛吹云，竹杖撑天。伴柳怪花妖、鳞祥凤瑞、酒圣诗禅。不应举江湖状元，不思凡风月神仙。断简残编，翰墨云烟，香满山川。⑤

既然做不了竹杖天涯，山间林下，高逸出尘的隐士，也可以在最平淡的家居生活中享受"心远地自偏"的隐逸之乐。

戴表元为宋咸淳进士，仕至文林郎都督掾，行户部掌故，国子主簿。在宋亡后隐居二十余年，平日务农或教授于乡，悉心学问文章，只因儒士地位降低，儒学也遭到严重的破坏，发展困难，他对儒学前途有深深的忧虑，"余幼学儒学时，见世之慕利达者，宗科

① 李修生主编：《全元文》第 6 册，凤凰出版社 2004 年版，第 176 页。
② （明）宋濂等：《元史》，中华书局 1976 年版，第 4473 页。
③ 任道斌编校：《赵孟頫文集》，上海书画出版社 2010 年版，第 16 页。
④ （元）张端：《北郭集序》，沈德寿撰：《抱经楼藏书志》，中华书局 1990 年版，第 712 页。
⑤ 隋树森编：《全元散曲》，中华书局 1964 年版，第 597 页。

举；科举初罢，慕名高者，宗隐逸；隐逸之视科举有间也。当是时，独各有大儒遗老有名实者为之宗，学者赖以不散。岁月推迁，心志变化，昔之为宗者，且将销铄就尽，而士渐不知其宗，吾为吾道吾类惧焉"①。后来受荐做了信州路儒学教授，以振兴儒学，改造社会，任满之后辞归乡里。戴表元作《广坐隐辞》以阐发他对隐居的理解：

> 隐朝市，我不能，冲尘冒暑走遑遑；隐江湖，我不能，披蓑戴笠操舟航；隐山林，山林白昼行虎狼；隐田里，田里赤立无资粮。穷观六合内，投隐几无乡……况我难携一身隐，二亲白发垂高堂。神仙拔宅古亦有，无羽不得高飞扬……悲来俯仰寻隐处，欲亲书册依杯觞。引酒未一酌，狂气郁律冲肝肠；读书未一卷，噫呜感慨泪浪浪。……不如随缘委运只块坐，冥心径往游黄唐。②

静坐一室，享受清斋永日，不言势利，不羡慕荣华富贵，也不为名利所缚，寻找和发现隐逸之乐，自由适意而已。

元代隐逸之风盛，不仅是由于元代隐士多，而且隐逸意识弥漫于整个元代文人阶层，他们一般向往隐逸，在诗文词曲中隐逸之风比比皆是，尤其是被称为"一代之胜"或"一代之文学"的元曲，表现了更多文人独立的人格理想和价值追求。

元代科举跌落，形成了比以往任何一个朝代都要庞大的"在野"文人群体，大量致力于科举的士人加入普通士人当中，除了部分隐逸乡野山林，他们必须另谋生路。据《元史·选举志》："士无入仕之阶，或习刀笔以为吏，或执仆役以事官僚，或作技巧贩鬻以为工匠商贾。"③或者从事书塾教授，或者由吏入仕，或者从事商业，或者为医，或者为阴阳术士，等等，关于元代文人谋生方式，黄溍《送叶审言诗后序》所说比较详细：

> 呜呼！四民失其业久矣，而莫士为甚。非谓夫贱且拘之为病也，馈膳以厚之，给复以优之，所养有古之所无而所就无古之所有，何哉？盖昔之生齿众矣，未有不使以士君子自为者，而今也惟以其占籍为断焉耳。方儒服俎豆猥然勃兴，而秀人硕士不得业乎其间者，比肩而是。彼施施焉，于于焉，逸居饱食，而肆其力于负贩技巧者，亦岂少哉！幸而有能砥砺激发稍自出以售于世，或者且将縻之以簿书，束之以律令，使之伏其所长，而效其所短，譬犹任刘累以饭牛，责卞庄以搏虣，抑又失其业之大者也。④

鲁迅先生讲过："我只可以说出我为别人设计的话，就是：一要生存，二要温饱，三要发展。"⑤生存是古往今来人类所共同的，基本的要求。随着国家社会对儒士文人态度的变化，以往"万般皆下品惟有读书高"终日埋首于科场文字以求一日金榜题名的生活方式

① （元）戴表元：《送铅山王亦铣归乡序》，《剡源戴先生文集》第14卷，《四部丛刊初编》本。
② （元）戴表元：《戴表元集》，吉林文史出版社2008年版，第393页。
③ （明）宋濂等：《元史》，中华书局1976年版，第2017页。
④ （元）黄溍：《金华先生文集》卷三，《四部丛刊初编》本。
⑤ 鲁迅：《鲁迅自编文集·华盖集》，译林出版社2013年版，第44页。

不得不改变①，为了生存，他们需改变谋生方式，弃儒而习别业。

元代学校教育比较发达，设置岗位较多。元代儒学教师的职务包括：博士、助教、教授、学正、学录、山长、教谕等。儒学教育行政管理人员有：祭酒、司业、监承、直学、典给、典书、典簿、令史、译史、知印、典吏等。有些前代进士中选为儒学教授，元政府规定，"前进士人员，从本路学校公众推举士行修洁、堪充教授者，具解本人年甲籍贯，于何年某人榜下登科，曾无历仕的是正身，保申本路总管府，移牒按察司体覆相应"②，周祖谟《宋亡后仕元之儒学教授》一文所考之三十余名儒学教授大多以前是宋进士，元初仕元做了儒学教授，列出书院山长 3 人(黄泽、曹泾、胡炳文)、学正 1 人(刘应龟)、教授 10 人(戴表元、牟应龙、赵文、刘壎、仇远、马端临、欧阳龙生、熊朋来、傅定保、张观光)、儒学提举 4 人(王义山、白廷、郑陶孙、艾性夫)。③ 元代实施科举考试后，科举落第者中选用为教官。仁宗延祐年间，元政府规定授下第举人教官之职。泰定元年，又进一步规定，蒙古、色目、汉人、南人，年长并两举不第者，与教授、以下与学正长山。"可用终场下第举人充学正、山长，国子学会试不中者，与终场举人同"④，"甲寅诏授江南下第及后期举人为路府州儒学官"⑤。儒学教授经济地位也是很高的，不必担心生计问题。如：中央官学儒学教师的俸禄，政府规定，"国子监，祭酒，俸五十九贯三钱三分，米六石。司业，俸三十九贯三钱三分，米三石五斗。监承，俸三十贯三钱三分，米三石。典簿，俸十五贯三钱三分，米二石。博士，俸二十六贯六钱五分，米二石五斗，太常博士，回回国子博士同。俸十五贯三钱三分，米二石五斗。助教，俸二十贯，米二石，教授同。蒙古国子监同"⑥。儒学教授经济地位在元代也较高，中央官学儒学教师和府州县的儒学教授收入稳定，俸禄都是由国家直接下发，从经济和社会身份上考虑，学官成了儒士谋生的主要选择。元代书院(精舍)也很发达，私学书塾教师的经济来源于学生的"束脩"之资，收入也算稳定。因而，元代很多儒生乐意执教，以儒为教官现象在元代比较普遍。元代文人有不少选择以教书为生，即可自养，又可育人，正如《元诗选》"袁易"小传中云："明正统中，吴文恪公讷题其卷尾曰：'元世祖初克江南，畸人逸士，浮沉里间间，多以诗酒玩世。元贞、大德以后，稍出居儒黉，以淑后进。若静春与子敬、师言是也。'"⑦

元代吏治盛行的政治背景下，一部分人只是粗通文墨，由各地衙门通过人情关系和贿赂主管等方式手段入仕，也有一部分学养深厚儒士文人因通过科举及第入仕为官的道路被阻断而不得已由吏入仕，以文士为吏，就是儒吏。对元代儒士文人通过吏职入仕的情况，余阙有所论述："我国初有金宋，天下之人，惟才是用之，无所专主，然用儒者为居多也。自至元以下，始浸用吏，虽执政大臣亦以吏为之。由是中州小民粗识字能治文书者，

───────────────

① (元)舒岳祥《陈仪仲诗序》："方宋承平无事时，士有不得志于科举……"(舒岳祥：《阆风集》卷10，《文渊阁四库全书》本)可见当时士人的生存状况。戴表元自述其由宋入元之后的生活："丁丑岁……"(戴表元：《剡源戴先生文集》卷首自序，《四部丛刊初编》本)

② 王颋点校：《庙学典礼》，浙江古籍出版社 1992 年版，第 38~39 页。

③ 周祖谟：《周祖谟自选集》，首都师范大学出版社 2008 年版，第 540~561 页。

④ (明)宋濂等：《元史》，中华书局 1976 年版，第 867 页。

⑤ (清)屠寄等：《蒙兀儿史记》，中国书店 1984 年版，第 198 页。

⑥ (明)宋濂等：《元史》，中华书局 1976 年版，第 2462 页。

⑦ (清)顾嗣立编：《元诗选初集》上，中华书局 1987 年版，第 310 页。

得入台阁共笔簿，累日一月，皆可以致通显。而中州之士见用者，遂浸寡。况南方之地远，士多不能自至于京师，其抱材蕴者，又往往不屑为吏，故其见用者尤寡。"①元代社会上出现了一个人数可观的儒吏阶层。

在元代，不像唐宋那样儒和吏之间界限严格，对吏职充满鄙视，科举法废，而元代官吏无别，这样的政治社会现实使人们甚至以吏入仕为荣，"朝廷以吏术治天下，中土之才积功簿书有致位宰相者，时人翕然尚吏。虽门第之高华，儒流之英雅，皆乐趋焉"②。

儒吏不仅熟习儒家经典，有儒者之温良，而且因出身于基层吏员，有丰富的行政经验，又有法家之缜密，又不像其他胥吏以利益为重，能以儒者修身自律之磊落正气以百姓为念。元代科举的凋落，同时吏途的通达又为儒士文人开辟了一条新的入仕道路。大德七年(1303年)，宿卫禁中的郑介夫上《太平策》论述儒和吏之间的关系："夫吏之与儒，可相有而不可相无。儒不通吏，则为腐儒；吏不通儒，则为俗吏。必儒吏兼通，而后可以莅政临民"儒吏合一，由儒而吏，可以更好地从政以治理国家，"吏出于儒，儒吏不致扞格"。③ 比如青州人郭筠(1226—1339年)，出身于官僚世家，祖父郭佑，金尚书省令史，父郭义，金怀州同知。郭筠被誉为是典型的儒吏，仁义干练兼备，终致身通显，以昭文馆大学士加资善大夫(正二品)大司农致仕，任泰州、嘉兴两路同知之时，"法制清明，庭无留讼。日以兴学励生徒为事，民俗为变"，刘敏中赞他"备儒吏之用，尽才猷之美，淳忱雅旷，襟度叵测，夐然为一时标准"④。"儒吏"与"俗吏"是存在区别的，儒吏是吏表而儒里，"儒吏兼通""以儒术饰吏事""以儒饰吏""儒雅缘饰"的廉吏，由吏起家者躬行儒治的官吏温文儒雅，德清识大，与"专以善持长短深巧，出入文法，用术数便利为訾病"⑤的俗吏完全不同，是被元代文人士大夫所称赏和肯定的。

元代地域辽阔，兵威强盛，也为商贾们往来提供了方便。明方孝孺在《赠卢信道序》一文中评论元朝是"以功利诱天下"，重视商业。元代虽然商税重，但商贾地位提高了，商人成了一个特殊的阶层。元代商人"其积而至大富者，舆马之华，宫庐之侈，封君莫之过也，故其俗益薄儒，以为不足以利"⑥。元代城市经济极为活跃，儒士为了生计从事商业也就很普遍了，即上文黄溍所说的"负贩"，元代文人对商人已经比较尊重，从王恽给儒商乐全老人所作的序《乐全老人说》可以看到：乐全老人，乃苏门望族，"为人志明而气锐，乐贤好客，教子孙读书，顾一事不肯屑屑出人后。通都大邑，居奇货，侩赢羡掉臂于陶朱猗顿间，千金之产，有过而弗观者。至亲近名士大夫，风雨寒暑，奔走不避。……故好事之名，高出行辈。达官时贵，踵接于门者无虚日。家则藏书，有合圃外，思亲有亭，植佳花，酿名酒，客至则击鲜为具，宾醉而后已，穷年而不厌也"⑦。乐全老人是为"儒

① (元)余阙：《青阳集》卷二《杨君显民诗集序》，《文渊阁四库全书》本。

② (明)陶安：《陶学士集》卷十五《送马师鲁引》，《文渊阁四库全书》本。

③ (元)郑介夫：《太平策·任官》，杨士奇等：《历代名臣奏议》卷67《治道》，上海古籍出版社1989年版，第839~842页。

④ (元)刘敏中：《中庵集》卷16《故昭文馆大学士大司农郭公神道碑铭》，《文渊阁四库全书》本。

⑤ (元)虞集：《岭北行省郎中苏公墓志铭》，(元)苏天爵编：《元文类》卷五十四，商务印书馆1936年版。

⑥ (元)余阙：《青阳先生文集》卷三《两伍张氏歼表》，《四部丛刊初编》本。

⑦ 李修生主编：《全元文》第6册，凤凰出版社2004年版，第299页。

商"，作者对其赞誉之情溢于言表，由乐全老人常与达官显贵交往的情况，可知元代商人地位极高。元中后期，士人与商人更加频繁往来，如著名的元末昆山富豪兼诗人顾瑛主持的玉山雅集，"元季知名之士列其间者十之八九。考宴集唱和之盛，始于金谷、兰亭，园林题咏之多，肇于辋川、云溪，其宾客之佳，文辞之富，则未有过于是集者"①。名士如流，往来其间，诗文唱和，成一代之盛事。

元人重医，忽必烈藩府怀卫理学家窦默，并非以精通理学而被忽必烈屡次征召，一个主要原因是因为窦默精湛的医术②。蒙古人重实用，"为世切务，惟医与刑"③，医学受到了统治者的重视，研习医学也蔚然成风，儒士文人多从医。元代涌现了王好古、朱震亨、罗天益、曾世荣、危亦林、倪维德、滑寿、葛孙乾、王履、戴思恭等一批医学名家。宋代已经有大量文化素养很高的儒生学医，朝廷多次组织编写方书和本草著作，范仲淹有"不为良相，则为良医"的观点。④何梦桂《柯通甫医药序》："医书祖皇帝内外经，非通儒率不能尽解。"⑤儒士文人博古通今，才富学赡，具有深厚的传统文化底蕴，能融会贯通文简意博的医学典籍。欧阳玄在《读书堂记》中记载医家萧震甫云："医道由儒书而出，非精于义理者不能。舍儒而言医，世俗之医耳"⑥，吴澄有"医儒一道"之说，他认为："今虽以医进，而能修孝悌，敦睦、忠信之行，是乃医其名，儒其实也。"⑦很多文人确于岐黄之术颇有精研，写《至正直记》的孔齐，在书中记述了许多药方药理，其中也曾见他出手救人的记载。儒士王元直凭借其精湛的医术在京师为业，"问药者踵门，随试辄效。太医院官与之相厚善，诸公贵人咸礼敬焉"⑧。文人平时不见得以医为业，但如若为生活所迫，可能会以行医作为谋生之计，刘应龟曾"卖药以自晦"⑨。也有儒士以医术而求得官职，如儒士陈可斋，"家世业儒，自儒而医。早岁游京师，受知王公大人，辟为中书省医，再转，擢庆元路鄞县尹"⑩。儒士吴择中，"善医，往年来客翰林承旨脱脱公，公有疾而病，择中投刀匕药即愈"⑪，脱脱推荐他出任云南行省大理路儒学教授。也有儒士在科举仕途受阻转而以医术谋求官职，儒士于师尹，参加科举"连不得志于有司"，便改变主意，"儒伎不利吾，旁挟者岐黄氏之伎也，不耦于此，将有耦于彼乎？"⑫"岐黄氏之伎"即指医术，可见元代这种情况确实是有的。而且儒士精通医学，必然饱读儒家经典，坚守道义，具有儒者内圣外王之道，因而，胡炳文《赠医者程敏斋序》中说："儒不医，非通儒，医不儒，

---

① （清）纪昀等：《四库全书总目》，中华书局 1965 年版，第 1710 页。

② （元）许衡《鲁斋遗书》卷 13《附录·考岁略》："时窦默子声以针术得名，累被朝廷征访。"

③ （清）柯劭忞：《新元史》卷 63，开明书店 1935 年版。

④ （宋）吴曾：《能改斋漫录》，上海古籍出版社 1979 年版，第 381 页。

⑤ 李修生主编：《全元文》第 8 册，凤凰出版社 2004 年版，第 100 页。

⑥ （元）欧阳玄：《欧阳玄集》，岳麓书社 2010 年版，第 65 页。

⑦ 李修生主编：《全元文》第 14 册，凤凰出版社 2004 年版，第 197~198 页。

⑧ （元）吴澄：《吴文正集》卷二七《送王元直序》，《文渊阁四库全书》本。

⑨ （清）顾嗣立编：《元诗选癸集》上，第 63 页。

⑩ （明）郑真：《荥阳外史集》卷 47《白云轩铭》，《文渊阁四库全书》本。

⑪ 揭傒斯：《赠吴教授南归序》，《乾隆诸暨县志》卷 4，清乾隆三十八年刻本。

⑫ （明）杨维桢：《东维子文集》卷八《送于师尹游京师序》，《四部丛刊初编》本。

非良医。"①儒士文人既有学医的传统，又有需要良医的社会现实，加上文人对精通医术的肯定，故元代儒士以医术谋生者不少。

蒙古人诸教并重，公卿士大夫多与高层僧道多有交往，信从者甚众，他们对阴阳术士喜爱。精通术数的耶律楚材被成吉思汗和窝阔台汗重用，元世祖忽必烈在潜邸之时，对精通术数的刘秉忠非常信任，据《元史·李俊民传》载："时之知数者，无出刘秉忠之右。"②刘秉忠过世后，世祖嗟悼不已，由他推荐的邢州学派大多精通术数，还有刘秉忠举荐的田忠良、靳德进两人，是忽必烈时期两位非常著名的精通术数的儒生。忽必烈还为广求阴阳术士设置了考选途径，据《元史·选举志一》记载："延祐初，令阴阳人依儒、医例，于路府州设教授一员，凡阴阳人皆管辖之，而上属于太史焉。"③各路皆设阴阳学，逐渐州县皆有，于是阴阳相士大量出现，数量非常庞大。自至元十二年（1275年），司天台每三年一次考试，中选者收作司天生员，食俸禄，民间阴阳术士可以进身司天台。元代学习阴阳学的文人也很多，士子文人中曾卖卦为生的不乏其人，也有人以卜术成为阴阳教授，如刘辰翁《意乐记》所记载："欧阳经叔自英英场屋，已学葬书，嗜山水如举业，尝应择地科，累累如志，当其时，学步者欲得其还盼不可。"④因为在市民社会中，对卦算的需求是很大的，诸如事业、生死、婚姻、旅行、架屋、求学、搬迁等多喜欢借卦相问，询问吉凶，而对文人来说，其所学"五经"之中即有《易》，如果用周易加以变通转化来给人算卦，在困厄时以此存身是行得通的。儒士因精通阴阳术士而以此为谋生手段，甚至非常精于此道的人也有，吴澄在《赠相士吴景行序》中记载了一位精通术士的儒生："吏部吴公之裔孙景行，儒术业务俱优。仕不得志，乃隐田里。尝闻希夷风鉴之学于方外畸人，谈人寿夭福祸，期以岁月旬日，毫发不爽，人畏其神验，避之不敢即。"⑤

与功名无缘的元代文人因为仕路断绝，从社会上层跌落，生计无着，有一部分流落于市井坊里，勾栏瓦肆，身处社会底层，成为"书会才人""书会先生"，甚至"躬践排场，面敷粉墨，以为我家生活，偶倡优而不辞"⑥。在失去任何庇护和保障以后，其人生价值依附于政治"治国平天下"或依附于"道"都无法实现，没有了高悬的仕进压力，不再牺牲个体的独立人格竟意外地摆脱了种种约束与控制，享受着现实的人情和人欲。关汉卿称自己是"普天下郎君领袖，盖世界浪子班头"，"占排场风月功名首"（【南吕·一枝花】《不伏老》）在市井中与民同乐，谈天说地，反而获得一种创作上的自由，自我价值的重新发现让他们获得了心灵解放，从事以杂剧为代表的俗文学创作。

游荡在民间，甚至厕身青楼的士子们，因社会地位的骤然降低，一向自诩清高的文人士子，不得已走出书斋，走近民众生活。余阙说："夫士惟不得用于世，则多致力于文字之间，以为不朽"⑦，从经术诗赋中抽身而出，贴近了市民日常生活和现实心态，开始真正了解市井文化，关注普通市民的喜怒哀乐、人生常态，创作出为市井细民提供休闲与消

---

① （元）胡炳文：《云峰集》卷三，《文渊阁四库全书》本。

② （明）宋濂等：《元史》，中华书局1976年版，第3733页。

③ （明）宋濂等：《元史》，中华书局1976年版，第2034页。

④ 李修生主编：《全元文》第8册，凤凰出版社2004年版，第632页。

⑤ 李修生主编：《全元文》第14册，凤凰出版社2004年版，第290页。

⑥ 臧懋循：《元曲选·序》，中华书局1958年版，第3页。

⑦ （元）余阙：《青阳先生文集》卷二《杨君显明诗集序》，四部丛刊初编本。

遣并能赢得市民认同和喜欢的娱乐性极强的作品。他们的文章才学在世俗社会中声誉日旺。如著名元杂剧作家关汉卿，作为"驱梨园领袖，总编修帅首，捻杂剧班头"①，在他笔下，将相官僚、权豪势要、平民百姓、婢女娼妓等一一展现，剧中有窦娥对社会黑暗的大胆控诉，再现拯救百姓的英豪关羽，也有对权豪势要与乡间劣绅有恃无恐、伤天害理罪行的有力抨击，《蝴蝶梦》、《鲁斋郎》、《五侯宴》等反映出普通民众性命难保的处境。还有一个值得一提的是，关汉卿也不再践履儒家"温柔敦厚"的诗教传统，浓墨重彩地渲染了世俗社会青年男女那种弃礼教若敝屣，热烈、大胆、泼辣描写男女相恋以致销魂的偷情行为，如其【仙吕一半儿】《题情》中，作者很动情地描写道：

> 云鬟雾鬓胜堆鸦，浅露金莲簌绛纱。不比等闲墙外花，骂你个俏冤家，一半儿难当一半儿耍。②

诙谐泼辣，任性所为，细腻曲折，无所顾忌，正面描写男女双方的调情、幽媾之情景，且表现得那样放肆大胆。"两情浓，兴转佳。地权为床榻，月高烧银蜡"（【梅花酒】）③，"好风吹绽牡丹花，半合儿揉损绛裙纱，冷丁丁舌尖上送香茶。都不到半霎，森森一响遍身麻"（【收江南】）④等曲句，没有丝毫的掩饰，坦率酣畅、无遮无拦地将偷情幽媾之美妙销魂表现得淋漓尽致，如此逗情恣性的大胆描写，在宋元以前的文学作品中确实罕见，即使在宫体诗和香奁词中也不多见，这实在是对封建礼教的极大亵渎，这在正统文人和卫道士们看来有辱斯文，但作者只是把那些碍于虚伪的体面和迂腐的礼教而羞于启齿的情感世界真实描写出来，并非淫艳浮靡。

正是元代长期科举不兴与辞章之士受到排斥的社会现实，导致下层文人进入以杂剧为代表的通俗文学的创作领域，使得杂剧迅速流传，终于成为一代文学的代表，王国维《宋元戏曲史》也说："元初之废科目，却为杂剧发达之因。盖自唐宋以来，士之竞于科目者，已非一朝一夕之事，一旦废之，彼其才力无所用，而一于词曲发之。且金时科目之学，最为浅陋。此种人士，一旦失所业，固不能为学术上之事。而高文典册，又非其所素习也。适杂剧之新体出，遂多从事于此；而又有一二天才出于其间，充其才力，而元剧之作，遂为千古独绝之文字。"⑤从而改变了元代文坛基本面貌和整体格局，改变了中国文学发展的历史走向，雅俗分流，俗文学迅猛发展。

元代科举给元代文坛所带来的影响，是元代所特有的一个文化现象——多族士人圈的形成。

元代文化多元，经过长期的政府移民和各族人民自发的流动，大量的蒙古、色目人由于征戍、为官、经商等原因进入中原，与我国其他民族杂处，到元代中后期形成各族人民大杂居、小聚居的生存格局，各族士大夫文人之间相互交流融合、声气相通，紧密结纳。

---

① （元）钟嗣成、贾仲明撰，马廉校注：《录鬼簿校注》，文学古籍刊行社 1957 年版，第 9 页。
② 隋树森编：《全元散曲》，中华书局 1964 年版，第 156 页。
③ 隋树森编：《全元散曲》，中华书局 1964 年版，第 180 页。
④ 隋树森编：《全元散曲》，中华书局 1964 年版，第 181 页。
⑤ 王国维：《宋元戏曲史》，中国戏剧出版社 1999 年版，第 36 页。

随着教育的发展和元代科举的推动，尤其是延祐二年(1315年)开科取士后，如清人顾嗣立所言："自科举之兴，诸部子弟，类多感励奋发，以读书稽古为事。"①在这样的大背景下，蒙古、色目人学习汉文化的积极性被调动了起来。元雍古人马祖常在《送李公敏之官序》中对这一盛况有过详尽描述：

> 天子有意乎礼乐之事，则人皆慕义向化矣。延祐初，诏举进士三百人，会试春官五十人。或朔方、于阗、大食、康居诸土之士，咸囊书橐笔，联裳造庭而待问于有司，于时可谓盛矣。②

元代乡举十七科产生蒙古、色目乡贡进士约2000人，而乡试不幸落榜者可能十倍于此。科举的实行促使"弃弓马而就诗书"的蒙古、色目子弟日益增多，使数万蒙古、色目子弟埋首经籍，投身场屋，企图以学问干取禄位。元代科举制度促成了蒙古、色目人士人化，促进了各族精英阶层的交融，也形成了元代所特有的文化现象，来自不同地域、不同文化背景、不同民族的文人使用汉语进行文学创作，一个多族士人圈形成③。萧启庆先生在《元代的族群文化与科举》一书对元代多族士人圈的形成有详细论述④，在科举中因座主门生、同年同僚、师生的关系而超越种族藩篱，由科举进而入仕者，谙熟汉文化，自然改变了元前期多族官员间言语不通的局面，各族士大夫打破了民族界限，互为师生，入仕之后又是同僚，相互之间诗词往来，切磋学问，加深情谊。而在科举制度下的座主与同年又往往是士人社会政治网络的核心部分，座主与门生之间"扬揄品目，至于终身；敦尚恩纪，子孙不替"⑤。同年之间"其情爱相视如兄弟，以至子孙累代，莫不为暱比，进相援为显荣，退相累为黜辱"⑥。元代科举考试官以汉族为大多数，是"有德望文学常选官内选差"，⑦但也有少数民族官员，蒙古人阿鲁威、燕赤、定住，色目人赵世延、马祖常、斡玉伦徒、余阙，女真人李术鲁翀，北魏拓跋氏后裔元明善都当过考试官。元代比较有名的蒙古色目文人伯牙吾台部泰不华，高昌畏兀人三宝柱，西域人雅琥，萨都剌，拂林人金元素，唐兀氏余阙，乃蛮人答禄与权，高昌畏兀人偰伯僚逊，蒙古逊都思氏笃烈图，回回人马元德等人先后中进士，皆以诗闻名当时。色目文人马祖常，延祐初中举，授应奉翰林文字，同知制诰兼国史院编修，屡主文衡，胡助称其"得士无惭龙虎榜，盛朝一变古文章"⑧。通过荐举、主持科举等途径援引、选拔一批人才，苏天爵、陈旅、宋本、宋沂等元代名士即由他选拔，引领文坛风气。西域色目人萨都剌，泰定四年(1327年)中进士。文坛宗主虞集是萨都剌的座师，观音奴、张以宁、杨维桢、偰善著、李质、索元岱是其同

① (清)顾嗣立编：《元诗选初集》上，第1729页。

② (元)马祖常著，李叔毅点校：《石田先生文集》，中州古籍出版社1991年版，第182页。

③ "多族士人圈"的说法见于萧启庆《元朝多族士人圈的形成初探》一文，载于《第二届宋史学术研讨会论文集》，台湾中国文化大学1996年版，第165~190页。

④ 萧启庆：《元代的族群文化与科举》，台湾联经出版事业公司2008年版，第55~115页。

⑤ (宋)华镇：《云溪居士集》卷24《上门下许侍郎书》，《文渊阁四库全书》本。

⑥ (宋)柳开：《河东集》卷9《与朗州李巨源谏议书》，《文渊阁四库全书》本。

⑦ (明)宋濂等：《元史》，中华书局1976年版，第2020页。

⑧ (元)胡助：《纯白斋类稿》卷8《和马伯庸同知贡举试院记事》，《文渊阁四库全书》本。

年。虞集曾作《与萨都拉(剌)进士》一诗:

> 当年荐士多材俊,忽见新诗实失惊。今日玉堂须倚马,几时上苑其听莺。贾生谁谓年犹少,庾信空惭老更成。唯有台中马侍御,金盘承露最多情。①

对萨都剌赞赏之情溢于言表。萨氏《和学士伯生虞先生寄韵》:

> 白鬓眉山老,玉堂清昼闲。声名满天下,翰墨落人间。才俊贾太傅,行高元鲁山。独怜江海客,樽酒夜阑珊。②

诗中将虞集的才学比肩西汉大文学家贾谊,德操比肩唐代高士元德秀,足见对虞集道德文章的钦仰之情,座主与门生之间情深意切。萨都剌对同年的感情也非常深厚,他写给观音奴③的一首诗中:"无日不思我,有诗还寄君"④,可见深情厚谊。

元代,在蒙古、色目人中间,出现了一大批硕学鸿儒和文学创作群体。天历二年(1329年),元文宗于京师设立奎章阁,当时文坛精英汇聚于此,其中,北魏拓跋氏后裔元明善、女真人孛术鲁翀、蒙古人泰不华以及色目人马祖常、赡思、贯云石、盛熙明、赵世延、康里巎巎、刘沙剌班、雅琥、斡玉伦徒、甘立等多族士人济济一堂。

元代文坛多族士人圈的形成,是元代文学所特有的,元代科举中旨在保障蒙古、色目人的仕进特权的两榜制促成了这一重要文化特色,这一点也构成了元代文化多源融会、多元一体的独特文化精神。正如业师查洪德教授指出:"元代文化是多源融会、多元一体的。多元,基本上是三源:以蒙古族草原游牧文化主导,以中原汉民族农耕文化为主干,西域商业文化为重要一源。元代文化的共有精神,既不单是中原传统的农耕文明宗法制度下固有文化精神的延续,也不是北方游牧文化精神的入主,更不是西域商业文明所具有的文化精神的移植,而是这多元文化冲突、融合后形成的一种独特文化精神。"⑤

(作者单位:河南安阳师范学院文学院)

---

① (元)虞集:《道园学古录》卷3,《四部丛刊》影明景泰翻元小字本。

② (元)萨都剌:《萨天锡诗集》之《和学士伯生虞先生寄韵》,《海王邨古籍丛刊》之《元人十种诗》,中国书店1990年版,中国书店1990年版,第229页。

③ 观音奴,字志能,号刚斋。唐兀氏,泰定四年进士。

④ (元)萨都剌:《萨天锡诗集》之《送观志能分得君字忠能与仆同榜又同南台从事考满壮还》,《海王邨古籍丛刊》之《元人十种诗》,中国书店1990年版。

⑤ 查洪德:《元代文学史研究再审视》,《陕西师范大学学报》2010年第5期。

"江湖隐语"与明清科举教育

□　江俊伟

"科举"与"江湖"看似格格不入，事实上却不可能毫无牵涉。尤其是在明清两朝科举盛行的时代背景下，行走江湖的人们不可能与各色科场中人全无接触，而接受过科举教育的读书人也可能摇身一变成为在江湖上呼风唤雨的人物。选择"江湖"这个看上去与"科举"相隔甚远的场域，观察明清科举教育对其可能产生过的影响，将有助于我们更为直观地了解"江湖"与"科举"之间的互动。而素有"江湖密码"之称的"江湖隐语"，将为这一话题的探讨提供一个独特的视角。

一、"江湖"与"江湖隐语"的神秘世界

在中国传统文化语境中，"江湖"是一个内涵极为复杂的概念。尽管其字面意义指的无非是"江河湖泊"或"江河湖海"，然而在中国人的唇齿之间，无论是《庄子》里鱼儿相忘的"江湖"，还是《汉书》里范蠡扁舟浮泛的"江湖"，似乎都能咀嚼到远远超出其本义的无穷意味。对于中国人来说，江湖是一个既熟悉又遥远，既亲切又神秘的存在。就空间而言，它从"江河湖海"引申出"五湖四海""四方各地"；就人群而言，它包括了"流动于五湖四海中的民间团体、三教九流的艺人和隐士、游侠、乞丐"，"社会上五行八作等行业"和"绿林好汉、盗贼"等种种复杂成色。① 它是一股与"庙堂"相对的民间势力，也是一种历时态的社会存在。有学人甚至专门在"分别从政治制度、精英文化和基层社会三个侧面揭示了传统中国社会结构的特征"的"帝制中国"（Imperial China）、"儒教中国"（Confucian China）、"乡土中国"（Earthbound China）之外，提出"江湖中国"的意象，借以寓指这片"构成了传统中国社会结构的基质和底色"的"灰色空间"。② 这片神秘而独特的空间，是属于英雄侠士、绿林好汉以及无数江湖术士、镖师、武师、乞丐、骗子、盗贼、混混们乃至"五行八作"诸多从业人员的复杂世界。

在江湖的世界里，从来都不缺乏秘密。而"江湖隐语"的最早出现，应该就是基于保护并在一定范围内传递这些秘密的需要。"隐语"以保密性为首要功能，以使用替代性秘

---

① 刘延武：《中国江湖隐语辞典》，中国社会科学出版社 2003 年版，第 2 页。
② 李恭忠：《"江湖"：中国文化的另一个视窗——兼论"差序格局"的社会结构内涵》，《学术月刊》2011 年第 11 期，第 36 页。

密语词为主要特征。"隐语"之关键就在于"隐",即刘勰所谓"遁辞以隐意,谲譬以指事也"①,亦即闻一多所谓"借另一事物来把本来可以说得明白的说得不明白点"②,使外人听不懂。中国古代的"江湖隐语"历史悠久、品类繁杂,其常用制作方法除反切外,又有析字、谐音、比喻、借代等诸法,古来又有"行话""市语""切口""春点""黑话"等别名,关于这些别名内涵与外延的差异,学界多有论述,此处恕不赘述。"江湖隐语"这种"欺人的话"③,既包括各个时代的江湖通用切口,也包括江湖上不同秘密社团、帮派、行当内部所使用的专门隐语。对此,《江湖通用切口摘要》卷首解语是这么描述的:"江湖各行各道,纷纷不一。切口,即隐语也,名春点……今所记皆各道相通用者,至于各行各道另有隐切口,乃避同类而用,隐中又隐,愈变愈诡矣。"④而今人又称其为"民间秘密语",并视之为"某些社会集团或群体出于维护内部利益、协调内部人际关系的需要,而创制的一种用于内部交际的,以遁辞隐义、谲譬指事为特征的封闭性或半封闭性的符号体系;一种特定的民俗语言文化现象"。⑤ 中国古代的"江湖隐语",除收录于宋人《绮谈市语》,明人《金陵六院市语》、《行院声嗽》、《六院汇选江湖方语》,清人《江湖切要》、《江湖通用切口摘要》、《江湖行话谱》、《江湖走镖隐语行话谱》之类的专门文献外,更多则散见于历代笔记、小说、戏曲等文本中。近代以来,自 1924 年《全国各界切口大词典》编成出版以后,又有刘延武《中国江湖隐语辞典》、陈崎《中国秘密语大辞典》等辞书对之进行了专门的搜集工作,这些古今语料是今人研究"江湖隐语"及其文化意义的基础。

对于当代中国人来说,最熟悉的"江湖隐语"或许是小说《林海雪原》中杨子荣与座山雕的那一段"天王盖地虎""宝塔镇河妖"⑥的"黑话"对白。然而事实上,在人们所熟悉的许多古代小说、戏曲文本中都不难发现"江湖隐语"的存在,不管是《水浒传》里出现的"出公事"之类的"江湖通用切口",还是《儿女英雄传》中提到的"安耐磨儿""打底盘儿""拴腰拦儿""撕象鼻子""坐卧牛子"等"抬杠"⑦行话,皆是如此。尽管"江湖隐语"的流行范围,一般局限于秘密社团或某些特定的社会群体中,但它与社会通用语之间仍存在着隐性的互动关系。一方面,某些江湖隐语有被接纳成为通用语的可能;另一方面,某些特定时代流行的通用语也可能随着时代的变迁而缩小其使用范围、转化为特定人群所使用的江湖隐语。因此,它的存在价值,远远不仅"是语言的特定形式"或"反映了一种生活方式",也不仅是我们研究特定人群的心态及其"对人们和社会的评价、思维方式、社会组织和思维能力的关键所在";⑧ 它其实是我们了解特定历史时期之时代风会的一扇窗口。毕竟,在江湖的世界里,无论是哪一个时代,哪一个群体的隐语,终不免染上特定的时代烙印,反映特殊的时代风会。换句话说,尽管"江湖隐语"的使用一般局限于江湖甚至江湖内某一

---

① 刘勰著,周振甫译:《文心雕龙译注》(修订本),江苏教育出版社 2006 年版,第 236 页。

② 闻一多:《说鱼》,《闻一多全集》第一卷,三联书店 1982 年版,第 117 页。

③ 陆澹安:《小说词语汇释》,中华书局 1964 年版,第 604 页。

④ 无名氏:《江湖通用切口摘要》,陈崎主编:《中国秘密语大辞典》附录《秘密语稀见文献资料汇钞》,汉语大词典出版社 2002 年版,第 1598 页。

⑤ 曲彦斌:《汉语民间秘密语(隐语行话)语法概要(上)》,《文化学刊》2014 年第 3 期,第 26 页。

⑥ 曲波:《曲波全集·林海雪原》,人民文学出版社 2013 年版,第 202~203 页。

⑦ 文康:《儿女英雄传》上册,人民文学出版社 1983 年版,第 281 页。

⑧ 戴维·W. 摩洛语,转引自郝志伦:《汉语隐语论纲》,巴蜀书社 2001 年版,第 381 页。

具体的社团、帮派、行当内部，但作为社会通用语的一种变体，它仍是社会文化风尚的反映。本文从"江湖隐语"入手，来观察明清科举教育之社会影响力的理论出发点，恰在于此。从"江湖"这个看似与科举格格不入的世界着眼；从"江湖中人"这个与科举可谓风马牛不相及的人群着手，或许可以更为深刻地体会到明清科举教育强大的辐射力与渗透力。

二、"所指"与"能指"：科举元素在"江湖隐语"中的两种形态

对于隐藏在"江湖隐语"中的科举元素，可从"所指"与"能指"两个角度来加以考量。所谓"所指"，就是"被表示者"；所谓"能指"就是"用以表示者"。一方面，历代"江湖人"创造了一批批专门的"隐语"来代指与科举考试、教育相关的术语，此为"江湖隐语"中作为"所指"的科举元素；另一方面，某些深受科举教育影响的江湖社团、行业直接化用科举术语来创造隐语，此为"江湖隐语"中作为"能指"存在的科举元素。科举元素在"江湖隐语"中所呈现出的这两种形态，是我们一窥科举与江湖互动之具体历史情景的生动案例。

（一）"江湖隐语"中作为"所指"的科举元素

"江湖"与"科场"虽看似遥远，却不能说全无牵涉。尤其是在科举盛行的明清时期，江湖中人不可能与科场中人毫无往来，而科场中人也未尝没有涉身江湖的机会。因此，在今人所能见到的流传于明清两朝的"江湖隐语"中，我们不难发现一批用来指涉科举及科举教育的隐语行话。如：据明代无名氏所撰《行院声嗽》"人物"类记载，"行院"中人以"酸丁"代指秀才；① 明人程万里《六院汇选江湖方语》记载，江湖中人以"酸子"称"秀才弄耍老子者"，用"衿老"代称"读书的"；② 清人傅崇矩《成都通览》记载，当时的成都江湖人以"一百零八两"指称"监生"；③ 清代无名氏《江湖黑话谱》记载，江湖上以"挥卷"代称秀才，以"聚米厂"、"米取孙"代称"监生"；④ 而据近人齐如山回忆，清代镖局"行话"中以"翅子"称进士，以"海锉"称文举人，以"灰锉"称武举人，以"居末锉"称监生，以"取卷的"称秀才⑤；收录于清人唐再丰《鹅幻汇编》中的《江湖通用切口摘要》也记载说，江湖"通用切口"以"葵生"作为从秀才至官员的通称，以"笔管生"代称读书人⑥，等等。有趣的是，尽管我们已经不太可能准确地一一考察出上述隐语的创制来历，但这些"隐语"的创制明显与"江湖中人"对科举的了解或认识有关。如，用银钱"一百零八两"来代称

① 无名氏：《行院声嗽》，陈崎主编：《中国秘密语大辞典》附录《秘密语稀见文献资料汇钞》，汉语大词典出版社2002年版，第1571页。

② 程万里：《六院汇选江湖方语》，陈崎主编：《中国秘密语大辞典》附录《秘密语稀见文献资料汇钞》，汉语大词典出版社2002年版，第1568页。

③ 傅崇矩：《成都通览》下册，巴蜀书社1987年版，第42页。

④ 无名氏：《江湖黑话谱》，陈崎主编：《中国秘密语大辞典》附录《秘密语稀见文献资料汇钞》，汉语大词典出版社2002年版，第1603页。

⑤ 齐如山：《镖局》，北京政协文史资料委员会选编：《北京文史资料精华·风俗趣闻》，北京出版社2000年版，第54页。

·⑥ 无名氏：《江湖通用切口摘要》，陈崎主编：《中国秘密语大辞典》附录《秘密语稀见文献资料汇钞》，汉语大词典出版社2002年版，第1598页。

监生，应与清代科举纳资一百零八两银即可"加捐一监生"的规定有关；至于用"挥卷"来代称秀才，用"笔管生"来代称读书人，亦不失为对科举中人的形象描述。这些生动的隐语提示我们，"江湖"对于科举不仅不是一无所知，反而有着自己独特的认识。除以上诸例外，清人卓亭子《新刻江湖切要》"官职类""人物类"中记录的指称科举术语的"江湖隐语"尤多，略见下表(表1)：①

表1

科举术语(所指)	江湖隐语(能指)
教授(谕)	之孤
训导	斋孤
状元	首唱、斗元、福星、恩与
榜眼	无状、致曲
探花	蜂蝶友、寻春使者
传胪	献捷、折馘
会元	会首、天下才、甲乙君
进士	斗士、奎牙、斗孤、斗角、加孤、散甲生
解元	羊首
举人	斗身
贡生	嚣占
纳贡	米嚣
廪生	饩占、米通
秀才	占通、乃通
黜生	退占
监生	皿占、皿入通
富秀	火占
贫秀	水占
优秀	虎占
劣秀	水七占
打落秀	狠占、狼占、北占
荤饭秀	食木占、油占
纳粟秀	米占
童生	子占

① 卓亭子：《新刻江湖切要》，陈崎主编：《中国秘密语大辞典》附录《秘密语稀见文献资料汇钞》，汉语大词典出版社 2002 年版，第 1579~1581 页。

科举术语（所指）	江湖隐语（能指）
香烟秀	习占
赞礼生	唱占、相通
武进士	寒孤
武举人	寒斗
武秀才	寒通、冷占
教书生	巾老、子曰通、传册、传醢
学生	剪披、丁七、忧养子

观察表1所见《新刻江湖切要》所录指涉科举术语的"江湖隐语"，不难发现：从科举教育人群的角度来看，这些"江湖隐语"指涉的既有科举教育的执教者如"教授（谕）""训导"等；也有受教者如"学生""童生"等；从科名次第的角度来说，这些"江湖隐语"所指涉的既包括科场中的幸运儿——殿试、会试、乡试的中榜者如"状元""榜眼""探花""传胪""会元""进士""解元""举人"等，也包括大量的底层科场中人如"监生""秀才""武秀才"等。尤其值得注意的是，"江湖人"为科举考试之科名等级中最低的一等——生员（秀才）的不同名目创造出了不同的"隐语"，如：以"饩占""米通"指涉"廪生"即"廪膳生员"，以"退占"指涉"黜生"即被黜落生员资格者，以"虎占"指涉"优秀"即岁考成绩列为优等的生员，以"水七占"指涉"劣秀"即岁考成绩列为劣等的生员，等等。不难看出，这些隐语的创造，都是以指涉"秀才"的"占通""乃通"等隐语词汇为基础的，其构成要素中不是有"占"字就是有"通"字。在"江湖隐语"的密码系统中，为何会出现这些细分的"秀才"名目？最大的可能，恐怕是出于交流的需要。也就是说，"秀才""童生"这类科场"小人物"，可能是江湖中人最为熟悉、接触最多的科场中人：他们距离"庙堂"尚远，游走于市井、乡间，较之那些对于江湖人来说高高在上的举人、进士而言，他们似乎更为亲切，也更容易与江湖发生互动。正是这种互动的需要，催生了"江湖隐语"中这些用以指涉科举名物的秘密语词。

（二）"江湖隐语"中作为"能指"的科举元素

在"江湖隐语"的密码世界里，除了以"所指"形态出现的科举元素外，还有以"能指"形态存在的科举元素，即以科举名物为"能指"成分来创造"隐语"借以隐括本义的情况。从明清以降传世的"江湖隐语"资料来看，这种情况较为突出地存在于那些骨干成员可能接受过科举教育的江湖行当或秘密社团中。

在江湖各行当中，直接化用科举术语来创造"隐语"的情况主要集中在"相家"行当。所谓"相家"，又称"当相者"，包括"巾"、"皮"、"李"、"瓜"等四业，今人相对熟悉的是其中的"巾行"，其成员主要以算命、相面、拆字为业。一般而言，较之其他江湖行当来说，"相家"们的整体受教育程度相对较高，其中的一些人还有可能接受过系统的科举教育甚至参加过科举考试。因此，较之其他行当而言，以科举名物为"能指"来创造"隐语"的行为，对于"相家"来说似乎更为得心应手。关于这一点，今人所能见到的最典型的例子，恐怕莫过于"江相派"的隐语系统了。"江相派"是一个曾长期存在于粤语语系地区的江湖帮派，约起源于清康熙、雍正年间，于晚清发展至极盛，其辐射范围遍及两广、上海、汉口、港澳甚至马来、南洋，前后达二百余年。这个假托明代开国功臣刘伯温为祖师爷、以洪门前五祖之一的方照舆为开山祖、起源于清代上叶、活跃于民国初年的帮派，虽然成员结构极为复杂，其中"既有相士、神棍、庙祝、道士、和尚、尼姑，也有江湖卖药者，老千(骗子)、流氓、小偷、斋婆、姑婆(斋堂主)"，但其核心人物——"大师爸"们还是"自诩得到'师门真传'的大相士、大神棍之流"。① "江相派"，以"江相"自称，并将不属本派的"当相的"称为"土相"。"江"者，"江湖也"；"相"者，"宰相"也。以"江湖宰相"自诩，"江相派"的自我定位真可用自负来形容了。有趣的是，与这种自视甚高的派名相配套的，还有"江相派"中与明清两朝科名层级如出一辙的组织内部层级架构与成员称谓。据其第十三代弟子于城回忆：

> 江相派的首领称为"大学士"，就是"宰相"，以下是状元、榜眼、探花、翰林、进士、举人等。凡得"师门"真传的，出身就是"翰林"，以后可以升到"大学士"。而不得"师门"真传的，出身就是"举人"，以后最多只能升到"进士"。"大学士"一职，是由各房弟子公推的，大概每一个大埠头(大城市)总有三两个"大学士"，外间称号叫"大师爸"。②

从上述"江相派"的组织架构来看，它不仅直接借用状元、榜眼、探花、进士、举人等科举术语来指代其成员的层级称谓，而且在派内的"级别"晋升制度上也不难看到明清科举制度"非进士不入翰林，非翰林不入内阁"③等定制的影子。

以科举元素作为"能指"的"江湖隐语"，较多地被用于"江相派"的内部识别机制中。例如，倘若两名"当相的"在江湖上正面遭遇，将进行以下对话，来完成其识别程序：

> 问："谁点你出来当相的？"
> 如果对方答"我的师爸"，那么你就晓得他是同派中人了。否则就不是。
> 再问："你的师爸贵姓？"
> 如果对方答："姓方。"并反问你道："请问你的师爸是谁？"你就可断定他是同派中人了。你这时候便答："我的师爸也是姓方。"并反问他："你是什么出身？"
> 如果对方答是举人或进士(派内级别)，你就可以知道他是同派而不是同门，你就可以向他表明自己身份，彼此可以谈谈"生路"(生意)等等，或者请他和自己合作，"点"(介绍、诱引)个"一"(顾客)来。

---

① 于城：《迷信职业集团"江相派"》，李俊权、莫仲予、黄炳炎主编：《粤海挥麈录》，中华书局2005年版，第123页。

② 于城：《记江相派——旧时代里一个迷信诈财的集团》，中国人民政治协商会议全国委员会文史和学习委员会编：《文史资料选辑(合订本)》第16卷(总第45~47辑)，中国文史出版社2011年版，第529页。

③ (清)张廷玉等：《明史》卷70，中华书局1974年版，第1702页。

如果对方答道:"在下是第×传探花。"那你就晓得他是"同门"。这时,如果他的辈分比自己高,就称呼他做师叔,同辈称师兄,辈数低称师侄。你就这样问他:"师×既然是翰林院出身,请问有何凭证?"对方这时候便答:"有诗为证。"并会反问:"师×既然知道有个翰林院,一定也知道翰林院的规矩吧。"你便答:"知道。"并立即斟茶。用三个手指拈着茶杯,递过去说:"师×请,在下是第×传××。"对方也用三个手指扶着杯底,接过去,并把它放在茶几或桌子上。如果他辈数老,就放在几子或桌子的左角,平辈或卑辈则放在右角。他放好杯子,便问:"师×有何指教?"你便问:"既然有诗为证,师×可以赐教一二吧?"他这时便要把自己的世系歌念出来,这首歌前四句是这样的:"祖师遗下三件宝,众房弟子得真传,乾坤交泰离济坎,江湖四海显名声。"以后便是叙述自己世系的歌词,不尽相同,但最后四句叙述自己的辈分、身分的歌诀,却有一定的格式:"第××传传到我,秉承师命闯江湖,出身原是翰林院,如今分属××郎。"之后,你也说句:"领教了,我也有诗为证。"自己也把世系歌念了出来。①

这番充斥着"进士""举人""探花""翰林院"之类说辞的谈话,倘或不知情的人听来,似乎更像是科场中人的寒暄,而不是行走江湖的隐语切口。问答中对"出身"及师承关系的重视,也很容易让人联想起科场上的某些景象。事实上,以读书人自居,在中国古代的"相家"中是比较普遍的现象。据《江湖通用切口摘要》记载,清代的相家"凡遇同类当相,而所业不同者,相逢亦须寒温数语,名曰通相",彼此更以"老夫子"互称。② 当然,以科举术语作为"能指"的"江湖隐语",也不仅局限于用来代称江湖组织的内部层级架构与成员称谓。例如,民国年间的江湖"相家"隐语中,就有用科举术语"及第"来指涉"眉毛"③的例子。

以科举术语为"能指"成分来创造"江湖隐语",绝非"相家"之专利。在清代民间秘密结社组织"天地会"的隐语系统中,我们同样能找到生动的例子。在传世的中国古代"江湖隐语"中,似乎再难找到比天地会隐语更为复杂的隐语系统了。天地会发展至道光、咸丰年间时,其内部诸多活动"如日常交往、外出交游、娱乐、仪式,乃至从事各种斗争,几乎都离不开隐语与暗号"④。而在天地会的隐语系统中,作为"能指"成分的科举元素,主要集中在语句类隐语中。例如,在"天地会口白"之"问答书"中,记录了这样的对答:

> "洪花亭何人在此居住?""洪先生居住。""居住何事?""教习洪家馆。""有何为证?""有诗为证:花亭教习立纲常,英雄聚会作文章。云路步登金榜上,后来显达姓名扬。"

---

① 于城:《记江相派——旧时代里一个迷信诈财的集团》,中国人民政治协商会议全国委员会文史和学习委员会编:《文史资料选辑(合订本)》第16卷(总第45~47辑),中国文史出版社2011年版,第532页。
② 无名氏:《江湖通用切口摘要》,陈崎主编:《中国秘密语大辞典》附录《秘密语稀见文献资料汇钞》,汉语大词典出版社2002年版,第1600页。
③ 参见潘庆云主编:《中华隐语大全》,学林出版社1995年版,第283页。
④ 王学泰:《游民文化与中国社会(增修版)》(下册),同心出版社2007年版,第644页。

"几时开馆?""三月廿一。""几时解馆?""七月二十五。""有何为证?""有诗为证:三月廿一习经书,花亭满座众洪兄。若问琼林金殿试,七月廿五定科期。"
……
"你可晓作文章?""洪门秀士起(岂)不能文。""有何为证?""有诗为证:洪花亭上一炉香,五人坐下作文章。高溪庙内看本事,九州四海把名扬。"①

而在天地会的"通用问答诗辞"中,也有一段与上文极为相似的对答辞:

问:"洪花亭谁人在此?"答曰:"陈近南先生在此。"问:"在此做乜?"答曰:"在此教习洪家兄弟,有诗为证,诗曰:先生教习立纲常,花亭内理(里)习文章。云路早登金榜上,后来显达姓名扬。"
问:"有多少书友?"答曰:"有一百零八。"问:"几时开馆?"答曰:"三月开馆。""几时解馆?"答曰:"七月念(廿)五解馆。有诗为证。证曰:三月念(廿)一习书经,花亭满座是洪英。若问琼林金殿试,七月念(廿)五定科期。"
问:"你读乜野书?"答曰:"读孟章书。"问:"你读到乜句?"答曰:"读到洪水横流泛滥于天下。有诗为证,诗曰:洪花亭上会先生,水前风月习文章。横厅一座吾书馆,留传万载到如今。"②

在以上两段问答式的隐语对话中,所谓"教习"、"书友"、"开馆"、"解馆"、"书馆"等词汇,皆属基层科举教育范畴;至于"早登金榜"、"琼林金殿试"、"书经"、"科期"等说法,则明显来源于科举考试。尽管关于"天地会"的起源及其创始者存在着诸多说法,其各个年代的成员成分也极为复杂,然而无论是其复杂的隐语系统还是这些"隐语"中所蕴藏的科举元素,都足以证明天地会骨干成员中应有接受过科举教育并熟悉科场名物的读书人存在。

三、身份与心态:科举教育对江湖世界的渗透

无论是为了指称科举术语而创造出的"江湖隐语",还是借用科举术语来创造"江湖隐语"——散见于明清以来"江湖隐语"中的诸多科举元素,提醒我们留意这样一个事实:明清两朝,在科举盛行的时代大背景下,科举作为影响社会发展的整体文化生态已成为不可忽视的客观存在。看上去与科举教育相距遥远的江湖世界,同样也不可避免地受到它的影响。从"江湖隐语"中的科举元素着眼,至少可从身份与心态两个层面来对这一话题试作探讨。

首先,科举教育对江湖世界的渗透较为直观地体现在部分江湖人物的出身或身份认同

---

① 伦敦不列颠博物馆所藏抄本[Oriental 8207G(1)],曲彦斌主编:《中国隐语行话大辞典·续编》附录《隐语行话研究事典》,辽宁教育出版社1995年版,第50页。
② 伦敦不列颠博物馆所藏抄本[Oriental 8207B(1)],曲彦斌主编:《中国隐语行话大辞典·续编》附录《隐语行话研究事典》,辽宁教育出版社1995年版,第68页。

上。尽管"朝为田舍郎，暮登天子堂"几乎是所有接受过科举教育的读书人的梦想，但既然是选拔性的考试，有人成功必有人失败，有人得意也就必有人失意。在科场上，大量接受过系统科举教育的读书人最终止步于"乡试"，无奈以"生员"（秀才）这一最低层级的科名终老，亦即所谓"衣巾终身"；甚至更有失意者，连生员的科名也不曾赢得，只能长期居于"童生"的地位。在这些科场失意的生员、童生中，其中一些人最终放弃了科举之业，或行医，或从商，或与人作幕宾，还有一些人则或为了谋生或出于志趣而投身江湖，要么成为秘密结社组织的骨干，要么涉足各类江湖行当。以历代"相家"为例，其中很多人都接受过科举教育。如：宋代相家程显道出身儒学世家，号称"经史子传通贯无隐"①；元代相家胡炳文"笃志朱子之学"②，而明代相家程国学"少治举业，后习堪舆，老受冠带儒士"③。不管是因科举不第沦落至此，还是世家出身、于"举业"之余兼操此业，"相家"行当中相当一部分成员是受过科举教育熏染的。而随着清末科举制度的废除，置身于传统科举生态下的大量读书人失去了上升通道与生活依傍，更多的人无奈地踏上了江湖之路。对于这些接受过科举教育的读书人来说，行走江湖的生活有苦有乐，但无论如何，他们很难忘记自己曾经是"书生"。以书生的身份自重，使他们的言行举止与其他江湖人多少有些差别。这种差别，首先表现在身份认同上，无论是"江相派"成员以"大学士""状元""探花"自命，还是"天地会"中人互称"书友"并以"教习"这一学官名来尊称陈近南，凡此，皆体现了这些可能出身科举的江湖人对于读书人身份的隐隐留恋。

其次，科举教育对江湖世界的渗透也隐晦地表现为江湖人物的文化心态。在科举教育极度繁盛的时代背景下，一批批接受过科举教育的读书人因各种原因沦落江湖，而江湖中人在谋生过程中也难免要与各色科场中人尤其是科场小人物打交道。因此，尽管江湖及江湖文化始终处于被主流社会"边缘化"的"灰色空间"，但其文化心态在保持"另类"特征的前提下，又常表现出对主流文化的迎合与模仿。呈现于"江湖隐语"中的科举元素，即为此种心态的重要表征。不管是江湖通用切口还是某些社团、帮派、行当的内部隐语，其创造与完善一般都会经历一个历时态、多人参与的过程。在具有"科举元素"的江湖隐语的创制过程上，虽然未必所有的参与者皆有科举教育背景，但在"江湖隐语"的密码中注入科举元素这一行为本身就多少体现出某种群体性的文化心态。不管是"江相派"内部层级架构对科举功名的比附，还是天地会隐语对答中的科举色彩，就隐语创造者个人而言，或许尚可用"仅为求得心理平衡"④来一言以蔽之，但若推究至群体意识来看，却至少从一个侧面反映明清乃至民国初年江湖世界对于科举世界的总体态度，即居于社会中下层的江湖中人在文化心态上，自觉不自觉地倾向于对科举影响下的社会主流文化与价值取向进行某种形式的仿效。

---

① 程瞳：《新安学系录》，黄山书社 2006 年版，第 239 页。

② 程瞳：《新安学系录》，黄山书社 2006 年版，第 231 页。

③ 程瞳：《新安学系录》，黄山书社 2006 年版，第 336 页。

④ 曲彦斌：《汉语民间秘密语语源探析（代序）》，陈崎主编：《中国秘密语大辞典》，汉语大词典出版社 2002 年版，第 9 页。

四、结　　语

　　江湖俗谚云，"能送一锭金，不吐半句春"。以遁辞隐义、谲譬指事为基本特征的"江湖隐语"，本身是作为一种秘密语言而存在的。尤其是那些特定社团、帮派所创造的内部隐语，倘若组织不遭毁灭性的破坏，其秘密是很难为外人所知，更难以为文献所载的。从这个角度来说，我们所能了解的古今"江湖隐语"无论是在数量上还是在系统性上都是极为有限也非常片面的。从如此有限的材料入手去观察"江湖隐语"，这本身就难免有以偏概全之嫌；而欲从这些有限的"江湖隐语"所蕴含的科举元素入手去讨论明清科举教育对江湖场域所可能发生过的影响，更势必要冒主观臆测的风险。我们之所以甘冒这样的风险，意在通过这种不成熟的尝试，为更多相关成果的产生起到抛砖引玉的作用。我们期待着，期待在不久的将来，围绕着"江湖与科举"这一话题作出更多有益的探讨。

（作者单位：武汉大学教育科学研究院）

宗教学研究

论《崇宁藏》的性质

□ 周 荣

北宋神宗元丰年间在福州东禅寺开雕的佛教大藏经于徽宗崇宁二年(1103年)进献朝廷为皇室祝寿，被赐名《崇宁万寿大藏》，后简称《崇宁藏》。因存世极稀，《崇宁藏》一直备受尊崇，并日益被学界所关注。对于它是一部什么性质的大藏经，现有研究成果基本公认了它的民间性，常见的断语有："我国第一部私刻版大藏经"；"中国历史上第一次由一个寺院筹资雕造的大藏经"；"中国出版史上第一次由寺院发起募捐的方式集资刻印的《大藏经》"，等等。本文依据所掌握的资料，对《崇宁藏》的性质略抒浅见。

一

现有研究成果对《崇宁藏》的定性常常与宋《开宝藏》和辽《契丹藏》相对而言，认为《崇宁藏》是由民间自发组织刻印的佛教藏经，而此前的宋《开宝藏》和辽《契丹藏》，则属于奉皇帝敕命、由朝廷监造流通的"官版大藏经"。

本文暂且撇开《契丹藏》，仅将同朝代的《开宝藏》和《崇宁藏》作一比较，意欲让人们看清：北宋时开雕、影响深远的两部大藏经《开宝藏》和《崇宁藏》在性质上有如此大的差异吗？

被人们断定为官版大藏经的《开宝藏》比《崇宁藏》遗留下来的实物和记载更少，《开宝藏》的具体刊刻过程其实并不为人所知。因《佛祖统记》等史籍中有开宝四年(971年)北宋皇帝赵匡胤"敕高品张从信往益州雕大藏经板"①的记载，大藏雕完后，经板又运回京城，指定寺院保存，印经事务由朝廷派员监管，《开宝藏》被毫无疑义地认定为官藏。简言之，皇帝的圣旨、宦官的参与和朝廷的监管是《开宝藏》被确定为官藏性质的决定性因素。至于《开宝藏》刻印的过程中是否有寺院和僧人参与、刻经的具体地点、刻经的经费来源诸方面，因资料所限，详情目前尚不可知。不过，最近有学者在敦煌文书中发现了《开宝藏》雕印过程的一些蛛丝马迹。敦煌遗书中有一件名为"左街相国寺精义大师赐紫沙门臣德神进《开元释教大藏经目录》"的文献，据方广锠先生论证，这位相国寺精义大师所进呈的加了千字文帙号的《开元释教大藏经目录》正是为朝廷雕造《开宝藏》服务的。因相国寺

---

① 《佛祖统纪》卷四十三《法运通塞志·开宝四年》。

是北宋都城东京的主要寺庙之一，皇家的很多佛教活动与相国寺有关，德神既蒙赐紫，又封为"精义大师"，可见在当时是一位有地位的僧人领袖。由此方广锠先生推测，相国寺和德神大师当时是极有可能参与了《开宝藏》的筹划和组织工作的。方广锠先生又指出："虽然德神进呈了一部开元大藏经的目录，但并没有进呈与这一目录配套的经本作为雕印《开宝藏》的底本。或即使进呈过这样一部底本，也没有运到益州，没有实际使用。因此《开宝藏》所使用的底本，无疑是益州当地某一部写本藏经。"①不难想象，以四川当地的写本藏经为底本，势必牵涉到四川的寺庙和僧人，因此，寺院和僧人参与了《开宝藏》的编藏和版本制作是毋庸置疑的。太平兴国八年（983 年），《开宝藏》经板全部雕毕后，十三万块经板运至东京，存入开封府内太平兴国寺译经院西侧印经院。此后太平兴国寺印经院一直代表朝廷管理印经事务，大量宦官、官员和僧人在印经院任职。这些事实，史有明载，也为学者们所共知。也就是说，《开宝藏》从早期筹划、经板雕造，到后期印刷、流通和管理都采用的是官府和寺院联合的方式。

《开宝藏》的定性以及其制作、印刷、流通、管理中的这些特点无疑为《崇宁藏》的定性提供了参照。在为《崇宁藏》定性时，我们首先似应考虑：官府是否一开始就介入了《崇宁藏》的策划和雕造事务？与《开宝藏》的情形类似，国家典章制度文献中基本没有留下《崇宁藏》雕印的记载，只有一些地方文献在述及福州东禅院的历史时，顺便提及雕藏一事。如宋人梁克家淳熙《三山志》卷三十三载：

> 东禅院，易俗里。五年，州人郑昭勇捐宅为之，在白马山上，旧名净土。唐武宗废为白马庙。咸通十年，郡人迎僧惠筊居之，及夜禅定，有戎服若拜而辞者，是夕或见白驹东之。观察使李景温因撤祠为寺，号东禅净土。钱氏号东禅应圣。皇朝大中祥符八年，赐号东禅等觉。崇宁二年，因进藏经，加号崇宁万岁。绍兴十年，改崇宁万岁为报恩广孝。十七年，改广为光。……有大藏经版，侍郎陈旸劝造。

这段史料以东禅寺的历史演变为纲，以大藏经的雕造作附属事件，很容易让人认为此次大藏经的雕造属于东禅院自发的行为，"因进藏经"才受到朝廷的重视和封赐。所幸的是，《崇宁藏》每经的卷首留下了很多刻经的题记，这些题记记述刻经的缘由、刻印时间及参与者等信息，借助这些信息基本可以复原《崇宁藏》雕印的大致过程。对此，前辈学者已作了很多的努力，虽在雕成时间、卷数、帙号等细节问题上还有一些不同意见，但经板制作、印刷、管理的基本过程还是十分清晰的。② 可知，《崇宁藏》在元丰三年以前即已开始筹划，元丰三年雕出了第一批经板。那么，在《崇宁藏》的筹划和开雕的阶段，是否有官府的参与呢？

元丰三年（1080 年）所刊《大般若波罗蜜多经》卷一九三末的题记中，有"都劝首住持

---

① 方广锠：《关于〈开宝藏〉刊刻的几个问题——写在〈开宝遗珍〉出版之际》，《法音》2011 年第 1 期。

② 参见周叔迦：《大藏经雕印源流纪略》，《周叔迦佛学论著集》（下），中华书局 1991 年版；吕澄《福州版藏经》，《吕澄佛学论著选集》，齐鲁书社 1991 年版；李富华、何梅：《汉文佛教大藏经研究》，宗教文化出版社 2003 年版等。

传法慧空大师冲真，请主参知政事元绛"的内容。① 元绛，《宋史》有传：字厚之，钱塘人，翰林学士，曾为开封知府，拜参知政事。元丰元年（1078 年）在太平兴国寺参与《法宝录》的编纂。② 绍圣四年（1097 年）刻的《长阿含经》和《中阿含经》的题记中，在描述当时刻藏的人员分工时，也提到了"请主参知政事元绛"的名字，同时还提到了另外两位官员，"左朝请郎权发遣福建路刑狱公事、兼本路劝农提举河渠公事、权福州军州事、兼本路兵马钤辖上轻骑都尉借紫王祖道，请主参知政事元绛，证会灵应侯王"。

阅读众多题记可知，元绛之后，曾有多名官员和高僧大德担任过"都劝首"等职务，他们共同主持大藏经的刻印事宜。其中代表朝廷的官员及名士有：知福州军州事刘瑾、左朝请郎权发遣福建路刑狱公事王祖道及知名人士许懋、柯述等；代表寺庙的名僧有：慧荣、冲真、智华、智贤、普明等。这些情况表明，北宋神宗时福州《崇宁藏》开雕之前和之后，一直是有朝廷的官员参与其中的，其雕板的组织与管理方式与《开宝藏》极为相似，是朝廷与寺院相结合的组织与管理方式。所以，《崇宁藏》的雕板和印刷，与其说是寺院自发的行为，不如说是朝廷推动的文化工程。

崇宁二年（1103 年）大藏经刻板事务初成，时礼部员外郎、大藏经"都劝首"陈旸上奏朝廷，为新雕大藏经请赐经名。经朝中众大臣会议后，皇帝为福州版大藏经赐名《崇宁万寿大藏》。这件事情被详细记录在《大般若波罗蜜多经》卷一的刻经题记中，兹将此题记全文引录如下：

敕赐福州东禅等觉禅寺天宁万寿大藏

旸窃见朝廷近降指挥天宁节天下州军各许建寺，以崇宁为额，仍候了日，赐经一藏，有以见圣朝绍隆，佛乘祝诞睿算，实宗庙无疆之福。然旸契勘大藏经，唯都下有板，尝患遐方圣教鲜得流通，于是亲为都大劝首，于福州东禅院劝请僧慧荣、冲真、智华、智贤、普明等募众缘，雕造大藏经板及建立藏院一所。至崇宁二年冬，方始成就。旸欲乞敕赐东禅经藏"崇宁万寿大藏"为名，祝延圣寿，取钧旨。

十一月日，奉议郎守尚书礼部员外郎充讲义司参详官陈旸劄子。

十一月二十日，进呈三省，同奉圣旨，依所乞，已降敕命，讫二十二日午时，付礼部施行，仍关合属去处，尚书省牒州崇宁万寿大藏。

礼部员外郎陈旸白：劄子窃见朝廷近降指挥天宁节天下州军各许建寺，以崇宁为额，仍候了日，赐经一藏，契勘大藏经。唯都下有板，于是亲为劝首，于福州东禅院劝请僧募众缘，雕造大藏经板及建立藏院一所，欲乞敕赐东禅经藏以崇宁万寿大藏为名，候指挥牒。

奉敕：宜赐崇宁万寿大藏为名，牒至准敕，故牒。

崇宁二年十一月二十二日，牒。

司空兼尚书左仆射门下侍郎上柱国南阳郡嘉国公蔡京；

金紫光禄大夫知枢密院事上柱国南阳郡开国公蔡卞；

特进行门下侍郎上柱国长乐郡开国公许将；

---

① 本文所引刊经题记，除特别注明外，均由李际宁先生提供。下同。特此致谢！

② 《宋史》卷三四三《元绛传》，中华书局 1977 年点校本，第 10906～10907 页。

右光禄大夫守中书侍郎上柱国天水郡开国侯赵挺之；

左光禄大夫守尚书右丞上柱国武昌郡开国侯吴居厚；

右光禄大夫同知枢密院事上清车都尉寿阳县开国伯安惇；

朝散大夫试礼部尚书兼修国史实录修撰徐铎。

这份题记其实已将《崇宁藏》的雕造缘起及刻经赐名过程交代得十分清楚，《崇宁藏》的官藏性质也表述得十分明白。题记中所言"唯都下有板"指的正是储藏在东京太平兴国寺中的《开宝藏》经板。由于佛教事业的日益发展以及弘扬佛法在宋代政治、文化生活中的重要性日益显现，而由官方组织雕造的大藏经经板仅《开宝藏》一副，这种现状满足不了各地，特别是南方地区印经的需求，于是朝廷委派官员，"亲为都大劝首，于福州东禅院劝请僧慧荣、冲真、智华、智贤、普明等募众缘，雕造大藏经板及建立藏院一所"，组织了《崇宁藏》的雕印。主体部分告成后，又经大臣奏请和会议，由皇帝降旨赐名。已雕成的经板由东禅寺等觉院管理，从不同时期的印经题记可知，福州东禅寺等觉院的印经机构从元丰年间一直到北宋末都在进行印经活动，既包括大藏经板的续雕和补雕，也包括满足信众的请印，以收取"板头钱"，增刻新经。其管理方式与《开宝藏》所在的太平兴国寺传法院印经处如出一辙。

至此，我们可以说，《崇宁藏》是北宋朝廷继《开宝藏》之后组织雕造的第二部大藏经，它与《开宝藏》同属官刻性质的大藏经。

二

《崇宁藏》雕印的资金来源是导致学者将其判定为私刻大藏经的重要原因之一。从前文的刻经题记可知，《崇宁藏》雕印的资金主要来自民间劝募。在此，还可以列举几条与经费有关的题记，以便进一步讨论该问题：

元丰三年（1080 年）刻《法苑珠林》卷首题记云："福州东禅等觉禅院住持慧空大师冲真于元丰三年庚申岁谨募众缘，开大藏经印板一副，上祝今皇帝圣寿无穷，国泰民安，法轮常转。"

元丰八年（1085 年）刻《大般涅槃经后分》题记云："福州东禅等觉院住持传法慧空大师冲真等谨募众缘，恭为今上皇帝、太皇太后、皇太后、皇太妃祝延圣寿，国泰民安，开镂大藏经板一副，总计五百函，仍劝一万家助缘。……元丰八年乙丑岁五月日题。"

大观元年（1107 年）刻《佛说大乘观想曼拿罗净诸恶趣经》卷下题记云："福州等觉禅院住持传法沙门收印经板头钱，恭为今上皇帝祝延圣寿，阖郡官僚同资禄位，雕造大藏经印板计百余函。时大观元年正月日题。"

大观二年（1108 年）、大观四年（1110 年）所刻的经典中都有类似的题记。

很明显，刻经资金主要来自民间，但资金来源不能作为判定大藏经性质的决定性依据。试分析如下：

首先，《崇宁藏》刻经资金虽为劝捐，但因有朝廷和地方官员的参与，这样的劝捐与民间的劝捐不可同日而语。比较《赵城金藏》和《崇宁藏》的劝捐情形，这种差别便一目了然。金熙宗皇统年间，山西解州民女崔法珍为雕造大藏经，不惜断臂出家，发下大愿，在山陕民间游走劝募。其间，参与劝募者燃臂燃指之事屡见，舍家产、鬻男女以助修板之事习以为常，历三十余年，方刻成后来命名为《赵诚金藏》的大藏经。而《崇宁藏》的劝捐由朝中官员和寺院高僧充当"都劝首"，基本上是一呼百应，常常如很多刻经题记所言，出现"阖郡官僚同资禄位"的局面。刻经工作如同地方上的堤防、水利等公益事业，成为一种例行公事的行为。

其次，从劝捐的目的来看。一些官刻大藏经之所以采用劝捐的形式来解决经费，除了缓解国家财政正项支出的压力等用意外，有时并不一定是因为国家或地方财政状况拮据，而是欲通过劝募这种形式达到教化和资治的目的。用佛教用语说，可称作"种福田"或"做功德"。《崇宁藏》的劝捐带有很明显的这种倾向，如元丰八年（1085 年）刻《大般涅槃经后分》题记所言："恭为今上皇帝、太皇太后、皇太后、皇太妃祝延圣寿，国泰民安，开镂大藏经板一副，总计五百函，仍劝一万家助缘。"这篇题记后面还附一偈颂云："东君布令思无涯，是处园林尽发花。无限馨香与和气，一时散入万人家。"按这种说法，此时的劝捐已不是捐赠者的负担，而是他们的荣幸。募捐不只是要把信众的钱收起来，而是要让"无限馨香与和气"，散入千家万户，广种福田。

在《崇宁藏》诸经题记中，特别是大观以前的题记中，很少看到为了私人目的请印佛经的例子，大部分是为皇帝、皇太后、皇太妃等"祝延圣寿"，并祈求"国泰民安"。这与《开宝藏》的藏板地——太平兴国寺译经院"自是每诞节即献经"的传统，也是一脉相承的①。为皇帝、国家延寿祈福可视为官刻大藏经的特点或劝捐刻经的重要目的。

再次，从大藏经经板和印经的管理和流通方式来看，由寺院管理经板、收取"板头钱"印刻是历代官藏管理的一种常见形式。尽管《开宝藏》经板雕刻的资金来源目前尚不清楚，但，如前所述，其经板在益州雕造完成后即运往东京太平兴国寺的印经院，由朝廷和寺院共同管理，用收取"板头钱"的形式维持印经院的运转和完成新经的雕印。神宗熙宁四年（1071 年）太平兴国寺印经院废止后。由官方管理的印经院藏板，迁移到东京城西北闾阖门外的崇化坊显圣寺。仍以相同的方式请印和流通，直至金兵灭北宋。②《崇宁藏》的不同年代的印经题记也显示，福州东禅寺等觉院也依这种管理方式延续了数十年。兹在前文的基础上，再列举两条题记：

大观二年（1108 年）刻的《宗镜录》卷七五题记："福州等觉禅院住持传法广慧大师达杲收印经板头钱，恭为今上皇帝祝延圣寿，阖郡官僚同资禄位，雕造《宗镜录》一部，计一十函。时大观二年六月谨题。"

大观四年（1110 年）八月刻的《佛说初分说经》卷下题记："福州等觉禅院住持传法广慧大师达杲收印经板头钱，恭为今上皇帝祝延圣寿，阖郡官僚同资禄位，雕造大藏经印板，计五百余函。时大观四年八月日。"

再以明代的官藏为例，明代初年朝廷共组织雕印了三部大藏经，分别是《洪武南藏》、《永乐南藏》和《永乐北藏》，它们的板片雕印经费主要由朝廷出资，是很典型的官藏。但板片雕成后，仍采用官府和寺院合作的方式进行管理，以"板头钱"维持运转。比如，《永

---

① 《汴京遗迹志》载："太平兴国五年，诏于太平兴国寺大殿西度地作译经院，中设译经堂，东序为润文堂，西序为正义堂。自是每诞节，即献经也。"

② 详见李际宁：《佛教大藏经研究论稿》，宗教文化出版社 2007 年版，第 142～143 页。

乐南藏》刊板工程完全由官府主持，明成祖直接过问。雕成后经板存放于南京城聚宝门外的报恩寺，由南京礼部祠祭清吏司管理并主持请印事务。关于请印《永乐南藏》由寺院收取"板头钱"的情形，张秀民先生等印刷史研究者早已注意到，如其所言："《南藏》刻成后，板藏大报恩寺，外地来南京请经的和尚，可在印经铺内住宿，每印一部，须付报恩寺板头钱二十两。该寺靠这副经板，每年可得到几百两银子的收入。"据论者的进一步研究，当时《永乐南藏》印刷和流通的管理，采用了比前代更细致、更先进的"商业化"的管理方式，大量的经铺参与了印经活动，请经者在请印藏经时，一方面向坊铺支给物料和工价，一方面向寺院交纳板头钱，礼部还专为此制定了《请经条约》。①

可见，利用民间资金是历代官藏管理、流通的一种常见形式，资金来源不能作为判定大藏经性质的决定性依据。资金主要来源于民间，并不影响我们对《崇宁藏》性质的判定。

三

北宋都城东京已有大藏经板，为什么朝廷还要在南方地区组织雕造新的大藏经板？这一问题，前述崇宁二年（1103 年）《大般若波罗蜜多经》卷一的刻经题记中"唯都下有板，尝患遐方圣教鲜得流通"一语其实已点明直接原因，以下在更广阔的背景中来阐释这个问题。

有宋一代，皇室成员自太祖赵匡胤开始就笃信佛教，北宋皇帝对佛教基本持保护态度。宋真宗景德三年（1006 年），有人担心佛教僧尼太多，寺庙增长太快给社会带来负面影响，上奏"请减修寺度僧"，真宗反驳："至于道释二门，有助世教，人或偏见，往往毁訾，假使僧、道士时有不检，安可废其教耶？"②君王的大力提倡，寺观兴造之风大盛，僧尼数量激增，据宋人孔平仲记载，"景德中，天下二万五千寺"③；天禧五年（1021 年），全国僧尼总数为逾 40 万，而这个数字仅指持有度牒、纳入统计的人数，实际的僧尼数量远不止此数。④ 至《崇宁藏》刊刻的元丰、崇宁时期，佛教已深入民间社会，成为社会生活的重要内容。这种情形一直持续到南宋。大诗人陆游曾感慨"予游四方，凡通都大邑，以致暇陬夷裔，十家之聚，必有佛刹"⑤。

一度中止的译经事业也在北宋皇帝的支持下得以恢复和发展，来自天竺、西域等地的"梵僧"携带经本赴中原参与译经者日增。《开宝藏》的藏板地太平兴国寺正是北宋朝廷的译经道场，它是在宋太宗的直接干预下建立起来的。据宋人杨亿的记述："元和之后，译经遂废。太宗太平兴国初，有梵僧法僧、法天、施护三人自西域来，雅善华音。太宗宿受佛记，遂建译经院于太平兴国寺。"⑥译经院于太平兴国八年改为"传法院"；《佛祖统记》卷四十三太平兴国八年条："诏译经院赐名传法，于西偏建印经院。"《开宝藏》经板运达

---

① 详见李际宁：《佛教大藏经研究论稿》，宗教文化出版社 2007 年版，第 162~170 页。
② 徐松：《宋会要辑稿》释道一之三八，中华书局 1957 年版。
③ （宋）孔平仲：《谈苑》卷二，《文渊阁四库全书》本。
④ 参见程民生：《宋代僧道数量考察》，《世界宗教研究》2010 年第 3 期。
⑤ （宋）陆游：《法云寺观音殿记》，《渭南文集》卷十九，《文渊阁四库全书》本。
⑥ 《宋朝事实类苑》卷四十三引《杨文公谈苑》。

后，这里成为北宋的译经和印经中心，直到熙宁四年（1071 年）印经院废置，八十多年间以佛经翻译和《开宝藏》经板请印为中心的译经、印经业务始终处于官府管理之下。朝廷对大藏经的翻印实行严格的审查报批制度，凡地方和寺院欲刊印佛经文献须报经传法院批准方可印造。这样，各地上京求借雕板印刷藏经，不但路途遥远、手续繁琐，还得花费一大笔费用，地方、寺院置办《大藏经》极为不便。特别是在南方地区佛教快速发展、印经需求日益增长的情况下，在南方省份雕造经板、增加请印处所成为当然的举措。

新的大藏经板之所以选择在福州雕造，与宋代福州路的雕板印刷业位于全国前列以及福州路佛教的发展在全国非常突出有关。福州路木材资源丰富，雕板印刷手工技术在五代已发端，在两宋达到繁荣，并成为全国的三大刻书中心（蜀、浙、闽）之一，刻印书籍的数量冠于全国，建阳地区所刻"建本"名闻天下，凡此种种，已为人们熟悉的事实，无须赘述。至于福建佛教的发展，从唐末五代开始，中国佛教的中心已逐步南移，江浙、福建成为引人注目的佛国，宋代福建几乎成为中国佛教最发达的区域，当时有一种流行的说法，所谓"寺观所在不同，湖南不如江西，江西不如两浙，两浙不如闽中"①。宋人谢泌在《长乐集总序》中的一首诗也非常形象地描述了福建佛教兴盛的情形："潮田种稻重收谷，山路逢人半是僧。城里三山千簇寺，夜间七塔万枝灯。"②有地理学家也用文学语言对宋代福州作了赞叹："三山鼎峙，疑海上之仙家；千刹星联，实人间之佛国。"③

有论者将宋代福建佛教发展的史实归结为三个方面即：僧尼众多，天下罕见；寺院建造，盛况空前；翻刻佛经，天下流播。④ 其实，不仅福建自身政区内僧尼众多，闽籍僧众往往出游，为外地输出了大量的僧尼，所谓"髡其首而散于他州者，闽居十九焉"⑤。由是，《宋高僧传》、《五灯会元》等僧传史料中福建籍高僧众多就不难理解。在论及福建寺院佛经刻印时，有论者也归纳了一些重要特点，即：历史悠久；刻经寺院面广；刊刻经典众多；寺院藏经量大；所刊经典在中国佛教史上重要性大等。⑥ 虽然不专指宋代刻经而言，也从一个侧面反映了北宋福建寺院刻经的盛况。

总之，宋代福建佛教之盛、佛经刊印之盛在历史上是罕见的，朝廷雕造第二部官版大藏经的地点选择在福州路是情理之中的事情。而福州版大藏经《崇宁藏》的刊刻开启了南方藏经系统的范式，对后世官藏的雕造产生了深远的影响。

（作者单位：武汉大学图书馆古籍部）

① （宋）吴潜：《许国公奏议》卷二，奏论计亩官会一贯有九害，转引自漆侠：《宋代经济史》上册，上海人民出版社 1987 年版，第 274 页。
② 转引自何绵山：《再谈福建佛教的特点》，《宗教学研究》1999 年第 1 期。
③ （宋）王象之：《舆地纪胜》卷一二八，《文渊阁四库全书》本。
④ 徐晓望：《宋代福建史新编》，线装书局 2013 年版，第 330~333 页。
⑤ （宋）黄榦：《勉斋集》卷三七《处士唐君焕文行状》，《文渊阁四库全书》本。
⑥ 何绵山：《再谈福建佛教的特点》，《宗教学研究》1999 年第 1 期。

挑战与应对：空性论与意向性和解构主义的遭遇

——解构主义与佛教空性论之二

□ 桑大鹏

一、三者比论的可能性

将现象学与解构主义并置并作出比较之势是极为危险的做法，胡塞尔在建立现象学体系时，他所提出的意向性学说，及其超验自我与经验自我走的正是西方哲学的罗格斯老路，而这正是德里达乐于解构的"罗格斯中心主义"、"在场的形而上学"对象。两种正好相反的哲学体系如何比论？读过德里达系列著作的同仁当有印象，德里达选定胡塞尔的《逻辑研究》作系统解构，并采用一种胡塞尔自身的理路发现悖论以植入解构之思时，他写道："历史永远是某种生成性的统一体，而这个生成性的统一体可以被当做真理的传承或科学的发展来思考。科学的发展又是向着于在场中、对于自我的呈现中去占有真理这个方向的，它也朝着自我意识中进行认知的那种方向。"①虽然德里达认为："对元素游戏进行限制的中心既能逃避结构的结构性，又能控制它。"②但他同时认为："没有任何中心的结构概念是不可思议的。"③同样，"一个无组织的结构是不可想象的"④。我们是不是可以看作德里达对其一贯坚持的解构之路有所悖反而回到了胡塞尔呢？当然不能。但我们却可据此了解德里达在行其惯常的解构之思时，仍然为西方形而上之思格外开恩保留了最后的底线，或者我们可以认为德里达并不是西方形而上之思的最后终结者。

事实上，从胡塞尔到德里达，其间虽经历了舍勒、克尔凯郭尔、海德格尔、伽达默

---

① ［法］雅克·德里达：《书写与差异》，张宁译，三联书店 2001 年版，第 522 页。
② ［德］恩斯特·贝勒尔：《尼采、海德格尔与德里达》，李朝辉译，中国社会科学出版社 2001 年版，第 68 页。
③ ［德］恩斯特·贝勒尔：《尼采、海德格尔与德里达》，李朝辉译，中国社会科学出版社 2001 年版，第 68 页。
④ ［德］恩斯特·贝勒尔：《尼采、海德格尔与德里达》，李朝辉译，中国社会科学出版社 2001 年版，第 68 页。

尔、列维纳斯，到德里达，无不以反叛的姿态出现，但谁能最终走出形而上宿命？罗格斯为这些大师划定了最终的圈域，使其反叛除呈现出反叛本身的意义外，终归徒劳。甚至德里达自身的解构活动都不过是"在场的""超验所指"本身的自我无限性能力的显现。如此，现象学与解构主义似乎可架构起对话的平台。

而现象学与佛学之渊源人所共知。但国内即便哲学精英们也是止于现象学与佛教小乘俱舍宗的比论，鲜有及于大乘唯识空性论的探讨与观照。倪梁康先生撰文《从现象学还原法试探"五重唯识法"的哲学意涵》，从世亲所撰《阿毗达摩俱舍论》五位七十五法出发，探讨了五重唯识法的现象学还原轨迹。可贵的是，倪先生已自觉注意到玄奘《成唯识论》有关八识的表述，故其探讨多有新见。他写道：现象学的"自身意识到""就是唯识学所说的'自证分'。在西方哲学中，它通常被称作'自身意识'……它在近代的知识学哲学中占有一个核心的位置，文德尔班甚至说'唯心主义的原则就是自身意识'。这里的问题是，佛教唯识学比西方哲学更早地在心识结构中把握到了自证分的存在与活动……人类的心识是唯识学与现象学的共同出发点"[①]。此后，倪梁康分别论述了因八识各自的自证分而来的现象学还原相状，极具启发性。但倪同时认为，第八识阿赖耶识竟然也有"自证分"，这大可商榷。不过该专辑（《现象学与佛家哲学》）与倪梁康等学者的探究已揭开了现象学与佛教唯识论共同宗趣之神秘一角。

解构主义与佛法空性论有共同的旨趣，但差异也是显然的。笔者在《解构主义视野下禅宗思维技术之分析》（《当代文坛》2015 年第 4 期）一文中多有论及。以要言之，第八识阿赖耶识的空性持守，通过否定万物甚至连自身也否定，从而显见万物、生命、文本只能以延异的方式显现意义，这确保了十二因缘流转门与还灭门的可能，是以解构的方式保证万物的成立与意义的显现，与解构主义异曲同工。但不能就此认为解构主义达到了佛法的境界，其赖以达成解构自由的罗格斯之思正是其无法摆脱的宿命。而阿赖耶识的非反身性（无"自证分"）确保了生命、文本的自居自足，阿赖耶识才显示了彻底的解构主义和建构主义取向。此二者的比较其价值是显然的。

二、意向性之意义建构与空性因果不二论

在胡塞尔的体系中，"意向性"这一名相无疑是贯穿其早期描述心理学和后期先验现象学的核心概念，意向性的意指性使其具有文本、意义的建构功能。倪梁康在其所编《胡塞尔现象学概念通释》以确切的信念（倪在该书初版前言中认为他对胡塞尔的理解是准确的）全面总结了意向性四个层面的意涵："1. 在意识生活中必须区分实项性的内涵和意向性的（非实项性的）内涵。所有在时间上流动性的意指行为（意向行为）都是实项的内涵……与此相对，被意指之物本身（意向对象）则必须被看作是非实项的内涵。对此，胡塞尔使用'意向相关项'的术语。所以，'意向性'便是指意向活动与意向相关项之间的相互关系。……2. 被意指的对象（意向相关项）是一个可能多层次综合的结果，在这种综合中，杂多的意向活动聚合为一个对象意识的统一。3. 围绕着被意指对象的是一个由非课

①　刘国英、张灿辉主编：《现象学与佛家哲学》，台湾漫游者文化事业股份有限公司 2006 年版，第 88～89 页。

题的一同被意指之物所组成的视域。……4.'意向性'是指意识对被意指对象的自身给予或自身拥有(明见性)的目的指向性。"①他并补充道:"在描述心理学中……'意向性'意味着意识的能动性,在先验现象学中,'意向性'不再意味着心灵生活的主动性,而是意味着纯粹意识的'意向构造能力和成就'。……'意向性'既不存在于内部主体之中,也不存在于外部客体之中,而是整个具体的主客体关系本身。在这个意义上,'意向性'既意味着进行我思的自我极,也意味着通过我思被构造的对象极。这两者……成为……同一个生活的无内外之分的两个端点。"②

前文所有引述归结为一点:"意向性"以其特有的能动性和构造能力构建了文本和意义。这种特征被海德格尔特别申发,海德格尔写道:"'此'展开在领会中,这本身就是此在能在的一种方式。此在向着为何之故筹划它的存在,于此合一地也就是向着意蕴(世界)筹划它的存在。在这种被筹划的状态中,有着一般存在的展开状态。在向可能性作筹划之际,已经先行设定了存在之领会。存在是在筹划中被领会的,而不是从存在论上被理解的。从本质上对在世进行筹划是此在这种存在者的存在方式。"③这是海德格尔受胡塞尔启发对其意向性构建能力所作的生存论理解和回应,成为我们理解和解释文本与意义的始源性出发点。

文本不过是意识的相关项,由于意向性是"整个具体的主客体关系本身",这导致意义成为连接主客体两极之意向性事实的呈现,是纯粹自我经由经验自我之体验式发生。故此,意义时刻展开着,因领会而具有当下性。

意向性是纯粹意识即先验自我的功能,胡塞尔早期习惯用"纯粹意识"指代那个客观主体,后期多用"先验自我",其实是渐渐走向了康德那个不可言说的"物自体",即信仰与道德理性的终极依据。根据胡塞尔现象学对人类精神结构的分析,人的精神中都有一个先验的"我"的存在,是为"先验自我"。先验自我"摆脱了自我统握行为,不再是某一主体,而成为绝对性的'主体'。它一方面是脱离世界的纯粹主体性,而另一方面在具体我思中则是一切实显行为的'有效性基础'"④。

胡塞尔此论道出了什么呢?笔者认为他其实是表明了先验自我的三个特性:第一,先验自我不是"某一主体",即不是某个个体独有的主体,而是超越相对个体性的绝对主体,即人所共有的主体,这是主体间性即交互主体性的基础,是人们能够相互交往和理解的基础。第二,先验自我的存在和显现不以世界为转移,它"脱离世界",是一种纯粹形而上存在,具有自我主宰、自我建构、自具自足的特征(纯粹主体性)。这确保了个体的"我"在展开认知行为时有了确凿的精神依据。第三,在个体具体的认知行为(具体我思)中,先验自我以其形而上特征恒常地处于个体的意识流中,但却并不为意识流所变,构成了个体之精神创造活动(一切实显行为)的"有效性基础"。这也同时意味着个体之精神创造活动必须以先验自我为依据方才显得"有效"。

胡塞尔认为,先验自我因其知性特征而处于恒常的"我思"之中。胡塞尔的"我思"不

① 倪梁康:《胡塞尔现象学概念通释(修订版)》,三联书店2007年版,第252页。
② 倪梁康:《胡塞尔现象学概念通释(修订版)》,三联书店2007年版,第253页。
③ [德]海德格尔:《存在与时间》,陈嘉映、王庆杰译,三联书店2006年版,第172页。
④ [德]胡塞尔:《纯粹现象学通论》,舒曼编,李幼蒸译,商务印书馆1996年版,第562页。

同于笛卡儿的"我思"，笛卡儿把"我思"当成属于世界的实在灵魂实体，是世界的属性，笛卡儿"我思"时，就是启动了这个灵魂实体，以此达成"我在"，"我在"是"我""在于世界之中"。胡塞尔的"我思"具有反身性，是先验自我的自我指谓，"仅应被当作内在意识体验，有绝对所与性和纯内在性，它把世界意向地和内在地当作我思对象，即纯现象"。①故胡塞尔"我思"时，就是引导世界向"我"生成，让世界"在我之中"。胡塞尔通过预设先验自我并赋予其恒审思量的"我思"特性，变更了笛卡儿"我思"的方向和性质，把世界当作先验自我的意识相关项而构建了一个"纯现象"的体系。

胡塞尔的先验自我论为我们思考诠释者头脑中的文本原意预设提供了某种启示。依其论说，先验自我因其绝对的、纯粹的主体性及其恒常的"我思"特性，一当诠释者面对文本时，先验自我就引导文本向其自身生成，使文本得以被"充实"而"具有意义"，文本成为一个灌注了先验自我之主体性的"纯现象"，成为先验自我显现的场所和表征。而诠释者的经验自我作为先验自我的形而下表现，当其涉足文本时，并没有意识到先验自我早已先期抵达，经验自我在解读文本的整个过程中，自以为目击了文本原意，其实是目击了借文本而表现出来的先验自我。换言之，诠释者头脑中不期而然预设和依这种先行预设而在文本中实际捕获的"文本原意"其实是一个先验自我的逻辑幻象。由于先验自我具有超乎个体的绝对(共同)主体性特征，这便确保了诠释者在文本中释出的"原意"可以得到他者的大体认同，亦即共同认定了这个借文本而表现出来的先验逻辑幻象，并以此先验逻辑幻象为"有效性基础"而展开对话与互动。因此，先验自我不仅确保了主体间性，而且也确保了文本间性。

胡塞尔的如是道说使我们不能不联想到佛学的空性因果不二论，在其中进行相似与相异之比较。按佛学唯识论，八识(眼识，耳识，鼻识，舌识，身识，此前五识，第六意识，非现象学的意识，第七末那识即意根，第八阿赖耶识)中以阿赖耶识为根本识，余七识皆为第八识生出。按佛学唯识论说法，前五识使我们感知到色声香味触的内相分(非外相分，因阿赖耶识为了使我们感知外在世界，乃生出与外在世界一模一样的内相分，前五识属"识"，只能感知同属识的内相分)，与此同时，第七识与前五识结合，生出第六意识，以对前五识作出了别、判断、识知色声香味触的性质特点。意识的特征是刹那生灭，每0.18秒生灭2000余次，即每秒生灭一万余次，如电影放映机每秒钟放24格同一胶片，银幕上就获得一个固定的画面。意识此一特性使我们感知到的内相分具有坚固性和物质性，好像是外在世界，其实我们从来不曾接触过由阿赖耶识大种性自性生出的外在世界，不过是阿赖耶识提供的内相分，被我们的意识固化的结果。

第七识末那识的特点是粘滞、执着，又名"意根"，即意识之根，它一方面执着阿赖耶识为"我"，另一方面又执着前六识为我的功能作用，是即唯识论所谓"遍计所执性"。末那识就是吾人自我意识，它将前六识每一刹那的作用收执起来，输送给第八识，即"现行生种子"，是即"因"；在适当的时机，阿赖耶识又将这些收存的种子流注出来，生出生命与世界，即"种子生现行"，是即"果"，因果律于焉发生，阿赖耶识虽是空性空相，但祂作为始发地和回归地，却可确保因果律永远起作用，故"万法皆空，因果不空"。

阿赖耶识内含的因果之确定性难道不能与意向性关联起来吗？回答是肯定的。按胡塞

① ［德］胡塞尔：《纯粹现象学通论》，舒曼编，李幼蒸译，商务印书馆1996年版，第561页。

尔的表述，"意向性"既然作为"我思"的"自我极"，是"纯粹意识的意向构造能力（统握对象之能）和成就（'果'）"，"意味着通过我思被构造的对象"（生命、文本），亦即纯粹意识中的意向性作为"因"，本身就内含了"果"（被构造的对象、"成就"），如是因、如是果，因果同时。

胡塞尔对于纯粹意识及其意向性功能的认知与佛法的阿赖耶识道说（集中于《楞严经》、《楞伽经》、《解深密经》、《瑜伽师地论》、《成唯识论》等）颇为相近，其意向性之建构功能也与第七识意根感应阿赖耶、在因果律控引下生出生命与世界十分相似，但他在西方哲学之理性传统的惯性推动下展开其固有的逻各斯之思而走不出理性的地平线，居然为先验自我赋予某种"主体性"和"我思"特性，使之与印度婆罗门教的"梵"、"神我"和基督教的"上帝"一体而异名，悄悄地滑过悟性的边界而转入理性之思中。要之，胡塞尔受理性的束缚而没有达到对于纯粹意识的证悟，即没有让经验自我融入先验自我的本来清净自性（其实也无法证悟，因为先验自我具有"主体性"和"我思"特性，要证悟也不过是抵达"梵"、"神我"、"上帝"而已），至多相当于佛弟子对阿赖耶识的解悟。而佛家的经验自我（含具"我执"的末那识）却可跃入阿赖耶识的本来清净自性之中而超越生死、任运圆成，留惑润生而再入轮回，广度众生，挥斥万物（包括文本），达到智慧与慈悲的圆满实现，驻于永恒的自由与福祉之中。这是二者的差异所在。

三、空性论之应对解构的方式："踪迹"与"删除下书写"

阿赖耶识又名空性，又名如来藏、真如，祂的特征是有无双遣、空有皆非，通过彻底的否定而驻于非空非有的中道。佛法般若经的系列阐述表明：万法背后本无主宰，空并不是物之主宰，而是物之意义，而且这种意义并不具有先验性，即并不先于物而存在，更不会先于吾人的感知经验而存在，而是在物被构设、在吾人经验运作的当下显现，由于空的存在，物在被建构的同时即埋下了自我解构之因。空性是如此独特，它在人类哲学史上众多的本体论中是最不像本体的本体，禅宗一系列思维技术就是要解构行者心中的超验幻象，让空性以其特有的自我解构、自我否定姿态显现。

佛法的基本理论除空性论外还有缘起论，空性论是从体性上道出了宇宙与人生的本质，缘起论则是从现象与功用上研究事物的构成，此二者合起来被提炼成佛法的一个基本命题："缘起性空"，即从现象上看，物非自生，非他生，乃是由众缘和合而生；但从体性上看，物之"在"却是无主宰、无自性之"在"，其体性是空的，故物之有乃是幻有、假有、妙有，体性之真空与现象之妙有两不相碍，佛法用"缘起性空，真空妙有"概括了宇宙与生命的真实，这种概括贯穿佛教大小乘，是大小乘虽言说分殊而精神统一的基础，可视为联系大小乘的精神桥梁，缘起论后被大乘有宗华严宗发挥扩展成"法界缘起论"，华严三祖法藏的"十玄无碍"就依缘起论建立，构成了华严思想的核心内容，可见缘起论的重要理论建构作用。

禅宗的立论基础当然不离缘起性空论，但由于禅宗特别强调对空性的领悟，而且这种领悟是在保持行者个体差异前提下的自我关涉，这就使禅宗的思维技术与解构主义的"踪迹"具有了十分切近的可比性。德里达用踪迹概念是要去颠覆在场的形而上学，在德里达建构的语境中，踪迹不是一种在场，而是在场分解自身，移植自身，复指设自身的一种幻象。踪迹同时具有动词与名词特征，作为动词，它意味着时刻都在发生的正在进行的颠覆性动作，一种当下发生的破坏性的异己活动；作为名词，它意味着构设并拆解万物的关系与差异，是差异在关系中的演现轨迹，正是踪迹的存在，使宇宙与生命幻化无常，生生不息。

禅宗语境中的缘起性空论有其丰富的经典依据。依佛教大小乘经论，缘有四种：因缘，所缘缘，等无间缘，增上缘。《佛学大辞典》汇集各种经论，作了如下解释：

> 因缘："因"亦为"缘"之意，指产生果报之直接内在原因，即狭义之因，亦相当于能作因(六因之一)外之其他五因。等无间缘，指心、心所之相续中，由前一刹那引导后一刹那生起之原因。所缘缘(缘缘)，所缘指外境，心缘外境时，必藉外境以为助缘。依唯识宗之说，又可分为疏、亲二种。增上缘。泛指不对某一法产生障碍之一切法。与六因中之"能作因"相同。

依如上解释，可知缘是互显差异的条件和关系，正是这些彼此之间存在差异的关系的运动生成了千殊万类、差异互彰的现象界，由于空性的自我关涉与自我解构力量，使得缘起所成之物在聚生的同时即利用差异而自我拆解，无法保持自我同一，如《庄子·齐物论》所云：方生方死，方死方生。其生乃是一种幻生，其灭也是一种幻灭。

缘起性空论到了大乘佛法里得到了进一步深化，物的生灭之说被超越，提升到了"无生论"，龙树《中论》用两首偈颂对此作了发挥，其第一首写道：

> 诸法不自生，亦不从他生，
> 不共不无因，是故知无生。

龙树解释道：

> 不自生者，万物无有从自体生，必待众因。复次若从自体生，则一法有二体，一谓生，二谓生者。若离余因从自体生者，则无因无缘，又生更有生，生则无穷。自无故他亦无，何以故？有自故有他，若不从自生，亦不从他生。共生则有二过，自生他生故。若无因而有万物者，是则为常，是事不然，无因则无果，若无因有果者，布施持戒等应堕地狱，十恶五逆应当生天，以无因故。(《中论·观因缘品第一》)

第二首：

> 如诸法自性，不在于缘中，
> 以无自性故，他性亦复无。

龙树解：

> 诸法自性不在众缘中，但众缘和合故得名字。自性即是自体，众缘中无自性。自

性无故不自生，自性无故他性亦无，何以故？因自性有他性，他性于他亦是自性，若破自性即破他性，是故不应从他性生，若破自性他性即破共义。无因则有大过，有因尚可破，何况无因！于四句中生不可得，是故不生。(《中论·观因缘品第一》)

诸法既不从自生，也不从他生，不是共生，也不无因而生，究竟如何？——其实不生！既不生，当然也无所谓灭，不生不灭，这才是世界的本相。缘起性空论使我们从中感受到一种自我异己的力量在诸缘聚生的刹那即引导诸缘散灭，使物之生成为现象上的幻生而实质上的寂灭，这就是德里达的"踪迹"！一种自我异己的否定力量，究其根源，仍然是空性起作用的结果。

对和合论的破解不仅龙树为然，佛陀早有过如是思维，在《楞严经》里，佛陀面对阿难和其余大众，有过详细的思辨：

> 阿难，汝虽先悟本觉妙明，性非因缘，非自然性；而犹未明如是觉元，非和合生，及不和合。阿难，吾今复以前尘问汝，汝今犹以一切世间，妄想和合诸因缘性而自疑惑、证菩提心、和合起者。则汝今者妙净见精，为与明和？为与暗和？为与通和？为与塞和？若明和者，且汝观明，当明现前，何处杂见？见相可辨，杂何形像？若非见者，云何见明？若即见者，云何见见？必见圆满，何处和明？若明圆满，不合见和。见必异明，杂则失彼性明名字，杂失明性，和明非义。彼暗与通及诸群塞亦复如是……(《楞严经》卷二)

佛陀的思维表明，吾人本具的本觉妙明(即灵明洞彻、法尔本然的佛性)，灵光独耀，超越一切和合与非和合，它在差殊万彰的现象界游移不定，破坏着，颠覆着，否定着，导致万有的生灭无常。然而我们又恰恰必须借助于万物的生灭去指认这种否定之踪。

众所周知，在大乘佛教内典《金刚经》里有一反复出现的固定表达式："佛说A，即非A，是名A"。如"如来所说身相，即非身相，(是名身相)"[1]，"所谓佛法者，即非佛法，(是名佛法)"[2]，"诸微尘，如来说非微尘，是名微尘"[3]，"如来说世界，非世界，是名世界"[4]。这种表达式有如下意义：(1)眼前的实有并无定相，刹那变灭。(2)这种刹那变灭的实有没有生而具之的名相，为言说的需要，强名之以相(概念)。(3)这一概念(能指)与实有(所指)并无真正的"符合"之处，故一俟言说完毕，须迅即扫去。(4)虽然此名相已扫，而毕竟已完成言说。

可以看出，这种表达式是一种地地道道的"删除下书写"，在大乘佛法里固然有一真如自性这一超验所指的标设，它的人格化的表证就是佛(如来)，但这种真如自性的本质是一种否定性的存在，非空非有，而即有即空，非肯定性的言说可以标指但又非得借助于言说才能指认之，于是采取"是名，即非"之"删除下书写"的言说方式，如此则真如自性

① 宣化上人：《金刚般若波罗蜜经浅释》，上海佛学书局1991年版，第98页。
② 宣化上人：《金刚般若波罗蜜经浅释》，上海佛学书局1991年版，第118页。
③ 宣化上人：《金刚般若波罗蜜经浅释》，上海佛学书局1991年版，第170页。
④ 宣化上人：《金刚般若波罗蜜经浅释》，上海佛学书局1991年版，第170页。

便已播散于每一次言说之中，"善语义菩萨，观语与义，非异非不异，观义与语，亦复如是"①。

同时由于真如固有的否定倾向，使之在被言说的当下即产生对言说形式的否定，借此逃出语言将其标指为中心的企图，表明自身的非中心性特征，结果使言说成为真如自性显现自身的一次幻演，概念因言说的需要而设立，又因真如的否定而被扫除，如此形成语言无尽的趋向于未来的踪迹。作为言说者身旁的聆听者，他也不应企图于语言之外获得某种超语言的意义，他的心应随同语言之流而流，在延异、在无尽的差异之踪迹中否定性地永驻其心，他"不应住色生心，不应住声、香、味、触、法生心，应无所住而生其心"②。

真如自性自身对自身的否定让任何概念都丧失了"真"的价值，概念不可能指认其外的实有，也并不能保证自身具有确切的意义。换言之，语言只能与"语言"符合，不能与一个非语言的实体符合。仅仅是因为概念与概念之间的差异，每个概念才显得似乎具有意义，而这些差异系统地被组织起来，表意乃成为可能，所以一次言说的本质乃是一种能指的游戏。每个能指都并不比别的能指更高明或更重要，都存在意义的残缺而需要别的能指的"增补"，因此能指与能指之间绝对平等，这种平等带来了两个结果，一是消解了诸种二元对立，如概念与实有，言说者与世界等，让言说者得以在对立的消解中获得圆满的无差别的自我确证；二是这种平等拒斥了话语霸权及其背后的资本特权，维持了言说者之间的平等，每个言说者都只能以言说的方式标示自身，并依据独特的个体性在言说中构建自身的圆满。

《金刚经》以"佛说 A，即非 A，是名 A"的表达式指示了那个以否定为特征的真如，这种表达式在《楞严经》中得到了更为丰富而完善的运用，在《楞严经》中，释迦佛在与其大弟子富楼那讨论了真如之后说："而如来藏（即真如）本妙圆心，非心非空，非地非风非火，非眼非耳鼻舌身意，非色非声香味触法，非眼识界……如是乃至……非大涅槃，非常非乐非我非净。以是俱非世出世故，即如来藏元明心妙，即心即空，即地即水即风即火，即眼即耳鼻舌身意，即色即声香味触法，即眼识界……如是乃至……即大涅槃，即常即乐即我即净。以是俱即世出世故，即如来藏妙明心元，离即离非，是即非即。"③形成佛法特有的以言破言，以相扫相的言说法则。不特《金刚经》与《楞严经》为然，广而言之，一部浩如烟海的《大藏经》都是这种表达式的无限展开，这一切都源于真如佛性固有的否定本性，因此佛认为众生（言说者）皆有佛性，意即言说者的本性中皆生而含具否定的冲动，这种否定的冲动导致了生命现象的生灭而生命本体以否定的方式长驻，这一表达式所具有的后现代色彩是显而易见的。换言之，德里达等解构哲学家的思想冥合了古老的东方智慧。

新时期以来，西方哲学开始又一次东渐（第二次是戊戌变法至五四新文化运动，如果我们将印度佛法从东汉传入中国算作第一次的话，则此次可算第三次了），中国思想界、哲学界每一次面对异域文化都有深刻的反思、接受、融汇，此中既有拿来与整合，又有拒斥与否定。作为新时期传入中国思想界的两大哲学主流，现象学与解构主义对我们的启示

---

① 南怀瑾：《楞伽大义今释》，上海佛学书局 1992 年版，第 302 页。
② 宣化上人：《金刚般若波罗蜜经浅释》，上海佛学书局 1991 年版，第 189 页。
③ 宣化上人：《大佛顶首楞严经浅释》，上海佛学书局 1992 年版，第 144~155 页。

无疑是显然的。现象学之意向性建构功能以逻各斯之思考问着我们的思想方法，而其为超验自我赋予主体性的意志色彩又与佛法空性论的中道自任有明显的差异；解构主义之"踪迹"与"删除下书写"为我们理解空性在生命与语言层面的自由演现有着巨大的启示性，而其本体论缺失又为佛法所不许。三者玄想与共、差异互彰，无论是现象学还是解构主义或其他哲思，都为我们提供了丰富的智力资源。

（作者单位：三峡大学文学与传媒学院）

日据时期台湾"皇民化"佛教的思想特质*

□　姚彬彬

　　佛教在公元 6 世纪后由中国传入日本。而与早期中国佛教作为士大夫探讨"六合之外"之形而上世界的精神资源不同，日本佛教自一开始便与统治阶级关系密切，很大程度上，旨在为国家权力、财富拥有者及其家庭进行祷祝，与"国家主义"紧密结合，若日本天台宗的创始人最澄(767—822 年)标榜"使法久住，守护国家"；日本真言宗的创始人空海(774—835 年)则标榜"镇护国家"；13 世纪兴起，逐渐"后来居上"的净土真宗则在其教义中随处明确鼓吹"忠君"思想，总体而言，日本佛教直到当代仍未完全脱离这样的特质。① 明治维新以后，日本政府将神道教立为独尊的国家宗教，原本作为"三教之盟主"的日本佛教的发展大受打击，许多寺院遭到破坏，僧尼被迫还俗，在这种困境下，佛教界更加积极主动地向政府表示忠心，强调"王法佛教不离之论"，接受"神道为基本，佛教为附翼"的原则。② 明治末年，伴随资本主义经济发展，日本得以跻身于帝国主义国家行列，频频发动对外侵略。经过 1894—1895 年的中日甲午战争和 1904—1905 年的日俄战争，军国主义势力空前膨胀。对此，佛教教团大多采取迎合国家主义潮流、支持军国主义对外侵略的姿态，教化国民协助战争，佛教的社会地位也终于随之逐渐提高，再次成为日本御用宗教的一翼。③ 日本的这种紧密依附于世俗政权的佛教形态，史称"皇国佛教"(或"皇道佛教")。日据台湾时期，在佛教寺庙大殿上，常可看到"皇国巩固，国土昌平；皇风永扇，佛日增辉"、"尊皇崇祖，兴禅护国"、"祈帝道遐昌、佛日增辉"诸如此类的用语。1943 年，日本学者金子大荣发表《皇国佛教学序说》刊载于翌年《大谷大学研究年报》，将"皇国佛教"的源头归于圣德太子所颁十七条宪法，企图为佛教寻找依附于帝国日本世俗

　　* 本文为教育部哲学社会科学研究重大课题攻关项目"中国现代宗教学术史研究"(项目批准号：14JZD034)、武汉大学自主科研(人文社会科学)项目"现代人间佛教思潮的禅宗思想渊源研究"的阶段性成果。

　　① 参见[日]渡边宏照：《日本の仏教》，岩波书店 1994 年版，第 70~72 页。
　　② 参见张大柘：《宗教体制与日本的近现代化》，宗教文化出版社 2006 年版，第 154~155 页。
　　③ 参见杨曾文、张大柘、高洪：《日本近现代佛教史》，昆仑出版社 2011 年版，第 75 页。

政权的借口。① 乙未割台后，日本殖民者在台湾所致力推广的这类佛教思想，也是日据台湾时期"皇民化"运动的主要举措之一，可称之为"皇民化"佛教。

近年来，有部分台湾宗教史学者放大和美化日据时期日本"皇民化"佛教的影响，提出当代台湾佛教乃是日据时期佛教与战后大陆汉传佛教"双源汇流"②的结果，基于此来树立台湾佛教的"主体性"。甚至认为当代台湾"所流行的一些诸如'现代禅'、'人间佛教'、'社会关怀'、'阿含佛教'等观念，早在几十年前就被提倡了"③云云。因此，实有必要澄清日据台湾时期的"皇民化"佛教的思想实质究竟为何，以及探讨其与当代台湾佛教到底有无直接关系。自甲午战后至1945年台湾光复止，共有八宗十四派的日本佛教支派来台传教，以日本禅宗之曹洞宗规模最大，净土真宗之发展则最具代表性，本文以他们在台的活动为主要视角，探讨日据时期台湾"皇民化"佛教的思想特质。

一、"皇民化"佛教来台传教目的与基本理念

曹洞宗为佛教禅宗的分支，日本曹洞宗为13世纪的道元禅师（1200—1253年）所开创，道元曾来华师从天童山如净禅师（1163—1228年），得其印可并授予法卷，归而传此法门于日本。禅宗在台湾的开展则始于清代，早期来台开山的佛教僧侣皆由福建迁来，福建本为禅宗兴盛的地区。后有清一代，台湾的佛教僧侣，依惯例亦多于福州鼓山涌泉寺或泉州开元寺正式受戒，此二寺皆禅宗道场，分属曹洞、临济二支，故台籍僧侣也多承袭了禅宗法脉。清代台湾以禅为名的寺院不少，如开元禅寺（原名海会寺，1796年改名）、法华禅寺等，另外如凤山的元兴寺、阿莲的超峰寺、白河的大仙寺与碧云寺、六甲的龙湖岩，亦皆禅僧兴建。日本曹洞宗本出自中国的曹洞宗法脉，至少在名义上可谓"同气连枝"。故甲午战后，日本曹洞宗来台扩张势力，所受到的抵触相对较小，开展相对顺利。

日本曹洞宗来台传教，始于佐佐木珍龙氏，他本奉该宗两大本山（永平寺、总持寺）之命，随侵华日军辗转于辽宁、山东，后在1895年与其同宗共七人随军驻台北。"曹洞宗的在台布教，比较其他宗派，有捷足先登之势，同时所获得的在地佛教资源亦较他宗丰富。但因总督府的宗教政策，是采自由放任而非偏袒曹洞宗或某一宗派的缘故，曹洞宗的从军布教师深感居安得思危。因此，为了维持上述的优势，曹洞宗在台的布教师，不论其

---

① 参见阚正宗：《台湾日治时期佛教发展与皇民化运动》，台湾博扬文化事业有限公司2011年版，第345页。

② 其"双源汇流"说所征引的"理论依据"如谓："在民国三十四年（1945）以前，台湾在法理上不称中华民国，它与中华民国是平行的发展线。民国三十八年（1949）以后，台湾属于'中华民国'，但作为原来中华民国地理主体的中国大陆却另立政权，从国际的观点看，'中国'这个概念分裂了，'中华民国'与国际政治认定的'中国'也是平行的两条线，'中华民国'的实质反而与'台湾'高度重叠。百年的'中华民国'具有复杂曲折的内涵，其领土、人民、国际承认各方面都历经急剧的变迁。"（见江灿腾、侯坤宏、杨书濠：《战后台湾汉传佛教史——从双源汇流到逆中心互动传播的开展历程》，台湾五南图书出版股份有限公司2011年版，第20页。）如是云云，其用意可知。

③ 江灿腾、侯坤宏、杨书濠：《战后台湾汉传佛教史——从双源汇流到逆中心互动传播的开展历程》，台湾五南图书出版股份有限公司2011年版，第27页。

人数或布教计划都较他宗略胜一筹。"①

　　1896 年 11 月，为扩大其发展，日本曹洞宗制订了其在台传教的具体规划，并于 1897 年 1 月付诸实施的《台湾岛布教规程》的第一条谓"曹洞宗两本山令特派布教师驻于台湾岛，使从事左记各项业务"。具体有如次五项：

　　　　第一项：招徕怀柔原有宗门寺院及原有的僧侣，经纪统理之。
　　　　第二项：开谕化导原有宗门寺院的檀家信徒，使沾被于皇化，沐浴于教泽。
　　　　第三项：布教师在驻在所，禀议官衙，而设置日本国语学校，教育原有人民的子弟事。
　　　　第四项：慰问守备军队，一面在军队开教演法事。
　　　　第五项：向在台的官吏及人民布教传道事。②

　　其中的"使沾被于皇化，沐浴于教泽"、"设置日本国语学校，教育原有人民的子弟"等事，显然是其要害所在，也充分暴露了他们传教的真实动机。他们将传教计划具体分为两个阶段，第一阶段的传教范围为"台北、宜兰、基隆、淡水、新竹、台中、鹿港、彰化、云林、苗栗、埔里、台南、安平、嘉义、凤山、恒春、打狗、澎湖岛"。第二阶段则进一步扩展于全岛。

　　佐佐木珍龙在其《从军实历梦游谈》记录了首任台湾日据"总督"桦山资纪(1837—1922年)对他们这些"从军布教师"所作的训话："日本的佛教家来台湾抱持想要弘扬自己的宗旨，扩展自己的佛教的观念是不可以的。……今当治理此岛，无论如何宗教是必要的，关于这一点，是决不可说想要弘扬我宗的宗旨，扩大我佛教，以我所说的国家观念，请日本佛教家尽力。"③殖民地的统治者不必像那些"布教师"一样尚需摆出道貌岸然的面孔，毫不掩饰地道出了其传播日本"皇国佛教"的真实目的，在日据时期，以曹洞宗为主的这些日本佛教宗派也正是丝毫不打折扣地贯彻了这一指示。

　　日本净土真宗源出于镰仓时代成立的日本净土宗。创始人源空(1133—1212年)撰《选择本愿念佛集》，他在判教思想上舍弃了旧有的大小乘佛教和各宗理论，选择性地曲解了中国净土宗的教义，单纯提倡以"持名"念佛为主要内容的净土法门。源空认为，善人也好，恶人也罢，都无所谓，只要不断唱念阿弥陀佛的名号，死后全都能一律不加分别地往生西方净土世界。净土真宗的正式创立者则是源空的弟子亲鸾(1173—1262年)，他原是居于比睿山的天台宗僧侣，后投于源空门下专修念佛。1207年，他们被日本政府下令取缔禁止，革除僧籍，亲鸾随源空流放至越后(今新潟县)，娶妻并生子女 6 人。1211 年被赦后，亲鸾到关东一带传教，著有《教行信证》等诸多作品，在关东时亲鸾提出"恶人正机"之说法，意思是恶人成佛反而比善人更为容易，后真宗逐渐成为日本有重要影响的佛教宗派。中日甲午战后，净土真宗对中国大肆开展传教活动，以上海为中心，在苏州、杭州、南京等地皆设立据点。这也是有日本帝国政府支持背景的宗教扩张行为。

---

① 释慧严：《西来庵事件前后台湾佛教的动向》，《中华佛学学报》1997 年第 10 期。
② 《宗报》第 1 号，曹洞宗务局文书课，1897 年 1 月。
③ 转引自释慧严：《西来庵事件前后台湾佛教的动向》，《中华佛学学报》1997 年第 10 期。

净土真宗入台传教之始，也是作为随军的"从军布教师"，据《真宗本派本愿寺台湾开教史》中云："本派布教使踏足于台湾最初的目的，是在从军布教。而此从军布教，实是起于明治二十七、二十八年的战役。即以明治二十七年十月三十日，得大本营的许可，由本山所派遣的木山定生氏，巡回第一军、第二军战线及各营所医院，而从事于慰问、布教或葬祭等事为嚆矢。其次，于翌年二十八年一月，令香川、鹿多、弓波、伊藤四氏赴战地，配属各军队。"①

净土真宗是当时日本财力最为雄厚的佛教宗派，计划以 360 万日元（当时的日元）巨款分十年拨付，用于该宗在台湾地区的布教、日语教学和建该宗"台北别院"之所需。当时的曹洞宗每年由其"本山"获得的活动经费才有 9730 日元。② 由于其经费充裕，早期在台之传播颇为顺利，其《真宗本派本愿寺台湾开教史》中记，该宗于"明治二十九年开教当时，因值领台未满一年、民心惶惶然，故从事开教之际，既有自来官方的注视，又采用了劝诱方式使台人成为本宗门徒；而台人方面亦喜加入为信徒行列，因当时彼等几将呼六字尊号（南无阿弥陀佛），和持念珠一串，视为良民证明，欲藉此确保免于遭受土匪和来自败兵的掠夺——因而在短期内即可获得数千信徒，于每月初八的宣教日，或过有布教使巡回演讲之际，皆欣然会集"。并且"自同年七月以后，所皈依者，不单台北市内，近郊亦不必说，纵使远至基隆、淡水、桃园、中坜等地，在当时交通不便的情况下，亦能设法尽量将布教范围扩展到彼处"云云。③ 由这一记述可见，当时的台湾民众虽然有不少"皈依"了日本佛教，但其本质上则与晚清许多基督教的"教民"的心态相似，不过是在外人入侵的环境下借助外来宗教寻求自身安全的保护而已。

净土真宗本是日本佛教中最早进行"世俗化"的宗派，在 13 世纪其创教始，便已不禁婚配肉食（明治维新以后至今则成为日本佛教的普遍现象），并把忠君思想作为核心性的教义，这一做法在当时中国汉传佛教看来是难以接受的。1898 年，净土真宗在南京传教之际，其教义遭到了金陵刻经处负责人，有"近代佛教复兴之父"之称的杨仁山居士（1837—1911 年）的严厉批判。在当时的论辩期间，真宗僧侣小粟栖香顶（1831—1905 年）在《阳驳阴资辩》中曾洋洋自得地标榜真宗对戒律的"宽容"，谓："方今圣道之一门，不合时机。独我真宗，何肉周妻，为国家奔走，不膏说出离之法，并亦说忠君爱国之事，毫不剩坐深山。"④针对净土真宗这类废弃传统佛教戒律与世俗生活伦理相妥协的问题，杨仁山指出："伦常门是世善，世善尚不废，何为偏废出世善耶？一切世善，均在菩萨万行中摄。"⑤而针对小粟栖等所倡导"学佛不废王事"、"为国家奔走"热心世俗活动的做法，杨仁山则批评说："悉达太子舍金轮王位，入山修道，为后人榜样。我辈虽不能学，心常羡

---

① 转引自释慧严：《西来庵事件前后台湾佛教的动向》，《中华佛学学报》1997 年第 10 期。

② 参见江灿腾：《日据时期台湾佛教文化发展史》，台湾南天书局有限公司 2001 年版，第 128~129 页。

③ 转引自江灿腾：《日据时期台湾佛教文化发展史》，台湾南天书局有限公司 2001 年版，第 129 页。

④ 杨仁山：《评小粟栖〈阳驳阴资辩〉》，《20 世纪佛学经典文库·杨仁山卷》，武汉大学出版社 2008 年版，第 368 页。

⑤ 杨仁山：《评〈真宗教旨〉》，《20 世纪佛学经典文库·杨仁山卷》，武汉大学出版社 2008 年版，第 361 页。

之。今知贵宗如是存心，所谓道不同不相为谋也。……专修念佛，所谓一门深入也。而以世俗事务夹杂其间，欲得往生，不亦难乎？"①杨仁山对日本净土真宗的指责，亦是对他们无限制的与世俗权力妥协之忧虑。就光复以后的台湾佛教主流"人间佛教"思潮而言，各派皆以太虚（1890—1947 年）为先师，而太虚则为杨仁山的门人。人间佛教的开展，虽然也可以说是一种"世俗化"形态的佛教，但仍然坚持汉传佛教传统的独身素食、以"佛法"重于"王法"的基本理念，与净土真宗这些允许婚配肉食、强调忠君思想的日本佛教宗派，在价值取向上的差异是非常明显的。

正是因为净土真宗的教义与正统汉传佛教有诸多抵牾之处，他们在台湾的传教到后来也越来越不顺利，信徒大量流失，他们总结说："本岛人由于向来都从南中国（福建、广东）移位此地的关系，在佛教方面似大多属于南中国系统的福潮鼓山涌泉寺的末端信徒。因信仰观音者极多、连带也常参拜阿弥陀佛，但精进研读经卷的僧侣很少，以及斋堂素食的尼僧、俗人固然很多，仍令人感叹彼等要进入真实佛教正信的机缘，犹未成熟"②云云。事实上，他们所说的"真实佛教正信"，反而是被他们所曲解后的佛教教义。

要之，日本的"皇国佛教"入台而成"皇民化"佛教，可就实质而言，主要的目的和理念都不是要传播佛教教义本身，而是配合日本当局的殖民统治，来对民众进行洗脑宣传。如阚正宗所总结的："日本殖民政策是以养成当地住民成为'天皇之赤子'为目标，特别是1930 年后半年至 1940 年前半年高喊'皇民化'的体制下，殖民地人民面临改造，可是并没有消解日本人与朝鲜人、中国台湾人的差异。对于日本人被视为与生俱来的'皇国精神'，朝鲜人与台湾人无论如何宣誓对天皇效忠，其皇国精神还是常遭怀疑的眼光，因为这种皇国精神只不过是后天学习而来的。战时'皇国佛教化'台僧，在台湾内部是沟通日本与台民间的'中介'角色，即'以台制台'；当在中国大陆，又成为'以华制华'的模式"③。日据时期台湾"皇民化"佛教的思想实质，亦此所谓之"皇国精神"而已。

二、"皇民化"佛教的"改革"措施与失败结果

毋庸讳言，清代时的台湾文化状况，正如史学家许倬云所总结："台湾大部分的群众，本来在福建和广东就是贫而无助的'罗汉脚'，或是低收入的群众。他们迁移到台湾，带来的文化遗产并不丰厚。台湾的上、下阶层，在文化的发展上，并没有作过十分的努力；剩下来的，就只有在民俗宗教和戏剧歌曲方面有一些中国文化的底子，通过信仰的仪式、戏曲和说故事，传递于民间。这样的文化土壤，不会十分丰厚。"④就岛内信仰最普遍的民众信仰佛教而言，自然也并无较高程度的重视教义研究的"精英佛教"色彩，在民众的信仰形态上，流行"神佛不分"的佛教，也就是与闽台地区民间神话中的妈祖、大道公，

---

① 杨仁山：《评小粟栖〈阳驳阴资辩〉》，《20 世纪佛学经典文库·杨仁山卷》，武汉大学出版社2008 年版，第 368 页。

② 《真宗本派本愿寺台湾开教史》，转引自江灿腾：《日据时期台湾佛教文化发展史》，台湾南天书局有限公司 2001 年版，第 130 页。

③ 阚正宗：《台湾佛教史论》，宗教文化出版社 2008 年版，第 276~277 页。

④ 许倬云：《台湾四百年》，浙江人民出版社 2013 年版，第 63 页。

乃至道教神灵玉皇、吕祖、关公等神灵混淆不分的"香火经忏"型的佛教。"以禅宗为主的台湾佛教及僧人，在甲午(1895年)之前却没有什么特别突出的个人或禅典留下，整个禅思想的发展几乎是延续明末清初以来佛教逐渐衰微的历史大命运。"①这样的佛教状况，由于组织松散，僧侣文化程度较低，不便于日据殖民当局的统治管理，他们认为，由于当时的台湾佛教神佛不分，"寺不成寺，庙不成庙，寺也是庙，庙也是寺，所以把这些等混合物，总称叫寺庙"②。因此，20世纪30年代后，由于殖民统治日益稳固，当局试图对岛内佛教进行所谓"改革"。当然，这种"改革"，其实仍是为"皇民化运动"所服务的，若当时台湾佛教的"官方"杂志《南瀛佛教》上便刊文称："国民精神总动员是国家现下形式，岛民的皇民化运动符合这一旨趣，更要进一步努力觉醒"，"旧惯陋习之打破是要紧的事"③云云。

1935年11月，日据时期的第一次"台湾佛教徒大会"在台北召开，他们总结了台湾佛教当时的"六大弊病"谓：(1)原本岛人僧侣缺乏知识学问者多。(2)原本岛人僧侣为利己，缺乏组织协力。(3)原本岛人僧侣呈消极、厌世的。(4)原本岛人僧侣国家观念薄弱者多。(5)寺庙财政、寺院规则等非常混乱、不统一。(6)原本岛人僧侣非常固执、迷执者多。④ 但正如阚正宗指出的，此次会议实际上以"国民精神之彻底"为主轴，其实是把"神道国家化"的意识形态注入佛教的义理之中，并以"神道非宗教"、"国体"作为伪装。⑤

日据当局所谋求的佛教改革，首要目的在于"统一"全岛佛教，此外尚包括兴办日化的僧侣教育机构、主张僧尼婚配，以及破除民间神灵与巫术信仰等。而实际上，经过他们多年的运作，其"统一"的图谋以失败告终，他们曾总结："台湾佛教自从对岸传来皆号党分派，分人分我，各存独立主义，而无联络之心，僧侣且无一定制要，以致教徒分派，而生憎人悦我，诽他利己，各自分枝别叶，相诽相妒，如基隆、台北、台中、台南，其他各宝堂等，皆执党派而竞争。"⑥实际上，台湾所传承祖国汉传佛教的特质，本来一向就没有严密的组织派系，具有传统的松散性，"这就让寻求无分门派的全台佛教统一机构始终难产"⑦。

就主张僧尼婚配的问题，同样也是如此，在日据当局的呼吁下，仅仅有极少数"青年僧"响应，绝大多数尊重传统戒律的僧侣对此表示的是沉默的抵制，"事实上，主张僧尼结婚在殖民时代的台湾佛教并未成功，虽然有部分日化较深的台僧结婚，但终究非成主流"⑧。僧侣婚配的倡议在岛内显然不得人心，20世纪50年代后，台湾"中国佛教会"旨

① 阚正宗：《台湾佛教一百年》，台湾东大图书股份有限公司1999年版，第242页。

② 《卷头辞》，《南瀛佛教》1930年第8卷第4号。

③ 曾景来：《臺灣の寺廟と其の對策に就て》，《南瀛佛教》1938年第13卷第7号。

④ 李世杰：《佛教徒大会感想记》，《南瀛佛教》1936年第14卷第1号。

⑤ 参见阚正宗：《台湾日治时期佛教发展与皇民化运动》，台湾博扬文化事业有限公司2011年版，第242页。

⑥ 施斌宗：《本岛佛教改善振兴策》，《南瀛佛教》1935年第13卷第7号。

⑦ 阚正宗：《台湾日治时期佛教发展与皇民化运动》，台湾博扬文化事业有限公司2011年版，第243页。

⑧ 阚正宗：《台湾日治时期佛教发展与皇民化运动》，台湾博扬文化事业有限公司2011年版，第234页。

在以传戒形式来进行拨乱反正，对清除台湾佛教残余的日本殖民佛教的影响起到了重要作用，在此期间参加了传戒活动的本省籍比丘尼智道的感言应代表了当时岛内广大爱国僧侣的共同心声，她说："过去日据台湾五十年来，险些儿把佛教弄成破产。日僧只因有他国家环境的关系提倡繁殖人口，于明治维新的时候就改革了僧制，迫使僧侣配偶。他们对于吃肉一戒也不重视。因为有他们的自由风气流进了台湾，使台湾一般轻浮的僧伽，随波逐浪，顺风扬旗把旧有的佛教改换了面目。……幸得台湾光复祖国，又幸得值遇具有眼光的先觉，察知台省佛教的弊病，急以营救，提倡传戒受戒，夺返佛教旧有的光泽，这是台湾的一大幸事，也是佛种不绝于佛门的一大幸事。"①

即使在意义相对正面的试图破除民间神灵与巫术信仰的"改革"上，也并未取得明显效果。1933 年，日据当局就"台湾宗教振兴诸问题"，主张"取缔职业性道士、巫觋术士及其他鼓吹迷信的类似行为"②。但他们虽多年致力打击取缔的这些民间道士和巫师之流，"许多庙宇加入佛教寻求保护，神像在'神佛升天'中有许多托庇于佛教寺院，这是战后民间信仰的庙宇到佛寺'进香'的起源之一"③。

必须指出，日据时期的台湾"皇民化"佛教在其"改革"的过程中，确有一些受了一定教育的亲日僧侣，提出过与光复后台湾"人间佛教"思潮看起来表面有些相似的说法，这也是完全正常的，对这一现象，应该着眼于 19 世纪末以来全亚洲范围的"佛教现代化"的兴起，不同国家、不同派系的佛教，为因应所面临的全球性的社会现代化"祛魅"的文化环境，各自不约而同地作出了相似的理论努力，可以说，这是一种共时性的"闭门造车出门合辙"之文化现象。当时的世界佛教，正如宋立道指出的：

> 这个新动向便是一种宗教的运动，自外部有新元素注入，融合或催化内在保存的文化成果。一方面，它维持了基本的宗教形态；另一方面，它又对外部世界的压力提出应对之方，产生了佛教方面的新立场与新态度。这个新的佛教运动，大致说来，具有以下这些特点：它是理性主义的、关注现世的、关注人生的，并且重视政治参与的。现代的佛教是一个总的趋势，其现代性并不影响佛教在世界各地的独特形式，它是一种展现不同民族特点的佛教。随地区的与民族文化的差别，这个古老的宗教可以有不同的名称，如"人间的佛教"（中国）、"人类新宗教"（日本）、"民族主义"的佛教（斯里兰卡）、"民主主义"的佛教（缅甸）、"参与的佛教"（东南亚和南亚）、"争取人权"的宗教（就印度的贱民种姓言）。所有这些运动又有共同特点——它们都接引了近代以来的普世主义价值观：人权、解放、民主、自由、理性等等。④

光复后台湾人间佛教思潮的兴起，完全由战后大陆赴台僧侣所主导，继承的是 20 世

---

① 智道：《我受了三坛大戒》，《菩提树》1954 年第 24 期，第 29 页。

② 曾景来：《卷头辞》，《南瀛佛教》1933 年第 11 卷第 2 号。

③ 阚正宗：《台湾日治时期佛教发展与皇民化运动》，台湾博扬文化事业有限公司 2011 年版，第 266 页。

④ 宋立道：《现代佛教：太虚大师的思想背景》，觉醒编：《佛教与现代化》，北京宗教文化出版社 2008 年版。

纪前期杨仁山、太虚等所开启的中国佛教现代化之思路。台湾学者杨惠南指出："1949
年，国民政府迁台，随即推行国语政策，并透过迁自中国大陆的中国佛教会理事长白圣法
师，以传戒等方式，迫使上述明清和日据时期以来的台湾本土佛教传统，迅速'祖国化'，
成为以中国大陆僧侣为主导的台湾佛教'新正统'。"①日据时期的亲日僧侣在这一过程中
逐渐被彻底边缘化，没有任何证据表明日据时期的"皇民化"佛教理念与人间佛教具有相
关性。日据时期的佛教"改革"相对正面的作用，最多也就是通过殖民教育，使得出家僧
侣的文化水平在整体上有所提高而已。

三、余　　论

相对而言，佛教在人类的历史上本是比较不具侵略性的，可以说是热爱和平的宗教。
日本战败后，鉴于两次世界大战中日本佛教与军国主义沆瀣一气的行为，日本的各个佛教
宗派对此也逐渐有所反省。

1990 年 4 月 2 日，日本净土真宗大谷派在"全体战殁者追悼法会"上，对过去支持战
争的行为表达了忏悔之意，他们声明：

> 忏悔过去的罪障，吾宗门在过去大战自须承担"强者伏弱，转相克贼，残害杀
> 戮，迭相吞噬"的第一恶，称此为"圣战"……是为犯罪。
>
> 事实上，难逃五逆谤法之咎，今更忆念全部战殁者之悲，在此真宗大谷派表达
> (对过去)无批判地袒护战争之罪。②

1991 年 2 月，类似的忏悔也出现在真宗本愿派，在他们的宗派会议上声明说："吾宗
门对和平强烈的愿望，决议将彻底(推行)于全国、世界。"③

日本曹洞宗也有相应的反省，1992 年，他们回收了一本以"皇国史观"撰述的《曹洞宗
海外开教传道史》的书，列举了六项回收理由并作自我检讨：(1)对军国主义的袒护与对
从军布教的积极参与。(2)对皇民化运动的支持与对日韩合并的迎合。(3)对宣抚工作的
支持。(4)日本佛教、日语的强迫。(5)对宗门开教片面的评价。(6)透过民族差别的差
别(歧视)表现，以及不适切的用语表现。④

由此可见，即使日本佛教的有良知之士，也对其在随军侵略各国时所传布的"皇民
化"佛教作出了比较深刻的自我反省，对于当时的受害国家和地区而言，若一厢情愿地片
面强调其"正面影响"，不仅是不合史实的，更是不合国际公论的做法。

对于光复以后台湾佛教的发展历程，已故台湾佛教的精神领袖印顺法师(1906—2005

---

① 杨惠南：《解严后台湾新兴佛教的现象与特质——以"人间佛教"为中心的一个考察》，《"新兴
宗教现象研讨会"论文集》，台湾"中央研究院"社会学研究所，2002 年，第 190 页。
② ［日］菱木政晴：《淨土真宗の戰爭責任》，岩波书店 1993 年版，第 2～3 页。
③ ［日］菱木政晴：《淨土真宗の戰爭責任》，岩波书店 1993 年版，第 3 页。
④ 曹洞宗人权拥护推进本部编：《〈曹洞宗海外開教傳道史〉回收について》，日本曹洞宗宗务厅，
1993 年，第 13 页。

年)在其年近百龄之际曾有一段提纲挈领的论述,他说:"中国佛教是伟大而庄严的,不过那已是过去的历史,台湾佛教是在日本皇民化政策下,逐渐感染了娶妻食肉的陋习,国民政府撤退来台时,台湾佛教正处于老弱的传统佛教与日本佛教的陋习中,在一大批大陆来台佛教精英,如白圣、慈航、东初、道安等的带动下,更革了原有日据佛教的弊端,重新延续了中国佛教的法脉,实践人间佛教的理念,并体现出人间佛教的新模式。"①要之,日据时期台湾佛教的思想特质为"皇民化",而光复以后台湾佛教的发展历程则为拨乱反正的"祖国化"②,二者泾渭分明,不容混淆。

(作者单位:武汉大学台湾研究所)

① 印顺:《〈台湾佛教丛书〉序》,惠空主编:《台湾佛教丛书》,台湾太平慈光寺,2006年。

② 参见姚彬彬:《光复以来台湾佛教的"祖国化"历程》,《台湾研究集刊》2014年第2期。

《水浒传》中的宗教江湖

□ 徐 薇

水浒传作为四大奇书之一，其与宗教的关系值得探讨。明代怀林《又论水浒文字》说："《水浒传》虽小说家也，实泛滥百家，贯串三教。鲁智深临化数语，已揭内典之精微；罗真人、清道人、戴院长，又及道家之变幻。"①三教即儒、释、道。儒学自汉代以来就有宗教化倾向，故亦称作儒教，但与本文所论敬畏信仰现实世界之外存在的神灵或神秘力量等绝对权威的"宗教"关系不大，此处不论。而佛教、道教确实在《水浒传》中有充分的描写。

一、《水浒传》中所见道教、佛教和其他宗教

在小说一开始《引首》中就安排了一个神秘化的故事，说西岳华山有个陈抟处士，善能辨风云气色。因听说东京柴世宗让位与赵检点登基而心中欢喜，大笑着从驴背颠下来。陈抟历史上确有其人，《宋史》卷四五七《隐逸上·陈抟传》记载："抟好读《易》，手不释卷。常自号扶摇子，著《指玄篇》八十一章，言导养及还丹之事。"显然这是一位道术高深的隐士，在当时即目之为神仙一流人物，《历世真仙体道通鉴》亦收录有陈抟。《水浒传》作者以陈抟开篇，无疑设置了一种神秘的气氛，给整部书笼上了一层宗教的色彩。

《水浒传·引首》接着写宋仁宗出生的故事。对这位仁宗皇帝，亦写得十分有宗教意味。说是仁宗皇帝，乃是上界赤脚大仙下凡。其降生之时，昼夜啼哭不止，朝廷召人医治。于是天庭差遣太白金星下界，化作一老头，揭了黄榜，自言能止太子啼哭。那老叟至宫中，抱着太子，在耳边低低说了八个字"文有文曲，武有武曲"，太子便不再啼哭。那老叟也不言姓名，只化一阵清风而去。文指文曲星乃是南衙开封府主龙图阁大学士包拯，武指武曲星乃是征西夏国大元帅狄青。二人均是玉帝差遣的紫微宫的两座星辰，辅佐大宋天子。历史上的宋仁宗推崇道教，传说其所作的《尊道赋》以为"彼儒者兮官高职显，富贵浮云；彼佛教兮抛妻弃母，不念人伦。朕观三教，惟道至尊"。正是在这样的一个宗教氛围中，才有《水浒传》第一回的故事"张天师祈禳瘟疫，洪太尉误走妖魔"，而正是由于洪太尉放走了妖魔，才有了天罡地煞一百零八将聚义水浒。可以说，《水浒传》故事情节的展开和道教有很大的关联。

---

① 引自《水浒传》附录一，人民文学出版社 1997 年版，第 1312 页。

同时，书中还有描写了九天玄女、张真人、入云龙公孙胜及其师傅罗真人等道教人物形象，还有罗天大醮等道教科仪。

除了道教外，《水浒传》也描写了花和尚鲁智深、行者武松等佛教人物形象，也给人留下了深刻印象。花和尚鲁智深下文我们有专文论述，此处略说一下行者武松。行者即头陀，指行脚乞食的苦行僧人。打虎英雄武松本是天不怕、地不怕的义烈汉子，只因替哥哥武大郎报仇，杀死了潘金莲、西门庆，投案自首，被迭配孟州牢城。经过十字坡时，结识了菜园子张青、母夜叉孙二娘夫妇。张青在酒席间讲起孙二娘麻坏了一个头陀，现今只留得一个箍头的铁戒尺，一领皂直裰，一张度牒在店中。其中两件物最难得：

> 一件是一百单八颗人顶骨做成的数珠，一件是两把雪花镔铁打成的戒刀。想这个头陀也自杀人不少。直到如今，那刀要便半夜里啸响。（第二十七回）

在第三十一回中，武松在孟州血溅鸳鸯楼，杀死了张都监家男女一十五名，天地之间无处容身，亡命天涯，再遇菜园子张青、母夜叉孙二娘夫妇。孙二娘旧事重提，说是两年前，有个头陀打十字坡经过被杀，只留下他一个铁戒箍，一身衣服，一领皂布直裰，一条杂色短穗绦，一本度牒，一串一百单八颗人顶骨数珠，一个沙鱼皮鞘子，插着两把雪花镔铁打成的戒刀。这刀时常半夜里鸣啸的响。孙二娘建议武松把头发剪了，做个行者，可以遮住额上金印。而且以度牒做护身符，"年甲貌相，又和叔叔相等，却不是前缘前世？"在这里，孙二娘提到"前缘前世"，似乎是指此衣服度牒等和武松有缘，也似乎指武松和佛法有缘，因为佛教有传衣钵之说。此处在诸多的佛教信物外，特别提到了半夜鸣啸的戒刀，[①] 似乎在提醒读者，这是一个在江湖上行走的头陀，他过着刀口舔血的江湖生活。那么，武松到底是行者，还是侠士呢，谁才是武松的本来面目呢？《水浒传》在本节有四句诗，其结尾两句说："若要免除灾祸，且须做个头陀。"似乎武松以头陀行者的面目出现，是为了躲避灾祸。在小说第三十四回，写武松望着青州地面来，虽然遇到村坊道店，市镇乡城都张贴有捕获武松的榜文，"武松已自做了行者，于路却没人盘诘他"，说明行者身份确实给他避免了麻烦，但何以上了梁山后武松还是以行者的身份示人呢？如果我们重新回到第三十一回，注意一下张青和武松颇带禅机的对话，也许会有新的发现：

> 张青道："二哥，你心里如何？"武松道："这个也使得，只恐我不像出家人模样。"张青道："我且与你扮一扮看。"孙二娘去房中取出包裹来打开，将出许多衣裳，教武松里外穿了。武松自看道："却一似与我身上做的。"着了皂直裰，系了绦，把毡笠儿除下来，解开头发，折叠起来，将戒箍儿箍起，挂着数珠。张青、孙二娘看了，两个喝采道："却不是前生注定！"武松讨面镜子照了，也自哈哈大笑起来。张青道："二哥为何大笑？"武松道："我照了自也好笑，我也做得个行者！大哥，便与我剪了头发。"张青拿起剪刀，替武松把前后头发都剪了。（第三十一回）

---

① （晋）王嘉《拾遗记》卷一记载："帝颛顼有曳影之剑，腾空而舒，若四方有兵，此剑则飞起，指其方则克伐。未用之时，常于匣里如龙虎之吟。"

所谓"却一似与我身上做的"、"前生注定"无不显示出人对自我本性的发现，直指本心是禅宗的无上境界，在此处，武松其实已经发现了"自我"，只是如鲁智深一样，一段尘缘未了，尘世即是修行。鲁智深坐化之前，说一偈语"今日方知我是我"，而武松在此时似乎就已见证本心。后来，武松在六和寺出家，被封清忠祖师，绝不是偶然的。在武松和鲁智深身上，都有很浓厚的禅机，是佛教思想在《水浒传》中的重要体现。

除道教、佛教外，《水浒传》还有其他宗教的影子。譬如有学者认为《水浒传》可能受到了摩尼教的影响。摩尼教是在唐代传入中国的，虽然一度衰颓，但至北宋又死灰复燃，至南宋大盛，甚至北宋、元两个王朝的颠覆，明代的建立，都与摩尼教有关。摩尼教又称"明教"或"明尊教"；"吃菜事魔教"，明朝国号的确立，就与明教有联系。"故无论就时间、地域还是精神实质而言，"水浒"故事都无法回避摩尼教的影响。"①譬如《水浒传》中多次出现的"魔"，如洪太尉在江西龙虎山上清宫开启"伏魔之殿"，放走地穴中的"魔王"；书中处处称宋江等人为"魔君"、"魔头"、"魔鬼"、"魔心未断"……小说中出现的"魔"字总共出现77次。据统计，二十四史中，"妖"字出现1743次，而"魔"字只出现了42次，说明古人习惯以"妖"而非"魔"称神秘怪异之事。而历史上称"魔贼"、"魔王"，均与信奉摩尼教有关的造反者的专用贬称。历史记载方腊在浙西利用摩尼教造反，② 在《水浒传》中，方腊手下就有一名部将郑彪，绰号"郑魔君"。此人"酷爱道法"，"但遇厮杀之处，必有云气相随"，因此人呼为郑魔君。以魔君相称，似乎暗示了方腊对摩尼教的信奉。

除了这些明显宗教影响外，《水浒传》还有一些神秘的人物和事件，虽然不能归属于道教、佛教，抑或摩尼教，但其可归结民间信仰，亦属于宗教范畴。如日行八百的神行太保戴宗。戴宗号"神行太保"，因为他一天能走五百或八百里。其本是江州一个看管监牢的小吏，"为他有道术，一日能行八百里，人都唤他做神行太保"（第三十六回《梁山泊吴用举戴宗　揭阳岭宋江逢李俊》）。其作法时，只吃素，不吃荤，如果将两个甲马拴在两只腿上，作起神行法来，一日能行五百里；如果将四个甲马拴在腿上，则一日能行八百里。不仅如此，其神行法还可以携带他人和他一块儿神行。如果需要停下来，只需要解下甲马，和金纸一块儿花烧即可。所谓甲马，其实就是画的神符，但《水浒传》却将戴宗的神行术写得神秘而有趣。说他行起法来，"端的是耳边风雨之声，脚不点地"（第三十九回《浔阳楼宋江吟反诗　梁山泊戴宗传假信》）。一次，李逵随戴宗急行，戴宗念动咒语，吹口气在李逵腿上。李逵拽开脚步，如同驾云一般，飞也似跑了起来，"只听耳朵边风雨之声，两边房屋树木一似连排价倒了的，脚底下如云催雾趱。李逵怕将起来，几遍待要住脚，两条腿那里收拾得住，却似有人在下面推的相似，脚不点地，只管得走去了"（第五十三回《戴宗智取公孙胜　李逵斧劈罗真人》）。小说借助李逵的体验感受，具体生动地描写人在"神行"时的观感，既神秘又真实，具有引人入胜的艺术效果。又如浪里白条张顺征方腊时，暴死在涌金门下，后魂魄附身于其兄张横，捉住了方天定，并对宋江说道："小弟是张顺。因在涌金门外被枪箭攒死，一点幽魂，不离水里飘荡。感得西湖震泽龙君，收做金华太保。留于水府龙宫为神。今日哥哥打破了城池，兄弟一魂缠住方天定，半

———————————

① 侯会：《疑水浒与摩尼教信仰有关》，《中国古代小说研究》第一辑，人民文学出版社2005年版。
② 朱瑞熙：《论方腊起义与摩尼教的关系》，《历史研究》1979年第9期。

夜里随出城去。见哥哥张横在大江里，来借哥哥身壳，飞奔上岸，跟到五云山脚下，杀了这贼，一径奔来见哥哥。"（第九十五回《张顺魂捉方天定　宋江智取宁海军》）后来宋江因张顺通灵显圣，在涌金门外靠西湖边上建立庙宇祭奠张顺，并题名"金华太保"。宋江回京，向皇帝奏知此事，皇帝下旨，敕封张顺为"金华将军"，庙食杭州。（第九十六回《卢俊义分兵歙州道　宋公明大战乌龙岭》）这些都是民间信仰的形式和反映。

　　总之，在《水浒传》中，佛教、道教甚至摩尼教和民间信仰的描写都有。据有学者统计分类，《水浒传》中的宗教信仰神灵可以分为天上神、土地神、佛教神、冥神、人物神五类。如玉帝、玄女、天罡、地煞、太岁等，可归于天上神一组；岳神、城隍、土地、山神等，属于土地神一组；佛、菩萨、天王、夜叉、罗刹、龙王等，列入佛教神一组；阎罗王、地藏王、五道将军、险道神等，属于冥神一组；关羽、张天师、泗州大圣、青面圣者、五圣等，都是凡人而成圣成神，列为人物神。① 此种统计虽然不完备，分类也有不合理的地方，但依然可以看出水浒中涉及的宗教神灵类型之多，他们共同构筑了《水浒传》神秘离奇的江湖世界。

二、《水浒传》的宗教态度

　　正是因为《水浒传》中有如此丰富的宗教人物和神灵世界，恐怕谁都无法否认《水浒传》与宗教有关。但笔者并不认为《水浒传》就是一部宗教小说，其受到的宗教影响是表面化的，作者对宗教的态度是以实用为主。故而有必要探讨一下《水浒传》对于宗教的态度问题。

　　学界有人认为《水浒传》作者在佛教与道教之间，有鲜明的宗教偏向，即左袒道教。② 但另一方面又承认小说中对佛教人物有褒有贬，对道教人物也有褒有贬。对于后者，笔者完全赞同，对于前者，笔者则认为还可以商榷。

　　在《水浒传》中，作者对佛道双方并没有轩轾之分。在《水浒传》的一百零八将中，入云龙公孙胜属于道教，花和尚鲁智深、信者武松属于佛教，同属三十六天罡星，一样为梁山首领。天闲星入云龙公孙胜排在《水浒传》首领中第四位，天孤星花和尚鲁智深排在第十三位，紧接在后面的是天伤星行者武松，但这种座次排列并无宗教信仰因素上的考量，不能作为道教优于佛教的依据。在第七十一回《忠义堂石碣受天文　梁山泊英雄排座次》中，有篇言语，单道梁山泊的好处，云：

　　　　八方共域，异姓一家。天地显罡煞之精，人境合杰灵之美。千里面朝夕相见，一寸心死生可同。相貌语言，南北东西虽各别；心情肝胆，忠诚信义并无差。其人则有帝子神孙，富豪将吏，并三教九流，乃至猎户渔人，屠儿刽子，都一般儿哥弟称呼，不分贵贱。③

---

①　罗国庆：《从水浒传看宋代的民间信仰诸神》，台湾玄奘大学宗教学系硕士学位论文，2010 年。
②　陈洪：《水浒与道教四题》，《文学与文化》2011 年第 3 期。
③　《金圣叹评水浒传》第七十一回，齐鲁书社 1991 年版，第 1302 页。

三教九流，不分贵贱，小说无意区分佛道的优劣。同时，在小说的细节地方，也可看出作者对佛道二教的态度。第二十七回《母夜叉孟州道卖人肉　武都头十字坡遇张青》中载张青曾多次吩咐妻子孙二娘说，有三等人不可坏他性命：第一就是云游僧道，因为"他又不曾受用过分了，又是出家的人"，此处"佛道"并称，在普通大众眼中，僧和道同是出家修行积善之人，故不可害。这一方面表现出盗亦有道的江湖侠气，另一方面也表现出小说对真正佛道徒的尊崇。

对待佛道人物，小说一视同仁，有褒有贬，赞美真正的信徒，讽刺挖苦以宗教为幌子的伪信徒。在写佛教人物时，作者既写了像五台山得道高僧智真长老，正是他发现了鲁智深的慧根。当初赵员外领着鲁达来五台山文殊院出家，众僧见鲁智深形容丑恶，貌相凶顽，以为恐久后累及山门，故不愿剃度他。智真长老"焚起一炷信香，长老上禅椅盘膝而坐，口诵咒语，入定去了"。一炷香过后，对众僧说道："只顾剃度他。此人上应天星，心地刚直。虽然时下凶顽，命中驳杂，久后却得清净，正果非凡。汝等皆不及他。可记吾言，勿得推阻。"可见此人有能知过去未来通神的法术。（第四回《赵员外重修文殊院　鲁智深大闹五台山》）鲁智深不守佛门戒律，大闹五台山，唯有智真长老能容忍他，表现出极高的佛教修为。小说中甚至直接称呼智真长老为"活佛"："话说五台山这个智真长老，原来是故宋时一个当世的活佛，知得过去未来之事。"（第九十回《五台山宋江参禅　双林镇燕青遇故》）也正是他赠给鲁智深四句偈语，暗示了他的结局，后鲁智深悟得禅机而圆寂。鲁智深因他而入佛门，又因他而圆寂，此人可谓鲁智深的"精神导师"。其他如黄文烨"平生只是行善事，修桥补路，塑佛斋僧，扶危济困，救拔贫苦"，被称作"黄佛子"，可见世人对"真佛"的推崇。

在描写得道高僧的同时，小说中也挖苦讽刺了借佛教之名行肮脏之志的假和尚、假信徒。小说第十七回《花和尚单打二龙山　青面兽双夺宝珠寺》写到青州地面上有座山，唤做二龙山。山上有座宝珠寺。"如今寺里住持还了俗，养了头发，余者和尚都随顺了。说道他聚集的四五百人，打家劫舍。"和尚还俗做了强盗，寺庙化作山寨，修身养性变做成打家劫舍，在小说中，这种转换没有丝毫的滞塞、不自然，听众读者也不觉得突兀，显然是现实中有此等"不干净"的佛寺，小说只是略加渲染。后来宝珠寺的首领金眼虎邓龙被鲁智深一禅杖当头打死，似乎也是作者对邓龙假和尚身份的不满而有意地安排。书中对"假和尚"讽刺最深的是第四十五回《杨雄醉骂潘巧云　石秀智杀裴如海》。裴如海为勾引潘巧云，拜其父为师，足足下了二年的工夫，才得手。小说写道裴如海："光溜溜一双贼眼，只瞛趁施主娇娘；美甘甘满口甜言，专说诱丧家少妇。……仰视神女思同寝，每见嫦娥要讲欢。"满脑子想的都是女色，用尽了心机来勾引潘巧云。在此小说中有几段文字还批评佛教，这也是学者认为小说作者袒道仇僧的重要依据，所以有必要分析一番。其一作者直接站出来对和尚发了一通议论：

看官听说，原来但凡世上的人，惟有和尚色情最紧。……惟有和尚家第一闲。一日三餐，吃了檀越施主的好斋好供，住了那高堂大殿僧房，又无俗事所烦，房里好床好铺睡着，没得寻思，只是想着此一件事。……那时古人评论到此去处，说这和尚们真个利害。因此苏东坡学士道："不秃不毒，不毒不秃；转秃转毒，转毒转秃。"和尚们还有四句言语，道是：一个字便是僧，两个字是和尚，三个字鬼乐官，四字色中饿

鬼。(第四十五回)

似乎作者认为普天下和尚清净无事，专一想的就是男女之事。小说此种言语，有取悦听众之意，不可看得过真，以为作者真的痛恨天下和尚。小说在下节接着就说："以此上德行高僧世间难得！"可见作者痛恨的是假和尚、伪和尚，推崇的是得道之人。而所谓苏轼之言，在明清小说中屡见。如明冯梦龙辑《喻世明言》第三十卷《明悟禅师赶五戒》载此言，最后却说"禅宗法教岂非凡？佛祖流传在世间"，反是推崇佛教。《醒世恒言》第十二卷《佛印师四调琴娘》载此言，最后也说"东坡不能化佛印，佛印反得化东坡。若非佛力无边大，那得慈航渡爱河！"这些小说的作者并没有明确的宗教立场，只是因小说情节和人物塑造需要来引用话语，发表议论。又如明代凌濛初《初刻拍案惊奇》卷二十六《夺风情村妇捐躯　假天语幕僚断狱》开场诗即说"色中饿鬼真罗刹"，中间又写道："看官，你道这些僧家受用了十方施主的东西，不忧吃，不忧穿，收拾了干净房室，精致被窝，眠在床里没事得做，只想得是这件事体。虽然有个把行童解馋，俗语道'吃杀馒头当不得饭'，亦且这些妇女们，偏要在寺里来烧香拜佛，时常在他们眼前，晃来晃去。看见了美貌的，叫他静夜里怎么不想？所以千方百计弄出那奸淫事体来。只这般奸淫，已是罪不容诛了。况且不毒不秃，不秃不毒，转毒转秃，转秃转毒，为那色事上专要性命相搏、杀人放火的。"语言内容和《水浒传》都十分相近，可见这是当时一般世俗之人对假和尚、伪和尚的看法，不是作者特别对佛教有偏见。

《水浒传》此回中被指为作者不喜佛教的证据就是裴如海领了一群和尚在杨雄家做法事，这一群和尚见潘巧云俊俏风骚的模样，一时间都愚迷了佛性禅心，拴不定心猿意马，自不觉都手之舞之、足之蹈之，失了体态，七颠八倒起来，但见：

> 班首轻狂，念佛号不知颠倒；阇黎没乱，诵真言岂顾高低。烧香行者，推倒花瓶；秉烛头陀，错拿香盒。宣名表白，大宋国称做大唐；忏罪沙弥，王押司念为押禁。动铙的望空便撇，打钹的落地不知。敲铪子的软做一团，击响磬的酥做一块。满堂喧哄，绕席纵横。藏主心忙，击鼓错敲了徒弟手；维那眼乱，磬槌打破了老僧头。十年苦行一时休，万个金刚降不住。

似乎这些都是不受清规戒律的和尚。其实这依然是小说为取悦读者而增加的"喜感"，用以增添小说的幽默。并且这种描写也有前例，如王实甫《西厢记》第一本第四折写普救寺的和尚们为崔家做道场，当看到崔莺莺时，都被她的美貌吸引：

> 【乔牌儿】大师年纪老，法座上也凝眺；举名的班首真呆傻，觑着法聪头做金磬敲。
> 【甜水令】老的小的，村的俏的，没颠没倒，胜似闹元宵。……
> 【折桂令】……贪看莺莺，烛灭香消。①

---

① 王实甫著，王季思校注：《西厢记》，上海古籍出版社 1996 年版，第 38 页。

显然，《水浒传》和《西厢记》在此节手法上是一致的。大众文学为取悦读者而增加幽默的成分是常见手法，如果以此判定作者对佛教有所不满，显然不符合其本意。

《水浒传》中对道教也是有褒有贬，一方面写了九天玄女以贯穿指引全书，也写了入云龙公孙胜增加小说的神秘感，还写了公孙胜的师傅罗真人，小说第五十三回《戴宗智取公孙胜　李逵斧劈罗真人》写罗真人"长髯广颊"，"碧眼方瞳"，"气满丹田"，一看便知是得道之人，这些都是小说中道教正面的人物。另一方面，小说中也写了一些道教的反面人物，如飞天蜈蚣王道人。此人善习阴阳，能识风水，在蜈蚣岭下借宿，骗人坟上观看地理，将其全家都害了性命，又霸占了其女儿。武松经过蜈蚣岭时，将其斗杀（第三十二回）。同时，书中在塑造入云龙这个正面道教人物形象时，也塑造了不少反面道家人物作为其对立面，如高廉、包道乙、郑魔君。高廉、包道乙、郑魔君等人最后一一被消灭，说明小说并不是以宗教信仰来区分人物的善恶，设定人物的结局，而是以正、邪对立来评判人物。

在小说中，梁山是作为正义的一方来描写的，凡是参与梁山事业、支持其发展壮大的人物就是正面人物，凡是阻碍、反对梁山事业发展的就是反面人物，正面人物和反面人物的设定无关乎身份的高低贵贱，无关乎信仰的佛道抑或摩尼。同样是佛教人物，梁山英雄中有鲁智深，方腊队伍中有宝光和尚（邓元觉）；同样是道教人物，梁山英雄中有公孙胜，方腊队伍中有包道乙、郑魔君。从今天来看，宋江、方腊俱是农民起义，从性质上来没有区分。但在小说中，梁山泊在宋江领导下，归顺朝廷，是正义的代表，而方腊与宋江作对，是反面的对立面。宝光和尚（邓元觉）使五十余斤的浑铁禅杖，武功高强，他和鲁智深斗过五十余回合都不分胜败：

> 鲁智深忿怒，全无清净之心；邓元觉生嗔，岂有慈悲之念。这个何曾尊佛道，只于月黑杀人；那个不会看经文，惟要风高放火。这个向灵山会上，恼如来懒坐莲台；那个去善法堂前，勒揭谛使回金杵，一个尽世不修梁武忏，一个平生那识祖师禅。（第九十五回）

这宝光和尚简直就是鲁智深的翻版，但只因是方腊队伍中人，最后只能是被花荣射杀。而同样是方腊队伍中的包道乙和其徒弟郑魔君，虽然法术高强，最后也身首异处，做了梁山英雄的刀下亡魂。包道乙幼年出家，学习左道之法。后来跟随方腊，"谋叛造反，但遇交锋，必使妖法害人。有一口宝剑，号为玄元混天剑，能飞百步取人。协助方腊，行不仁之事，因此尊为灵应天师"。在此，小说将方腊的事业定位为"谋叛造反"，以与梁山英雄的"替天行道"对比，所以包道乙的所作所为必然是"妖法害人"，"行不仁之事"，其最后的结局也就可想而知了。可见，宋江征方腊与宗教信仰无关，小说也没有偏袒僧人或道士，从正义与否而不是从宗教出发是小说判定人物"好坏"的基本出发点。

何心说："严格说来，《水浒》既是市民文学，对宗教的态度是泛泛的，说不到什么信仰，因而也并无一定的歌颂或批判。"①中国大众对于宗教，从来就是抱着一种实用主义的

---

① 何心：《水浒研究》，上海古籍出版社1985年版，第252页。

"吃教"态度。① 鲁迅说："中国人自然有迷信，也有'信'。但好像很少'坚信'……崇孔的名儒，一面拜佛，信甲的战士，明天信丁。宗教战争是向来没有的……"②在小说中，这种"吃教""信而不坚"的倾向尤为明显。目前，学界均认为《水浒传》的成书是世代累积而成的，还没有证据可以表明其众多的作者是虔诚的教徒，《水浒传》中也没有体现出高深的佛道思想精义。同时，作为一部由说话演化而来的长篇章回小说，其面对的最初受众是勾栏瓦舍中的普通大众，普通大众没有高深的宗教修为，对玄妙的宗教思想不感兴趣，只能接受肤浅的宗教思想，故而《水浒传》中不可能也没有必要表现高深玄妙的宗教思想。因此，从宗教的角度分析《水浒传》，试图在其中挖掘出独特的宗教思想，是不太可能的，这也如同隔靴搔痒，没有找到问题的要点。宗教在《水浒传》中不是作为一种虔诚的思想而受到顶礼膜拜，小说的主旨也不是为了宣传或宣扬佛道的教义，其只是为了娱心快意或增添神秘感而已。鲁迅在《中国小说史略》中曾评论《西游记》说："特缘混同之教，流行来久，故其著作，乃亦释迦与老君同流，真性与元神杂出，使三教之徒，皆得随宜附会而已。"③其实何止是《西游记》在随意附会三教，《水浒传》又何尝不是如此，小说中儒释道三教相辅相成，相资为用，全取实用主义的态度。

　　具体说来，宗教在小说《水浒传》中的作用主要有三个：第一是结构小说框架，延续小说情节，譬如九天玄女在整部小说中的贯穿作用，罗天大醮在小说中的暗示意义；第二是增加小说的喜剧色彩，譬如鲁智深人物的设置，在很大程度上是为了增加小说的喜感，博得听众和读者的开怀一笑，而非是所谓作者对狂禅和佛性的讨论；第三，对宗教和神灵的描写，是为了增加小说的神秘感，吸引听众和读者，譬如对公孙胜的描写，主要是表现其道法，而非作者真正对道教感兴趣。

（作者单位：黄冈师范学院文学院）

　　① 鲁迅：《准风月谈·吃教》，《鲁迅全集》第五卷，人民文学出版社 2005 年版，第 328 页。"耶稣教传入中国，教徒自以为信教，而教外的小百姓却都叫他们是'吃教'的，这两个字，真是提出了教徒的精神，也可以包括大多数的儒释道教之流的信者。"

　　② 鲁迅：《且介亭杂文·运命》，《鲁迅全集》第六卷，人民文学出版社 2005 年版，第 135 页。

　　③ 鲁迅：《中国小说史略》，山西古籍出版社 2001 年版，第 115 页。

文学·语言

"赋诗"不等于赋诗方式*

□ 张宜斌

一、歌与诵的千年之争

赋诗是春秋之际的一大文化盛事，不仅在当时的政治外交礼仪活动中扮演着举足轻重的角色，而且对赋体文学的诞生也发挥了至关重要的作用。对于赋诗与赋体之关系，班固有如下阐述：

> 《传》曰："不歌而诵谓之赋，登高能赋可以为大夫。"言感物造端，材知深美，可与图事，故可以为列大夫也。古者诸侯卿大夫交接邻国，以微言相感，当揖让之时，必称《诗》以谕其志，盖以别贤不肖而观盛衰焉。故孔子曰"不学《诗》，无以言"也。春秋之后，周道浸坏，聘问歌咏不行于列国，学《诗》之士逸在布衣，而贤人失志之赋作矣。(《汉书·艺文志》)

依班氏之见，赋体乃是在赋诗基础上孕育而成。班固此说，影响深远，后世凡言赋体者必溯源于赋诗。但是，班固这一段话也引起了一个绵延 2000 余年的笔墨官司，即究竟什么是赋诗？

从班固所引的《传》语来看，他认为赋诗乃是"不歌而诵"，简言之，赋就是诵，赋诗就是诵诗。由于班固其人其书的特殊地位，此说影响既深且远。班氏之后，王逸注《楚辞·招魂》"人有所极，同心赋些"即采班说："赋，诵也。言众坐之人，各欲尽情，与己同心者，独诵忠信与道德也。"①东汉大儒郑玄解《左传》亦引班说，《春秋左传正义》释《左传·隐公三年》"所为赋《硕人》"时云："此赋谓自作诗也。班固曰：不歌而诵谓之赋。郑玄云：赋者，或造篇或诵古。然则赋有二义，此与闵公二年郑人赋《清人》，许穆夫人赋

---

* 本文为江西社会科学"十二五"(2013 年)规划项目"赋源研究反思与新探"(项目批准号：13WX14)、江西省教育科学"十二五"规划课题"汉代教育制度与汉赋关系研究"(项目批准号：15YB009)阶段性成果。

① 洪兴祖：《楚辞补注》，中华书局 1983 年版，第 213 页。

《载驰》，皆初造篇也，其余言赋则皆诵古诗也。"①可见，郑玄亦认为赋有诵义。郑玄的这一说法还见于《毛诗正义》，《毛诗正义·常棣》篇云："《郑志》答赵商云：凡赋诗者，或造篇，或诵古。所谓诵古，指此召穆公所作诵古之篇，非造之也。"②此后，唐儒孔颖达，宋儒朱熹均以诵释赋。经过汉宋诸儒的不断重复与推阐，赋诗即诵诗说影响日广，几成定论。

但问题并没有这样简单。如果我们仔细揣摩一下班固文中所说的"春秋之后，周道浸坏，聘问歌咏（着重号笔者所加）不行于列国，学《诗》之士逸在布衣，而贤人失志之赋作矣"，就会发现，班固这里所说的聘问歌咏应该就是针对赋诗而言，那么，班固似乎又认为赋诗乃是歌咏诗。如此一来，班固岂不"自相矛盾"？

其实，"自相矛盾"的不仅仅是班固，唐代大儒孔颖达亦是如此。孔颖达在《左传正义》中引述了郑玄以诵释赋之说，且未表示异议，说明他对郑说表示赞同。但是，孔氏在解释《左传·文公四年》："宁武子来聘，公与之宴，为赋《湛露》及《彤弓》"时云：

> 诸自赋诗以表己志者，断章以取意义，不限诗之尊卑，若使工人作乐，则有常礼。……自赋者，或全取一篇，或止歌一章，未有顿赋两篇者也，其使工人歌乐，各以二篇为断，此其所以异也。此时武子来聘鲁，公燕之，于法当赋《鹿鸣》之三，今赋《湛露》《彤弓》非是礼之常法。传特云为赋，知公特命乐人歌此二篇以示意也。③（着重号笔者所加）

孔氏云"自赋者，或全取一篇，或止歌一章"，又云"其使工人歌乐"，毫无疑问，在这里他又认为赋诗乃是歌诗，绝非什么不歌而诵。孔颖达的《左传正义》似乎重蹈了班固"自相矛盾"的覆辙。

歌与诵作为两种不同的表达方式，赋诗要么解为歌诗，要么解为诵诗，依常理而言，它不可能既是歌诗，又是诵诗，但是，为何偏偏在班固、孔颖达这些大儒的著作中会出现这样的"矛盾"？

如果我们仔细翻检文献，就会发现班固的"自相矛盾"其实是情有可原的，甚至是值得表彰的，因为它体现了史家信则传信，多闻存疑的客观精神。班固的这段话，只不过客观地记载了当时或者说班固所知道的关于赋诗的两种解释：不歌而诵说与歌诗说。

说当时有人认为赋诗是"不歌而诵"，这一点无人质疑，因为班固所引《传》语说得清清楚楚，明明白白。但如果说彼时还有观点认为赋诗是歌诗，也许会引起许多人的怀疑，因为班固没有十分明确的说明"赋即是歌"，或"赋谓之歌"，而是将这一观点不露声色地隐藏在"聘问歌咏"之中。但是，在班固之前，的确有以歌解赋的，谓予不信，请看《国语》：

---

① 杜预注，孔颖达疏：《春秋左传正义》，阮元校刻：《十三经注疏》，中华书局 1980 年版，第 1724 页。

② 孔颖达疏：《毛诗正义》，阮元校刻：《十三经注疏》，中华书局 1980 年版，第 408 页。

③ 杜预注，孔颖达疏：《春秋左传正义》，阮元校刻：《十三经注疏》，中华书局 1980 年版，第 1840～1841 页。

公父文伯之母欲室文伯，飨其宗老，而为赋《绿衣》之三章，老请守龟卜室之族，师亥闻之曰："善哉！男女之飨，不及宗臣，宗室之谋不过宗人，谋而不犯，微而昭矣。诗以合意，歌所以咏诗也，今诗以合室，歌以咏之。"

公父文伯之母欲为其子谋妻室而设宴飨其宗老，在飨礼中赋诗《绿衣》，而据师亥所言："今诗以合室，歌以咏之。"很明显，当时飨礼中的赋诗是歌之咏之，而非诵之。而且，《国语》的这则材料充分说明了在先秦时代，以歌诗解赋诗乃是当时通行的看法（"度于法矣"）。因此，从时间上来看，歌诗说要远远早于《传》语的"不歌而诵谓之赋"。

除《国语》之外，《史记》亦屡屡以歌解赋。《史记》中的许多材料来自先秦典籍，其中也包括《左传》与《国语》，而司马迁在记叙《左传》与《国语》中的赋诗时，常常以歌改赋。《国语·晋语四》记载晋公子重耳流亡秦国时，秦穆公宴请重耳，席间"子余使公子赋《黍苗》"，而司马迁《史记·晋世家》则记为："赵衰歌《黍苗》。"又《左传·文公六年》记载秦伯任好卒，以子车氏之三子为殉，"国人哀之，为之赋《黄鸟》"。而司马迁《史记·秦本纪》则云："秦人哀之，为作歌《黄鸟》之诗。"

由此可见，在班固之前，对赋诗的解释除了"不歌而诵谓之赋"外，的确也有以歌释赋的，班固在《汉志》中将这两种矛盾的观点均记录下来，它体现了班固作为一位伟大史学家的客观态度，这并不是自相矛盾。

不过，班固的这种表述其实委婉地表明了他的取舍，即他更倾向于诵诗说，他的这一表述在客观上也造成了诵诗说在历史上影响更大。但是，歌诗说的支持者亦为数不少，而且这两种观点均起源极早，出自名家，无法轻易否定其中任何一说，所以又出现了第三种调和的观点：赋兼歌诵。今人董治安先生云："赋诗即唱诗或诵诗。春秋时期，诗乐一体，咏诗因多为依乐吟唱，而有时放慢节奏，仅有抑扬顿挫，则为诵了。"[1]刘昆庸亦云："赋是诗的表达行为的总名，诗可歌可诵，所以赋义兼歌诵。"[2]

赋兼歌诵说兼顾歌诗说与诵诗说，似乎较全面，但问题是如果赋诗即可解为歌诗，又可解为诵诗，那么在具体语境中就会出现"歌者云歌、诵者云诵"的释义混乱，所以，亦有学者认为赋非歌非诵，范文澜《文心雕龙注》云："春秋列国朝聘，宾主多赋诗言志，盖随时口诵，不待乐奏也。《周语》析言之，故以瞍赋矇诵并称，刘向统言之，故云不歌而诵谓之赋，窃疑赋自有一种声调，细别之与歌不同，与诵亦不同。"[3]台湾学者朱晓海认为赋乃是一种非歌非诵的特殊的"县诵"[4]。"窃疑"表明此乃范氏臆测之辞，并无任何证据，而朱氏之言亦不过推测之辞，所以非歌非诵说并无任何坚实的证据。

---

① 董治安：《从〈左传〉〈国语〉看〈诗三百〉在春秋时期的流传》，《先秦文献与先秦文学》，齐鲁书社 1994 年版，第 20~45 页。
② 刘昆庸：《"歌"与"诵"、"造篇"与"诵古"——秦汉赋诗形态的演化》，《学术探索》2007 年第 2 期。
③ 范文澜：《文心雕龙注》，人民文学出版社 1958 年版，第 137 页。
④ 朱晓海云："那不是一种直声倍文，而属某种或固定，或因人、时、地而异，但确有抑扬声腔的韵诵，字词的徐急都有相当的自由度，然而依县而诵原先与声曲相合的诗辞，字词的快慢就须受旋律节拍限制，原先占四拍子的某歌辞现在也要永言至相当时间，和三连音相配的字词则须促语，歌虽易为诵，节奏相去不大。"见氏著《习赋椎轮记》，台湾学生书局 1999 年版，第 102~103 页。

二、赋诗就是献诗

上述四种观点中，非歌非诵说仅仅是一种揣测，并无真凭实据，而赋兼歌诵说则是一种折中的观点，而且这两种观点均出现得较晚，影响有限，置之毋论可也，真正值得讨论的是歌诗说与诵诗说。

赋诗究竟该如何理解，说到底其实就是一个训诂问题，即赋的本义及其引申义的问题，那么，赋究竟有没有歌或诵的意思？

最能集中反映文字训诂研究成果的是字书，如果说赋有歌或诵的意思，那么应该在字书中有所反映。但是，通过翻检字书，我们发现宋以前的赋字均无歌或诵的义项。《广韵》中始收入"不歌而诵谓之赋"义项（仅此一例），至于字书中赋字出现歌的义项，那就更晚了，杨伯峻《春秋左传词典》中"赋"列七个义项，第三义项为歌诗（亦仅此一例），这一现象充分说明了在绝大多数文字学家眼中"赋"是没有歌或诵的意思。

而且，如果我们仔细分析一下歌诗说和诵诗说亦会发现，文献中并没有明确地把"赋"解释为"歌"或"诵"。无论是《国语》中的"诗以合意，歌所以咏诗也，今诗以合室，歌以咏之"，还是《史记》的以"歌"改"赋"，都没有明确地说赋有歌的意思。"不歌而诵谓之赋""赋，诵也"似乎是说赋有诵的意思，但是"谓之""某，某也"这样的形式也未必就是训诂的专用术语，如"仁者谓之仁，智者谓之智"中的"谓之"显然不是训诂语。又如《诗·大雅·绵》："爰始爰谋，爰契我龟。"毛传："契，开也。"但并不是说"契"有"开"的意思，故《正义》云："言契龟而开出其兆，非训契为开也。"所以，以歌诗或诵诗来解释赋诗，更多的是后人的理解或解读，司马迁、班固、孔颖达等人从未明确地说赋有歌或诵的意思。

不仅如此，从词义及其引申规律来看，赋也无法解释为歌或诵。赋，许慎的《说文解字》云："敛也，从贝，武声。"许氏之说，无论是就字形而言，还是就文献而言，均信而有征，故从无异议。歌，《说文解字》云："咏也。从欠哥声"。"诵，讽也。从言甬声。"从语音上来看，赋，古韵鱼部，中古属遇韵，非母。歌，古韵歌部，中古属歌韵，见母。诵，古韵东部，中古属用韵，邪母。[①] 很明显，赋与歌、诵无论是在声韵，还是在语义上都相去甚远，它们之间发生互训或意义系联的可能性极其渺茫。

更重要的是，从《左传》来看，赋诗与歌诗、诵诗亦明显有别。《左传》中赋诗有 80次，歌诗有 33次，诵诗有 8次，就数量而言，赋诗明显超过歌诗与诵诗；就行为主体而言，赋诗的行为主体除了隐公三年（前 720年）卫人所为赋《硕人》、闵公二年（前 660年）郑人为之赋《清人》、文公六年（前 621年）国人哀之为之赋《黄鸟》之外，都是爵高权重，地位显赫的贵族，其身份特征突出，而歌诗与诵诗的行为主体既有王公贵族，也有工师、国人、童子、舆人等身份低贱之人，它的身份特征不明显；就行式而言，赋诗要求答赋，如果没有及时答赋，则是属于明显的失礼行为，会受到严厉的谴责，如《左传·昭公十二年》："夏，宋华定来聘，通嗣君也。享之，为赋《蓼萧》，弗知，又不答赋。昭子曰：'必亡。宴语之不怀，宠光之不宣，令德之不知，同福之不受，将何以在？'"但歌诗与诵诗并

---

① 王力：《王力古汉语字典》，中华书局 2002年版，第 1332、539、1278页。

不存在答歌或答诵的硬性要求。

因此，无论是从训诂的角度，还是从文献的角度来看，以歌或诵来解释赋诗之赋都是不能成立的，那么赋诗到底该作何解释呢？其实，赋诗就是献诗。

赋，许慎《说文解字》云："敛也，从贝，武声。"而根据《周礼·天官·大宰》所记，这种征敛有九种，"以九赋敛财贿：一曰邦中之赋，二曰四郊之赋，三曰邦甸之赋，四曰家削之赋，五曰邦县之赋，六曰邦都之赋，七曰关市之赋，八曰山泽之赋，九曰币余之赋"。"九赋"在国家生活中发挥着不同的作用，"关市之赋，以待王之膳服；邦中之赋，以待宾客；四郊之赋，以待稍秣；家削之赋，以待匪颁；邦甸之赋，以待工事；邦县之赋，以待币帛；邦都之赋；以待祭祀；山泽之赋；以待丧纪；币余之赋；以待赐予"[1]。由此可见，赋本是君王为了满足其日常消费与国家机器运转的需要而向其臣民征收财物的一种政治行为。

赋由敛之义引申而有颁布之义，清人段玉裁《说文解字注》云："《周礼·大宰》以九赋敛财贿。敛之曰赋，班之亦曰赋。经传中凡言'以物班布与人'曰赋。"[2]段氏之说，信而有征。《左传·昭公四年》："其藏冰也……火出而毕赋，自命夫命妇至于老疾，无不受冰。"[3]孔疏曰："火出而毕赋，谓以火出而后赋之，以火出为始也。《周礼》云夏颁冰为正。"即将第一年冬季所藏之冰，到来年夏季炎热之时，颁赐于贵族。因此，赋既有征收、敛取之义，亦有颁布、授予之义。

敛与班之义，皆就行为主体而言，如果转换视角，从行为受体来看，则同一行为于主体而言是征敛，于受体而言则是进献，于是赋又引申出献义。《左传·昭公十六年》："有禄于国，有赋于军。"杜注："军出，卿赋百乘。"意为如果有军事行动，则卿要向国君进献战车百乘。《左传·哀公十三年》："鲁赋于吴八百乘，若为子男，则将半邾以属于吴，而如邾以事晋。"[4]"鲁赋于吴八百乘"，即鲁国向吴国贡献八百乘战车。

既然赋有进献之义，那么，把赋诗解释为献诗，就训诂而言是没有丝毫问题的。赋诗之与赋敛，其区别在于献诗与献物，一为精神产品，一为物质产品，仅此而已。

从文本实际而言，将《左传》中的赋诗解释为献诗不仅可通，而且更符合文意。《左传》中的赋诗，按郑玄的解释，可分为两类："或造篇，或诵古。"郑玄对赋诗的分类基本正确，但他的解释仅仅着眼于外在形式，并未抓住赋诗的本质。

"造篇"者如隐公元年郑庄公与武姜母子之赋诗：

> 公入而赋："大隧之中，其乐也融融。"姜出而赋："大隧之外，其乐也泄泄。"

杜注："赋，赋诗也。"孔氏《正义》曰："赋诗，谓自作诗也。"杜注于"赋"义无训，孔疏则以"作"解"赋"，其说虽可通，但实则未达一间，"作诗"只是表明所赋之诗句出自原创而已，但"作诗"的目的不是为了自我欣赏，或是发表，其直接目的是献于对方，表达

---

① 孙诒让：《周礼正义》，中华书局 1987 年版，第 446 页。
② 段玉裁：《说文解字注》，上海古籍出版社 1981 年版，第 282 页。
③ 杨伯峻：《春秋左传注》，中华书局 1990 年版，第 1249 页。
④ 杨伯峻：《春秋左传注》，中华书局 1990 年版，第 1678 页。

母子二人由反目成仇到恢复关系的极度喜悦之情，因此，此处的赋诗其实就是献诗，我们亦可以说：

> 公入而献(诗)："大隧之中，其乐也融融。"姜出而献(诗)："大隧之外，其乐也泄泄。"

"诵古"者如僖公二十三年，秦穆公宴享晋公子重耳："公子赋《河水》，公赋《六月》。"

此次赋诗亦见于《国语·晋语四》，据韦昭注："河当作沔，字相似而误也。其诗曰：'沔彼流水，朝宗于海。'言己反国，当朝事秦。"很明显，这首诗是专门献给秦穆公以表忠心的。秦穆公所赋之《六月》，出自《小雅》，"道尹吉甫佐宣王征伐，复文武之业。其诗云：'王于出征，以匡王国。'其二章曰：'以佐天子。'其三章曰：'共武之服，以定王国。'此言重耳为君必霸诸侯，以匡佐天子"。秦穆公的赋诗则是对重耳的鼓励与期许。因此"公子赋《河水》，公赋《六月》"，亦即公子献《河水》，公献《六月》作为回应。

由此可见，无论是"造篇"，还是"诵古"，其最终目的都是要把诗献给对方，所以，赋诗就是献诗。

三、乐歌与口诵

虽然赋诗就是献诗，但是如何献却颇有不同，在春秋时代，献诗的主要方式是歌与诵。

众所周知，在人类早期诗乐舞是三位一体的，诗歌与音乐、舞蹈是密不可分的，《礼记·乐记》云："诗，言其志也；歌，咏其声也；舞，动其容也。"而《吕氏春秋》所载："昔葛天氏之乐，三人操牛尾，投足以歌八阕"，就是对这一状态的生动描述。因此，早期的诗歌主要是以歌的方式表达。随着社会的发展，文明的进步，诗乐舞遂由混沌一体的状态而步入分途发展的轨辙，并逐渐获得了各自独立的地位，于是诗歌不再依附于歌舞，并出现了新的表达方式——诵。孔子曾说："诵诗三百，授之以政，不达，使于四方，不能专对，虽多，亦奚以为？"(《论语·子路》)说明在孔子的时代，诵诗逐渐成为一种重要的诗歌表达方式。

诵诗作为一种新的诗歌表达方式出现之后，传统的歌诗方式并不会立刻消失，而是依旧长期的存在，在一定的时期内呈现出二者并存的状态，《墨子·公孟篇》曰："诵诗三百，弦诗三百，歌诗三百，舞诗三百"，就充分说明了这一点。

歌、诵并存的状态，在《左传》中亦可得到印证，《左传》记载了三十余次歌诗，八次诵诗。歌诗最有名当属襄公二十九年，季札聘鲁，请观周乐，乐工为之歌《周南》、《召南》，歌《邶》、《鄘》、《卫》，歌《王风》，歌齐、魏、唐、陈等风诗，歌《雅诗》与《颂诗》，几乎把今本《诗经》全部歌了一遍，文繁不录。其他的歌诗还有：成公十七年声伯之歌诗："济洹之水，赠我以琼瑰。归乎归乎，琼瑰盈吾怀乎"，定公十四年野人之歌诗："既定尔娄猪，盍归吾艾豭"等。

相对而言，《左传》所记诵诗较少，主要有僖公二十八年舆人之诵诗："原田每每，舍其旧而新是谋。"襄公四年鲁人臧纥败于狐骀，国人诵诗："臧之狐裘，败我于狐骀。我君小子，朱儒是使。朱儒朱儒，使我败于邾。"襄公三十年，郑国子产改革，遭国人反对，舆人诵诗："取我衣冠而褚之，取我田畴而伍之，孰杀子产，吾其与之。"改革取得成效后，国人又诵诗："我有子弟，子产诲之。我有田畴，子产殖之。子产而死，谁其嗣之"等。

既然歌与诵是春秋时代诗歌的两种主要表达方式，那么，赋诗的表达方式要么是歌，要么是诵，而不可能有其他别的方式。但问题是，何时用歌，何时用诵呢？

从《左传》的记载来看，春秋时代的赋诗根据性质的不同，可分为礼仪性赋诗与非礼仪性赋诗，礼仪性赋诗其方式主要为歌，而非礼仪性赋诗则主要为诵。

礼仪性赋诗是指发生于特定的政治语境之中——主要是朝聘宴飨盟会之际的赋诗，它承担着特殊的政治使命，往往是通过赋诗的方式来营造良好融洽的外交氛围，或委婉含蓄表达外交诉求，所赋之诗多为《诗经》，这类赋诗是春秋赋诗的主体，据统计，《左传》所记的礼仪性赋诗有二十余次六十多条，如襄公二十六年，晋侯享齐侯、郑伯时赋《嘉乐》；襄公二十七年，郑伯享赵孟于垂陇时，子展赋《草虫》、子西赋《黍苗》之四章、子产赋《隰桑》、子大叔赋《野有蔓草》、印段赋《蟋蟀》、公孙段赋《桑扈》；襄公二十七年，晋侯享楚薳罢赋《既醉》；昭公二年，季武子赋《绵》之卒章，韩子赋《角弓》，武子赋《节》之卒章、赋《甘棠》，北宫文子赋《淇澳》，宣子赋《木瓜》；昭公十六年，郑六卿饯宣子，子齹赋《野有蔓草》、子产赋郑之《羔裘》、子大叔赋《褰裳》、子游赋《风雨》、子旗赋《有女同车》、子柳赋《蘀兮》、宣子赋《我将》；昭公十七年，季平子赋《采叔》，穆公赋《菁菁者莪》，等等。

由于礼仪性赋诗发生于聘问宴飨会盟之际，而根据《仪礼》等相关记载，其间有着十分繁杂的礼仪活动，有着盛大的乐队与众多的乐师参与，因此具有歌诗的便利条件。礼仪性赋诗方式为歌最直接的证据就是前引《国语·鲁语》师亥所言："今诗以合室，歌以咏之，度于法矣。"

礼仪性赋诗的方式为歌还可以从襄公二十七年赋《相鼠》一事得到间接证明：

> 齐庆封来聘，其车美。孟孙谓叔孙曰："庆季之车，不亦美乎！"叔孙曰："豹闻之，服美不称，必以恶终。美车何为？"叔孙与庆封食，不敬。为赋《相鼠》。亦不知也。

《相鼠》其诗曰：

> 相鼠有皮，人而无仪！人而无仪，不死何为？
> 相鼠有齿，人而无止！人而无止，不死何俟？
> 相鼠有体，人而无礼，人而无礼！胡不遄死？

诗句浅显易懂，诗意显豁明白。该诗如果用诵的方式读出，相信任何一个稍有文化修养的人都会知道赋诗人的用意所在，而绝不会不知所云。相反，如果是以歌的方式"歌以咏之"，那么没有一定的音乐修养是很难听懂的。因此，这里赋《相鼠》的方式不可能是

"诵"，必为"歌"无疑。与此相同的是，还有昭公十二年：

> 宋华定来聘，通嗣君也。享之，为赋《蓼萧》。弗知，又不答赋。

杜注："义取'燕笑语兮，是以有誉处兮'乐与华定燕语也。又曰：'既见君子，为龙为光'，欲以宠光宾也。又曰：'宜兄宜弟，令德寿凯'，言宾有令德可以寿乐也。又曰：'和鸾雍雍，万福攸同'，言欲与宾同福禄也。"这些诗句并非周诰殷盘，佶屈聱牙，若诵而出之，其义自不难理解，而不至于"弗知"。

非礼仪性赋诗是指发生于私人场所的赋诗，它既不承担严肃的政治使命，亦无琐碎复杂的仪式程序，所赋之诗多为当事人有感而发，用自己的语言表达某种特定的感情或态度，这类赋诗在数量上远较礼仪性赋诗为少，其典型代表有：隐公元年郑庄公与其母武姜之赋，隐公三年卫人所赋《硕人》，僖公五年士蒍之赋诗："狐裘龙茸，一国三公，吾谁适从。"闵公二年许穆夫人所赋《载驰》，文公六年秦伯任好卒，以子车氏之三子为殉，国人哀之，为之赋《黄鸟》等。

非礼仪性的赋诗多发生于私人领域，没有繁复的礼仪形式，故其赋诗方式多为诵。如隐公元年郑庄公与其母武姜之间的一次赋诗，其赋诗地点颇为特殊：隧中，即地道，在此特殊时空背景之下，应无乐工演唱及伴奏的可能性，所以赋诗方式当是诵。此外，士蒍所赋"狐裘龙茸，一国三公，吾谁适从"应当亦属此例。

至此，我们可以对赋诗究竟是歌诗还是诵诗的千年之争做出一个断案：赋诗其实就是献诗，乐歌与口诵是献诗的两种方式，赋本身并无歌或诵的意思，历史上以歌诗或诵诗来解释赋诗，实际上是混淆了赋诗与赋诗方式的区别。

（作者单位：南昌大学国学研究院）

论《文选》选赋与《文心雕龙》论赋之同异*

□　冯　莉

　　《文选》与《文心雕龙》之关系研究，历来为学界所重视。较早将二书相提并论的是明人胡应麟，他在《诗薮·内篇》卷三中指出："萧统《文选》，鉴别昭融；刘勰之评，议论精凿。"①胡氏之论，并未言及二书之关系。直至清人孙梅，其在《四六丛话》卷三十三述及刘勰曰："案士衡《文赋》一篇，引而未发，旨趣跃如。彦和则探幽索隐，穷形尽状；五十篇内，百代精华备矣。其时昭明纂集《文选》，为词宗标准。彦和此书，实总括大凡，妙抉其心，二者宜相辅而行也。"②孙氏认为刘勰《文心雕龙》实囊括萧统《文选》的文学观与选文尺度，首次论及了《文选》与《文心雕龙》的相互关系，从而使其成为现当代文选学研究中的一大热门议题。学者针对二书之间的关系众说纷纭，争论颇多。综括而言，共有三种看法：一种认为《文选》受到《文心雕龙》的重大影响，如黄侃所曰："读《文选》者，必须于《文心雕龙》所说能信受奉行，持观此书，乃有真解。"③骆鸿凯亦表明："《雕龙》论文之言，又若为《文选》印证，笙磬同音，是岂不谋而合，抑尝共讨论，故宗旨如一耶！"④此外，周贞亮、屈守元等人也认为《文心雕龙》对《文选》有一定的影响，而海外汉学家尤其是日本汉学家亦多持此观点。如兴膳宏先生说："刘勰的批评很可能对《文选》作品的收录标准起过决定性的作用。"⑤户田浩晓先生则更为肯定地指出，《文选》与《文心雕龙》"二者不仅在文学样式的分类上存在不少的共同点，且在关于文学本质的想法方面也是极为相似。《文选》的编纂者曾受到《文心雕龙》的巨大影响是不容否定的。即使说《文选》实际上是依据《文心雕龙》文学论而构成的诗文集形式的著作，恐怕也不过分"⑥。另一种看法则

---

　　* 本文为北京语言大学项目(15YJ080103)阶段性成果，得到中央高校基本科研业务费专项资金资助。

　　① （明）胡应麟：《诗薮》，上海古籍出版社 1979 年版，第 40 页。
　　② （清）孙梅：《四六丛话》卷三十三，上海商务印书馆 1937 年版。
　　③ 黄侃：《文选平点》(重辑本)，中华书局 2006 年版，第 1 页。
　　④ 骆鸿凯：《文选学》，中华书局 1989 年版，第 10 页。
　　⑤ 兴膳宏：《文心雕龙论文集》，上海古籍出版社 1984 年版，第 127 页。
　　⑥ ［日］户田浩晓：《文心雕龙研究》，曹旭译，上海古籍出版社 1992 年版，第 2、3 页。

与前者完全相反,力倡者是日本"新文选学"重镇清水凯夫先生,他认为:"《文心雕龙》对《文选》没有影响。"①第三种看法带有客观、辩证的折中色彩,认为《文选》与《文心雕龙》的关系具有双重性,即《文选》既有受到《文心雕龙》影响的一面,表现出相当的一致性;另一方面,二书尚存在很多不同之处,从而体现出非一致性。此说与单纯强调二者或有密切联系,或绝无联系的观点相较更符合实际,以王运熙、杨明、顾农、齐益寿、傅刚等学者为代表。② 笔者基本持同第三种看法,认为《文选》受到《文心雕龙》一定的影响,但二者又存在不少相异之处。本文立足赋这一文体,试对《文选》选赋与《文心雕龙》论赋的同异之处作一全面的对比考察,深化对二书关系的探讨和认识,窥探其背后隐藏的不同文学观念。

一

《文心雕龙》是我国古代最重要的文学批评专著,据清人刘毓崧考证,"此书之成,在南齐之末"③,当时萧统刚刚出生。这样一来,当萧统编纂《文选》时,《文心雕龙》早已因文坛领袖沈约的推重而大行于世,何况沈约深受萧衍礼遇,与萧统更有师徒之情义。据《梁书·刘勰传》记载,刘勰曾任萧统的东宫通事舍人之职,且"昭明太子好文学,深爱接之"④。又据《梁书·昭明太子传》载,萧统"引纳才学之士,赏爱无倦。恒自讨论篇籍,或与学士商榷古今;间则继以文章著述,率以为常",⑤ 无疑刘勰亦在昭明太子的"引纳"、"赏爱"之列。由此,萧统编纂《文选》时,刘勰不一定亲自参加了商榷,但是萧统受到《文心雕龙》一书很大的影响,则是可以肯定的事实。《文心雕龙》对赋的评论主要集中在《诠赋》篇。除此之外,其他诸篇中亦有论及赋家、赋作、赋的创作和批评等问题的片段,如《哀吊》、《谐隐》、《神思》、《风骨》、《通变》、《情采》、《丽辞》、《比兴》、《夸饰》、《事类》、《指瑕》、《时序》、《物色》、《才略》、《知音》、《序志》等。总的来说,《文选》选赋与《文心雕龙》论赋存在很大的相同性,具体表现在如下两方面:

第一,从赋的分类来看,包括风格体制分类和题材分类,两书存在一定的相同性。

关于《文选》赋的分类,诚如黄侃所云:"昭明亦沿前贯耳"⑥,所谓"前贯",指的是班固《汉书·艺文志》、葛洪《抱朴子·钧世》、刘勰《文心雕龙》等。这其间与《文选》赋的分类关联最直接的当属《文心雕龙》,刘勰在《诠赋》中有这样一段话:

> 夫京殿苑猎,述行序志,并体国经野,义尚光大。既履端于倡序,亦归余于总乱。序以建言,首引情本;乱以理篇,迭致文契。……故知殷人辑颂,楚人理赋,斯并鸿裁之寰域,雅文之枢辖也。至于草区禽族,庶品杂类,则触兴致情,因变取会,

① [日]清水凯夫:《六朝文学论文集》,韩基国译,重庆出版社 1989 年版,第 122 页。
② 王立群:《现代〈文选〉学史》,中国社会科学出版社 2003 年版,第 245~260 页。
③ 刘毓崧:《通义堂文集》卷十四《书文心雕龙后》,上海古籍书店 1963 年版。
④ (唐)姚思廉:《梁书》卷五十《刘勰传》,中华书局 1973 年版,第 710 页。
⑤ (唐)姚思廉:《梁书》卷八《昭明太子传》,中华书局 1973 年版,第 167 页。
⑥ 黄侃:《文选平点》,上海古籍出版社 1985 年版,第 205 页。

拟诸形容，则言务纤密；象其物宜，则理贵侧附；斯又小制之区畛，奇巧之机要也。①

在这里，刘勰论及赋的题材、体制和风格，并将赋按照体制风格分为两种：一种是"鸿裁之寰域"的"雅文"，其风格是"体国经野，义尚光大"，后人称之为骈辞大赋，此种赋在汉代最为兴盛，即所谓"一代之文学"的汉赋；一种是"小制之区畛"的"奇巧"之文，其风格为"触兴致情"、"言务纤密"，也就是后人所说的体物言志小赋，这种赋先秦两汉有之，而魏晋南北朝更盛。刘勰对两类赋的区分为萧统所接受，《文选》选赋 19 卷，前 12 卷基本上属于骈辞大赋，后 7 卷则以体物言志小赋为主，这一编辑所暗含的对两种不同体制赋作的分辨意识显然是从《文心雕龙·诠赋》中来。

就赋的题材分类而言，萧统对《文选》赋的分类固然受到班固、葛洪等诸家对赋题材分类的影响，但从他与刘勰的关系来看，刘勰的分类对他的影响恐怕不在班、葛之下。刘勰对赋的题材分类除上引《诠赋》篇所述及的"京殿、苑猎、述行、序志"、"草区、禽族"六类外，其在《夸饰》篇中还提到"气貌山海，体势宫殿"②，从中可推出"山海"、"宫殿"两类。另外，《物色》篇中有涉猎赋家赋作的一段评论："及《离骚》代兴，触类而长，物貌难尽，故重沓舒状。于是嵯峨之类聚，葳蕤之群积矣。及长卿之徒，诡势瑰声，模山范水，字必鱼贯，所谓诗人丽则而约言，辞人丽淫而繁句也。"③由此可将篇题绎出"物色"一类。综上所计，《文心雕龙》按题材分赋 9 类，除"草区"一类外，其余 8 类，《文选》赋类目均与之相同或相近，这一数字不可小觑，何况萧统在《文选序》中述及赋的题材有这样一番话：

自兹以降，源流实繁。述邑居则有凭虚、亡是之作，戒畋游则有《长杨》、《羽猎》之制；若其纪一事，咏一物，风云草木之兴，鱼虫禽兽之流，推而广之，不可胜载矣。④

将之与前引《诠赋》中的话相比，萧统之言显然是在刘勰基础上的进一步发挥，由此，《文选》赋受《文心雕龙》的影响不待辩而自彰明。

第二，从赋的选文来看，两书亦存在很大的相同性。

刘勰本着"选文以定篇"的原则于《文心雕龙》之《诠赋》、《哀吊》、《谐隐》、《章表》、《神思》、《风骨》、《通变》、《熔裁》、《声律》、《丽辞》、《比兴》、《夸饰》、《事类》、《指瑕》、《总术》、《才略》、《知音》、《序志》18 篇中评论了 31 位赋家 39 篇赋作，而《文选》赋在篇目选取上与《文心雕龙》多有相同之处。为明了起见，现将其列表如下（见表 1）：

---

① 《文心雕龙·诠赋》，范文澜：《文心雕龙注》，人民文学出版社 1958 年版，第 135 页。
② 《文心雕龙·夸饰》，范文澜：《文心雕龙注》，人民文学出版社 1958 年版，第 609 页。
③ 《文心雕龙·物色》，范文澜：《文心雕龙注》，人民文学出版社 1958 年版，第 693 页。
④ （唐）李善注：《文选》，上海古籍出版社 1986 年版，第 3 页。

表1　　　　　　　　《文选》赋收录情况与《文心雕龙》所论赋家赋作一览表

朝代	《文心雕龙》所评赋家	《文心雕龙》所评赋作	《文选》所录赋家	《文选》所录赋作
战国	荀况	《蚕赋》		
	宋玉	《风赋》《高唐赋》《神女赋》《登徒子好色赋》	宋玉	《风赋》《高唐赋》《神女赋》《登徒子好色赋》
西汉	陆贾	《孟春赋》		
	贾谊	《鵩鸟赋》	贾谊	《鵩鸟赋》
	枚乘	《菟园赋》		
	司马相如	《吊二世赋》《子虚赋》《上林赋》《大人赋》	司马相如	《子虚赋》《上林赋》《长门赋》
	王褒	《洞箫赋》	王褒	《洞箫赋》
	刘歆	《遂初赋》		
	扬雄	《甘泉赋》《羽猎赋》	扬雄	《甘泉赋》《羽猎赋》《长杨赋》
	冯衍	《显志赋》		
东汉	班固	《两都赋》	班固	《两都赋》《幽通赋》
	张衡	《二京赋》《南都赋》《羽猎赋》	张衡	《二京赋》《南都赋》《思玄赋》《归田赋》
	桓谭	《仙赋》		
	马融	《长笛赋》	马融	《长笛赋》
	王延寿	《鲁灵光殿赋》	王延寿	《鲁灵光殿赋》
	赵壹	"才略"篇所论		
	祢衡	"才略"篇所论	祢衡	《鹦鹉赋》
	王粲	《登楼赋》	王粲	《登楼赋》
	徐幹	"诠赋"篇所论		
	何晏	《景福殿赋》	何晏	《景福殿赋》
	刘劭	《赵都赋》		
	应贞	《临丹赋》		
			班彪	《北征赋》
			班昭	《东征赋》
			傅毅	《舞赋》
魏			嵇康	《琴赋》
			曹植	《洛神赋》

朝代	《文心雕龙》所评赋家	《文心雕龙》所评赋作	《文选》所录赋家	《文选》所录赋作
两晋	向秀	《思旧赋》	向秀	《思旧赋》
	张华	《鹪鹩赋》	张华	《鹪鹩赋》
	左思	《三都赋》	左思	《三都赋》
	潘岳	《西征赋》《丑妇赋》《萤火赋》《寡妇赋》《笙赋》	潘岳	《藉田赋》《射雉赋》《西征赋》《秋兴赋》《闲居赋》《寡妇赋》《笙赋》
	束皙	《饼赋》		
	陆机	《文赋》	陆机	《叹逝赋》《文赋》
	成公绥	"诠赋""才略"篇所论	成公绥	《啸赋》
			孙绰	《游天台山赋》
			木华	《海赋》
	郭璞	《南郊赋》	郭璞	《江赋》
	袁宏	"诠赋"篇所论		
宋			鲍照	《芜城赋》《舞鹤赋》
			颜延之	《赭白马赋》
			谢惠连	《雪赋》
			谢庄	《月赋》
梁			江淹	《恨赋》《别赋》
总计	31 家	39 篇赋作	31 家	51 篇赋作

　　由表 1 可以看出，刘勰与萧统在赋作的"选文定篇"上有很多相同的地方。自其同者视之，刘勰在《文心雕龙》中所论及的战国至魏晋的赋家 31 位，其中有 20 位被萧统所看重，《文选》赋将其作品选录，占刘勰所论赋家的 64%，在《文选》赋 31 位赋家中所占的比例相同。刘勰论及的赋作 39 篇，其中有 23 篇为《文选》所选录，占《文心雕龙》论赋总数的 59%，占《文选》选赋总数的 45%。十家尤其是《诠赋》篇所论及的周汉"辞赋之英杰"十家：荀况、宋玉、枚乘、司马相如、贾谊、王褒、班固、张衡、扬雄、王延寿，《文选》除荀卿、枚乘外，其他八家的赋全部选录。而《诠赋》篇所论"魏晋之赋首"八家：王粲、徐幹、左思、潘岳、陆机、成公绥、郭璞、袁宏等，《文选》除徐幹、袁宏外，其余六家全部入选。总的来说，《诠赋》所论 18 家，有 14 家均有赋作被《文选》选录，这足以说明《文心雕龙》尤其是《诠赋》篇对《文选》选赋的影响最大。

两书论赋选赋存在很大的相同性，究其原因，与刘勰萧统二人同属于折中派文论家①，倡导雅丽的文学观念不无关系。刘勰对文学的态度，体现在他对宗经的强调，"文能宗经，体有六义：一则情深而不诡，二则风清而不杂，三则事信而不诞，四则义直而不回，五则体约而不芜，六则文丽而不淫"②。在他看来，儒家经典最能体现文学的美的典范，推及赋而言，他明确提出其创作标准，"情以物兴，故义必明雅；物以情观，故词必巧丽。丽词雅义，符采相胜"③，由此"丽词雅义"可谓其对赋风的体认。而身为太子的萧统，从小就接受传统儒家教育，并身体力行实践儒家教义，他对文学的认识亦受到儒家的影响，重视文学的教化作用，因故萧统提倡"丽而不浮，典而不野，文质彬彬，有君子之致"④，这一点与刘勰之所谓"雅丽"大体相当。二人对文学(亦或对赋)的这一认识和态度，与当时只重视"典"的守旧派(以萧纲为代表)和只重视"丽"的趋新派(以裴子野为代表)鼎足而三，被视为折中派。从大的分野来看，萧统与刘勰同属于一派，显然与二人在这一大方向上所持一致观点有很大关系。

二

萧统《文选》无论在赋的分类方面还是赋的选文方面都受到刘勰《文心雕龙》尤其是《诠赋》篇的很大影响，从而表现出一定的相同性。然而，他们在有些地方又存在非一致性，这反映了二人所持赋学观念之不同，从中亦可深化对萧统赋学观的认识。其相异之处主要包括以下几点：

第一，《文心雕龙》论赋只在战国汉魏两晋之间进行，而针对魏晋以后的赋家赋作，未提及一人一篇。与之相比，《文选》还选录了南朝颜延之《赭白马赋》，鲍照《芜城赋》、《舞鹤赋》，谢惠连《雪赋》，谢庄《月赋》，江淹《恨赋》、《别赋》5家7篇赋作。

对于这个问题程章灿先生认为"这不是巧合，也不是刘勰一时疏忽，而是与刘勰对南朝赋风贵族化和唯美化颇有不满的一贯态度密切相关的。在这一点上，刘勰比《文选》更有过之而无不及。《文心雕龙》成书时业已辞世的宋齐赋家谢灵运、颜延之、沈约、谢朓、鲍照等人的赋作，皆因不合刘勰的取舍而被忽略不论"⑤。程先生所言甚是。推究其深层原因，与刘勰《文心雕龙》所秉持的"宗经"文学观念有关。固然，刘勰注重赋的"雅丽"原则，主张文质并重，实际上他并非将"雅"和"丽"等量齐观，而是更加看重"雅"，看重"风轨"、"劝戒"。尽管刘勰也曾表达过"若爱典而恶华，则兼通之理偏"⑥，但这只是次要的侧面而已，他更主要反对的乃恰与之相反，即爱华恶典、丽而不雅的倾向，此被刘勰视为"逐奇而失正"⑦，也就是说由于片面地追求"丽"导致内容上偏离儒家的经典和思想，完全没有雅义可言。以刘勰这种文学复古观念来审视汉晋赋作，已有"繁华损枝，膏腴害

①　周勋初：《梁代文论三派述要》，《周勋初文集》第三集，江苏古籍出版社2000年版，第88页。
②　《文心雕龙·宗经》，范文澜：《文心雕龙注》，人民文学出版社1958年版，第23页。
③　《文心雕龙·诠赋》，范文澜：《文心雕龙注》，人民文学出版社1958年版，第136页。
④　俞绍初：《昭明太子集校注》，中州古籍出版社2001年版，第155页。
⑤　程章灿：《魏晋南北朝赋史》，江苏古籍出版社2001年版，第281~282页。
⑥　《文心雕龙·定势》，范文澜：《文心雕龙注》，人民文学出版社1958年版，第530页。
⑦　《文心雕龙·定势》，范文澜：《文心雕龙注》，人民文学出版社1958年版，第531页。

骨，无贵风轨，莫益劝戒"①之瑕，更何况贵族化、唯美化日甚的南朝赋？是故刘勰指斥文学发展至刘宋，"从质及讹，弥近弥澹。何则？竞今疏古，风末气衰也"②，从而对这一时期的赋作采取完全漠视的态度。

萧统与刘勰同属于折中派，共同秉持"雅丽"的文学观念。然刘勰复古倾向鲜明，对"雅"尤其重视，相比之下，萧统对"雅"即作品的思想内容要求较富于弹性，其更看重"丽"。他在《文选序》中间接指出"沉思"、"翰藻"并重的选文标准，尤其是"翰藻"方面，萧统格外重视，不仅强调文章要"综辑辞采"、"错比文华"③，而且还将文章之华美与音乐和刺绣作比，"譬陶匏异器，并为入耳之娱；黼黻不同，俱为悦目之玩"④，从而进一步表明萧统对文章艺术美的赞赏。由此可以看出，萧统能够在一定程度上突破功利价值观对文学的束缚，体认到文学的本体价值，其对"丽"的看重不言而喻，诚如王运熙先生所说："《文选》选录各体作品，的确都颇重视辞采、翰藻。"⑤对于赋作的选录，萧统本着"丽"的原则，针对被刘勰完全摒弃的南朝时代，选录刘宋7篇优美赋作，相比刘勰表现出一种发展的进步赋学观，重古而不忽视今，古今兼顾。不过萧统收录刘宋的这几篇赋作均有选择为之，并非一味追求"丽"，这其中势必没有偏废"雅"；另一方面就数量上来看，其在整个汉魏六朝为最少，可见萧统虽然重视"丽"，但雅丽并重依然是其所信奉并付诸实践的重要选赋标准。

第二，对两汉魏晋赋家赋作的评论，《文心雕龙》主要着眼于"京都"、"畋猎"、"宫殿"、"郊祀"、"述行"、"音乐"等具有传统题材色彩的骈辞大赋，而《文选》则兼选一些体制短小的咏物抒情赋和体制较长的情志赋。

刘勰较为重视"极声貌以穷文"的大赋，认为它们在风格体制上"体国经野，义尚光大"，能够起到一定的美刺之功，具有重大的教化意义。这一认识仍与刘勰的宗经思想有很大关系，他强调"摛文必在纬军国，负重必在任栋梁"⑥，要求作赋应当"达于政事"，内容上符合儒家规范。不仅如此，抒情性赋作也应与此相关，即他在《情采》篇中强调的"吟咏情性，以讽其上"⑦。为此他非常不满"逐末之俦"的赋作，认为没其"风轨"、"劝戒"。这是究其文学观念方面刘勰重视大赋的原因。除此之外，这亦与刘勰的审美情趣有关。刘勰所追求的审美理念是作品的"风骨"，即清峻刚健之美，他指出"若能确乎正式，使文明以健，则风清骨峻，篇体光华。能研诸虑，何远之有哉"⑧，风骨是文章力量美的表现，刘勰推崇风骨，即提倡清峻爽朗、质朴刚健的文风，这需要超拔的气势，充满生命的力量，骨劲气猛。刘勰将"风骨"视作品评作品优劣的重要因素，而他非常重视的骈辞大赋，在很大程度上符合他所倡导的"义尚光大"和"风骨"之美。

与刘勰相比，萧统当然亦注重骈辞大赋，强调其讽谏之旨，但对于"风骨"这一审美

① 《文心雕龙·诠赋》，范文澜：《文心雕龙注》，人民文学出版社1958年版，第136页。
② 《文心雕龙·通变》，范文澜：《文心雕龙注》，人民文学出版社1958年版，第520页。
③ （唐）李善注：《文选》，上海古籍出版社1986年版，第3页。
④ （唐）李善注：《文选》，上海古籍出版社1986年版，第3页。
⑤ 王运熙：《〈文选〉选录作品的范围和标准》，《复旦学报》1988年第6期。
⑥ 《文心雕龙·程器》，范文澜：《文心雕龙注》，人民文学出版社1958年版，第720页。
⑦ 《文心雕龙·情采》，范文澜：《文心雕龙注》，人民文学出版社1958年版，第538页。
⑧ 《文心雕龙·风骨》，范文澜：《文心雕龙注》，人民文学出版社1958年版，第514页。

情趣而言，萧统并非予以认同，他提倡"文质彬彬"的君子之致，重视赋作的辞采、内容及抒情达意，有无"风骨"则在其次，这从他不选刘勰极力赞美的风力之作可窥见一斑。更何况从其选录的一些哀伤、情志之作来看，萧统反而更偏于一种柔性美。两汉魏晋之赋，萧统于骈辞大赋之外，兼收咏物抒情小赋和情志赋，这无疑是受其发展的文学观的影响。"踵其事而增华，变其本而加厉，物既有之，文亦宜然"①，萧统站在符合事物客观发展规律的角度充分肯定文学发展的历史必然性。又"自兹以降，源流实繁"、"众制锋起，源流间出"，② 源、流之间，萧统既非重视"源"，亦非忽视"流"，而是将源流并举，在审视"源"的基础上，关注纷繁变化的"流"。故而，在赋作的选录方面，萧统除"京殿苑猎，述行序志"外，亦能关注到那些反映"纪一事，咏一物，风云草木之兴，鱼虫禽兽之流"等不同题材的赋作，且敏锐地发现并肯定一些流变之作，如"志"类所选《归田赋》、《闲居赋》。

萧统源流并举选录赋作，既收录传统骈辞大赋，又兼顾各朝代的咏物抒情小赋和情志赋，这一点表现出萧统《文选》赋比刘勰评赋更具开放的文学视野和独到的审美观念，不仅如此，其对汉魏两晋赋体发展的整体观照，其意虽不在勾勒一部争奇斗妍的断代赋史，然却无疑对赋史具有一定启示和贡献。

萧统所选两汉之赋，从时间上而言，上自西汉之初，下迄东汉之末，乃至建安之赋，传承有序；从题材上来看，京都、郊祀、耕藉、畋猎、纪行、游览、宫殿、鸟兽、志、哀伤、音乐等，凡体物、抒情、言志、讽谕，无所不包；从形式上来说，骚体赋、散体赋、大赋、抒情小赋，皆有所采；从风格上而论，华美与典雅，刚健与阴柔，纤细与恢弘，诙谐与凄清，各有所涉。无论在数量上的偏重，还是在品质上求精，萧统对汉赋作出全景式的展示，并且给予高度评价和首肯，从而勾画了一部两汉赋体的演进发展史。关于对魏晋赋作的选录，萧统正是以其敏锐的辨察力，把握住魏晋赋坛的走势与趋向，独具慧眼地通过《文选》选录了当时并行存在的"讽谏征实"派与"体物浏亮"派的代表性赋作，并以其清晰的倾向性导引，不仅使后代研究者体认到魏晋赋坛两大赋风的卓异风采和特色，更能呈现出这两大赋风对魏晋之赋的发展所起到的推动力，以及对六朝之赋的发展所产生的深刻影响。因此，萧统对魏晋时期赋风之争的实录，不啻是完成了未成文的魏晋赋史中的某一篇章。

第三，《文选》对于《文心雕龙》评价很高抑或时人广为重视的一些赋家赋作亦未选录，这一不同取决于萧统自身所持的取舍标准和审美情趣。

刘勰在《文心雕龙·风骨》篇中对西汉司马相如《大人赋》评价甚高，以"其风力遒也"，将之奉为"辞宗"。③ 然而萧统却摒弃不录，这或许与汉人对它的评价有关，如扬雄批评说："往时武帝好神仙，相如上《大人赋》欲以风，帝反缥缈有凌云之志。由是言之，赋劝而不止明矣。"④而王充亦斥其"言仙无实效"。可见此赋因"劝百讽一"的弊端而颇受汉人指摘，而萧统十分推崇扬雄、班固的汉赋讽谏说，扬雄对《大人赋》的评价对萧统不

---

① （唐）李善注《文选》，上海古籍出版社 1986 年版，第 3 页。
② （唐）李善注《文选》，上海古籍出版社 1986 年版，第 3 页。
③ 《文心雕龙·风骨》，范文澜：《文心雕龙注》，人民文学出版社 1958 年版，第 513 页。
④ 《汉书》卷八十七《扬雄传》，中华书局 1962 年版，第 3575 页。

无影响，又加之《大人赋》全为言仙之事，思想内容较为消极，所以纵使此赋具有瑰丽飘逸的艺术魅力，亦未能被《文选》收录。冯衍《显志赋》是汉代写志名赋，不仅陆机《遂志赋序》对其作出充分肯定，江淹创作《恨赋》时还将其作为一个典型，称"敬通见抵，罢归田里"。但是萧统并未将之收录"志"赋，有学者认为冯衍在政治上忠于"更始"，没有及早归向光武帝，这在梁武帝代齐之后不久，自不宜表彰，故为萧统不选。这或许是其中原因之一。更重要的是，《显志赋》指摘时弊，批评历史，充满牢骚不平之气，有失温柔敦厚的雅正之风，这一点不符合萧统"君子之致"的思想风格，为此受到萧统摒弃。

晋代陶渊明的《闲情赋》可谓描写男女恋情赋的杰作，此赋集前人艺术手法之大成，痛快淋漓地披露了男女之间久被压抑的热烈爱情，深刻挖掘了恋情赋于情爱欢惧、哀思流连处的艺术美感，描写极尽委婉缠绵之致。苏轼对其评价很高，将其视作卓绝的篇什，其价值甚至可与《诗经》和屈骚相比拟。清代学者陈沆更是推崇备至，称："晋无文，惟渊明《闲情》一赋而已。"①近人梁启超亦针对作者描写情爱的技巧而大加称赞，认为赋中"愿在衣而为领"等十愿，"熨帖深刻，恐古今言情的艳句"②。《闲情赋》受到后人如此的重视，其艺术成就之高可见一斑。然而萧统设立"情"目，未收此赋，这与他对陶渊明的认识评价有关。萧统十分欣赏陶渊明作品的清淡风格，并且首次编纂了《陶渊明集》，惟独《闲情赋》一作，萧统以其不符合陶渊明的高尚隐士形象而斥之为"白璧微瑕"，萧统不录《闲情赋》，无疑是出于对自己崇拜对象完美形象的维护。此外，观之"情"类选文，均为恪守礼义之作，并微含讽谏之义，而《闲情赋》充满爱欲体验且铺张妍丽，有失典雅，所以萧统弃之不录，亦体现出自身儒家雅正的赋学观。

另外，六朝时期享有盛誉的赋作还有袁宏《北征赋》、《东征赋》，谢灵运《山居赋》，沈约《郊居赋》，张融《海赋》等，皆是载入史传或为人称颂的佳篇巨制，但是萧统一并摒弃不录。如袁宏《北征赋》、《东征赋》，史传和《世说新语·文学》均有时人推重的记载，尤其是《北征赋》被视作"方传千载"，为其"文之高者"。③ 虽然现存二赋已是残篇，但它们在当时是广受重视的，而萧统于"纪行"类赋中却收录同时代潘岳《西征赋》，史传称此赋"文清旨诣"，想必这一风格十分切合萧统的选录标准，故袁宏二赋见弃于《文选》。谢灵运《山居赋》和沈约《郊居赋》描写庄园之美和归隐之乐，皆是写志赋的宏篇伟构，尤其是《郊居赋》，不仅作者沈约为之相当自负，而且时人亦赞赏有加，这在《梁书·王筠传》和《刘杳传》中有明确记载。萧统于"志"类中收录东汉班固、张衡和西晋潘岳的作品，而不录谢、沈二赋，表现出他对前代赋高古之风的审美认同，相比之下，南朝谢、沈之作更趋绮丽华美，这一点不合萧统的赋学审美观念。同样的，齐代张融的《海赋》作为当时的瑰玮之作，或许亦因文辞的绮丽风格而见弃。上述这些南朝的知名大赋均遭受萧统的一致冷遇，从某种程度上也印证了《文选》赋详远略近的选文特点。

---

① （清）陈沆：《诗比兴笺》，上海古籍出版社 1981 年版，第 86 页。
② 梁启超：《陶渊明》，商务印书馆 1996 年版，第 13 页。
③ （南朝宋）刘义庆：《世说新语·文学》，余嘉锡：《世说新语笺疏》，中华书局 1983 年版，第 320 页。

三、结　论

综上所述，萧统《文选》选赋与刘勰《文心雕龙》评赋既有相同之处又存在明显差异。自其同者视之，《文选》选赋无论在赋的题材分类上还是选文定篇上，都受到《文心雕龙》论赋的很大影响，原因在于二人同属折中派文论家，倡导雅丽的文学审美观念。然而就两者的相异之处来看，萧统并非被动地受刘勰之影响，而是有其自身的分辨和取舍。《文选》在不同时代的选赋表现出与《文心雕龙》论赋的非一致性，如萧统选录南朝 5 家 7 赋，刘勰却未提及一篇；而针对两汉魏晋赋，萧统一方面选录骋辞大赋，同时又兼顾到咏物抒情小赋以及情志赋，相比刘勰只着眼于评论传统大赋而言，萧统表现出更为开放的文学视野。不仅如此，对于刘勰评价很高抑或时人广为重视的一些赋家赋作萧统均未选录。探究其深层原因，这与二人的文学思想、赋学观念和审美情趣密不可分。由于刘勰坚守尊古宗经儒家文学思想，其论赋虽然重视语言的华美，但更为推崇内容的雅正，即有讽谕意义，即便是抒情之赋，也重视"讽其上"一类，并且较为看重风骨之作。可见，刘勰过多地受儒学规范的束缚，导致其论赋存在一定的狭隘性。萧统当然也重视"雅"，但要求远不像刘勰那样僵硬没有弹性，除此以外，萧统更能站在纯文学的角度审视赋作的美学价值，所以他更为强调赋作"丽"的一面，加之其所持的发展的文学观念，萧统更能观照到赋作中较为广泛的题材和多种多样的体制风格，以至于一些被刘勰大力推崇抑或是为刘勰所轻视摒弃的赋作，萧统均根据具体情况，有所选择的取舍，从而体现出其独具特色的选文标准和审美情趣，与此同时，萧统《文选》对赋的选录，亦对赋史及其研究具有一定的启示和贡献。

（作者单位：北京语言大学汉语学院）

论历史上庾信评论的现实性

□ 龚 贤

　　文学创作作为一项社会实践活动，是以语言这一社会创造物作为媒介进行的。文学反映社会现实生活，对文学的阐释和评论也常常与社会现实密切联系。不同时代的批评家对同一作家的评论往往不同，甚至出现互相矛盾的情况，除受评论家个人因素影响外，主要是因为他们生活的时代不同了，受其所生活时代的各种社会现实因素的影响不同。其中，对庾信的评论尤其如此。

　　庾信一生及其文学创作，通常以他 42 岁出使西魏为界分为前、后两个时期：前期他作为梁朝宫体文学的代表作家，作品多绮艳流荡，富于音节辞采之美；后期羁留西魏、北周，作品多抒发故国乡关之思及身世流寓之感，风格苍劲沉郁，悲凉感伤。由于庾信独特的人生经历，文学批评史上对他褒贬不一，争论较大。就在庾信还生活的南北朝时期，就有论者对他进行评论，此后历朝历代基本没有停止过。笔者认真梳理了历史上对庾信的评价意见，认为评论家们对庾信及其创作褒贬不一，主要是因为不同的评论家生活的时代不同，受到其所生活时代的政治经济、社会文化、学术思潮等现实因素的影响不同。评论家个人因素的影响还在其次。前此，尚无论者就此问题展开探讨，本文将深入论析。

一、北 周 时 期

　　最早将庾信及其诗文结合起来评论的是北周滕王宇文逌。据《北史·宇文逌传》记载："滕闻王逌，字尔固突。少好经史，解属文。武成初，封滕国公。建德三年，进爵为王。宣政元年，进位上柱国。大象元年，诏以荆州新野郡邑万户为滕国，逌出就国。……逌所著文章颇行于世。"①宇文逌是北周文坛上颇有影响的王室成员。公元 579 年，宇文逌在新野为庾信集作序，该序就是今天所能见到的最早关于庾信其人其文的评论。序文按照论人及文的顺序，在述评庾信家世、仕宦经历，及其政治、文学成就的过程中对庾信其人其文进行评论：在品格方面，认为庾信以儒家道德理想立身，至德至孝，位望通显，才望过人，灵慧高洁。序文中云："信降山岳之灵，缊霞之秀，器量伴瑚涟，志性甚松药。妙善文词，尤工诗赋，穷缘情之绮靡，尽体物之浏亮，谋夺安仁之美，碑有伯喈之情，箴似扬

---

　　① （唐）李延寿：《北史》卷 58，中华书局 1974 年版。

雄，书同阮籍。"(《庾子山集注》)①认为庾信文学成就可与历史上的一流作家潘岳、阮籍等并列。序文最后一段总结："余与子山凤期款密，情均缟纻，契比金兰。欲余制序，聊命翰札，幸无愧色，非有绚章，方当贻范搢绅，悬诸日月焉。"(《庾子山集注》)②在表述他与庾信亲密友谊的同时，高度赞美庾信作品应当"贻范搢绅"、"悬诸日月"。庾信能够赢得宇文逌的友谊，庾信及其作品得到后者的高度赞誉，其文学创作方面的杰出才能起了重要作用，甚至可以说宇文逌心焉向往致力追慕的正是庾信的文学造诣。那么，宇文逌何以如此重视庾信其人其文呢？

从西晋后期"八王之乱"开始，匈奴、鲜卑等各族军事首领纷纷进据中原，黄河流域成了军阀混战的战场，原来居住在黄河中下游地区的士族文人基本上随西晋政权南迁，汉族正统文化中心也随之南移。《北史·文苑传》云："既而中州板荡，戎狄交侵，僭伪相属，生灵涂炭，故文章黜焉。其能潜思于战争之间，挥翰于锋镝之下，亦有时而间出矣。若乃鲁徵、杜广、徐光、尹弼之俦，知名于二赵；宋该、封弈、朱彤、梁谠之属，见重于燕、秦。然皆迫于仓卒，牵于战阵，章奏符檄，则粲然可观；体物缘情，则寂寥于世。非其才有优劣，时运然也。"③因此，在整个东晋南朝，北方文化总体上落后于南方文化，北周政治中心关中地区尤为明显："中原则兵乱积年，文章道尽。后魏文帝，颇效属辞，未能变俗，例皆淳古。……后周草创，干戈不戢，君臣戮力，专事经营，风流文雅，我则未暇。"(《隋书·经籍志》)④当时北周除了南方流寓于北的梁朝文人之外，基本没有在文学史上知名的作家。

北朝鲜卑贵族入主中原后，在和汉族及其他各族交往中逐渐认识到要实现文明进步和长治久安，必须学习和掌握先进的汉文化。鲜卑统治阶层有识之士为了达到这一目标，极力提倡汉化。北魏孝文帝的汉化政策就取得了显著成效，在他的领导下，北魏将都城从平城(山西大同)迁至洛阳；禁胡服胡语，改为穿汉服说汉语；与汉族通婚；采用汉族的礼法、官制和律令，等等。北周统治者宇文氏继承并发扬了孝文帝的汉化政策，宇文泰、宇文邕父子积极推行汉化。《北史·儒林传》云："周文(宇文泰)受命，雅重经典。于时西都板荡，戎马生郊。先生之旧章，往圣之遗训，扫地尽矣！于是求阙文于三古，得至理于千载，黜魏、晋之制度，复姬旦之茂典。……由是朝章渐备，学者向风。明皇(宇文毓)纂历，敦尚学艺，内有崇文之观，外重成均之职。握素怀铅，重席解颐之士，间出于朝廷；员冠方领，执经负笈之生，著录于京邑。……泊保定三年(563年)，帝乃下诏尊太保燕公为三老。帝于是服衮冕，乘碧辂，陈文物，备礼容，清跸而临太学，袒割而食之，奉觞以酳之。斯固一世之盛事也。……是以天下慕向，文教远覃。衣儒者之服，挟先王之道，开黉舍，延学徒者比肩；励从师之志，守专门炎业，辞亲戚，甘勤苦者成市。虽通儒盛业，不逮魏、晋之臣，而风移俗变，抑亦近代之美也。"⑤在北周统治阶层如此需要文教礼乐的背景下，庾信等由南入北的文士受到北周宇文氏的高度礼遇，就是极其自然的事。《周

---

① (清)倪璠注，许逸民校点：《庾子山集注》，中华书局1980年版，第53页。
② (清)倪璠注，许逸民校点：《庾子山集注》，中华书局1980年版，第66页。
③ (唐)李延寿：《北史》卷83，中华书局1974年版。
④ (唐)魏徵：《隋书》卷32，中华书局1973年版。
⑤ (唐)李延寿：《北史》卷81，中华书局1974年版。

书·王褒传》云："褒与王克、刘毂、宗懔、殷不害等数十人，俱至长安。太祖（宇文泰）喜曰：'昔平吴之利，二陆而已。今定楚之功，群贤毕至。可谓过之矣。'又谓褒及王克曰：'吾即王氏甥也，卿等并吾之舅氏。当以亲戚为情，勿以去乡介意。'于是授褒及克、殷不害等车骑大将军、仪同三司。常从容上席，资饩甚厚。……世宗（宇文毓）即位，笃好文学。时褒与庾信才名最高，特加亲待。帝每游宴，命褒等赋诗谈论，常在左右。"①可见当时由南入北的梁朝文士在北周受到礼遇的状况。《周书·庾信传》还具体记载了当时庾信受到礼遇："江陵平，拜（庾信）使持节、抚军将军、右金紫光禄大夫、大都督，寻进车骑大将军、仪同三司。孝闵帝践阼，封临清县子，邑五百户，除司水下大夫。出为弘农郡守，迁骠骑大将军、开府仪同三司、司宪中大夫，进爵义城县侯。……世宗、高祖（宇文邕）并雅好文学，信特蒙恩礼。至于赵、滕诸王，周旋款至，有若布衣之交。群公碑志，多相请托。唯王褒颇与信相埒，自余文人，莫有逮者。"②因此，庾信作为在南朝具有重要影响的文艺天才出使西魏，并被羁留北方。继承西魏政权的北周，基于与西魏相同的现实目的，即北方政权对南方文化的仰慕和学习的需要，继续羁留庾信。他们优待、重用汉族文人，以期得到他们的鼎力支持和从他们那里学习先进的汉文化。后来当北周与南方的陈朝的关系缓和了，陈恳请北周放还入北的南朝文士，但北周独不舍庾信、王褒二人："时陈氏与朝廷通好，南北流寓之士，各许还其旧国。陈氏乃请王褒及信等十数人。高祖唯放王克、殷不害等，信及褒并留而不遣。"③"惜而不遣"道出了北周贵族出于现实需要，对才高名显的庾信、王褒的高度重视。

二、隋 唐 时 期

宇文迪之后，隋代著名儒家学者王通对庾信及其创作进行了评论。王通生逢隋朝统一之时，此时新兴的隋王朝以恢弘的气势和富于开创的精神开始了一个新的时代，各项社会事业除旧布新。隋文帝为了集中人力物力进行社会建设，"居处服玩，务存节俭，令行禁止，上下化之。开皇、仁寿之间，丈夫不衣绫绮，而无金玉之饰，常服率多布帛，装带不过以铜铁骨角而已"（《隋书·高祖纪》）④。因此在文学上，他对六朝以来的绮靡文风颇为不满，"开皇四年，普诏天下，公私之翰，并宜实录。其年九月，泗州刺史司马幼之文表华艳，付所司治罪。自是公卿大臣，咸知正路，莫不钻仰坟集，弃绝华绮，择先王之令典，行大道于兹世"⑤。这在一定程度上扭转了六朝的绮艳诗风。出于与隋文帝相同的现实目的，王通主张实用文章，反对浮华之风。他在《文中子·事君篇》中云："徐陵、庾信古之夸人也，其文诞。"⑥王通认为庾信与徐陵一样，仍然是一位在梁朝宫廷里创作绮艳诗赋的作家，而不是在北朝"虽位望通显，常作乡关之思"的人。可见，王通未对庾信的创

---

① （唐）令狐德棻：《周书》卷41，中华书局1971年版。
② （唐）令狐德棻：《周书》卷41，中华书局1971年版。
③ （唐）令狐德棻：《周书》卷41，中华书局1971年版。
④ （唐）魏徵：《隋书》卷2，中华书局1973年版。
⑤ （唐）魏徵：《隋书》卷66，中华书局1973年版。
⑥ （宋）阮逸注：《中说》卷3，《文渊阁四库全书》本。

作进行全面了解，出于现实需要而对庾信及其作品作出片面评价。

初唐政治家、史学家令狐德棻虽然承认庾信在文艺上"奇才秀出，牢笼于一代"（《周书·庾信传》）的杰出才能，但他总体上对庾信创作持批判态度，这一点可能承袭了王通。令狐德棻《周书·庾信传》云："然则子山之文，发源于宋末，盛行于梁季。其体以淫放为本，其词以轻险为宗。故能夸目侈于红紫，荡心逾于郑卫。昔杨子云有言：'诗人之赋丽以则，词人之赋丽以淫。'若以庾氏方之，斯又词赋之罪人也。"①同样，初唐另一位政治家、史学家魏徵对庾信也大加批判："梁自大同之后，雅道沦缺，渐乖典则，争驰新巧。简文、湘东，启其淫放；徐陵、庾信，分路扬镳。其意浅而繁，其文匿而彩，词尚轻险，情多哀思。"②令狐德棻与魏徵对庾信的评价不谋而合的重要原因，是他们所处的时代背景相同。隋和唐初的社会背景，尤其是文化背景有许多相似之处。隋代短期统一，很快就在农民起义中灭亡。李渊、李世民父子在隋末农民起义的烽火中建立了唐王朝，在逐一剿灭各路割据势力的过程中统一了全国。由于隋末农民起义战争，初唐社会的生产力遭受严重破坏，为了恢复和发展社会生产，免蹈亡隋覆辙，唐太宗虚心纳谏，勤政廉政，厉行节约，体恤民艰，与民休息。尤其在厉行节约方面，唐太宗堪当表率。贞观二年（628年），患有"气病"（一种呼吸系统疾病）的他依旧住着隋代遗留下来的破旧宫殿，而拒绝了公卿大臣建议"营一阁以居之"以避湿热的建议："朕有气病，岂宜下湿。若遂来请，靡费良多。"③他以身作则，很好地节制了皇亲国戚、达官显贵的奢侈之风，贞观时期逐渐形成了一种崇尚节俭、朴素求实的风气。唐太宗本人也反对浮华的文风。其《帝京篇序》云："观文教于六经，阅武功于七德。……皆节之于中和，不系之于淫放。……释实求华，以人从欲，乱于大道，君子耻之。"在这样的背景下，加之受儒家崇尚实用思想的影响，令狐德棻、魏徵等人从现实社会发展的需要出发，批判绮艳华靡的六朝文风。庾信作为六朝文学的代表，自然被列入重点批判的对象。

到了盛唐，经济繁荣，政治开明，唐帝国体现出一种前所未有的驾驭能力和雍容大度，整个社会洋溢着一种乐观自信的氛围。盛唐文化充分包容、吸纳了中外一切优秀成果基础上发展繁荣，异彩纷呈。在文学上，为了创新，诗人们博采众长，转益多师，兼收并蓄，各种诗体、风格都在极为包容的氛围中发展着，正如胡应麟所云："甚矣，诗之于盛唐！其体，则三、四、五言，六、七、杂言，乐府、歌行、近体、绝句，靡弗备矣。其格，则高卑、远近、浓淡、浅深、巨细、精粗、巧拙、强弱，靡弗具矣。其调，则飘逸、雄浑、深沉、博大、绮丽、幽闲、新奇、猥琐，靡弗谐矣。其人，则帝王、将相、朝士、布衣、童子、妇人、缁流、羽客，靡弗预矣。"④在这个充满了包容的文化氛围中，为了汲取"诗骚"以来各体诗歌创作的方法技巧，实现"语不惊人死不休"的创作追求，杜甫对庾信的诗赋进行了全面而深入的了解，作出了比较客观的评价。《戏为六绝句》其一云："庾信文章老更成，凌云健笔意纵横。今人嗤点流传赋，不觉前贤畏后生。"《春日忆李白》云：

---

① （唐）令狐德棻：《周书》卷41，中华书局1971年版。

② （唐）魏徵：《隋书》卷76《文学传序》，中华书局1973年版。

③ （后晋）刘昫：《旧唐书》卷2《太宗本纪》，中华书局1975年版。

④ （明）胡应麟：《诗薮》，上海古籍出版社1958年版，第163页。

"清新庾开府，俊逸鲍参军。"《咏怀古迹》其一云："庾信平生最萧瑟，暮年诗赋动江关。"①从这些评论可以看出：一是杜甫肯定了庾信创作，并给予高度赞美。二是杜甫对庾信诗、赋的创作风格分别对待，认为庾信前、后期创作具有不同的特点，其风格也发生了变化；还认为庾信曲折坎坷的人生经历对其后期诗赋的高度成就具有正面影响，并准确概括了庾信后期诗赋的主要风格特征。这种评论不仅否定了隋及初唐评论家对庾信的批评，而且更加客观和全面。杜甫的评论不仅有着盛唐包容宏大的文化氛围这一重要背景因素的影响，还有着杜甫为了创新而需转益多师的现实需求。五代后晋史学家刘昫《旧唐书·杜甫传》引用元稹之语评价杜甫："至于子美，盖所谓上薄《风》、《骚》，下该沈、宋，言夺苏、李，气吞曹、刘，掩颜、谢之孤高，杂徐、庾之流丽，尽得古今之体势，而兼人人之所独专矣！"②不仅肯定了杜诗高度的艺术成就，也肯定了杜诗创作上转益多师的精神。基于杜甫在唐代文人群体中的崇高地位，杜甫对庾信的评论因此具有高度权威性和影响力。杜甫之后直至唐末，基本未再有否定庾信及其创作的评论。

三、宋 金 时 期

宋代重文抑武，实行比较开明的文化政策，文化教育事业高度发展，科学技术也取得了重要成就。现代国学大师陈寅恪云："华夏民族之文化，历数千载之演进，造极于赵宋之世。"(《邓广铭〈宋史职官志考证〉序》)③宋代文化政策之开明不亚于唐代，在文学上有与唐代一脉相承的一面。宋人诗文尤重学唐，杜甫在宋代文人心中享有崇高地位，杜诗更受到众多诗家的推崇。宋代一些作家认为诗文创作应该在唐人的基础上推陈出新，这方面以欧阳修领导的诗文革新运动为代表。因此，宋人极为尊崇杜甫的文学思想，他们对庾信其人其文也给予肯定的评价。加之宋代许多作家崇尚艳丽，追求声韵和谐流美，如宋初诗坛影响极大的西昆派，在创作上极为讲究辞采华美、音律谐畅，更接近六朝风习。这也是他们不批评庾信的现实原因。

宋代从文艺角度对庾信及其创作进行评论的主要代表有欧阳修、孙复、晁公武、黄庭坚、陈师道等人，他们大多支持杜甫的观点，肯定庾信及其创作。欧阳修《新唐书·宋之问传》云："魏建安后迄江左，诗律屡变，至沈约、庾信，以音韵相婉附，属对精密。及之问、沈佺期，又加靡丽，回忌声病，约句准篇，如锦绣成文，学者宗之。"④适应他所倡导的诗文革新运动的现实需要，欧阳修主张诗歌创作应当自然流畅，其《六一诗话》云："诗人贪求好句而理有不通，亦语病也。"但不废雕琢，其《代人上王枢密求先集序》又云："君子之所学也，言以载事，而文以饰言。事信言文，乃能表见于后世。"因此，欧阳修肯定了庾信诗歌"音韵相婉附"、"属对精密"，认为庾信诗歌在音律、偶对方面取得了重要成就。但是，宋代文人在总体肯定庾信的同时，仍然有颇露微辞者，只是他们在发表意见时不像隋唐的王通、令狐德棻、李延寿那样激烈，而显得比较和缓。这方面可以以黄庭

---

① 周祖譔编撰：《隋唐五代文论选》，人民文学出版社 1990 年版，第 108～110 页。
② (后晋)刘昫等：《旧唐书》卷 200，中华书局 1975 年版。
③ 陈寅恪：《金明馆丛稿二编》，三联书店 2001 年版，第 277 页。
④ (宋)欧阳修：《新唐书》卷 202，中华书局 1975 年版。

坚、孙复为代表。陈师道《后山诗话》引黄庭坚之语云："杜之诗法出审言，句法出庾信，但过之尔。"①肯定庾信诗在句法方面的良好影响。但是，另一方面对庾信诗的锤炼之功不太认可。葛立方《韵语阳秋》卷3引黄庭坚之语云："谢康乐、庾义城（信）诗，炉锤之功，不遗余力。然未能窥彭泽数仞之墙者，二子有意于俗人赞毁其工拙，渊明直寄焉。"②从文学语言的角度对庾信字句的锤炼稍露贬意。黄庭坚作为江西诗派的开山人物，为了实现对西昆体形式主义诗风的超越，作诗讲究"点铁成金"、"夺胎换骨"，形成一种生新瘦硬的风格特征。但是，黄庭坚长期的书斋生活与脱离现实的创作倾向，使他只能选择一条在书本知识和写作技巧上争胜的创作道路。因此，他基于自己的现实创作主张批评庾信诗歌的字锤句炼，希望摆脱形式主义，却又走上新的形式主义创作道路。北宋理学家、教育家孙复亦云："自西汉至李唐……以文章垂世者众矣。然多杨、墨、佛、老虚无报应之事，沈、谢、徐、庾妖艳邪侈之言，杂乎其中，至有盈篇满集，发而视之，无一言及于教化者。"（《答张洞书》）③孙复在韩愈"文以载道"的基础上提出"文为道用"的主张，强调诗文的政治教化功能。因此，他贬斥庾信诗歌绮靡艳丽，于教化无补，有着很强的现实功利目的。

与宋相比，庾信在金代的际遇就大不相同了。公元1115年女真族在中国的北方建立金国，1125年灭辽，次年灭北宋。《金史·文艺传》云："金初未有文字。世祖以来，渐立条教。太祖既兴，得辽旧人用之，使介往复，其言已文。太宗继统，乃行选举之法，及伐宋，取汴经籍图，宋士多归之。熙宗款谒先圣，北面如弟子礼。世宗、章宗之世，儒风丕变，庠序日盛，士由科第位至宰辅者接踵。当时儒者虽无专门名家之学，然而朝廷典策、邻国书命，粲然有可观者矣。金用武得国，无以异于辽，而一代制作，能自树立唐、宋之间，有非辽世所及，以文而不以武也。《传》曰：'言之不文，行之不远。'文治有补于人之家国，岂一日之效哉。"④因此，金初，女真贵族曾经力图在辽、宋旧地推行女真文化，并迫使汉族居民学习女真风俗。但是，先进汉文化对女真族潜移默化的影响是不可抗拒的，金灭北宋后不久，其皇室贵族就已经在很大程度上汉化。随着这种影响的与日俱增，女真统治者转而大力提倡汉文化。从金熙宗开始，重视尊孔读经。金世宗还曾用仿照契丹字和汉字创造的女真文字，翻译汉文经史，以便使女真人"知仁义道德所在"⑤。金章宗即位数年就兴建太学，谈经论道，奖励诗文创作。金朝于天会元年（1123年）开科取士，至世宗、章宗之世，科举已成为仕进的重要途径。在与汉族人民的长期相处中，尤其是随着女真贵族的大批南迁，汉文化在女真人中得以推广普及，汉语甚至成为女真族的通用语。因此，与金代在文化上初创一致，金代文学质朴刚健，风骨遒劲，形成朴素豪放的主流风格。受这种文学风格的影响，金代文学崇尚朴素，追求实用。庾信诗文因此受到否定，这方面以金末的王若虚为代表。王若虚《金史》有传，其学问文章讲究经世致用，其《滹南遗老集》卷34云："尝读庾氏诸赋，类不足观，而《愁赋》尤狂易可怪，然子美雅称如此，且

---

① 吴文治主编：《宋诗话全编》（第二册），江苏古籍出版社1998年版，第1017页。

② 吴文治主编：《宋诗话全编》（第八册），江苏古籍出版社1998年版，第8219页。

③ 吴文治主编：《宋诗话全编》（第一册），江苏古籍出版社1998年版，第124页。

④ （元）脱脱等：《金史》卷125，中华书局1975年版。

⑤ （元）脱脱等：《金史》卷8，中华书局1975年版。

讥诮嗤点者，恐少陵之语未公，而嗤点者未为过也"，"庾信《哀江南赋》堆垛故实以寓时事，虽记闻为富，笔力亦壮，而荒芜不雅，了无足观"。① 王若虚全面否定了庾信赋，并一同否定了杜甫对庾信的赞誉。王若虚在北方文学崇尚朴素、豪放风格的现实背景下，从载道致用、务求真实的文学观出发贬斥庾信创作，有失偏激。

四、明　代

王若虚对庾信创作的否定，明代中叶杨慎进行了反驳。杨慎《升庵诗话》评庾信诗云："杜工部称庾开府曰清新。清者，流丽而不浊滞；新者，创见而不陈腐也。……庾信之诗，为梁之冠绝，启唐之先鞭。史评其诗曰绮艳，杜子美称之曰清新，又曰老成。绮艳清新，人皆知之，而其老成，独子美能发其妙。余尝合而衍之曰：绮多伤质，艳多无骨，清易近薄，新易近尖。子山之诗，绮而有质，艳而有骨，清而不薄，新而不尖，所以为老成也。若元人之诗，非不绮艳，非不清新，而乏老成。宋人诗则强作老成态度，而绮艳清新，概未之有。若子山者可谓兼之矣。不然，则子美何以服之如此？"②高度赞美庾信诗歌兼备清新老成的风格特征。杨慎何以如此赞扬庾信诗？《明史·杨慎传》云："杨慎，字用修，新都人，少师廷和子也。年二十四，举正德六年殿试第一，授翰林修撰。丁继母忧，服阕起故官。（正德）十二年八月，武宗微行，始出居庸关，慎抗疏切谏。寻移疾归。世宗嗣位，起充经筵讲官。常讲《舜典》，言：'圣人设赎刑，乃施于小过，俾民自新。若元恶大奸，无可赎之理。'"嘉靖三年（1524 年），35 岁的杨慎参加朝廷议大礼，因建议不被明世宗采纳，于是"偕廷臣伏左顺门力谏"，"帝震怒，命执首事八人下诏狱。于是慎及检讨王元正等撼门大哭，声彻殿庭"。③ 遭世宗两次廷杖后，杨慎谪戍云南永昌卫。此后直到他 72 岁去世的漫长岁月里，杨慎除部分时间回四川省亲外，大部分时间谪居云南，其间其思亲思乡、企被朝廷任用之情，自然十分强烈。杨慎的人生经历与庾信奉命出使西魏，之后被扣留长安先后屈仕西魏、北周，有家难归，何其相似！因此，杨慎高度赞美庾信诗歌，不仅因为他具备能够欣赏庾信诗歌的艺术素养，更因为他后半生的人生经历与庾信高度相似而在情感上与后者产生强烈共鸣，可比为"异代知音"的惺惺相惜。杨慎注重从内容与形式、辞采和风骨相结合来论析庾信诗兼具清新、老成的风格特征，比之王若虚单从语言、用典方面来指责庾信创作，更客观更具说服力，因此获得更多后代评论家的认同。

大致与杨慎同时的前七子面对"台阁体"形式主义诗风的消极影响，标举"文必秦汉，诗必盛唐"，力图以复古求新变。稍后的后七子为反击唐宋派倒退的文学倾向，维护文学的独立地位和强调文学的艺术特征，先后在诗文创作和批评领域出现了崇尚古质的倾向。深受这种文学氛围影响的著名学者、诗人和文艺批评家胡应麟对庾信诗歌提出不同于杨慎的看法，其诗论专著《诗薮》中多次对庾信进行评论，兹举数例。《诗薮》云："陈、隋，

---

① （金）王若虚撰，胡传志、李定乾校注：《滹南遗老集校注》，辽海出版社 2005 年版，第 388～389 页。

② 丁福保辑：《历代诗话续编》，中华书局 1983 年版，第 814～815 页。

③ （清）张廷玉等：《明史》卷 192，中华书局 1974 年版。

徐、庾外，总持、正见、思道、道衡，余不多得。"①总体肯定了庾信诗歌。《诗薮》又云："世谓杜诗法庾子山，不然，庾在陈、隋淫靡间，语稍苍劲，声调故无大异。惟《述怀》一篇，类杜诸古诗耳。"②从否定传统认为杜诗取法庾信的观点出发，认为庾信在"陈、隋淫靡间"，声调与当时的主流风格没有大的差别，只是语言具有"苍劲"的特点。《诗薮》还云："庾子山谓薛道衡、卢思道仅解捉笔，亦孝穆之论。庾制作虽多，神韵颇乏。卢、薛篇章虽寡，而明艳可观。"③将庾信与卢思道、薛道衡比较，认为庾信诗歌尽管数量胜于卢、薛，但缺乏神韵。此外，明代中后期具有代表性的评论家还有许学夷、冯复京等，他们对庾信诗也兼有褒贬，其见解大致不出胡应麟、杨慎二家。如许学夷认为，庾信诗语言绮靡，但内容亦有雅正者，肯定了庾信诗声律方面的贡献，也指出了一些不足。明代中叶之后，吏治腐败，宦官、厂卫干权，一些知识分子面对黑暗政局及形式主义文风深感不满，要求改弦易辙，于是由弘治、正德年间以李梦阳、何景明为首的前七子提倡"文必秦汉，诗必盛唐"，打倒了台阁体数十年统治诗坛的局面。唐宋派提倡学习唐宋散文的神理气味和平易自然的风格，但造成文风趋弱的弊病，于是嘉靖、万历年间以李攀龙、王世贞为代表的后七子重复前七子的复古主张。在这样的现实背景下，批评家们对风格独特的庾信诗歌，就会根据自己主张的需要或褒或贬，声调不一了。

针对明中叶以来评论家们关于庾信创作的争论，明末张溥《汉魏六朝百三十家集题辞·庾开府集》作了总结："史评庾诗'绮艳'，杜工部又称其'清新''老成'，此六字者诗家难兼，子山备之，玉台琼楼，未易几及。文与孝穆敌体，辞生于情，气余于彩，乃其独优。令狐撰史，诋为'淫放''轻险'，'词赋罪人'，夫唐人文章，去徐、庾最近，究形尽态，模范是出，而敢于毁侮，殆将讳所自来，先纵寻斧软？"④张溥把庾信的创作放在文学发展的历史进程中，对兼具毁誉的唐代庾信评论进行了分辨，肯定了杜甫的观点，反驳了令狐德棻的观点。张溥作为明末重要的政治活动家和文学家，在阉党专政的时代，以杰出的组织才能和其高尚的人格魅力，不顾个人危境，见义勇为，挺身反抗；他振臂高呼，树立大旗，扶持正义，兴复古学，声动天下，力图挽衰败之明王朝于危亡之中。他试图以复古为革新，提倡内容充实、语言刚健清新的文风，以改变明末文坛的萎靡不振、柔弱空疏的风气。因此其文学主张复古，强调古为今用，不贵古贱今；主张文质并重；他对历代诗文都高度重视，并注重文章的社会功能。应该说，张溥的文学主张是比较全面的。因此，他能比较客观全面地评论庾信，是为明代庾信评论的收束。

五、清　代

清代是中国历史上第二个少数民族统治全国的朝代。清代初年的满汉民族矛盾较为尖锐，虽然清中后期有所缓和，但整个清代满汉矛盾并没有完全消除。庾信作为身仕两族的作家，在这样的朝代中就难免成为一个有争议的人。随着清代满汉矛盾的起伏，评论家们

---

① （明）胡应麟：《诗薮》，上海古籍出版社1958年版，第145页。
② （明）胡应麟：《诗薮》，上海古籍出版社1958年版，第154页。
③ （明）胡应麟：《诗薮》，上海古籍出版社1958年版，第156页。
④ （明）张溥著，殷孟伦注：《汉魏六朝百三家集题辞注》，中华书局2007年版，第365页。

对庾信的评论也相应呈现出起伏的状态。

清初满族统治者对汉族士人采取了诱降与高压相结合的政策，目的是稳住刚刚统一的政局。但许多晚明遗民却高呼民族大义，在不同程度上反抗清朝统治。比如对率先投降的钱谦益，满族统治者极为赞赏和褒扬，并委以重任，但明遗民们却对钱氏的变节投降极为愤慨，强烈谴责。庾信前期作为梁朝大臣，后期入北后历仕西魏、北周，情况大致与钱谦益相似。因此站在清初满族统治者的立场看，自然无可厚非，但若从明遗民立场出发，庾信就是变节投降，背叛梁朝。清初的全祖望云："尝谓近人如东涧（钱谦益别号），信之徒也。"（《哀江南赋后》）①就是一例。因此，清初的一些遗民评论家痛批庾信，认为庾信创作无可取之处。由于庾信的人生经历，全祖望对庾信全面否定："甚矣，庾信之无耻也，失身宇文，而犹指鹈首赐秦为天醉，信则已先天而醉矣，何以怨天？后世有裂冠毁冕之余，蒙面而谈，不难于斥新朝颂故国以自文者。皆本之天醉之说也"（《哀江南赋后》）②，认为庾信借"天醉"之说解释自己身仕西魏、北周，是文过饰非的借口；还认为因为庾信无耻的品格，其故国乡关之思的作品也是矫情的文饰。显然，这种评论秉持了中国古代文学批评中"文如其人"的模式。全祖望的评论实际上代表了清初大多遗民对庾信的看法，这种由民族感情激发出来的偏见，明显缺失了理性。

清朝中期，遗民老去，清朝统治已经比较巩固，满族贵族统治者们于是将激励士人气节作为他们教化的一个重要方面。因此，他们一改清初的态度，而是对前朝忠孝节烈大加表彰，挞斥投降变节，这同样体现在他们对钱谦益的态度上。对清初投降的钱谦益，乾隆帝极为痛斥："在明已居大位，又复身仕本朝，不能死节，腼颜苟活，乃托名胜国，妄肆狂狺。其人实不足齿，岂可复存其书？自应逐细查明，概行毁弃，以励臣节而正人心。"（《乾隆四十一年十一月上谕》）③时代发展导致清朝统治者态度转变，庾信自然不免受到牵连。吴兆宜《庾开府集笺注》云："（庾）信为梁元帝守朱雀，望敌先奔。厥后历仕诸朝，如更传舍，其立身本不足重。"④对庾信的处世立身进行批评，这显然是出于现实政治的需要。另一方面，乾嘉时期，士人们在政治高压下，避谈国事，专心学术，形成一种以考据为主的学风，他们也基本能够根据事实对庾信创作作出客观评价，这方面也以吴兆宜为代表。吴兆宜《庾开府集笺注》又云："其骈偶之文，则集六朝之大成，而导四杰之先路。自古迄今，屹然为四六宗匠。……至（庾）信北迁以后，阅历既久，学问弥深，所作皆华实相扶，情文兼至。抽黄对白之中，灏气舒卷，变化自如，则非（徐）陵之所能及矣"⑤，表现出实事求是的学术精神。这种对于庾信的人格及其创作褒贬不同的评价，实际上体现了评论家基于满族贵族的政治需要与庾信创作客观成就之间言说的矛盾。《四库全书》作为清代官修的权威丛书，体现了官方的政治意图和意识形态，在整个清代学术界享有极高的地位，因此该书对庾信的评论成为清代最权威的观点。

到了清末，一方面清朝贵族统治者对士人的政治高压有所缓和，但其惯性影响仍然不

---

① （清）全祖望：《鲒埼亭集》卷33，上海古籍出版社2000年版。
② （清）全祖望：《鲒埼亭集》卷33，上海古籍出版社2000年版。
③ （清）庆桂：《国朝宫史续编》卷83，北京古籍出版社1994年版。
④ （清）纪昀等：《四库全书总目提要》卷148，中华书局1965年版。
⑤ （清）纪昀等：《四库全书总目提要》卷148，中华书局1965年版。

小；另一方面乾嘉学派形成的学术气氛依然浓厚，因此许多学者们依旧不问国事，潜心学术。在这样的背景下，评论家们基本上摒弃了清代中期以政治需要为皈依的标准，能够从客观实际出发对庾信屈仕北朝作出不同以往的分析。陈沆《诗比兴笺》云："或谓子山终餐周粟，未效秦庭。虽符麦秀之思，终惭采薇之操。然六季云扰，多士乌栖，康乐、休文遗讯心迹，求共廉颇将楚，思用赵人；乐毅奔邯郸，不忘燕国者，又几人哉？首邱之思，异可尚已。"①陈沆从历史事实出发对庾信出仕西魏、北周进行了分析，并表示理解和同情，体现出对庾信人格批评的拨乱反正。又以此为背景，评论家们恢复了前此对庾信创作的肯定和赞赏。沈德潜《古诗源》云："陈隋间人，但欲得名句耳。子山于琢句中，复饶清气，故能拔出于流俗中，所谓轩鹤之立鸡群者耶。子山诗故是一是作手，以造句能新，使事无迹，比何水部似又过之。"②并评庾信《拟咏怀》："无穷孤愤，倾吐而出，工拙都忘，不专拟阮。"③许梿《六朝文絜》亦云："唐令狐德棻等撰信本传，诋为淫放轻险、词赋罪人，何愚不自量如此，诗家如少陵且推重，况模范是出者，安得不兆首邪。"沈德潜将庾信置于六朝作家群中进行横向比较，突出庾信创作的不凡；许梿则将庾信放在文学史发展的进程中进行纵向比较，突出庾信创作对后世的重要影响，两人的共同点在于将庾信放置在具有可比较的语境中进行评论。正因为这些较为客观的看法的出现及影响，对庾信及其诗文的评论步入了正途，在清末终于出现了倪璠对庾信其人其文具有总结意义的历史性定论。倪璠《注释庾集题辞》对庾信及其诗文进行了详致的综合性分析，不仅从其所处的时代高度客观分析庾信人格，而且对庾信诗文作出了较为合理的评析。倪璠区别对待庾信在南朝和北朝的创作，即将庾信在南朝的创作置于南朝的历史文化氛围中评说，在北朝的创作放在北朝历史文化背景中论析。《注释庾集题辞》云："庾子山咀嚼英华，献饫膏泽。上自天监，下迄开皇。江表一文，争相传诵；咸阳洪笔，多出其辞。诚艺苑之山岳，词林之渊府也……夫南朝绮艳，或尚虚无之宗；北地根株，不祖浮靡之气。若子山，可谓穷南北之胜……子山之文，虽是骈体，间多散行。譬如钟、王楷法，虽非八体六文，而意态之间，便已横生古趣……西魏所国，本是秦都……彼既变魏作周，此乃迁南事北。终年羁旅，荣期岂谓乐兹；匿怨而臣，丘明自然耻此。尔乃行诸毫翰，托拟《风》、《骚》……江南竞写，曾与徐陵齐名；河北程才，独有王褒并埒。然而青衿初学，同时子服之班；白首无徒，且结桓谭之好。徐既未可齐驱，王亦安能并驾。是以写片石于温子，余则无人；类一语于吴均，终须削札。专标庾氏，百世无匹者也"④，认为庾信入北，匿怨而臣，终年羁旅，将南朝绮艳文风与北朝"不祖浮靡"的风格有机融合起来，形诸笔墨，终于"穷南北之胜"，不仅超越了南朝与他齐名的徐陵，也超越了北朝和他并埒的王褒，成为"百世无匹"的集大成者。这是历代庾信评论中最具有历史客观性的总结性评价，也由此结束了古代的庾信批评。

近代以来，随着西方社会思潮的影响和中国社会本身的剧变，传统的学术研究发生了重要变化，也为庾信研究带来了新的思想和方法，庾信评论也因此出现了新的状况。关于

---

① （清）陈沆：《诗比兴笺》，上海古籍出版社 1981 年版，第 87~88 页。
② （清）沈德潜：《古诗源》，中华书局 1963 年版，第 245 页。
③ （清）沈德潜：《古诗源》，中华书局 1963 年版，第 249 页。
④ （清）倪璠注，许逸民校点：《庾子山集注》，中华书局 1980 年版，第 2~5 页。

此，本人另有专文探讨。

综上，历代的庾信批评大体上是沿着褒与贬两条主线推进，隋唐以来以王通、令狐德棻、王若虚为代表，贬斥庾信创作"艳冶"、"绮靡"、"轻险"；以杜甫、欧阳修、杨慎为代表，褒美庾信"清新"、"萧瑟"、"老成"之风格。但是，从宋代开始，对庾信评论出现了兼容褒贬的情况，这方面以黄庭坚、许学夷、吴兆宜为代表。历代对庾信及其诗文的评论上出现上述状况，主要是因为评论家受到其所生活时代的社会现实因素的重要影响，这些因素不仅有政治经济的，有社会文化的，还有学术思潮的。评论家个人因素的影响还在其次。

（作者单位：江西财经大学人文学院）

论元杂剧中文人的身份危机

□ 邓 黛

关汉卿的杂剧《玉镜台》中有一段唱词在戏曲史上曾屡次为曲家所诟病，清人梁廷枏就曾批评说："自《点绛唇》接下七曲，只将古今得志不得志两种人铺叙繁衍，与本事没半点关照，徒觉满纸浮词，令人生厌耳。"①如果从纯粹的剧作技巧来看，梁廷枏的这种观点无疑是非常正确的，因为这段唱词确实与情节并无联系，但如果从文化与社会历史角度去分析就会发现，关汉卿的这段"浮词"其实具有非常典型的意义，它涵盖了元杂剧所涉及的大部分文人命运类型（落拓与发迹）与抒情类型（失意与得志），这里面既唱出了文人不得志时的凄凉彷徨，又表达了文人对于功名的强烈渴望，流露出文人的自我骄矜意识，同时也表达了对居高位者的富贵权势不加掩饰的艳羡之情。这种种骄矜、艳羡、彷徨、凄凉等看似矛盾纠结的情绪背后则是元代文人集体性焦虑心态的投射，这种集体性的焦虑心态根源于元代文人的身份危机问题，而危机则来源于儒家文化在元代地位的失落，而元杂剧正是对这一时代性、集体性的身份文化危机的集中反映。

一、文化身份危机

"文化身份"是当代文化批评中的一个重要概念，对此英国文化学者斯图亚特·霍尔有过经典论述：

> 第一种立场把"文化身份"定义为一种共有的文化，集体的"一个真正的自我"，藏身于许多其他的、更加肤浅或人为地强加的"自我"之中，共享一种历史和祖先的人们也共享这种"自我"。按照这个定义，我们的文化身份反映共同的历史经验和共有的文化符码，这种经验和符码给作为"一个民族"的我们提供在实际历史变幻莫测的分化和沉浮之下的一个稳定、不变和连续的指涉和意义框架。②

由这段对"文化身份"的论述可以得知，所谓"文化身份"就是一个社会群体对共同拥

---

① 梁廷枏：《曲话》，《中国古典戏曲论著集成》(八)，中国戏剧出版社 1959 年版，第 257 页。
② 斯图亚特·霍尔：《文化身份与族裔散居》，罗钢、刘象愚编：《文化研究读本》，中国社会科学出版社 2000 年版，第 209 页。

有的文化属性、思维方式、行动原则、存在意义及价值的自我认识，这种自我认识具有稳定性和持续性，同时也是将作为集体的"自我"同其他异质群体区分开来的重要依据。作为一个"想象的共同体"，其"文化身份"的存在是以对同一种文化观念、文化价值的集体认同为前提的，这种身份认同感能够使个体的存在产生对于集体的强烈归属感，并在文化认同的前提下进而产生对于自身个体意义的文化自信心，也正是因为这个原因，一般情况下个人都会积极努力的寻求自身的文化身份、文化认同，以求得安身立命之本。尽管文化理论界大多数情况下是将"文化身份"作为一个后殖民理论中的关键词来使用，但这并不意味着"文化身份"仅仅只是当代社会的文化产物。恰恰相反，正是由于古代社会长期积淀下来的文化传统才构成了我们当今文化身份存在的基础，而在历史的情境中，每一个文化群体都是在已有积淀之上完成文化的自我认同的。

霍尔"身份"定义中的"第一种立场"强调的是文化身份的稳定性与持续性，但是古往今来，任何一个社会群体都不可能存在于永恒不变的真空之中，群体与群体之间、文化与文化之间必然会发生碰撞与冲突，即使是传统中国社会这样一个由于特殊的地理位置、文化传统、社会机制而形成"超稳定结构"的社会，历史上也曾经多次由于中原文明与少数民族文明发生战争冲突和政权更替而形成"天崩地裂"的大动荡、大裂变时期，在这样的时期，文化身份也必然会面临异质文化的挑战，面临断裂与变异的危机。正因为如此，在现代语境下霍尔更强调"第二种立场"的文化身份，即文化身份是不断变异、不断生成的：

> 在这第二种意义上，文化身份既是"存在"又是"变化"的问题。……它们也经历了不断的变化。它们决不是永恒地固定在某一本质化的过去，而是屈从于历史、文化和权力的不断"嬉戏"。身份绝非根植于对过去的纯粹"恢复"，过去仍等待着发现。①

这样的变异在文化碰撞的情况下尤为明显，一旦发生多种文化的强烈碰撞，"身份问题"就会凸显出来，因为"在文化碰撞的过程中，权力常发挥作用，其中一个文化有着更强大的经济和军事基础时尤其如此。无论侵略、殖民还是其他派生的交往形式，只要不同文化的碰撞中存在着冲突和不对称，文化身份的问题就会出现"②。

"身份"成为问题即意味着"身份危机"的产生，或者也可以称作"认同危机"，即自我对于自身的文化身份产生怀疑与不信任，感到了被抛弃感和放逐感，这是"一种严重的无方向感的形式，人们常用不知他们是谁来表达它，但也可被看作对他们站在何处的极端的不确定性。他们缺乏这样的框架或视界，在其中事物可获得稳定意义……所有这些可能性这是痛苦的和可怕的经验"③。而在中国历史上，元代正是一个非常特殊的时期，新入主中原的统治者出于维护部族利益的考虑，按照部族管理的经验，对儒家文化并不信任，即使偶尔有几位君主意识到了儒家文化对于维系王朝统治的作用，但他们对于汉法的倚重与

---

① 斯图亚特·霍尔：《文化身份与族裔散居》，罗钢、刘象愚编：《文化研究读本》，中国社会科学出版社 2000 年版，第 211 页。

② 乔治·拉伦：《意识形态与文化身份：现代性和第三世界的在场》，戴从容译，上海教育出版社 2005 年版，第 194 页。

③ 查尔斯·泰勒：《自我的根源：现代认同的形成》，韩震译，译林出版社 2001 年版，第 37 页。

推行也遭遇了作为既得利益者的蒙古军事贵族集团的阻挠与破坏，所以儒家文化在这一时期的地位是空前失落的，儒家文人感受到了强烈的被撕裂、被抛弃的孤独感与绝望感，他们对于自身存在的意义与价值产生了怀疑，甚至进一步对自身所传承的儒家文化的价值产生了质疑，这是一种具有普遍性的文化身份危机。

二、元代儒家文人的身份危机

当"身份危机"成为一个群体的共同感受时，这意味着这个群体所具有的文化价值的失落，而当对立的异质文化取得了军事、政治上的绝对权威后，这种文化就面临着生存危机。按照福柯的观点，"文化"就是"权力"，所以在特定历史情境下，依靠军事、政治权力的运作也可以取得对文化的控制权力。身份危机的产生并不是现代社会特有的产物，中国历史上就曾多次出现社会动荡引发文人对自我文化价值进行反思的时代，儒家及诸子百家学说的形成就是春秋战国时期知识分子面对身份危机进行反思和文化重建的产物，魏晋时期的玄学与"文学自觉"也是中原文化面对佛学的挑战和社会的裂变作出的反应。而蒙元入主中原时期正是体现文化大碰撞、大裂变的最典型时期，传统儒家知识分子在这一时期命运多舛，他们亲历了这场天崩地裂的大变动，成为文化地位衰微的见证者，因而不可避免地产生身份危机，这种危机必然导致焦虑情绪在文人群体中的普遍蔓延。在元杂剧中，这种焦虑情绪十分明显地从剧作家们的叙事策略中显露出来，有时候剧作家借助剧中人直接吟唱出他们的无奈、愤懑与抗争，而更多的时候剧作家则力图通过元杂剧这种具有强烈民间色彩的文艺形式来重新塑造儒家文化的地位。

所谓儒家文人既不是一种阶级也不是一种集团，这种称谓显示的是一个文化群体的文化身份属性。关于儒家文人的文化身份，前辈学者已多有分析，最具代表性、获得最普遍认同的观点就是余英时先生关于"士大夫"的论述，萧启庆先生在《元代的儒户——儒士地位演进史上的一章·引言》也对"士大夫"的文化属性作过类似的概述：

> 在中国的传统社会里，以儒士为中心的知识分子——也就是通称的"士大夫"——是一个最受尊崇的"身份群体"。不仅名登仕版的"大夫"有其法定的崇高身份，即使是未入仕途的"士"人也享有种种的优待。士人固然可能富埒王侯，也可能贫无立锥，在经济上属于迥然不同的阶级，但在法制及社会上所享受的特权和荣誉则大同小异。①

儒家文人是儒家文化的承载者，儒家文化则是文人安身立命之本，是文人生命价值的最终体现，两者之间是一种共存共生的关系。当文化的承载者被集体性消灭或集体性地放弃传承文化的责任，那么此种文化也将断层甚至灭绝，人类历史上众多古老文明的灭绝便是明证；而当文化的价值被彻底否定、被抛弃，那么文化传承者则必将面对难以承受的危机，无法找到自身存在价值所在，而附属于文化之上的一切——如经济利益、政治权力乃

①　萧启庆：《元代的儒户——儒士地位演进史上的一章》，邢义田、林丽月编：《社会变迁》，中国大百科全书出版社 2005 年版，第 253 页。

至既定的生活方式都将不复存在，此种文化的传承者必将产生强烈的恐慌、焦虑、愤怒、绝望感，而这也正是元杂剧所表现的元代文人的现实处境。面对这一从来未有的巨大危机，儒家知识分子必然会作出应激反应，这种反应更多地表现为知识分子群体的一种切肤之痛，是一种"失乐园"式的精神危机和朝不保夕的性命之忧。

学界一般都认同，儒家文人地位的空前提升与确定是在宋朝，有日本学者认为宋代是中国的"文艺复兴时期"，随着儒学的复兴，儒家文人作为儒家文化传承者被擢升为"四民之首"，理论上他们拥有广阔的从政前途，实际生活中他们拥有各种现实利益，例如免除差役赋税等①。在这样的历史条件下，儒家知识分子形成了这样一种自我认同，即面对上层统治者时，以"帝王之师"自诩，渴望凭借知识的力量与统治者"共有天下"，而在面对底层民众时，又以"四民之首"自矜，认为相较于天下芸芸众生，文人天然地具有道德层面和价值层面的优越感。金在政治制度、文化形态等方面都仿效唐宋，这其中包括对儒学的推崇和以科举取士来为国家选拔官员的制度，因此儒家文人地位依然优渥。而到了元代，在相当长时期内蒙元统治阶层对于儒学不仅不重视，不少人还心存偏见，科举制度也长期停废，如此一来对于大部分文人而言，他们所赖以生存的文化土壤被破坏，他们昔日熟悉的生活方式突然被强行中止，这令他们都感到无所适从，从而产生强烈的危机感与焦虑感。

三、元杂剧中文人群体的身份焦虑

在元杂剧作家的笔下，文人的身份焦虑感首先就表现为战乱之中与承平之初的生存焦虑。在蒙元统治者伐金攻宋的战争中，儒家文人与其他百姓一起饱受战争摧残之苦，文化的种子也流离辗转于战火之中。关汉卿的《闺怨佳人拜月亭》杂剧便如实描绘出昔日的繁华都市在遭受蒙元铁蹄后"白骨中原如卧麻"、"马到处成平地"的恐怖景象，剧中秀才蒋世隆在战火中经历了骨肉分离的人间悲剧。而从战火中侥幸逃生的儒生又往往无以自保，当时"淮、蜀士遭俘虏者，皆没为奴"②，许多儒生成为被随意驱使践踏的奴隶，遭遇精神与肉体的双重折磨，这在高文秀的《须贾大夫谇范叔》杂剧中也有着曲折的反映。虽然取材自《史记》，但剧中的范雎却与历史上的形象不尽相同，他被改造成一个不得志的儒生形象，遭到权贵须贾的构陷迫害，在数九寒天被剥去衣衫，于宴席之上遭到严刑拷打。为了从精神上彻底摧毁范雎，须贾还命人将喂牲口的草料扔给范雎令其食用，当范雎被打得昏死过去之后，须贾满不在乎地说："休道打杀一个，打杀了十个也无事。"剧中范雎的处境完全与奴隶无异，其主人对他掌握着生杀大权，他所遭受的这些耻辱与灾难正是元代初期许多儒家文人真实命运的写照。在这个"无才学有权势，有文章受驱驰"、颠倒错乱的世界里，文人的生命价值被轻贱，连安全都得不到保障，如《蝴蝶梦》中的王老汉本是"太学中殿试"，却只能务农为生，最后更是横死于权贵的拳下，"则落得长街上检尸"，《生金阁》里秀才郭成为了求取功名，将宝物献给庞衙内，却被强夺妻室，自己则惨死于

① 台湾学者萧启庆先生的论文《元代的儒户》对此有详细的论述，参见萧启庆《元代的儒户——儒士地位演进史上的一章》，邢义田、林丽月主编：《社会变迁》，中国大百科全书出版社 2005 年版。

② （明）宋濂等：《元史·高智耀传》，中华书局 1976 年版，第 3073 页。

庞衙内的铜铡之下。

　　元杂剧中文人的焦虑感还来源于现实中文人职业前途的失落。对儒生的精神世界和生存状况影响最大的莫过于科举制度的停废，这切断了中下层文人群体向社会上层流动的路径，在使他们的功名梦想破碎的同时也造成了他们既贫且贱的处境。其实，即使是在科举文化发达的唐宋，也并不是每个文人都能实现自己经济天下的宏伟梦想，科举仕途总有名落孙山的失意者，险恶宦海中总有奔走飘零的不得志者，历代诗赋文学中也充满了这些人徘徊悲叹的身影。但有元一代的特殊性就在于，儒家知识分子经历的是集体性、必然性、长期性的失落，这种集体性失落又延续了几代人，构成了一个时代的集体记忆。能够进入权力层的只是金字塔顶端的一小部分高层文人，而且即使是这些文人，在面对蒙元统治者的防备、猜忌与诡谲多变时，他们也只能战战兢兢、如临深渊。在喜怒无常、猜疑心重的统治者高压下，入了庙堂的文人随时有可能经历宦海恶风波，他们前一刻还以"为帝王师"自居、陪侍君王左右，后一刻便被斥退贬落、陷入绝境乃至死无葬身之地。

　　元杂剧中有不少剧作反映了这种庙堂文人的悲剧命运。例如狄君厚《晋文公火烧介子推》杂剧中，介子推任谏议官时犯颜冒死直谏，他避居乡野后重耳前来投奔，却被国舅逼迫索要重耳人头，于是介子推的儿子便自杀献头以冒充重耳。介子推与重耳一起逃亡时，因为天寒地冻、无处觅食，他便屡屡割下自身股肉冒充野物献给重耳充饥。按照封建时代的伦理标准，介子推一家可谓满门忠烈，然而即使是这样的股肱之臣，在昏庸无道的晋献公当朝时他被逼得辞官隐退，而到了晋文公当朝时，受过介子推一家莫大恩惠的晋文公不但忘了封赏，反而愚蠢地用火攻来逼迫介子推出山，导致古稀之年的介子推和老母亲一起被烧死。介子推的命运可谓令人毛骨悚然，同时也令人对帝王之家的薄情寡义感到彻骨寒心，如果连如此忠贞刚烈的大臣都没有好下场，那么其他文人在宦海的奔波还有什么意义呢？所以剧作家便借着剧中一位樵夫之口斥骂晋文公"不争你个晋文公烈火把功臣尽，枉惹得万万载朝廷议论。常想赵盾捧车轮，也不似你个当今帝王狠"。这几句可谓骂得畅快淋漓，道出了帝王的无情本性。

　　又如王伯成的《李太白贬夜郎》杂剧，剧中李白醉草吓蛮书，获得唐玄宗的赏识从而平步青云，甚至在醉酒冲撞了唐玄宗和杨贵妃的情况下还得到了唐玄宗的赏赐，其声望地位可谓达到了顶峰。然而天家恩宠不过如过眼浮烟，李太白因为让贵妃捧砚、力士脱靴而得罪宵小，而且又撞破了安禄山与杨贵妃的私情，很快便被"递流了水地三千"，由九重天阙被贬至荒凉之地，这种落差之大令人叹息。所以李白愤激地抨击那个"义子贼臣掌重权"的朝廷是"龙蛇不辨"、"猪狗同眠"。像介子推、李白这样的遭遇在封建时代是不可避免的，其根本原因是统治者将天下视作私有玩物，将儒臣视作侍从奴婢，因此对儒臣命运的发落就全在统治者的嗔喜一念之间。而这恰恰是对文人在元代庙堂政治中现实命运的真实写照。蒙元王朝是封建皇权恶性发展的时期，由于统治者相对于中原的异族身份，他们对于自身统治合法性的不自信导致了其统治上的诸多弊政，按钱穆先生的说法便是"以部族政权的私意识来霸持，因此在中央集权之上还加上一种'君权日涨、相权日消'的倾向"①。蒙元统治者将部落习俗中的主奴关系带入到了朝堂政治中，将中原政治传统中的君臣关系置换为使长与奴婢

———————————————

　　① 钱穆：《中国文化史导论》，《钱宾四先生全集》29，台湾联经出版事业公司1998年版，第186页。

的关系，这使得元代文臣的整体地位都大大不如前朝，即使如耶律楚材这样曾获得帝王信任和重用的儒臣，即便他一生殚精竭虑、如履薄冰，最终也免不了遭受毁谤、愤悒以死的结局。

既然庙堂中曾经"卧重裀食列鼎，乘肥马衣轻裘"的上层文人都落得这样忠而见谤、远走山林的下场，那么那些无法进入国家政治体制内的中下层文人又哪里会有好的前途呢？如果是在以往科举道路通畅的年代，社会总还有分流方法，能提供极大的生存发展空间来容纳数量庞大的中下层文人，社会调节机制能够为他们提供各种途径来满足其衣食之需、释放各种压抑不满的消极情绪，将这些闲散的儒家文人转变为人才储备库。

这些途径包括：

第一，不得志的文人可投托知交旧友、权贵豪门，或求得救济以便游学四方，或成为他们的幕僚门客，这其实也是儒者"士"所能从事的最古老的职业之一，所以元杂剧中，有人便向不得志的儒生提出"谒托一两个朋友呵，必有济惠"的建议（《荐福碑》）。但是当帝国的最高权力集团都否定了儒生的实用价值时，地方上的权豪势要、富庶人家又怎么会对儒生青眼有加呢？所以回答这种建议的便是儒生无奈的悲叹：

> 当日个量宽有王阳贡禹，今日个义让无管仲鲍叔。①

不仅如此，不通文墨的富豪人家对待上门谒求的儒生，其态度完全与对待乞丐无异：

> （唱）他腆着胸脯，眼见的昂昂傲。（带云）要他那赍发呵，（唱）将我这羞脸儿怀揣着慢慢的熬。（带云）投至得他那几贯钱呵！（唱）轻可等半月十朝。

第二，不得志的文人可在乡间开馆训蒙，既解决生计问题，又能传道授业，满足自身作为文化传承者的使命感和文人"好为人师"的优越感。但在元代这个特殊年代，伴随着文化遭轻贱、儒生地位失落的必然是知识的"贬值"。儒家文人平日里接受儒家知识教育的最大动力就是为进入仕宦生涯进行知识积累，而当知识失去"敲门砖"作用时也就失去了基本价值所在。在大量儒生仕进无门的情况下，读圣贤书既不能求取官职，又不能解决基本温饱，乡野小民、商贾人家又何必读书？这种连锁反应必然会推动"读书无用论"在社会上的传播，"师道尊严"自然也就不复存在。所以张镐会喟叹被顽劣的蒙童"定害杀"：

> 【金盏儿】出来的越顽愚，忒乖疏；便有文宣王哲剑难拘束。一个个拴缚着纸毽子，一个个装画闷葫芦。一个撮着那布裙踏竹马，一个舒着那臁肕跳灰驴……

正是因为优秀的儒家文化精英也很难得到朝廷的认可与重用，而大量中层儒家知识分子很难进入到国家的人才储备库中，所以中下层民众出于现实的考虑，自然不会将读书作为培养子女的首要途径，如此一来，对蒙学教师的轻视与不尊重便成为社会普遍现象。而

---

① 马致远：《荐福碑》，徐征等主编：《全元曲》第 3 册，河北教育出版社 1998 年版，第 1540 页。本文所引元杂剧均据此版本，故不另外注明。

当吏员出职成为汉人进入仕途的最可行的途径时，甚至连儒生自己也会放弃所学，如《救孝子》中杨谢祖便一度想要放弃儒业改习吏业。这正是对当时文人无奈"跳槽"状态的真实写照。如此一来，社会地位的低落、生存状况的困窘就成为大部分儒家文人面对的必然命运。

科举的停废、仕途的崎岖所带来的往往是非常现实的生计问题。在元杂剧中，描绘儒家文人苦痛生存状态的场景可谓比比皆是：在《合同文字》里书生刘天瑞拖家带口流落异乡、逃荒趁熟；《举案齐眉》中梁鸿为谋生计而"沿门题笔"、替人舂米；《范张鸡黍》中孔子第一十七代孙孔仲山因为文章被纨绔子弟盗用，落魄得只能做个马前卒；《忍字记》里书生刘均佑在风雪之夜去财主门前唱莲花落乞食；《王粲登楼》中王粲行囊羞涩，不得不典当宝剑；《山神庙裴度还带》(简称《裴度还带》)①里裴度每日在白马寺里讨口斋饭，于破烂的山神庙内安身。

断绝了仕进之路的儒家文人之所以会落到这般贫病窘迫的境地，这同样与儒家文人昔日的文化身份定位有关。在一个文明发达的社会，社会分工必然是严密且井然有序的，在中国这个"超稳定结构"的社会中，社会民众基本上被分为"士农工商"四类，各阶层各司其职，各归其位。在元代以前已经成熟的科举文化体系内，儒家文人的任务便是传承儒家文化，或者充当国家官僚体系中的行政人员，这是他们安身立命的根本。因此儒家文人无需另外掌握农业、手工业、商业技能便能凭借所掌握的儒学知识获得特权与生存资料，其文化职能不仅决定了他们的社会属性，也决定了他们基本的谋生方式。"四体不勤、五谷不分"式的讥讽所反映的其实是一种狭隘的小农经济思维方式对于文人和文化价值的误读，在推崇儒家文化的社会阶段，这样的评价顶多只是一种调侃而非一种普遍性的社会评判。然而在一个上层集团对儒家文化普遍疏离甚至怀有戒心的社会中，由于文人失去了可以自恃优越的政治资本与文化、经济地位，这种讽刺就变成了一种具有代表性和普遍性的观点，不仅国家权力最高层怀疑"儒者何用"，底层的民众也会出于实用角度对儒家文化的承担者肆意嘲笑，所以元代有句谚语就是："生员不如百姓，百姓不如祗卒。"②文人仇远也说："末俗由来不贵儒，小夫小妇恣挪揄。"③这表明在元代底层文人的生活处境不仅窘迫，而且还受到了歧视。

所以对于元代儒家文人而言，物质的困窘往往伴随着精神上的苦痛，从"四民之首"一变而成为被普通民众所轻视不屑甚至被无赖欺凌的对象，这种强烈的精神刺激和苦痛的心灵体验都凝聚成群体的共同记忆，转化为文学艺术中深沉的叹息，被元杂剧作家反复吟唱。这些文人空学了"补天计"，却在市井无赖、权豪势要的羞辱面前毫无招架之力。例如王粲满怀壮志求见刘表，不仅没能得到刘表的赏识，反而被蒯越、蔡瑁二将肆意嘲笑戏弄了一番，又如梁鸿让妻子孟光替人舂米，妻子遭到恶少的调戏纠缠他却无能为力。所以面对世态炎凉，裴度发出了愤懑不平的感慨：

【骂玉郎】有那等嫌贫爱富的儿曹辈，将俺这贫傲慢，把他那富迫陪，那个肯恓

---

① 《裴度还带》是否为关汉卿所作，目前学界还有争议，本文暂且将其列入关汉卿名下。
② 李继本：《与董涞水书》，李修生编：《全元文》卷一八七三，凤凰出版社 2004 年版，第 935 页。
③ 仇远：《书与士瞻上人十首》之一，《元诗纪事》卷七，商务印书馆 1935 年排印本，第 109 页。

　　孤念寡存仁义？有那一等靠着富贵，有千万乔所为，有那等夸强会。

　　那么元杂剧作家又是如何纾解这种焦虑感呢？在元杂剧中，作家通常以一个典故来指代儒家文人的这种苦难生存状态，即孔子的"绝粮陈蔡地"，这常常被作为剧中主人公活动的背景。他们反复喟叹这位儒家文化开创者和最高权威在历史上的困窘遭遇，字里行间表达的却是元代文人的现实焦虑感以及对儒家文化现实命运的忧虑。相对应的，元杂剧中还有另一个常用的俗语——"货与帝王家"，这体现了一种文化惯性思维，同时也是元代文人应对现实危机的策略性表述，它是文人这一"想象的共同体"通过语言来消解焦虑感、寻求文化突破、重塑文化尊严的尝试。就元杂剧作家普遍低下的社会地位而言，"货与帝王家"的表述更多的只是一种虚构性叙述，但这却是整个群体普遍心理预期的反映，而在某种程度上，这更是元剧作家对一种现实民间舆情的塑造与传达。如果我们将"绝粮陈蔡地"与"货与帝王家"这两个被元杂剧作家反复使用的概念联系起来进行推敲就会发现，这其中实际上包含了极为复杂的多重文化意蕴。

　　首先，它们表现的是现实中文人两种极端命运的强烈对比。对于大多数生活在底层的文人而言，已经跻身于"龙楼凤阁"的儒臣成为笼罩在他们头顶的"透明天花板"，使他们不能完全断绝仕进的念头，仍然要在绝望与希望反复交织的焦灼矛盾中不断游走、奔波。所以在元杂剧中我们能看到像王粲那样的文人淹留辗转于宦游途中，成就了悲秋名篇。其次，这是元代文人的现实际遇与心理预期之间的残酷对峙，是现实存在与文学虚构之间的猛烈碰撞。在元杂剧中，我们经常能看到落寞的文人反复喟叹"几时是你那发达的时节啊"，如《荐福碑》中的张镐抱怨"冻杀我也《论语》篇、《孟子》解、《毛诗》注，饿杀我也《尚书》云、《周易》传、《春秋》疏"，这正是长期的贫贱生活导致的满腹牢骚不平之气。在没有更好的制度来取代已被停废的科举制度时，文人只能将希望直接寄托在明主圣君之上。所以关汉卿才会在《玉镜台》替普天下的士子文人发出最迫切的呼吁：

　　只愿的圣主兴，世运昌；把黄金结作漫天网，收俊杰揽贤良。

　　在关汉卿的《陈母教子》中，作者出于这种急迫的心理期待还虚构出"今以圣主仁慈宽厚，一年开放一遭举场"的场景，也正因为如此，所以剧中陈母一家四年之内出现了四位状元郎，这样的文学虚构同元初科举停废的现实之间形成了强烈反差。而在更多的剧作中，作者让笔下的文人通过"万言长策"直接获得最高统治者的青睐，最终否极泰来、平步青云，完成剧作家在现实中所不可能完成的华丽转身。

　　从"绝粮陈蔡地"到"货与帝王家"，这是文人自身两种极端心态的反映，一方面在面对"饭甑有尘生计拙"的困境时他们产生强烈的焦虑感，面对这种困窘的生活局面和文化沦落到如此地位的社会现实，儒家文人的反应是错愕、绝望、悲愤，在万般无奈而又激荡愤慨的情绪驱使下，他们让笔下的儒生发出"儒冠多误身"的愤激之语，这自然是一种痛彻心扉之后的反语。另一方面在面对"富则富腹中虚"的世俗之人时，他们又应激性地产生"四民之首"的自矜心理，体现了一种文化惯性心理，它成熟定型于儒家文化的黄金时期——宋朝，在面对游牧文明的强势入侵和陌生模式的蒙古帝国统治体系时，这种惯性心理不但无法根除，反而变成维持文人生存尊严的最后底线，从而在某种程度上产生了强烈的反弹，成为元杂剧中反复吟诵的主题。这是元代文人在发生文化身份危机时，对自我价值与尊严的思考与判断，在元杂剧中这体现为重建文化自信而作出的种种努力。笔者曾撰写论文讨论元杂剧所体现的元代文人的从政观念，元杂剧作家正是通过笔下人物的用舍行藏来表达他们自己的人格理想与政治理念，"元杂剧的兴起本身恰恰与文人'货与帝王家'道路被阻塞有关，因此元杂剧也就对这一正统人生价值观格外地念念不忘，作家们经常会反复抒发儒生'失路'的苦痛愤懑。在大量的文人际遇剧和历史剧中，主人公大多抱有以天下为己任的社会责任感，而在封建社会中，这种理想的实现又必须依托于封建专制政权，也就是说，只有进入到中央官僚体系内从政他们才能实现自己的社会人生主张。具体而言，元杂剧中所体现的文人从政观念大概包含了三个方面：第一是报效朝廷的使命感，第二是具有明确功利性的参政意识，第三是理想化的君臣关系和自我奴化倾向"①。这种人生理想与政治理念正是支撑元杂剧作家在艺术作品中完成向上一路抗争的深层心理动因。对于身处上层、能够进入"庙堂"的知识分子而言，他们的努力方向就是通过劝说蒙元统治者接受汉法、儒学，让社会在异族入主的情况下依旧能够沿着既定的纲常伦理轨道运行；而对于另外一些身份较低的知识分子而言，他们的选择则是通过戏曲创作在民间施加潜移默化的影响，在百姓中间重新形成对文化的尊重和对文人价值的认同。在这样的风云际会中，元杂剧这一文艺样式成为文人载道抒情的新型载体。元杂剧作家们通过元杂剧这种新型文体，向下进行文化的启蒙普及，向上作着"致君尧舜上"的努力，同时又开辟出新的艺术天地，创造出超越前代的审美境界，如此一来元杂剧作家便在元杂剧中创造出了善与美的文化价值，达到新的文化自我认同。

（作者单位：武汉大学艺术系）

---

① 邓黛：《论元杂剧中的文人从政观》，《长江学术》2014 年第 3 期，第 67 页。

论清初词坛对李清照的创作接受*
——以王士禛《和漱玉词》为中心

□　江合友

　　王士禛论婉约词推崇李清照，其《花草蒙拾》云："仆谓婉约词以易安为宗，豪放惟幼安称首，皆吾济南人，难乎为继矣。"①《漱玉词》是王士禛学词的重要范本，其传世词作中有18首依原韵和李清照词之作。《和漱玉词》为他带来了一定的声誉，王晫《今世说》卷四云："王阮亭和《漱玉词》，有'郎似桐花，妾似桐花凤'语，长安以此遂有'王桐花'之目。"②清初词家对王士禛和《漱玉词》诸作多持肯定的态度，在扬州词坛尤其受到赞许，其词学密友邹祗谟这样点评："阮亭和清照词，押韵天然，复出自新意，芊绵婉逸，胜方千里之和清真也。"③当代岭南词家朱庸斋对此持完全相反的意见，《分春馆词话》："其和《漱玉词》，真不知所云，不惟纤弱，抑且俗矣。"④那么从艺术水准而言，王士禛和《漱玉词》居于何种层次？对于清初词坛有何影响？尤其是，作为清初词坛的关键人物，王士禛从创作上积极接受李清照词，其选择的角度和侧重点在多大程度上影响到李清照词的经典化进程？这些问题迄今尚无专门的论述。而且在清初顺康两朝，出现为数不少的和李清照词之作，有直接受王士禛触动而作的彭孙遹、魏学渠、王士禄、陈维崧等人，也有梁清标、吴绮、仲恒、董元恺等出于爱好而和的情况，凡此种种，汇成清初对李清照词积极进行创作接受的潮流，有助于强化李词的经典地位。本文拟对王士禛和《漱玉词》进行艺术分析，指出其体认李词的侧重点，初步探讨其影响，并对清初和李词的情况作整体的观照，从而总结在创作接受方面清初词家推动李词经典化的进程。

一

　　王士禛《阮亭诗余自叙》："向十许岁学作长短句，不工，辄弃去。今夏楼居，效比丘

---

　　* 本文为国家社科基金重大招标项目"词体声律研究与词谱重修"（项目批准号：15ZDB072）、河北省首批青年拔尖人才支持计划项目"词谱与清词之演进"的阶段性研究成果。

①　王士禛：《花草蒙拾》，唐圭璋编：《词话丛编》，中华书局1986年版，第685页。
②　王晫：《今世说》卷四，孙克强等编：《清人词话》，南开大学出版社2012年版，第434页。
③　邹祗谟、王士禛编：《倚声初集》卷二，《续修四库全书》影印清顺治刻本。
④　朱庸斋：《分春馆词话》卷一，陈永正：《分春馆词话与分春馆词略论》，江门市蓬江诗社编印，2015年，第35页。

休夏自恣。……偶读《啸馀谱》，辄拈笔填词，次第得三十首。易安《漱玉》一卷，藏之文笥，珍惜逾恒，乃依原韵尽和之，大抵涪翁所谓'空中语'耳。"①据蒋寅考证，王士禛尽和《漱玉词》，在顺治九年（1652 年）。②此时他年方十九岁，且初涉填词，艺术上当然称不上成熟。而且和词的创作动机，很大程度上是出于学习和模仿。清初词家多有通过和词练习创作的，如沈谦说"予少时和唐宋词三百阕"③。王氏和《漱玉词》同样发生在少时，发于希慕，重在学习。但王士禛属于早慧型的作家，顺治十四年（1657 年）他仅 24 岁，即在济南大明湖举秋柳社，《秋柳》诗四首，传诵一时，"和者数百家"④。因此在和《漱玉词》的过程中，理应存在一定的创造性因素，以求整体或者局部的自有所得。故其艺术价值也不应简单予以否定，而需要深加分析。

王士禛所和的对象，是家藏《漱玉词》一卷，推考其版本，当为明崇祯三年（1630 年）毛晋汲古阁刊《诗词杂俎》本。该本收词仅 17 阕，后《四库全书》据以收录，《四库提要》叙《漱玉词》版本源流："陈振孙《直斋书录解题》载清照《漱玉词》一卷，又云：'别本作五卷。'黄昇《花庵词选》则称《漱玉词》三卷，今皆不传。此本仅词十七阕，附以《金石录序》一篇，盖后人搜集为之，已非其旧。"⑤毛晋所刻《漱玉词》一卷，是清初词家易得之本，因此是认识李词的重要依据。虽然毛晋尚有《汲古阁未刻词》，收有《漱玉词》钞本一卷，收词多达 49 阕⑥，却因流传的局限，没能成为清初词家探讨李清照词的参照。王士禛《衍波词》所收和《漱玉词》为 17 首，与《阮亭诗余自序》"依原韵尽和"之说若合符契，也印证了其依据的版本是毛晋汲古阁刻本。

据《全清词·顺康卷》的搜集，王士禛存词 134 首，和《漱玉词》共 18 首。其中《浣溪沙·和漱玉词》1 首，《衍波词》不收，《全清词》从《百名家词钞》中辑得，当为和韵《浣溪沙》"楼上晴天碧四垂"之作。值得注意的是，王士禛和《漱玉词》绝大多数是次韵之作，即所用韵脚用字和顺序与原作皆同，共 16 首，仅有 2 首为和韵词。和词在题材上与李清照词也体现出很大的关联性，而抒情视角则有所不同，李词直抒胸臆，和词则多代拟女性的口吻。王士禛次韵《漱玉词》在韵律方面亦步亦趋，仅有《凤凰台上忆吹箫》换头一处通融，和得甚为严谨。需要指出的是，毛晋汲古阁刻《漱玉词》17 首作品中，有与其他词人互见的情况。其一为《浣溪沙》"楼上晴天碧四垂"，此词又见收于周邦彦《片玉词》，南宋方千里、杨泽民各有和词一首，属于存疑词；其二为《浪淘沙》"素约小腰身"，赵万里《校辑宋金元人词》本《漱玉词》案语以为此词非李所作，《全宋词》据明陈耀文《花草粹编》收为赵

① 王士禛：《阮亭诗余自叙》，李少雍整理：《衍波词》附录，广东人民出版社 1986 年版，第 147 页。

② 蒋寅：《王渔洋事迹征略》，人民文学出版社 2001 年版，第 19 页。又蒋寅《王渔洋与清词之发轫》（《文学遗产》1996 年第 2 期）所列渔洋词学活动年表，时间系在顺治十一年（1654 年）。吴宏一《阮亭诗余和衍波词的著作年代》（《清代词学四论》，台湾联经出版事业公司 1979 年版）与李少雍《王士禛和〈衍波词〉》（《衍波词》前言，广东人民出版社 1986 年版，第 13 页）都认为在顺治十二年。据王士禛《自叙》"十许岁"之说，以及《征略》对其会试落榜时间的考证，系年至顺治九年似较妥。

③ 沈谦：《填词杂说》，《词话丛编》，中华书局 1986 年版，第 633 页。

④ 蒋寅：《王渔洋事迹征略》，人民文学出版社 2001 年版，第 29 页。

⑤ （清）纪昀等：《钦定四库全书总目》（整理本），中华书局 1997 年版，第 2789 页。

⑥ 参徐培均：《李清照集笺注自序》，《李清照集笺注》，上海古籍出版社 2002 年版，第 2 页。

子发词，徐培均以为妥当①。那么王士禛所和《漱玉词》有约三首不确定为和李清照词，在下文的分析中，将不会被用作例证。

在题材方面，和词明显受到原作的牵制和影响，多相同或相近。产生参差不同的原因在于，李清照词来源于自身的生活体验，感情从胸臆中流出；而王士禛不具备女性的生活体验，采取模式化的写作套路，以须眉作闺音，代言抒情。以女性为抒情主人公，李词和王词是一致的，从抒情传统上来说，都来自花间南唐，不同之处是李清照以女性身份写作，不用代拟的写作套路，属于进步；而王士禛在数百年后仍然采取代拟的写作方式，当然算不得进步。王士禛以晚唐五代词为宗，如严迪昌所论，"未见更辙"②，和《漱玉词》诸作，他自己说是如黄庭坚所谓"空中语"，其自娱的性质很明显。李清照鲜活的生命体验是无法模拟的，比如李词《如梦令》"常记溪亭日暮"写少女生活的片段，王士禛和词则写成一般性的闺情，使用"西楼"、"王孙"、"柳丝"等陈旧的意象和语汇。李词《点绛唇》"蹴罢秋千"写少女情怀③，虽借用韩偓《偶见》之语，亦不乏青春活力。和词仍写成一般性的闺情之作，使用"柳绵"、"黄金缕"、"燕儿"、"梨花雨"等常见意象。另一首《渔家傲》"天接云涛连晓雾"，是李清照难得一见的"气象潇洒，尤近苏、辛"（龙榆生《漱玉词叙论》）之作。其中对"帝所"的想象，"星河欲渡千帆舞"，气象宏阔；又有与天帝的对话，自叙"学诗漫有惊人句。九万里风鹏正举"，浪漫而超迈。王士禛和词则为一般性的隐逸词，"醉后放舟"、"凫鸥语"、"蒲叶藕花"等语辞勾画隐者的生活样态，缺少个性和淋漓的生气。由和词与原作的不同，可以看出，当原作内容和风格充满个性，和作基本上难以模仿，而容易写成普泛性的情境，相形之下显得平庸。

二

王士禛和《漱玉词》与原作相比显出平庸的一面，但并非毫无艺术造诣。一般来说，次韵之作因受到原作韵脚牵制，加上其应酬游戏的动机，存在艺术上等而下之的可能性。但是自苏、黄大量创作次韵诗以来，次韵本身含有巨大的超越的潜力，即在与原作的比较中凸显自身的独特性，在征服次韵这一写作牵制的同时展现某种自由灵动的笔力，达成次韵胜（或"似"）首唱的效果。在词的次韵写作方面，苏轼《水龙吟·次韵章质夫杨花词》是成功的典范，完全掩盖了原作的光芒。南宋词家将和词与次韵发扬开来，使之成为词创作的常见方式，方千里、杨泽民等甚至以遍和《清真词》的方式从事填词。清初词家正处在一个学习、超越、自成一家的转折点上，王士禛处于清词发轫期，和词占据其存世词作相当的比重。除去遍和《漱玉词》之外，其词题标明为和词的就有 13 首：《浣溪沙·和张泌韵》、《菩萨蛮·和飞卿》、《减字木兰花·杨花步弇州韵》、《好事近·二月竹亭雪后观

---

① 徐培均：《李清照集笺注》，上海古籍出版社 2002 年版，第 187 页。

② 严迪昌：《清词史》，江苏古籍出版社 2001 年版，第 57 页。

③ 赵万里《校辑宋金元人词》将此词列入附录，怀疑非李清照词；唐圭璋《读李清照词札记》[《南京师大学报》（社会科学版）1984 年第 2 期]更是断定此词非李清照作，认为可能是无名氏演韩偓诗。徐培均认为：少年习作，似难与成年后词风相比。王灼《碧鸡漫志》评李清照词"能曲折尽人意，轻巧尖新，姿态百出"，证之此词，如合符契，似应为李清照所作无疑。参徐培均：《李清照集笺注》，上海古籍出版社 2002 年版，第 2 页。本文从徐培均之说。

梅，和蒋子云韵》、《朝中措·和欧公原韵》、《虞美人·和李后主》、《踏莎行·和云间诸公春闺》、《小重山·和湘真词》、《蝶恋花·和少游》、《婆罗门引·寄袁籜庵用稼轩韵》、《蕙兰芳引·春思用清真韵》、《塞翁吟·和清真韵》、《贺新郎·用蒋竹山韵》。那么王士禛和词共有 31 首，占全部词作的近 1/4。因此和词是王士禛创作的重要组成部分，其中蕴含着结合自身才性和时代环境求新求变的因素，和《漱玉词》就是这样的典型文本。

首先，坚持抒情情境中的女性主体地位，昭示着王士禛对词体的基本观感和美学理解。《漱玉词》以第一人称的口吻抒情，作者与抒情人大致重叠，女性情感居于主体地位，为婉约词的抒情意境中增加了鲜活生动、真实可感的细节，突破了男性词家无法真正进入女性内心的局限。随着词体的发展，在婉约词中树立男性抒情主体渐成大流，如柳永《雨霖铃》、秦观《满庭芳》等，书写男性柔情的同时能与不遇之悲结合起来，而非一味抒发艳情，在趣味上更趋雅正。词以男性为抒情主体的写法，历经两宋的发展演进，已经高度成熟。作为男性作者，王士禛在和《漱玉词》时完全可以以男性口吻抒情，而不必以代拟女性的方式抒情。但王士禛坚持花间南唐代拟女性的书写模式，说明在词体的观念上他沿袭了明清之际云间词派的看法，正如谢章铤所论："昔陈大樽以温、李为宗，自吴梅村以逮王阮亭，翕然从之，当其时无人不晚唐。"① 王士禛并不排斥豪放词，曾表示在词家绮丽、豪放两派之间，"当分正变，不当分优劣"②。但实际上他是偏向婉约一派的，如在《花草蒙拾》中评苏轼词，认为其《蝶恋花》"枝上柳绵"，"恐屯田缘情绮靡，未必能过"；又论苏轼《蝶恋花》"春事阑珊芳草歇"，"凡六十字，字字惊心动魄"③，注意发现豪放词人的婉约之作，其侧重之意可见。王士禛和《漱玉词》诸作，除《渔家傲》一首隐逸词可以理解为男性抒情主体之外，其余皆是以女性口吻抒情。李清照词的女性主体有缠绵柔情，而终归于雅正敦厚，不至于流荡无节制。如《武陵春》"风住尘香花已尽"，伤春之中怀有沉痛的悼念，是南渡丧夫之后的中年女子心境。而王士禛和词云："昨日相逢歌扇底，偷赠玉搔头。画阁香浓郎且休。秋水簟纹流。"抒情主体带有风尘气，因而呈现艳冶风情。所以李清照词的女性主体基本上一以贯之，随着创作时代的变化，抒情主体的心境也在变化。而王士禛和词中的女性主体则呈现无规律变化，雅俗兼有，因代拟女性身份的不同，可以区分雅词和艳词。总的来说，王士禛以婉约词为正宗，坚持词的女性特质，与李清照"词别是一家"之论遥相呼应，或者说正是出于对词体观感上与李一致，才导致其对《漱玉词》推崇备至，并遍和之。

如同李清照填词一样，王士禛也着力写出"惊人句"，追求语言的创造性，以求有所突破。对于拟和之作的创造性，王士禛也有所怀疑，《花草蒙拾》："绝调不可强拟，近张杞有《和花间词》一卷，虽不无可采，要如妄男子拟遍十九首，与郊祀铙歌耳。"④《漱玉词》十七首，在王士禛看来当然也属于"绝调"，他遍和之举，就有强作的可能，尤其是与原作艺术差距太大，难以并观。因此王士禛和词注重修辞造语新颖有味，力求新创，如《蝶恋花》：

---

① 谢章铤：《赌棋山庄词话》续编卷三，《词话丛编》，中华书局 1986 年版，第 3530 页。
② 王士禛：《香祖笔记》，上海古籍出版社 1982 年版，第 169 页。
③ 王士禛：《花草蒙拾》，《词话丛编》，中华书局 1986 年版，第 680 页。
④ 王士禛：《花草蒙拾》，《词话丛编》，中华书局 1986 年版，第 674 页。

　　暖雨和风初破冻。柳眼梅梢，已觉春心动。酒意诗情谁与共？泪融残粉花钿重。
乍试夹衫金缕缝。山枕斜欹，枕损钗头凤。独抱浓愁无好梦。夜阑犹剪灯花弄。
（李清照原作）

　　凉夜沉沉花漏冻。欹枕无眠，渐听荒鸡动。此际闲愁郎不共。月移窗罅春寒重。
忆共锦裯无半缝。郎似桐花，妾似桐花凤。往事迢迢徒入梦。银筝断绝连珠弄。
（《和漱玉词》）

　　原作渲染春暖季节的相思无眠，时间呈线性分布，上片写白天"春心动"而无侣的落寞，
下片写长夜无眠的寂寥，春暖与抒情主体内心的孤冷形成反衬。和作则突出春寒，在寒冷
的氛围中展开，上片写凉夜无眠直至听到"荒鸡动"，下片写回忆共眠的温馨，旋即回到
现实的孤寂，春寒与抒情主体内心的孤苦形成同构的关系。原作"山枕斜欹，枕损钗头
凤"两句因"枕"字重复，形成明快的节奏，用生活的细节暗示心情；和作变成"郎似桐花，
妾似桐花凤"，"似桐花"三个字重复，更显明白酣畅，表面意为在春寒的夜里紧紧依偎。
而"桐花"另有一层文化意，即清明时节晚春开放的花，乍暖还寒，天气变化剧烈，春天
即将离去。"桐花凤"栖于桐花，美丽而短暂，暗示美好往事一去不复返，故下句"往事迢
迢徒入梦"接得顺畅自然。作为次韵之作，能超越韵脚的牵制，写出自然而富于意境的句
子，殊为难能可贵，故为王士禛赢得"王桐花"的雅称。
　　王士禛和《漱玉词》在原作有警句处似难进一步发挥，如《如梦令》原作末句"应是绿肥
红瘦"，和作为"坐尽宝炉香瘦"；《醉花阴》原作"莫道不销魂，帘卷西风，人比黄花瘦"，
和作为"最怕日初长，生受莺花，打叠人消瘦"，和作显得平庸，缺少足够的意趣。也有
原作精警，和作亦别有境界的例子，如《一剪梅》原作下片："花自飘零水自流。一种相
思，两处闲愁。此情无计可消除，才下眉头，却上心头。"借花、水起兴之后，直笔抒写
相思别愁，写尽女子心绪细腻而微妙的变化，王士禛指出这几句从范仲淹《御街行·秋日
怀旧》"都来此事，眉间心上，无计相回避"语脱胎，"李特工耳"①。和作为："九曲长江
天际流。似写相思，难寄新愁。梦魂几夜可曾闲，鹤子山头，燕子矶头。"描写相思心理
借"九曲长江"比喻暗示，又写到"梦魂"在夜里四处寻觅，以此表现女性的别情。虽或不
如原作灵动自然，却也别有滋味。又如《浣溪沙》原作上片："绣面芙蓉一笑开。斜飞宝鸭
衬香腮。眼波才动被人猜。"曲尽女子娇态，沈谦以为"传神阿堵，已无剩美"②。和作为：
"渐次红潮趁靥开。木瓜香粉印桃腮。为郎瞥见被郎猜。"写女子被情郎瞥见时神色的变
化，亦堪称传神，造语也活泼自然。沈谦论填词之法，"常调作者多，宜生新，斯能振
动"③，《漱玉词》所用词调都属常调，李清照在本色语中常有精警之句，王士禛和词在既
定的韵律框架内也力求变化，在艺术上多有收获。邹祗谟赞赏其和词"出自新意"，或不
免同人之私，大体上也未偏离事实。

---

①　王士禛：《花草蒙拾》，《词话丛编》，中华书局1986年版，第680页。
②　沈谦：《填词杂说》，《词话丛编》，中华书局1986年版，第634页。
③　沈谦：《填词杂说》，《词话丛编》，中华书局1986年版，第630页。

《漱玉词》善用白描，写自己的日常生活，意旨和境界常带有一定的明确性，王士禛和词则回归意象烘托的创作传统，调动常用的意象符号，营造凄迷朦胧的意境，初步表露出追求神韵词境的倾向。以《凤凰台上忆吹箫》为例，李清照原作写自己"慵自梳头"，"多少事、欲说还休"，又写到"惟有楼前流水，应念我、终日凝眸"，围绕自己的生活场景层层铺写，痴情绵渺，尽付纸端。王士禛和作为：

> 镜影圆冰，钗痕却月，日光又上楼头。正罗帏梦觉，红褪缃钩。睡眼初睡未起，梦里事、寻忆难休。人不见，便须含泪，强对残秋。　　悠悠。断鸿南去，便潇湘千里，好为侬留。又斜阳声远，过尽西楼。颠倒相思难写，空望断、南浦双眸。伤心处，青山红树，万点新愁。

与原作以顺叙展开，情节前后连接，只在情绪上起伏转折不同，和作顺叙中有插叙，情境具有跳跃性，意象组合具有暗示性。"镜影"、"钗痕"、"残秋"、"断鸿"、"斜阳"、"西楼"、"南浦"、"青山"等，是唐宋词中的习见意象，以此为骨干结构全篇，难以新创，但也因为这些习见意象本身具有文化符号的蕴涵，省去词人繁琐的修饰，而可以用之增加意蕴的密度。和词用"正"作领字，亦领起时间；两次用"又"，表达时间累加，情绪积累之意，形成跳跃感，章法与原作很不相同。王士禛谈"诗文妙诀"，极力推崇"生香真色人难学"之境界①，李词原作以白描为主，真实感人，足可当之。和作则隔着一层说，实际用的南宋词常用的技法，王士禛指出："宋南渡后，梅溪、白石、竹屋、梦窗诸子，极妍尽态，反有秦、李未到者。虽神韵天然处或减，要自令人有观止之叹。"②在和《漱玉词》小令时，王士禛通常退回花间南唐的代拟传统，而和慢词长调的时候，则参用南宋词的章法和技巧。以王士禛的通达和渊博，如离开扬州之后继续填词，当会展示更大的格局气度，不至于如传世词作所示，停留在花间、草堂的范围之内。另原作结句"凝眸处，从今又添、一段新愁"，承接上句翻出一意，增加情意的厚度。而和词的结句"伤心处，青山红树，万点新愁"，以景语暗示愁绪，则有追求文字之外的韵味之意。所谓"不着一字，尽得风流"，追求言外之旨，是后来王士禛发展成熟的神韵诗学所追求的。他也曾用"神韵"的概念评词，如《花草蒙拾》论卓人月词"去宋人门庑尚远，神韵形象，都未梦见"③。蒋寅认为："神韵事实上已成为构筑渔洋词学理论体系的基本范畴。"④《花草蒙拾》成书时间在康熙初，和《漱玉词》虽在前，但从创作上已经透露出追求"神韵"的消息。李清照词的意象系统与花间、南唐词相比没有革命性的变化，其新意在于所用的意象多来自日常生活，因而真实可感。王士禛和词的意向系统是陈旧的，因代拟抒情的限制，又回到花间、南唐词的世界里。出于对神韵词境的自觉追求，王士禛和词常展现凄迷朦胧的情景，如《点绛唇》"凝眸处。白蘋青草，不见西洲路"，《怨王孙》"红窗刀尺初罢。银汉西斜。卜灯花"，《渔家傲》"醉后放舟忘处所。凫鸥语。觉来已是烟深处"皆为显例。

────────────

① 王士禛：《花草蒙拾》，《词话丛编》，中华书局 1986 年版，第 676 页。
② 王士禛：《花草蒙拾》，《词话丛编》，中华书局 1986 年版，第 682 页。
③ 王士禛：《花草蒙拾》，《词话丛编》，中华书局 1986 年版，第 685 页。
④ 蒋寅：《王渔洋与清词之发轫》，《文学遗产》1996 年第 2 期。

毛晋汲古阁刻《漱玉词》十七首集中于闺情书写，词风缠绵悱恻，塑造出了李清照的整体形象。清初以王士禛为代表的词家强化这一形象，以创作接受的方式回应这种词风。从李清照强调"词别是一家"的词体传统来说，李词本身含有向晚唐五代词回归的诸多因素，同时又带有趋向雅正的努力。而王士禛的和词则使得对李清照词的体认朝着偏狭化的方向发展。即有将李清照词与晚唐五代词等量齐观的趋向，认为这类词作代表着婉约词的最高成就。虽然和《漱玉词》为少时拟作，而对词坛的影响却不小，从创作接受来说，王士禛强化了对李词曲尽人意、轻巧尖新、姿态百出的认识，对李词经典地位的形成有推动之功。

三

王士禛于顺治十七年（1660 年）赴扬州任推官，到康熙四年（1665 年）离开扬州，这五年间其填词创作达到高峰，词学活动甚为活跃，成为扬州词坛的核心人物，顾贞观说："渔洋之数载广陵，实为斯道总持。"①许多唱和活动围绕他展开，如《清溪遗事画册》唱和、余氏女子绣《洛神图》唱和、余氏女子绣《柳毅传书》唱和、余氏女子绣《浣纱图》唱和，参与者有邹祗谟、彭孙遹、董以宁和陈维崧。影响最大参与度最高，"最能体现他的群体意识的，还是大名鼎鼎的红桥唱和"②。可见唱和是推动词坛风会的重要方式，这种切磋交流方式有利于推动特定词风的形成。作为扬州词学活动的中心人物，王士禛未专门倡举唱和《漱玉词》，但他将早年编集的《阮亭诗余》携至扬州，其中"尽和"《漱玉词》十余首必定惹人注目，被其词友注意到，并展开后续的唱和活动，共同加入到清初李清照词的创作接受活动之中，自然在情理之中。

彭孙遹（1631—1700 年）和《漱玉词》受到王士禛的直接影响，7 首和词词题皆有"同阮亭作"的字样，分别为《武陵春·和漱玉词，同阮亭作》、《醉花阴·和漱玉词，同阮亭作》、《怨王孙·春暮，和李易安同阮亭》两首、《一剪梅·和漱玉词，同阮亭作》、《凤凰台上忆吹箫·和漱玉词，同阮亭作》、《念奴娇·和漱玉词，同阮亭作》。彭孙遹和词的创作除了要面对李清照词，还要面对王士禛词，克服音韵的牵制，然后才能出以己意。王士禛曾戏称彭孙遹是"艳词专家"，邹祗谟亦认为其词"一字之工，能生百媚"③。其艳词多创作于扬州，尤侗《延露词序》："向读彭子羡门与王子阮亭《无题》唱和，叹其淫思古意，两玉一时。阮亭既官扬州，羡门有客信宿。会邹子程村初集《倚声》，于是《延露》之词成焉。"④彭孙遹的和《漱玉词》全是代拟闺音之作，其婉媚缠绵更胜王士禛。如《武陵春》上片："柳弹莺娇蜂蝶闹，春色满枝头。暮雨朝云不肯休。遮莫太风流。"在抒情意象的选取

---

① 顾贞观：《与栩园论词书》，赵秀亭、冯统一：《饮水词笺校》，中华书局 2005 年版，第 513 页。

② 张宏生：《王士禛扬州词事与清初词坛风会》，《清词探微》，上海古籍出版社 2008 年版，第 197 页。

③ 邹祗谟：《远志斋词衷》，《词话丛编》，中华书局 1986 年版，第 659 页。

④ 冯乾编校：《清词序跋汇编》，凤凰出版社 2013 年版，第 26 页。案：尤序所云"《无题》唱和"乃为顺治十六年（1659 年）王士禛与彭孙遹在京城写的一组香奁体唱和诗，即王士禛自编《渔洋诗集》卷八《己亥稿二》之组诗《无题同彭十骏孙作》，彭孙遹《松桂堂全集》卷三十之组诗《无题同赋上作》。次年，王士禛赴扬州推官任。

方面，也如同王士禛，多使用晚唐五代词常用意象，如《凤凰台上忆吹箫》下片："堪忧。个人何处，那衣香手粉，仿佛还留。忆旧年此夜，花压层楼。静对金波似水，桃笙上、隐隐回眸。伤心处，依然花月，添却离愁。"花月、层楼、眼眸、静夜、香粉浸在浓郁的离愁中，一起构成凄婉的意境。彭孙遹和词有时会有意使用典故，《念奴娇》下片："朝暮镇是无聊，湘娥泪湿，空向花枝倚。病里腰肢慵似柳，尽日三眠三起。芍药栏前，清和时候，约诉缠绵意。眼看春尽，那人应是归未。"自注："杜诗：湘娥倚暮花。上林人柳三眠三起。见《西京杂记》。"①这两处使用杜诗和《西京杂记》，不算是熟典，在语言上与李清照词力求清浅很不相同②，与王士禛和词也不相同。说明在风格上不偏离李词基调的同时，在创作技法方面，彭孙遹发展出向词体之外求资源的倾向，这恰是李清照反对的，同时也是苏轼、辛弃疾乃至南宋清雅词派所通行的做法。

王士禛的好友嘉善魏学渠写有《怨王孙·和漱玉词》、《一剪梅·和漱玉词》，《一剪梅》"妾上菱舟，郎去兰舟"两句，与王士禛"遥听菱歌，不见菱舟"对比，似有直接借鉴之处。不同在于，王词力追李词，文字清雅，而魏学渠则将李词"才下眉头，却上心头"偶有字复的特点，扩展到全篇多有字复，显得俚俗，如下片"九曲寒江曲曲流。未断囊愁。又起今愁。书中两字说加餐，叶谢枝头，雨过城头"。王士禛长兄王士禄（1626—1673 年）也有《凤凰台上忆吹箫·和漱玉词》一首，从换头处用"悠悠"，可看出与王士禛和词有直接关联③。抒情方式仍是代拟闺情，以女子回忆和思绪为主要内容。结句"临风立，斜阳如昔，独照清愁"，余味不尽，颇堪玩味。

作为清初扬州词坛的积极参与者，陈维崧（1625—1682 年）也创作了和《漱玉词》，有《蝶恋花·春闺，和漱玉词》、《凤凰台上忆吹箫·和漱玉词》。蒋景祁《陈检讨词钞序》："自济南王阮亭先生官扬州，宣导倚声之学，其上有吴梅村、龚鼎孳、曹秋岳诸先生主持之。先生内联同郡邹程村、董文友，始朝夕填词。"④据严迪昌的分期，扬州词坛唱酬之作属于陈维崧创作的中期，仍多"喁喁呢呢，销魂动魄的侧艳篇什"⑤。受到王士禛的影响，陈维崧和《漱玉词》也是采用代拟抒情的方式展开，风格香柔婉媚。如《蝶恋花》下片："花影看看移半缝。呆觑庭阴，蹴损鞋尖凤。莫怪难凭惟好梦。鹊声也把愁人弄。"闺人相思情态和心理刻画生动。又《凤凰台上忆吹箫》：

> 蘸水垂杨，漫天丝柳，千条万绪楼头。正圆冰清浅，斜靠帘钩。拟把玉容重整，才匀面、怊怅还休。恹恹甚，今春三月，忒似深秋。 堪羞。韶华纵好，奈旧情已换，往事难留。只梁间玉翦，劝我登楼。帘押朦胧未溜，青山外、不忍凝眸。无过

---

① 南京大学全清词编纂研究室编：《全清词·顺康卷》，中华书局 2002 年版，第 5927 页。

② 彭国忠《试论李清照词中的花草意象——兼论李清照词创作的低俗倾向》（《中国文学研究》2011 年第 1 期）一文指出，李清照词"或者不用典，或者堆砌典故，而以熟典、俗典为主"。

③ 顺治九年，即王士禛尽和《漱玉词》同一年，曾约王士禄同作《香奁诗》。王士禄《香奁诗三十首序》："壬辰岁，贻上曾为《香奁诗》三十首，又为《续香奁》十章。约余同作，以懒故不获竟，仅五篇而止。"（见王士禄：《十笏草堂诗选》卷五，《清代诗文集汇编》第 98 册，上海古籍出版社 2010 年版，第 563 页）因此王士禄和《漱玉词》当也受到王士禛的影响。

④ 冯乾编校：《清词序跋汇编》，凤凰出版社 2013 年版，第 94 页。

⑤ 严迪昌：《清词史》，江苏古籍出版社 2001 年版，第 204 页。

是、潇潇春雨，点点离愁。

与王士禛和词保留李词所叙女子日高未起的情节不同，陈词以柳丝起兴，写女子暮春登楼所思所想。从情节设置来看，陈词仍未脱俗套，无心化妆，春寒料峭，登楼远眺，点点离愁，与王词一样，陈维崧抛弃了李词顺叙写法，也用意象烘托之法，营造情境，暗示情感的变化。这是和词保留原作类似情境，不得不以男子作闺音所致，王士禛和词的抒情方式和技巧具有某种范式意义。

清初能做到尽和《漱玉词》一遍的还有陆埜。陆埜，字我谋，号旷庵，浙江平湖人。郡庠生，年六十卒，有《旷庵词》。陆埜创作和《漱玉词》共 18 首，其中和毛晋汲古阁刻《漱玉词》16 首，未和《渔家傲》。另和了《浪淘沙》"帘外五更风"一首和《丑奴儿令》"晚来一阵风兼雨"一首，王士禛都未曾和过，推其原因，当是从杨慎《词林万选》中找出。这两首词均存在争议，《浪淘沙》在《续草堂诗余》、《古今词统》、《古今诗余醉》中题作欧阳修作；《丑奴儿》在《花草粹编》中题作康伯可作，《古今别肠词选》题作魏大中作，《全宋词》认可《花草粹编》，收入康与之词。陆埜和词在词调名称上也有不同，如《如梦令》作《忆仙姿》，《蝶恋花》作《凤栖梧》，可见曾参考别本。《凤凰台上忆吹箫》换头用"悠悠"，与王士禛和词相同，或存在参考的可能性。与王士禛有两首和韵不同，陆埜和词全部是次韵。在抒情模式上，陆埜和词与王士禛是一样的，即以代拟闺音的方式展开抒情。和词的风格依从原作，以缠绵婉媚为主，不乏灵动可爱的句子。如《浣溪沙》"漠漠轻花萦舞袂，纤纤澹月映流苏。闲情闲恨几时无"、《一剪梅》"溪水无情日夜流。藕自萦思，花自含愁。此中心事有谁知，郎在堤边，侬在楼头"之类，俱清新可喜。

清初和《漱玉词》的词作甚多。有梁清标《凤凰台上忆吹箫·悼亡用李清照韵》，丁澎《武陵春·闺思，和李清照韵》、《声声慢·秋夜，和李清照韵》，钱芳标《醉花阴和漱玉词》、《一剪梅·和漱玉词》，郑景会《醉花阴·和漱玉》，潘谦《点绛唇·本意，和漱玉词即次原韵》，王倩《念奴娇·美人睡起，用李清照韵》，仲恒《凤凰台上忆吹箫·春闺，依李清照体》、《声声慢·仿李清照用仄韵》，陈玉璂《如梦令·春暮，和李清照韵》，徐吴瘴《凤凰台上忆吹箫·离情，用李清照韵》，安致远《念奴娇·和漱玉词》，彭孙贻《凤凰台上忆吹箫·和漱玉词》，黄传祖《声声慢·和漱玉词》，吴绮《凤凰台上忆吹箫·和漱玉词》等，清初毗陵词人群中的董元恺写有 6 首和《漱玉词》：《点绛唇·闺人语燕，和李清照韵》、《醉花阴·九日饮豫章城楼，和李清照重阳韵》、《怨王孙·春闺雪夜，和李清照韵二首》、《凤凰台上忆吹箫·闺情，和李清照韵》、《声声慢·闺忆，和李清照韵》。这些和词绝大多数是次韵之作，受到李词原作的影响，题材集中在闺情相思一类，并保持婉约的风格。但也有人有所突破，如梁清标《凤凰台上忆吹箫》写悼亡，上片"叹镜奁虚掩，风动帘钩。比翼生生世世，灯背处、私语都休"，下片"休休。同林宿鸟，缘底事分飞，一霎难留。剩寒檠独照，露下妆楼"，以男子的口吻抒情，语极沉痛，在意境上已与原作不同。又如董元恺《醉花阴·九日饮豫章城楼》："城隅渌水明于昼。烟霭笼晴兽。无恙是黄花，不奈西风，吹入征衫透。一樽那管身前后。好把浮丘袖。莫更去登高，满眼江山，赚得人清瘦。"直抒胸臆，慷慨奇绝，健朗的笔调已完全脱离了女儿情态。

四

王士禛与清初词家《和漱玉词》诸作，其文学史价值是独特的。借由这些词作，可以观察后代作家追和经典的不同表现，并进而思考以追和次韵的创作方式接受经典的选择机制，以及背后所隐藏的词史发展流向。通过探讨清初词坛《和漱玉词》诸作，可以得出如下结论：

第一，王士禛和《漱玉词》本身在艺术上有其价值，正如邹祗谟引唐祖命之语："极哀艳之深情，穷情盼之逸趣。其旖旎二浓丽者，则景、煜、清照之遗也。"①王士禛填词从学李清照入手，遍和《漱玉词》，在追拟的同时发挥自身的创造性，能征服原作声韵牵制，自由抒情，并以代拟闺音的方式展开，保持了词婉约的美感，印证了其对于词体的理论认知。在艺术技巧方面，以意象烘托，追求境外之意，取代李清照原作精于白描的写法；在语言的创造性方面，也作出许多探索，和词之中不乏秀句。吴梅甚至认为其和《凤凰台上忆吹箫》一首，"思深意苦，几欲驾易安而上之"②。朱庸斋论词侧重强调重、拙、大、深，对王士禛和《漱玉词》"真不知所云，不惟纤弱，抑且俗矣"的评价，其实是来自理论的偏见。吴梅说王士禛词"少沉郁顿挫之致"，"能含蓄，而不能深厚"③，大体得之。但这本是一种词格，以清丽绮艳，摇曳多姿见胜，李清照词率多如此，而王士禛的和词恰恰对此有准确体认。

第二，王士禛《和漱玉词》影响到身边的人，尤其是扬州词坛，彭孙遹、陈维崧、董元恺、魏学渠等，从而"确立了李清照经典词人的地位"④。王士禛康熙四年以后不再作词，而他的扬州词友继续创作，风格多有变化，陈维崧甚至开创了以豪放为宗的阳羡词派。我们可以看出，在顺康之交的词坛，虽然酝酿着词坛风会的各种可能，但在这一时间段内，仍存续着受到云间词派影响的词风，晚唐五代词是词家认识词体的基准。和《漱玉词》即属于这一风气的产物，词家多将李清照与南唐二主并举，持以婉约为宗的词体观念，在和词中加以实践，故次韵的同时模仿了原作的题材、情境和风格倾向。而康熙中叶以后词家甚少和《漱玉词》者，此乃词坛风会转变所致，当浙西、阳羡词派崛起之后，对词的体认和词坛主流已然改变，或宗白石、玉田，或学东坡、稼轩，李清照不再是词坛创作接受的焦点之一。

第三，正如沙先一、张宏生所论，"顺康词坛对唐宋的模仿次韵，是对经典传统的进一步确认与修正"⑤。以王士禛为代表的清初词坛和《漱玉词》诸作，是一个时代的词家对李清照词的创作接受，与理论表述的抽象相比，这种接受方式更加直观，对话也深入到创作甘苦的层面，强化了李词的经典地位，并因其接受角度的选择强化了李词作为婉约词宗的定论。以具体作品的经典化而论，被反复追和的频率高，其经典的地位就越稳定，如

① 孙克强等编：《清人词话》，南开大学出版社 2012 年版，第 429 页。
② 吴梅：《词学通论》，上海古籍出版社 2006 年版，第 111 页。
③ 吴梅：《词学通论》，上海古籍出版社 2006 年版，第 111 页。
④ 谭新红：《李清照词的经典化历程》，《词学研究》，中国社会科学出版社 2013 年版，第 374 页。
⑤ 沙先一、张宏生：《论清词的经典化》，《中国社会科学》2013 年第 12 期。

《武陵春》、《醉花阴》、《声声慢》、《念奴娇》、《凤凰台上忆吹箫》、《点绛唇》等，皆是李词脍炙人口之作，清初词家的次韵唱和当然提高了这些词作的知名度。从某种意义上说，选择追和的对象，也是一种确认经典的过程。

第四，需要指出的是，清初词家对李清照词的创作接受是较为片面的。因为版本的原因，词家追和的对象甚至不到李词存世作品的一半，创作接受局限于残缺的毛晋汲古阁刻《漱玉词》，这限制了对李清照词创作接受的全面开展。另外，李清照词意蕴深厚之处，清初词家体认得很不够。如《武陵春》不是普通的伤春之作，"物是人非事事休，欲语泪先流"，其中蕴含血泪，清初词家和作则多轻艳；又如《声声慢》呜咽绝望，词情厚重，词格甚高，而清初词家和作则多抒发一般性的别情。词境不能深厚，不仅是王士禛词的弊病，也是清初词家普遍存在的不足。这样就造成清初词家在对李清照词进行经典化时存在偏狭之失，李词不乏深厚之处，却被清初词家忽略了，其绮艳婉媚的一面则得到了充分体认。

（作者单位：河北师范大学文学院）

论"意合"对汉语写作的影响

——以两汉短语"善史书"为例

□ 戴红贤

汉语特别是古汉语在构词造句上不太注重语法形式，往往是几个单音词拼合，多让人意会，语句表达具有"意合"的特点。① 这也就往往造成接受者理解的困难。了解汉语"意合"特点，有助于准确理解文本，也有助于认识汉语文体写作特点，从而帮助我们提高写作水平。譬如，两汉典籍中有个短语"善史书"，其含义一直令学界颇费周章。迄今为止，前辈时贤从历史文献、文字考古、书法艺术等多种学科考察，但仍不能令人完全满意，甚至有些说法还互相扞格。② 本文拟分析"善史书"多解原因，初步探讨"意合"对汉语写作的影响。

一、"史书"多义的"意合"分析

两汉典籍中短语"善史书"含义之费解，源自"史书"词语的多义，而"史书"多解又与

───────────────

① 汉语"意合"是相对于印欧语言之"形合"而言。汉语由文意决定的语句组合方式即"意合"，印欧语由语法决定的语句构造即"形合"。德国语言学家威廉·冯·洪堡特最早比较这两种语法，他发现汉语语法的特点是："在汉语的句子里，每个词排在那儿，要你斟酌，要你从多种不同的关系去考察，然后才能往下读，由于思想的联系是由这些关系产生的，因此，这一纯粹的默想就代替了一部语法。"（洪堡特：《论人类语言结构的差异及其对人类精神发展的影响》，商务印书馆 1997 年版）20 世纪中国语言学家提出了汉语语法"意合"特点。黎锦熙《新著国语文法》指出："国语底用词组句，偏重心理，略于形式。"王力《汉语语法纲要》说："复合句里既有两个以上的句子形式，它们之间的连系有时候是以意合的，叫做'意合法'。"徐静茜详解道：汉语不像印欧语言，没有繁复的变位、变格、形态变化，因此汉语词语的结合不受形态成分的约束，倒是更多地受语义因素的制约。无论是语素组合成词、词组合成语、分句组合成复句，联系的手段往往并不是语法成分，而是语义条件。只要语义上配搭，合乎事理，就可以连在一起。这就是所谓的"意合法"。（徐静茜：《汉语的"意合"特点与汉人的思维习惯》，《湖州师专学报》1987 年第 1 期）

② 吕思勉说："两《汉书》中称人善史书者，前汉实多指文字，后汉则多指书法矣。"（吕思勉：《秦汉史》，上海古籍出版社 2005 年版）北京大学历史系注释《论衡·程材篇》"同趋学史书"指出："史书，指当文吏所必须掌握的文字、书法。"（北京大学历史系注释：《论衡》，中华书局 1979 年版）富谷至《"史书"考》说："善史书是对精通那种古代文字所作赞美的褒词。"阎步克《秦政、汉政与文吏、儒生》说："'何以礼义为，史书而仕宦'，'史书'指文吏之书写。"汪桂海《汉代的"史书"》：（史书）"应指狱案文书以及奏记、教令等，撰制这些文书是当时的学校教育中所没有的内容，需要专门拜吏为师学习或自学"。

秦汉"史"字和"书"字有关。先看"史"字。历代学者探究"史书"含义多从秦汉文字书体演变和《史籀篇》等字书的角度切入，我们尝试运用汉语"意合"学说探究"史书""善史书"含义。

西汉初期出土的简书中"史"的用例如下：

> 居延甲渠塞有秩候长昭武长寿里公乘张忠，年卅三，河平三年十月庚戌除。史。（《居延新简》EPT51·11）
>
> 校甲渠候移正月尽三月四时吏名籍：第十二隧长张宣，史。案府籍，宣不史。不相应。解何？（《居延汉简甲编》七一六）
>
> 止北隧长居延累山里公乘徐殷年廿二，不史不上功。（《居延汉简甲编》二五一）
>
> 玉门千秋隧长敦煌武安里公乘吕安汉，年卅七岁，长七尺六寸，神爵四年六月辛酉除。……故不史，今史。（《敦煌汉简》1186A、B）

于豪亮先生认为"史是善史书者，不史是不善史书者"①。不过，倘若于先生能见到张家山汉简，他的解释可能会具体切实一些。② 张家山汉简《史律》载曰：

> （试）史学童以《十五篇》，能风书五千字以上，乃得为史。有以八体试之，郡移其八体课大史，大史诵课，取最一人以为其县令史，殿者勿以为史。三岁壹并课，取最一人以为尚书卒史。（简475、476）

传世文献《说文解字序》的相关内容与此地下证据相呼应："尉律：学童十七以上始试，讽籀书九千字，乃得为吏，又以八体试之。郡移太守并课，最者以为尚书史。书或不正，辄举劾之。"③许序言"乃得为吏"，汉简称"乃得为史"，前者是否有误？④ 王国维先生《释史》指出上古时期"史""吏""事"三字关系密切：殷人卜辞皆以"史"为"事"，《尚书》无"事"字；周初有"卿事""大史"，开始分别"事""史"二字；秦小篆中三字始"截然有别：持书者谓之史，治人者谓之吏，职事谓之事"，不过，秦汉之际"诗书之文尚不甚区别"。⑤ 可见，西汉初期汉简用"史"是王国维先生所言"不甚区别"的情形；而许慎《说文序》中的"吏""史"之分正说明了至少在东汉"史""吏""事"三字的使用已经判然有别了。因此，许慎"乃得为吏"不仅不是讹误，以"吏"代"史"的语用正透露出秦汉"史"的含义与"吏"有关。据王国维先生考证，"史"之本义为持书之人，这种人在中国远古以来的历代行政中又为掌书之官，即史官。史官所职之事包括藏书、读书、作书。从《史律》所言"史""县令史""尚书卒史"史官等次而言，居延汉简"史""不史""故不史，今史"等语

---

① 于豪亮：《居延汉简丛释》，《文史》第十七辑，中华书局1985年版，第202页。
② 见《于豪亮同志悼词》，《于豪亮学术文存》，中华书局1985年版，第1页。于豪亮先生于1982年英年早逝，而张家山汉简出土在1983年。
③ 段玉裁：《说文解字注》，上海古籍出版社1988年版，第758~759页。
④ 邢义田："许慎序的'吏'乃'史'之讹，无疑。"（邢义田：《汉代〈仓颉〉〈急就〉、八体和"史书"问题》，《治国安邦：法制、行政与军事》，中华书局2011年版，第601页）
⑤ 王国维：《观堂集林》，中华书局1959年版，第269~270页。

词中"史"是指成为初阶属吏。①

　　然而，居延及敦煌汉简的"史"字词性显然不是名词，当是动词，意指成为"史"。那么，如何才能成为"史"？按照《史律》和《说文解字序》所言，学童必须背诵并书写相当数量的汉字才能成为初级"史"官，这就使得"史"还暗含着书写的能力乃至书写的字体等含义。至于《十五篇》或籀书究竟是哪种识字教材，学童究竟书写哪种字体，学界至今仍在争议。② 这些争议也波及对两汉"史书"词语含义的理解。概而言之，秦汉时期"史"含义至少包括官吏名称、官吏的书写能力以及书写的字体等多种。这些含义的层次关系及其意义关联较为复杂，上古汉语单音节语词不太容易将这么复杂的意义完全表达清楚。

　　了解"史"字含义及其运用的流变历史有助于我们理解先秦两汉时期不同的书写者运用"史"字时个人的"前理解"，这些理解均有可能导致"史"字语用上的差异。洪堡特提出的"词的内部形式"理论可用来解释这种个人"前理解"。他说：

　　　　词，不是被感知的事物的等价物，而是在发明词的具体时刻为言语行为所理解了的事物的等价物。这正是表达同一种事物的多样性的主要源泉；例如，在梵文中，把大象有时称作喝两次的，有时称作两齿的，有时称作独臂的，但每次所指的都是同一事物，三个不同的概念用三个词来标志。③

概念与表达的事物之间关系复杂。既存在同一事物的多样性表达，如上述对大象的三种称呼，也存在某一概念可表达彼此相关的多样事物，如汉语"史"字表达的"吏""事"等含义。

　　以上分析了"史"的含义，下面分析"书"字含义，再探究"史""书"的意合方式及其词义。

　　"书"字，许慎《说文解字序》说"著于竹帛谓之书"。那么，"书"字指书写还是书籍呢？还是兼有二者之意？《辞源》罗列了"书"的六种义项：（1）记载，写作。（2）文字，字体。（3）书籍。（4）书法。（5）书信，尺牍。（6）《尚书》的简称。④ "书"的数条词典含义曾

　　① 严耕望先生说："大抵秦及汉初，常统称一切属吏曰史，郡府属吏曰卒史，县丞尉属吏曰丞史、尉史，县令属吏则曰令史也。""县令属吏之等级有掾、史、佐史、书佐、循行、干、小史诸等，略如郡制。""例用本县人，而由令长自由任命之。"（严耕望：《中国地方行政制度史·秦汉地方行政制度》，上海古籍出版社 2007 年版，第 222~223 页）

　　② 于豪亮先生认为："审问、办理案件，写判决书，用大篆有什么用处呢？因此，所谓'史书'决不是大篆，而是当时流行的、也是居延汉简使用的隶书。所谓'善史书'是说善于写这种字。称之为史书是因为令史、书佐这样的人草拟、誊写公文，常常写这样的字的缘故。"（于豪亮：《居延汉简丛释》，《文史》第十七辑，中华书局 1985 年版）台湾邢义田则进一步将隶书划分为"秦隶"和"古隶"。他说："这个时期（秦和汉初）的史书也应是指篆书和近乎篆体的秦隶或古隶。""这时（西汉中期以后）的'史书'应指汉隶，不会是较特殊的文字或字体。"（邢义田：《汉代〈仓颉〉〈急就〉、八体和"史书"问题》，《治国安邦：法制、行政与军事》，中华书局 2011 年版，第 602~604 页。）

　　③ （苏）叶·尔玛科娃，E. A. 泽姆斯卡娅：《构词法和词的内部形式的比较研究》，李伯超译，廖子高审校，《湘潭大学学报——语言文学论集（三）》，1987 年第 51 期。

　　④ 《辞源》（合订本），商务印书馆 1988 年版，第 790 页。

被启功先生概括为两条根本义项：一是"用笔写"的行动，二是"写出来"的东西。① 也就是说，"书"的基本义项可概括为动词"书写"和名词"著作"。

弄清了"史"和"书"的字义，我们再看二者连用的情况。先秦"史书"主要用法如下：

> 晋史书贼曰："晋赵盾弑其君夷。"(《春秋公羊传》)
> 大史书曰："崔杼弑其君。"(《左传》)
> 动则左史书之，言则右史书之。(《礼·玉藻》)
> 王失度，则史书之，工诵之，三公进读之，宰夫撤其膳。是以天子不得为非。
> (《礼·保傅》)

上述例文中"史书"之"史"均为史官，"史书"表达各类史官的书写行为，其语法属于主谓结构，其含义为"史官书写"。

两汉时期，当"史书"构成一个固定的双音节词语时，它具有了新的词义。不过，这个新的词义与构成该词的"史""书"二字的字义有密切关联，构词方式为"意合"。问题是，当不同作者运用语词"史书"时，他们所要表达的具体内容很可能存在差异；同样，不同读者因对"史书"内涵的认知差异也会影响他们对该语词的理解。这实际上就是历代学者对两汉"史书"词义多解的原因所在。

前面对"史"的分析可以看出，"史"的含义至少包括官吏名称、官吏的书写能力以及书写的字体等，而两汉时期双音词"史书"的实际运用而言，"史"的"书写"和"史"的"著作"义还分别有自己的具体而显著的含义。"书写"义可分为"写字"和"写文章"。而"著作"也分两大类型：一是指《史籀篇》(周宣王太史作大篆十五篇)以及秦汉其他蒙学字书；二是指狱文、计簿、行政等政府公文。更进一步分析还发现，秦汉文吏的"写字"活动还包含着不同的书体形式乃至书法艺术。这样，撇开具体语言环境，抽象的"史书"的含义就更复杂了。现用图表将词语"史书"含义展示如下：

史 书	①指书写的行动 （动词性概念）	写字	字体类型(篆、隶、草)，艺术化写字(书法)
		写作	行政、法律、经济等公文写作
	②指书写的作品 （名词性概念）	字书：《史籀篇》等识字写字教材	属文字学
		吏书：司法、计簿、行政等公文	属历史文献学

先秦史官的书写活动和书写著作等各项内容均以"史"为中心杂糅在一起，但是，随着学术分化，书写活动和书写著作也开始细分。由于"书"的词性(名词或动词)不明确，其词义多次分叉，致使"史书"含义复杂多样且交互关联。这种现象说明汉魏时期"史书"一词正处于"意合法"构词过程之中，"史书"多义与"史""书"的"内部形式"及其意义联合有关。需要指出的是，史官书写的众多公文篇章最后汇合为书籍，魏晋时被归类到图书四部分类之史部，它们最终与附属在《汉书·艺文志·六艺略》中的相关著作一同成为今天

---

① 启功：《有关文言文中的一些现象、困难和设想》，《北京师范学院学报》1985 年第 3 期。

我们常用的含义——"历史书"。

不同的人对事物的感知差异和理解差异最终表现为词语的表达差异，两汉"史书"多义来自作者和读者对"史书"语词的"内部形式"的不同认识。历代学者对"史书"含义的众多解释，源自作者写作用语的不同和读者阅读理解的差异，而词语"史书"语用的复杂性决定了短句"善史书"的多义。

二、"善史书"含义与汉语"意合"特点

首先看汉元帝之"善史书"。《汉书·元帝本纪》赞："元帝多材艺，善史书，鼓琴瑟，吹洞箫。"向熹先生把上古汉语的这种句式称为分合复句。① "元帝多材艺"是该复句的总说分句，也是话题主旨句，"善史书，鼓琴瑟，吹洞箫"是三个并列的分说短句，用以说明"元帝多材艺"。"史书"与鼓琴、吹箫在意思上并列，是汉元帝擅长的多种才艺之一。因此，汉元帝所善之"史书"当与我们前面所分析的"史书"的"书写"义项有关。问题是，此处的书写行动究竟是指汉元帝善于写字还是善于写文章？在西汉皇帝中，汉元帝的学术水平和文化素养都很高，文章很好。不过，《汉书》赞语的写作意图似乎是想透露汉元帝的艺术趣味，班彪特意指出赞语的相关内容来自他的外祖父金敞的兄弟亲口讲述，而金敞的兄弟是汉元帝贴身侍卫，故能看到汉元帝个人爱好的一面。因此，把汉元帝"善史书"理解为擅长书法或许合适一些。还有一个同类短语写作或可旁证，沈约说张永"能为文章，善隶书，晓音律，骑射杂艺"，② 张永"善隶书"与汉元帝"善史书"语法结构类似，只是张永擅长隶书，元帝擅长"史书"。至于汉元帝所擅长的书法字体，应劭注释曰"周宣王太史史籀所作大篆"，即元帝所擅长的书法字体是《史籀篇》之大篆。通过应劭的注释，加上"多材艺""鼓琴瑟、吹洞箫"等语境提示，汉元帝"善史书"当为擅长大篆书法。了解汉语"意合"句法特点，结合具体语境和多方面的知识，才可以大致理解该语句含义。

再看西汉酷吏严延年之"善史书"。《汉书·酷吏传》卷九十：严延年"巧为狱文，善史书，所欲诛杀，奏成于手，中主簿亲近史不得闻知。奏可论死，奄忽如神"③。严氏之"巧为狱文"，即严氏精通司法文书写作，上文已详尽说明："贫弱虽陷法，曲文以出之；其豪杰侵小民者，以文内之。众人所谓当死者，一朝出之；所谓当生者，诡杀之。吏民莫能测其意深浅，战栗不敢犯禁。按其狱，皆文致不可得反。"所以，"巧为狱文，善史书"这段文字的主旨似乎不应当仍是严氏"巧为狱文"，否则，上下文内容重复了。或许其主旨是要说明"巧为狱文"的原因，那么，"巧为狱文，善史书"就是一个"意合"的因果复句。此处"善史书"何意？许慎曾指出汉代存在文吏利用古今文字变迁解释法律以贪赃枉法的现象，他说："廷尉说律，至以字断法，苛人受钱，苛之字止句也。若此者甚众，皆不合孔氏古文，谬于史籀。"汤可敬先生认为许慎所言当指掌管刑狱的官员"根据隶书的讹

---

① 向熹：《简明汉语史》下册，商务印书馆 2010 年版，第 210 页。

② 《宋书》，中华书局 1974 年版，第 1551 页。

③ 《汉书》，中华书局 1962 年版，第 3669 页。

体、俗体"等文字知识而曲解法律。① 严延年可能因时代风气和好友张敞而谙习文字学,②故他有能力在法律文书写作中利用汉字古今变迁做手脚。当然,史载严氏"巧为狱文,善史书"乃出自"摧折豪强,扶助贫弱"的动机,非"以字断法,苟人受钱"。因此,严氏"善史书"很有可能指他擅长《仓颉》、《史籀》之古文字。《汉书》严氏本传也是围绕话题展开段落,多个短句前呼后应,构成紧密的上下文关系。但是,"巧为狱文,善史书"之间的"意合"因果复句关系更为隐蔽,导致更难理解。这也表明汉语"意合"句法不易表达复杂而细腻的思想。

再看冯嫽之"能史书"。《汉书》记载冯嫽"能史书,习事,尝持汉节为公主使,行赏赐于城郭诸国,敬信之"云云。③ 冯嫽以和亲公主的女史官身份出使西域,她曾代表汉王在乌孙国执行外交使令。结合上下文及相关历史背景可知,冯嫽所能"史书"、所习之"事"都是外交使臣的专业知识与技能。

此外,两汉典籍中还存在一类"善史书"表达情形,如汉安帝"年十岁,好学史书,和帝称之,数见禁中"④、邓皇后"六岁能史书,十二通《诗》、《论语》"⑤,王尊"窃学问,能史书。年十三,求为狱小吏"⑥等。传主们或有男女之别,或存贵贱之异,但有一点相同,即皆为幼童。传主的幼童身份揭示出此类"善史书"短语的蒙学语境。上述写作主要是概述所传人物的好学品行,具有概念化写作特点,其概念化书写的背后是中国古代的劝学思想。他们所擅长"史书"的含义当与《史籀》、《仓颉》、《急就章》等蒙学识字写字教材有关,即本文所分析的"史书"的第二义项——书写的作品之蒙学字书。据王国维先生所言,两汉之际以"史篇"为这些字书的通名。⑦ 如果属实,那么,此"史篇"通名可能导致《汉书》、《后汉书》等文献中有关蒙学语境中"善史书"之"史"的含义扩大,对它们的解释便不能囿于应劭所云"史籀"大篆。这些好学的幼童各人所习书体则需具体分析,无法一概而论。

以上由点及面地解释了两汉"善史书"的含义,可概括为四种:一是与《史籀》大篆有关,如汉元帝"善史书";二是与汉代蒙学字书"史篇"通名有关,如幼童之"善史书";三是与秦汉"史""吏"混合语用历史有关,如冯嫽之"能史书";四是与《史籀》及秦汉文法吏行政有关,如严延年之"善史书"。其中,前面两种表意相对单纯,主要与本文第一部分所分析的字书和写字有关;后面两种则相对复杂,既与书体有关,也与书籍和文书写作有关。不过,虽然两汉短语"善史书"含义受词语"史书"多义的影响也复杂多样,不同作者在不同语境中所要表达的意义存在差异,但是,"善史书"含义的变化在"史书"义项范围内,可以依据汉语"意合"语法特点及有关背景知识探寻其语义。

---

① 汤可敬:《说文解字今释》,岳麓书社 1997 年版,第 2177 页。

② 汉宣帝下令传习古文字学,张敞被钦定研习《仓颉》并成为著名古文字学家。见段玉裁:《说文解字注》,上海古籍出版社 1988 年版,第 759 页。

③ 《汉书》,中华书局 1962 年版,第 3907 页。

④ 《后汉书》,中华书局 1965 年版,第 203 页。

⑤ 《后汉书》,中华书局 1965 年版,第 418 页。

⑥ 《汉书》,中华书局 1962 年版,第 3226 页。

⑦ 王国维:《观堂集林》,中华书局 1959 年版,第 251 页。

三、"意合"对汉语文体写作的影响

通过对两汉"史书""善史书"语词含义的探析，"意合"法对汉语写作的影响略见一斑。汉语"意合"特点对汉语写作的影响是一个大问题，我们在此仅以"史书""善史书"为例，从词语运用、句子写作和文体三个方面予以初步探索。

首先看词语运用。如前所述，两汉"史书"语用已相当复杂，魏晋南北朝还出现了一个颠倒"史书"而成的新语词"书史"。其含义主要有二：其一为"书史"官职，《魏书》记录五种女官"女史、女贤人、书史、书女、小书女"，江式上表自荐担任八位"书史"的老师。① 其二为史部书籍，以短语"涉猎书史""读书史"为主，如：《魏书》辛雄"有孝性，颇涉书史，好刑名，廉谨雅素，不妄交友，喜怒不形于色"②。以笔者所见，"史书""书史"经历了一个混合语用阶段。葛洪最早使用"书史"。其《抱朴子自序》云："洪者，君之第三子也，生晚，为二亲所娇饶，不见督以书史。"③此"书史"含义相当于两汉"史书"之义，当与蒙学识字写字教育有关，葛洪自称因双亲溺爱而发蒙甚晚。《抱朴子》同时使用"史书"，写道："善史书之绝时者，则谓之书圣，故皇象胡昭于今有书圣之名焉。"④胡昭是著名书法家，他擅长的"史书"当为书法含义。此外，《北齐书》也并用这两个词语。如杨愔"六岁学史书，十一受《易》，好《左氏春秋》"，⑤ 此"史书"指蒙学教材。至于写萧放"性好文咏，颇善丹青，因此在宫中披览书史及近世诗赋，监画工作屏风等杂物见知，遂被眷待"，⑥ 此"书史"则表示史部书籍，接近南北朝"书史"语用的主流含义。《北齐书》是李百药在其父亲北齐史臣李德林参与撰写的《齐史》基础上编撰而成，当能反映北朝时期的语用情况。《抱朴子》、《北齐书》兼用"史书""书史"，但词义却存在差异。这种现象表明魏晋新出现的词语"书史"词义尚未稳定，不同作者对"书史"之"内部形式"的认知差异导致了语用差异。

"史书""书史"的颠倒用法是由书面语中单音词拼合引起的词语不稳定所造成，颠倒用法体现了汉语语词的灵活性特征。类似的语用行为在骈文和诗词中较为普遍，它们与汉语"意合"语用特点有关。不过，郭绍虞先生指出，"古语以颠倒为常例"，"唐宋以后类此之例便比较少见"等，⑦ 这表明汉语词语灵活性运用所造成的不确定性增加了表达交流的交际成本，于是汉语构词法规范逐步得以明晰和确立，词语趋向稳定。

其次，汉语"意合"特点也体现在章句写作中，如下面两段文字，前者出自袁宏《后汉纪》，后者出自范晔《后汉书》：

① 《魏书》，中华书局 1974 年版，第 1965 页。

② 《魏书》卷 77，中华书局 1974 年版，第 1691 页。

③ 《抱朴子外篇校笺》，中华书局 1997 年版，第 652 页。

④ 《抱朴子内篇校释》，中华书局 1985 年版，第 225 页。

⑤ 《北齐书》，中华书局 1972 年版，第 453 页。

⑥ 《北齐书》，中华书局 1972 年版，第 443 页。

⑦ 《照隅室语言文字论集·中国语词之弹性作用》，上海古籍出版社 2009 年版，第 100 页。

（刘睦）能属文，善史书，作《春秋指意》、《终始论》及赋、颂数十篇。病临困，帝以驿马诏睦为草书尺牍十首。①

（刘）睦能属文，作《春秋旨义》、《终始论》及赋、颂数十篇。又善史书，当世以为楷则。及寝病，帝驿马令作草书牍十首。②

二者的表达主旨相同，都是叙述东汉刘睦能属文、善史书的文史特长。但袁宏和范晔的写作处理不同。袁文先合写"能属文，善史书"主旨，再集中叙述说明主题的材料。范文则将该段落主旨分解为"能属文""善史书"两个方面内容，予以分开叙述："能属文"用"作《春秋旨义》、《终始论》及赋、颂数十篇"说明；"善史书"用"当世以为楷则。及寝病，帝驿马令作草书牍十首"解释。相比而言，范文表达更有层次感，也更为清晰。

此外，这两段文字的写作还有一些值得注意的差异。如范晔多了"当世以为楷则"一句，此句对"善史书"是一个补充说明，刘睦的书法好，成为世人的楷模，它同时还能作为下句"及寝病，帝驿马令作草书牍十首"的原因。古代汉语没有印欧语那么复杂严密的从句语法，复句之间的关系多为"意合"，这就需要汉语写作将句子之间的关系用相应的语句交代清楚。范晔加上的这一句使句子之间的关系脉络清晰，语义连贯。又如范晔《后汉书》多出连接词"又"。"又善史书"显然是针对"睦能属文"而言，这两句合起来相当于现代汉语复句"不仅能属文，而且善史书"。连接词"又"使前后两个语句在思维上有递进关系，加强了句子之间的严密程度，表现出作者比较精细的思想和严密的思维。这些差异使《后汉书》句段写作文势流畅，义脉贯通。由此可见，了解汉语"意合"语法的句段篇章写作特点，不仅能帮助我们准确理解文意，还有助于我们掌握汉语写作技巧，并判别汉语写作的优劣。

最后，汉语"意合"语法特点在不同文体写作中存在适应性差异。如《汉书·贡禹传》（传七十二）引用了一首歌谣：

何以孝弟为？财多而光荣。何以礼仪为？史书而仕宦。何以谨慎为？勇猛而临官。

该歌谣中"史书"实乃"善史书"的省略，句意指那些擅长"史书"的人可以自由驰骋在宦海仕途。这六句民谣两两对比，概述了西汉中后期经学儒生与文法官吏之间对立紧张的关系。三个问句与儒学有关，三句回答与文法吏治有关。前者是儒生的理想人生追求，后者是文法吏的富贵人生现实。"礼仪"与"史书"的对立语境表明，"史书"含义当偏重于处理行政事务的能力与技巧。从秦汉行政历史言，"史书"与文法吏制的书籍以及汉字书写和文章写作有关，其语义跨"书写的行动"和"书写的作品"两个义项，含义相当丰富。

上述歌谣的对偶句式是汉语"意合"语法在骈文、诗赋、对联等文体写作中的显著特点。叶嘉莹称赞杜甫《醉时歌》震撼人心的力量就在于该诗"章法、句法，两两相对，抑扬

① 李兴和：《袁宏〈后汉纪〉集校》，云南大学出版社 2008 年版，第 128 页。
② 《后汉书》，中华书局 1965 年版，第 557 页。

对比之间"①。叶维廉先生描绘古诗中汉语"意合"语法的灵活性时说道：

> 中国古典诗中语法的灵活性——不确切定位、关系疑决性、词性模棱和多元功能——是要让读者重获相似于山水画里的自由浮动的空间，去观物感物和解读，让他们在物象与物象之间作若即若离的指义活动。
>
> 语法的灵活让字与字之间建立一种自由的关系，读者在字与字之间保持着一种"若即若离"的解读活动，在"指意"与"不指意"的中间地带，造成一种类似"指意前"物象自现的状态。这些字，仿佛是一个开阔的空间里的物象，由于事先没有预设的意义与关系的"圈定"，我们可以自由进出其间，可以从不同的角度进出，获致不同层次的美感。我们仿似面对水银灯下的事物、事件的活跃和演出，在意义的边缘上微跃。②

诚如前辈所言，具有"意合"特点的汉语句子简练，看似语无伦次，实却意若贯珠，多义灵活且富有形式张力。简洁、精练的汉语以独到的方式将生命力注入叙述和描写，并使情感的发抒获得某种表现力。③ 不过，汉语"意合"的这种表达优势当主要体现在以描写、抒情等表达手法为主的审美性文体上，如骈文、对联、诗歌等，而在以论证、阐释、说明、叙述等表达方式为主的科技文体、学术论文以及各种实用文体写作中，要特别防范"意合"可能导致的语义模棱两可，含混不清等。④ 从汉语写作史来看，"意合"法对汉语写作既有积极影响，也有消极影响。积极影响会逐步发展为写作技巧、修辞手法或文体要素，被反复强化并得以传承，而消极影响则逐渐被认识并加以克服，如词语的随意分合、伸缩、颠倒等导致词义含混，复句关系指示不明导致文义难解等。

综之，"史书""善史书"的语用历史表明：汉语遣词造句灵活，有很强的形式张力，体现了"意合"语法特征。不过，虽然"意合"语法让汉语具有表达的灵活性，却也使其具有不确定性，甚至模糊性。对于汉语文体写作而言，如何既充分利用汉语"意合"遣词造句的灵活优势，又避免其表达的不确定性所导致的语义模糊和交流效果的不理想，是值得我们进一步探索的问题。

（作者单位：武汉大学文学院）

---

① 叶嘉莹：《从中西诗论的结合谈中国古典诗歌的欣赏》，《当代文坛》1984 年第 1 期。
② 叶维廉：《道家美学、中国诗与美国现代诗》，《中国诗歌研究》2004 年第 4 辑。
③ 参见《洪堡特语言哲学文集》，商务印书馆 2011 年版，第 184 页。
④ 并非只有汉语表达含混。赵元任先生说："其实大体上说，中国话含混的地方不见得比其他语言多，也不见得少。"（《中国现代学术经典·赵元任卷》，河北教育出版社 1996 年版，第 84 页。）

汉语"动+数+量"式动量表示法的来源及类型学观照*

□　金桂桃

一、引　言

　　现代汉语动量表示法主要有两种方式："动+数+量"式和"数+量+动"式，前者如"去两次"，后者如"一次也没去"。不过，据学者们研究，一般情况下不用"数+量+动"式动量表示法。如石毓智指出："动量词位于动词之前是有很强的条件限制，一般表示一些特定的语法意义，而且很多时候数词只限于'一'，或者干脆不能加任何数词，使用频率和范围都很受限制。"①张赪也指出："'数+动量'短语位于动词前成为一种有标记语序，'表达特殊的语法意义'。"②也就是说，现代汉语动量表示法通常情况下用"动+数+量"式，有特殊表达需要时才用"数+量+动"式。

　　关于现代汉语中"动+数+量"这种最基本的动量表达方式的来源问题，学界至今尚无定论。唐钰明认为汉语动量表示法遵循着"数+动→动+数→动+数+量"的发展过程③；石毓智等认为汉语数量短语经历了一个由中心动词前向中心动词后移动的过程④，即"数+量+动→动+数+量"；张赪认为汉语动量表示法直接由"数+动"式发展成为"动+数+量"式⑤。金桂桃提出"动+数"式直接发展出"动+数+量"式的意见，但没有具体展开来讨论。⑥ 本文拟从汉语自身的发展和跨语言的考察两个角度来探讨"动+数+量"式动量表示

　　* 本文为国家社科基金一般项目"类型学视野的汉语动量表示法历时演变研究"（项目批准号：12BYY087）、教育部人文社科青年基金项目"汉语动量构式的历时演变研究"（项目批准号：11YJC740045）阶段性成果。

　　①　参见石毓智：《语法化的动因与机制》，北京大学出版社 2006 年版。
　　②　张赪：《汉语语序的历史发展》，北京语言大学出版社 2010 年版，第 204 页。
　　③　唐钰明：《古汉语动量表示法探源》，《古汉语研究》1990 年第 1 期。
　　④　石毓智、李讷：《汉语语法化的历程》，北京大学出版社 2001 年版，第 298~302 页。
　　⑤　张赪：《汉语语序的历史发展》，北京语言大学出版社 2010 年版，第 186~187 页。
　　⑥　金桂桃：《汉语动量词的产生》，《江南大学学报》2011 年第 2 期。

法的来源问题。

二、汉语"动+数+量"式的来源

汉语"动+数+量"式动量表示法应该由"动+数"式发展而来。

"动+数"式是古代汉语重要的动量表示法之一(唐钰明,殷国光①)。据金桂桃研究,先秦时期"动+数"式占全部动量表示法用例总数的 6.8%(包括"指代性动词结构+数"和"者+数"式)②,如:

(1)公怒,鞭师曹三百。(《左传·襄公十四年》)

(2)伯有既死,使大史命伯石为卿,辞。大史退,则请命焉。复命之,又辞。如是三,乃受策入拜。(《左传·襄公三十年》)

(3)宋王因怒而诎杀之。又使人往视齐寇,使者报如前,宋王又怒诎杀之。如此者三。(《吕氏春秋·雍塞》)

例(1)数词"三百"只计量其前面单个数词"鞭"所代表动作行为进行的次数;例(2)数词"三"计量其前面多个动词"命""辞"所示动作行为或者说"命之,辞"这种事情发生的次数;例(3)数词"三"的功能与例(2)相类似,可见这种表达方式中的"者"字只是起着表停顿的作用。

"动+数+量"式是由例(1)类动量表达方式发展而来的。

汉代"动+数"式呈现出了进一步发展之势。从用例数量来看,汉代"动+数"式占全部动量表示法用例总数的 11.8 %。从其构成要素之一的动词种类来看,能够用例(1)类表达格式表示动量的动词种类较之前期明显增多。如:

(4)公惧,坠车伤足,失屦,反而鞭主屦者茀三百。(《史记·齐太公世家》)

(5)与项羽战荥阳,争成皋之口,大战七十,小战四十。(《史记·刘敬本传》)

(6)春秋二百四十二年间,日蚀三十余,地震五十六。(《汉书·孔光传》)

(7)披痛大热,刺足少阳五,刺而热不止,刺手心主三。(《黄帝内经·素问·通评虚实论》)

(8)霸让位,自陈至三,上深知其至诚,乃弗用。(《汉书·匡张孔马传》)

(9)陈女乐文马于鲁城南高门外,季桓子微服往观再三。(《史记·孔子世家》)

先秦时期,能够用"动+数"式(不包括"指代性动词结构+数"和"者+数"式)表示动量的动作行为主要是"击打""责罚"义类动词。到汉代,如例(4)~(9)所示,除了沿用前期用法外,表示战争、自然现象、治病、言说等动作行为的动词皆可进入这种动量表达格式。

---

① 殷国光:《上古汉语中数词计动量的两种位置的比较》,《古汉语研究》2002 年第 1 期。

② 金桂桃:《先秦时期的动量表达格式》,《长江学术》2013 年第 2 期。

正是在这种格式进一步发展的基础上，人们开始将一些词语直接插入"动+数"后面，从而发展出"动+数+量"式动量表示法。

我们先比较下面用例：

(10)a. 子尾抽桷击扉三，卢蒲癸自后刺子之，王何以戈击之。(《左传·襄公二十八年》)

　　b. 即以疑所持胡桐木丈(杖)从后墨击意项三下。(《居延新简》E.P.F.22·326)

　　c. 言候击敞数十下，胁痛不耐言。(《居延汉简释文合校》123.58)

将例(10)a句与b、c句中的动量表示法进行比较可以发现，同样的动作行为"击"，《左传》用"动+数"式表示动量，汉代则在数词后加上另外一个词表示动量单位，形成"动+数+量"式动量表示法。可见，汉代人是直接在"动+数"式后面加上另一词语来表示该动作进行的次数。

如果我们再往后看一些魏晋南北朝时期的用例，这种直接在"动+数"后加上其他词来表示动作次数的过程就更为明显：

(11)a. 坐引者以师哭之，亲推之三。(《左传·定公九年》)

　　b. 齐侯自推丧车轮三转。(《左传·定公九年》，"亲推之三"杜预注)

晋朝杜预为《左传》"亲推之三"作注时，在数词"三"后加上"转"字，这里的"转"虽然动词性质还颇为明显，但杜预这种为古书作注的方法，至少说明了古人为了明确语义，会在"动+数"后直接加入另一词语。再看一组用例：

(12)a. 疏到，急就往使受杖一百，促责所饷。(《三国志·潘浚传》)

　　b. 播诣狱讼争，身受数千杖，肌肤刻烂。(《三国志·杨戏传》)

　　c. 缚之着树，鞭杖百余下，欲杀之。(《三国志·先主传》)

同一作品中，相同动作行为发生的次数，作者有时用"动+数"式，有时用"动+数+量"式表示，这较为明显地表明了古人是直接将某词语插入"动+数"结构后面以表示该动作行为数量的。

最开始能进入这种表达格式的是与中心动词紧密相关的词语，如例(10)b、c"动+数"后加"下"，因为"击打"的方向一般是自上而下；例(12)b句"动+数"后加"杖"表明动作进行的工具等。再如：

(13)我之王家食马肝，食饱甚，见酒来，即走去，驱疾至舍，即泄数十出。(《史记·淳于意传》)

(14)彼异道人即遥远远绕佛一匝，便从彼间道径去。(东汉·支娄迦谶《道行般若经·摩诃般若波罗蜜功德品第三》)

(15)佛敕目连："现汝道力。"目连受教，飞升虚空，出没七反，身出水火，从上来

下，前礼佛足，却侍于左。（东汉·昙果共康孟详《中本起经》卷上）

(16)上药各须精新，先捣大黄、干姜为末，研巴豆纳中，合治一千杵，用为散，蜜和丸亦佳，密器中贮之，莫令歇。（《金匮要略·三物备急丸》）

(17)上十味，异捣筛，合治之，以苦酒渍乌梅一宿，去核，蒸之五升米下，饭熟捣成泥，和药令相得，纳臼中，与蜜杵二千下，丸如梧子大。（《金匮要略·趺蹶手指臂肿转筋阴狐疝蛔虫病脉证治》）

(18)汉有善骑射者楼烦，楚挑战三合，楼烦辄杀之。（《史记·项羽本纪》）

例(13)"泄+数"后加"出"表明动作"泄"的方向；例(14)"绕+数"后加"匝"，因为"绕""匝"皆表示"围绕"义；例(15)"出没+数"后用"反"，是因为"出没"与"往返"义近；例(16)"治+数"后用"杵"表明动作的工具；例(17)"杵+数"后用"下"表明"杵"的方向；例(18)"挑战+数"后用"合"，因为古代两军对垒，交战一次就叫"一合"等。刚开始处在这种句法位置上的词，其实词义往往很明显，如例(11)b 句"推丧车轮三转"中的"转"、(13)"泄数十出"中的"出"等，随着出现频率的增加，其实词义慢慢消蚀，最后虚化成纯表动作次数的单位词。

"动+数"式于汉代发展出"动+数+量"式动量表示法的原因，一方面与当时名量表示法的发展和类推作用有关。唐钰明发现汉语名量词循着"名+数→名+数+量"的发展路径①，并列举了如下用例：

    a. 桓公与之系马三百。（《国语·齐语》）
    b. 桓公与之系马三百匹。（《战国策·齐策》）

同样的意思，在先秦时期用"名+数"式，汉代则在其后直接加上计量单位词从而形成"名+数+量"式名量表示法。这与我们考察到的"动+数"式动量表示法的发展路径颇为相似。另据黄盛璋统计，汉代"名+数+量"是主要名量表达格式②；金福芬、陈国华也指出"在周秦时期，量词标记无一例外都是后置于名词的，也就是说量词结构中数、量、名出现的顺序是：N+Num+CL"③。在这种表量方式的影响和类推作用下，当时的人们开始选用一些与中心动词义紧密相关的词语放入"动+数"后面来计量该动作行为发生的次数，从而发展出"动+数+量"式动量表示法。

促使"动+数"式于汉代发展出"动+数+量"式的另一个原因，当与古代汉语时量表示法的类推作用有关。太田辰夫指出古代汉语中表示一段时间的计量成分既可位于动词前也可位于动词后，在动词前多用以表示非实在的动作，在动词后多用以表示实在的动作。不过，后来除了否定句外，时量成分一般都位于动词后了。④ 张赪找到汉代时量表达格式共

① 唐钰明：《古汉语动量表示法探源》，《古汉语研究》1990 年第 1 期。
② 黄盛璋：《两汉时代的量词》，《中国语文》1961 年第 8 期。
③ 金福芬、陈国华：《汉语量词的语法化》，《清华大学学报》2002 年第 1 期。
④ ［日］太田辰夫：《中国语历史文法》，蒋绍愚、徐昌华译，北京大学出版社 2003 年版。

652 处用例，其中"时量+动"35 例，"动+时量"617 例。① 可见，汉代表示动作持续时间的时量词主要位于动词后面，如：

> 燕将见鲁连书，泣三日，犹豫不能自决。(《史记·鲁仲连邹阳列传》)
> 嘉还战一日，嘉死，军降。(《史记·项羽本纪》)

在这种动作时间量表示法的影响和类推作用下，动作的次数量也开始采用"动+数+量"式表示法。

综上，汉语"动+数+量"式动量表示法是在汉语"动+数"式进一步发展的基础上，在名量表示法和时量表示法的双重影响和类推作用下产生的。

三、类型学观照

"动+数+量"式动量表示法存在于许多语言中。我们对中国境内74 种少数民族语言②进行调查，结果发现27 种少数民族语言也能用这种方式表示动量。如：

(19) 侗语：a：i⁵ jan¹ sa：m¹ ta：u⁵(鸡叫三遍) (引自《侗语简志》第 69 页)
　　　　鸡 啼 三 次
(20) 畲语：ŋŋ⁴ i⁶ pai⁵ (去一次) (引自《畲语简志》第 67 页)
　　　　去 一 次
(21) 黎语：a：p⁷ fu³ ka：i³(洗澡三次) (引自《黎语简志》第 32 页)
　　　　洗澡 三 次
(22) 毛难语：pa：i¹ ja¹ ca：u¹(去两次) (引自《毛难语简志》第 47 页)
　　　　去 两 次
(23) 苗语：tɕu³³ i³³ ten⁴⁴(骂一顿) (引自《苗语简志》第 65 页)
　　　　骂 一 顿

这些语言主要分布于藏缅语系的侗台语族、苗瑶语族和南亚语系。不少学者都注意到

---

① 张赪：《汉语语序的历史发展》，北京语言大学出版社 2010 年版，第 190 页。

② 语料主要来源于孙宏开等主编《中国的语言》(商务印书馆 2007 年版)和《中国少数民族语言简志丛书》(民族出版社 1980—1987 年版)，以及一些少数民族语言研究资料。这 74 种语言是：

汉藏语系 47 种：仓洛语、门巴语、藏语、彝语、傈僳语、拉祜语、哈尼语、基诺语、纳西语、柔若语、卡卓语、毕苏语、努苏语、土家语、阿昌语、浪速语、仙岛语、载瓦语、珞巴语、景颇语、独龙语、阿侬语、义都语、普米语、羌语、嘉戎语、白语、壮语、布依语、傣语、侗语、水语、仡佬语、仫佬语、黎语、毛难语、拉咖语、佯僙语、临高语、标话、木佬语、勉语、布努语、苗语、畲语、炯奈语、巴哼语。

阿尔泰语系 18 种：蒙古语、土族语、保安语、达斡尔语、东部裕固语、东乡语、维吾尔语、哈萨克语、柯尔克孜语、乌兹别克语、塔塔尔语、撒拉语、图瓦语、满语、锡伯语、鄂伦春语、鄂温克语、赫哲语。

南亚语系 5 种：布朗语、德昂语、京语、佤语、莽语。

南岛语系 4 种：阿眉斯语、布嫩语、排湾语、赛德克语。

量词的分布与动词与宾语的语序有关，如徐丹指出："在我们看到的大部分 VO 型语言中，NumCL 组合都前置于名词而后置于动词。"①我们考察的结果与此结论基本一致：我们调查范围之内，VO 型有量词语言皆能用"动+数+量"式表示动量。根据 Dryer 的研究，中文（现代汉语）被看作一种非典型的 VO 型语言②，所以汉语能用"动+数+量"式表示动量。

由"动+数"式发展出"动+数+量"式动量表示法，也不是汉语特有的语言发展现象。我们在某些少数民族语言中也能找到这种发展路径的痕迹。

莽语主要有"动+量+数"式（当数词为"一"时）和"动+数+量"式（当数词为"二"或以上时）动量表示法，如：

（24）莽语：tço^{51}　ŋ^{31}tɛ^{31}　mɛ^{55}　（去一次）③
　　　　　去　　次　　一
（25）莽语：ləp^{55}　ʐɯa^{51}　pai^{35}　（念两遍）④
　　　　　念　　二　　遍

但亦存在少量"动+数"式动量表示法，如：

（26）莽语：ly^{55}　mɛ^{55}　（说一遍）⑤
　　　　　说　　一

据高永奇研究，"莽语量词还处于新生阶段"⑥。石毓智指出，莽语在没有量词的时候，数词可以直接置于动词之后。⑦ 根据语言发展"滞留性"的原则，结合莽语动量表达方式的现状，可知莽语的"动+数+量"式动量表示法是由"动+数"式发展而来的。这可从更多语言数词和数量短语在动量表达格式中的对应分布规律得到进一步的验证。

我们对中国境内 74 种少数民族语言的全部动量表达方式进行了调查统计，结果表明：如果一种语言中既能用"数词与动词直接组合"也能用"数量短语与动词组合"表示动量，那么数词和数量短语一定处于中心动词的同侧，无一例外（参见表 1）。

表 1　　　　　　　　少数民族语言数词和数量短语在动量表达格式中的对应分布

	汉藏语系(47)	阿尔泰语系(18)	南亚语系(5)	南岛(4)	总共
"数+动"&"数+量+动"	2	14			16
"数+动"&"量+数+动"	1				1

① 徐丹：《量词及其类型学考察》，《语言科学》2011 年第 6 期。
② Dryer, M. S, *The Greenbergian word order correlations. Language*, 1992(1).
③ 孙宏开等主编：《中国的语言》，商务印书馆 2007 年版，第 2490 页。
④ 孙宏开等主编：《中国的语言》，商务印书馆 2007 年版，第 2490 页。
⑤ 高永奇：《莽语概况》，《民族语文》2001 年第 4 期。
⑥ 高永奇：《莽语概况》，《民族语文》2001 年第 4 期。
⑦ 石毓智：《语法化的动因与机制》，北京大学出版社 2006 年版，第 203 页。

续表

	汉藏语系(47)	阿尔泰语系(18)	南亚语系(5)	南岛(4)	总共
"数+动"&"动+数+量"					
"数+动"&"动+量+数"					
"动+数"&"数+量+动"					
"动+数"&"量+数+动"					
"动+数"&"动+数+量"	1		1		2
"动+数"&"动+量+数"	1		1		2

表1中语系后面括号里的数字是我们考察该语系具体语言的数量，其他数字代表存在该行数量表达方式的语言数量。① 结果显示，数词和数量短语同位于中心动词左侧的有17种语言，同位于中心动词右侧的有4种语言。没有位于中心动词异侧的现象。也就是说，如果一种语言既能用数量短语又能直接用数词表示动作的次数，那么数词和数量短语一定位于中心动词的同侧。

任何一种新语言现象的产生都不是突发和瞬间完成的，必然会经历一个新旧两种语言形式并存的阶段。动量词是语言发展到一定阶段的产物，在动量词产生之后到发展成熟之前这个阶段，必定会有新旧两种动量表达方式并用的现象。人类语言中"数+动"式只与"数+量+动"或"量+数+动"式并存，"动+数"式只与"动+数+量"或"动+量+数"式并存的语言事实，证明两类并存格式中的后者只能是由各自的前者发展而来。

以上跨语言动量表达格式中数词和数量短语的对应分布及发展规律，为汉语"动+数+量"式动量表示法来源于"动+数"式在语言类型学方面提供了进一步的佐证。

（作者单位：武汉理工大学汉语言学系）

---

① 如"汉藏语系(47)"表示我们对汉藏语系中的47种少数民族语言进行了考察；表格第二行第一个数字"2"表示汉藏语系47种少数民族语言中有2种语言同时用"数+动"和"数+动量+动"式表示动量。

中国·周边·世界

中西视野下的猎巫现象

——古代中国 1768 年妖术恐慌与近代早期欧洲巫术迫害之比较

□ 蒋 焰

　　巫术信仰及其相关问题的研究一直是近些年来学术界探讨的热点之一。在这其中，关于"猎巫"现象①——针对巫师，尤其是邪恶巫术施行者妖巫的打击和控诉活动——的探讨也是中外学者们比较关注的重点问题之一。② 不过迄今为止，国内外对于中西猎巫活动的相关比较仍不多见。实际上，作为中外民间信仰以及社会日常生活的共同组成部分，二者之间具有某种可比性。而通过比较，也可以帮助我们更好地理解中西方社会和文化的异同，以及整个人类社会的某些共性和特点。因此，本文在前人研究基础上，拟以中国古代的 1768 年叫魂妖术恐慌和近代早期欧洲的巫术迫害为对象，从社会背景、形成机制以及相关特点等方面来对中西方的猎巫活动进行一些初步比较。③

---

　　①．"猎巫"（witch-hunt）一词主要来自西方学者的著作，即主要针对巫师，尤其是妖巫（即以巫术达到邪恶目的的"黑巫"）的打击和控诉（persecution or accusation）活动。古代中国 1768 年叫魂妖术恐慌中对妖巫的打击也属此类。

　　② 在西方历史，尤其是欧洲历史中，猎巫活动作为一个比较突出的历史现象主要出现在近代早期。学者们就其起因、过程、影响等方面有诸多论述。在古代中国的一些时期，也有针对妖巫施行的追猎与打击活动。学者们也已对其展开了探讨。参见 C. L. Ewen ed., *Witch Hunting and Witch Trials*, Kegan Paul, Trench, Trubner, 1929; Keith Thomas, *Religion and the Decline of Magic*, Weidenfeld and Nicolson, 1971（已有中译本，[英]基思·托马斯：《巫术的兴衰》，芮传明译，上海人民出版社 1988 年版）; B. P. Levack, *The Witch-Hunt in Early Modern Europe*, 2nd edition, Longman, 1995; B. Ankarloo, S. Clark, and W. Monter, gen eds., *Witchcraft and Magic in Europe*, vol. 4: *The Period of the Witch Trials*, Athlone, 2002; 武乾：《中国古代对巫术邪教的法律惩禁》，《法学》1999 第 9 期；赵章超：《宋代巫术妖教犯罪与法律惩禁考述》，《宗教学研究》2002 年第 4 期；周向阳：《清代对邪教犯罪的法律惩禁》，《求索》2009 年第 1 期；[美]孔飞力：《叫魂：1768 年中国妖术大恐慌》，陈兼、刘昶译，三联书店 1999 年版等。

　　③ 总体上，对中国古代猎巫活动的研究还可以继续深入，尤其是对某一具体猎巫活动的探讨上。在这方面，美国学者孔飞力所著的《叫魂：1768 年中国妖术大恐慌》一书具有开拓意义。在书中，作者细致勾勒出了此次猎巫活动的整个全景，在一定程度上反映了中国古代猎巫现象的某些特点，从而也为笔者的比较提供了基础。另由于近代早期欧洲的猎巫活动范围甚广、情形复杂，因此笔者主要选取的是西欧（特别是英国）作为此次比较的主要对象。

一、共通的社会背景与形成机制

猎巫活动发生的社会背景是我们首要关注的方面。而二者无一例外地都突出了社会剧烈变动的趋势以及由此带来的社会冲击。无论是盛世中的乾隆时期，还是正处于近代力量成长过程的欧洲近代早期，都体现出了这种特点。在中国，商品经济正在快速增长，尤其是处于清代商业核心地区的江南，这种快速增长更加显而易见。而伴随着商业发展的则是一个"更为自由的劳动力市场"的出现，它与地区经济发展不平衡一起促发了人口流动性的急剧增强。不仅如此，此时的人口数量也在迅速攀升，物价，尤其是米价腾贵，导致了人口、物价以及货币三者之间的比例失调。① 这所有的一切都在对整个社会形成一种冲击，在一定程度上造成了社会的相对失序和不稳定。而这正是某些突发事件具有联想空间的社会土壤和温床。同样，在近代早期的欧洲，这种剧变和冲击也十分显著。人口数量在经历长期下降与停滞后，开始迅速反弹；所有商品的价格以前所未有的速度上涨；大小城镇也在数量和规模上跨上了一个新台阶；更重要的是，以商业与农业资本主义为代表的一种新的经济形态开始被引入到许多地区；再加上周期性灾荒和瘟疫的流行以及歉收的发生，② 这一切都使得近代早期的欧洲成为当时世界上变动最为剧烈的地区之一。如果再考虑到宗教分裂、政治冲突等因素的影响，人们的这种印象一定会更为深刻。因此，二者都会在此时发生看似偶然的猎巫活动实际上却并非完全出于偶然，尽管我们并不能说这种社会环境就一定会造就猎巫活动的发生。

这种变动和冲击的社会大环境究竟会对当时人们的心理造成什么样的影响？其与猎巫活动的发生之间又有何关系？对于此问题，我们可以分为两个层面进行考察。

第一是上层统治者。社会的变动和冲击造成的最大后果是统治者对于自身统治的担心和疑虑，尤其是在社会秩序和国家安全方面。统治者们将会倾注更大的精力与注意力，同时也具有更大的"假想敌"倾向。而将这种担心、疑虑以及敌意倾向投射到具体事件中或人物身上，并采取必要的手段进行相关"有效"防备也是一种可以理解的行为。在一定程度上，也正是缘于此，才会有乾隆将谋反罪与实施剪辫行为的妖巫联系起来，进而促使了全国性搜捕妖巫活动——猎巫活动的产生。③ 这种情况也同样反映在欧洲近代早期的猎巫历史中，例如16世纪末发生在苏格兰地区的由国王詹姆斯六世（James VI）发起的一系列妖巫审判案，其实质就是国王对自身统治不安定的疑虑。④ 在英格兰，我们同样在推动1563年反巫术立法（Statute 5 Eli. I , cap. 16. ：An Act against conjuration, enchantment and witchcraft）出台⑤及之后猎巫活动的产生原因中看到了类似的例子，诸如有人利用妖术推

---

① ［美］孔飞力：《叫魂：1768 年中国妖术大恐慌》，陈兼、刘昶译，三联书店 1999 年版，第 32～60 页。

② B. P. Levack, *The Witch-Hunt in Early Modern Europe*, 2nd edition, Longman, p. 127.

③ ［美］孔飞力：《叫魂：1768 年中国妖术大恐慌》，陈兼、刘昶译，三联书店 1999 年版，第 67～87 页。

④ Christina Larner, *Witchcraft and Religion*: *The Politics of Popular Belief*, Basil Blackwell, 1984, p. 9.

⑤ *Statutes of the Realm*, Buffalo, W. S. Hein, 1993(4), pp. 446-447.

算伊丽莎白(Elizabeth I)女王的寿命及其还能统治多久。①

第二是作为社会下层的大众。对于他们而言，这种变动和冲击背后隐藏的是一种更大的不安，一种对于自身地位和生存的忧虑。总体而言，当时的社会变动和冲击并没有给大多数民众带来立即而又实际的利益和好处。正如孔飞力在 1768 年的妖术恐慌中写到的："从一个十八世纪中国普通老百姓的角度来看，商业的发展大概并不意味着他可以致富或他的生活会变得更加安全，反而意味着在一个充满竞争并十分拥挤的社会中，他的生存空间更小了"，"对生活于那个时代的大多数人来说"，盛世，（这个）"活生生的现实则是这种在难以预料的环境中为生存所作的挣扎奋斗"。② 这种心情对于近代早期的欧洲民众来说也并不陌生，甚至更为熟悉。"对于他们，生活每个方面的变化都是一种令人焦虑的经历，它制造了一种悲观、沮丧的情绪"，"同时也更是一种难于应付缺乏稳定与确定感的新世界的深深恐惧"。③ 而猎巫活动则在某种程度上提供了一条释放心理焦虑和身处巨大精神紧张之中保持内心平衡的有效途径。在猎巫活动中，他们或许将妖巫投射为诸多不幸的根源，④ 又或许将妖巫投射为周围无形及潜在变动所带来的一切危险和威胁的"化身"⑤。不仅如此，这种变动和冲击本身也加剧了整个社会关系的紧张状态，特别是在社会下层，这种倾向更为明显。因为对于他们中的大部分人来说，现在的生活似乎更加艰难。为了自己的利益，与他人的争吵与不和也更为频繁。甚至在某些时候，这种猎巫行为也"有意""无意"地转变成了一种维护一己私利和清算个人宿怨的"武器"：穷人和富人由于施舍给予"与否"和"多少"问题可以发生咒骂和争吵；⑥ 债主可以被诬告为妖巫；个人之间的恩怨可以变成妖巫诽谤案和控告案；⑦ 而为了打击同行的竞争对手，也可以挑起人们对于"妖术以及妖巫"的恐惧⑧。正如孔飞力所评价的："这（猎巫）是扔在大街上的上了膛的武器，每个人——无论恶棍或良善——都可以取而用之"，"对任何受到横暴的族人或贪婪的债主逼迫的人说，这一（猎巫的）权力为他们提供了某种解脱……对想得到好处

① *Calendar of Letters and State Papers Relating to English Affairs*: *Preserved Principally in the Archives of Simancas*, vol. 1, *Elizabeth*, *1558-1567*, Krause Reprint, 1971, p. 208. *Calendar of State Papers*, *Domestic Series*, *of the Reign of Elizabeth*, *1601-1603*, *with Addenda*, *1547-1565*, Longman & Co. and Trübner & Co., 1870, p. 525.

② ［美］孔飞力：《叫魂：1768 年中国妖术大恐慌》，陈兼、刘昶译，三联书店 1999 年版，第 43 页。

③ B. P. Levack, *The Witch-Hunt in Early Modern Europe*, 2nd edition, Longman, p. 159.

④ James Sharpe, *Witchcraft in Early Modern England*, Longman, 2001, p. 38.

⑤ ［美］孔飞力：《叫魂：1768 年中国妖术大恐慌》，陈兼、刘昶译，三联书店 1999 年版，第 62 页。

⑥ ［英］基思·托马斯：《巫术的兴衰》，芮传明译，上海人民出版社 1988 年版，第 424～431 页；［美］孔飞力：《叫魂：1768 年中国妖术大恐慌》，陈兼、刘昶译，三联书店 1999 年版，第 61、221 页中相关事例。有关其他的争吵与不和的类型可参看 Alan Macfarlane, *Witchcraft in Tudor and Stuart England*, 2nd edition, Routledge and K. Paul, 1999, p. 175.

⑦ Alan Macfarlane, *Witchcraft in Tudor and Stuart England*, 2nd edition, Routledge and K. Paul, 1999, p. 174. James Sharpe, *Witchcraft in Early Modern England*, Longman, 2001, p. 49.

⑧ ［美］孔飞力：《叫魂：1768 年中国妖术大恐慌》，陈兼、刘昶译，三联书店 1999 年版，第 300 页。

的人，它提供了奖赏……对恶棍，它是一种力量……"①正是这上、下两层人的心理机制在一定程度上促发了猎巫活动的产生和爆发。它是不同群体人们内心世界的反映和表达，一种不同心理投射的某种不经意的"共谋"。

二、相似的大众心理与迫害对象

除上述背景及其影响外，下面再让我们看看猎巫活动中的其他相关特点。在这方面，有一个共通点我们需要首先提及，这就是大众心理问题。这一点对于猎巫活动规模的扩大至为重要。早在19世纪末，法国学者勒庞就曾对大众心理进行过研究。他指出，群众是"聚集成群的人，他们的感情和思想全都转到同一个方向，他们自觉的个性消失了，形成了一种集体心理"，"并受群体精神统一律的支配"，② 即冲动、易变、急躁，并且易受暗示和轻信，在情绪上表现得夸张而单纯，偏执而专横，暴力倾向明显，控制其思考的主要是非理性。③ 这些特点在某些猎巫活动中也表现得相当明显。甚至在某种程度上而言，正是这些特点催生了猎巫活动，并在实际中扩展了猎巫活动的规模和程度。在1768年的妖术恐慌中，孔飞力曾不止一次地提及于此。例如在最初的"萧山事件"中就很明显地反映出这种大众心理特点。"焦虑不安的村民很快便围了上来"，"怒不可遏，将两人（即被指责为叫魂的术士，也即妖巫）捆绑起来，上上下下地搜了一通。尽管什么也没有发现，人们还是开始殴打他们。骚乱的人群越聚越大，有人叫道：'烧死他们！'还有人吼道'在河里淹死他们！'"④而也就在同一天，在萧山的另一地点，"人们（又）打死了一名走街穿巷的白铁匠，只因为他们相信在他身上发现的两张护符是用于叫魂的咒文"。实际上，其只是"两张用来向土地爷赎罪的普通符文"。⑤

在近代早期欧洲的猎巫活动中也不乏其例。由于群众轻信而导致的针对妖巫的非法暴力及私刑行为不断。⑥ 它们往往会激起新一轮的猎巫及诉巫活动。由于怀疑导致的妖巫恐

---

① ［美］孔飞力：《叫魂：1768年中国妖术大恐慌》，陈兼、刘昶译，三联书店1999年版，第300页。不过笔者在此引用这段话并不表示笔者赞同可以将孔飞力关于"妖巫揭露出的是当时清代社会处处丑陋之现实"的观点推广至近代早期欧洲，特别是英国的做法。孔飞力总体上将猎巫看成是全社会道德堕落的产物，但笔者认为，它只能反映出当时欧洲社会的部分现实。欧洲的猎巫活动是多种因素共同作用的结果，尤其是要考虑到当时欧洲的实际情况，特别是宗教方面的情况。

② ［法］古斯塔夫·勒庞：《乌合之众：大众心理研究》，冯克利译，中央编译出版社2000年版，第16页。

③ 参见［法］古斯塔夫·勒庞：《乌合之众：大众心理研究》第二章，冯克利译，中央编译出版社2000年版。

④ ［美］孔飞力：《叫魂：1768年中国妖术大恐慌》，陈兼、刘昶译，三联书店1999年版，第13页。

⑤ ［美］孔飞力：《叫魂：1768年中国妖术大恐慌》，陈兼、刘昶译，三联书店1999年版，第20页。在全书中，此类事件层出不穷，它既是促发一些原初猎巫活动的最初原因，同时也是将整个猎巫活动不断扩大化的源头。对于大众心理特点在猎巫活动中的其他具体表现，还可从作者形容大众情绪及行为的用词中看出，如"歇斯底里"、"轻信"、"不负责任"、"暴民"、"私刑"、"最容易受到'煽惑'"等。

⑥ ［英］基思·托马斯：《巫术的兴衰》，芮传明译，上海人民出版社1988年版，第308～309页。Barbara Rosen ed., *Witchcraft in England, 1558-1618*, The University of Massachusetts Press, 1991, pp. 331-343.

慌广为流传，进而使得猎巫和诉巫活动泛滥。正如当时的一位主教所言："现在在一个郡里可以发现几百个（妖巫）；如果传闻不错的话，那么在北方的一个 14 户的村庄里，就有 14 个这种该诅咒的家伙。"① 而这种特点在英国 1645—1647 年霍普金斯（Hopkins）猎巫活动中体现得最为显著。人们争相模仿、跟随并邀请这位"著名"的职业猎巫人来到自己的城镇和社区，请他来帮助自己搜寻出并控告这些可恶的妖巫。② 这在短短的两年期间就传遍了大部分东英格兰地区，导致至少 250 人受审，100 名妖巫被处决的英国历史上规模最大的猎巫活动。③ 亦如有学者所评价的："和几乎所有猎巫活动一样，这次也得到了地方民众的支持"，而"霍普金斯的猎巫十字军的'效果则只是动员一种已存的（对于妖巫的）的怀疑，而非在创造一些新的怀疑'"。④ 由此可见"大众心理"本身⑤在猎巫活动中的重要作用。可以说在某些时候，正是大众心理造就了一场"真实"猎巫活动的爆发和扩展。

相关特点中的另一个主要相似之处是对于迫害对象——妖巫的选取，即二者在妖巫对象选取时，主要针对的是社会边缘群体，以及社会主流行为的偏离者。在 1768 年妖术恐慌中，其主要的迫害及怀疑的对象是和尚（更多的是无僧职的见习修行和尚）、道士以及乞丐等社会边缘群体；⑥ 而在西方，则主要是老且穷者，其中不少为女性。关于这一点，共同原因可能有以下几个方面。首先是社会刻板印象的作用。作为社会边缘群体的他们，往往被当时主流社会歧视。在清代社会，僧道的地位并不高，尤其是下层僧道更不为人们所特别尊重。甚至他们仍有着被鄙视的一般倾向，因为他们违反了最基本的儒教纲教理常。这种纲教理常对于那些"甘心剃发为僧，并不顾父母妻子，则行踪可疑"的人持有偏见。⑦ 另由于当时大部分下层僧道要靠化缘乞讨为生，因此也给人一种"懒人"的形象。更为重要的是，对于见习和尚而言，他们"既没有正统的家庭背景，又不是注册在案的有地位的僧侣"，这种身份的模糊性也加大了人们对其的怀疑和恐惧态度。而道士则由于经常和各种法术联系在一起，因此，对他们的怀疑并不奇怪。⑧ 最后是乞丐，由于社会变动导致的贫困化问题大大增加了民间流动乞丐的数量，加深了民众对于乞丐早有的偏见和歧视，即乞丐很"脏"，是一种污染，同时也是对公共及社区生活的一种侵扰，并且他们也和僧道一样，可能无根无底，甚至与僧道的化缘乞讨行为相比，他们的乞讨行为更是一种令人所不齿与讨厌的行为。⑨ 而在近代早期的欧洲社会，老者也有着不太好的名声，他们

---

① ［英］基思·托马斯：《巫术的兴衰》，芮传明译，上海人民出版社 1988 年版，第 310 页。

② Malcolm Gaskil ed. , *The Matthew Hopkins Trials*, Pickering & Chatto, 2003, p. xii.

③ James Sharpe, *Witchcraft in Early Modern England*, Longman, 2001, p. 71.

④ Robin Briggs, *Witches and Neighbour*, 2nd edition, Blackwell Publishers, 2002, p. 166.

⑤ 笔者在此要强调的是这种大众心理已不同于一般的民众心理，其具有上述勒庞所言的心理规律及特点。

⑥ ［美］孔飞力：《叫魂：1768 年中国妖术大恐慌》，陈兼、刘昶译，三联书店 1999 年版，第 50~60 页。

⑦ ［美］孔飞力：《叫魂：1768 年中国妖术大恐慌》，陈兼、刘昶译，三联书店 1999 年版，第 57 页。

⑧ ［美］孔飞力：《叫魂：1768 年中国妖术大恐慌》，陈兼、刘昶译，三联书店 1999 年版，第 155~156 页。

⑨ ［美］孔飞力：《叫魂：1768 年中国妖术大恐慌》，陈兼、刘昶译，三联书店 1999 年版，第 161、61、58 页。

是麻烦的制造者，可能与魔鬼交往以及有着特殊的欲求等。① 穷人为了生存和提高自己的经济地位可能会利用巫术，并且有时也和魔鬼结盟。不仅如此，他们在"生活援助"难以得到时往往会更容易产生怨恨，进而实施妖术。② 妇女则由于性别弱点等原因一直为社会主流所鄙视。相比而言，她们更容易受魔鬼引诱，更容易忌妒，因而也就更易使用妖术。③ 而随着偏见等刻板印象而来的便是某些具有"预言性"及"印证效果"的臆想和联系。尤其是在社会变动时期，此种现象更为常见。行为偏离者们也更为地方舆论和邻里所不容。④ 另一方面的可能原因是，作为社会边缘群体的他们，其反击及自我保护能力也较弱。因此，相比而言，他们也更容易成为人们进行假想式妖巫攻击及指控的对象。正如孔飞力所言："在中国社会，和尚和乞丐是最贫穷也是最无力自卫的人。他们得不到有影响力的亲属的支持，也很少或根本没有经济实力。"⑤而在近代早期的欧洲社会，"穷人，尤其是穷人妇女，是社会成员中最弱、也是最易受到攻击的群体"，他们"老而软弱无力"，也"最被人乐意当作社会不幸的替罪羊"。⑥

三、特殊的宗教因素与差异的显现

那么，上述相似之处是否意味着1768年的这场猎巫活动与欧洲近代早期的猎巫活动完全"同质"呢？对于这个问题，笔者认为答案是否定的。因为在"叫魂"中较少体现出强烈的宗教因素的作用，而这也是其区别于欧洲猎巫活动的最大不同之一。在1768年猎巫活动中，我们较少见到宗教及其相关因素的强烈影响。可以说，这种不同也一直贯穿于双方差异的诸多方面。

在近代早期欧洲的猎巫活动中，宗教因素在推动其发生发展的过程中也起到了重要作用，而这在1768年妖术恐慌中较少体现。实际上，对于这一点也不难理解。欧洲自罗马帝国后期起就一直存在着基督教的信仰。这种情况到中世纪时达到顶峰，基督教渗透到了人们日常生活的各个方面。但是，随着近代的开启，基督教信仰出现了一些新的公开变化。其不再是天主教一统全欧的局面。整个欧洲在基督教信仰上出现了分歧，即出现了宗教改革运动。此后，基督教新教势力开始壮大，路德宗、加尔文宗以及英国国教等新教分支纷纷出现，并逐渐在西北欧扎根。而宗教改革也影响到了当时宗教教义以及宗教思想本身的变化，如魔鬼意识的增强，强调个人的宗教虔诚与圣洁化，以及对于迷信、异教和魔法的攻击等。另外，它也强化了神圣世俗国家的观念。这所有的一切都对巫术信仰以及猎巫活动本身产生了重要影响，例如魔鬼意识的增强强化了清除作为魔鬼代表的妖巫的观念；个人的宗教虔诚由于其实现的困难性造成了个人内心心理的沉重负担和"罪感化"，

---

① B. P. Levack, *The Witch-Hunt in Early Modern Europe*, 2nd edition, Longman, pp. 142-145.

② B. P. Levack, *The Witch-Hunt in Early Modern Europe*, 2nd edition, Longman, p. 150.

③ James Sharpe, *Witchcraft in Early Modern England*, Longman, 2001, pp. 66-67. B. P. Levack, *The Witch-Hunt in Early Modern Europe*, 2nd edition, Longman, p. 133.

④ ［英］基思·托马斯：《巫术的兴衰》，芮传明译，上海人民出版社1988年版，第395~403页。

⑤ ［美］孔飞力：《叫魂：1768年中国妖术大恐慌》，陈兼、刘昶译，三联书店1999年版，第161页。

⑥ B. P. Levack, *The Witch-Hunt in Early Modern Europe*, 2nd edition, Longman, p. 150.

而对妖巫的控诉便是对这种内心负担和罪感化的最佳释放途径；此外，打击迷信，异教与魔法很自然地会加大对于巫师和妖巫的打击力度；最后，神圣世俗国家观念的明晰化使得一些世俗反巫术和妖术法令出台，从而为诉巫和猎巫活动奠定了世俗法律和权力基础。① 不仅如此，宗教改革的出现还导致了宗教冲突的出现，这不仅体现在天主教和新教之间，甚至在某一教派内部也出现了不同宗派的纷争。② 往往在此时，猎巫活动便在有意无意中成为各教各派手中的"武器"之一，从而在一定程度上加大了对于妖巫的迫害可能。因此，宗教作为一个重要因素，在推动近代早期欧洲猎巫活动的发生发展方面起到了重要作用。

随着宗教问题而来的第二个差异是在妖巫信仰的特点及内容方面。诚如前言，宗教改革等引起了人们魔鬼意识的增强。而与此种意识增强息息相关的是，妖巫信仰中以"魔鬼契约"（Covenant or Pact with Devil）观念③为代表的一系列新特点的出现，如魔鬼崇拜（devil worship）、妖巫对魔鬼的集体"礼拜"（sabbath）、豢养"听差精灵"（familiars）④等。这一时期，出现了大量渲染妖巫等由于受到诱惑或在精神压力之下自愿或被迫与魔鬼等达成协议，进而在其控制下达到邪恶目的的书籍和小册子。这对妖巫信仰中新特质的形成和传播都起到了推波助澜的作用。而这些特点也对之后的猎巫活动产生了影响。在某些时候，它们成为进行猎巫活动的促因之一；同时在给妖巫定罪时，人们也可以"魔鬼契约"的某些观念为依据，从而提高某些地区的妖巫定罪率[例如只注重带有"魔鬼契约"色彩的口供而非实际中的恶业（Maleficium），即对他人身体、生命、财物等造成的恶意伤害]，进而对妖巫迫害产生致命性影响。这也使得欧洲某些地区的猎巫活动呈现出了一些新的、不同的特点。⑤ 同样，这种以"魔鬼契约"等为代表的一系列宗教意识因素在 1768 年的猎巫活动中也较少出现。在 1768 年猎巫活动中，主要是以灵魂观念为核心。如果一个人的

---

① B. P. Levack, *The Witch-Hunt in Early Modern Europe*, 2nd edition, Longman, pp. 100-120.

② 例如关于英国 1645—1647 年霍普金斯猎巫活动的形成原因，就有学者从英国新教内部纷争角度进行过探讨。参见 Malcolm Gaskil ed. , *The Matthew Hopkins Trials*, Pickering & Chatto, 2003, pp. xxvi-xxix.

③ 即魔鬼和人达成一个似法律契约的协定。据此，魔鬼以提供给人尘世间的某些力量为交换，换取人的服从等。这种观点出现较早，但到近代早期时已发生了一些变化。在典型的魔鬼契约中，二者的关系更像是主奴，而非平等的交换者。另笔者的意思并不是说所有欧洲地区的妖巫信仰都完全同质。实际上，"魔鬼契约"观念在各地也有着不同的特点和表现形式，但不可否认的是，其中仍带有一些共性。参见 B. P. Levack, *The Witch-Hunt in Early Modern Europe*, 2nd edition, Longman, pp. 35-38.

④ 即专供妖巫差遣的，通常呈动物状（有时外形又不完全等同一般的动物，且现实中并不存在）的一类"奇怪生物"（strange beings or creatures）。参见 James Sharpe, *The Witch's Familiar in Elizabethan England*, in G. W. Bernard and S. J. Gunn eds. , *Authority and Consent in Tudor England*, Aldershot: Ashgate, 2002, p. 220. 另这类"听差精灵"观念一般较多出现在英格兰。虽然它与魔鬼契约观念不完全一致，但仍有关联。参见蒋焰：《试论近代早期英国妖巫信仰中的"听差精灵"》，《武汉大学学报》（人文科学版）2007 年第 1 期，第 114~120 页。

⑤ G. Scarre and J. Callow, *Witchcraft and Magic in Sixteenth and Seventeenth Europe*, 2nd edition, Palgrave, 2001, pp. 11-28. Christina Larner, *Witchcraft and Religion: The Politics of Popular Belief*, Basil Blackwell, 1984, pp. 3-4.

魂被别人偷走，那么其将会受到创伤，甚至死亡。① 叫魂妖术便是基于这一点。因此，二者在妖巫信仰内容方面是存在着一定差异的。

此外，与宗教观念相连的另一个差异是有关妖巫本人的"认罪"问题。在某些方面，二者并无太大差别。如一般而言，妖巫们都否认自己是妖巫的事实。因此，折磨、屈打成招是猎巫者最常用的方法。② 关于这一点，在 1768 年猎巫活动中表现得十分明显。多数"妖巫嫌疑人"都受过刑，进而屈打成招。③ 但是，在近代早期欧洲的猎巫活动中，也曾出现一些妖巫嫌疑人在被调查时主动承认的先例。究其原因，这也与欧洲宗教信仰中的魔鬼信念以及个人内心的宗教体验和宗教虔诚有着一定关系。由于宗教方面的原因，有些妖巫觉得自己确实受到了魔鬼的诱惑而为其所控制或与魔鬼订立契约，因此罪感深重而主动认罪和忏悔。而这种带有魔鬼印记的主动认罪或忏悔有时也会成为引发猎巫活动的动因。这种情况在近代早期的法国、瑞士以及西班牙都曾出现过。④ 因此，二者在妖巫本人的认罪方面也存在着一些不同之处。

四、结　　语

以上笔者就社会背景、形成机制以及相关特点等方面对古代中国的 1768 年叫魂妖术恐慌与近代早期欧洲巫术迫害的异同点进行了初步比较，进而在一定程度上揭示和反映出中西方猎巫活动的某些异同点。总体而论，二者作为中外民间信仰及社会日常生活的共同组成部分，具有可比性。而通过相关考察，也确为我们提供了一种审视猎巫活动的新视角，发掘出了一些关于猎巫活动方面有意义的结论。"猎巫"活动往往出现在社会发生剧烈变动的背景下，它是包括社会上层与下层在内的人们为了维护自身利益的结果，同时也是各种人群内心世界的"真实"反映；群体心理因素作为二者的共通点之一，均扩大了中西猎巫活动的规模；而作为整个活动打击对象的"妖巫"本身，在一定程度上也多是某种人们对于社会边缘群体刻板印象和偏见歧视的牺牲品等。另外，对于二者个性方面的考察，也使得我们理解到中西社会在宗教文化和信仰上的一些差异及其对猎巫活动和社会发展的影响。宗教因素不仅在近代早期欧洲猎巫活动的发生发展上发挥了重要作用，同时也使得其妖巫信仰中出现了以"魔鬼契约"观念为代表的一系列新特点，并强化了欧洲妖巫的主动认罪倾向和忏悔意识。当然需要指出的是，这种比较本身和得出的结论仍有待完善。不过，通过上述比较我们认为，猎巫活动确实在一定程度上为我们独辟了一条观察当

① ［美］孔飞力：《叫魂：1768 年中国妖术大恐慌》，陈兼、刘昶译，三联书店 1999 年版，第 130~139 页。

② 当然笔者的意思并不是说，在欧洲的所有地区所有猎巫活动中都曾施以折磨。其主要出现在某些时间和某些地区，如在英国 1645—1647 年霍普金斯猎巫活动中，诸如水神判法（water-ordeal or swimming test，即把妖巫嫌疑人手脚绑起来投入水中，沉入水底证明无罪，反之有罪）及不让犯罪嫌疑人睡觉等就曾施行过。参见 James Sharpe, *Witchcraft in Early Modern England*, Longman, 2001, p. 54. Barbara Rosen ed. , *Witchcraft in England*, *1558-1618*, The University of Massachusetts Press, 1991, p. 333.

③ 部分例子可参见［美］孔飞力：《叫魂：1768 年中国妖术大恐慌》，陈兼、刘昶译，三联书店 1999 年版，第 8、14~17、127、165 页。

④ B. P. Levack, *The Witch-Hunt in Early Modern Europe*, 2nd edition, Longman, p. 169.

时社会以及人们日常生活和内心世界的蹊径，进而使得我们能够更好地理解中西方社会与文化的异同，以及整个人类社会的某些共性和特点。

（作者单位：武汉大学历史学院）

"绿色发展"理念下环保 NGO 与政府、企业协同合作模式探讨

□　郭　怡

一、"绿色发展"理念下多元共治的环保体系

2015 年 10 月，十八届五中全会首次提出"创新、协调、绿色、开放、共享"五大发展理念，提出"坚持绿色发展……形成人与自然和谐发展现代化建设新格局，推进美丽中国建设，为全球生态安全作出新贡献"。"绿色发展"这一理念已成为全民关注、认可，并且积极思考、探索的重要课题。

"绿色发展"是一个包括了社会、经济和自然三个不同性质系统的整体概念：马世骏、王如松在 1984 年就指出这三个系统有自身的运行轨迹和结构规则，但三个系统的生存与发展又相互制约①，通过协同合作而形成复合整体。由此，环境保护领域工作有必要在充分了解政府、企业、环保 NGO 等相关体系的基础上，通过探究联合治理、协同合作的可能与方法，促进各自更好的发挥优势、弥补不足。

二、环保 NGO 的生成及其科技组织特性

(一)市场失灵理论与政府失灵理论

第二次世界大战后，市场体制和国家体制在全球社会经济发展过程中充分展现了各自的优势和功能，但市场机制和国家机制也都存在着自身不可克服的缺陷②：市场追求利润最大化的本质使其无力于社会公共产品的供给；国家宏观调控范围、力度的不足或不可兼顾公共服务生产、供给的全过程，使政府在处理一些重大的社会经济发展问题上乏力。

---

① 马世骏、王如松：《社会—经济—自然复合生态系统》，《生态学报》1984 年第 4 期。
② 张凤帆：《科技非政府组织研究》，武汉大学博士学位论文，2004 年。

第三次工业革命后的 1950 年至 2000 年，"信息时代"使得全球信息和资源交流变得更为迅速，所带来的以能源消耗、污染排放、生态破坏为特征的现代化模式已经导致包括环境污染危机、能源资源危机、极端异常气候变化以及全球生态危机等多重危害。① 这一困境已然说明，需要重视新的组织创新和制度创新，以面对社会发展进程中出现的各种生态、环境危机和挑战。

(二) 环保 NGO 的重要性日益显现

市场失灵理论和政府失灵理论可以解释环保 NGO 生成的必要性和产生原因，但环保 NGO 在环保领域重要性的日益显现，与党和国家的支持分不开。随着我国"小政府、大社会"社会体制改革的逐步深化，社会团体的作用越来越被强化和重视，党的十八届三中全会在《中共中央关于全面深化改革若干重大问题的决定》中对社会组织改革发展进行了专题部署，提出要"激发社会组织活力，正确处理政府和社会关系，加快政社分开，推进社会组织明确责权、依法自治、发挥作用"。

在环境保护领域，环境保护部印发《环境保护公众参与办法(试行)》，明确提出环境保护主管部门可以通过项目资助、购买服务等方式，支持、引导社会组织参与环境保护活动；十二届全国人大常委会第八次会议表决通过了《环境保护法》修订草案，鼓励社会组织开展环境宣传、提起环境民事公益诉讼；即将施行的《慈善法》，则纳入"防治污染和其他公害，保护和改善生态环境"，建构"大慈善"的概念等一系列政策法规的出台，显示了中国环保 NGO 作为政府和企业环境治理补充的重要性和主要功能。

(三) 环保 NGO 的科技组织特性

科技组织是根据科学技术发展的特点，把人力、资金和设备等科学地结合在一起，所建立的从事科学技术活动的机构。环保 NGO 较之于一般 NGO 最大的不同在于其对于环境保护知识的专业要求以及对生态环境科技的熟知掌握，从科学技术与社会(STS)视角看，环保 NGO 的发展离不开人们对生态环境认知程度的提高，生态环境科技发展是生态环境自然科学、社会科学和人文科学相互作用的结果。②

在我国，环保 NGO 历经数十年的探索，已经呈现多元发展趋势：在活动领域上，我国环保 NGO 中有致力环境保护教育的，也有生态保护的、物种多样性保护的、政策宣传的等；在活动形式上，已从最初分散、单个行动变成互动、合作形式；在活动内容上，也从刚开始单一的环保宣传、特定物种保护等，发展到多领域。由此，环保 NGO 从业人员更需有相应的学科基础、专业素养以及技术方法，赢得政府、企业和民众等不同群体的信任和肯定，完成为政府提供环保战略咨询、参与生态环境科技规划，协助企业转化生态环境科技成果、实现可持续发展，以及向公众普及科学环保知识、与社会良性互动环境问题等任务。

---

① 胡鞍钢：《中国：创新绿色发展》，中国人民大学出版社 2012 年版。

② 苏玉娟：《科学技术与社会视域下生态环境科技发展的语境路径》，《科技进步与对策》2013 年第 6 期。

三、我国环保 NGO 与政府的合作历程及现实困境

(一) 以政府主导为开端　从精英组织到大众参与

1978 年 5 月，我国第一个环保 NGO 中国环境科学学会成立。[1] 当时，与环境保护相关的全国性及地方性民间团体机构基本由政府部门发起，主要由环境科技工作者、环境工程技术人员、环境教育工作者和环境管理工作者组成。其产生和发展是自上而下选择的结果，不可避免地带有政策导向性较强、业务自主性受局限、机构管理不严格等特点，但是，作为我国环保公益工作的先行者，此类组织奠定了现今中国环保 NGO 不可或缺的一支队伍——代表高学术水平、高科学技术的环保团队。

此后，随着中国改革开放的深入、中国环境保护问题的日益突出以及政策上对于环保社会组织开展工作的支持，环保工作开始进入城市、走进社区，环保志愿者自发参与，民间环保 NGO 组织相继成立、成长，形成由下而上的良好发展势态。如上所述，目前我国环保 NGO 已将业务范围遍及环保工作的大多数领域，呈现出多种组织类型(见表 1)：

表 1　　　　　　　　　　**我国环保 NGO 的主要类型**

组织类型	注册状态	例子
已注册为环保 NGO	作为社会团体或民办非营利机构	武汉行澈环保公益发展中心
非营利企业	注册为企业，但作为非营利机构运行	北京地球村
未注册的自愿团体	作为环保 NGO 运行的未注册组织	河南绿色中原
网络组织	主要通过互联网运营的未注册群体	绿色北京
学生环境协会	高校社团组织但作为环保 NGO 运行	华中科技大学碧水环保协会
科研中心	从属于高等教育组织但作为环保 NGO 运营	中国政法大学污染受害者法律帮助中心
官办 NGO(GONGO)	政府机构成立的社会组织	武汉白鱀豚保护基金会

(二) 政府管理相对滞后影响 NGO 发展

我国环保 NGO 的不同类型与国家法规政策注册限制、组织组成成分以及自身条件等有关。总体而言，不论何种类型的环保 NGO 都有意愿与政府合作，以争取更多资金支持及便利开展工作，但是，由于政府管理的官方背景、法律政策的滞后性等，仍成为限制环保 NGO 发展的制约。

对于有政府背景的环保 NGO(如官办 NGO、科研中心等)而言，通常其主要领导人由政府任免、经费与办公场所由政府提供、组织活动需要由主管部门审批[2]，致使其较难形

---

[1]　徐家良、万方：《中国民间环境保护组织活动阶段性特征分析》，《经济社会体制比较》2008 年第 2 期。

[2]　邓国胜：《中国环保 NGO 的两种发展模式》，《学会》2015 年第 2 期。

成自身独立的组织文化、环保项目决策过程冗长，且在组织发展上缺乏自主能力。事实上，笔者了解到部分环保 NGO 已尝试着通过改组、增加理事会成员，以及托管秘书处工作、引进专业公益运营团队等方式，促进组织变革和更好发展。

对于民间环保 NGO（包括已注册、未注册、非营利企业以及部分网络组织等）而言，首要的困难在于"双重分层管理"难以获得应有的法律地位，除主管单位的制约条件外，同一行政区域内相同业务范围难获批准、注册资金限制以及会员人数要求都成为申报障碍。此外，由于政府工作较容易受阶段性政策导向的影响，常以解决某一时间段的突出问题为重点工作，导致与环保 NGO 合作难以保证项目的延续性和完整性，也不利于相关环保 NGO 的长期发展；同时，目前现代传播手段、信息交流技术相对滞后，政府难以为环保 NGO 提供更好的服务，及进行高效沟通与管理，也为双方合作带来屏障。

四、我国环保 NGO 与企业的合作历程及发展趋势

（一）从初期的尖锐对立到初步的合作尝试

环保 NGO 发展的早期，与企业之间关系相对比较紧张。由于理念的不同以及国际上较为常见的激进对抗方式的影响，部分环保 NGO 以诉讼、媒体宣传，甚至上访等方式将企业曝光，严重损害企业社会形象；而多数企业在缺乏社会责任意识、粗放式经营下，选择牺牲相对"廉价"的环境代价，采取回避、压制的方式应对[1]，导致两者尖锐对立。

如今，企业与环保 NGO 观念上均在发生改变，两者的合作已初现端倪：少数富有经验与专业能力的环保 NGO 结合企业现状以及发展战略，为企业设计社会责任履行方案，参与执行相关环境管理项目；企业也尝试着通过参与、资助环保 NGO，与其共同举办环保活动，体现一定社会责任的同时增加自身品牌的美誉度；部分行业，如：中国印染行业、中国房地产行业等通过与 NGO 就环保工作举行会谈的形式，展开与政府、环保 NGO 共同治理的互动探索。

（二）现代经济发展理念下的合作势在必行

从整体经济发展形势看，绿色发展不仅强调"资源节约和环境友好"，更看重的是通过科技创新和产业转型来获得新的经济增长，这种理念的重要性在 2008 年爆发世界金融危机后越发显现。2008 年的世界金融危机，从最初的经济危机最终演变成促使人类对于社会发展方式、对能源资源危机以及全球生态危机的深层反思：经济角度，传统经济模式正失去活力；环境角度，气候变化和环境退化已带来灾难性影响；资源角度，过度消耗不可再生资源，发展模式难以继续。2015 年 9 月举行的第 70 届联合国代表大会上，联合国 193 个成员国联合签署了 SDG（联合国可持续发展目标）——确定一系列以消除贫困和实现可持续发展为核心的发展目标，并以更多量化指标和目标完成最后期限让企业更明确如何实现自身社会责任、履行环保义务。

---

① 马晶：《协同进化：生态价值观变革中环保 NGO 与企业的关系》，《中国环境管理干部学院学报》2015 年第 5 期。

从企业自身可持续发展看，关注"企业社会责任"和"绿色低碳转型"意义重大。在中国企业社会责任议题中，20世纪末更为强调的是以安全生产、劳动保护为主的人权问题；而今，随着生产技术的发展革新、环境问题的日益突出，环保议题受到重视。相关问卷调查显示：企业承担社会责任，能给消费者留下正面印象，并且会提升消费者的购买意愿。因此，国内部分公司特别在公司年报、重要荣誉申报里设有"企业社会责任"章节，公布其环保部环保核查结果，并对各项环保指标、企业环境管理进行介绍；同时，在与国外公司进行业务往来时，通常海外采购商会通过环保NGO的绿色选择联盟优先采购绿色生产企业的商品，绿色发展理念直接影响企业的产品竞争力；此外，企业可在与环保NGO合作推行社会责任项目过程中，发掘创新核心竞争优势，探索"绿色供应链"，从而影响本行业甚至本产业，成为行业标杆。

五、新理念下，环保NGO与政府、企业协同合作模式探讨

(一)政府与环保NGO——在支持中完成双方使命

对于以提供公共服务为基本职能的政府，以及以保护、改进生态环境为核心目标的环保NGO而言，充分有效的协同合作能支持双方更好地完成使命和目标。一方面，环保NGO一直期望更好地利用政府各方面资源，同时，参加环境规划、监督政府行为、促进政府与公民之间的协调；另一方面，政府在对环保NGO进行监督、防止可能的消极影响下，也希望充分调动公众力量实现环境治理的多方努力。① 由此，可以从以下三个维度进一步探索双方的合作模式：

1. 集购买服务与资金支持为一体的项目共建

传统观点曾认为，政府应承担公共服务各个环节的全部职责；此后，有研究者在理论上将公共服务提供过程中供应和生产两个环节区别开来，为政府购买服务提供支持和可行方案。近年来，随着公众对于公共产品需求的不断提高，各地政府开始了向NGO购买服务、改进公共服务提供方式的探索。此举也得到党和国家的大力支持，国务院办公厅颁布《关于政府向社会力量购买服务的指导意见》明确将政府购买社会组织服务作为推进政府职能转变和社会治理创新的重要抓手予以强调。

环保NGO则因其公益性目标以及服务型特征使得其在环保公共服务中具有不可比拟的优势。环保NGO可以根据当地政府环保工作计划要求，提供包括：环保宣传教育、环境规划建议、区域污染监督、环境管理监督、环保项目直接参与等多方面的服务，并以此获得政府资金上的支持，保障机构的持续运行。

以环境监督为例，环保问题异常复杂且涉及面极为广泛，由专门机构、政府部门监督、实施以完成环境监督全过程几乎不可能，成本也异常高。而扎根于基层、社区的环保NGO对周边区域环境熟悉，参与民众基数大，业务成熟的环保NGO甚至有公众认可的产品直接可以使用。如：专注于"将污染信息公之于众"十年的公众环境研究中心(IPE)，其

---

① 王慧：《环境治理中政府与非营利组织合作研究》，山东大学硕士学位论文，2015年。

"蔚蓝地图"APP 以"互联网+环保"的方式，通过公布各地空气和天气信息、全国河湖水质，监督近万家企业废水、废气排放状况，让公众及时获取周边环境信息。目前，该APP 下载量已超过三百万人次，形成了民众与政府部门、污染企业的良性互动，促进环保问题解决、好转。

2. 集监督管理与宣传服务为一体的传播普及

公信力落后是当今环保 NGO 面对的常见问题之一，其原因不仅包括环保 NGO 自身能力有待加强、财务制度以及内部监管有待完善；也与公众对于管理部门管理评估不信任、相关信息透明度不够有关。由此，政府有必要更好地利用现代科技手段加大环保 NGO 监管披露投入、建设环保 NGO 展示平台，一方面促进环保 NGO 接受政府和社会各界的监督；另一方面，通过对其发展状况和参与社会服务评审结果的发布，提供公众知晓、关注的传播途径。

目前，国内部分环保基金会、网络环保组织已为各类环保 NGO 组织搭建公共主页以及信息交流平台，以此获得有效行业信息、聚集对同样环保项目感兴趣的人员，也借此撬动资源，为筹集资金提供可能性。反观相关政府网站，虽均设有政务公开、环境咨询、政策法规、办事指南等常规信息公开栏目，其他功能相对不足；在各级政府社会组织网站上，仅部分有 NGO 组织年检报告、信息公式等基础资料披露，互动交流、展示平台等基本没有。

事实上，政府部门相关网站最具权威性，更应创新传播模式，为环保 NGO 提供系统性展示的平台。有资深环保公益人提议，各级政府应为环保 NGO 建立一份公益网络档案，环保组织可自行发布现行项目，将项目的流程、成果、现场照片等上传分享，最后形成完整的工作记录。让环保 NGO 在展示自身工作的过程中，形成全程政府、社会监督，以此提升环保 NGO 的公信度和知晓度。

3. 集教育导向与科技支持为一体的扶持鼓励

上文提及，环保 NGO 较之于一般 NGO 最大的不同在于其对于其科技组织特性以及对环境保护知识的专业要求。目前，我国环保 NGO 历经多年探索，尽管在绝对值上数量不少，但大多数的民间环保 NGO 尚处在发展初期，规模上较小，缺乏准确的组织使命、宗旨以及专业的科学团队和管理团队，集中在"观鸟、植树、捡垃圾"等环保"老三样"工作上。

政府如要加深与环保 NGO 的合作，为其提供服务的同时促进双方更好完成自身使命，则必须考虑充分协调多方资源，定期委托大学、科研机构以及官办 NGO 为民间环保 NGO 提供培训和辅导，建立起环境科技信息交流、环保经验分享和相互学习的机制，为其发展提供和创造机会。引导环保 NGO 跟进环保领域科技知识、习得环境管理方面有益经验，一方面促进其采用更为先进的环保方案和策略、操作性强的项目运行方式，准确抓住双方诉求实现共赢；另一方面，加强了政府与环保 NGO 的沟通交流，利于其了解本地区目前的政府环保规划和重点工作，引导区域环保事业有针对性地开展工作。

(二) 企业与环保 NGO——在合作中实现共同成长

企业与环保 NGO 的合作可以归纳为三个阶段：捐赠阶段，企业在此阶段通常通过捐款或者提供其他物料方式支援环保 NGO 以获得形象宣传，双方边界明晰；交易阶段，即企业通过购买方式获得环保 NGO 的服务，环保 NGO 则获得相应的资金或其他支持，目前国内大部分的合作都处于这一阶段；交流阶段，双方都意识到无法单独解决复杂的环保问题、合作可以综合双方的优势，从而愿意突破各自的意识形态、持续的交流与学习，进而实现共同成长。企业和环保 NGO 虽有很多不同，但同属对社会有责任感并希望持久生长的组织，寻找双赢的探索可从以下三个方面进行：

1. 从美誉度到组织文化的价值内化

公益是双赢的，企业与环保 NGO 的合作目前更多是从扶持公益项目、共同组织环保活动入手。如汇丰银行自 2013 年起，便与武汉白鱀豚保护基金会、中国科学院水生生物研究所等机构合作，开展武汉—监利河王庙长江江豚迁地保护区周边社区宣教活动，并组织企业员工参与到向渔民宣传江豚保护知识的具体行动中去。在此过程中，不仅企业形象得到宣传；更重要的是企业员工得到教育、成长，让环保理念真正渗透到企业自身文化中去，成为企业文化建设的一部分。

此外，国内部分企业开始成立自身的公益基金平台，如：阿里巴巴集团及旗下子公司联合成立的"阿里巴巴公益基金会"；人福医药集团、绿之源健康产业公司联合湖北省青少年发展基金会合作成立的"湖北青基会—清慕微公益基金"等，通过主动寻找并扶持文化价值契合、合作能擦出火花的公益项目和 NGO 团队，提供社会资源和资金支持。通过基金平台的发展，一方面增加企业品牌的美誉度，另一方面通过商业上的成功反哺公益，让企业借助平台履行社会责任，实现双方共同的价值。

2. 从社会责任到绿色供应链的项目深入

在对社会责任执行的过程，企业经历了自身的成长转型：从最初的免除法律纠纷、获得企业收益、提高公众形象到如今对长期可持续发展的关注、对绿色低碳转型的探索。[①]企业进行绿色转型和绿色创新，把生态成本、环境维护及可持续发展能力纳入企业的生产经营管理之中，建立生态化与知识化相统一的绿色企业是永续发展的根本。如我国台湾地区市值最大的上市公司——台湾积体电路制造股份有限公司便异常重视可持续发展的环保理念，其利用专业设备将污水、空调冷凝水、雨水等进行回收，回收率高达 87.6%。"每一滴水，使用 3.5 次之后，再排出去"，在台湾这样一个相对缺水的地区，稳定了水就稳住了客户。

目前而言，中国大陆企业与环保 NGO 共同对话倡议得较多，开展绿色供应链等深度合作实施尚在摸索期。绿色供应链，即生产商、供应商和零售商在整个价值链过程中，尽可能减少对环境带来的影响，包括产品设计、原料选择、生产运输、包装、回收和处理产

---

① 李苏、邱国玉：《企业社会责任背景下企业与环保非政府组织的跨界合作》，《生态经济》2012年第 8 期。

品等过程。2016 年，中国房地产已作为试点行业开始着手推广"绿色供应链"，朗诗、万科中城联盟等联合环保组织阿拉善 SEE 共同组建领导小组，确定首批重点实施的六大产品品类，识别不符合法规或行业标准的供应商，制定可实践的整改方案和绿色采购政策。

3. 从捐款借力到运营指导的长远规划

一个商业公司，如果不具备公益的属性，其竞争力是有限的；同样，一个公益组织，如果不具备商业的属性，它的可持续性是存疑的。有研究显示，国内很多环保 NGO 在机构运行到 2~3 年时，便会流失半数核心成员；在成立后 6 年就会遭遇"玻璃天花板"，难以向上生长。究其原因在于，多数环保 NGO，特别是草根环保 NGO 规模较小，成立之初仅怀有一腔热血，缺乏清晰的业务方向和专业的组织管理经验。

环保 NGO 引进企业模式运行是当下的趋势：尽管企业与环保 NGO 有着不同的本质，但组织管理的经验却是相通的；企业家们曾亲手把一个或者多个公司由小做大，拥有丰富的管理经验。事实上，目前国内已有社会使命感强的企业与企业家，通过资助、参与甚至类似天使投资的方式指导环保 NGO 发展——帮助初创型 NGO 顺利完成机构注册、理性与政府沟通、思考可连续的核心优势；协助瓶颈期环保 NGO 突破发展，通过公益机构的市场化运作，落实具体可行的环保项目，实现组织的长远发展。如全球绿色资助基金会联合北京企业家环保基金会自 2013 年起，便通过"劲草同行"项目组织企业家会员辅导国内 5 年以上从业经验的环保 NGO 领导人，用企业家优势资源和管理经验为成长期草根环保 NGO 提供资金支持和能力建设辅导。

（作者单位：武汉大学哲学学院）

香港文化对传统文化的继承与发扬

——以许冠杰若干代表歌曲为考察中心

□ 赵骞

香港文化虽然经历百年殖民文化的浸染，但是香港文化的根在中国，故而在香港文化的各个层面对传统文化都有继承与发扬的闪光点。香港文化的这种文化认同可以从香港歌曲中看到某些折射出来的传统文化的因子。以香港歌曲的代表人物及其代表作作为考察视角，可以加深我们对香港文化与中国传统文化的文化同源性的认识，从一个侧面加强我们对香港文化和传统文化之间的血脉联系的理解及感悟。

不可否认，当代流行歌曲以其简洁的旋律和其优美的谱词给予了大众想象和享受的空间。不少歌曲被相继传唱，经久不息。探究其原因，因为有的作品包含了浓厚的传统文化因子。传统文化既让我们思考现实又展望未来；同时当代作品又以自己的独特方式或明或暗地折射出传统文化活跃的因子。对于此点，笔者曾有专文论述。①

一

《浪子心声》是中国香港地区代表性歌手徐冠杰的一首重要作品，不仅风靡港台，在大陆也有一定的影响力，而歌曲之所以被大众接受，如上所述，很重要的一个原因是歌词本身具有较强的传统文化因素。为方便行文需要，兹录歌词如下：

难分真与假，人面多险诈，几许有共享荣华，檐畔水滴不分差，无知井里蛙，徒望添声价，空得意目光如麻，谁料金屋变败瓦，命里有时终须有，命里无时莫强求，雷声风雨打，何用多惊怕，心公正白璧无瑕，行善积德最乐也，人比海里沙，毋用多牵挂，君可见漫天落霞，名利息间似雾化。

中国传统文化中的"三教"是指儒教、道教、佛教。三教起源有先后，但是对中国人的精神生活却影响至深。其余波直指当代。笔者兹从"三教"基本思想对歌曲作出解读。

解读一：儒教视角。儒教文化产生于孔子之前，孔子是儒教之集大成者，其后又有孟

---

① 赵骞、彭忠德：《当代歌曲中的孝文化思想发微》，《四川戏剧》2010年第6期。

子、荀子等儒教大家。他们的言说，构成了中国传统文化的主流。

《浪子心声》一开始便提出了一个饶有兴致的问题，"难分真与假，人面多险诈"。什么是真，什么是假，是很难区别的，我们作为生活在世俗当中的芸芸众生，经常苦恼于真假之中，作为一个对立的哲学命题，歌词给了我们很多思维驰骋的空间。此问题留待到道教解读中进一步探讨。

"人面多险诈"所谈的一个基本问题就是人性的问题。先秦儒者对于人性问题有过积极探讨，形成了所谓的"性善"、"性恶"说。孟子主张"性善"，荀子主张"性恶"，这一问题曾经聚讼不休，直至今日，依然是一个没有解决的命题。《浪子心声》一曲似乎带有"人性恶"的价值判断，之所以如此解释，因为人面只有美丑之分，而心术才有险诈之说。故歌词此处所谓"人面"，即所谓"心术"。

歌曲中"雷声风雨打，何用多惊怕"则体现了儒教精神当中的"君子不忧不惧"的特殊内涵，一个在外四处漂泊的人，自然要经历风雨，但是需要保持淡定，故而能不忧不惧。此句充分体现了这样一种精神上的诉求与渴望。

解读二：如上所述，真假问题是一对重要的哲学命题。道教思想渊薮可追溯至先秦，老子被尊为道教之始祖。

老子具有朴素的唯物辩证思想，提出了很多对立关系的哲学命题，如歌曲提出的真假可以说也浸润了道教的思想。"空得意目光如麻，谁料金屋变败瓦"，"金屋"与"败瓦"也体现了上述这一对立的命题实质化过程，从某一程度上看，乃是"实"与"虚"的"形而上者，谓之道"在"形而下者，谓之器"的层次上的反映，同时体现了一种变化过程，颇有意味。

"真"与"假"是一对对立的哲学命题，世俗众生，同样在真假当中不断辨识周围的世界，希望可以参透真假，破茧成蝶。然而如哲学家所思考那样，"真"与"假"既对立，同时又存在转化，故此就有了"难分"之说。

解读三：佛教视角。佛教讲轮回，讲因果报应。这点在这首歌曲里面得到了很好的体现。"命"是一个中国传统文化中十分关注的命题，儒教关注，道教关注，佛教亦不例外。"命里有时终须有，命里无时莫强求"是对"命"的一种承认，是一种既不同于儒教中"天行健，君子自强不息"的"有为"入世态度，又不同于道教的"无为"出世态度，更多的是对佛教思想的汲取，有则为之，及所谓"终须有"，无则避之，即"莫强求"。

这种更是一种承认现实的达观态度，不少人认为宗教具有消极作用，但是宗教也有其积极作用。即可以使人得到一定的心灵安慰，这样比较而言，承认现实，比苛求人生或者现实要好很多，未免不是一种处世的态度。

可以说这首歌曲在很大程度上汲取了三教的思想，而其中又以儒家思想为主，儒家说，"乐山"，"乐水"，是一种境界很高的修身养性的活动。《浪子心声》一曲，亦有乐。即所谓"心公正白璧无瑕，行善积德最乐也"。首先，歌词谈"心"，心要如何，心要公正，如白璧无瑕。这样做人，便可求心安理得，没有负担。大众人生都是在得过且过当中度过。没有现实的寄托，《浪子心声》这首歌曲较好地表达了来自最底层的一种声音，虽然不是亿万富豪，纵然没有家财万贯，但是有一颗行善积德的仁慈之心，依然可以有着无限的快乐。而音乐以明快的节奏，紧凑的语言表达了这一朴素思想。

在以儒家思想为主的指导下，补以道教佛教思想，对俗世中的名利体现出了一种恬淡的态度，这就三教思想结合较好地承接了传统文化的基本因子，具有用现代形式对传统文化的创新与转化，让听众更容易接受，同时使得歌曲在传统文化的生命力的作用下又获得广泛传播，传统与现代得到了结合与互动的良性效果。

二

《浪子心声》这首歌曲可以看成是许冠杰作品当中的一首经典歌曲，许冠杰的其他歌曲与这首歌曲也有异曲同工之效，比如说《天才白痴梦》、《沉默是金》等。

《天才白痴梦》原文歌词如下："人皆寻梦，梦里不分西东，片刻春风得意，未知景物朦胧，人生如梦，梦里辗转吉凶，寻乐不堪苦困，未识苦与乐同，天造之材，皆有其用，振翅高飞，无须在梦中，南柯长梦，梦去不知所踪，醉翁他朝醒觉，是否跨凤乘龙，何必寻梦，梦里甘苦皆空，劝君珍惜此际，自当欣慰无穷，何必寻梦。"

整首歌曲围绕"梦境"而展开，颇有庄周梦蝶的意蕴，但是作者又与庄周不同，体现了一种对庄周化蝶的理想性超越，回归到现实当中，故而有"无须在梦中"，"何必寻梦"的慨叹，进而劝告世人在现实当中要"珍惜此际"，把握现实把握现在才是最为可靠的保证。因为我们活在当下，人生是变化无常的，与其在变化无常中去刻意追求什么而随波逐流追求人生的梦，倒不如随遇而安，正如歌曲所提，即使是在梦里，我们也会"辗转吉凶"。这里"梦里辗转吉凶"恰是中国传统寓言"塞翁失马，焉知非福"的现代转化，吉与凶在梦中都是互相辗转的，更何况捉摸无常的人生境遇，故而歌曲的最后落脚点在"何必寻梦"之上，体现了一种儒家着眼于现世，而对彼岸飘渺的一种务实态度。

这首歌曲关于对立双方的层次把握清晰，同我们前面的论述有同功之效，如表方位感觉的西与东，看似表现的是方位的名词，其实是显示在人生过程当中，人们对自己的生活的把握总是飘忽不定的，处于一种混沌状态，这种混沌状态，降低了人的理性判断，故而对生活有无所适从之感。吉与凶的转化，人生不可能一帆风顺，存在着福祸相依的必然状态，这些都体现了人生的无常，无常本身就是一种规律性的东西，地球是圆的，谁知道会有什么事发生。苦与乐也是一对彼此对立的命题，人生便是在有限时间内不断实现苦与乐的转换，这些都是传统文化的深刻思想在现代歌曲当中的折射。

《沉默是金》原文歌词如下："夜风凛凛，独回望旧事前尘，是以往的我充满怒愤，诬告与指责积压着满肚气不愤，对谣言反应甚为着紧，受了教训得了书经的指引，现已看得透不再自困，但觉有分数，不再像以往那般笨，抹泪痕轻快笑着行，冥冥中都早注定你富或贫，是错永不对真永是真，任你怎说安守我本分，始终相信沉默是金，是非有公理，慎言莫冒犯别人，遇上冷风雨，休太认真，自信满心里，休理会讽刺与质问，笑骂由人洒脱地做人，少年人洒脱地做人，继续行洒脱地做人。"

整首歌曲围绕回忆人生过往平生展开，最后得出结论：要"自信满心里，休理会讽刺与质问，笑骂由人洒脱地做人，少年人洒脱地做人，继续行洒脱地做人"。中国的传统文化在教育方面最为注重的就是做人，做一个怎样的人是传统文化的不变命题。人生中有指责有烦恼有困惑，但是从"书经"那里获得有益的教导，便能豁然而通透，获取面对惨淡人生的自信心，再面对风雨时，就能一笑之后而刹那间风云过。

同时在汲取"书经"的教导之后，能泰然处之，对于错有自己的独立判断和认识，对是非公理有自己的理性判断，从而在风雨面前不再过于刻板。仔细深玩歌曲中的这些韵味，不能不有一种如沐春风的感觉。

笔者前面具体通过传统文化对《浪子心声》作了较为详细的解读，用同样的解读方式可以对此处讨论的两首歌曲给予解读，限于篇幅，不一一展开。但是需要指出的是这几首代表性歌曲确实承接了中国传统文化的因子，如果仔细思考，会感觉有一种对人生的哲学指导意味，而这应该是歌曲获得生命力的重要原因。

三

曾经有人说，被英国殖民时代的香港是文化的沙漠，这话有真理性的成分，但是并非绝对真理。正因为此语过激，曾导致一位香港中文大学校长面对此质疑，说了一句话："我们有钱穆"，这句话让质疑者禁声。当然，质疑者和回答者都有合理性的层面，也都有自己的偏激之处。英国对香港的殖民，使香港沦为一个殖民文化的典型代表，到处曾一度充斥的是殖民文化的内容，曾经在相当长的一段时期，电台电视里到处充斥的是英文歌曲，不能不说其殖民文化的泛滥。钱穆作为 20 世纪最后为数不多的国学大师，在香港新亚留下了他对传统文化的一段思考，同时把他对中国传统文化整体思考都给予了清理，这或许对当时殖民时代的香港确有一种对传统文化延续的作用。

笔者尚未找到许冠杰是否曾读过钱穆作品的相关记载，但是从许冠杰这几首歌曲歌词的分析，对于中国传统文化而言，钱穆可谓是生活得比较纯粹的中国传统文化的坚守者与信仰者，但是许冠杰却用歌曲歌词这一现代的表现手法，使得传统文化在现代的传播手段中得到发扬光大，这恐怕是许冠杰作为一个歌手和作曲者与钱穆作为一个国学大师的通约之处。虽然他们处于不同的行业，一个以唱歌为业，一个以立学卫道，都从自己的专业一面为中国传统文化的延续起到了传承的作用和贡献，这种作用和贡献不能以大小而较长短，只能说明中国传统文化确实有让人难以拒绝的生命力，具有殊途同归的作用。

继续回到笔者所要讨论的论题上来，香港中文歌曲在英国殖民时代的确曾经一度失落了中国传统文化的魂，但是随着香港自身经济的发展，随着中国逐渐走向强大，随着经济与社会的变化，香港文化当中对传统文化的寻根诉求逐渐滋生，这是传统文化本身的诉求所在。从某种意义上而言，英国殖民时代的殖民文化泛滥既桎梏了传统文化但是同时又刺激了传统文化在香港的回潮，逐渐成为一股思想文化的潮流。这种潮流在歌曲词作具体表现形式上就是在 20 世纪 60 年代中期开始逐渐掀起了中文歌曲的浪潮，而许冠杰作为这一时代的代表人物，为中文歌曲尤其是粤语歌曲兴盛时代的到来，确实起到了不容小觑的作用，在后来者的评价当中称他为"歌神"，甚至说他是"广东歌曲的鼻祖"，这些虽然有夸大之处，但是却反映出在英国殖民时代英文歌曲泛滥情况下香港华语歌曲终于在许冠杰这批有本土意识和对中国传统文化有依恋情节的歌曲词作者的带动下达到了一个顶峰的事实。

在中国内地改革开放的大环境之下，香港歌曲乘势而入，曾在 20 世纪 80 年代中期到 90 年代中期的内地乐坛掀起了一股"港台风"。甚至曾经有人为此担忧，担心港台歌曲的靡靡之音会影响到青少年的成长，并且有学者撰文要警惕港台音乐的文化渗透的负面作用，认为："近几年来，港台'流行歌曲'在一些城市和地区日益蔓延，它以潜移默化的方式，对一部分人——特别是一部分青年的艺术情趣、审美要求、精神面貌、生活向往等各个方面，产生了明显的不良影响，已成为一个引起普遍关切的社会问题。"①如今时隔近30年，我们再来审视当时学者的这种论调，不免觉得过于杞人忧天。艺术作品没有国界，更何况是出于同一文化圈具有共同文化特质的统一体。

香港音乐当中确有西方资本主义消极因素的一些鱼目混珠之作，但是也绝不缺乏有真知灼见的优秀作品，而这种具有真知灼见的作品正是与传统文化在内容上沟通，在形式上转化，成为既具有传统意味又有现代特点的具有民族特色的音乐，传统的是民族的，民族的是世界的，这不仅是当时这些港台歌曲风靡大陆的原因所在，也是一度风靡东南亚乃至日本的原因所在，如果究其原因，恐怕与中国传统文化在上述地区有着剪不断的文化优势所致，这种情形体现了中国传统文化生命力的持久性与延续性。所以笔者对那种杞人忧天过于意识形态化的论调是不敢苟同的。

四

笔者通过对香港有代表性的歌手词作者许冠杰的若干代表性歌曲予以了一定文化的解读，其视角以传统文化为观察点。试图对港台音乐的流行原因作一种尝试性的阐释，并对多年前认为港台歌曲犹如洪水猛兽的论断与忧虑一并给出自己的见解。站在传统文化的这个角度来理性地看待和分析港台歌曲对中国传统文化的接受与传播。

应该说上面所讨论的三首歌曲，确实富含传统文化的因子，虽然歌词朴直，但是在玩味的时候不仅具有"悦耳"的效果，也能让人在悦耳之余，思考人生，达到一种"悦脑"的效果，同样具有哲学的意蕴和思维。而哲学是用来解决人的问题、思考人的走向问题的，而歌曲又用这样一种现代的传播方式，给予了哲学抽象枯燥形象以有趣的补充，比之一般歌曲有所达不到的功用。这或许就是此类歌曲生命力所在。

这些论断是笔者平时所思所想，希望对于正确对待港台歌曲，正确对待传统文化有所裨益。对于其中的论述不周，解读不当之处，愿意就教于学界同好，起抛砖引玉之用。总之，愿嘤其鸣矣，求其友声。

（作者单位：湖北科技学院人文与传媒学院）

---

① 周荫昌：《怎样看待港台"流行歌曲"》，《人民音乐》1982 年第 6 期。

亚洲经济增长状况对比实证分析

□ 陈 庆

本文的主要理论工具是统一增长理论。这一理论最先由 Galor 及其合作者们①一起提出，他们将人类社会变迁的过程划分为马尔萨斯时期、后马尔萨斯时期以及持续增长时期三个阶段，在一个单一的分析理论框架下捕捉了发展过程中的主要特点：(1)马尔萨斯停滞时期占据了人类历史的大部分；(2)跳出马尔萨斯陷阱；(3)人力资本形成在发展过程中的出现；(4)当今时代经济持续增长的起源；(5)不同国家人均收入大分流。统一增长理论将整个人类历史统一起来，并强调人口规模、技术进步和人力资本之间相互作用对经济发展和转型的重要性。其结论是，在人类发展早期，人口规模引致技术进步，随着社会经济的发展，人力资本积累开始成为技术进步的重要原因。

Galor②的研究，其目光主要放在发达的欧洲和美洲，对于较为落后的亚洲并未作出充分描述。本文将运用统一增长模型的基本理论来分析亚洲主要国家近几十年的发展特征，并对邻国韩国作出具体的对比分析，为我国经济更快更健康地发展提供借鉴。

一、近百年来亚洲经济发展特征分析

这一节主要分析亚洲四个特征经济体(中国、印度、韩国和日本)近百年的经济发展特征。

由统一增长理论可知，在马尔萨斯早期阶段，人均产出增长率接近于零，人口增长率是很小的；马尔萨斯后期，技术进步率的不断增加，伴随着人口调整对于人均收入增加的迟滞，产生了一个正的但非常小的人均产出增长率和人口增长率；在后马尔萨斯晚期，技

---

① Galor, O. *From Stagnation to Growth*：*Unified Growth Theory*. Handbook of Economic Growth, 2005, pp. 171-293；Galor, O, *Unified Growth Theory*. Princeton University Press, 2011；Galor, O. and Weil, D. N, *From Malthusian Stagnation to Modern Growth*. *American Economic Review*, 1999(89)，pp. 150-154；Galor, O and Weil, D. N, *Population*, *Technology and Growth*：*From Malthusian Stagnation to the Demographic Transition and Beyond*, *American Economic Review*, 2000(90)，pp. 806-828；Galor, O and Moav, O, *Natural Selection and the Origin of Economic Growth*. *Quarterly Journal of Economics*, 2002(117)，pp. 1133-1192.

② Galor, O. *From Stagnation to Growth*：*Unified Growth Theory*. Handbook of Economic Growth, 2005, pp. 171-293.

术进步加快增加了工业部门对人力资本的需求，促使人力资本投资进一步增长，引发了人口转型和快速的经济增长；从停滞到增长整个经济起飞的不同时间，在马尔萨斯均衡附近产生了由穷国组成的收敛俱乐部，在持续经济增长均衡附近产生了富国俱乐部，在这两者之间的属于第三俱乐部。

由图1可以看出，自20世纪50年代开始，日本人均GDP增长率显著增加，并开始逐步跳出马尔萨斯陷阱步入持续增长时期，随后韩国自70年代末80年代初开始步入持续增长时期，中国自80年代末90年代初开始逐步快速增长，印度于21世纪初开始逐步发展。而在此之前的几十年里，各国人均GDP虽有变化，但增长幅度非常缓慢。亚洲各国在过去的近百年里不断分化，形成了今天的大分叉的局面。1912年，最富的日本和最穷的中国的人均GDP之比约为2.5∶1，到2006年，最富的日本和最穷的印度的人均GDP之比约为8∶1。

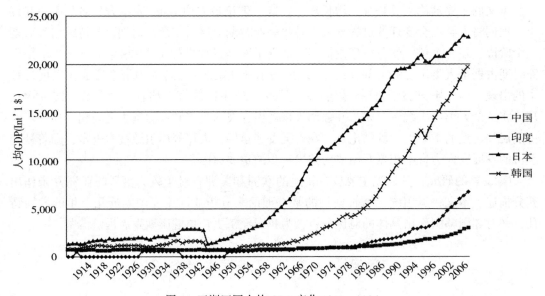

图1 亚洲四国人均GDP变化1911—2006

数据来源：Maddison，http：//www.worldeconomics.com/Data/MadisonHistoricalGDP/Madison%20Historical%20GDP%20Data.efp.

图2列出了1912年至2007年亚洲四国人口增长率及人均GDP增长率对比结果，能够更清晰地见出变化趋势（由于中国1950年之前的人均GDP数据不完整，所以只描述了1950年之后人均GDP变化率）。各国人均GDP增长率波动较大，但人口增长率比较清晰。中国人口增长率自20世纪50年代起呈现高速增长趋势，由于计划生育的实施，80年代末人口增长率开始呈下降趋势，1990—2007年平均人口增长率降为0.87%，近几年的增长率维持在0.5%左右；人均GDP增长率相对人口增长率来说波动较为剧烈，但仍能看出一些趋势。改革开放后，20世纪70年代末期人均GDP增长率开始呈现增长趋势，1990—2007年平均人均GDP增长率达到7.1%。印度人口增长率自20世纪20年代开始持续呈现增长趋势，人均GDP在20世纪50年代前一度呈现负增长，之后缓慢增长，1990—2007年平均人均GDP增长率达到4.6%。日本人口增长率基本呈现逐年递减趋势，

近几年开始呈现负增长，1990—2007 年平均人口增长率为 0.16%；20 世纪 40 年代末人均 GDP 开始高速增长，1946—1970 年人均 GDP 增长率达到 8.3%，之后人均 GDP 仍保持比较快的增长速度，但增速逐渐趋缓，1990—2007 年人均 GDP 增长率降低到 1.3%。韩国在 20 世纪中后期经历了人口较为快速的增长后，人口增长率逐渐降低到 1990—2006 年平均 0.67% 的水平，近几年维持在 0.3% 的水平；20 世纪 60 年代开始，人均 GDP 呈现快速的增长趋势，近些年有所回落，1990—2007 年人均 GDP 增长率为 4.87%。

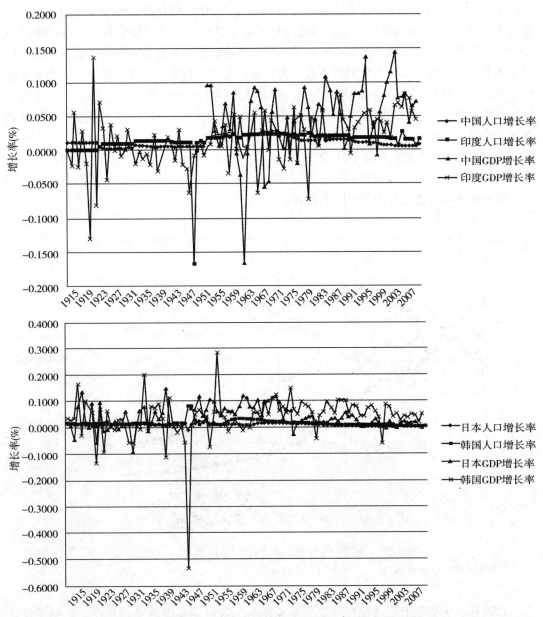

图 2　亚洲四国人口增长率及人均 GDP 增长率对比 1912—2007

数据来源：Maddison，http://www.worldeconomics.com/Data/MadisonHistoricalGDP/Madison%20Historical%20GDP%20Data.efp.

二、韩国与中国对比研究

由于中韩两国的高速经济增长存在着相似性，如经济发展过程中存在高增长高波动现象、对外依赖程度越来越高等，本节就中国和韩国近五十年的经济发展特征作具体对比，对如何借鉴韩国快速发展的先进经验并为我国经济发展所用作出分析。

由图3可以看到，韩国农业占GDP的比重自1973年以来迅速下降，自2012年年底下降至2.34%；与此同时，工业占比稳定提高，近30年均保持在35%～40%的水平。20世纪80年代以后，韩国提出产业结构高级化的政策目标，从增加资金投入、维持廉价劳动力的粗放型发展转为依靠增加研发投资、增加产业科技含量提高竞争力。其大力发展以电子工业为核心的技术知识密集型产业，将较廉价劳动力与先进技术相结合，大力发展纺织、成衣、木材加工等劳动密集型产业，通过"出口导向"外向发展，实现了产业结构和出口结构升级，在激烈的国际竞争中实现工业化。中国农业占GDP的比重近四十年开始逐渐下降至10.01%；工业占比一直保持在比较高的水平。中国工业占比虽高，但大而不强，主要是以附加值较低的重化工业为主，多数行业处于国际分工的低端，高档次、高技术含量、高附加值的产品占比不大，其工业增加值率远低于美国、日本、韩国等发达国家，导致在国际市场竞争中处于不利地位。

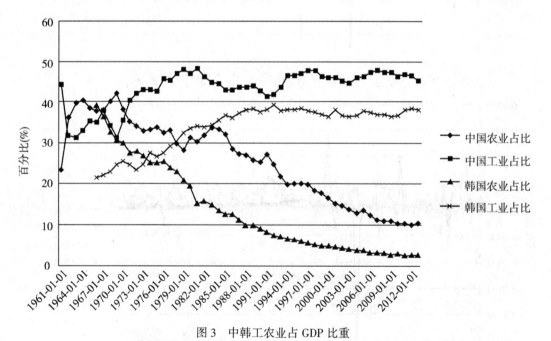

图3　中韩工农业占GDP比重

数据来源：Quandl，https://www.quandl.com/.

1970年，韩国政府启动旨在缩小城乡差距、工农协调发展的新村运动，取得了显著成效。韩国农村人口占全国人口比例从1970年的59.30%下降到2011年的17.5%（见图4），农村居民人均收入显著提高，1998年韩国基尼系数为31.59，说明收入分配相对合理。作为农业大国，中国的城市化进程相对较慢且质量较差，城镇各种基础设施建设和各项社会事业发展都还跟不上，许多公共品或准公共品的供给还处于严重短缺状态。虽然农业人口在逐年下降，但速度较慢，且比重总体上远高于韩国，近几年中国农村人口所占比例才降到50%以下。同时，中国基尼系数明显提高，增至2009年的42.06，收入差距越来越大且贫富差距严重。

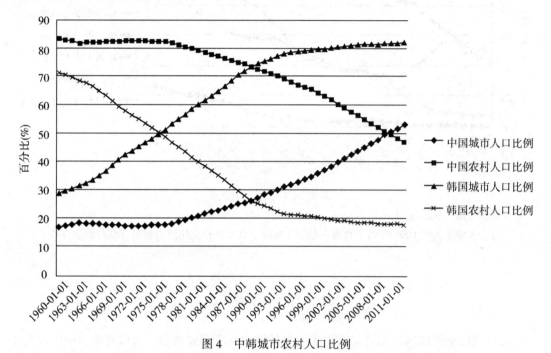

图4　中韩城市农村人口比例

数据来源：Quandl，https：//www.quandl.com/.

后马尔萨斯时期加速的技术进步和人均收入的增长，促使人力资本以识字率、教育和健康的形式积累。中国与韩国也不例外，小学、中学及高等教育的入学率均有提高。OECD① 指出，韩国的教育支出在所有 OECD 国家中处于第三位，2011 年占 GDP 的 8% 左右，高于 OECD 国家的均值6%。相比韩国，中国的教育支出一直维持在较低的水平，尽管早在 1993 年中共中央、国务院发布的《中国教育改革和发展纲要》就提出国家财政性教育经费支出占 GDP 比例要达到4%，但由于多种原因，这一目标一直未能实现。中学入学率，尤其是高等教育入学率，韩国的增速及比重均明显高于中国，且差距巨大(见图5)。对教育需求的增加反映了工业化进程中对技能需求的增加，即使在欠发达经济体中，人力资本的重要性也逐渐增加。图5显示，2011年韩国高等教育入学率达到98.38%，而中国仅为26.7%，说明整体国民素质仍然偏低。中国要促进经济发展、缩小贫富差距，从教育的角度看，必须进一步增加教育支出，提高高等教育入学率，尤其是农村人口的入学率。

① OECD, *Korea. in Education at a Glance 2014*：*OECD Indicators*，OECD Publishing，2014.

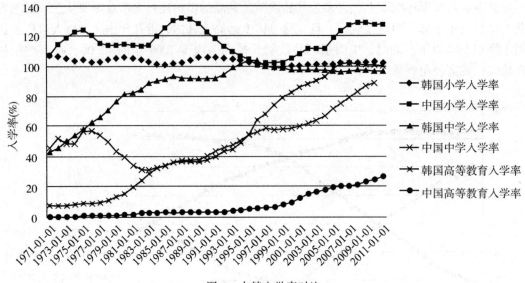

图5 中韩入学率对比

数据来源：Quandl，https：//www.quandl.com/.

注：入学率大于100%是由于数据包括早于或晚于官方在校生年龄的高龄或低龄学生导致。

三、结论与建议

通过对比亚洲四国，尤其是对比中国与韩国的经济发展情形，可以看出，中国近几十年虽然经济增长非常迅速，但在许多方面仍落后于亚洲发达国家。根据统一增长理论对经济发展状态的划分，中国处于快速发展阶段。通过与韩国的比较，分析韩国经验，能够从处于持续发展阶段的国家发展经验中找到中国在政策方面的不足，从而探索解决之策。

韩国能够保持持续增长的核心是实现了从模仿到自主创新的转变，由上文的分析可以看出，其主要经验包括：（1）韩国提出的产业结构高级化的政策目标，使得以电子工业为核心的技术知识密集型产业快速发展，重点抓汽车、造船、机械等制造业的研发、设计等高附加值工程，使得其自主研发能力大为增强，在纺织、成衣、木材加工等劳动密集型产业将较为廉价的劳动力与国外先进技术相结合，以低成本为基础确立国际市场上的比较优势。除此之外，政府还采取各种促进出口的措施，如放宽外汇限制、降低关税和保护壁垒、调整利率和外汇比价等。政府还根据企业出口实绩，提供各种优惠政策，鼓励企业提高劳动生产率、降低生产成本以提高竞争力，积极发挥技术进步和研究开发等因素的积极作用。中国近几十年逐步开放市场，取得了明显成效，但主要是以附加值较低的重化工业为主，多数行业处于国际分工的低端，高档次、高技术含量、高附加值的产品占比不大。（2）1982年韩国提出科技立国的战略，其主要目标是利用先进技术改造原有产业。技术进步及其对人力资本需求的影响，以及人口增长率的下降是使得经济从停滞到持续增长的重要原因。依靠技术创新，进入20世纪90年代，韩国进一步发展本国高新技术产业，并摆脱模仿走向自主创新。从三星到LG，从现代到起亚，韩国在电子、汽车等高科技高附加值产业方面取得了可观的成绩。虽然中国在超级计算技术以及高铁等方面取得了令人瞩目的成就，但没有出现像三星、现代等真正意义上的创新技术与产品，很多行业还停留在模仿的水平，中国企业的核心技术仍旧主要依赖国外引进。(3)1970 年韩国针对在工业化进程中产生的城乡收入差距、工农业发展不协调等问题开展的新村运动成效显著，农村人口占全国人口比例明显下降，同时农民收入大幅提高，到 80 年代末，城乡人均收入几乎无太多差异，基本消除了城乡二元结构。现在中国农村经济以典型的小农经济为主，基础设施落后，农村人口比例很高，农村人均收入远远低于城市人均收入，东中西部经济差异较大，三农问题亟待解决。(4)韩国坚持实施教育立国的政策，大力发展教育，不断增加教育支出，逐年增长的高等教育率提高了国民的整体素质，在很大程度上对经济的快速发展以及缩小城乡差距起到了促进作用。中国教育支出比较有限，尤其是农村教育经费远低于城市，高等教育入学率与韩国的差距不断拉大。(5)韩国政府通过税收政策调整初次分配，通过社会保障制度调整社会收入再分配，使得收入分配趋于均等化，缩小了贫富差距。中国社会保障制度还不健全，覆盖面窄，广大农村的社保问题得不到落实，导致城乡差距越来越大，社会不均日渐明显。

　　基于以上比较和分析，本文的建议是：中国经济若要更快、更健康的发展，需要更加明智的投资和研发，更好地利用人力资源，并促使经济发展从劳动力、资本与资源密集型模式转为知识与技术创新的高附加值模式。主导科技创新的政府机构和企业需要更加密切的协调运作，鼓励企业自主创新。同时，要加大对农村科技、基础设施、公共医疗卫生等方面的投入，加快推进农业产业化，从而缩小城乡差距。要从根本上提高全体国民素质，需要进一步加大教育支出，保证农村义务教育的财政投入，重视职业教育，发展高等教育。除此之外，还需要完善税收与社会保障制度，促进社会公平。

(作者单位：武汉大学经济与管理学院)

书评·综述

中国近三百年学术史研究的新路径
——吴根友《戴震、乾嘉学术与中国文化》评介

□ 司马朝军　王献松

一

"中国近三百年学术史"是中国学术史中的一个特殊指称，特指从明末清初至清末民初的这近三百年学术史。这主要是由于民国时期梁启超、钱穆二人先后著有同名的《中国近三百年学术史》，二书各自从不同的角度展开对这段学术史的研究，影响深远，都成为清代学术研究的经典著作。尽管"中国近三百年学术史"的上下限迄今还存在分歧，但几乎成为清代学术史的代名词。而学界在对这段学术史的研究之中，又以对"乾嘉学术"的研究最为核心。台湾知名学者林庆彰先生曾主编《乾嘉学术研究论著目录(1900—1993)》(台湾"中央研究院"中国文哲研究所筹备处，1995年)一书，从中可以鸟瞰20世纪乾嘉学术研究的大致情况。

近百年来，学界在对这段学术史的研究方面，新的研究成果不断涌现。首先，从思想史的角度出发，代表性的观点主要有下列四种[①]：

(1)"道学反动说"。梁启超在《清代学术概论》、《中国近三百年学术史》中明确将1623年至1923年这三百年作为一个特殊的思想史单位，将其本质概括为"道学的反动时期"。梁启超认为，清代学术的基本精神在于"以复古为解放"。而复古又分为四个步骤：首先复宋之古，使人从阳明心学中解放出来；其次复汉唐之古，使人从程朱理学中解放出来；再次复西汉之古，而使人从许、郑家法中解放出来；最后复先秦之古，使人从一切传注中解放出来。而这种"复古"之所以能起到解放的效果，则是根源于清代学术中的科学研究精神。梁启超特别重视清代的这种研究方法与科学精神，因此他又将以戴震为代表的皖派学术看作是清代学术的真精神之所在。

(2)"哲学启蒙说"。侯外庐对于戴震与乾嘉学术的研究，是与他对中国"早期启蒙思潮"的整体思想认识紧密结合在一起的。针对梁启超、胡适二人肯定"乾嘉汉学"的方法中有科学精神的观点，侯氏提出"乾嘉汉学"只有读书的一定的逻辑要素，并不代表科学方

---

① 吴根友、孙邦金等：《戴震、乾嘉学术与中国文化》，福建教育出版社2015年版，第1~154页。

法。针对乾嘉汉学的学术内容而言，侯氏也是批评多于肯定。他不认为戴震的"由词通道"和通过古代典章制度的研究就能把握社会规律，而且他认为这种对古代典章制度的研究甚至连历史学也不是。继此之后，萧萐父有关明清之际早期启蒙思想与乾嘉学术特征的看法，在思想原则上基本与侯外庐的思想观点相同，但在语气上少了一些政治批判的味道，增加了学术分析与批判的成分。特别是他与弟子许苏民合撰的《明清启蒙学术流变》（辽宁教育出版社 1995 年版）一书围绕"个性解放的新道德"、"批判君主专制的初步民主思想"、"科学精神"三大主题把明清学术的发展划分为三个阶段，认为从明代嘉靖至崇祯，具有西方文艺复兴时期"人的重新发现"与"世界的重新发现"的特征；从南明弘光、永历到清康熙、雍正，提出了批判君主专制的民主要求；而从清乾隆到道光二十年，中心是学术独立和学术研究中的知性精神的发展。三个阶段前后递继，渐次递进，构成此期思想发展的主要脉络，是对"哲学启蒙说"的微观考史之有力佐证。

（3）"内在理路说"。钱穆的历史学进路更偏重于学术史，兼顾思想史；而余英时的历史学进路更偏重于思想史，兼顾学术史。钱穆站在传统文化本位的立场上拒绝使用现代性的观念解释明清之际的新思想观念。余英时因为长期深入西方现代学术的核心，故能在比较思想文化的宏观视野下，触及明清学术思想中的现代性问题，但他似乎刻意地要恪守家法，不去讨论明清学术中的现代性思想萌芽的问题。余英时针对马克思主义学者从社会政治、经济变动的视角论明清学术、思想变化的"外缘"路径，特地提出了"内在理路说"。余英时《论戴震与章学诚》一书认为，戴震与章学诚是清代学术史与思想史上两大高峰，他们的出现，在他看来代表了清代儒家智识主义的兴起，是儒家学术思想由"尊德性"向"道问学"这一学术转向的表征与逻辑结果。他进而认为，清代考据学的兴起，仅仅从外在原因诸如满清入主中原等方面来考察，并不能完全把握到其真正原因。学术思想的发展变化，还应有其自身的"内在理路"。"内在理路说"曾经"引无数英雄竞折腰"，但它把错综复杂的历史现象简单化，把辩证发展的历史过程形式化，又未免失之于简。

（4）"理学余绪说"。熊十力、冯友兰等现代新儒家基本上将明清哲学看作是宋明理学的余绪。现代新儒家均以宋明新儒学的道德形上学作为思想或学术的标准来衡量后来思想者的思想与学术成就。凡是远离宋明新儒学思想传统及其思维方式的成就，他们给予的评价都不高。这一共同的学术立场是现代新儒家研究范式的一个特点，它与以现代性为宏大叙事框架来考评明清时期新思想价值的梁启超—胡适，侯外庐—萧萐父等人的范式形成鲜明对照，甚至与钱穆—余英时的史学进路也有很大不同。

平心而论，《戴震、乾嘉学术与中国文化》（福建教育出版社 2015 年版）一书在归纳总结前人的成就与不足方面下了很大的功夫，重点分析了上述四种范式的成败得失，盘查家底，清理场地，为深入研究清代学术打下了坚实的基础。在学术渊源上来看，该书不是无本之木、无源之水，而是接过"哲学启蒙说"的接力棒进行的一场学术接力赛。这是一种真正意义上的"接着说"。

其次，从学术史的角度出发，代表性的人物与著作主要有：

张舜徽先生在清代学术史研究方面用力甚深，撰写了《清代扬州学记》、《顾亭林学记》、《清人文集别录》、《清人笔记条辨》等系列著作，已经有学者对于他在清代学术史方面的贡献作了专题研究，靠实立论，大致可信。

杨向奎先生《清儒学案新编》（全八卷，齐鲁书社 1985—1994 年版）功力深厚，胜义纷呈，是一部20世纪后期屈指可数的不朽之作。如果说张舜徽先生"国学大师"的桂冠是由其众多的门人弟子追认的，那么杨向奎先生以其卓越的学术贡献，生前就完全无愧于"国学大师"这一崇高的称号。

陈祖武先生主持撰写了《乾嘉学派研究》(河北人民出版社2005年版)与《乾嘉学术编年》(河北人民出版社2005年版)。《乾嘉学派研究》力主在乾嘉学派这一大的学派之下并无小的派别，甚至对吴、皖二分也予以否认，可谓别具只眼。

王俊义先生对陈祖武先生的研究稍持异议，他的代表作《清代学术探研录》(中国社会科学出版社2002年版)对于清代学术史也提出了很多独到见解。尤其值得称道的是，俊义先生是一位极为难得的当代伯乐，他以满腔的热情扶持了大批的学术人才。

北京师范大学历史系英年早逝的罗炳良教授从史学史的角度出发对乾嘉学术进行了独特的探索，《18世纪中国史学的理论成就》(北京师范大学出版社2000年版)认为18世纪中国史学存在两大趋势，即考据的发展趋势与理论的发展趋势，《清代乾嘉史学的理论与方法论》(兰州大学出版社2004年版)与《清代乾嘉历史考证学研究》(北京图书馆出版社2007年版)等书对于清代学术史也颇有贡献。

漆永祥《乾嘉考据学研究》(中国社会科学出版社1998年版)在吴、皖之外分出"钱派"(即钱大昕家学派)，他对吴派学术的整理与研究用力较深，业已推出多种专书。

司马朝军从四库学与文献学的角度对乾嘉学术进行了新的探讨，《四库全书总目研究》(社会科学文献出版社2004年版)与《四库全书总目编纂考》(武汉大学出版社2005年版)等书在梳理文献的基础上提出了大量的新观点，首次"杜撰"了"四库馆派"(即"四库全书派")的新概念，提出了乾嘉学派民间与皇家二分的新思路。

徐道彬《戴震考据学研究》(安徽大学出版社2007年版)、《皖派学术与传承》(黄山书社2012年版)对皖派展开了新的探索，笔者曾经撰文评介(见《徽学》第八辑)。

此外，王达敏《姚鼐与乾嘉学派》(学苑出版社2007年版)、刘奕《乾嘉经学家文学思想研究》(上海古籍出版社2012年版)、陈居渊《汉学更新运动研究——清代学术新论》(凤凰出版社2013年版)、刘凤强《清儒学案研究》(光明日报出版社2013年版)等也是近年有关清代学术史研究的专精之作。至于各种对乾嘉学术中专人、专书的个案研究更是层出不穷，不胜枚举。我们偏重于学术史，兼顾思想史；而根友教授更偏重于思想史，兼顾学术史，他虽然对有关清代学术史的论著多所关注，但在作综述时基本上将这一块淡化处理了。因为学术史的著作难以归纳出范式，容易堆砌材料，既费力又不讨好。但从书后的参考文献来看，我们不难判断，根友教授并没有回避上述学术史著作，甚至他的学术视野远比一般的专而又专的学术史专家要宽广得多。

职是之故，在众多的乾嘉学术研究成果之中，根友教授主撰的《戴震、乾嘉学术与中国文化》一书能够脱颖而出，成为这一专业领域涌现出来的一匹黑马，绝非偶然。该书以其宽广的视野与深厚的功力，对以戴震为代表的乾嘉学术展开了比较全面、系统的探讨，是一部极具学术创新意义的厚重之作，为我们重新认识中国近三百年学术史提供了新的路径。我们不厌其烦地追溯已有研究范式与代表性研究成果，正是为了确定参照系，便于从学术史的角度判断《戴震、乾嘉学术与中国文化》一书的学术价值与创新程度，同时也尽量为了彰显学术批评的深度与广度。

二

吴根友教授主撰的《戴震、乾嘉学术与中国文化》一书在中西哲学比较的宏大视野下，立足中国自身学术传统，吸纳近现代哲学观念，为中国近三百年学术史的研究开出了一条新的路径。这主要体现在以下三个方面：

第一，在视域上学思融合。

所谓"学思融合"，就是在研究视阈上打通学术史与思想史。学术史与思想史在很长时间内井水不犯河水，甚或被视为水火不容，各说各话。该书首次做到了"视阈融合"，从根本上扭转了这一局面，且立足于中国哲学史的整体视野，首次将乾嘉学术的学术特征界定为"18世纪中国哲学的语言学转向"，并指出其内涵为："借助广义语言学中的字、词、句法的训诂与分析等手段，来对此前的宋明传统的思辨哲学进行批判，力求恢复对古代经典原初意义的准确解释。"①这一论点是在继承侯外庐、萧萐父为代表的"早期启蒙说"的基础上，通过对乾嘉考据学中思想性成就的深入考察而得出的。这与梁启超的"道学反动说"、余英时的"内在理路说"以及现代新儒家否定乾嘉学术的思想性等研究范式均有很大不同。该书在肯定乾嘉学术的考据学成就的同时，也肯定了这种通过语言学手段来研究哲学义理的方法论，探究了考据学的思想史意义，赞扬了以戴震为代表的乾嘉学术在人道主义思想方面的贡献，挑战了"乾嘉时代无哲学"的成见，凸显了乾嘉哲学"语言学转向"的整体特征。

该书将乾嘉学术的哲学形上学的形态概括为"道本论"，这是清代"新义理学"区别于宋明理学中"气本论"、"理本论"、"心本论"三派思想体系的显著特征。该书抛开哲学界普遍以宋儒的道德形上学为唯一哲学思想形式的"成见"，从中国传统学术内部固有概念与观念出发，深入探究乾嘉考据学中的思想及其思想方式，发掘了包裹在考据学的形式之中的新义理，提出了乾嘉学术哲学形上学的"道本论"追求，具体考察了戴震、章学诚、钱大昕、凌廷堪、焦循、阮元等学者的"道论"思想，认为乾嘉时代"道论"思想注重凸显"实体实事"和人伦日用法则之"道"，虽然在形式上有回归先秦《易传》道论思想传统的表象，但在具体内容上却有其独特的时代特征，这就是以"气化流行，生生不息"的"天道"为追求合理情、欲之满足的感性生活提供哲学的形上学根据。

该书又将乾嘉学术的研究方法概括为"人文实证主义"，其基本含义是"通过文字、训诂、制度、名物的考订的广义语言学方法追求经典解释过程中的客观性"②，18世纪中国哲学的语言学转向正是要通过"人文实证主义"的方法来重新解释先秦儒家经典中的形上学问题，从而反对宋明理学家对先秦儒家经典的种种"误解"。用戴震的话说就是"由字以通其词，由词以通其道"，通过训诂考据的方式寻求经典之中的义理，这就是乾嘉学术中哲学形上学"训诂明而后义理明"的语言学解释学范式。但该书同时还指出，戴震的这种经典诠释方式，虽然从表现上看强调以"无我"的客观态度追求经典原义，但是戴震并没有放弃以"有我"的理性思辨精神加以综合条贯，并最终实现主客观的视阈的融合、主客

① 吴根友、孙邦金等：《戴震、乾嘉学术与中国文化》，福建教育出版社2015年版，第506页。
② 吴根友、孙邦金等：《戴震、乾嘉学术与中国文化》，福建教育出版社2015年版，第341页。

体的有机统一。这也正是戴震哲学思想之所以能够高出同时代其他学者的原因。可见，追求经典原义并不是"人文实证主义"方法的最终目的，对于戴震这样的一流考据学家来说，通过人文实证的考据方式探求经典原义，其目的仍是阐发其个人具有近代人道主义气质的新人文理想。

该书还将乾嘉学术的成就概括为"古典人文知识的增长"。该书从"泛化的哲学史观"出发，提出"古典人文知识"的概念，将乾嘉学术中的经史考据、文字音韵训诂等语文学研究成果纳入其中，在新的视角下考察乾嘉学术的当代社会价值，认为乾嘉学者细部工作的意义虽不宏大，但作为一种人文知识的积累，经过知识群体的分工协作，仍能有所贡献，在扩展了乾嘉时代的知识视野的同时，还为现代学术分科的新知识系统提供了学科基础。乾嘉学术的这些古典人文知识的增长，为清末民初中国传统学问（知识）体系迎接西方学问（知识）体系，提供了更为适宜的文化土壤。该书认为以戴震为代表的乾嘉学术，在继承晚明以来新人文精神的思想基础上，以考据学的方式表达了中国传统学术、思想近代化的诉求，代表了中国学术、思想发展的新方向。

该书从以上四个层面对乾嘉学术的研究，都是具有创新意义的。此外，书中还对一些具体问题提出了新看法，如对戴震与惠栋关系的考辨，否定了钱穆提出的"戴震于扬州见惠栋以后，学术、思想为一变"的说法，认为以戴震为代表的皖派学术并未受到以惠栋为代表的吴派学术的影响。在讨论中国传统典籍与学问（知识）的分类体系时，认为中国传统学问或知识系统的基本精神是"以治道为中心"，来安排各种学问门类与知识体系。发人所未发，可谓入微之论。

第二，在方法上中西结合。

该书在研究乾嘉学术时，能够采用新的研究方法，是该书能够为中国近三百年学术史研究提供新路径的原因所在。这主要体现在以下两个方面：

首先，该书能够立足于中国哲学的发展历史，采取"泛化的哲学史观"，将哲学视作一种对真实状态的追求，认为乾嘉时代的考据学是一种新的哲学形态，并将乾嘉考据学作为中国哲学史中的一个阶段来考察，也就是所谓的"中国哲学的语言学转向"。这一方法论上的创新，使该书既不同于传统的单纯从考据学成就来探讨乾嘉学术的著作，也有别于以"道德形上学"的义理哲学来审视乾嘉学术义理学成就的著作，而是立足于乾嘉学术自身的思想、学术特色，从人类对真实状态的追求的认知哲学角度，重新发掘乾嘉学者考据成果中的哲学思想，考察乾嘉学术体现的"道论"思想与语言哲学，为我们深入了解乾嘉时期哲学成就提供了新思路，也为此后的乾嘉学术研究开辟了新的道路。

其次，该书能够立足于世界历史与世界哲学的宏大视野，采取"中西比较哲学"的方法，借鉴西方学术概念，重新审视乾嘉学术的实质。如该书在借鉴 20 世纪初西方哲学的"语言转向"的基础上，将乾嘉学术定位为"18 世纪中国哲学的语言学转向"；借鉴现代西方实证主义哲学的观点，将乾嘉学术中的经史考据方法称为"人文实证主义"的方法；还从西方知识论的角度，将乾嘉学术中的语文学研究成果等看作一种"古典人文知识"，将乾嘉学术在这方面的成就界定为"古典人文知识的增长"。

可以说，该书之所以能够在论点上多有创获，就是因为其在研究方法上的创新。假如没有这种既立足自身学术发展历史，又借鉴西方学术成果的研究方法，取得如此辉煌的研究成果是不可想象的。

第三，在结构上回环往复。

该书篇幅较大，分上、中、下三册，共有六编、三十六章。第一编为"20世纪明清学术、思想研究的历史反思"，第二编为"戴震、皖派汉学与古典人文知识的增长"，第三编为"乾嘉时代的史学研究与知识分类问题的探究"，第四编为"学派、问题意识及其相互关系与历史转折"，第五编为"戴震、乾嘉学术与中国近代诸人文学科之关系"，第六编为"比较文化事业下的乾嘉学术及其历史定位"。

第一编是对整个20世纪明清学术、思想研究的回顾与反思，将这一时期的研究从总体上分为梁启超—胡适、钱穆—余英时、侯外庐—萧萐父以及现代新儒家四种研究范式，分析其研究成果的利弊得失；并对除此之外的1950年后港台其他学者、日美汉学界学者、近百年来其他学者在明清学术、思想方面的成果也进行了评述。可以说，该编对明清学术思想的研究回顾与综述虽然并非穷尽性的，但已经相当系统与全面，其中对各种研究范式以及研究成果的反思也为该书的研究指明了方向——"21世纪的明清学术、思想研究，应当继承并消化侯—萧一系的研究成果，领会其方法与精神，在世界历史与中国历史自身特点二重视角交互作用的视野下，推进并深化明清学术、思想的研究"①。

第二至五编是全书的主体部分，主要从"以戴震为代表的皖派汉学的'道论'思想和语言哲学"、"乾嘉学术的经史研究"、"皖派与吴派、扬州学派关系及学术争论"以及"戴震、乾嘉学术及对中国近代人文学科的影响"四个方面展开论述。其中第二编对"以戴震为代表的皖派汉学的'道论'思想和语言哲学"的研究最能代表该书的观点与成就，也是全书最为核心的部分。第三、四两编则进一步对"惠栋吴派"、"钱、王、赵史学考证"、"章学诚历史文化哲学"、"《四库全书总目》的知识分类"、"崔述疑古思想"以及乾嘉时期学派之间的关系、学者之间的争论等方面的问题展开论述，进一步深化了对"乾嘉学术"的整体认识。可以说，第二、三、四编从整体上很好地展示了以戴震为核心的乾嘉学术的状况。第五编是讨论乾嘉学术对中国学术文化的影响，从思想精神、学术方法、现代人文学知识积累与近代人文社会科学诸学科形成的多重角度，揭示了现代中国人文学术分科的民族性特色。虽然该编的研究还有较大的发展空间，但其关于乾嘉学术对章太炎、王国维等人学术影响的研究，已经较好地反映了乾嘉学术对中国近代学术的影响。

第六编可以视作全书的结语部分，这部分主要在中西思想文化比较的视野下，探讨了"乾嘉学术"的精神、创新与局限以及历史定位。在乾嘉学术与欧洲启蒙思想的对比中，肯定了乾嘉学术在反抗伦理异化、追求道德解放等方面的贡献；在对乾嘉学术的局限性进行深刻反思的同时，也肯定了乾嘉学术中"实事求是"的科学精神、"崇尚学术"的求真精神以及关怀下层、批评现实的人文主义理想。并在此基础上提出，从"世界历史"与"比较现代化"理论的双重视角来考察乾嘉学术与中国现代文化的关系，是21世纪明清学术、思想研究之中必需的视角与途径，这对学界未来在清代学术、思想研究的方向与路径方面具有指导意义。作为全书的结语，该编不仅从理论上对乾嘉学术的研究作了细致深入的思考，揭示了乾嘉学术与近现代中国学术文化的深层关系，而且在此基础之上，为清代思想文化研究指明了新的方向，同时也为"中国近三百年学术史"的研究提供了新的路径。

从以上对该书篇章结构内容的大致分析来看，面对如此庞大的篇幅，作者在对全书的

---

① 吴根友、孙邦金等：《戴震、乾嘉学术与中国文化》，福建教育出版社2015年版，第105页。

安排上仍做到了结构严谨，布局得当，体现了作者在布局上高超的结构能力。一般著作的结构采用章节体，多为三级或四级结构，而该书则多出一级，章上面还有编，每编之间，回环往复，好像围绕着清代学术这一主峰修筑了一条盘山公路，将我们一步步引向深处与高处。

古人诗云："曲弹白雪阳春调，调有高山流水声。"细读此书，顿起高山流水之叹。可以说，该书并非一般意义上的、在知识层面对乾嘉学术的进一步深化研究，而是在继承萧萐父先生"早期启蒙说"的基础上，从理论层面对乾嘉学术进行整体性反思之后，对乾嘉学术从哲学思想层面所作的全面深入的研究，极具学理之创新意义。作者大胆地从新的角度、以新的方式阐述了中国传统文化向近现代转化的内在理路，这是一条值得充分肯定的新路径。

三

吴根友教授经常打比方说，学术研究好比带兵打仗，我们决不能步北洋水师的后尘，平时玩花拳绣腿，华而不实，关键时刻不堪一击，全军覆灭。近年他尽管行政、科研双肩挑，但他"从容不迫地在学术与行政之间穿行"，闭门著述，十年磨一剑，"为伊消得人憔悴"，"优游涵泳于学术与思想的天地之中"，终于打造出了一艘"清学号"航空母舰，令人惊佩不已！

当然，该书篇幅庞大，是一部120多万字的皇皇巨著，在具体内容上难免会有一些瑕疵。这主要体现在两个方面：第一，对乾嘉学术的溯源性研究略显不足。虽然该书中部分章节对乾嘉学术作了一定的溯源性研究，如第三编第一章"全祖望的经史研究与乾嘉学术的关系"，但对清代初期其他学者与乾嘉学术的关系则论述不多，对中国近三百年学术史"中心人物"顾炎武（亭林通常被称为清学的不祧之祖、开山祖师）与乾嘉学术的关系没有设立专章，对黄宗羲、王夫之等人与乾嘉学派哲学思想渊源问题的讨论也只是点到为止，未能作更为细致的探讨。第二，对乾嘉学术的传承研究略有偏颇之处。在讨论乾嘉学术对中国近代学术的影响时，未能对作为清代学术殿军的黄侃、杨树达、陈垣等"中心人物"与乾嘉学术的关系进行专章探讨。黄侃等人才是真正继承乾嘉学术精神和方法的正统派，在书中却没有提供一席之地；反而将顾颉刚、傅斯年等背离乾嘉学术精神的"反动派"设立专章，难免启人疑窦。书中还将王力的学术成就纳入其中，并作了专题论述，但事实上王力只不过擅长搭架子，其学术思想并无太多创新，根本谈不上博大精深，且与乾嘉学派相去甚远，王力一再表明他与崇尚乾嘉学术的旧派人物（如章太炎、黄侃等人）井水不犯河水。

当然，相对于全书对乾嘉学术系统、全面、深刻的研究与反思，以及它开启的中国近三百年学术史研究的新路径而言，上述这些具体内容方面的缺失不过是白璧微瑕而已。此外，我们在反复阅读该书的过程中也产生了一点新的思考，例如，"18世纪中国哲学的语言学转向"到底是向上一路还是向下一路？"古典人文知识的增长"是否跳出了"为学日益，为道日损"的怪圈？学术史与思想史如何做到"无缝对接"？在学术史、思想史的书写中，中心人物与边缘人物如何分配权重？在对学者成就的评价上，学术评价的细则如何确立？学术评价体系如何确定？清代学术是否存在"学术共同体"？为何清代学派远比明代为少？

中国学术史的学科体系如何完善与更新？诸如此类，都是需要进一步思考的问题。

在当下如此浮躁的时代，亢龙应有悔，群龙却无首。这一无序状态反而为新生代提供了一点点生存缝隙与发展空间。吴根友教授通过这一教育部基地重大项目训练出了一支生龙活虎的学术团队，走出了一条具有珞珈哲学特色的新路径。我们相信，他们一定会再接再厉，在专题研究与人物研究方面不断推出新的系列成果，在乾嘉学术方面获得更多特色鲜明的学术妙果。著名学者李庆教授曾经把清代学术研究形象地比作是在大海里捕鱼。而今"清学号"航空母舰已经下水，那么我们有理由相信，碧海掣鲸，非"吴派"莫属。

（作者单位：武汉大学中国传统文化研究中心）

云间词派研究述评[*]

□ 陶明玉　余来明

　　"云间"为古地名，明代属松江府华亭县，在今上海松江地区。云间派是明代最具影响力的流派之一，今言云间派一般指云间派文学。其流实有二端，一曰云间派书画，一曰云间派文学。云间派书画以董其昌的书画为宗，云间派文学以陈子龙、李雯、宋徵舆等人的诗、文、词为代表。笔者所言云间词派是就云间派文学的词而言的，云间词是云间派文学的重要组成部分。

　　云间派研究历经一个世纪，其研究综述已有学人做过梳理，如刘勇刚《云间派文学研究》前言有《云间派研究综述》一节，分论云间词派和云间诗派的研究现状以及云间派重点作家及其文献的整理①，但是较为简略。而专门的系统的云间词派研究综述几于阙如，只有《近三十年云间词派研究综述》（《焦作大学学报》2013 年第 2 期）一文，但是该文略显粗陋，难以窥见研究之源流概貌。况且近几年的研究取得了新的进展，故笔者不揣浅陋，试对云间词派的研究现状进行简要述评。

　　针对云间词派的研究特点，笔者没有采用时间分期的方式进行总结，而是将云间词派的研究分为五个部分来介绍：第一，云间派作家文献整理；第二，作家和词派研究；第三，词风、词论和词史研究；第四，接受与影响研究；第五，群体与地域研究。这五个部分大抵反映了云间词派研究的全貌。笔者期望通过对云间词派的研究进程和研究成果进行一次梳理，以明研究之得失，为后续云间词派研究的推进提供参考。

一、云间派作家文献整理

　　文献整理是研究的基础，也是研究的一部分。中华人民共和国成立以后，云间派文人的作品陆续得到重新整理出版。1959 年，排印本《夏完淳集》②出版。1985 年，《夏内史集附录》③出版。1991 年，白坚的《夏完淳集笺校》在参照约十种版本的基础上、以 1959

　　* 本文为教育部人文社会科学重点研究基地重大项目"明代诗史流变研究"阶段性成果，得到国家"万人计划"青年拔尖人才计划支持。

　　① 刘勇刚：《云间派文学研究》，中华书局 2008 年版，第 5~9 页。
　　② 《夏完淳集》，中华书局 1959 年版。
　　③ 《夏内史集附录》，中华书局 1985 年版。

年的《夏完淳集》为底本，由上海古籍出版社出版。白氏笺校的《夏完淳集》收录了完淳的赋、诗、词、文，堪称完备。在前言部分又论述了夏完淳的生平事略，对人物评价也较为中肯，并对其诗赋文书的内容主旨、艺术特色进行探讨，如对完淳的创作"以崇祯十七年为界，划分前后"①，颇有见地。《夏完淳集笺校》收录词作四十余首，是研究夏完淳词的基本参考文献。因此可以说，白坚的《夏完淳集笺校》是一部重要的云间派参考文献，也是一部夏完淳研究力作。

1983 年，《陈子龙诗集》由上海古籍出版社出版。2011 年《陈子龙全集》由人民文学出版社出版。2000 年，谷辉之辑的《柳如是诗文集》由上海古籍出版社出版。2014 年，影印本《柳如是集》在凤凰出版社出版。2000 年，《云间三子新诗合稿·幽兰草·倡和诗余》②合集出版。该书采用简体排印，无注解。《幽兰草》、《倡和诗余》是研究云间词派的重要文献，该书的出版，为研究云间派诗词研究提供了极大便利。

一大批云间派作家作品的整理出版，嘉惠学林不浅。虽然云间派文献整理取得了不小的进展，但是工作力度仍然不够，有些还存在一些问题，比如失于精校、注释不详、收集不全等。今后的云间派文献整理工作应该在这些方面继续努力。

二、作家和词派研究：从个案到总体

新时期以后，出版了一些云间派主要文人的传记，包括周法高的《柳如是事考》（台湾三民书局、学生书局 1978 年版）、陈寅恪的《柳如是别传》（上海古籍出版社 1980 年版）以及朱东润的《陈子龙及其时代》（上海古籍出版社 1984 年版）等。但是云间派并没有完全进入学术界的视野，学者们关心的是陈子龙、柳如是和夏完淳这样的民族英雄和文化名人。

明清女性作家一直是学界关心的一个热点，而柳如是又是热点中的一个焦点。关于柳如是的传记类著作，周法高的《柳如是事考》和陈寅恪的《柳如是别传》都是非常精深的学术著作，二者又尤以《柳如是别传》为精。《柳如是别传》倾尽了作者十年心血，在 20 世纪60 年代就已完稿，由于"文革"动乱，迟至 80 年代才出版。该书以柳如是的生平为线索，考证了柳如是与陈子龙、宋徽舆和钱谦益等人的交游以及柳如是参与的反清复明运动。陈氏书一出，各类低劣仿作如《兰舟恋·秦淮八绝——柳如是》、《风尘奇女柳如是》、《独立寒潭柳——柳如是别传》等应运而生，数量达五种以上，无须赘述。

朱东润的传记文学《陈子龙及其时代》将陈子龙放在明末动荡的历史进程中进行叙述，该书把陈子龙的一生分为三个阶段：文士阶段、志士阶段和斗士阶段，③ 对陈子龙的文学涉及较少，对陈子龙的爱国精神和才干见识渲染颇多。但是其对陈子龙的人物评价是非常中肯的。

像陈子龙、夏完淳这样的爱国志士固然已经超越了他们的时代，成为一种精神的象征。但是就学术研究而言，我们更应该将他们还原到历史语境中去，细致入微地考察他们

---

① （明）夏完淳：《夏完淳集笺校》，白坚笺校，上海古籍出版社 1991 年版，第 19 页。

② 陈立校点：《云间三子新诗合稿·幽兰草·倡和诗余》，辽宁教育出版社 2000 年版。

③ 朱东润：《陈子龙及其时代》，《朱东润传记作品全集》第三卷，东方出版中心 1999 年版，第 4页。

的生平事略、文章德行，做到"知人论世"。

三四十年来，关于陈子龙的研究论文已达数百篇，关于夏完淳的研究论文也有三十余篇，而关于柳如是的研究论文也达到百篇以上。从数量上看确实是蔚为大观。

在云间派词人的生平事迹考方面，有魏振东的硕士论文《陈子龙年谱》(广西师范大学，2007年)，该论文以陈子龙、王沄的《陈子龙年谱》为底本，对陈子龙世系、交游、年表有比较详尽的考证。其他生平事略考的论文还有任聪颖的《柳如是与宋徵舆、陈子龙关系新证》(《兰州学刊》2014年第1期)、张承宇的《活不容易　死亦艰难——云间派五成员结局略考》[《南京理工大学学报》(社会科学版)2006年4月第2期]等。

词人词作系统研究方面有硕士论文《陈子龙词研究》(赵丽萍，山东师范大学，2003年)、《夏完淳研究》(张岚岚，南京师范大学，2004年)、《陈子龙词考论》(权惠娟，四川师范大学，2011年)、《柳如是作品研究》(孙茜，山东大学，2013年)、《李雯词研究》(魏广超，湘潭大学，2013年)等。期刊论文方面有刘勇刚的《论李雯的〈蓼斋词〉》(《中国韵文学刊》2009年第3期)。对于作为"云间三子"之一的宋徵舆其词作尚没有学者发表过相关研究论文。

可以看出，早期对云间派作家的关注主要局限在陈子龙、柳如是和夏完淳等人身上，并且专论云间派的著作还很少。真正以云间派为研究对象的专著迟至新世纪才出现。姚蓉的《明末云间三子研究》(广东高等教育出版社2000年版)可以算作一例。《明末云间三子研究》着眼于陈子龙、李雯和宋徵舆(云间三子)的生平事略、政治活动、诗文研究及其与云间派的关系和与其他流派的交往，并有专章谈论云间三子的词作。2007年，姚蓉又出版了《明清词派史论》，该书将云间词派作为重点列为一章专门论述其词论、词风及其地位和影响，并将西陵词派、柳州词派和广陵词派纳入云间词派的旁支，辨别了其与同时代其他流派之间的关系。

刘勇刚的《云间派文学研究》也是一部研究云间派的专著。该书先从云间地区的地域人文传统和经济背景切入，再论述明末学风和几社实学思潮，将云间派放置在历史学的视野中进行考察。其研究特点表现在突破了以往研究只局限在云间派代表作家上，把眼界扩大到整个云间派，并对云间诗派、云间词派分别论述，由众多作家到众多作品，最后选取云间派代表作家陈子龙、柳如是和夏完淳作个案研究。可以说《云间派文学研究》是目前所见研究云间派文学最为全面的一部著作。

从早期学者的传记到对云间词人和云间词派的文学研究，这个历程已经走过了近四十年，而其研究的主线和框架已基本形成。

三、词风、词论和词史研究

文学流派之研究主要有三个层面，流派统系、代表作家和流派风格。① 而风格往往是文学流派的旗帜和核心内容。云间词派的词风和词论(词学思想)研究一直是云间词派研究的重点领域。

———————————

① 陈文新：《论流派研究的三个层面——对中国古代文学流派理论的一种考察》，《东方丛刊》2004年第1期。

明清词人有比较强烈的理论意识，其词风往往就是其词学思想的表现。而陈子龙就是一个显著的例子。王英志的《浓纤婉丽，寄兴深微——论陈子龙词》(《中州学刊》1990 年第 2 期)一文就是从其词论出发总结其词风的。词风词学类研究专著有张世斌的《明末清初词风研究》(天津古籍出版社 2008 年版)，该书指出云间派追求的是秾纤哀艳、盼倩婉娈的词风，余意的《明代词学之建构》(上海古籍出版社 2009 年版)则指出云间派词风是"花间"词统之延续，郑海涛的《明代词风嬗变研究》也认为陈子龙词风乃是"典型的花间词风"①。

叶嘉莹的《从一个新的理论角度谈令词之潜能与陈子龙词之成就》[《四川大学学报》(哲学社会科学版)1990 年第 1 期]探讨了陈子龙、柳如是因缘和"令词之潜能"在陈子龙词作上的激发和表现。另外值得一提的是海外华裔学者孙康宜的《情与忠：陈子龙、柳如是诗词因缘》②，该书在忠君爱国的大传统和晚明情观的时代风尚下探讨陈子龙、柳如是及其创作。作者用一种别样的眼光，打破了以往认为陈子龙词作所谓"香草美人的政治隐喻"的单一主题，发现了陈子龙的"情词"的艺术内涵，将陈子龙的词作研究推向了深入。作者是独具慧眼的，文章也富有才华。叶嘉莹女士和孙康宜女士的研究在某些方面有共同之处，叶嘉莹的文章从理论层面(可以认为是文体论)谈陈子龙词的感发潜质，而孙康宜则从情感方面谈陈子龙词的言情内涵，二者都看到了陈子龙词"情缘入词"的一面。可以说，叶嘉莹和孙康宜女士开辟了云间词风研究的一个新的维度。

云间词派的词学思想主要保存在云间派词集的序跋中，而以陈子龙的《三子诗余序》、《幽兰草序》、《王介人诗余序》等最具代表性和纲领性，而以宋徵舆、李雯等人的词论为补充。

王英志的《陈子龙词学观初探》是较早探讨云间词人词学观的文章，该文简述了陈子龙"以婉约为正"的词学观的四个侧面：第一，以意为主，构思深刻；第二，感情真实，深沉委婉；第三，文采婉丽，风格自然；第四，境界婉媚，含蓄不尽。并谈及其词论对明季词风的纠偏作用。③ 后来孙克强教授在《试论云间派的词论及其在词史上的地位》一文中，比较详尽地总结了云间派词论的内容：第一，总结明词衰因，强调风骚之旨；第二，崇南唐北宋，尚婉丽当行；第三，戒浅率尘俗，倡含蓄蕴藉。④ 并由此阐述云间派在词史上的重要地位。张仲谋的《明词史》也有相关论述，认为云间派词学观的内容，一是崇北抑南的词史观与词品观，二是关于词婉媚纤弱的风格。⑤ 姚蓉的《明清词派史论》则将云间词派词学观列为三点：第一，词宗南唐北宋，第二，词主言情寄托，第三，词尚婉丽鲜妍。⑥ 对比三人的观点，可以看出学界在云间词派的词学观上的认识基本是趋同的。而王英志、孙克强的论文更加具有开拓性的意义，后来的论文如黄雅莉的《明末词学雅化的苗裔——陈子龙词学理论及其在词学史中的地位》[《海南师范大学学报》(社会科学版)

---

① 郑海涛：《明代词风嬗变研究》，中国社会科学出版社 2013 年版，第 238 页。
② 孙康宜：《情与忠：陈子龙、柳如是诗词因缘》，李奭学译，北京大学出版社 2012 年版。该书英文版于 1991 年由耶鲁大学出版。
③ 王英志：《陈子龙词学观初探》，《齐鲁学刊》1984 年第 3 期。
④ 孙克强：《试论云间派的词论及其在词史上的地位》，《中州学刊》1998 年第 4 期。
⑤ 张仲谋：《明词史》，人民文学出版社 2002 年版，第 289~291 页。
⑥ 姚蓉：《明清词派史论》，广西师范大学出版社 2007 年版，第 20~25 页。

2010 年第 4 期]等在王英志、孙克强教授论文的基础上有所推进。

而周焕卿的《云间词派的比兴说在明清之际的发展》(《词学》第二十二辑)则细致入微地考察了云间词派的比兴说及其在前后期的流变和同代词坛的风尚。莫立民的《"大小宋"与明末清初云间词派的勃兴》[《安徽大学学报》(社会科学版)2016 年第 1 期]力图打破陈子龙中心论,强调宋徵舆、宋徵璧兄弟对云间词派的开宗之功。

在众多《中国文学史》中,对明词往往闭口不谈,偶有涉及也不过是点到为止,没有深入。纵然是断代的明代文学史也对明词不甚着意。如徐朔方、孙秋克的《明代文学史》一书对戏曲、小说着墨较多,而于明词则是粗略带过。其实这是一种文学史观的误区,正如越来越多的学者所发现的那样,明词自有其价值和地位,云间词派在词史上占据有不可忽视的一席之地。

张仲谋的《明词史》是第一部明代词史专著。他在绪论中指出,"一方面是明词自有其不可忽视的价值,另一方面,明词自身的价值也不可等同于它的词史价值与研究价值"①。主张重新估计明词的文学史地位和价值。该书以词人立论,而非以词派立论,故只论及陈子龙、夏完淳等人的词论和词作。后来其在与王靖懿合著的《明代词学编年史》(高等教育出版社 2015 年版)中用编年的方式写明代词史,将明代词坛分为五个时期:明初词坛、明前期词坛、明中期词坛、晚明词坛和明季词坛。对有明一代词人凡有名姓者,几乎都收录进来,更加细化精深。另附录词人年代简表、明词别集叙录等,对云间派文人陈继儒、陈子龙、宋存标、宋徵璧、夏完淳等生卒年月、官宦历程以及著作状况有比较详细的介绍。可以一览明季词坛与云间派词人之概况。而严迪昌的《清词史》(凤凰出版社 2001 年版)则以词派为纲展开论述,并详细介绍了云间词派的主要词学及特点,还指明了词风流变过程中云间词派的重要作用。

在对云间词派的词风和词论进行研究后,我们才得以明白云间词派的思想核心和艺术导向,并可由此正确定位云间词派在明代词史的地位。

四、接受与影响研究

影响研究是云间词派研究的一个比较重要的方面,而云间词派的接受研究则显得有点无人问津。有源才有流,有影响就有接受。我们谈云间词派如何影响清代词坛的时候,也要知道云间词派的词论是从何处而来,也就是接受研究。

余意《明代词学之建构》认为,"陈子龙以及云间词人接受的照旧是明代中后期以来在吴中地区所形成的'花间'词统。陈子龙在文艺理论上因袭前后七子复古的观点,在词学理论方面,他也同样持复古观点"②。王莹《云间派对婉约词风的继承》[《河北理工大学学报》(社会科学版)2010 年第 1 期]一文论述了云间派对晚唐北宋婉约词风的继承。

关于云间词派对后世词坛的影响,姚蓉在《明清词派史论》中说道:"明末云间词派的兴起,拉开了清词中兴的序幕,也开启了词学流派交替更迭的历程。"③云间词派是否开启

---

① 张仲谋:《明词史》,人民文学出版社 2002 年版,第 5 页。
② 余意:《明代词学之建构》,上海古籍出版社 2009 年版,第 168 页。
③ 姚蓉:《明清词派史论》,广西师范大学出版社 2007 年版,第 1 页。

了清词中兴的盛况？其实清人已有论述："清初词派，承明末余波，百家腾跃。"①近人龙榆生在《近三百年名家词选》中亦言："词学衰于明代，至子龙出，宗风大振，遂开三百年来词学中兴之盛。"②词学在明代衰微是事实，陈子龙复兴词学也不错，清代词学中兴也是实有其事。但是三百年词学中兴是否真的是陈子龙及其云间派开启的呢？如严迪昌就认为："事实上，指出云间词派与近三百年来词风演变的关系是必要的，认定陈子龙开清词'中兴之盛'则不甚吻合史实。"笔者认为云间词派和陈子龙对清词的影响还需要更加深入的研究。

从目前的研究现状来看，云间词派的接受研究不如影响研究充分。明末词学走向了辉煌，这种辉煌不是一蹴而就的，而是在前代词学传统的基础上一步一步完成的。以明末云间词派为代表的词坛接受研究，或许有助于我们重建词学史及其内在的逻辑。

五、群体与地域研究

明清文学的群体性和地域性特征非常显著，这种特征是和明清时期江南经济大发展文化大繁荣以及门阀制度是分不开的。明末清初南方地区众多词派兴起，而云间词派在各文学流派中独树一帜。

姚蓉在《明清词派史论》中指出了明清词派地域性特征，并分析了明清词派形成的关键是包含血缘、姻缘、血缘等因素在内的地缘关系。③而云间派就是一个典型的地域性文学团体，只不过和其他词派不同的是，其影响力从空间上看已波及海内，从时间上看余绪延及有清一代。刘勇刚的《论云间地域与名门望族对云间派的影响》④则探讨了云间地区的经济水平、人文传统、名门望族和宗法思想对云间派的影响。其《云间派文学研究》一书附录的《明清之际云间派作家小传》对云间派作家群体介绍达百余人。

专从群体与地域立论的著作有朱丽霞的《清代松江府望族与文学研究》（上海古籍出版社2006年版），该书论述了松江望族文化生态并对云间派宋氏兄弟在明清鼎革之际的人生取向和文学创作进行了文化剖析。李越深的论文《论"云间三子"文学群体的形成》[《浙江大学学报》（人文社会科学版）2009年第3期]一文研究陈子龙、宋徵舆和李雯之间的交谊和"云间三子"和云间派文学群体形成的人脉契机。谢羽的硕士论文《晚明江南士人群体研究——以陈子龙交游为中心的考察》（华中师范大学出版社2006年版）力图通过陈子龙的交游来研究把握晚明江南士人群体。同类论文还有肖庆伟的《结社、家族与云间词派》[《漳州师范学院学报》（哲学社会科学版）2008年第4期]、《论云间宋氏家族词人与〈倡和诗余〉》[《福建师范大学学报》（哲学社会科学版）2010年第3期]等。

从这些研究成果可以看出，云间词派的群体和地域研究也是云间词派研究的一个重要方面，它反映了词派进入明代以后的新的特点，也给其他古代文体的研究提供了借鉴和

---

① 叶恭绰：《广箧中词》卷一，叶氏民国二十四年（1935年）铅印本。
② 龙榆生：《近三百年名家词选》，上海古籍出版社1979年版，第4页。
③ 姚蓉：《明清词派史论》，广西师范大学出版社2007年版，第9页。
④ 刘勇刚：《论云间地域与名门望族对云间派的影响》，《贵州师范大学学报》（社会科学版），2004年第3期。该文又见于《云间派文学研究》一书。

启示。

六、结　语

　　上述五个方面的研究，或许未能曲尽云间词派研究之全貌，然而也几于概要。从中可以看出，云间词派研究经历一个从个案到总体，从部分到全面，从浅略到深入的过程，尽管如此，依然还有继续推进的空间。如云间词派的接受研究相比其影响研究就显得不够充分，值得花费工夫。又如对云间词派的研究涉及明词的词学史地位问题，因而也具有古代文学史上的意义。希望学者们能再接再厉，在已有的研究成果上继续推进，在新的领域前行继续开拓。

（作者单位：武汉大学中国传统文化研究中心）

社会史研究最新成果呈现与前景展望

——记第十六届社会史年会暨"中国历史上的国计民生"国际学术研讨会

□　路彩霞

2016 年 5 月 17 日，习近平总书记发表了关于繁荣哲学社会科学的重要讲话，强调要结合实际，加快构建中国特色哲学社会科学。社会史学科在中国大陆已有三十余年发展历程，适时总结其研究现状，反思目前存在的问题，寻找应对之策，推进社会史学科大发展，是繁荣哲学社会科学应有之义。

金秋送爽，丹桂飘香，由中国社会史学会、武汉大学、三峡大学联合举办的中国社会史第十六届年会暨"中国历史上的国计民生"国际学术研讨会，于 2016 年 10 月 14 日至 17 日，在美丽的三峡大学圆满举行，三峡大学何伟军校长、中国社会史学会会长常建华及武汉大学张建民教授等致开幕词。

此届年会可谓群贤毕至，少长咸集，到会的 130 余位专家学者中，既有参加过 1986 年第一届年会的刘志琴、常建华、行龙诸先生，也有刚走上工作岗位的青年教师和在读博士生。研究队伍的庞大彰显了中国大陆社会史经过三十余年的发展，已经蔚蔚可观。

一、社会史研究成果纷呈

第十六届年会可以说是中国大陆社会史发展的阶段性总结之会。年会共设一组主题发言和十五组专题讨论，通过学者报告、专家评议以及互动交流等形式，与会专家学者就学科发展、宗族家族、经济生活、物质文化、区域社会等社会史研究的主要方面，进行了热烈交流和深入研讨。

本届年会文章选题特点之一是关注学科发展本身。2016 年恰逢社会史在中国大陆勃兴三十年，与会学者多，论文分量重，探讨专题全自不待言，更为明显的是，社会史领域的专家学者已自发自觉地回观本学科的发展历程，反思社会史学科现存的问题，对未来的发展进行前瞻性探讨。刘志琴《重建百姓日用之学》、常建华《开放与多元：新世纪中国社会史理论探讨与学科建设》、李长莉《中国近代社会史研究三十年发展趋势与瓶颈》、梁景和《社会文化史在行进》、余新忠《在生命的关注中彰显历史的意义》分别从社会史研究的内容、理论、趋势与瓶颈、旨趣与意义等方面，对目前的社会史学科进行了总结和思考。

本届年会文章选题特点之二是宗族史、区域社会史、经济社会史研究成果数量多，且质量高。其中夏炎考察了中古青齐早期移民家族的地域认同，黄志繁探讨了宋明时期吉安地区从同姓到同宗的实践，罗艳春考察了宋以降江西万载利用古迹进行文化建构的情况，张俊峰探析了元清两代河津干涧史氏宗族的历史建构，卞利通过祖墓讼诉案呈现了安徽休宁的宗族文化，杨国安以墓碑资料重构了明清鄂东南移民的家族世系，李晓方考察了清代宁都璜溪廖氏的宗族建构，于秀萍论述了清代湖北修谱与宗族发展的关系。另外，王康、王妍、肖丽红、潘大礼、贾勇等对家庭中的两性关系、婚俗等进行了考察。

区域社会研究方面，学者多聚焦于基层社会发展和治理。赵秀丽考察了文官影响下的明代社会和王朝命运，邱源媛从八旗制度视角反思了清代华北民间社会，冯慧鑫探讨清代苗疆社会秩序建构问题，董龙凯则比较了不同生存坏境下的土客关系。任吉东探析了近代卫生行政影响下的天津社会，岁有生考察了北洋政府时期战乱匪患交织的河南社会，苑琛探讨了战时民变影响下的鄂西地区，刘元讨论了西方宗教影响下的广东社会，王汉东考察了中日危机下的民国城市社会。

任建敏考察了明中叶广东珠三角地区禁毁淫祠寺观问题，黄忠鑫探讨了明清婺源乡村行政组织，刘道胜关注清代安徽祁门县的村族政治，李平亮对清中期江西社会进行了研究，孙兵则注意到清咸同年间河南乡村社会军事化现象，徐茂明对清末报刊反映的家族问题进行了探讨，方秋梅对比了上海、汉口城市管理格局的变动情况。另外，万鲁建具体考察了近代天津的日本侨民社会，尚季芳为我们呈现了1926年革命背景下校园社会的复杂面貌，张小坡考察了近代旅外徽州人的同业组织，赵晓阳则关注19世纪新西兰华侨"被印象"问题，等等，上述学者的文章多以个案形式，呈现明清以降地域社会的复杂面相，其研究之深入，也彰显了宗族史、区域史研究的日趋成熟。

经济社会史研究方面，洪均概述了明清以来汉正街商业行业的发展，李灵玢则具体探讨了在汉山陕商人的活动，刁莉考察了晚清中俄茶叶贸易中的宗教问题，郑清坡研究近代定县基层集市多元化问题，胡英泽分析了土改前后晋西南的乡村经济变化，魏国栋考察了民国中期的保定商会，晏雪平对1933年国内米谷的生产与消费情况进行了呈现，李晓溪探讨了抗战后黄梅县逆产处置问题，张忠则考察了当代北大荒军垦群体。

本届年会文章选题特点之三是社会生活史受到普遍关注。参会的经济社会史、日常生活史、物质文化史相关文章内容丰富鲜活，成为年会的热点。其中唐仕春通过对同乡印结的考察展现了明清京官的生计，丁修真探讨了明代士人科考路费问题，赵树国利用小说史料，呈现了17世纪华北民众的生活境遇，吴欣关注明清山东运河纤夫的生存状态，张明研究了清代士大夫的人际交往，雷平注意到嘉道之际士人贫困化问题，胡俊修则将视线投向近代武汉农村移民的底层生活。另外，周积明以文史学家邓之诚个案探讨了近代知识分子生存状态，路彩霞以武昌县中医朱仁甫的个案折射了清末民初中医群体的生存状态，王福应、李军、姚春敏、孙敏等以戏曲、庙会、庙宇为切入点，展现了河北、闽西、关中等地域乡民的生活，周宇清则为我们介绍了清末民初国人对美国女子生活的认知。

　　年会上，也有多篇论文对历史上和日常生活有关的具体器物进行了考察。如马斗成展现了远古琉璃艺术之美，胡安徽考察了古代社会朱砂的使用情况，常屏京考察了明清建宁府的水井，谢盛则探讨了西洋器物在明清中国的传播历程，陈娜娜从性别视角，再审视了民国时期的烫发现象。

　　本届年会文章选题特点之四是水利电力史论文与举办地紧密契合。承担主办第十六届年会的三峡大学，位于中国水电之都宜昌，水利工程是该校特色优势专业。在"国计民生"主题下，本届年会共收到有关历史上的农田水利、防洪堤防论文七篇，其中张建民对传统时代水环境演变的探讨，钞晓鸿对环境、州县博弈与水利建设关系的分析，钱杭对湘湖工程抉择的考察，郭莹对清代荆州堤垸建设的探讨，以及朱年志对明代运河治理的探析，王玉朋对明清运河洪涝防御的考察，李安峰对民国时期贵州农田水利工程的研究，呈现了各区域水利与社会发展的辩证关系，对今天的水利建设有所启示。

　　社会史研究拓展了历史学研究的史料范围，多元文本的利用，是本届年会文章的又一特点。本届年会论文中，刘平、杜婧的研究肯定了田野调查对社会史研究的重要作用，阿风则综合比对了方志、族谱、文书之于徽学研究的价值，解春龙对王阳明形象的丰富呈现也正是基于文集、实录、方志资料与年谱资料的比对。而"阶级成份登记表"则成为行龙研究集体化时期农村社会的重要文本，潘洪钢对青州驻防八旗的研究则利用了粮饷残册，王玉坤对清代民国徽州钱会的研究直接依据了钱会文书，等等。

　　年会文章选题特点之六是社会史研究观照现实问题。第十六届年会承袭上届"生命、生态和生计"主题，聚焦"国计民生"，既考察宏观的国家制度设计，又关注微观的经济生活，并进一步探讨二者之间的互动关系。陈宝良探讨了明代地方官面对国计民生的矛盾心态，赖玉琴呈现了明代黄州士大夫对国计民生的关注，王亚民则具体考察了张之洞的"厚生"思想。有关民国时期的相关研究，汪效驷关注抗战时期关于民生问题的舆论，范铁权则考察了中华棉产改进会的民生关怀。

　　社会史研究自觉观照现实，为解决现实问题提供了历史镜鉴。李伯重对清代以来松江地区生活水平的考察不仅在学术上有所创见，也是对时下以人类发展指数（HDI）替代GDP衡量国家发展程度的呼应。陈锋、黄国信、陈海立、李晓龙、黄河、刘峰等对明清国家盐业政策及民间私盐实践的考察，可为新近废除盐业国营做一历史注脚。李义琼、梁勇、王燕、潘浩、何强、李园等对明清近代不同时期中央地方财政、赋税杂捐等的具体考察，对今天的赋税改革有参考意义。

　　与经济改革呼应的研究有肖红松对华商电灯公司电价的考察，许永峰对民国农业金融的考察，杨福林对国民政府出口外汇统制政策的研究，罗凯对民国沙市币制改革与物价管控的探析，以及谭备战对抗战前企业性质变化的探讨，等等。

　　另外，黄永昌对清代江南会馆义葬善举的研究，黄鸿山对江苏救济院的考察，吴彦芳对民国时期宁夏荒政的探讨，谢羽对民国甘肃地方经营赈灾的呈现，对今天推进社会保障体系多元化进程有所启迪。潘慧生总结了明清滹沱河上游文化名村的特点，梁洪生有关流坑村的研究直接为美丽乡村建设实践纠偏。另外，张学见探讨了旅游业与近代青岛城市发展的关系，魏影考察了清末民初黑龙江沿边开发情况，对今天大力发展旅游业具有启发意义。

二、社会史研究问题反思

鉴于社会史研究团队庞大，为便利组织协调，本届年会设立了近代社会史分会，由中国社科院近代史研究所具体负责组织。在明清社会史、近现代社会史持续壮大繁荣的同时，会议也暴露出社会史研究时段不均衡问题。提交参会的文章，虽上起先秦，下至现当代都有涉及，但侧重宋元以后，上古社会史研究非常薄弱，仅祝捷《先秦"士"阶层的社会演变及其"天下"观》、夏炎《中古青齐早期移民家族的地域认同》区区两篇。某些专题的研究可能因研究时段不均衡限制，无法通观备览，中国社会历史脉络因此无法完整呈现。

本届年会所存在的第二个问题，是研究的同质化、碎片化、平面化在部分青年学者及学生的论文中仍然存在。借助国际化视野，长时段考量，以及区域比较，研究者应站位更高，立意更远，所产生的成果也会更有深度、高度和厚度，对历史面相的呈现与历史问题的思考，也才能更有效度。

在中国大陆，社会史研究已从边缘的"小学科"发展为热门的"大学科"，但如果将我们的社会史研究置于全球学术范围考量，目前我们的研究仅宗族史、区域社会史相对成熟，在国际学术圈发声有力，而中国特色的社会史学科体系的构建、中国本土化的社会史理论总结等仍处于探索阶段。大陆社会史研究在国际学术圈的话语权还不牢固，这或为目前社会史学界所存在的最大问题。因此，一方面，打铁还需自身硬，大陆社会史学界要进一步夯实基础，磨砺锋芒；另一方面，大陆社会史研究成果要积极走出去，向海外译介大陆学者尤其是中青年学者的社会史研究成果，而不是孤芳自赏，要鼓励支持社会史学者到海外参会，直接表达中国学术声音，这需要国家教育、文化相关管理部门提供支持和保障。2016年，伴随习近平总书记的"5·17"讲话，中国哲学社会科学的春天已经到来，构建中国特色的哲学社会科学，社会史学科有潜力有信心率先而为，大有作为。

三、社会史研究前景展望

前此三十年，中国大陆社会史由边缘学科发展为与政治史、经济史三分天下的显学，但今后三十年，原有的后发优势或者说学科红利已不明显，作为相对成熟学科，对自身理论建构的要求越来越迫切，这种情况下，社会史学科如何葆有蓬勃发展生命力，如何构建中国特色的社会史学科体系，是必须思考的问题。

数代社会史学者的努力付出，推动了社会史在中国大陆的发展壮大。老一辈学者披荆斩棘，中年学者砥砺前行，青年学者推陈出新，第十六届年会上，70后、80后新生代学者占参会总数近半，且成长势头强劲。社会史研究梯队传承有序，每一代学者都承前启后，未来社会史研究欣欣向荣的态势必将持续。

同质化、碎片化和平面化是社会史未来发展的瓶颈，要应对这一挑战，一方面必须不断开拓社会史研究的新领域，这届年会上，前沿的物质文化史、感觉史研究引人注目；另一方面，宗族史、区域社会史等相对成熟领域应反思总结并率先突破。社会史作为系统性学科，虽难一举破壁，但学者们自发自觉的反思有利于学科自我更新、自我完善，必将推动整个社会史研究的大发展。

　　社会史研究已逐渐注意对现实问题的观照与回应，未来这一学科在公共史学领域获得发展机遇或可预见。本届年会上，社会史学者对历史上国计民生问题，如盐政、水政等的研究可为决策者提供参考，对乡村史、宗族史、社会生活史、物质文化史的研究，可满足普罗大众对自身的历史过往知其然，更知其所以然的需求。由此，在公共史学领域，社会史的春天也将到来。

（作者单位：湖北省社科院文史研究所）